**Langenhorst · Hiob unser Zeitgenosse**

64,–

W0280835

Theologie und Literatur
Herausgegeben von Karl-Josef Kuschel

Band 1

Georg Langenhorst

# Hiob unser Zeitgenosse

## Die literarische Hiob-Rezeption im 20. Jahrhundert als theologische Herausforderung

Matthias-Grünewald-Verlag · Mainz

**Religion und Ästhetik**
**Betreuung: Karl-Josef Kuschel**

den Wegbereitern
und Wegbegleitern

Die Deutsche Bibliothek – CIP-Einheitsaufnahme

**Langenhorst, Georg:**
Hiob, unser Zeitgenosse : die literarische Hiob-Rezeption im 20. Jahrhundert als theologische Herausforderung / Georg Langenhorst. – Mainz : Matthias-Grünewald-Verl., 1994
(Theologie und Literatur) (Religion und Ästhetik)
Zugl.: Tübingen, Univ., Diss., 1993
ISBN 3-7867-1757-5

© 1994 Matthias-Grünewald-Verlag, Mainz
Das Werk einschließlich aller seiner Teile ist urheberrechtlich geschützt. Jede Verwertung außerhalb der engen Grenzen des Urheberrechtsgesetzes ist ohne Zustimmung des Verlags unzulässig und strafbar. Das gilt insbesondere für Vervielfältigungen, Übersetzungen, Mikroverfilmungen und die Einspeicherung und Verarbeitung in elektronischen Systemen.

Umschlag: Heinz Kirsch und Kristine Buckel, Wiesbaden
DTP: Manfred Werkmeister, Mainz
Druck und Bindung: WS Druckerei, Bodenheim
ISBN 3-7867-1757-5

# Inhalt

# Vorwort

## Zu einem neuen Programm und einem neuen Buch

*Karl-Josef Kuschel*

Die *Ästhetisierung der Lebenswelt* ungezählter Menschen, vor allem in den industriell geprägten Ländern, schreitet unaufhaltsam voran. Über die Bild- und Printmedien wird Millionen von Menschen tagtäglich die Wirklichkeit nicht nur ästhetisch aufbereitet (Erfolg hat, was „gefällt"), der Betrachter entwickelt der so aufbereiteten Welt gegenüber auch notwendigerweise ein ästhetisches Lebensgefühl (geschaut wird, was „gefällt"). Produkte der älteren und neueren Kunstgeschichte haben für immer mehr Menschen eine sensibilisierende und orientierende Bedeutung. Während die Museen – zumal bei einzigartigen Ausstellungen – ein internationales Millionenpublikum anziehen, verlieren alte Orientierungsinstitutionen wie die Kirchen zunehmend an Bedeutung. Kulturdiagnostiker sprechen nicht zu Unrecht von einer „Musealisierung" unserer Kultur. Sie bestätigen damit eine langgehegte Erwartung: In einer postchristlichen Welt haben die Museen für Millionen von Menschen die Kirchen ersetzt, die Künstler die Priester, die Objekte die Altäre. Theater- und Filmpremieren gelten oft noch als die einzigen „Ereignisse", die eine banale Alltagswirklichkeit zu transzendieren vermögen...

Diesem Prozeß der Zunahme der Ästhetisierung der Lebenswelt entspricht ein Prozeß der *Abnahme ästhetischer Kompetenz* im Raum von Kirche und Theologie. Zu sehr mit der Funktionalisierung von Kunst zu kirchlichen Zwecken (Kirchbau) befaßt, weitgehend immer noch einem traditionellen normativen Schönheitsbegriff verhaftet, nach wie vor allergisch gegen neue, oft provozierende Stilformen in Bildender Kunst, Film und Gegenwartsliteratur (insbesondere in der modernen Dramatik), verlieren kirchlich orientierte Christen den Kontakt mit der lebendigen Kultur. Daran ändern auch Kulturprogramme nichts, die von kirchlichen Akademien angeboten werden, aber nur einen Bruchteil der kirchlichen Klientel erreichen. Solche gut gemeinten Programme wirken oft gegen die Interessen ihrer engagierten Betreiber wie das berühmte Feigenblatt, das die sonstige Nacktheit nur um so schonungsloser zeigt.

Sichtbarstes Zeichen dieses kulturell-ästhetischen Kompetenzverlustes ist die Tatsache, daß *Erziehung zur ästhetischen Kompetenz* in der Priester- und Theologenausbildung so gut wie nicht vorkommt. Diese Tatsache ist erfreulicherweise auch von der Deutschen Katholischen Bischofskonferenz in der jüngsten Stellungnahme zu „Kunst und Kultur in der theologischen Aus- und Fortbildung" (5. Oktober 1993: Arbeitshilfen 115) selbstkritisch eingeräumt worden. Zugleich wird angekündigt: „Die Künste sollten integrierte Bestandteile des Theologiestudiums darstellen. Dies gilt insbesondere für die Bildende Kunst, die Architektur, die Literatur und Musik, die in der Tradition und im Leben der Kirche eine herausragende Bedeutung besitzen... Theologen, Katecheten und Religionslehrer müssen in die Lage versetzt werden, verantwortungsbewußt mit künstlerischen Fragestellungen und Entscheidungen umzugehen. Dazu sind Übungen und Studien auf folgenden Feldern erforderlich:

- Erörterungen von Entwicklungslinien in der Geschichte der jeweiligen Künste
- Einblick in gegenwärtig aktuelle Konzeptionen und Fragestellungen und in deren Herkunft
- Auseinandersetzung mit kunsttheoretischen wie philosophisch-ästhetischen Grundlegungen
- Schärfung des Wahrnehmungsvermögens; Entwicklung des Sinnes für damit verbundene methodische Probleme
- Untersuchungen zum jeweiligen Sitz der Künste im Leben von Kirche und Theologie und deren spezifische Rezeptionsbedingungen."

In dieser Situation will der vom Matthias-Grünewald-Verlag neu gegründete *Programmschwerpunkt „Religion und Ästhetik"* zur Gewinnung kulturell-ästhetischer Kompetenz beitragen. Kompetenz im doppelten Sinn des Wortes: Gewinnung von Wissen und von Kritikfähigkeit zugleich, Gewinnung von Erfahrung *und* von Kriterien zur „Unterscheidung der Geister". Mit *Religion* und *Ästhetik* sind dabei bewußt zwei weite und vielschichtige Begriffe gewählt worden. Eine normative Vorfestlegung der Inhalte und Formen sollte damit gerade vermieden werden. Was „Religion" und „Ästhetik" ist, soll nicht im Vorfeld kategorial festgelegt, sondern durch das empirische Material, die Worte, Töne und Bilder der Künstler, jeweils neu erschlossen werden.

Nur von zwei Rahmenbedingungen wird hier ausgegangen. Erstens: Es soll *keiner falschen Ästhetisierung der Religion* oder der Theologie Vorschub geleistet werden. Religiöse und ästhetische Erfahrung, theologische und ästhetische Reflexion bleiben zweierlei. Das eine kann nicht durch das jeweils andere einfach ersetzt werden. Beide Wahrnehmungs-, Erfahrungs- und Reflexionsräume bleiben in ihrer Autonomie und Eigengesetzlichkeit unangetastet. Und doch soll – zweitens – gezeigt werden, daß es zwischen religiöser und ästhetischer Erfahrung *produktive Spannungsverhältnisse* gibt: Religiöse Erfahrungen können Ausgangspunkt und Gegenstand künstlerischer Realisierung sein, und ästhetische Erfahrungen können die religiöse Erfahrungsdimension erahnen lassen, positiv provozieren oder radikal negieren. Dieses Spannungsverhältnis zwischen Affirmation und Kritik, zwischen prophetischem Gestus und protesthafter Verweigerung konkret zu beschreiben – in Auseinandersetzung mit bedeutenden Künstlern des 20. Jahrhunderts oder in Zeugnissen von Künstlern selber: Darum geht es bei diesem neuen Programm.

Das Wort „Ästhetik" wurde auch noch aus einem ganz pragmatischen Grund gewählt, sollen doch möglichst alle Künste in diesem Programm zu Wort kommen und die literarischen Formen so plural wie möglich sein. An literarische Essays ist ebenso gedacht wie an Kurzprosa, an Gedichtbände ebenso wie an autobiographische Selbstzeugnisse, an Bilddeutungen genauso wie an Theaterkritiken. Die Rolle biblischer Figuren oder religiöser Motive kann und soll ebenso untersucht werden wie die Funktion religiöser Sprache oder ethischer Modelle der Bewältigung von Lebenswirklichkeit. Wir beginnen mit einer Literatin, die Prosa, Gedichte, Essayistisches und Autobiographisches in einem Band versammelt: Gabriele Wohmann. In Zukunft aber sollen auch die Bereiche Bildende Kunst, Architektur, Musik, Theater und Film einbezogen werden. „Ästhetik“ ist dabei das, was das Wort dem Ursinn nach meint: Wahrnehmungskompetenz, Sinnenschärfung, Sensibilisierung für eine Welt, die an ihren Widersprüchen zu ersticken droht.

Eine Konstante wird dieses Programm in jedem Fall haben: eine *Publikationsreihe* unter dem Titel *„Theologie und Literatur“*. Hier sollen künftig Bücher mehr wissenschaftlichen Charakters erscheinen, die sich mit Schlüsselfiguren der Literatur des 20. Jahrhunderts auseinandersetzen – ebenfalls in einer breiten Palette von Themen. Diese Reihe wird eröffnet durch das Buch eines jungen Literaturwissenschaftlers und Katholischen Theologen, *Georg Langenhorst,* der den kritischen Dialog zwischen Theologie und Literatur in exemplarischer Weise geführt hat. Exemplarisch darin, daß er literaturwissenschaftliche Analytik mit theologischer Kritik verbindet, daß er die Schriftsteller in Geduld und Sympathie zu Wort kommen läßt, ohne ihnen theologisch nach dem Mund zu reden, kurz: daß Literatur und Theologie als gegenseitige Herausforderung im Bedenken der Sache präsentiert werden. Was ist diese Sache?

Langenhorst hat sich eines der spannendsten Themen der Bibel und der Literatur herausgesucht: den *Fall Hiob.* Schon in der Schrift gehört Hiobs Buch zu den größten Kunst-Werken, literarisch wie theologisch. Nirgendwo in der Hebräischen Bibel wird das Ringen mit Gott so dramatisch geschildert und so tief existentiell wie hier, werden die Fragen an Gott so schonungslos gestellt wie bei dem Mann aus Uz. Kein Wunder, daß Hiob in einem Jahrhundert wie dem unsrigen, das der Leidensgeschichte der Menschheit Grauenorte wie Verdun, Stalingrad, Hiroshima, Auschwitz und Archipel Gulag hinzugefügt hat, die große literarische Bezugsgestalt wurde, die dem Schrei nach Gott Ausdruck verleiht, einem Schrei, der angesichts der Leiden bei manchen ins Schweigen versinkt, nach dem Hiob-Wort von Nelly Sachs: Deine Stimme ist stumm geworden, denn du hast zuviel Warum gefragt...

Langenhorst bietet in diesem Buch ein großes Panorama der Hiob-Rezeption in Literatur, Philosophie und Theologie des 20. Jahrhunderts. Ja, man kann ohne Übertreibung sagen: Dieses Buch ist so umfassend und gründlich gearbeitet, daß alles vorher an Literatur zum literarischen Hiob-Bild zur Vor-Arbeit wird. Gewiß: Eine solche Arbeit auf der Grenze birgt immer das Risiko, von beiden Seiten unter Beschuß zu geraten: Zuviel an Literatur und Loyalität gegenüber den Fragen der Poeten; zuviel an Theologie und Glauben für die skeptischen Zeitgenossen und literaturwissenschaftlichen Puristen. Dieses Buch aber kann sich auf dieser Grenze – glaubwürdig nach beiden Seiten –

behaupten. Es läßt die Autoren ausreden, ja präsentiert ihre Sache mit Kompetenz und Sensibilität. Zugleich erhebt dieses Buch theologisch dort Einspruch, wo er um der biblischen Botschaft willen unverzichtbar ist, und formuliert in aller Kürze und Grundsätzlichkeit das theologisch Nötige. Hier tritt kein Theologe auf, der beansprucht, die Fragen gelöst zu haben. Hier tritt einer auf, solidarisch mit den Zweiflern und Verzweifelten, der dennoch als Theologe Hoffnung macht, daß die Fragen des „Bruders Hiob" vor Gott auszuhalten und mit Gott durchzustehen sind – im unzerstörbaren Vertrauen darauf, daß Gott selbst an dem Tag, den allein er bestimmt, die endgültige Antwort auf Hiob geben wird.
Literatur und Theologie als gegenseitige kritische Herausforderung: Dieser Band und alle weiteren Bände sollen Mut machen, sich auf neue Lese- und Denkabenteuer einzulassen, sind doch die Poeten nicht die schlechtesten Gesprächspartner für Theologen, wenn es darum geht, die Sache Gottes und der Menschen immer wieder neu durchzubuchstabieren.

*Tübingen, im November 1993*

# Einleitung: Annäherungen an Hiob

»Sie haben Hiob doch gelesen?
Lesen Sie ihn, lesen Sie ihn,
wieder und immer wieder.«[1]
*Sören Kierkegaard*

Das Hiobbuch und die Gestalt seines Helden Hiob[2] übten seit jeher eine unwiderstehliche Anziehungskraft auf Dichter und Denker aus. Wie kaum ein anderes biblisches Buch inspirierte es Philosophen, Theologen und Literaten zu Reflexion und Kreativität. Die Vielfalt der Anregungen und Ausdeutungen ist kaum überschaubar. In einem Punkt jedoch sind sich die Hiobleser einig: in einem kaum zu überbietenden Lob für die Größe dieser religiösen Dichtung[3]. Die Superlative überschlagen sich: Dies sei die »reifste Frucht israelitischer religiöser Dichtung«[4], es gäbe einerseits keine »tragischere, erhabenere und schönere Darstellung der menschlichen Einsamkeit«[5], andererseits sei es von allen Büchern des Alten Testaments das »ergreifendste, kühnste und zugleich das rätselhafteste, enttäuschendste und fast möchte ich sagen, das abstoßendste«[6]. Es wird nicht nur bezeichnet als das »Matterhorn des Alten Testaments«[7], sondern, im Bilde bleibend, als der »Mount Everest des Menschengeistes«[8]. Thomas Carlyle, Philosoph und Literat der englischen Romantik, bündelt die Lobeshymnen in der Feststellung: »Weder innerhalb noch

---

1 *Sören Kierkegaard*, Die Wiederholung $^{1}$1843, in: ders., Gesammelte Werke Bd. 5/6, hrsg. von *Emanuel Hirsch/ Hayo Gerdes* (Düsseldorf/Köln 1955), S. 75.

2 In dieser Arbeit wird die Schreibweise »Hiob« (gegenüber »Ijob«) vorgezogen, weil die Wirkungsgeschichte der archetypischen Figur untrennbar mit eben dieser Schreibweise verbunden ist. Ich folge damit z.B. *Elisabeth Frenzel,* Stoffe der Weltliteratur (Stuttgart $^{6}$1983), oder *Martin Bocian*, Lexikon der biblischen Personen (Stuttgart 1989).

3 Diese Arbeit greift auf Werke verschiedenster Sprachen zurück. Zur besseren Lesbarkeit und Einheitlichkeit werden, sofern nicht ein besonderer Grund dagegen spricht, alle Zitate auf deutsch angegeben. Wenn möglich, wird auf vorhandene Übersetzungen zurückgegriffen, alle anderen Übersetzungen stammen vom Verfasser dieser Arbeit und sind in den Anmerkungen mit * gekennzeichnet.

4 *Friedrich Horst*, Hiob I (Neukirchen-Vluyn 1968), S. IX.

5 *Thomas Wolfe*, Der Einsame Gottes, in: ders., Hinter jenen Bergen. Erzählungen $^{1}$1935 (Hamburg 1956), S. 135–143, hier: S. 138.

6 *Paul Claudel*, Das Buch Job $^{1}$1947, in: ders., Gesammelte Werke VI (Einsiedeln/ Zürich/Köln 1962), S. 437.

7 * *A.S. Peake*, zitiert nach: *Curt Kuhl*, Vom Hiobbuche und seinen Problemen, in: Theologische Rundschau 22 (1954), S. 265.

8 **Robert Gordis*, The Book of God and Man. A Study of Job (Chicago/London 1965), S. V.

außerhalb der Bibel findet sich meiner Meinung nach irgendetwas von vergleichbarem literarischen Wert.«[9]

Das Hiobbuch gehört nach allgemeiner Anerkennung »mehr als irgendein anderes Buch der Bibel«[10] zu den größten Werken der Weltliteratur, es wird »mit Recht neben Dantes Göttliche Komödie und Goethes Faust gestellt«[11]. Es steht aber nicht nur gleichrangig *neben* diesen Werken, sondern auch – zeitlich wie motivgeschichtlich – *vor* ihnen. Der direkte Einfluß dieses biblischen Buches auf wichtigste Werke der Weltliteratur ist kaum zu überschätzen. Gerade in unserem 20. Jahrhundert häufen sich die *literarischen Auseinandersetzungen mit Hiob*. Man kann hier völlig zu Recht von einer »*Stoffrenaissance*«[12] sprechen, denn »kein anderes Buch der Bibel hat nach dem zweiten Weltkrieg mehr Beachtung gefunden«[13], so Ulrich Simon. Beachtung in besonderer Weise gerade in der Literatur; Karl-Josef Kuschels Einschätzung ist zuzustimmen: »Keine biblische Figur war herausfordernder für die Literatur unserer Zeit als die des Hiob.«[14]

Die erschütternden Erfahrungen der beiden Weltkriege, die zum geistigen Allgemeinbesitz werdenden Zeitströmungen in Psychologie (Freud) und Philosophie (Camus, Sartre), der in dieser Form nie zuvor überindividuell so empfundene »Tod Gottes« (Nietzsche) oder zumindest eine »Gottesfinsternis« (Buber) brachen den »Bann des Schweigens«[15], unter dem das Hiobbuch lange Zeit auch in der Theologie stand. Anhand der Gestalt Hiobs wird nun vielfach versucht, das Erfahrene zu formulieren und zu deuten. So kommen unabhängig voneinander ein deutscher Dichter und ein französischer Exeget zur fast gleichlautenden Schlußfolgerung: »Die Zeiten sind in besonderem Maße reif für eine Wiederentdeckung Hiobs«[16] – »Die Zeit ist hiobreif«[17]. Ein Panoramablick auf den Reichtum und die Vielfalt dieser literarischen Rezeption soll zunächst – in aller notwendigen Andeutung und Konzentration – diese *stoffgeschichtliche Bedeutung des Hiobbuches* für die Literatur des 20. Jahrhunderts offenlegen.

---

9 * *Thomas Carlyle*, On Heroes (London 1843), S. 79.

10 * *Samuel Terrien*, Job: Poet of Existence (Indianapolis/New York 1957), S. 13.

11 *Georg Fohrer*, Das Buch Hiob (Gütersloh $^{2}$1989), S. 27.

12 Zu diesem Begriff vgl. *Elisabeth Frenzel*, Stoff- und Motivgeschichte (Berlin $^{2}$1974), S. 60.

13 * *Ulrich Simon*, Pity and Terror. Christianity and Tragedy (New York 1989), S. 35.

14 *Karl-Josef Kuschel*, »Erzähle etwas anderes, deine Bibel ist kalt«. Die Bibel im Spiegel gegenwärtiger Literatur, in: *Volker Hochgrebe/Hartmut Meesmann* (Hrsg.), Warum versteht ihr meine Bibel nicht? (Freiburg 1989), S. 30.

15 *Hans Ehrenberg*, Hiob der Existentialist (Heidelberg 1952), S. 33.

16 * *Samuel Terrien*, a.a.O., S. 16.

17 *Hans Ehrenberg*, a.a.O., S. 5.

## 1. Panoramablick

Dramatik, Epik und Lyrik – in allen literarischen Hauptgattungen finden sich Hiobbearbeitungen, häufig in jeweils klar abgrenzbaren Zeiträumen und Rezeptionsschüben. Nebeneinandergestellt spannen sich diese Werke in ein breit ausgefächertes Interpretationsnetz aus, mit völlig unterschiedlichen Anknüpfungspunkten und eigenwilligen Ausdeutungen des Hiobgeschehens.
Zunächst fällt ein zahlenmäßig herausragendes Korpus von über 60 *dramatischen Hiobbearbeitungen* ins Auge[18]. In diesen Werken wird meistens versucht, den Hiobstoff direkt und ungebrochen in die jeweilige Gegenwartssituation zu übertragen. Die Gattungsvielfalt reicht dabei vom biblischen Verkündigungsspiel für die Gemeinde (Riebold) bis zum modernen Mysterienspiel (Haecker), vom nationalsozialistischen Thingspiel (Eggers) bis zum anspielungsreich-witzigen Maskenspiel (Frost). Eines der zahlreichen biblischen Verkündigungsspiele verdient ob seines Autors eine spezielle Erwähnung: es wurde im Jahre 1940 von einem damals 20jährigen Polen verfaßt, *Karol Wojtyla*, dem späteren Papst Johannes Paul II.[19] Einige dieser Dramen, besonders jene von eher unbekannten Autoren, oft zum unmittelbar katechetischen Einsatz ohne eigentlich literarischen Anspruch verfaßt, können in dieser Untersuchung ohne großes Versäumnis vernachlässigt werden. Auf andere Dramen, etwa auf die von Oskar Kokoschka, Ernst Wiechert, Robert Frost, Neil Simon und insbesondere auf Archibald MacLeishs »Spiel um Job« – dem wohl wichtigsten modernen Hiob-Drama – wird später ausführlich einzugehen sein.
Neben den dramatischen Bearbeitungen finden sich vor allem in den ersten Dekaden dieses Jahrhunderts auch wichtige Bezüge zum Hiobbuch in *epischen Werken*. Während der deutschsprachige »Hiob«-Roman (1922) Siegfried Reinkes genauso wenig bekannt wurde wie vor ihm schon »Der Blumenhiob« (1907) von Hans Kyser, bildet der englischsprachige Roman »Unsterbliches Feuer« von Herbert George Wells (1917) eine erste wichtige Rezeptionsstufe. Hiob wird zudem zur Spiegelfigur von Protagonisten in Romanen von so bekannten Autoren wie Alfred Döblin und Gerhart Hauptmann[20]. Außerdem liegen aus dieser Zeit vier Kurzgeschichtensammlungen vor (von Karl-Emil Franzos, Georg Britting, Salomo Friedländer, Alfred Polgar), in denen die »Hiobsgeschichte« den jeweiligen Namen der Sammlung bestimmt.[21] Höhepunkt dieser epischen Hiobrezeption ist aber zweifellos

---

18 Vgl. die Dokumentation im Anhang.

19 Eine englische Übersetzung findet sich in: *Karol Wojtyla*, Job. A Drama From the Old Testament, in: ders., The Collected Plays and Writings on Theater, hrsg. und übersetzt von *Boleslaw Taborski* (Berkely/Los Angeles/London 1987), S. 25–74.

20 *Alfred Döblin*, Berlin Alexanderplatz (1929), *Gerhart Hauptmann*, Das Buch der Leidenschaft (1930).

21 *Karl-Emil Franzos*, Der Hiob von Unterach (1912), *Alfred Polgar*, Hiob. Ein Novellenband (1912), *Georg Britting*, Der verlachte Hiob (1921), *Salomo Friedlaender (Mynona)*, Der

Joseph Roths »Hiob. Roman eines einfachen Mannes« aus dem Jahre 1930.
Ein zweiter Rezeptionsschub der epischen Hiobbearbeitungen erfolgt in den frühen 60er Jahren. Vielfach beschränkt sich in den in Frage kommenden – und in dieser Studie wiederum ohne großes Versäumnis zu vernachlässigenden – Büchern der Bezug auf den biblischen Hiob allerdings auf den Titel der Werke: »Hiob« dient meistens nur als Chiffre, als Wiedererkennungssymbol, als analoger Deutungsbezugspunkt für das im jeweiligen Buch Geschilderte. Gern weisen die Titel solcher Romane auf Hiob als Vaterfigur[22], sie verwenden Ortsbezeichnungen[23], oder greifen mit Hiob assoziierte Gegenstände auf[24]. Immerhin bemerkenswert ist die Beobachtung, daß sich in jüngster Vergangenheit selbst Autoren der – literaturwissenschaftlich oft zu Unrecht belächelten – Sphäre des Science-Fiction-Romans mit Hiob auseinandersetzten. Robert A. Heinlein und Herbert W. Franke, zwei der profiliertesten Autoren des Genres, widmeten modernisierten Hiobsgestalten jeweils einen Roman[25].
In der *Lyrik des 20. Jahrhunderts* fungiert Hiob oftmals als poetisches Symbol, als objektives Bezugskorrelat. Es finden sich Gedichte von so unterschiedlichen Autoren wie Klabund, Paul Claudel, Schalom Ben-Chorin, Johannes R. Becher, Oskar Loerke oder Eva Zeller. Besonders die deutsch-jüdischen Dichter griffen auf Hiob zurück, um anhand seines Schicksals die unsagbaren Geschehnisse des Holocaust, der »Shoah«, in sprachliche Form zu bringen. Einige Zentralgedichte von Margarete Susman, Rudolf Leonhard, Nelly Sachs, Yvan Goll und Karl Wolfskehl werden hier zu nennen und ausführlich zu interpretieren sein.
Auch *außerhalb der traditionellen literarischen Gattungen* finden sich Hiobbearbeitungen, die jedoch im Rahmen dieser spezifischen Untersuchung nur zum Teil nähere Beachtung finden können. So gibt es Literaten, die sich dem Thema lieber im Essay nähern als in einer im strengen Sinne dichterischen Gattung[26], aber auch Philosophen, die sich in ganz unterschiedlicher Gestalt

---

lachende Hiob und andere Grotesken (1935).

22 *Mario Franco Ruiz*, Los hijos de Job (1960), *Edzard Schaper*, Die Söhne Hiobs (1962), *Leon W. Wells*, Ein Sohn Hiobs (1963), *Jean S. Untermeyer*, Job's Daughter (1967). Später auch: *Janine Chanteur*, Les petits-enfants de Job (1990), *Ursula Koch*, Hiob mein Bruder (Gießen 1990). Daneben auch zwei nichtliterarische feministische Untersuchungen: *Tatjana Goritschewa*, Hiobs Töchter (1988); *Joan Chittister*, Job's Daughters. Women and Power (New York 1990).

23 *Wolfgang Altendorf*, Hiob im Weinberg (1962), *Horst Mönnich*, Hiob im Moor (1966).

24 *Lorenz Mack*, Hiob und die Ratten (1961), *Gussla Bayer-Fichtner*, Die Flöte Hiobs (1963), *Eckart Kroneberg*, Keine Scherbe für Hiob (1964). Schillerndstes Kuriosum dieser – literarisch wenig bedeutsamen – Werke: *Richard Hoffmann/W.A. Oerley* (Hrsg.), Hiob der Dompfaff (1963) – eine Sammlung internationaler Kurzgeschichten!

25 *Robert A. Heinlein*, Das neue Buch Hiob (1985) = The Comedy of Job (1984), *Herbert W. Franke*, Der Stern Hiobs (1988)

26 *Gilbert K. Chesterton*, The Book of Job (1916), *Paul Claudel*, Le Livre de Job (1947),

(Kurzgeschichte, kommentierte Nacherzählung, essayistische Abhandlung) mit Hiob befassen[27].

Diese kurzen und naturgemäß keineswegs vollständigen Andeutungen mögen hier genügen, um das buntschillernde Spektrum der literarischen Hiobbearbeitungen im 20. Jahrhundert aufleuchten zu lassen. Eine detaillierte und – wie hoffentlich schon deutlich geworden – lohnenswerte Analyse der wichtigsten dieser Werke wird im Hauptteil der Arbeit erfolgen.

## 2. Forschungsstand und Zielbestimmung

Der direkte motivgeschichtliche Einfluß des Hiobbuches auf die Ideengeschichte und Literatur des 20. Jahrhunderts ist, das dürfte der Panoramablick gezeigt haben, nicht hoch genug einzuschätzen. Um so erstaunlicher mutet jedoch die Tatsache an, daß es bislang *keine umfassende sowohl theologisch-problemgeschichtliche als auch literaturwissenschaftliche Rezeptionsgeschichte* in bezug auf die Hiobsgestalt in der Literatur unseres Jahrhunderts gibt. Im Bereich der philosophischen Hiobrezeption hat der Philosoph Carl-Friedrich Geyer in einigen kleineren Überblicksessays den aktuellen Forschungsstand aufgearbeitet[28]. Darüber hinaus liegt eine umfassende, glänzend recherchierte, auch die Literatur streifende neuere Untersuchung zum Themengebiet in italienischer Sprache von seiten des genuesischen Philosophen Giovanni Moretto[29] vor. Theologische Untersuchungen zu Hiob blicken hingegen nur selten über den Tellerrand des eigenen Fachbereiches hinaus, und

---

*Jorge Luis Borges*, El libro de Job, in: Conferencias (1967), *Luise Rinser*, Leiden Sterben Auferstehen (1975).

27 *Ludwig Marcuse*, Philosophie des Glücks. Von Hiob bis Freud (1949), *Carl-Gustav Jung*, Antwort auf Hiob (1952), *Karl Jaspers*, Hiob, in: Einsichten. Gerhard Krüger zum 60. Geburtstag (Frankfurt 1962), S. 86–106. Textgleich mit: Der persönliche Gott unter Anklage, in: ders., Der philosophische Glaube angesichts der Offenbarung (1962), *Leszek Kolakowski*, Hiob oder die Widersprüche der Tugend, in: ders., Der Himmelsschlüssel (1965), *Ernst Bloch*, Grenze der Geduld. Hiob, in: ders., Atheismus im Christentum (1968), *René Girard*, Hiob. Ein Weg aus der Gewalt (1990).

28 Seine Grunderkenntnisse liefert er schon in der umfassenden Studie: *Carl-Friedrich Geyer*, Leid und Böses in philosophischen Deutungen (Freiburg/München 1983), bes. 36–44, 110f, 165f. Spätere Ausführungen speziell zur Hiobrezeption in Philosophie und christlicher Theologie: ders., Das Hiobbuch im christlichen und nachchristlichen Kontext. Anmerkungen zur Rezeptionsgeschichte, in: Kairos 28 (1986), S. 174–195; Wirkungsgeschichtliche Aspekte der biblischen Hiobdichtung, in: *Willi Oelmüller* (Hrsg.), Leiden. Kolloquien zur Gegenwartsphilosophie Bd. 3 (Paderborn 1986), S. 28–39; Hiob – Theodizeeanspruch und Theodizeeresistenz, in: ders., Die Theodizee. Diskurs, Dokumentation, Transformation (Stuttgart 1992), S. 109–135.

29 *Giovanni Moretto*, Giustificazione e interrogazione. Giobbe nella filosofia (Neapel 1991). Morettos lesenswerte und wohldokumentierte Arbeit (besonders Kapitel 2 »Etica e interrogazione jobica«, S. 55–92, und Kapitel 3 »Teodicea, storia e jobismo«, S. 93–127) verarbeitet reichliches Material zu einer philosophisch-ethischen Gesamtschau der Hiobfrage.

auch literaturwissenschaftliche Arbeiten zum Thema liegen kaum vor, und wenn, dann ohne einen wirklichen Dialog mit der Theologie aufzunehmen.
So lassen sich zwar durchaus einige Dissertationen zu diesem Themenbereich finden, doch beschäftigen sie sich entweder nur mit Teilaspekten der Gesamtproblematik[30] oder mit der Hiobrezeption einzelner Autoren[31]. Die themenbezogenen Kurzbeiträge arbeiten, von rühmlichen Ausnahmen abgesehen, höchst oberflächlich[32]. Die zeitgenössische literarische Rezeption biblischer Figuren ist grundsätzlich nur unbefriedigend erfaßt und untersucht worden. In der Blütezeit der Stoff- und Motivforschung gaben Paul Merker und Gerhard Lüdtke eine Reihe von Untersuchungen zur »Stoff- und Motivgeschichte der deutschen Literatur« heraus, doch diese Arbeiten, u.a. über Ahasver, Paulus, Judith, Esther und den ägyptischen Josef, stammen aus den frühen 30er Jahren. Eine aktuelle und systematische Untersuchungsreihe steht noch aus.[33] In dieser Zeit entstand auch ein erster mit wissenschaftlichen Methoden operierender Gesamtüberblick über die Hiobsgestalt in der deutschen Literatur[34]. Eine aktuelle Untersuchung wurde so zu einem dringenden Desiderat schon der rein literaturwissenschaftlich-motivgeschichtlichen Forschung. Gerade deshalb ist die unlängst erfolgte *Wiederentdeckung Hiobs auch in der Literaturwissenschaft* sehr zu begrüßen.
Die österreichische Germanistin Brita Steinwendtner hielt auf den Salzburger Hochschulwochen 1989 drei Vorträge zum Thema »Hiobs Klage heute«, die ein Jahr später als Monographie erschienen[35]. Wie die Romanistin Adelheid

---

30 *Helmut Schorlemmer*, Hiob auf der Bühne (Diss. München 1983), *Marc Bochet*, Présence de Job dans le théâtre d'après-guerre II en France (Bern 1988).

31 *Gunter Grimm*, Karl Wolfskehl – Die Hiob-Dichtung (Diss. Bonn 1972), *Rudolf Suter*, Kafkas »Prozeß« im Lichte des Buches Hiob (Diss. Frankfurt 1976), *Angelika Pöthe*, Das Hiobsmotiv im epischen Werk Joseph Roths. Zum Verhältnis von mythologischer »Vorlage« und sozialgeschichtlicher Darstellung (Diss. Jena 1980).

32 So z.B. der völlig zu Unrecht häufig (z.B. bei *Frenzel*) angeführte Artikel: *Hector MacLean*, The Job Drama in Modern Germany, AUMLA 2 (Melbourne 1954), S. 13–20; aber auch neuerdings : *Matthias Krieg*, Das wandernde Hiobsmotiv. Ein Kapitel Literaturgeschichte, in: Hiob. Bibelarbeit in der Gemeinde Bd. VII (Basel/Zürich 1990), S. 63–86. Lesenswert und gut recherchiert sind vor allem: *Hermann Levin Goldschmidt*, Hiob im neuzeitlichen Judentum, in: Weltgespräche 2 (Freiburg 1967), S. 40–55 und *Heinz Flügel*, Hiob in der Gegenwartsliteratur, in: *Hans Jürgen Schultz*, »Sie werden lachen – die Bibel« (München $^{2}$1985), S. 204–217.

33 Einen ersten Ansatz hierzu stellt eine neue Untersuchung zum Ruth-Motiv dar: *Birgit Hartberger*, Das biblische Ruth-Motiv in deutschen lyrischen Gedichten des 20. Jahrhunderts (Altenberge 1992). Sowohl methodologisch (keine Auswahlkriterien, willkürliche Begrenzung) als auch aufgrund des fehlenden Brückenschlags zur Theologie bleibt diese germanistische Dissertation jedoch unbefriedigend.

34 *Josef Hügelsberger*, Der Dulder Hiob in der deutschen Literatur (Graz 1930). Diese handschriftliche Dissertation arbeitet allerdings auch in den vorgegebenen Grenzen ungenau, so bleiben beispielsweise einige wichtige Werke (Polgar, Britting) unerwähnt.

35 *Brita Steinwendtner*, Hiobs Klage heute. Die biblische Gestalt in der Literatur des 20. Jahrhunderts (Innsbruck/Wien 1990).

Hausen[36] in ihrer primär auf die Literatur *vor* dem 20. Jahrhundert konzentrierten Untersuchung über »Hiob in der französischen Literatur« wählt auch Steinwendtner einen eher statistisch-referierenden als problemgeschichtlich-dialogischen Zugang zum Thema. Ihre knappen, aber treffenden und als Einführung in die Thematik gut geeigneten Ausführungen bleiben leider lückenhaft. Die Nichtberücksichtigung einiger wichtiger Werke (etwa von H.G. Wells, Yvan Goll, Robert Frost) macht jedoch ihre Gesamturteile und Überblicksversuche fragwürdig. Sie verzichtet zudem auf jegliche methodische Reflexion, etwa auf eine genaue Abgrenzung des Untersuchungsgegenstandes oder einer Definition des Begriffs »Hiob-Literatur«. Als Germanistin ist sie darüber hinaus an einem Brückenschlag zur Theologie nicht interessiert.

Während der Erstellung der vorliegenden Arbeit erschien eine literaturwissenschaftliche Dissertation zum Thema: »Die Gestalt Hiobs in der deutschen Literatur seit der frühen Aufklärung«[37], in der auch dem 20. Jahrhundert gebührende Beachtung zukommt. Aber auch diese – ohne Zweifel lesenswerte – Arbeit von Ulrike Schrader bleibt jedoch aus mehreren Gründen unbefriedigend:

1. Selbst in den vorgegebenen Grenzen bleibt die vorgeblich komplette, auch marginale Werke erfassende bibliographische Erfassung erstaunlich lükkenhaft. Sämtlichen Überblicksurteilen, Phänomenbewertungen und Tendenzaussagen fehlt damit die empirische Zuverlässigkeit.[38] Auch bei den von Schrader behandelten Autoren selbst übersieht sie relevante Texte.[39]
2. Mit Recht schränkt Schrader ihren Untersuchungsbereich auf solche Texte ein, die sich durch einen »konkreten Verweis auf die Gestalt oder das

---

36 *Adelheid Hausen*, Hiob in der französischen Literatur (Frankfurt/Bern 1972).

37 *Ulrike Schrader*, Die Gestalt Hiobs in der deutschen Literatur seit der frühen Aufklärung (Frankfurt 1992).

38 Einige Beispiele: Auf S. 66 nennt *Schrader* einige Zahlen: »Vor 1933 erschienen noch vier, von 1933 bis 1945 sogar fünf Hiob-Dramen, während nach 1945 diese Gattung als Verwendungsform für den Stoff des Hiob-Buches mit wenigen Ausnahmen aussterben wird.« Meine – sicherlich auch noch nicht komplette – bibliographische Erfassung allein der deutschsprachigen Hiob-Dramen förderte andere Zahlen zutage : vor 1933: zehn, 1933–1945: fünf; nach 1945: 14 (!); S. 225: »Seit 1950 sind drei Hiob-Romane, zwei Hörspiele, elf Prosastücke und (nur) zwei Dramen entstanden.« Allein sieben Hiob-Dramen sind nachweisbar, auch die anderen – in sich sowieso fragwürdigen – Zahlen stimmen nicht; S. 226: Außerhalb der spezifisch jüdischen Hiobgedichte falle »das Fehlen lyrischer Texte … auf«. Fast alle im Rahmen dieser Arbeit genannten Texte (z.B. *Becher*, *Klabund*, *Zeller*, *Gutl*, *Glawischnig*, etc.) – und wiederum ist eine komplette Erfassung sicherlich nicht zu gewährleisten – werden nicht zur Kenntnis genommen. Diese bibliographische Unzuverlässigkeit setzt sich bei der Sekundärliteratur nahtlos fort.

39 Nur drei Beispiele: Bei *Döblin* entgeht ihr die noch einmal nachdrückliche Bedeutungssteigerung Hiobs in der dramatischen Fassung des Romans. Bei *Roth* vernachlässigt sie alle Hiob-Anspielungen außerhalb des eigentlichen Romans. *Susmans* Hiobgedichte werden nicht einmal erwähnt.

Buch Hiob«[40] auszeichnen. Dieses sinnvolle Grundprinzip hält sie jedoch nicht durch.[41]

3. Die entscheidende konzeptionelle Schwäche dieser Arbeit liegt aber in ihrer vorgegebenen *doppelten Selbstbeschränkung*. Zum ersten: Sie habe sich »zu theologischen Fragestellungen nur zurückhaltend zu äußern«[42], so die Autorin in für eine germanistische Arbeit durchaus angemessen erscheinender Bescheidung. Aber: Die meisten der Autoren, die gerade auf Hiob zurückgreifen, verbinden damit zumindest auch ein religiöses, ein theologisches Interesse. Diese Dimension in einer Rezeptionsgeschichte auszublenden, heißt, sie ihrem inhaltlichen, ihrem wesentlichen Kernstück zu berauben.
   Die zweite implizite Selbstbescheidung bezieht sich auf die nur marginale Zurkenntnisnahme biographischer und soziologischer Hintergrunddaten. Gerade die Beschäftigung mit Hiob entspringt bei sehr vielen Autoren einer tiefsten biographischen Auseinandersetzung mit dieser Figur. Nur so werden vielfach auch die konkreten Texte letztlich verständlich. Die Ausblendung dieser Dimension fordert oft den Preis eines nur oberflächlichen Umgehens mit den Texten. Beide methodischen Vorentscheidungen Schraders mögen binnengermanistisch akzeptable Prämissen sein, dem Untersuchungsgegenstand selbst aber können sie kaum gerecht werden.

Der Blick auf den gegenwärtigen Stand der Forschung offenbart also ein erstaunliches Mißverhältnis: Einerseits wird der Einfluß des Hiobbuches auf die moderne Literatur als sehr hoch eingeschätzt, andererseits zeigt sich eine unbefriedigend bleibende rezeptionsgeschichtliche Aufarbeitung dieses Phänomens. Zweierlei soll hier deshalb erstmals in einer umfassenden *rezeptionsgeschichtlichen, problemorientierten und interdisziplinären Arbeit* untersucht werden: Einerseits die Bedeutung der Hiobsgestalt in der Literatur unseres Jahrhunderts und andererseits die Bedeutung dieser literarischen Rezeption für die Theologie. Dabei werden in Erweiterung des von Schrader behandelten Spektrums auch Werke aus dem nicht-deutschen Sprachraum berücksichtigt. Besonders englische, auch französische und wichtige weitere Werke werden neben die Werke deutscher Literatur gestellt. Nur so kann der berechtigte Anspruch an »genuin interdisziplinäre Forschung« eingelöst werden, den der schwedische Schriftsteller Lars Gustafsson im Jahre 1984 auf dem »Tübinger Symposium zu Theologie und Literatur« einforderte[43]; nur so kann jener Vorgabe gefolgt werden, die der französische Theologe und Literaturwissenschaftler André Espiau de la Mäestre schon 1968 stellvertretend for-

---

[40] A.a.O., S. 6.

[41] Z.B. in der sachlich nicht zu rechtfertigenden Aufnahme von *Oliver Goldsmith* »The Vicar of Wakefield«, oder in der auf schmalster Textbasis beruhenden, aber völlig überzeichneten Relevanz von Hiob-Erwähnungen bei Autoren wie *Günther*, *Heine* oder *Bernanos*.

[42] A.a.O., S. 5.

[43] Vgl. »Diskussionsbericht«, in: *Walter Jens/ Hans Küng/Karl-Josef Kuschel* (Hrsg.), Theologie und Literatur (München 1986), S. 240.

mulierte, als er schrieb, die Hiob-Literatur habe solche Ausmaße angenommen, »daß eine eingehende Untersuchung des deutschen, englischen und französischen Schrifttums ein umfangreiches Buch benötigen würde«[44]; nur so ist aber auch Schraders sinnvolle Anregung aufzunehmen, einen Vergleich gerade der umfangreichen englischsprachigen Hiobrezeption »mit der deutschen«[45] durchzuführen.

Vor einigen methodologischen Gefahren und hermeneutischen Mißverständnissen ist zu warnen. Ein stoffliches Aufgreifen der Bibel im allgemeinen und des Hiobbuches im speziellen beinhaltet nicht zwangsläufig eine religiöse oder gar christliche Intention des Verfassers. Derartige literarische Ausarbeitungen erfolgen, wie Dorothee Sölle in ihrer literaturtheologischen Basisstudie und Habilitationsschrift »Realisation« von 1973 bekräftigt, »abgelöst vom kultischen Sitz im Leben und vom kirchlichen Bereich«[46]. Unbedingte Voraussetzung einer jeglichen fächerübergreifenden Auseinandersetzung mit Literatur ist das Anerkennen der prinzipiellen »Autonomie der Dichtung«[47]. Gerade Theologen sollten sich der Literatur ohne jegliches »Eingemeindungsanliegen« nähern, denn oftmals gehören religiöse Stoffe und Motive schlichtweg zum gesamtkulturellen Erbe, oder, mit den Worten Dietmar Mieths: »Sie kommen vor, weil sie zum Erfahrungsort Wirklichkeit selbst hinzugehören.«[48]

Fern von jeglicher unreflektierten theologischen Indienstnahme von Literatur stellt sich die hier vorliegende Untersuchung selbst also unter den dreifachen Anspruch, rezeptionsgeschichtlich, problemorientiert und interdisziplinär arbeiten zu wollen. In diesem Anspruch sind folgende implizite Zielvorgaben enthalten:

1) Der *rezeptionsgeschichtliche Aspekt* der Arbeit betrifft primär die *literaturwissenschaftlichen Fragestellungen*. Die Stichworte »umfassende Materialsichtung«, »gruppierende Zuordnung«, »ästhetische Wertung«, »exemplarische Einzelinterpretation« markieren sowohl die später noch genauer aufzuführenden methodischen Schritte als auch die literaturwissenschaftlichen Teilziele.
2) Im *problemorientierten Arbeitsansatz* kommen besonders die Anliegen der *Theologie* zu Wort. So wird zunächst das biblische Hiobbuch selbst Objekt der Untersuchungen. Nach einem Blick auf seinen Text und dessen

---

44 *André Espiau de la Maestre*, Das göttliche Abenteuer. Paul Claudel und sein Werk (Salzburg 1968), S. 354.

45 *Ulrike Schrader*, a.a.O., S. 210. Ein weiterhin bestehendes »Desiderat der Forschung« bleibt aber jene eingeforderte »Gesamtdarstellung für die englischsprachige Literatur« (ebd., S. 4) hinsichtlich Hiobs, obwohl die entsprechenden Hauptwerke des 20. Jahrhunderts in dieser Arbeit ausführliche Berücksichtigung finden werden.

46 *Dorothee Sölle*, Realisation. Studien zum Verhältnis von Theologie und Dichtung nach der Aufklärung (Darmstadt/Neuwied 1973), S. 32.

47 A.a.O., S. 77.

48 *Dietmar Mieth*, Dichtung, Glaube und Moral (Mainz 1976), S. 165.

Auslegung wird das zeitgemäße »Hiobproblem« herauszuarbeiten sein. Schließlich sind exemplarisch-paradigmatische Antwortversuche jüdischer und christlicher Theologen und Denker auf diese Hiobsfrage anzuführen und zu diskutieren.

3) Der *interdisziplinäre Dialog* soll seinerseits *Theologie und Literatur* zusammenführen, um in Anerkennung der grundsätzlichen Autonomie und Eigengesetzlichkeiten beider Bereiche zwischen ihnen Fäden zu knüpfen. Dadurch soll ein korrelativer Prozeß gegenseitigen Befragens und Beantwortens, Übereinstimmens und Widersprechens ermöglicht werden.

### 3. Methodik und Aufbau

Mit welcher Methodik ist eine derartig dreifache Zielvorgabe zu realisieren? Die auch literaturwissenschaftlich geschulten Tübinger Theologen Dietmar Mieth und Karl-Josef Kuschel haben in den letzten Jahren unter Weiterentwicklung des Korrelationsprinzips im *Modell der Strukturanalogie* eine grundsätzliche Methode für den Dialog von Literatur und Theologie entwikkelt.[49] Mieth geht aus von einer vielfachen »Analogie zwischen Dichtung und Glaubensinterpretation«[50], die sich konkretisiert in »›strukturellen Entsprechungen‹, die als Basis der wechselseitigen Förderung und Korrektur dienen können«[51]. Derartige *strukturelle Ähnlichkeiten,* aber auch Unähnlichkeiten zwischen Dichtung und Theologie – unter ausdrücklicher Berücksichtigung ihrer formalen Eigenarten – herauszuarbeiten, sei eine der Hauptaufgaben einer noch zu entwickelnden »Literaturtheologie«[52]. Ähnlich argumentiert Kuschel. Er bezieht sich auf den »Nachweis strukturell gleicher Grundmodelle literarischer und theologischer Weise der Erfahrung von Wirklichkeit«[53] und betont die Vorzüge dieser Methode gerade in bezug auf allgemeinmenschliche Grunderfahrungen, die »mit Hilfe *archetypischer Leitfiguren* tiefenstruk-

---

49 Vgl. hierzu: *Karl-Josef Kuschel*, Auf dem Weg zu einer Theopoetik, in: ders., »Vielleicht hält Gott sich einige Dichter«. Literarisch-theologische Porträts (Mainz 1991), S. 366–396. Wiederum nur mit Verblüffung liest man *Schraders* unverblümtes Gesamturteil, das »Problem interdisziplinären Arbeitens« im Bereich von Theologie und Literatur habe »kaum nennenswerte Ergebnisse gebracht«, und ihre gleichzeitige Nichtzurkenntnisnahme der nun wahrlich nicht nur Insidern vertrauten Arbeiten von *Mieth* und *Kuschel*. Vgl. *Ulrike Schrader*, a.a.O., S. 6.

50 *Dietmar Mieth*, a.a.O., S. 26.

51 A.a.O., S. 94.

52 Zum Begriff »Literaturtheologie« siehe: *Ernst Josef Krzywon*, Literaturwissenschaft und Theologie. Elemente einer hypothetischen Literaturtheologie, in: Stimmen der Zeit 192 (1974), S. 108–116; *Ralph P. Crimmann*, Literaturtheologie (Frankfurt 1978); *Karl-Josef Kuschel*, Theologie und Literatur heute: Themen und Konsequenzen, in: *Walter Jens/Hans Küng/Karl-Josef Kuschel* (Hrsg.), Theologie und Literatur (München 1986), S. 199–222.

53 *Karl-Josef Kuschel*, Theologie und Literatur heute, a.a.O., S. 218.

turell gedeutet werden«[54] können. Diese hier nur knapp skizzierte Methode bezieht sich grundsätzlich auf theologische Interpretation von Literatur im Rahmen des korrelativen Dialogmodells.
Eine *direkt stoffgeschichtliche Abhängigkeit* stellt freilich einen Sonderfall dar, hier muß von einer noch engeren Beziehung von Theologie und Literatur ausgegangen werden. Über die strukturelle Analogie hinausgehend zielt der Schriftsteller durch seine Stoffwahl ja bewußt auf einen konkreten Bezug zu seinem Vorbild. Jede moderne Hiobbearbeitung etwa setzt explizit oder implizit als Kontrastfolie eine zumindest rudimentäre Kenntnis des biblischen Hiobbuches voraus und verwirklicht gerade im konkreten Vergleich mit der Vorlage ihre inhaltlich und formal eigene Prägung und Pointierung.[55] Die Konsequenz für die Methodik dieser Arbeit ist eine *Aufwertung des direkten Vergleichs von biblischer Quelle und moderner literarischer Gestaltung*. Dabei gibt das Vorbild keineswegs die formal-ästhetische und theologisch-inhaltliche Richtschnur ab, an die sich alle Nachschöpfungen zu halten hätten – die dann letztlich doch nur ungenügend bleiben könnten. Der Vergleich öffnet vielmehr den Blick für die spezifischen Eigenheiten des jeweiligen Werks in seinem biographischen, historischen und soziokulturellen Kontext.
Was heißt dies konkret für den *Aufbau dieser Arbeit*? Um der Gefahr einer jeden rezeptionsgeschichlichen Darstellung zu entgehen, eine simple Aufzählung von Stoffbearbeitungen zu liefern, stellt sich diese Arbeit, wie oben benannt, unter den zusätzlichen Anspruch der Problemorientiertheit. Daher wird das spezifisch theologische Hiobproblem als solches herauszuarbeiten sein. Zunächst wird ein Blick auf die Quelle, auf das biblische Hiobbuch, als Grundlegung der späteren Ausführungen und Vorbedingung für spätere Vergleiche notwendig. Dabei sind im Rahmen dieser Untersuchung keine exegetischen Einzelerörterungen möglich oder sinnvoll, vielmehr sind die konsensfähigen Ergebnisse der Fachexegese heranzuziehen. Welche Struktur hat das Hiobbuch, was ist das biblische Hiobproblem, wie stellt sich das Hiobproblem übertragen in die Gegenwart dar?
Nach dieser Betrachtung und Auslegung des biblischen Hiobbuches *als* Literatur erfolgt dann im Hauptteil dieser Arbeit der umfassende Blick auf das Buch Hiob *in* Literatur unter den folgenden erkenntnisleitenden Fragestellungen:

- Welche der einzelnen Strukturmerkmale der Hiobdichtung wurden wann und wo aufgegriffen, wie gestaltet, wodurch erweitert, warum gerade zu dieser Zeit, auf diese Weise und von diesem Autor?
- Enthält die inhaltliche Struktur des Vorbildes stoffimmanente Ausdeutungspotentiale, die quasi notwendigerweise zu bestimmten Ausgestaltungen führen?

---

54 A.a.O., S. 217.

55 Genau diesen Punkt vernachlässigt *Schrader* auf Kosten schon allein des tieferen Verständnisses der literarischen Werke.

- Sind einige der vorgegebenen Strukturmomente heute literarisch gar nicht mehr glaubhaft darstellbar?
- Müssen sie verfremdet, erweitert, umgestaltet werden, um glaubhaft zu sein?
- Bieten sich neue Figuren als Spiegelgestalten des biblischen Geschehens an?
- Wer sind die Hiobs des 20. Jahrhunderts?
- Muß eine heute überzeugende Antwort auf Hiobs Fragen literarisch und inhaltlich anders ausfallen als in der biblischen Zeit, um einen »modernen Hiob« zu überzeugen?[56]

Einige *methodische Vorentscheidungen* für die Präsentation der Hiobliteratur im Rahmen dieses Hauptteils sind unumgänglich:

1) Welche literarischen Werke werden nach welchen *Auswahl- und Ordnungsprinzipien* vorgestellt? – Eine rezeptionsgeschichtliche Arbeit *muß* auswählen. Zwar konnte Hans Ehrenberg noch 1952 fragen, »warum in aller Welt ist die Ausbeute an Hiobliteratur so unwahrscheinlich klein?«[57], doch basiert die implizite Behauptung auf mangelhaften Recherchen. Die Hiob-Literatur erweist sich im Gegenteil als so umfangreich, daß unmöglich alle Werke ausführlich vorgestellt werden können. Zwar wird eine möglichst flächendeckende bibliographische Erfassung angestrebt, doch zur ausführlicheren Darstellung sollen nur solche Werke herangezogen werden,
   - die durch literarische Qualität und Wirkung herausragen;
   - in denen Hiob eine zentrale Bedeutung für das Werk oder die Biographie eines bekannten Autors zukommt;
   - die repräsentativ als Typus einer bestimmten Tradition fungieren oder individuell in ihrer Originalität eine Besonderheit darstellen.

   Im Einzelfall wird auf diese Kriterien zurückzukommen sein. Alle übrigen Werke können nur erwähnt und gegebenenfalls in den Anmerkungen kurz charakterisiert werden.
2) Unter dem Begriff »Hiob-Literatur« sollen hier nur solche literarischen Werke erfaßt werden, in denen *ein direkter Bezug zum biblischen Vorbild* erkennbar ist. Diese Vorgabe bedeutet den Ausschluß der Werke solcher Autoren, die in einer indirekt-archetypischen Traditionslinie dem Hiobbuch folgen (z.B. Peter Weiss, »Wie dem Herrn Mockingpott das Leiden ausgetrieben wurde«), bei denen Hiob eher eine Interpretationskategorie als eine direkte stoffliche Vorlage ist (z.B. Camus, Sartre[58], Kafka, Th.

[56] So die Vermutung des katholischen englischen Romanciers *David Lodge*, in: ders., How Far Can You Go? (London 1986), S. 108.

[57] *Hans Ehrenberg*, a.a.O., S. 69.

[58] Der einzige – aber hochinteressante – direkte Textbezug *Sartres* zum Hiobbuch findet sich in dem Orest-Drama »Die Fliegen« von 1943. Auf dem Höhepunkt der Orestschen Revolte erscheint Jupiter, dem eine auf Textebene eindeutige Neufassung der Gottesreden des Hiobbuches in den Mund gelegt wird (S.179f.). Auch hier wird zur Relativierung der mensch-

Mann[59], Joyce[60]), oder die von Literaturkritikern aufgrund archetypisch-atmosphärischer Ähnlichkeiten als »Zeitgenossen Hiobs« bezeichnet werden (z.B. Beckett[61]). Diese methodische Vorentscheidung verschließt zwar manche interessanten Vergleichsmöglichkeiten, ist aber notwendig, um Beliebigkeit der Auswahl und Zufälligkeit der Untersuchungsgegenstände von vornherein auszuschließen.

3) Einer stoffgeschichtlichen Arbeit bieten sich prinzipiell zwei *Verfahren zur Darstellung* der in Frage kommenden Literatur an, der »Längsschnitt« und der »Querschnitt«[62]. Während der Längsschnitt die Werke in chronologischer Folge nacheinander aufreiht, ordnet sie der Querschnitt unter thematisch verbindenden Gesichtspunkten nebeneinander. Kann man im ersten Fall besonders gut die Motiv*entwicklung* verfolgen, so bietet das zweite Verfahren den Vorteil der *problemorientierten Transparenz*, des thematisch-strukturellen Vergleichs. Diese Arbeit bevorzugt eine *Mischform*. Im »Panoramablick« wurde schon darauf hingewiesen, daß die literarische Rezeption des Hiobbuches im 20. Jahrhundert in durchaus deutlich abgrenzbaren *Rezeptionsschüben* erfolgt. Zum Teil fallen hier somit zeitliche und thematische Gruppierungskriterien zusammen. Drei solcher *chronologisch wie problemverbundener Rezeptionsschübe* kristallieren sich heraus. Zunächst fungiert Hiob in der Zeit während und nach dem Ersten Weltkrieg (1914–1935) als Kronzeuge der zerbrechenden Weltsicht der Moderne. Später (1930–1960) erscheint er als literarischer Stammvater speziell des jüdischen Volkes, besonders angesichts des Holocaust. Schließlich wird Hiob zum Vorgänger des auf eigene Antworten auf existentielle Lebensfragen verwiesenen zeitgenössischen Menschen (1945 bis heute).

4) Da die Autoren also in einem jeweils sehr genau bestimmbaren soziokulturellen, aber auch biographischen Kontext literarisch auf die Hiobfigur

---

lichen Probleme auf die Größe der Natur Gottes hingewiesen, angesichts derer die scheinbar berechtigten Proteste Orests sich radikal relativieren. Und selbst wenn Orest sich Jupiter – im Gegensatz zu Hiob – nicht beugt, erkennt er wie dieser: »Die Wörter, die ich sage, sind zu groß für meinen Mund, sie sprengen mich.« (S.184) Vgl. *Jean-Paul Sartre*, Bariona oder Der Sohn des Donners. Ein Weihnachtsspiel / Die Fliegen. Drama in drei Akten (Reinbek 1991), S. 95–189.

59 Vgl. hierzu den – wenig überzeugenden – Aufsatz von *Morris Stockhammer*, Thomas Mann's Job – Jacob, in: Judaism 8 (1959), S. 242–246. Stockhammer erkennt in der Schilderung des leidenden Jakob aus Manns »Joseph und seine Brüder« einige direkte textliche Übernahmen von Motiven aus dem Hiobbuch, ohne daß dieser Bezug jedoch im Text selbst aufgedeckt würde.

60 Eine – wiederum wenig überzeugende – literarische Abhängigkeit von *Joyce* in bezug auf Hiob versucht aufzuzeigen: *F.X. Newman*, The Land of Ooze: Joyce's »Grace« and the »Book of Job«, in: Studies in Short Fiction IV (1966), S. 70–79.

61 Vgl. *Eugène Ionesco*, Lorsque J'écris, in: Notes et contre-notes (Paris 1966), S. 233 :«Oui, c'est … Job, ce contemporain de Beckett«.

62 Siehe hierzu: *Elisabeth Frenzel*, Stoff- und Motivgeschichte (Berlin [2]1974), S. 142–146.

zurückgreifen, kann das literaturinterpretatorische *Prinzip der Werkimmanenz*, manchmal in stoffgeschichtlichen Arbeiten durchaus adäquat, hier *nicht ausreichen*. Vielmehr wird in den meisten Fällen sowohl der Zeitkontext als auch die spezifische Lebenssituation des jeweiligen Autors zu berücksichtigen sein, einerseits, um dem literarischen Werk als solchem gerecht zu werden, und andererseits, um die Rezeptionsbedingungen und -prinzipien der Hiobfigur aufzeigen zu können. Wie bei kaum einer anderen Figur verbindet sich bei Hiob die biographische Betroffenheit oder sogar Identifikation mit der literarischen Gestaltung.

Der Hauptteil dieser Untersuchung wird sich der Darstellung und Interpretation der spezifisch literarischen Hiobbearbeitungen widmen. Um das Gesamtbild der Hiobrezeption wiederzugeben, wird jedoch in zwei *Exkursen* versucht, zwei eng mit der Literatur verzahnte und inhaltlich wie strukturell hiervon kaum abzutrennende weitere Bereiche zumindest im Überblick anzudeuten: Einerseits die nichtliterarische jüdische Hiobrezeption angesichts des Holocaust, andererseits das – im weitesten Sinne verstandene – philosophische Aufgreifen Hiobs besonders nach dem Zweiten Weltkrieg.

In all diesen Werken spiegelt sich eine vieldimensionale und polyperspektivische Herausforderung an die Theologie, die in einer *zweifachen dialogischen Korrelation* an die Theologie zurückgebunden werden soll. Zunächst wird die Hiobliteratur mit dem biblischen Hiobbuch selbst in eine *erste korrelative Beziehung* gesetzt: Welche gegenseitigen Herausforderungen und Neuerkenntnisse ergeben sich aus der jeweiligen Spiegelung? Aus dieser ersten Korrelation wird sich neu erschließen, was von Hiob unter Berücksichtigung sowohl des alttestamentlichen Buches als auch der literarischen Bearbeitungen des 20. Jahrhunderts theologisch zu lernen wäre.

Das Ergebnis dieser ersten Korrelation soll dann in einem letzten Schritt in eine *zweite Korrelation* eingebracht werden, in der die zuvor benannte Hiobherausforderung mit spezifisch christlichen Hiobdeutungen korreliert wird. Werden diese den formulierten Anforderungen gerecht, fordern sie ihrerseits die zuvor getroffenen Aussagen heraus? Und wie kann schließlich ein *spezifisch christliches Hiob-Profil* aussehen? Eine derartige zweite Korrelation könnte genausogut mit philosophischen oder jüdisch-theologischen Hiobdeutungen durchgeführt werden. Es geht dabei also nicht um eine schlußendlich christliche Lösung, eine alles abschließende christliche Antwort auf sämtliche zuvor benannten Probleme – das wäre schon angesichts der Tatsache, daß sehr viele literarische Hiobbearbeitungen von jüdischen Autoren stammen, völlig unpassend. Es geht vielmehr um das zumindest grundsätzliche Aufzeigen der Möglichkeit, wie man christlich-theologisch auf die herausgearbeitete Hiobherausforderung eingehen kann. Nur so, in der Annahme der Herausforderung, kann der postulierte dialogische Charakter dieser Arbeit, der Brückenschlag zwischen Literatur und Theologie, am Beispiel Hiobs eingelöst werden.

## 4. Der Hiob der Bibel

Dem vielstimmigen Chor des Lobpreises zum Trotz: Jenem Leser, der zum ersten Mal das hochgerühmte Hiobbuch lesen möchte, bietet sich zunächst ein schier undurchdringbares textliches Wirrwarr.[63] Nicht wenige Leseversuche enden spätestens im fünften Kapitel des über achtmal so langen Buches. Selbst Fachleute müssen nach intensiver Beschäftigung mit dem Buch zugeben, daß der Text unendlich viele Probleme bereitet, daß die Originalfassung über weite Strecken nicht mehr rekonstruierbar ist, daß seine Urbedeutung im Dunkeln bleibt und daß viele Passagen schlichtweg rätselhaft sind. Der amerikanische Exeget Marvin H. Pope resümiert zutreffend: »Das Buch Hiob ist textlich gesehen das schwierigste des Alten Testamentes.«[64] Ein klärender Blick auf den Text und die theologische Auslegung des biblischen Buches wird somit unumgänglich. Auch für den Alttestamentler Franz Hesse »erweist sich dieses Buch als ein vielfach zusammengesetztes, manche Fragen aufgebendes Gebilde«[65]. In der Beantwortung dieser Fragen sind sich die Exegeten selbst freilich alles andere als einig, im Gegenteil: Vielfach steht Hypothese neben Hypothese. Für den Nichtexegeten ist die Forschungslage nur schwer überschaubar.

Aber Nachfrage: Ist ein solcher Überblick im Rahmen einer rezeptionsgeschichtlich orientierten Arbeit überhaupt möglich, notwendig oder sinnvoll? Hat nicht der große amerikanische Literaturkritiker Northrop Frye recht, wenn er die Beachtung binnenexegetischer Probleme für die speziell literarische Rezeption als unnötig erklärt: »Vermutungen darüber, wie die Dichtung ursprünglich ausgesehen oder was sie bedeutet haben mag, sind überflüssig, denn es ist allein die Fassung, die wir kennen, die irgendeinen Einfluß auf unsere Literatur ausgeübt hat.«[66] Der protestantische Exeget Curt Kuhl erhebt freilich Einspruch gegen eine solche Simplifizierung des Problems. Für ihn ist die Beantwortung der »Frage, ob alle diese Teile eine Einheit bilden oder ob und in welchem Umfang sie als selbständige Einzelstücke anzusprechen sind, … von eminenter Wichtigkeit«[67]. – Wichtig auch hinsichtlich der Rezeption? Was also gilt?

Die folgenden Leitlinien mögen unseren Umgang mit den exegetischen Problemstellungen offenlegen :

– Exegetische Hypothesen zu prüfen, kann nicht Aufgabe einer *rezeptions-*

---

[63] Einen sehr guten Überblick über Forschungsstand und Literatur gibt: *Jürgen Ebach*, Hiob/Hiobbuch, in: Theologische Realenzyklopädie, Bd. 16 (1986), S. 360–380. Lit!

[64] **Marvin H. Pope*, The Book of Job (New York ³1980), S.XLIII.

[65] *Franz Hesse*, Hiob (Zürich 1978), S. 8.

[66] **Northrop Frye*, Anatomy of Criticism (New York 1967), S. 189. Ähnlich argumentiert *Schrader*, wenn sie davon ausgeht, daß die »Mühen der theologischen Literarkritik und Traditionsgeschichte … für die rezipierende Dichtung kaum relevant« seien. Vgl. *Ulrike Schrader*, Die Gestalt Hiobs in der deutschen Literatur, a.a.O., S. 5.

[67] *Curt Kuhl*, Neuere Literarkritik des Buches Hiob, in: Theol. Rundschau 21(1953), S. 186.

*geschichtlich orientierten Arbeit* sein. Vielmehr wird in dieser Präsentation auf weitgehend konsensfähige Ergebnisse der exegetischen Diskussion zurückgegriffen.

- Die *entstehungsgeschichtlichen Probleme* des zu behandelnden Buches sind dennoch nicht belanglos und zu vernachlässigen.
- Für die *problemgeschichtliche Orientierung* dieser Arbeit ist es vielmehr von entscheidender Bedeutung, daß die kontroverse Auslegungsgeschichte des Buches Hiob in seiner eigenen Entstehungsgeschichte selbst begründet liegt. Schon in der Entstehung des Buches selbst spiegelt sich der spätere Streit um unterschiedliche Auslegungen und Lösungsversuche des aufgeworfenen Problems.
- Diese unterschiedlichen, ja *gegenläufigen Traditionsströme* im Hiobbuch sind in einer Strukturanalyse darzustellen, um sie in der späteren Rezeptionsgeschichte wiedererkennen zu können.
- Eine derartige *Strukturanalyse* wird zudem die scheinbare textliche Undurchschaubarkeit im Rahmen legitimer Vereinfachungen, Gruppierungen und Schwerpunktsetzungen zu entwirren versuchen.

## Strukturanalyse: Form und Inhalt

Angesichts der Komplexität des Hiobbuches wäre eine – ansonsten wünschenswerte – narrative Präsentation hier nicht angemessen. Mit Hilfe der folgenden Strukturanalyse kann hingegen einerseits der innere literarische Aufbau des Buches analysiert, andererseits aber auch sein komplexer Entstehungsprozeß und sein geistesgeschichtlicher Kontext veranschaulicht werden. Das Schaubild versucht, die komplexe Struktur des Hiobbuches anhand von neun Blöcken aufzuzeigen. Die *Dreiteilung* in der Vertikalen ist vom Buch selbst vorgegeben, mit der Einteilung in Prolog, Hauptteil (»Hiobdichtung«) und Epilog. Dieser vertikalen Dreiteilung wird in unserem Schaubild eine weitere Dreiteilung in der Horizontalen beigeordnet.

Die erste Spalte gibt Auskunft über die *literarische Form* der einzelnen Teile des Hiobbuches. Die Rahmenerzählung ist in Prosa gehalten, die Dichtung hingegen in Versen geschrieben. Innerhalb der Versdichtung lassen sich weitere Formelemente näher bestimmen: die Klagerede Hiobs, die den Hauptteil einleitet, die drei dialogischen Redegänge Hiobs mit den Freunden Elifas, Bildad und Zofar, das Loblied auf die Weisheit, die Schlußreden Hiobs, die Elihu-Reden, die literarisch eigenständigen Gottesreden sowie die Antworten Hiobs.

Diesen Formelementen werden in der zweiten Spalte *inhaltlich bestimmte Strukturelemente* zugeordnet. Diese 15 Topoi gehören unverzichtbar zum Hiobbuch, sie bilden sein essentielles Handlungsgerüst. Auffallend ist dabei, daß sich eine stets wechselseitige Zuordnung zwischen Hiob-zugehörigen Elementen einerseits und denen seiner wechselnden »Gegenspieler« andererseits ergibt. Das scheinbare Wirrwarr, die vorgebliche Strukturlosigkeit des

# Das Buch »Hiob« – Strukturanalyse

| | Form | Strukturelement | Thema |
|---|---|---|---|
| **Prolog**<br>1.1–2.13 | **Prosa:**<br>Erzählung | **Situation Hiobs:**<br>1. Glück in Gottesfurcht<br>3. Schicksalswende: Leiden<br>5. Demut<br><br>**Gegenspieler:**<br>2. Prüfung (Satan/Gott)<br>4. Verfluchungsratschlag (Frau)<br>6. Besuch (Freunde) | **These Satans:**<br>Nur der ist fromm, dem es gut geht.<br>**Gegenthese Gottes:**<br>Hiob wird jeder Prüfung standhalten. Damit ist Satans Behauptung widerlegt. |
| **Hauptteil**<br>3.1–42.6 | **Versdichtung:**<br>Klagerede Hiobs (3)<br>Drei Redegänge (4,1–31,40)<br>Lied der Weisheit (28)<br>Schlußrede Hiobs (29–31)<br>Zwischenspiel Elihu (32–37)<br>Zwei Gottesreden (38,1–41,26)<br>Zwei Antworten Hiobs (40,3–40,5; 42,1–42,6) | 7. Klage<br>8. Verteidigungsrede (Freunde)<br>9. Anklage<br>10. Beschuldigung (Freunde)<br>11. Prozeßbitte<br>12. Schöpfungsrevue (Gott)<br>13. Einlenken | **These der Freunde:**<br>Es besteht ein Tun-Ergehen-Zusammenhang. Gott hält sich an die Spielregeln menschlicher Moral.<br>**Gegenthese Hiobs:**<br>Schon *ein* unschuldig Leidender widerlegt den Tun-Ergehen-Zusammenhang. Dennoch muß Gott ein »moralischer Gott« sein. Unschuldiges Leiden muß ein fehlerhaftes Versehen im Schöpfungsplan sein. Darauf aufmerksam gemacht, wird Gott die Gerechtigkeit wieder einsetzen. |
| **Epilog**<br>42.7–17 | **Prosa:**<br>Erzählung | 14. Rechtfertigung Hiobs (Gott)<br>15. Schicksalswende: Glück | **Synthesen:**<br>Hiob besteht die Prüfung. Seine Fragen, Klagen und Zweifel werden von Gott bestätigt als »recht Reden von Gott«.<br>Hiob und die Freunde haben unrecht. Gott steht außerhalb des Tun-Ergehen-Zusammenhangs. Er ist frei und schöpfungsmächtig. Doch dieses Geheimnis ermöglicht Leben. |

Buches, offenbart sich so als dialogisches Ordnungsgefüge, in dem Hiob der jeweils auf Fremdeinwirkungen Re-agierende ist.
Der Prolog schildert zunächst die *Ausgangsposition*: Hiob ist ein »untadeliger und rechtschaffener«(1,1) Mann, gottesfürchtig, erfolgreich und lebenszufrieden. Dieser Zustand wird jäh zerstört, als Jahwe und Satan Hiob zum Objekt einer *Prüfung* machen. Wird der fromme »Knecht«(1,8) Hiob Jahwe auch dann treu bleiben, wenn sein Glück von Satan, dem Versucher, zerstört wird? Hiobs Lebensglück zerfällt in dramatischer Abfolge: Sein Besitz wird zerstört, seine Kinder sterben, er selbst wird mit der schlimmstmöglichen Krankheit geschlagen. Er wird zum archetypischen Bild des größtmöglichen menschlichen Leidens. In sprichwörtlich gewordener Geduld und Demut akzeptiert er sein Schicksal: »Der Herr hat gegeben, der Herr hat genommen: gelobt sei der Name des Herrn«(1,21). Wird er aber auf Dauer die grausame Prüfung, die ihm als solche nicht einmal bekannt ist, bestehen? Seine Frau rät ihm: »Lästere Gott, und stirb«(2,9). Er aber hält unverändert an seinem Glauben fest: »Nehmen wir das Gute an von Gott, sollen wir dann nicht auch das Böse annehmen?«(2,10) Nachdem ihm seine Frau nicht helfen konnte, bleibt ihm noch die Hoffnung auf eine letzte menschliche Stütze. Drei Freunde kommen zu Besuch, um mit ihm sieben Tage und Nächte lang sein Leid in Trauer und stummem Schmerz zu teilen.
Plötzlich der *Bruch* im Buch! Der eben noch demütige Dulder beklagt unerwartet in einem Schöpfungsfluch den Tag seiner Geburt (3). Ein derartiger *Fluch*, der das Buch an den »äußeren Rand des Judentums«[68] trägt, muß die bislang mitfühlenden Freunde zum Widerspruch reizen. Sie verteidigen ihr angegriffenes Gottesbild: Hiob habe unrecht, die Welt sei keineswegs, wie er es unterstelle, ungerecht und undurchschaubar. Im Gegenteil: Gerechte würden belohnt, Ungerechte bestraft. Diese für Hiob unerträgliche, weil als falsch erkannte »Theologie« steigert seine Klage zur *An-Klage*. Ein Gott, der die ihm widerfahrene Ungerechtigkeit dulde oder gar selbst herstelle, sei ein »Frevler«(9,24). Die Freunde können diesen ungeheuerlichen, für sie blasphemisch klingenden Vorwurf nicht auf sich, geschweige denn »auf Gott« sitzen lassen. Im Gegenteil, ihrer Logik zufolge muß Hiob selbst ein Frevler sein, warum sonst werde er schließlich mit Leid geschlagen? Er solle nur seine Schuld eingestehen, dann würde ihm schon Gerechtigkeit widerfahren.
Wie etwas bekennen, von dem Hiob weiß, daß es nicht vorliegt? »Schuldlos bin ich«(9,21)! Hiob erkennt, daß eine weitere Auseinandersetzung mit den Freunden fruchtlos bleiben muß, schon bislang lag eher eine Schein-Kommunikation vor, kein argumentatives Aufeinander-Eingehen. Kein Mensch vermag ihm zu helfen, so bleibt der letzte Appell an Gott selbst. Hiob bittet in einem »Moment von Fast-Schizophrenie«[69] um einen *Prozeß* (vor Gott und ge-

68 *George Steiner*, Der Tod der Tragödie [1]1961(Frankfurt 1981), S. 9.
69 **Dermot Cox*, Man's Anger and God's Silence, The Book of Job (Middlegreen 1990), S. 65.

gen Gott!), in dem er jenem seinen Fehler demonstrieren werde mit der inneren Sicherheit, sein, Hiobs, Recht zu bekommen: »Seht, ich bringe den Rechtsfall vor; ich weiß, ich bin im Recht«(13,18). Diese letzte Hoffnung wider alle Hoffnung flackert besonders an zwei Stellen auf: in der Hoffnung auf einen »Zeugen im Himmel«(16,19), der als sein Fürsprecher eintreten wird, und in der Hoffnung auf den »goel«, den »(Er-)Löser (19,25), der ihn aus seinem Elend auslösen wird. Hiobs Hoffnung wird freilich immer geringer, doch unermüdlich – schon selbst kaum noch an einen Erfolg glaubend – fordert er seinen höchsten Prozeß ein: »Gäbe es doch einen, der mich hört. Das ist mein Begehr, daß der Allmächtige mir Antwort gibt«(31,35).
Das kaum Erhoffte geschieht – Gott antwortet aus dem Wettersturm. Antwortet? Generationen von Hiob-Interpreten waren in der Verlegenheit, die scheinbare Unangemessenheit der *Gottesreden* zu verteidigen. »Wir müssen«, so etwa Heinz Beckmann, »voller Unruhe eingestehen, daß Hiob im menschlichen Sinne und nach menschlichem Ermessen überhaupt keine Antwort bekommt«[70]. Denn Gott stellt sich nicht dem von Hiob eingeforderten Prozeß, sondern antwortet mit einer »Imponiergebärde«[71], einer »Zurschaustellung von Macht und Größe«[72], indem er ihm die für den Menschen unfaßbaren Rätsel der Schöpfung vor Augen stellt. Er konfrontiert Hiob mit seiner allmächtigen Schöpfergröße: »Wo warst du, als ich die Erde gegründet? Sag es denn, wenn du Bescheid weißt.«(38,4)
Angesichts dieser Gottesreden erkennt Hiob, über Dinge geredet zu haben, »die zu wunderbar für mich und unbegreiflich sind«. Er widerruft seine »in Unverstand« geäußerte Prozeßbitte und seine Klagen, denn: »Vom Hörensagen nur hatte ich von dir vernommen; jetzt aber hat mein Auge dich geschaut.«(42,3–6).
Der Epilog schildert schließlich die äußere *Wiederherstellung* Hiobs. Zunächst wird ihm von Gott zugesprochen, daß er recht geredet habe von Jahwe(42,7), im Gegensatz zu den Freunden. Dann segnet Gott den Hiob, mehrt »den Besitz auf das Doppelte«(42,10), Hiob bekommt »sieben Söhne und drei Töchter«(42,13) und stirbt später glücklich, »hochbetagt und satt an Lebenstagen«(42,17).
Die hier näher aufgeführten 15 wechselseitigen Strukturelemente bestimmen unabdingbar das inhaltliche Gefüge des Buches. Sie, und nur sie. Strukturell nicht konstitutive Elemente sind beispielsweise das Weisheitslied, die Elihu-Reden (sie bringen inhaltlich nichts qualitativ Neues) und auch jene im Christentum meistdiskutierte Stelle des Buches, Vers 19,25: »Doch ich, ich weiß, mein Erlöser lebt«. Auf diesen Vers wird später ausführlicher einzugehen

---

[70] *Heinz Beckmann*, Godot oder Hiob (Hamburg 1965), S. 88.
[71] *Heinz Zahrnt*, Wie kann Gott das zulassen? Hiob – Der Mensch im Leid (München/Zürich 1985), S. 54.
[72] *Paul Claudel*, Das Buch Job, a.a.O., S. 23.

sein[73]. Er hat jedoch für den weiteren Verlauf der Handlung des Buches selbst keinerlei Bedeutung, etwa auch nicht in den Gottesreden oder dem gesamten Buchschluß.

## Zur Entstehungsgeschichte des Buchs

Auch wenn sich das Hiobbuch somit als ein durchaus sinnvolles Gefüge von aufeinander bezogenen Strukturelementen präsentiert, bleiben dennoch viele textliche Fragen offen.

- Wie kommt es zu der literarisch-formalen Vielfalt in diesem Buch?
- Warum verflucht der eben noch demütig-duldsame Hiob im dritten Kapitel den Tag seiner Geburt? Wie kommt es zu diesem scharfen, psychologisch unmotiviert scheinenden Bruch?
- Wie verhält sich das inhaltlich eigenständige, dem Hauptduktus entgegenlaufenden »Lied der Weisheit« zum Textganzen?
- Woher kommt plötzlich im 32. Kapitel des Buches der weitere Tröster Elihu?
- Wie läßt sich die scheinbare Inkongruenz der Gottesreden zum Hiobproblem des Dialogteils erklären?

Ursache dieser Textprobleme ist die komplexe Entstehungsgeschichte des Buches, an dem Autoren und Redaktoren vieler Jahrhunderte mitgearbeitet haben. Denn eine Einsicht erweist sich als einhelliger Konsens unter den ernstzunehmenden Exegeten: Das Buch Hiob ist nicht als Einheit entstanden, sondern in einem langwierigen und nur noch schwer rekonstruierbaren *Entstehungsprozeß*. Die logischen Sprünge, scheinbar gegenläufigen Aussagen, unterschiedlichsten Formelemente, unvermittelten Brüche und uneinheitlichen Sprachstrukturen lassen hier keinen Zweifel aufkommen. Curt Kuhl etwa bringt diese Einsicht auf den Punkt: »Die einzelnen Stücke stehen viel zu sehr neben- und gegeneinander, als daß man sie auf einen Generalnenner bringen könnte.«[74] Das im Hiobbuch verhandelte Problem ist dabei weit älter als die schriftliche Fixierung in der Bibel. Paralleltexte, die sich in vielen orientalischen Traditionen finden, lassen sich bis ins zweite Jahrtausend vor Christus zurückdatieren[75]. Im biblischen Kanon selbst wird der Name Hiobs zusammen mit Noah und Daniel als archetypisches Vorbild der Gerechtigkeit genannt (Ez 14,14.20), und die Formelhaftigkeit dieser Aussage läßt auf eine schon weit zurückreichende entsprechende Tradition schließen[76]. Die Ur-

---

[73] Zu den divergierenden Deutungen dieses vieldiskutierten Verses siehe z.B. *Georg Fohrer*, a.a.O., S. 317–322.

[74] *Curt Kuhl*, Vom Hiobbuche und seinen Problemen, in: Theologische Rundschau 22(1954), S.294.

[75] Vgl. *Hans-Peter Müller*, Das Hiobproblem (Darmstadt $^{2}$1988).

[76] Vgl. *Martin Noth*, »Noah, Daniel und Hiob« in Ezechiel XIV, in: Vetus Testamentum 1(1951), S. 251–260.

sprünge des Hiob-Stoffes reichen also ohne Zweifel weit zurück bis in die Anfangszeiten der hebräischen Überlieferungstradition.
Als spätestmögliches Ende des Entstehungsprozesses des Buches – ausgehend von mündlichen Volkstraditionen über erste schriftliche Fixierungen, Hinzufügungen, redaktionelle Überarbeitungen bis zur heute vorliegenden Endform – wird das Jahr *200 v. Chr.* angesetzt. Die Nennung Hiobs im Buche Jesus Sirach 49,9 setze nämlich eine solche Endform des Buches voraus.
Diese entstehungsgeschichtlichen Rahmendaten sind unter den Exegeten konsensfähig. Innerhalb dieses Rahmens jedoch herrscht eine beträchtliche Meinungs- und Hypothesenvielfalt. Welche Textteile sind älter, welche hinzugefügt, welche überarbeitet? Lag eine später dann oftmals veränderte Rahmenerzählung als »Hioblegende«[77] oder als »volkstümliche Überlieferung«[78] vor, und wurde die »Hiobdichtung«[79], der »Prozeß«[80] darin später eingefügt? Und gab es dann weitere spätere Einfügungen, wie »Das Lied der Weisheit« in Kapitel 28 oder die »Elihu-Reden« (Kapitel 32–37)? Lagen ursprünglich nur eine Gottesrede und eine Antwort Hiobs vor[81], oder ist gerade die Zweizahl und ihre inhaltliche Ausgestaltung notwendig[82] und im Rahmen des in der ganzen Buchstruktur nachweisbaren »Prinzips der vervollständigenden Verdoppelung«[83] – zwei Anklagen Satans, zwei Leiderfahrungen und Bewährungen Hiobs im Epilog, zwei Gottesreden, zweimaliges Einlenken Hiobs am Ende – konsequent? Ist die oftmals als unglaubwürdig empfundene »Wiederherstellung« Hiobs im Epilog unverzichtbar, oder gar ein »rückschrittlicher Erzählzug«[84], der Schlußpunkt einer »Reihe von Vergewaltigungen«, mit der die Endredakteure die unbequeme Dichtung verharmlosen wollten, um geradezu »das Gegenteil von dem zu bezeugen, was sie nach dem Willen ihres Gestalters hätte bezeugen sollen«[85]? Die folgenden Ergebnisse werden über die oben genannten Rahmendaten hinaus von einer Mehrheit der Exegeten für vertretbar gehalten:

– Rahmenerzählung und Dialogteil des Hiobbuches sind zwei ursprünglich eigenständige, zu verschiedenen Zeiten entstandene Textelemente. Eine – allerdings nicht unumstrittene – Mehrheitsmeinung geht davon aus, daß der Dialogteil – entweder von dessen Verfasser oder einem späteren Redaktor – in den älteren Rahmen eingefügt wurde.

77 *Georg Fohrer*, Das Buch Hiob, a.a.O., S. 29.
78 *Arthur Weiser*, Das Buch Hiob (Göttingen ⁴1963), S. 25.
79 *Franz Hesse*, a.a.O., S. 8.
80 *Fridolin Stier*, Das Buch Ijjob (München 1954), S. 224.
81 So z.B. *Georg Fohrer*, a.a.O., S. 38ff.
82 So z.B. *Othmar Keel*, Jahwes Entgegnung an Ijob. Eine Deutung von Ijob 38–41 vor dem Hintergrund der zeitgenössischen Bildkunst (Göttingen 1978).
83 *Hartmut Gese*, Die Frage nach dem Lebenssinn: Hiob und die Folgen, in: Zeitschrift für Theologie und Kirche 79 (1982), S. 161–179, hier: S. 164.
84 *Franz Hesse*, a.a.O., S. 9.
85 *Victor Maag*, Hiob (Göttingen 1982), S. 218.

- Von Rahmen und Dialogteil unabhängig – wenngleich nicht zwangsläufig jünger – und später in das Textganze eingefügte Elemente sind das »Lied der Weisheit« und die »Elihureden«.
- Der Dialogteil selbst ist uns nur mit vielfachen redaktionellen Umstellungen und letztlich unvollständig als Fragment überliefert. Die Rekonstruktion der möglichen Urform bleibt dabei stets ein nicht zu verifizierendes Experiment.
- Dieser Dialogteil wurde in seiner Urform von Gottesreden abgeschlossen. Ob von einer oder von zweien, und ob die jetzt vorliegenden diese Urform darstellen oder ihrerseits redaktionell überarbeitet oder erweitert wurden, muß offenbleiben.
- Eine Wiederherstellung Hiobs hat das Buch abgeschlossen. Wiederum ist fraglich, ob die heute vorliegende Form die ursprüngliche ist.

## Theologisches Thema und geistesgeschichtlicher Kontext

Neben den rein textlichen Fragen bleiben aber auch noch einige inhaltlich-theologische Fragen offen, viele literarisch-psychologische Plausibilitäten ungeklärt:
- Warum läßt sich der Gott des Hiobbuches überhaupt auf die Provokation des Satans ein und läßt die Prüfungen Hiobs zu? Aus Selbstbestätigungssucht?
- Warum widerruft Hiob seine Fragen, die doch scheinbar nicht beantwortet werden? Wie ist es zu verstehen, daß er einerseits »recht sprach« von Gott und andererseits »in Unverstand«?
- Wie kann Hiob sich am Ende dem Leben wieder zuwenden, nachdem seine ganze Familie getötet wurde? Wie einem Gott vertrauen, der ihn dieser Prüfung überließ?

Manche dieser Fragen, die auch für die Literaten, die sich mit dem Hiobbuch beschäftigen, immer wieder aufbrechen, behalten ihre herausfordernde Unabgeschlossenheit. Trotzdem soll hier versucht werden, die in diesen Fragen aufscheinenden Themenfelder über einen detaillierten thematisch-inhaltlichen Zugang auf der Basis der konkreten Textgrundlage zu erschließen. Ein Blick auf die letzte Spalte des Schaubildes soll die im Buch angesprochenen *Hauptthemen* offenlegen. Viel ist spekuliert worden über das eigentliche Thema dieses Buches, das nicht historische Begebenheiten schildert, sondern in religiös-didaktischer Absicht von Menschen mit bestimmten Überzeugungen und Intentionen verfaßt worden ist. Geht es um »das rechte Verhalten des Menschen im Leid«, oder abstrakt-allgemeiner um eine »innerbiblische Theodizee«, oder gar existential-konkret um das Problem der individuellen wie universalen »Erlösung«[86]? Im Hiobbuch stehen zwei Hauptthemen zur

---

[86] Zu diesen verschiedenen problemorientierten Hiobinterpretationen siehe: *Jürgen Kegler*,

Verhandlung an, die im dialektischen Schema These-Antithese-Synthese darstellbar sind. Es geht zum einen um die *anthropologische Ur-Frage*: »Wie ist die Stellung des Menschen im Weltganzen?« und zum anderen um die *theologische Ur-Frage*: »Wie ist Gott denkbar?«, verbunden durch den fiktiv zugespitzten existentiellen Extremfall menschlichen Leidens. Das Leid des Unschuldigen wird zum Ausgangspunkt der menschlichen Urfrage (»warum?«) nach Gott, nach einem aus Sicht des Menschen stimmigen und mit den Erfahrungen zu vereinbarenden Gottesbild. Einerseits muß sich dieses Gottesbild in der »Theodizee« bewähren, andererseits wird sich aber auch das richtige Verhalten des Menschen im Leid von diesem Gottesbild ableiten lassen.
Im Zentrum des Konflikts im Prolog des Hiobbuches steht die *Anthropologie*. Satan wettet, daß Hiob (als exemplarisch-typischer Vertreter der Menschheit) nur deshalb fromm sei, weil es ihm gut gehe. Die Religiosität des Menschen stehe also im direkten Zusammenhang mit ihrem zählbaren Nutzen. Jahwe hält dagegen, daß zumindest sein »Knecht« Hiob jeder entsprechenden Prüfung standhalten werde. Die menschliche Treue zu Gott sei unabhängig vom menschlichen Wohlergehen.
Im Hauptteil des Buches verschiebt sich die Perspektive. Nun geht es um die *Theologie*, um das Gottesbild des Menschen, das sich in der Extremerfahrung menschlichen Leidens bewähren oder gegebenenfalls korrigiert werden muß. Hiobs Freunde sind fest verankert im weisheitlichen Vorstellungsrahmen ihrer Zeit. Sie gehen von der Existenz eines *Tun-Ergehen-Zusammenhangs* aus[87]: So wie der Mensch sich verhält, so ergeht es ihm auch. Dem Guten geht es gut, dem Schlechten schlecht. Und auch umgekehrt: Wem es schlecht geht, der ist schlecht, und wem es gut geht, der ist gut. Garant dieses *doppelten »Vergeltungsglaubens«*[88] ist niemand anderer als Gott selbst, der sich somit an die Idealvorstellungen, die »Spielregeln« der Gerechtigkeit hält.
Theologiegeschichtlicher Hintergrund und *problemgeschichtlicher Kontext* dieser Vorstellung ist die alttestamentliche Weisheit. H.D. Preuß nennt als die *Hauptcharakteristika* der Weisheit:

- »Weisheitsliteratur und weisheitliches Denken wie Glauben sind nichts spezifisch Israelitisch-Alttestamentliches«;
- »Die Weisheitstexte der Umwelt Israels sind meist älter als die des Alten Testaments«;
- »Weisheitliches Denken und Glauben ... waren überwiegend an einen bestimmten Stand gebunden, nämlich den des weisheitlichen beamteten Schreibers«;

---

Hauptlinien der Hiobforschung seit 1956, in: *Claus Westermann*, Der Aufbau des Buches Hiob (Stuttgart $^{2}$1977), S. 20–24.

[87] Siehe hierzu: *Kurt Koch* (Hrsg.), Um das Prinzip der Vergeltung in Religion und Recht des Alten Testaments (Darmstadt 1972). Neuerdings auch: *Horst Dietrich Preuß*, Der Tun-Ergehen-Zusammenhang, in: ders., Theologie des Alten Testaments, Bd. I: JHWHs erwählendes und verpflichtendes Handeln (Stuttgart/Berlin/Köln 1991), S. 209–220.

[88] *Georg Fohrer*, a.a.O., S. 139.

- »alles wird durchdrungen und getragen von dem Suchen nach und dem Erkennen, Formulieren und Tradieren von Weltordnung schlechthin, im ethischen wie im kosmischen Bereich.«[89]

Dieser im Orient »internationalen« Lehr-Tradition geht es also um eine meistens unmittelbar praktisch-konkrete, verstandesmäßige Duchdringung von Welt und Ethos. Und zu diesen derart festgefügten Ordnungsvorstellungen gehört wesentlich der oben benannte, von den Freunden Hiobs postulierte »Zusammenhang von Tun und Ergehen«[90], der von einem gerechtigkeitsgewährenden Schöpfergott garantiert wird. Im Rahmen einer derartigen vernunfts-optimistischen Weltschau hatte eine solche Vorstellung ihren unverzichtbaren Platz.

Das biblische Hiobbuch spiegelt nun (genauso wie das Buch Kohelet) die *Krise dieser optimistischen Weltsicht*, den Verfall des Weisheitsdenkens, die Gefährdung des Glaubens an einen Tun-Ergehen-Zusammenhang. Eine solche Krise, wodurch immer sie auch ausgelöst sein mag, ob durch äußere Veränderungen der allgemeinen Lebensumstände in der nachexilischen Zeit, oder durch eine damit zusammenhängende oder auch von ihr ablösbare grundsätzliche Krise weisheitlichen Denkens, forderte die Hinwendung zu einem *neuen theologischen Denken*, zu einem fundamental erneuerten Gottesbild. Die Freunde fungieren dabei als Repräsentanten der alten Theologie, der alten Ordnung.

Hiobs Position bezüglich der Frage eines Tun-Ergehen-Zusammenhangs ist schwieriger darstellbar. Einerseits erkennt er, daß ein solcherart postuliertes Prinzip nicht bestehen kann, da dieses angebliche Gesetz schon durch ein Gegenbeispiel – sein eigenes unschuldiges Leiden – außer Kraft gesetzt zu sein scheint. Doch Hiob geht weiter. Nicht nur gibt es *ein* Gegenbeispiel, nein, das genau gegenteilige Prinzip scheint zu herrschen: Fromme leiden und Ungerechte genießen ein sorgenfreies Leben. Franz Hesse: »Das, was nach der Vergeltungsordnung das Selbstverständlichste von der Welt sein muß, daß nämlich dem Frommen Heil widerfährt, während der Frevler ins Verderben rennt, ist in jeder Hinsicht aufgehoben und ins Gegenteil verkehrt.«[91]

Gerade in diesen grundsätzlichen Erwägungen wird Hiob somit zum Kronzeugen der Erschütterung des weisheitlichen Weltbildes. Hat er aber damit zugleich Abschied genommen von dem nunmehr unhaltbar gewordenen weisheitlichen Gottesbild? Nein, denn seinen stürmisch vorgetragenen Behauptungen folgt die nicht minder stürmische Bitte um Widerlegung: der scheinbaren Erkenntnis folgt der Wunsch nach dem Aufweis eines Denkfehlers. Genausowenig wie die Freunde kann Hiob das alte Denkschema des Tun-Ergehen-Zusammenhangs hinter sich lassen. Der katholische Theologe

---

89 *Horst Dietrich Preuß*, Einführung in die alttestamentliche Weisheitsliteratur (Stuttgart 1987), S. 29.

90 A.a.O., S. 22.

91 *Franz Hesse*, a.a.O., S. 137.

Fridolin Stier erkennt: »In theologischem Betracht sehen Ankläger wie Verteidiger Gott in ein und demselben ›Bilde‹. Die Drei behaupten die Integrität dieses ›Bildes‹, Ijjob verlangt seine Redintegration.«[92] Deshalb die Prozeßbitte: Hiob könnte in einem solchen Prozeß den an ihm erfolgten Fehler im System aufzeigen, um im Rahmen einer Wiederherstellung des Prinzips als Gerechter belohnt zu werden. Hier liegt die raffinierte Spitzfindigkeit der theologischen Struktur des Hiobbuches: Hiob insistiert letztlich wie seine Freunde auf der Gültigkeit der Weisheit. Das weisheitliche Welt- und Gottesbild ist durch Hiob zwar erschüttert, in den Dialogen aber keineswegs aus den Angeln gehoben.

Die Gotteserscheinungen, die Reaktionen Hiobs und der Epilog liefern die »synthetischen« Erkenntnisse des Hiobbuches. Wie es zu diesen Synthesen genau kommt, ist exegetisch umstritten. Allgemein anerkannt wird die Ursprünglichkeit und strukturelle Unverzichtbarkeit des Erscheinens Gottes am Ende des Buches. Aber ist schon allein die *Theophanie* als solche die Antwort auf Hiobs Fragen[93]? – Vers 42,5 scheint diese Lesart zu bestätigen: »aber nun hat mein *Auge* dich *geschaut*«. Die in Vers 19,26 ausgesprochene Letzthoffnung Hiobs, »Gott zu schauen«, hat sich hiermit erfüllt. Die Mehrheit der Exegeten geht aber inzwischen von der Ursprünglichkeit und Notwendigkeit von vielleicht ursprünglich einer, wahrscheinlich aber dieser zwei Gottes-*Reden* aus und betont konsequenterweise gerade die Bedeutung deren *Inhaltes*. Wie aber ist dieser Inhalt, diese Schöpfungsrevue konkret zu deuten?

Eines ist zunächst festzuhalten: In der Binnenlogik der vorliegenden Endform des Buches selbst führen diese Gottesreden stimmig zu einem Einlenken Hiobs. Der biblische Hiob hält – im Gegensatz zu vielen Lesern – seine Anliegen für beantwortet. Zwei Ergebnisse des Geschehens um Hiob werden im Epilog festgehalten. Unbezweifelbar wird erstens festgestellt: *Hiob hat recht geredet von Gott* (42,7), er hat die Prüfung bestanden (so daß Satan im Epilog gar nicht mehr auftreten muß). Das kann aber doch zunächst nur bedeuten, daß seine *Sprachformen*, seine Klagen, Fragen und Zweifel, im Rahmen seines Ringens um und mit Gott als legitime religiöse Sprachformen bestätigt werden.

Zweite Feststellung auf der Textebene des Hiobbuches jedoch: *Die Freunde haben nicht recht geredet von Gott* (42,7). Das aber kann doch nur dies heißen: Ihre Annahme der Existenz eines in jedem Falle aufschlüsselbaren Tun-Ergehen-Zusammenhangs erweist sich als unhaltbar. Wenn sie unrecht erhalten, dann in bezug auf diese zentrale, immer wieder vorgetragene und von ihnen nur geringfügig variierte Grundüberzeugung. Und mit dieser Erkenntnis löst sich nun auch ein scheinbarer Widerspruch in der Haltung Hiobs. Denn

---

92 *Fridolin Stier*, a.a.O., S. 238.

93 Vgl. als Beispiel einer solchen Deutung: *Ernst Gerhard Rüsch*, Das Problem des Tragischen in christlicher Sicht, in: Theologische Zeitung 10 (1954), S. 352: »Sein Kommen, sein Erscheinen an sich ist die Lösung.«

warum widerruft er, wenn er doch recht geredet hat von Gott? Und warum hat er in Unverstand geredet über Dinge, die zu wunderbar und unbegreiflich sind für ihn – und hat doch recht geredet? Weil er, wie die Freunde, *inhaltlich* dem weisheitlichen Schema des Tun-Ergehen-Zusammenhangs verhaftet blieb, indem er dessen Wiederherstellung einforderte. Weil er also provokatorisch dessen Nicht-Bestehen proklamierte und genau darin – gegen seine Intention – inhaltlich recht hatte. Hiob widerruft, weil er erkannt hat, daß seine Intention, die Wiedereinsetzung des Tun-Ergehen-Zusammenhangs, nicht mit Jahwes Weltordnung zusammenpaßt. Und er hat recht geredet von Gott, weil genau das, was er provokativ behauptete, die Existenz einer Weltordnung nämlich, in der ein solches für den Menschen erkennbares Prinzip eben nicht herrscht, tatsächlich von Jahwe im Sinne einer höheren, göttlichen Weisheit bestätigt wird. Denn dies ist unwiderruflich eine Haupterkenntnis des Hiobbuches: Gott bezeugt sich »als außerhalb des menschlichen Begreifens stehend ..., damit aber auch als außerhalb eines postulierten oder erhofften Tun-Ergehen-Zusammenhangs«[94], so H.D. Preuß. Die Gottesreden heben diesen Vorstellungsrahmen im hegelschen Sinne auf in eine höhere göttliche Ordnung, die sich dem menschlichen Begreifen entzieht, in die sich der Mensch aber, wie Hiob, in letztlichem Vertrauen fügen kann. Der 1922 zum Katholizismus konvertierte englische Schriftsteller Gilbert K. Chesterton (»Father Brown«) spürt nach, wie Jahwe die Erwartungshaltung Hiobs unterläuft: »Anstatt Hiob zu beweisen, daß dies eine verstehbare Welt ist, besteht Er darauf, daß es eine Welt ist, die noch viel undurchschaubarer ist, als Hiob es je geahnt hätte.«[95]

Drittes Ergebnis der Hiobauseinandersetzung: Das Geheimnis jedoch, das hinter dieser Einsicht aufscheint, ist das gerade so lebensermöglichende Mysterium Gottes. Gott, der Nicht-Einordbare, ermöglicht gerade so geglücktes Leben, jenseits von kalkulierbarer Vernünftigkeit und schematisierbarer Berechenbarkeit. Der jüdische Exeget Robert Gordis fühlt die Sinntiefe dieser Erkenntnis: »Nicht nur *ignoramus* ..., sondern *ignorabimus* ... Und der Dichter geht weiter. Er ruft uns auf zum *gaudeamus* angesichts der Schönheit der Welt, obwohl ihre Struktur uns nur zum Teil offenbart wurde.«[96] Und aus diesem Grund ist das Hiobbuch letztendlich eben nicht, wie es Katharine J. Dell in einer jüngst veröffentlichten Studie zu beweisen versucht[97], ein im Tiefsten skeptisches Werk, sondern gerade die Überwindung einer solchen skeptisch-pessimistischen Grundhaltung. »Warum nach Vernunft Ausschau halten«, so die provokative Quintessenz des an der Gregoriana lehrenden ka-

---

94 *Horst Dietrich Preuß*, a.a.O., S. 80.

95 **Gilbert Keith Chesterton*, The Book of Job (London 1916), S. XXIII. Vgl. hierzu die oben genannte Studie von *Othmar Keel*, aber auch: *Jürgen Ebach*, Leviathan und Behemoth (Paderborn 1984).

96 *Robert Gordis*, The Book of God and Man. A Study of Job (Chicago/London 1965), S. 134.

97 Vgl. *Katherine J. Dell*, The Book of Job as Sceptical Literature (Berlin/New York 1991).

tholischen Alttestamentlers Dermot Cox, »es gibt keine. Es gibt nur eine eigentümliche Schönheit jenseits von Vernunft.«[98] Dieses im Hiobbuch aufscheinende Geheimnis ist, um noch einmal Chesterton zu zitieren, tiefster »Optimismus, der den Agnostizismus durchbricht wie feuriges Gold den Rand einer schwarzen Wolke«[99]. Diese »Erlösung von der Fragestellung«[100], dieses rückhaltlos vertrauende Sicheinfügen in eine von Gott gehaltene Wirklichkeit unter Verzicht auf rational einsehbare Antworten und Welterklärungsmodelle, ermöglicht Hiob das Weiterleben. Und nur so ist die oft kritisierte Wiederherstellung Hiobs, das »unglaubwürdige«[101] Happy End zu verstehen: als bildhafte Ausgestaltung einer göttlichen Bestätigung der menschlichen Lebensmöglichkeit und eines menschlichen Vertrauens in diese göttliche Wirklichkeit.

## Theologische Herausforderung einst und jetzt

Abschließend bleibt kritisch nachzufragen: Hat sich dieses neue theologische Denken, diese Aufhebung der weisheitlichen Vorstellung des von Gott gewährten Tun-Ergehen-Zusammenhangs im Judentum und im darauf aufbauenden Christentum durchgesetzt? Man wird diese Frage verneinen müssen. Georg Fohrer etwa räumt ein: »Trotz seiner besonderen theologischen Bedeutung ist die Nachwirkung des Buches Hiob verhältnismäßig gering gewesen.«[102] – »Trotz« oder »gerade wegen«? Die Widerstände gegen dieses neue Denken, gegen den von der Dichtung geforderten Verzicht auf die Vorstellung des Tun-Ergehen-Zusammenhangs finden ihren Niederschlag in der weiteren redaktionellen Gestaltung des Buches. Und der protestantische Exeget Victor Maag, der die Entwicklung des Kampfes der widerstreitenden theologischen Traditionen im literarischen Entstehungsprozeß des Buches mit akribisch-detektivischem Spürsinn nachverfolgt, zeigt auf, wie schon im Hiobbuch selbst dessen unbequeme Erkenntnis umgedeutet wird. Selbst wenn Maags These in ihrer provokativen Zugespitzheit und in ihrer letztlich vielfach selbst auf unbewiesenen Hypothesen beruhenden Herleitung nicht unkritisch übernommen werden soll, sei doch im Sinne einer ohne Zweifel stimmigen Tendenzangabe ein längeres Zitat zur Dokumentation des Umgestaltungsprozesses der eigentlichen Hiobdichtung (Kap. 3–42,6 ohne spätere Zusätze) erlaubt:

> »Die Dichtung forderte nichts Geringeres als die Abkehr der Synagoge von ihrer Schicksalstheologie und damit weitgehend von dem Existenzverständnis, das sich seit dem Exil immer kompakter verfestigt hatte. Die-

---

98 **Dermot Cox*, Man's Anger and God's Silence, a.a.O., S. 104.
99 **G.K. Chesterton*, a.a.O., S. XXIV–XXV.
100 *Horst Dietrich Preuß*, Einführung, a.a.O., S. 110.
101 *Ferdinand Hahn*, Bibel und moderne Literatur (Stuttgart 1966), S. 81.
102 *Georg Fohrer*, a.a.O., S. 559.

ser Forderung gegenüber gab es für die Synagoge nur die Alternative einer theologischen Neubesinnung im Geiste der Dichtung oder eine Ausschaltung der fordernden Stimme. Die Synagoge hat den zweiten Weg gewählt: Sie blieb bei ihrer Theologie ... und zog gegen die Dichtung zu Felde. Was sie der Dichtung antat, war eine Reihe von Vergewaltigungen; denn jede Neurezension zwang auf ihre Weise die Dichtung, das Gegenteil von dem zu bezeugen, was sie nach dem Willen ihres Gestalters hätte bezeugen sollen.«[103]

Selbst wenn Maags Rekonstruktionsversuch nicht in allen Punkten schlüssig zu belegen ist, gibt es doch den theologisch-redaktionellen Konflikt in der Entstehungsgeschichte des Hiobbuches anschaulich wieder. Deshalb also das textliche Wirrwarr, die vielen Widersprüche und inhaltlichen Ungereimtheiten! Deshalb die spätere Einfügung des an dieser Stelle so unpassenden Lobliedes auf die Weisheit, die doch gerade zuvor in ihren Grundfesten erschüttert wurde! Deshalb der nochmalige Versuch des plötzlich auftauchenden Elihu, mit alten Argumenten alte Vorstellungen zu retten! Deshalb aber auch dieser Epilog mit seiner als märchenhaft-unpassend empfundenen Wiederherstellung, die ja dem Belohnungsprinzip des Tun-Ergehen-Zusammenhangs zu entsprechen scheint, der doch gerade überwunden werden sollte! Deshalb die nicht zu lösenden Spannungen und offen bleibenden Textprobleme des Hiobbuches, die unterschiedliche Auslegungen geradezu provozieren! Aus diesem im Buch gebündelten Konflikt von Weisheitstheologie und deren versuchter Überwindung speist sich dessen zur eigenen Stellungnahme herausfordernde Aktualität, gerade so wird sein »Inhalt, sein Thema wie dessen Bewältigung ... notwendig zeitlos«[104].

Warum aber wurde dieses »notwendig zeitlose« Buch gerade im 20. Jahrhundert so aktuell wie nie zuvor? Wie konnte es zu einer derartigen »Stoffrenaissance« kommen, wie ist die Vielzahl der Veröffentlichungen von theologischen, literarischen und philosophischen Werken über Hiob zu erklären? Warum also wird Hiob zum Zeitgenossen des 20. Jahrhunderts, weshalb kann Heinz Beckmann für die uns besonders interessierende Problematik mit Recht festhalten: »Hiob ist ein Liebling, ein Leitmotiv der modernen Literatur«[105]?

Aufschlußreich zur Beantwortung dieser Fragen bezüglich der Aktualität des Hiobproblems ist ein nochmaliger Blick zurück in das biblische Buch selbst. Hiob durchläuft dort einen Lernprozeß. Während er zunächst, im Kapitel 3, ganz ich-bezogen sein persönliches Leid beklagt (»Ausgelöscht sei der Tag an dem *ich* geboren bin«; 3,3), weitet sich später sein Blick auf das Schicksal *aller* Menschen. Er begreift, daß es nicht um sein Einzelschicksal geht, sondern um die Existenzbedingungen der Menschheit schlechthin (z.B.: »Ist nicht Kriegsdienst *des Menschen* Leben auf der Erde?«; 7,1). So wird Hiob zum

---

103 *Victor Maag*, a.a.O., S.218.
104 *Horst Dietrich Preuß*, a.a.O., S. 103.
105 *Heinz Beckmann*, a.a.O., S. 53.

Sprecher, zum »Partisanen der Menschheit«[106]. Der jüdische Philosoph und Literaturwissenschaftler Maurice Friedman führt aus: »Hiob spricht für den Menschen schlechthin, weil er für sich selbst spricht. ... Sein Protest wird zum Protest gegen das Leiden aller Menschen, sein Zeugnis für sich selbst zum Zeugnis für den Menschen schlechthin.«[107] In Hiob kristallisiert sich die Frage des Warum aller leidenden Menschen, er wird zum exemplarischen Jedermann[108], zu einem »modernen Archetypus«[109], zum »*Urbild des leidenden Menschen in der Welt*«[110].

Im Hiobbuch spiegelte sich das Problem einer »Zeit, in der eine alte Welt im Verschwinden war und eine neue darum kämpfte, geboren zu werden«[111], einer Zeit des *Paradigmenwechsels* also[112]. Ein neues Selbst-, Welt- und Gottesverständnis war dabei, das bislang gültige, nun erschütterte, in Frage zu stellen. Daß sich dieses neue Paradigma letztlich nicht durchsetzen konnte, wurde schon angesprochen, ist aber für unsere Fragestellung nicht von Belang. Von Interesse ist vielmehr, daß das Hiobbuch in einer solchen Zeit, in der ein altes Verständnissystem in die Krise gerät und mit einem neuen konkurriert, seine volle Brisanz entfaltet, daß Hiob also zum Kronzeugen einer Krise des Welt- und Gottesbildes wurde.

Just an diesem Punkt liegt die Brücke zur Gegenwart. Eine ähnlich monumentale Krise, ein ähnlich umfassender Paradigmenwechsel ereignet sich nämlich in unserem 20. Jahrhundert. Die erschütternden Erfahrungen der beiden Weltkriege, die unvorstellbaren Grauen, die die Sprache nur mit hilflosen Stichworten wie Auschwitz, Hiroshima, Archipel Gulag andeuten kann, die Krise der verstandesbetonten, aufgeklärten Moderne durch Gegenbewegungen in Psychologie, Philosophie, Musik, Malerei und Literatur, all das führte zu einer Erschütterung des neuzeitlich-aufklärerischen Paradigmas, die bis in die Gegenwart hinein andauert. Die Menschen erlebten eine Situation, die der des Hiob ähnlich zu sein schien. »Die Zeit ist hiobreif«[113], schreibt der bereits zitierte Schriftsteller Hans Ehrenberg beschwörend, und der amerikanische Rabbiner Louis Finckelstein erkennt, daß »unsere Generation Hiob im Sinn

---

106 * *Richard B. Sewall*, The Vision of Tragedy (New Haven/London ²1980), S. 18.

107 * *Maurice Friedman*, Problematic Rebel, a.a.O., S. 18.

108 Vgl. *L.D. Johnson*, Out of the Whirlwind. The Major Message of Job (Nashville 1971), S. 5 :«Job is Everyman«; *Dermot Cox*, Man's Anger and God's Silence, a.a.O., S. 22: »Job has been cast in the role of ›Everyman‹.«

109 Vgl. *Harold Fisch*, Job as Modern Archetype, in: Hebrew University Studies in Literature and the Arts (1983) II 1, S. 102–114.

110 *Heinz Zahrnt*, a.a.O., S. 20.

111 *Roderick MacKenzie*, Der kulturelle und religiöse Hintergrund des Buches Ijob, in: Concilium XIV (1983), S. 673.

112 Zum wissenschaftstheoretischen Begriff »Paradigma« und zur Diskussion über das Thema »Paradigmenwechsel im 20. Jahrhundert« siehe: *Hans Küng/David Tracy* (Hrsg.), Theologie – Wohin? (Zürich/Köln/Gütersloh 1984); *Hans Küng/David Tracy* (Hrsg.), Das neue Paradigma von Theologie (Zürich/Köln/Gütersloh 1986).

113 *Hans Ehrenberg*, a.a.O., S. 5.

und Hiob im Herzen«[114] hat. Die archetypische Krisengestalt Hiob wird so zu »unserem Zeitgenossen«[115].

Die Hiobsfrage »Wie kann Gott das zulassen?« stellt sich in unserem Jahrhundert wieder in aller Dringlichkeit. Das theologisch relevante Hiob-Problem der Gegenwart kann nun so bestimmt werden: Wie kann der Mensch angesichts der Absurditätserfahrungen unserer Zeit sein bis ins Mark erschüttertes Urvertrauen, sein verlorengegangenes Gott-Vertrauen (wieder?) aufrichten, und zu einem diese Erfahrungen mitbedenkenden zeit-, sach- und menschgerechten Gottesglauben gelangen? Die zeitgenössische Hiobfrage lautet also: »Wie ist Gott denkbar angesichts des erschütterten Welt- und Gottesbildes *unserer* Zeit?« Das so bestimmte zeitgenössische theologische Hiobproblem soll als erkenntnisleitende Frage, als problemgeschichtliche Grundlage diese Arbeit als roter Faden durchziehen.

---

114 **Louis Finkelstein*, Three Opinions on »J.B.«, in: Life Magazin 18.05.1959, S. 135.

115 Vgl. *James D. Strauss*, The Shattering of Silence. Job, Our Contemporary (Joplin-Missouri 1976).

# Hauptteil:
# Das Buch Hiob in der Literatur

»Mit dem Rücken an der Wand, im Gram der Müdigkeit, im Grau der Leere lesen Sie Hiob ... und halten aus.«
*Gottfried Benn*[1]

## I. Hinführung: Wegmarken der Hiobrezeption

Diese Arbeit beschränkt sich auf die literarische Hiobrezeption des 20. Jahrhunderts. Das Hiobbuch übte aber schon vorher maßgeblichen Einfluß auf wichtige Werke der Weltliteratur aus.[2] Die *entscheidenden Wegmarken der nichttheologischen Hiobrezeption* sollen hier in gebotener Kürze und Prägnanz vorgestellt werden, schon weil ein deutlicher Einfluß dieser Hiobbearbeitungen auf die weitere Hiobrezeption des 20. Jahrhunderts erkennbar ist.

Die erste literarische Hiobgestaltung überhaupt geht zurück bis in die Epoche um die erste Jahrhundertwende unserer Zeitrechnung. In dem den »apokryphen Schriften« zugerechneten Testamentum Jobi[3], einem anonym verfaßten Werk aus Kreisen des hellenistischen Judentums, erscheint Hiob als ein nach dem wahren Gott fragender heidnischer König, der standhaft den Verführungskünsten des Satans und der von ihm beeinflußten Freunde widersteht. Inhaltlich und formal hebt sich diese erste Hiobbearbeitung also bereits deutlich von seinem alttestamentlichen Vorbild ab. Die zentrale und für die weitere Rezeption wegweisende Gewichtsverschiebung gegenüber dem biblischen Buch betrifft die Charakterisierung Hiobs: Er erscheint nicht als mit Gott ringender Rebell, sondern als demütig-duldsamer »Märtyrer, der den Kampf für Gott bewußt auf sich nimmt«.[4]

Die hier begonnene Traditionslinie einer *einseitigen Charakterzeichnung Hiobs als demütiger Dulder* setzt sich im Mittelalter[5] fort. Sie findet sich bei-

---

1 *Gottfried Benn*, Altern als Problem für Künstler (Wiesbaden 1954), S. 45.

2 Vgl. hierzu die Arbeiten von *Hausen* und *Schrader*.

3 Übersetzung, Textkritik und Kommentar bei: *Berndt Schaller*, Das Testament Hiobs. Jüdische Schriften aus hellenistisch-römischer Zeit (JSHRZ), Bd. III (Gütersloh 1978).

4 A.a.O., S. 303.

5 Die literarische Hiobrezeption im Mittelalter ist forschungsmäßig gut aufgearbeitet. Siehe hierzu: *Ulf Wielandt*, Hiob in der alt- und mittelhochdeutschen Literatur (Diss. Freiburg 1970); *Karl-Heinz Glutsch*, Die Gestalt Hiobs in der deutschen Literatur des Mittelalters (Diss. Karlsruhe 1972); *Laurence L. Bessermann*, The Legend of Job in the Middle Ages (Cambridge/London 1979).

spielsweise in der wohl wichtigsten Hiobbearbeitung der mittelhochdeutschen Literatur, in Hartmann von Aues (1165–1215) Epos »Der arme Heinrich«[6]. In dem in dieser Zeit so beliebten liturgisch-allegorischen Mysterienspiel hingegen spielt Hiob so gut wie keine Rolle. Im Gegenteil, die Literaturwissenschaftlerin Murray Roston stellt in einer diesbezüglichen Studie fest: »Das Fehlen Hiobs im Kanon populärer Themen ist besonders auffällig.«[7] Während sich im deutschen und englischen Sprachraum nicht ein Hiob-Mysterienspiel nachweisen läßt, finden sich im romanischen Sprachraum immerhin vier solcher Werke.[8] Zu eigenständigen dramatischen Hiobbearbeitungen kommt es erst nach der Reformation, in England beispielsweise durch Robert Greene[9], in Deutschland etwa durch Hans Sachs[10].

## 1. Hiob im »Theatrum Mundi«

Rezeptionsgeschichtlich relevant im Hinblick auf die Bedeutung Hiobs für die Literatur des 20. Jahrhunderts wird jedoch erst die literarisch und philosophisch einflußreiche Konzeption des »Theatrum Mundi«[11]. Hier wird der Mensch porträtiert als – fast ohnmächtige – Spielfigur auf der Weltbühne,

[6] *Günther Datz,* Die Gestalt Hiobs in der kirchlichen Exegese und der »Arme Heinrich« *Hartmanns von Aue* (Diss. Göppingen 1973). Vgl. hierzu auch: *Joachim Theisen*, Typologie und Individualität. Zur Rezeption des Buches Ijob im »Armen Heinrich« Hartmann von Aues, in: Spuren, FS für Theo Schuhmacher, hrsg. von H. Colberg/D. Petersen (Stuttgart 1986), S. 81–106. Daß auch *Gerhart Hauptmann* in seiner 1902 veröffentlichten dramatischen Nachdichtung Hartmanns diese Gleichsetzung des »armen Heinrich« mit Hiob übernimmt, ist nur konseqent seiner Vorlage gefolgt. Vgl. *Gerhart Hauptmann*, Der arme Heinrich. Eine deutsche Sage $^{1}$1902, in: ders., Das gesammelte Werk I 4. Bd. (Berlin 1942), S. 83–192, neben diversen Anspielungen bes. S. 126: »Heinrich von Aue ... ist nun mit Hiobs Schwären beglückt von der Fußsohle bis zum Scheitel«.

[7] * *Murray Roston*, Biblical Drama in England (London 1968), S. 95.

[8] In Französisch: 1. Ein eigenständiger Teil des »Mystère du Viel Testament« (1458) widmet sich Hiob; 2. »La Pacience de Job« (1529); In Spanisch: 3. »Auctos de la paciencia de Job« (15. Jhdt.); 4. *Felipe Godínez*, »Los trabajos de Job« (um 1620); vgl. hierzu: *Elisabeth Frenzel,* Stoffe der Weltliteratur (Stuttgart $^{6}$1983), S. 324.

[9] *Robert Greene*, The History of Jobe (1594); außerdem *Ralph Radcliffe,* Job's Afflictions (um 1550); vgl. *Murray Roston*, Biblical Drama in England, a.a.O., S. 96.

[10] *Hans Sachs,* Hiob. ein Comedi mit neunzehn personen (1547); daneben: *Jakob Ruof,* Die beschreybung Jobs deß frommen gottsförchtigen und geduldigten Mannes Gottes(1535); *Joanne Lorichius*, Jobus Patientiae Spectaculum (1543); *Johan Narhamer*, Historia Jobs (1546); *Johannes Bertesius*, Hiob Tragicomedia (1603). In Frankreich: *S. de Sainte Marthe,* Tragicomédie de Job (1572).

[11] Vgl. *Franz Link/Günter Niggl* (Hrsg.), Theatrum Mundi. Götter, Gott und Spielleiter im Drama von der Antike bis zur Gegenwart (Berlin 1980). Vgl. auch die vor kurzem erstellte, im ganzen sehr abstrakt-ästhetiktheoretisch konzipierte Dissertation: *Gerd Theobald*, Hiobs Prozeß und Gottes Gericht. Die poetische Theodizee des Welttheaters (Diss. Heidelberg 1991). Jetzt auch unter dem Titel: Hiobs Botschaft. Die Ablösung der metaphysischen durch die poetische Theodizee (Gütersloh 1993).

hin- und hergerissen zwischen den rivalisierenden Spielleitern Gott und Satan. Und *großes strukturelles Urbild dieser Vorstellung* ist das biblische Hiobbuch, das in seinem Prolog erstmals ein derartiges dramatisches Welttheater inszeniert, auch wenn hier noch nicht jene dualistisch-antagonistische Grundstruktur voll ausgestaltet vorliegt, die später von der traditionellen christlichen Literatur wieder und wieder aufgegriffen und ausgestaltet werden sollte: der Mensch ausgeliefert dem vorherbestimmten »Entweder-Oder«, der schicksalhaft erfolgenden »Gnadenwahl Gottes oder Gnadenwahl des Satans«[12], also zweier gleichberechtigt-gleichstarker Gegenspieler.
Ihre Aufwertung zur Weltliteratur erfuhr diese Vorstellung des »Theatrum Mundi« im Zusammenhang mit einer literarischen Ausformung des spätmittelalterlichen geistlichen Dramas zur Zeit des spanischen Barocks, im *»auto sacramental«*. Als Prototyp des »auto« gilt das rezeptionsgeschichtlich auch für den Hiobstoff unendlich einflußreiche Drama »Das große Welttheater« von Pedro Calderón de la Barca (1600–1681). Abstrakte Eigenschaften, Tugenden und Laster treten personifiziert, aber ohne jegliche individualpsychologische Zeichnung auf und kämpfen in allegorisch-zeitlosen Handlungen um die menschliche Seele. Mit offenliegender didaktisch-moralisierender Absicht wird dem Publikum ein Beispiel christlich-sittlicher Lebensführung vorgespielt. – Die Welt wird so zum großen Theatrum Mundi, in dem ein jeder die ihm zufallende Rolle bestmöglichst auszufüllen hat. Neben grundlegenden strukturellen Übernahmen aus dem Hiobbuch finden sich hier auch direkte motivische Anregungen, besonders im Monolog jener Figur, die »den Bettler« darstellt. »Die Welt« erkennt folgerichtig: »Auch Hiob einst verfluchte/ Ebenso der Sünde Schmach.«[13]
Die Vorstellung des »Theatrum Mundi« wird im Zusammenhang mit Hiob noch ein weiteres Mal literarisch bedeutsam. Als eines der wichtigsten Beispiele der bereits angesprochenen mittelalterlichen geistlichen Dramen gilt das gegen Ende des 15. Jahrhunderts verfaßte englische Moralitätenspiel »Everyman«[14]. Als die Mysterienspiele im frühen 20. Jahrhundert eine literarische Renaissance erleben (durch Autoren wie T.S. Eliot oder Wolfgang Borchert), wählt sich Hugo von Hofmannsthal (1874–1929) mit seinen Mysterienspielen »Das kleine Welttheater« (1902) und »Das Salzburger große Welttheater« (1922) in direkter Tradition Calderóns diese Vorlage für eines seiner berühmtesten Werke, den alljährlich in Salzburg aufgeführten »Jedermann«[15].
Auch im »Jedermann« finden sich die arttypischen personifizierten Abstrakta

---

12 *Karl-Josef Kuschel,* Jesus in der deutschsprachigen Gegenwartsliteratur [1]1978 (München/Zürich 1987), S. 77.
13 *Pedro Calderón de la Barca*, Das große Welttheater [1]1635–1645, in der Nachdichtung von *Joseph von Eichendorff* (Stuttgart 1971). S. 38f.
14 Zur Stoffgeschichte siehe: *Elisabeth Frenzel,* a.a.O., S. 353–355.
15 *Hugo von Hofmannsthal,* Jedermann. Das Spiel vom Sterben des reichen Mannes [1]1911 (Frankfurt 1957).

(»Mammon«, »Werke«, »Glaube«), der Kampf um die Menschenseele und der christlich-paränetische Grundton, und auch hier die wörtlichen Anklänge an das Hiobbuch, etwa wenn Jedermann klagt: »Oh, daß ich nit geboren wär« (S. 52).[16] Neben wörtlichen Anklängen aber auch wichtige, hier nur kurz angedeutete motivgeschichtliche Parallelen: Jedermann ist wie Hiob ein (wenn auch nicht unschuldiger) unversehens von Gott ins Unglück gestürzter reicher Mann, der sein Schicksal beklagt und am Ende Rettung findet.

Bemerkenswert und rezeptionsgeschichtlich bedeutsam: Einerseits ist Hiob der Begründer dieser Tradition des »Theatrum Mundi«. Die angesprochenen Werke beeinflussen aber auch ihrerseits die weitere Rezeption der Hiobfigur. Das Hiobbuch scheint teilweise mit ihnen zu verschmelzen. Jede dramatische Gestaltung des Hiobstoffes wird sich fortan zwangsläufig mit der Tradition des Mysterienspiels à la Calderón auseinanderzusetzen haben. In vielen literarischen Gestaltungen wird sich ganz konkret eine Stoff- und Figurenmischung vollziehen: Hiob erscheint als Jedermann, und Jedermann erscheint als Hiob. Die beiden aufgezeigten Traditionslinien *verwachsen* also manchmal mit ihrer Stoffquelle zu einer *rezeptionsgeschichtlichen Einheit.*

Der stoff- und motivgeschichtliche Einfluß des Hiobbuches auf die Weltliteratur bleibt auch in anderen Bereichen beachtlich. Andeutungen müssen hier genügen: In Shakespeares (1564–1616) Dramen etwa, besonders in »King Lear«, finden sich zahlreiche wörtliche und strukturelle Anklänge[17]. Auch in der Lyrik finden sich immer wieder Anspielungen und ausdrückliche Bezugnahmen auf Hiob, etwa bei Andreas Gryphius[18] (1616–1664), bei dessen Sohn Christian Gryphius oder bei Johann Christian Günther[19] (1695–1723). John Milton (1608–74), der Verfasser der wichtigsten englischsprachigen Epen überhaupt (»Paradise Lost«, »Samson Agonistes«) sieht das Hiobbuch richtungweisend für eine weitere Rezeptionslinie als »kurzes Epos«[20] und benutzt es so als Vorbild für seine eigenen Werke. Barbara Lewalski, die zu diesem Themenkreis eine eigene Studie veröffentlichte, weist darauf hin, daß

---

16 Vgl. Hiob 3,3: »Ausgelöscht sei der Tag, an dem ich geboren bin.«

17 Vgl. z.B. *Rosalie L. Colie*, The Energies of Endurance. Biblical Echo in *King Lear*, in: dies. und *F.T. Flathiff*, Some Facets of King Lear (London 1974), S. 117–144. Neben »King Lear« wird in diesem Zusammenhang besonders verwiesen auf »The Merchant of Venice« und »Richard II«.

18 Zu *Andreas Gryphius* vgl. etwa das Gedicht »Hiobs Tränen«, in: ders., Vermischte Gedichte, hrsg. von *Marian Szyrocki* (Tübingen 1964), S. 173–176. Von seinem – eher unbekannten – Sohn *Christian Gryphius* vgl. »Aus den Worten Hiobs XXV,4« in: ders., Poetische Wälder [1]1707. Vgl. das Barockdrama von *Anna Rupertina Fuchs*, Aufgedeckter Spiegel Wunderbarer Gottesregierung / an dem sehr geliebten / recht betrübten / wohlgeübten Kinde des Glaubens Job (Sulzbach 1714).

19 Zu *Günthers* mehrfachen – allerdings doch nur verstreuten und nie (wie dort suggeriert) zentralen – Verweisen auf Hiob vgl. *Ulrike Schrader*, Die Gestalt Hiobs in der deutschen Literatur seit der frühen Aufklärung (Frankfurt 1992), S. 11–31.

20 Vgl.* *Don M. Wolfe* (Hrsg.), Complete Prose Works of John Milton I (New Haven/London [2]1970), S. 813: »brief epic«.

Miltons Klassifizierung bereits auf einer langen entsprechenden Tradition beruht: »Milton hatte gewichtige Vorgänger nicht nur in der Konzeption des Hiobbuches als Epos, sondern auch für den tatsächlichen Gebrauch dieses Buches als Modell für ein episches Gedicht.«[21] Der spanische Alttestamentler Luis Alonso Schökel kann eine ähnliche Traditionslinie im französischen und spanischen Sprachraum nachweisen: »Diese Auffassung findet sich bei einigen Autoren des 18. Jahrhunderts.«[22] Im Bereich der deutschen Literatur ist ein direkter, zumindest über Milton indirekter Einfluß auf Klopstocks (1724–1803) »Messias« wahrscheinlich, wird dort Hiob doch sogar erwähnt.[23] Schließlich ist es kein Zufall, daß der große englische Staatsphilosoph Thomas Hobbes (1588–1679) sein epochales staatstheoretisches Hauptwerk unter den Titel des *»Leviathan«*[24] stellt. Im Hiobbuch sieht er gerade in der Chaosmachtgestalt des Leviathan einen nachdrücklichen Beweis »von dem Recht der göttlichen Souveränität«[25], um dann dieses göttliche Recht als Vorbild für das Recht des modernen Staates in Anspruch zu nehmen.

## 2. Das Hiobbuch als »wahre Naturpoesie« – *Johann Gottfried Herder*

Es ist jedoch letztlich das besondere Verdienst des Weimarer Superintendenten, Literatur- und Sprachphilosophen Johann Gottfried Herder (1744–1803)[26], das Hiobbuch überhaupt aus dem Binnenbereich religiös-konfessioneller Betrachtungen herausgeholt und zum Objekt allgemeiner humanistischer, philosophischer und literarischer Betrachtungen gemacht zu haben.[27]

---

21 **Barbara Lewalski*, Milton's Brief Epic (London 1966), S. 35.

22 **Luis Alonso Schökel/J.L. Sicre Diaz*, Job (Madrid 1983), S. 79.

23 Vgl. *Friedrich Gottlieb Klopstock*, Der Messias [1]1748, Gesang I–III, hrsg. von *Elisabeth Höpker-Herberg* (Stuttgart 1986), zweiter Gesang, S. 65, Vers 727f: »Wie die Wetter, womit wir vordem den Geliebtesten Gottes,/Seinen glückseligen Job, vorm Antlitz des Himmels bestritten.«

24 Der *Leviathan* als eigenständiges literarisches Motiv harrt noch einer speziellen Untersuchung. Zu verweisen wäre neben *Hobbes* zunächst auf das ebenfalls staatspolitische, auf *Hobbes* explizit Bezug nehmende Werk des Engländers *R.G. Collingwood*, The New Leviathan or Man, Society, Civilization and Barbarism (Oxford 1942). Im direkt literarischen Bereich wäre zu verweisen etwa auf : *Julien Green*, Leviathan 1930; *Joseph Roth*, Der Leviathan 1940; *Arno Schmidt*, Leviathan 1949.

25 *Thomas Hobbes*, Leviathan. Oder Stoff, Form und Gewalt eines bürgerlichen und kirchlichen Staates [1]1651, hrsg. von *Iring Fetscher* (Neuwied/Berlin 1966), S. 274. Eine ähnliche Hiobinterpretation findet sich bei *Hobbes* schon in der bereits 1642 erschienenen Schrift »Vom Menschen / Vom Bürger«, vgl., ders., Vom Menschen / Vom Bürger, hrsg. von *Günter Gawlick* (Hamburg 1959), bes. S. 238f.

26 Zu *Herder* siehe: *Friedrich Wilhelm Kantzenbach*, Herder (Reinbek 1970); *Gerhard Sauder* (Hrsg.), Johann Gottfried Herder 1744–1803 (Hamburg 1987).

27 Auch Herders theologischer und literarischer Lehrmeister, der so einflußreiche Königsberger Philosoph Johann *Georg Hamann* (1730–1788), blieb in seiner Hiobdeutung letztlich noch im Rahmen der traditionellen psychologisch-paränetischen Hiobausdeutung. Hamann

Erst durch sein Wirken erschließt sich ein neuer Weg, »den theologischen Gehalt des Buches ... durch dessen Würdigung als dichterisches Werk«[28] zu erfassen, so der Alttestamentler Hans-Peter Müller.
Herders große literarhistorische Leistung ist die *Wiederentdeckung und Förderung der einfachen Volkspoesie.* Angeregt besonders durch die englische Selbstbesinnung auf die eigenen volksdichterischen Wurzeln im 18. Jahrhundert und durch eine positive Neuentdeckung Shakespeares im Gegensatz zur formstrengen französischen Klassik (Racine, Corneille), wurde Herder zu einem zweifachen Wegbereiter: für die sogenannte »Sturm- und Drang Bewegung« einerseits und die der »Romantik« andererseits. Als höchste Kunst erscheint ihm nicht mehr die klassische, sondern – gerade in ihrer vorgeblichen Einfachheit – die Volkskunst, die »Naturpoesie«. So unterstützt er bewußt deren Sammlung, Übersetzung und Verbreitung.
Im Rahmen dieser Wiederentdeckung der ursprünglichen Kollektivdichtung der einzelnen Völker gerät für Herder nun auch das *Alte Testament* in ein völlig neues Licht. Er sieht in ihm nun nicht mehr primär die Ur-Kunde göttlicher Offenbarung, sondern eben ein *herausragendes Beispiel von Volksdichtung*. Das Alte Testament, die hebräische Dichtung, wird für ihn »das größte Beispiel für eine urtümliche Nationalpoesie«[29] überhaupt. Zum Zweck der Veranschaulichung seiner These befaßt er sich schon 1774 in dem Essay »Älteste Urkunde des Menschengeschlechts«[30] mit der biblischen Urgeschichte. Wichtigstes Zeugnis seiner derartigen Bibeldeutung ist jedoch die 1782 und 1783 in zwei Teilen veröffentlichte Studie »Vom Geist der ebräischen Poesie«[31]. Seine Untersuchung sei, so der Untertitel, eine »Anleitung für die Liebhaber derselben und der ältesten Geschichte des menschlichen Geistes«. Im Rahmen eines fiktiven Dialogs zwischen den zwei Gestalten »Alciphron« und »Eutyphron« werden alle zentralen Themen des Alten Testaments auf hohem kritischen und literarischen Niveau diskutiert, mit ähnli-

---

erkennt aber schon die bleibende Gegenwartsbedeutung des Buches, wenn er schreibt: »Vielleicht finden wir aber in der ganzen Geschichte Hiobs eine Geschichte unsers eigenen Geschlechts und unsers Elends«, vgl. *Johann Georg Hamann*, Tagebuch eines Christen [1]1758, in: ders., Sämtliche Werke Bd.1, hrsg. von *Josef Nadler* (Wien 1949), S. 141–149, hier S. 145.

[28] *Hans-Peter Müller*, Das Hiobproblem. Seine Stellung und Entstehung im Alten Orient und im Alten Testament (Darmstadt 1978), S. 1.

[29] *Friedrich Wilhelm Kantzenbach*, a.a.O., S. 95. Zu Herders Deutung des Alten Testamentes vgl.: *Hellmuth Robscheit*, Herder als Ausleger des Alten Testamentes, dargestellt an seiner Schrift »Vom Geiste der Ebräischen Poesie«, in: *Eva Schmidt* (Hrsg.), Herder im geistlichen Amt. Untersuchungen /Quellen/Dokumente (Leipzig 1956), S. 26–38; *Thomas Willi*, Herders Beitrag zum Verstehen des Alten Testaments (Diss. Tübingen 1971).

[30] Siehe: *Bernhard Suphan* (Hrsg.), Herders sämtliche Werke, Bd. 6 (Berlin 1883), S. 193–511 und Bd. 7 (Berlin 1883), S. 1–171.

[31] Teil I, für unser Thema von spezieller Bedeutung, in: *Bernhard Suphan* (Hrsg.), Herders sämtliche Werke, Bd. 11 (Berlin 1879), S. 213–466, die Seitenangaben im Text beziehen sich auf diese Ausgabe. Teil II in: Bd. 12 (Berlin 1880), S. 1–309.

chen Motiven anderer »Volkspoesie« verglichen und nicht zuletzt in ihren wichtigsten Passagen neuübersetzt wiedergegeben.
Einer der *Schwerpunkte dieses Dialogs: das Hiobbuch,* dem zwei längere Kapitel gewidmet sind (S.280–320), und das auch sonst immer wieder angeführt wird. Warum Hiob? Weil sich für Herder in diesem »ältesten und erhabensten Lehrgedicht aller Nationen«[32] geradezu ein *archetypisch-paradigmatisches Beispiel* findet für jene *»wahre Naturpoesie«*, jene »schöne Auslegerin der Natur Gottes« (S. 294), auf die es ihm entscheidend ankommt. Die Vorzüge dieser im Hiobbuch vorfindlichen Naturpoesie faßt er in drei Schwerpunkten (S. 295) zusammen: Erstens »Belebung der Gegenstände für den Sinn« – gerade durch die Personifikationen der Naturschilderungen in den Gottesreden würden diese greifbar; zweitens »Auslegung der Natur fürs Herz« – Natur werde hier nicht nur begreifbar, sondern auch fühlbar, die Dichtung schaffe »Mitgefühl mit allem, was lebt«; und schließlich drittens »Plan im Gedicht wie in der Schöpfung für unsern Verstand« – dem Menschen werde hier eine Teilhabe, wenigstens ein Teilverständnis von Gottes Weltenplan ermöglicht. So werde insgesamt gerade in einer literarischen Betrachtung des Hiobbuches als uralte Volkspoesie diese Komposition erkennbar als »ein Gedicht von Anfang bis Ende ... ein Gedicht, das sich überall der Natur nähert« (S. 315).
Unabhängig davon, ob sich die vielfältigen Ausführungen Herders bezüglich Historizität der im Hiobbuch verhandelten Ereignisse, hinsichtlich Verfasserfrage oder Entstehungsort und -zeit im Lichte heutiger historisch-kritischer Forschungen aufrecht erhalten lassen – zumindest für ihre Zeit sind sie außergewöhnlich und neuartig. Herders formale Betrachtungsperspektive, die konsequente Ästhetik eines Literaturhistorikers, in der das Hiobbuch als Beispiel wahrer Naturpoesie aufscheint, eröffnet die Möglichkeit einer breiten Auseinandersetzung mit Hiob außerhalb der traditionellen theologischen Binnenbetrachtungen. Und seine inhaltliche Deutung des Buches als »wahre Theodicee«, die Erkenntnis, daß dem Menschen in dieser Dichtung aufgetragen werde, das »Studium der Macht, Weisheit, Güte Gottes in der ganzen Natur« (S. 319) voranzutreiben, wird für fast alle Hiobinterpreten fortan zum Ausgangspunkt ihrer Überlegungen.

## 3. Das Hiobbuch als »authentische Theodizee« – *Immanuel Kant*

Eine Verschärfung und Präzisierung der Deutung des Hiobbuches als Theodizee erfolgt schon neun Jahre später durch Herders zwanzig Jahre älteren vormaligen Königsberger Lehrmeister Immanuel Kant (1724–1804)[33]. Selbst

---

[32] So Herder schon in seinen »Briefen das Studium der Theologie betreffend«, [1]1780, in: *Bernhard Suphan* (Hrsg.), a.a.O., Bd. 10 (Berlin 1879), S. 130.
[33] Zu *Kant* siehe: *Uwe Schultz*, Kant (Reinbek 1965); *Wolfgang Ritzel,* Immanuel Kant. Eine

wenn dieser Herders literarhistorisches Programm nicht zu würdigen vermochte, selbst wenn es zwischen Herder – der Kant nur hinsichtlich dessen vorkritischer Phase rezipierte – und seinem einstmaligen Lehrer später zu einem geschichtsphilosophischen Streit kommen sollte: die Konzeption Hiobs als Theodizee findet sich bei beiden, erhält jedoch bei Kant eine speziell inhaltliche, rezeptionsgeschichtlich bahnbrechende Spezifizierung.[34]

Die hohe Wertschätzung, die Kant dem Hiobbuch und seinem Helden entgegenbringt, wird schon in einem Brief an den Schweizer Theologen und Schriftsteller Johann Casper Lavater vom 28.4.1775 deutlich. Aufgefordert, ein Buch Lavaters zu würdigen, hält er diesem entgegen: » Wissen Sie auch, an wen Sie sich deshalb wenden? An einen ..., der es mit Hiob vor ein Verbrechen hält Gott zu schmeicheln und innere Bekenntnisse zu thun, welche vielleicht die Furcht erzwungen hat und womit das Gemüth nicht in freyem Glauben zusammenstimmt.«[35] Eine wirklich philosophische Auseinandersetzung mit Hiob findet sich bei Kant aber erst in der 1791 erschienenen kleinen *Schrift »Über das Misslingen aller philosophischen Versuche in der Theodizee«*[36]. Seine hier geäußerten Gedanken führen die Destruktion der spekulativen Gottesbeweise aus der »Kritik der reinen Vernunft« fort. Kant, der in seiner vorkritischen Phase selbst ein Anhänger der Leibnizschen Theodizee gewesen war, wendet sich hier radikal gegen jegliche philosophisch-logischen Versuche der »Verteidigung der höchsten Wahrheit des Welturhebers gegen die Anklage, welche die Vernunft aus dem Zweckwidrigen in der Welt gegen jene erhebt« (S. 105) – denn genau so definiert er hier den »Theodizee«-Begriff[37].

Punkt für Punkt widerlegt Kant die Leibnizsche Argumentationsstrategie, die er vormals selbst als einleuchtend angesehen hatte. Nein, eine rein logisch-philosophische, eine »doktrinale« (S. 115) Theodizee sei unmöglich. Warum? Kant unterscheidet zwischen der rein logischen *Kunstweisheit des Welturhebers* – die a posteriori aus dem Naturgesetz ablesbar sei, und einer menschlichen, *moralischen Weisheit* – diese sei jedoch als Sittengesetz a priori gegeben. Aus der Unvermittelbarkeit dieser zwei grundsätzlichen Prinzipien von

---

Biographie (Berlin/New York 1985). Zur philosophischen Hiobrezeption (Kant, Kierkegaard, Bloch, Jung) siehe die Überblicke von *Carl-Friedrich Geyer*, bes.: Das Hiobbuch im christlichen und nachchristlichen Kontext. Anmerkungen zur Rezeptionsgeschichte, in: Kairos 28 (1986), S. 174–195. Vgl. auch: ders., Leid und Böses in philosophischen Deutungen (Freiburg/München 1983).

[34] Zur Bedeutung Hiobs für *Voltaire* im Zusammenhang mit der Theodizeeproblematik vgl.: *Adelheid Hausen*, Hiob in der französischen Literatur (Bern /Frankfurt 1972), bes. S. 132–142. Daneben: *Harald Weinrich*, Voltaire, Hiob und das Erdbeben von Lissabon, in: *Hans Flasche* (Hrsg.), Aufsätze zur portugiesischen Kulturgeschichte 4 (1964), S. 96–104.

[35] Vgl. *Jürgen Zehbe* (Hrsg.), Immanuel Kant. Briefe (Göttingen 1970), S. 61.

[36] In: *Wilhelm Weischedel* (Hrsg.), Immanuel Kant. Werke in sechs Bänden, Bd. VI (Darmstadt 1964), S. 103–124. Seitenzahlen im Text beziehen sich auf diese Ausgabe.

[37] Zum Gesamtkonzept der Theodizee im Werk Kants vgl. *A.L. Loades*, Kant and Job's Comforters (Newcastle 1985).

Weisheit, aus dem letztlichen »Widerspruch zwischen Gewußtem und Gewolltem«[38] scheitere nun zwangsläufig jeder Versuch einer Theodizee. Denn, so Kant: »von der *Einheit in der Zusammenstimmung* jener Kunstweisheit mit der moralischen Weisheit in einer Sinnenwelt haben wir keinen Begriff; und können auch zu demselben nie zu gelangen hoffen.« (S. 115)
Nach dieser Absage an jede »doktrinale Theodizee« jedoch nun eine »überraschende Wendung«[39], so Walter Strolz. Zwar gebe es keine doktrinale, so aber doch eine *»authentische Theodizee«* (S. 116) Was versteht Kant unter diesem Begriff? Im Gegensatz zum vergeblichen menschlichen Versuch, Gott zu begreifen, sei dies die Auslegung des durch die Schöpfung verkündigten göttlichen Willens durch Gott selbst. Sie sei *»ein göttlicher Machtanspruch«,* also ein »Anspruch derselben Vernunft..., wodurch wir uns den Begriff von Gott als einem moralischen und weisen Wesen notwendig und vor aller Erfahrung machen.« (S. 116) Durch diese Neukonzeption wird, so der katholische Theologe Hermann Häring, die Theodizee grundsätzlich »aus der Oberhoheit der reinen Vernunft befreit« – denn dort sei sie unlösbar. Hier werde somit unumgänglicherweise »das Wahrheitsproblem ... hintangestellt, zugunsten einer ungebrochenen Wahrhaftigkeit und Moralität.«[40]
Kronzeuge einer solchen authentischen Theodizee wird für Kant nun – Hiob! In diesem »alten heiligen Buche« sei »allegorisch ausgedrückt« (S. 116), was authentische Theodizee meine. Im Gegensatz zu seinen Freunden, die glauben, a priori urteilen zu können und so letztlich dazu getrieben würden, »Dinge zum Schein zu behaupten, von denen sie doch gestehen mußten, daß sie sie nicht einsahen, und eine Überzeugung zu heucheln, die sie in der Tat nicht hatten« (S. 117), sei *Hiob ein Modellfall für »Frömmigkeit«,* der allem Unbill zum Trotz am System des »unbedingten göttlichen Ratschlusses« (S. 117) festhalte. Gerade diese Freimütigkei würdige Gott, indem er Hiob »die Weisheit seiner Schöpfung, vornehmlich von Seiten ihrer Unerforschlichkeit« (S. 118) vor Augen stelle. Wie schon im Brief an Lavater sieht Kant Hiob hier aufgrund dreier Charaktermerkmale hervorgehoben zum Zeugen einer authentischen Theodizee: einerseits »Aufrichtigkeit des Herzens, nicht der Vorzug der Einsicht«, dann »Redlichkeit, seine Zweifel unverhohlen zu gestehen«, und schließlich »Abscheu, Ueberzeugungen zu heucheln, wo man sie doch nicht fühlt« (S. 119).
An die Konzeption Kants kann man aus philosophischer, exegetischer und theologischer Sicht manche Anfragen stellen[41], etwa hinsichtlich einer fairen Darstellung der Position der Freunde Hiobs. Dennoch: In dieser Deutung des Hiobbuches als »authentischer Theodizee«, in der Wertschätzung der Figur

38 *Hans-Peter Müller*, Das Hiobproblem, a.a.O., S. 4.
39 *Walter Strolz*, Die Hiobinterpretation bei Kant, Kierkegaard und Bloch, in: Kairos XXIII (1981), S. 75–81, hier S. 76.
40 *Hermann Häring*, Das Problem des Bösen in der Theologie (Darmstadt 1985), S. 138f.
41 Vgl. *Helmut Gollwitzer*, Krummes Holz – aufrechter Gang (München 1970), S. 241.

Hiobs als treuem Zeugen dieser Tradition, bestimmt Kant Interpretationsmarken, die jeder folgenden Hiobdeutung Maßstäbe setzen. Denn was gibt Kant als letzte Erkenntnis und Mahnung auf den Weg? – Daß es »in solchen Dingen nicht so viel aufs Vernünfteln ankomme, als auf Aufrichtigkeit in Bemerkung des Unvermögens unserer Vernunft, und auf die Redlichkeit, seine Gedanken nicht in der Aussage zu verfälschen, geschehe dies auch in noch so frommer Absicht als es immer wolle.« (S. 119)

## 4. Hiob und *Goethes* »Faust«

Während sich etwa Hegels marginale Hiobinterpretation[42] erstaunlich beschwichtigend und harmonisierend liest, erreicht die unmittelbar literarische Hiobrezeption einen weiteren wirkungsgeschichtlich bedeutsamen Höhepunkt erst wieder durch Herders Zeitgenossen und Weimarer Wegbegleiter Johann Wolfgang von Goethe (1749–1832), und zwar in der Ausgestaltung seines »Prolog im Himmel« im »Faust«. Hier liegt ein seltenes Beispiel dafür vor, daß *ein literarisches Nach-Bild sein Vor-Bild rezeptionsgeschichtlich überragt.* Wann immer ein Autor des 20. Jahrhunderts eine Nachdichtung oder Übertragung der »himmlischen Szenen« des Hiobbuches versuchte: stets war die Goethesche Gestaltung derselben Szene im Hinter- und oft genug im Vordergrund.

Das Hiobbuch hat Goethe ein Leben lang fasziniert[43]. So stellt er seiner naturwissenschaftlichen Untersuchung zur »Morphologie« ein Hiobzitat als Motto voraus[44], widmet Hiob ein Kurzgedicht[45] und preist das Buch als »gültiges Zeugnis« dafür, »daß Poesie, Religion und Philosophie ganz in Eins«[46] zusammenfallen können. Daß er das Hiobbuch schließlich als unmit-

---

[42] Vgl. *Georg Friedrich Wilhelm Hegel,* Vorlesungen über die Philosophie der Religionen, Bd. 2, in: ders., Sämtliche Werke, hrsg. von *Hermann Glockner*, Bd. 16 (Stuttgart 1959), S. 66f.

[43] Mindestens viermal wird es in den Tagebüchern erwähnt: 05.09.1777; 29.05.1812; 03.09.1816; 01.01.1825.

[44] Vgl. Goethes Werke, hrsg. im Auftrag der Großherzogin Sophie von Sachsen, II. Abteilung, 6. Band, 1. Teil : »Siehe er geht vor mir über/ehe ich's gewahr werde,/und verwandelt sich/ehe ich's merke./ Hiob«

[45] In: Goethes Werke, a.a.O., I. Abteilung, 3. Band »Zahme Xenien«, S. 242:
*Hiob:*
Ihr wollt meiner spotten:
Denn ist der Fisch gesotten,
Was hilft es daß die Quelle fließt?
*Die Freunde:*
O laß die Jammer-Klagen,
da nach den schlimmen Tagen
man wieder froh genießt.

[46] In: Dichtung und Wahrheit, Goethes Werke, a.a.O., I. Abteilung, 27. Band, 2. Teil, 6.

telbares Vorbild seines »Faust« benutzt habe, gibt er in einer Diskussion um Plagiatsvorwürfe offen zu: »Nur durch Aneignung fremder Schätze entsteht ein Großes. Hab ich nicht auch im Mephistopheles den Hiob ... mir angeeignet?«[47] So im Gespräch mit Kanzler Friedrich von Müller am 17.12.1824. Oder ähnlich, aber noch deutlicher, im Gespräch mit Eckermann vom 18.1.1825: »Hat daher auch die Exposition meines ›Faust‹ mit der des ›Hiob‹ einige Ähnlichkeiten, so ist das wiederum ganz recht, und ich bin deswegen eher zu loben als zu tadeln.«[48] Die Idee, dem Faustdrama einen hiobähnlichen himmlischen Prolog vorauszuschalten, stammt jedoch nicht, wie es etwa der Germanist Osman Durrani annimmt[49], von Goethe selbst, sie findet sich vielmehr schon in dem 1674 von Nikolaus Pfitzer herausgegebenen und übersetzten Volksbuch über Faust[50], das Goethe als Quelle vorlag.
Um die Tiefenbedeutung des »Faust« zu illustrieren, greift Goethe auf die bereits geschilderte, aus dem Hiobprolog entlehnte Vorstellung des »Theatrum Mundi« zurück. In dem 1790 gedruckten Spiel »Faust. Ein Fragment« fehlt die dreifache Rahmung der Endform noch. Erst die 1808 erschienene Fassung »Faust. Eine Tragödie« präsentiert nach der »Zueignung« und dem »Vorspiel auf dem Theater« jenen am Hiobbuch orientierten »Prolog im Himmel«, der uns hier interessiert.
Wie benutzt Goethe nun konkret die biblische Vorlage?[51] – Er übernimmt die Szenerie, das Erscheinen Gottes vor den Gottessöhnen, unter denen sich auch Satan/Mephistopheles befindet. Beide Male spricht Gott den Versucher auf »seinen Knecht« (Hiob/Faust) an, der ihm als vorbildlicher Mensch erscheint. In beiden Fällen ist an dieser Stelle die oft erfolgte Rede von einer »Wette« unangebracht, denn, so Ludwig Carrière mit Recht, eine »Wette zwischen Gott und einem Gegenspieler, der sie gewinnen könnte, widerspricht den Gottesvorstellungen in beiden Dichtungen«[52]. Der Satan ist nur Ankläger und

---

Buch, S. 11f.222

47 *Renate Grumach* (Hrsg.), Kanzler Friedrich von Müller: Unterhaltungen mit Goethe (München 1982), S. 137.

48 *H.H. Houben* (Hrsg.), Johann Peter Eckermann: Gespräche mit Goethe in den letzten Jahren seines Lebens (Wiesbaden 1959), S. 107.

49 Vgl. *Osman Durrani,* Faust and the Bible (Frankfurt 1977), S. 10: »Goethe took the *unprecedented* step of inviting comparison between his drama and the great biblical theodicy of Job.«

50 Diese Beobachtung geht zurück auf *Jakob Minor*, Goethes Faust (Stuttgart 1901) Bd. II, S. 283. Den Nachweis, daß *Goethe* Pfitzers Faustbuch kannte, brachte *Otto Pniower,* Pfitzers Faustbuch als Quelle Goethes, in: Zeitschrift für deutsches Altertum und deutsche Literatur 57(1920), S. 240–266.

51 Zum Thema Faust und Hiob liegen ca. 10 kürzere Artikel aus der Zeit um die Jahrhundertwende vor. Auf zwei spätere Kurzuntersuchungen sei hier verwiesen: *Ludwig Carrière,* Satan, Mephisto und die »Wetten« bei Hiob und im »Faust«, in: Neue Folge des Jahrbuchs der Goethe-Gesellschaft Bd. XX (Weimar 1958), S. 285–287; *Tokuji Tokuzawa,* Der Prolog in Goethes Faust, in: *Günther Mahal* (Hrsg.), Ansichten zu Faust (Stuttgart 1973), S. 35–48.

52 *Ludwig Carrière*, a.a.O., S.287.

Versucher, nicht aber gleichmächtiger Opponent Gottes. Beide Male also wird ein besonderer Mensch auf die Probe gestellt. Die *Prüfungen* sind allerdings unterschiedlicher Natur, man kann hier mit Heinz Flügel geradezu von einer »entgegengesetzten Versuchungsgeschichte«[53] sprechen. Während Hiob klären soll, ob der Mensch Gott nur wegen seines Wohlergehens lobt, muß Faust beweisen, daß sich »ein guter Mensch auch in seinem dunklen Drange des rechten Weges wohl bewußt« ist. Während im Hiobbuch Theologie und Anthropologie gleichberechtigt im Zentrum des Interesses stehen, konzentriert sich der »Faust« allein auf das Menschenbild.

Auch über die Nachbildungen des himmlischen Prologes hinaus finden sich verblüffende Motivähnlichkeiten in beiden Werken. Hier eine »analoge Handlungsstruktur«[54] erkennen zu wollen, wäre zwar weit übertrieben, aber Faust kann als *literarische Komplementärgestalt* Hiobs gelten. Die beiden Figuren sind darin vergleichbar, daß sie als Knechte Gottes von Satan mit Gottes Zustimmung versucht werden. Aber sind ihre Versuchungen vergleichbar? Hiob wird in die tiefsten Regionen menschlichen Leidens geführt, Faust hingegen durchlebt alle Sphären menschlicher Verlockungen. Mit den Worten des japanischen Germanisten Tokuzawa: »der erste leidet sozusagen unter einer negativen, der zweite unter einer positiven Prüfung«[55]. In der negativen Prüfung muß sich primär das jeweilige Gottesbild bewähren (»Theodizee«), in der positiven aber der Mensch, der Gefahr läuft, seinen »Urquell« zu vergessen. Die Art der Prüfungen ist also sehr unterschiedlich. Die beiden großen Dichtungen treffen sich jedoch am Ende wieder: Beide *Fast-Tragödien* enden in *Versöhnung*. Der Wiederherstellung Hiobs im biblischen Buch entspricht strukturell das »Wer immer strebend sich bemüht, den können wir erlösen« Goethes.

Auch nach dieser rezeptionsgeschichtlich wegweisenden literarischen Hiobgestaltung durch Goethe bleibt Hiob in literarischen Werken der Weltliteratur präsent. So scheinen weite Teile des poetischen Gesamtwerks eines Heinrich Heine (1797–1856) motivisch-atmosphärisch in seinem Schatten zu stehen. Das Hiobbuch ist für Heine »das Hohelied der Skepsis«, denn »es zischen und pfeifen darin die entsetzlichen Schlangen der Skepsis ihr ewiges: Warum?« In ihm finde sich eine »überstarke Dosis von Zweifeln«[56].

---

[53] *Heinz Flügel,* Hiob in der Gegenwartsliteratur, in: *Hans Jürgen Schultz* (Hrsg.), »Sie werden lachen – die Bibel«. Erfahrungen mit dem Buch der Bücher, $^{1}$1975 (München 1985), S. 206.

[54] So *Ulrike Schrader,* Die Gestalt Hiobs in der deutschen Literatur seit der frühen Aufklärung (Frankfurt 1992), S. 48. Gut ist hingegen ihre – allerdings auch lückenhafte – Bibliographie zum Thema »Hiob und Faust«, ebd., S. 47f.

[55] *Tokuji Tokuzawa,* a.a.O., S. 44.

[56] *Heinrich Heine*, »Späte Note« im Anschluß an die »Denkworte an Ludwig Marcus« (März 1854), in: ders., Werke und Briefe, hrsg. von *Hans Kaufmann* (Berlin 1962), Bd. 7, S. 299. *Wilhelm Gössmann* zufolge gilt »die biblische *Hiobs-Gestalt* als auslösendes und verifizierendes Vorbild« einiger späterer Gedichte Heines. Vgl. *Wilhelm Gössmann,* Die Bibel in der

In der französischen Romantik erfährt Hiob eine neue Aktualität. Einige Autoren dieser Epoche (Victor Hugo, Pierre Leroux, Ernest Renan, Pierre Delatourneur) fühlen sich ihm so verwandt, daß sie einen Neologismus prägen, den *»Jobisme«*, um diese Grundübereinstimmung zwischen dem Gedankengut ihrer Zeit und dem biblischen Hiob zu erfassen.[57] Und schließlich erweisen sich viele der Protagonisten der großen Romane Dostojewskis (etwa Iwan Karamasow) oder etwa Melvilles Kapitän Ahab im »Moby Dick« (im Kampf gegen den Leviathan!) durch zahlreiche direkte Anklänge und strukturelle Bezugnahmen als literarische Erben Hiobs.[58] Die deutschsprachige Literatur des 19. Jahrhunderts hat hingegen wenig Erwähnenswertes zu Hiob zu sagen. Die wenigen und weitgehend unbekannt gebliebenen Werke stellen, so Schrader in ihrer themenbezogenen Studie, »kaum neue Fragen an den Stoff und an die Möglichkeit zur literarischen Darstellung«[59]. Die letzte markante Hiobdeutung auf dem Weg ins 20. Jahrhundert entstammt somit erneut dem kreativen Zusammenfall von philosophischem Denken und literarischem Duktus.

## 5. Hiob als »Modellfall der Wiederholung« – *Sören Kierkegaard*

Eine völlig eigenständige Hiobdeutung findet sich im Werk des dänischen Existenzphilosophen Sören Kierkegaard (1813–1855)[60]. Hiob ist auch für ihn

---

Literatur des 19. und 20. Jahrhunderts, in: ders. (Hrsg.), Welch ein Buch! Die Bibel als Weltliteratur (Stuttgart 1991), S. 79–113, hier: S. 87. *Ulrike Schrader* widmet Heine in ihrer Dissertation »Die Hiobsgestalt in der deutschen Literatur seit der frühen Aufklärung« (Frankfurt 1992) ein eigenes kurzes Kapitel (S. 53–58), ohne freilich mehr als archetypische Gemeinsamkeiten herausarbeiten zu können. Die von ihr benutzten Verben »mitbezeichnen«, »denken lassen an«, »erinnern an« decken dieses eher willkürliche Verfahren auf.

57 Vgl. hierzu: *Adelheid Hausen*, Hiob in der französischen Literatur (Frankfurt/Bern 1972), S. 149. Der konkrete Begriff des »Jobisme« stammt demzufolge von *P. Christian*.

58 Zum Verhältnis von Dostojewski, Melville, Kafka und Camus zum Hiobbuch siehe die ausgezeichnete Studie: *Maurice Friedman*, Problematic Rebel (Chicago/London [2]1970).

59 *Ulrike Schrader*, Die Gestalt Hiobs in der deutschen Literatur seit der frühen Aufklärung (Frankfurt 1992), S. 69. Nach ihren Angaben und Forschungen sind hier zu nennen die epischen *Gedichte: J.J. Rietmann*, Hiob oder Das alte Leid im neuen Liede (St.Gallen 1843); *Sebastian Brunner*, Der deutsche Hiob (Regensburg 1846); *Hans Koester*, Hiob. Episches Gedicht in zwölf Gesängen (Bielefeld 1885). *Dramen:* Bereits etwas älter ist *Franz Xaver Riedel,* Das Buch Hiob in zwölf Gesängen (Preßburg 1779); des weiteren *Johann Wilhelm Müller*, Hiob. Dramatisches Gedicht (New Orleans/ New York/ Braunschweig 1850); *Bartholomäus Ponholzer*, Job der fromme Dulder 1862 (Bonn [2]1927); *Philipp Zapf,* Hiob. Ein dramatisch-didactisches Bild aus dem Morgenlande (Brooklyn/ New York/ München 1866); *Leopold Adler*, Das Buch Hiob. Schauspiel in einem Aufzug (Leipzig 1891). Romane: *Leopold von Sacher-Masoch*, Der neue Hiob (Stuttgart 1878).

60 Zu *Kierkegaard* siehe als Einführung: *Peter P. Rohde*, Kierkegaard (Reinbek 1959); *Patrick Gardiner,* Kierkegaard (Oxford 1988). Speziell zur Hiobrezeption: *J. Wahl,* Soren Kierkegaard et le Livre de Job, in: Etre et Penser, Cahier de philosophie, n. 27: L'homme – Métaphysique et conscience de soi (Neuchatel 1948), S. 147–166.

– neben Abraham – *die große Bezugsgestalt des Alten Testamentes.* Immer wieder in seinen zahlreichen Tagebüchern, Reden und Schriften finden sich Hinweise, Gedanken und Assoziationen zur Hiobfigur. Von besonderer Bedeutung sind dabei zwei in Form und Aussage stark divergierende Werke, beide etwa zur gleichen Zeit entstanden. Im Dezember 1843 veröffentlicht Kierkegaard drei »Erbauliche Reden«[61], deren erste sich mit dem sprichwörtlich gewordenen Demutsmotto »Der Herr hat's gegeben, der Herr hat's genommen, der Name des Herrn sei gelobt!«(Hiob 1,21) befaßt. Hiob wird vorgestellt als »Lehrer und Führer der Menschheit« (S. 5). Er nehme in der Geistesgeschichte einen besonderen Platz ein, »den des äußersten Vorpostens der Menschheit« (S. 6). Doch seltsam: Wofür wird Hiob derart gelobt, derart gepriesen? Ausschließlich für seine sprichwörtliche Geduld, für sein treues Ausharren in Demut! In einer versuchten individualpsychologischen Nachzeichnung Hiobs und seiner *Typisierung und Stilisierung als Glaubensvorbild* interessiert sich Kierkegaard lediglich für die Rahmenerzählung des biblischen Buches, und auch von ihr nur für ein einziges Zentralmotiv. Kein Wort von Hiobs Aufbegehren, kein Wort vom Gespräch mit den Freunden!
Wie im schroffstmöglichen Gegensatz hierzu, im selben Jahr, vom selben Autor geschrieben:

> »Hiob! Hiob! O Hiob! Hast du wirklich nichts andres gesprochen als diese schönen Worte: Der Herr hat's gegeben, der Herr hat's genommen, der Name des Herrn sei gelobt? Hast du nicht mehr gesagt? Bist du in aller deiner Not dabei geblieben, nichts zu tun als sie zu wiederholen? … Nein, du, der du in deines Wohlstands Tagen des Unterdrückten Wehr gewesen bist, des Greisen Schirm und des Gebeugten Stab, du hast die Menschen nicht getrogen, und als alles barst, da wardst du des Leidenden Mund und des Zerknirschten Stimme und des Geängstigten Schrei, und eine Linderung allen, die in Qualen verstummten, ein getreuer Zeuge von aller der Not und Zerrissenheit, die in einem Herzen wohnen kann, ein untrüglicher Fürsprech, der es wagte ›in der Bitterkeit seiner Seele‹ Klage zu erheben und zu streiten wider Gott.«[62]

Genau die gegensätzliche Konzeption also: *Hiob nicht als treu-demütiges Glaubensvorbild, sondern als exemplarischer Klagender und Aufbegehrender gegen Gott.*[63] Kierkegaard, der Masken- und Rollenspieler, der unter verschiedensten Namen Publizierende: hier überträgt er seine Rollenspiele auf Interpretationsvarianten der Hiobsgestalt.

---

[61] In: *Sören Kierkegaard*, Gesammelte Werke, hrsg. von *Emanuel Hirsch/Hayo Gerdes*, Bd. 7/8/9 (Düsseldorf/Köln 1956), S. 5–21. Die Seitenangaben im Text beziehen sich auf diese Ausgabe.

[62] *Sören Kierkegaard,* Die Wiederholung $^{1}$1843, in: ders., Gesammelte Werke Bd. 5/6, a.a.O., S. 1–97, hier S. 68f. Textzitate fortan aus dieser Ausgabe.

[63] Vgl. ebd., S. 80: »Darum beruhigt Hiob nicht als Glaubensheld, sondern er lindert vorübergehend: Hiob ist gleichsam die ganze inhaltsreiche Klageschrift seitens des Menschen in der großen Sache zwischen Gott und dem Menschen, in dem weitläufigen und schrecklichen Prozeß, der … damit endet, daß das Ganze eine Prüfung gewesen ist.«

Die zuletzt zitierten Zeilen entstammen seiner Schrift »Die Wiederholung«, in der Hiob eine zentrale Bedeutung zukommt. Kierkegaard, dessen Werk zumindest auch als Versuch gelesen werden kann, seine autobiographischen Krisen literarisch auszuleuchten, spaltet sich selbst hier in zwei Figuren: in den älteren, als Verfasser der Schrift auftretenden »Constantin Constantius«, und in einen »jungen Menschen«, der jenem Briefe schreibt, in dem er seine Gedanken und Lebensprobleme schildert. In beiden Gestalten spiegelt Kierkegaard sein eigenes Schicksal, das zentral geprägt wurde von der unglücklichen Liebesbeziehung zu Regine Olsen. Nachdem er selbst von Skrupeln gequält die Verlobung mit ihr im Jahre 1841 aufgelöst hatte, hoffte er nun auf eine »Wiederholung« – von hierher der Titel des Werkes.
Doch wie stets bei diesem Autor: die Biographie wird Anlaß zur Reflexion über Wesentliches. Konkret in diesem Fall: Die »Wiederholung« meint einerseits die Hoffnung auf eine Erneuerung der Beziehung zu Regine, andererseits aber auch eine komplexe philosophisch-theologische Konzeption: »Wiederholung« sei dasselbe, wie etwa bei den alten Griechen »Erinnerung«, nur erfolge diese geistige Bewegung in »entgegengesetzter Richtung«. Während die Erinnerung stets von heute in die Vergangenheit ziele, erinnere sich die Wiederholung »der Sache vorlings«, ziele sie aus der Vergangenheit in die Gegenwart und aus der Gegenwart in die Zukunft. Konsequenz und Ziel: »Daher macht die Wiederholung, falls sie möglich ist, den Menschen glücklich« (S. 3). *Wiederholung* wird also zu einer *Glücks- und Erlösungskonzeption*[64] für den Menschen. Konkret sähe eine solche »Doppelbewegung der Unendlichkeit«[65] so aus: Ein jedes menschliches Verhältnis verstößt laut Kierkegaard an sich – als Bindung an Irdisches – gegen die Macht Gottes über unsere Herzen. Daher muß es zerbrechen, muß eine Befreiung von dieser Bindung an Irdisches erfolgen. *Nach* einer solchen Befreiung, nach einer Unterwerfung unter den Willen Gottes, wird jedoch durch die menschliche Demut vielleicht eine neue von Gott in Gnade gewährte Beziehung möglich, eine *»Wiederholung« als gnadenhafte Lebensermöglichung.*
Und genau an dieser Stelle wird nun Hiob wichtig. Warum? Weil *Hiob ein beispielhafter Archetyp genau dieser Bewegung der Wiederholung*[66] ist. In der Figur Hiobs, der »in der Asche sitzt und sich mit einer Tonscherbe kratzt« (S. 59), meint der »junge Mensch« gefunden zu haben, was er suchte. Denn immer wieder identifiziert er, der fiktiv genau ein solches Liebesverhältnis erlebt wie Kierkegaard und genauso wie dieser auf einen positiven Ausgang, auf eine Wiederholung hofft, sich in seinen Briefen mit Hiob: »Deiner bedarf

---

64 Siehe hierzu: *Louis Reimer*, Die Wiederholung als Problem der Erlösung bei Kierkegaard, in: *Michael Theunissen/Wilfried Greve* (Hrsg.), Materialien zur Philosophie Sören Kierkegaards (Frankfurt 1979), S. 302–346.
65 *Peter P. Rohde*, Kierkegaard, a.a.O., S. 100.
66 Vgl. *Sören Kierkegaard*, a.a.O., S. 81: »Hiob ist gesegnet und hat alles *zwiefältig* wiederbekommen. – Das nennt man eine *Wiederholung.*«

ich, du bist ein Mann, der laut zu klagen weiß, daß es im Himmel widerhallt« (S. 69). Und wenig später in offener Identifikation: »wage ich's mich deiner Gesellschaft anzuschließen«! Sein Fall sei dem Hiobs ähnlich, denn »Söhne und Töchter kann ja gleichsam auch der verloren haben, der die Liebste verloren« (S. 70) – »Jedes Wort Hiobs ist Nahrung und Kleidung und Arznei für das Elend meiner Seele« (S. 75). Der junge Mann macht sich selbst schließlich sogar zum Sprachrohr Hiobs: »Ist Hiob eine dichterische Gestalt, hat es nie einen Mann gegeben, der so gesprochen, so mache ich seine Worte zu den meinen und nehme die Verantwortung auf mich.« (S. 76)
Hiobs Bedeutung beruht für Kierkegaard auf zwei Faktoren. Zum einen darauf, »daß die Grenzstreitigkeiten gegen den Glauben in ihm ausgekämpft worden sind« (S. 80), in seiner Rolle als Rebell also, und zum zweiten auf seiner letztlichen Bestätigung durch Gott, als alle »denkbare menschliche Gewißheit und Wahrscheinlichkeit für die Unmöglichkeit sprach« (S. 82). In der Gleichzeitigkeit beider Faktoren verkörpert Hiob exemplarisch das Konzept der »Wiederholung«. Hinzuzufügen bleibt, daß sich in Kierkegaards Leben die Hoffnung auf eine Wiederholung, die Hoffnung auf »ein Nachleben der Hiobrolle«[67] bis hin zum Happy End noch während der Arbeit an dem gleichnamigen Buch zerschlug. Die zuvor von ihm verlassene Regine Olsen verlobte sich mit einem anderen, den sie später auch heiraten sollte. Die Endgestalt des Buches, ursprünglich wohl als optimistische Demonstration der realistischen Möglichkeit einer Wiederholung geplant, führt denn auch dieses Konzept als utopisch-irreale Vision ad absurdum.

## 6. Hiob aus literaturwissenschaftlicher Perspektive

Als letzte Wegmarke der Hiobrezeption soll im folgenden in aller Kürze eine literaturtheoretische Diskussion aufgegriffen und veranschaulicht werden, die seit etwa 30 Jahren vor allem im englischsprachigen Raum vorangetrieben wird. Speziell in Amerika erschienen im Rahmen einer Neuentdeckung der Bibel als literarischen Werks gerade auch zum Buch Hiob moderne »strukturalistische«[68] und postmoderne »dekonstruktionalistische«[69] Text-

---

67 So grundsätzlich zur biographischen Bedeutung Hiobs für Kierkegaard: *Hans-Peter Müller*, Welt als »Wiederholung«. Sören Kierkegaards Novelle als Beitrag zur Hiob-Interpretation, in: *Rainer Albertz* (Hrsg.), Werden und Wirken des Alten Testaments. FS für Claus Westermann (Göttingen/Neukirchen-Vluyn 1980), S. 355–372, hier: S. 356.

68 Besonders erwähnenswert: Die *strukturalistische Annäherung* an das Hiobbuch von *Robert Polzin*, Biblical Structuralism (Philadelphia 1977), bes. S. 54–121.

69 Eine bewußt *postmodern-dekonstruktionalistische exegetische Untersuchung* zu Hiob bietet: *Edwin M. Good*, In Turns of Tempest. A Reading of Job (Stanford 1990). Weitere *postmodern-subjektivistische Lesarten* des Hiobbuches aus jüdischer Sicht bei: *Moshe Greenberg*, Job, in: *Robert Alter/Frank Kermode* (Hrsg.), The Literary Guide to the Bible (Cambridge M. 1987), S. 283–303; *Leslie Fiedler*, Job, in: *David Rosenberg* (Hrsg.), Congregation: Contem-

studien, so daß man geradezu von einer »erkenntnistheoretisch bedeutsamen Wiederentdeckung des Hiobbuches für die Literaturkritik«[70] sprechen kann. Besonders die Debatte bezüglich einer gattungsmäßigen Einordnung des Hiobbuches setzt dabei Rahmendaten, die ihrerseits für die literarischen Hiobbearbeitungen relevant werden. Am heftigsten diskutiert wird dabei die Beziehung des Hiobbuchs zum Drama.

*Ein Drama?*

Eine 1983 in München vorgelegte philologische Dissertation geht der Frage nach, ob das Hiobbuch als »Drama« im klassischen Sinne zu bezeichnen sei und untersucht eigens die »dramatischen und theatralen Elemente des alttestamentarischen Buches Hiob«, so der Untertitel der Arbeit »Hiob auf der Bühne«. Der Autor Helmut Schorlemmer kommt zu dem Ergebnis : »Am Hiobdrama konnte ... nachgewiesen werden, daß es sich um eine Textvorlage mit vom Dichter individuell ausgestalteten Figuren handelt, an deren Rolle in didaktischer Absicht richtiges und falsches Verhalten demonstriert werden.«[71] Auch die Ausrichtung auf ein Publikum glaubt er nachweisen zu können: »Das gesamte Hiobdrama ist nicht nur an einen Dialogpartner gerichtet, sondern sucht sich einen möglichst großen Kreis von Lesern, Hörern und Zuschauern.«[72] – Das Buch Hiob also als ein Theatermanuskript, das als Vorlage für öffentliche Aufführungen diente? Schorlemmer schränkt abschließend selbst ein: »Obwohl das Buch Hiob alle Kriterien eines Theaterstückes erfüllt, scheint sich eine *szenisch-theatrale* Umsetzung des Hiobdramas auf Grund vorgegebener Einschränkungen innerhalb der israelitischen Hierokratie *nicht entwickelt* zu haben.«[73] Mit dem Exegeten Luis Alonso Schökel kann man vielleicht von einem in der Phantasie aufzuführenden »imaginative drama« sprechen; eine solche Lesart des Hiobbuches ließe zu-

---

porary Writers Read the Bible (San Diego/New York/London 1987), S. 331–345.

[70] **Mary Anne Radzinowicz*, How and Why the Literary Establishment Caught up with the Bible: Instancing the Book of Job, in: Christianity & Literature 39, 1 (Herbst 1989), S. 78. Dort auch weitere Literaturhinweise. Überblick zur literaturwissenschaftlichen Rezeption in: *Alex Preminger/Edward L. Greenstein* (Hrsg.), The Hebrew Bible in Literary Criticism (New York 1986), S. 445–464.

[71] *Helmut Schorlemmer,* Hiob auf der Bühne (Diss. München 1983), S. 141. Vgl. *Marc Bochet*, La theatralité du livre de Job, in: ders., Présence de Job dans le théâtre d'après guerre II en France (Bern 1988), S. 23–27.

[72] A.a.O., S. 152.

[73] A.a.O., S. 153 (meine Hervorhebung). Der amerikanische Literaturkritiker Richard B. Sewall kam in einer früheren Studie zu einem ähnlichen Ergebnis. Hinsichtlich der Frage, ob das Hiobbuch »alle Kriterien eines Theaterstücks« erfülle, führt er aus: »Die Elemente des Dramas – Charakter, Handlungsstränge, Nebenhandlungen – sind nicht so deutlich ausgebildet wie in Stücken, die für eine Aufführung bestimmt sind, aber die essentielle Spannung und Vorwärtsbewegung des formalen Dramas sind deutlich.« Vgl. **Richard B. Sewall,* The Vision of Tragedy (New Haven/London $^{2}$1980), S. 13.

mindest »die Beziehungen der Charaktere untereinander und zum Publikum« besonders deutlich hervortreten.[74]

In jedem Falle darf man von einer weitgehenden *strukturellen Ähnlichkeit* sprechen. Dies wird auch durch zahlreiche *dramatische Nachdichtungen* belegt, in denen versucht wird, das Hiobbuch möglichst genau, aber zeitgemäß wiederzugeben.[75] An dieser Stelle schließt sich jedoch die Frage an: Wenn Hiob als ein Buch angesehen werden kann, das über »alle Kriterien eines Theaterstückes« verfügt, welcher Art von Drama ist es dann am ehesten vergleichbar[76]? Ähnelt es einer *Tragödie*, enthält es Strukturmerkmale einer *Komödie*, oder entspricht es – sozusagen als Vorläufer – der Tradition des *Absurden Theaters* (so drei unterschiedliche Deutungsansätze)?

### *Eine Tragödie?*

Die Interpretationstradition, das Buch Hiob als eine Tragödie zu betrachten, läßt sich bis ins frühe fünfte Jahrhundert zurückverfolgen. Der damalige Bischof von Cilicien, Theodor von Mopsuestia (etwa 350–428), verbannte das Hiobbuch aus der Bibel, weil er glaubte, daß es »den Dramen der heidnischen (=griechischen) Dichter nachgebildet«[77] sei. Im Anschluß an diese Vermutung sprechen viele Literaturwissenschaftler bedenkenlos vom Hiobbuch als einem »tragischen Drama«[78], zumindest aber davon, daß es diesem nahe-

---

74 **Luis Alonso Schökel*, Towards a dramatic reading of the Book of Job, in: Semeia 7 (1977), S. 45.

75 Als Beispiele hierfür könnte man etwa den »Hiob« des russischen Schriftstellers *Dmitrij S. Mereschkovskij* nennen (»Hiob«, in: Sobraine stichov (1904), S. 87–96. Für die Übersetzung danke ich sehr herzlich *Gabi Knott-Janev*), den »Hiob in dramatischer Form« des protestantischen Theologen *Theodor Kanser* (Stuttgart 1898), oder das sehr ähnlich konzipierte Buch des Engländers *Alfred Walls*, The Oldest Drama in the World. The Book of Job arranged in dramatic form with elucidations (London 1891). 1962 feierte darüber hinaus eine von Orlin Corey produzierte, ausschließlich aus biblischen Originalzitaten bestehende Bühnenversion unter dem Titel »The Book of Job« eine Saison lang am Broadway und bei Gastspielen auf der Brüsseler Weltausstellung und in Kanada große Erfolge. Vgl. hierzu: *John Killinger*, The Failure of Theology in Modern Literature (New York/Nashville 1963), S. 203. Und noch 1975 erschien in New York erneut ein »Biblischer Text des Buches Hiob, für das Theater eingerichtet« von dem jüdischen Autor *Sholome Michael Gelber*.

76 Vgl. *W.J. Urbrock*, Job as Drama: Tragedy or Comedy?, in: Currents in Theology and Mission 8(1981), S. 35–40.

77 So *Heinrich Kihn*, Theodor von Mopsuestia und Junilius Africanus als Exegeten (Freiburg 1880), S. 68.

78 Vgl.* *Dorothea Krook*, Elements of Tragedy (New Haven/London 1969), S. 253: »tragic drama«. Einige weitere literaturwissenschaftliche Stimmen: **Richard B. Sewall*, a.a.O., S. 13 führt aus, im Hiobbuch sei »die tragische Vision in tragischer Form erfüllt«. *Laurence Michel* im gleichen Sinn: »Wir kommen natürlich im Hiobbuch einer tragischen Handlung am nächsten«, vgl. **Laurence Michel*, The Possibility of a Christian Tragedy, in: *Laurence Michel/Richard B. Sewall* (Hrsg.), Tragedy: Modern Essays in Criticism (Englewood Cliffs/N.J. [2]1978), S. 222. Oder *D.D. Raphael*: »Sicherlich kommt es der Tragödie näher als irgendein

stehe. Auch Theologen wie Hans Urs von Balthasar greifen eine derartige Deutung auf: »Es ist eine Situation sehr nah der griechischen Tragödie.«[79] Extremster Vertreter einer Deutung Hiobs als Tragödie ist der Amerikaner Horace M. Kallen. Er veröffentlichte 1918 ein Buch unter dem programmatischen Titel »The Book of Job as a Greek Tragedy«, in dem er, mit seinen eigenen Worten, »das Hiobbuch des Alten Testaments in seiner ursprünglichen Form wiederherstellte, die einer griechischen Tragödie in der Art des Euripides.«[80] Und so legt er uns das Hiobbuch als komplette griechische Tragödie vor: mit Prolog, Dialogen, Botenberichten, Chor, Epiphanie und Epilog. Kallen insistiert auf einem *direkten* Zusammenhang zwischen den griechischen Dramen und dem Hiobbuch. Er faßt seine Thesen in drei Punkten zusammen, indem er behauptet:

»Erstens, daß es das Werk eines hebräischen Dichters ist, der sich der tragischen Form des Euripides bewußt war, aber dennoch in seiner Nachahmung ungriechisch blieb; zweitens, daß er dem griechischen Vorbild darin folgte, seine Häresien in orthodoxe Vorgänge und Symbole einzurahmen; drittens, daß die Form, die er seiner Tragödie gab, von der dramatischen zur erzählerischen verändert wurde, als das Hiobbuch zu den kanonischen Schriften hinzugefügt wurde.«[81]

Kallens Auffassungen wurden kaum positiv rezipiert, da sie auf allzu gewagten und nicht bewiesenen Hypothesen beruhen. Ob der unbekannte Hiob-Autor irgend etwas von griechischen Tragödien gewußt haben konnte, ist zunächst an die unsichere Hiob-Datierung gebunden, kulturhistorisch ungesichert und im Text nicht belegbar. Wenn man überhaupt vom Hiobbuch als einer Tragödie sprechen kann, dann höchstens im Sinne einer geistigen, archetypischen Verwandtschaft und strukturellen Ähnlichkeit.

Wie weit greift jedoch eine solcherart postulierte geistige Verwandtschaft? D.D. Raphael, oben als Zeuge einer Annäherung des Hiobbuches an die griechische Tragödie zitiert, betont die nicht zu übersehenden Unterschiede: »Es ist keine Tragödie. Der intendierte und hervorgerufene Eindruck auf den Leser ist völlig anders.«[82] Worin also liegen die Ähnlichkeiten, worin die Unterschiede?[83] »Tragödie« kann im Gefolge von Aristoteles definiert werden als

---

anderes biblisches Buch«, vgl. **D.D. Raphael*, Tragedy and Religion, in: *Paul S. Sanders* (Hrsg.), 20 th Century Interpretations of the Book of Job (Englewood Cliffs/N.J. 1968), S. 52.

79 *Hans Urs von Balthasar,* Herrlichkeit. Eine theologische Ästhetik, Bd. III.2 (Einsiedeln 1967), S. 266.

80 **Horace M. Kallen,* The Book of Job as a Greek Tragedy (New York ²1959), S. VII.

81 *A.a.O., S. IX.

82 **D.D. Raphael,* a.a.O., S.52.

83 Der jüdische Literaturkritiker Harold Fisch resümiert: »Hiob ist und ist gleichzeitig doch nicht eine Tragödie«, vgl. **Harold Fisch*, Poetry with a Purpose (Bloomington/Indianapolis 1988), S. 27. Und Ulrich Simon formuliert als Ausweg aus dieser Aporie die Schlußfolgerung: »Das Hiobbuch wird für uns leichter zugänglich, wenn wir es im Spiegel der Errungenschaften der Tragödie betrachten«, vgl. **Ulrich Simon*, Job and Sophocles, in: *David Jasper*

die »Darstellung eines ungelöst bleibenden tragischen Konflikts mit einer sittlichen Weltordnung, mit einem von außen herantretenden Schicksal ..., der das Geschehen zum äußeren oder inneren Zusammenbruch führt, doch nicht unbedingt im Tod des Helden, sondern in seinem Unterliegen vor dem Ausweglosen gipfelt«[84]. »Ungelöst bleibender Konflikt«, »von außen herantretendes Schicksal«, »Zusammenbruch«, »Unterliegen vor dem Ausweglosen« – Stichworte, Strukturelemente, die auch im Hiobbuch ohne Zweifel aufzufinden sind! Also doch: Hiob – eine Tragödie?
Es bleiben wichtige *Strukturunterschiede,* auf die näher einzugehen ist. Zunächst: Kann Hiob als tragischer Held bezeichnet werden? Entspricht er den Anforderungen eines solchen Protagonisten im tragischen Drama? Ein tragischer Held im klassischen Sinne »muß fähig sein, unser Mitleid zu erwecken«, »seine Schuld und Unschuld, seine Tugenden und seine Laster«[85] müssen in einem kunstvollen Beziehungsgefüge und Charakterbild ausgestaltet sein. Zum tragischen Helden eignen sich weder »makellose Männer«, die »einen Umschlag vom Glück ins Unglück«, noch »Schufte«, die »einen Umschlag vom Unglück ins Glück erleben«, da beide nicht, wie gefordert, fähig seien, »Schaudererregendes und Jammervolles« nachzuahmen. – Weder ein schuldloser noch ein schuldbeladener Held – was bleibt? Es bleibt jener Held, »der zwischen den genannten Möglichkeiten steht. Dies ist bei jemandem der Fall, der nicht trotz seiner sittlichen Größe und seines hervorragenden Gerechtigkeitsstrebens, aber auch nicht wegen seiner Schlechtigkeit und Gemeinheit einen Umschlag ins Unglück erlebt, sondern wegen eines Fehlers«.[86]

---

(Hrsg.), Images of Belief in Literature (London/Basingstoke 1984), S. 44.

[84] *Gero von Wilpert,* Sachwörterbuch der Literatur (Stuttgart $^{6}$1983), S. 850. Noch deutlicher scheinen die Parallelen in der Tragödiendefinition von *Emil Staiger* auf: »Das Tragische ereignet sich, wenn das, worum es in einem letzten, allumfassenden Sinne geht, worauf ein menschliches Dasein ankommt, zerbricht. Im Tragischen ... wird der Rahmen der Welt eines Menschen oder wohl gar eines Volkes oder Standes gesprengt.« Vgl. *Emil Staiger,* Grundbegriffe der Poetik $^{1}$1946 (München 1971), S. 131. Sätze, die sich ohne jegliches Problem in die theologische Analyse des Hiobbuches einfügen lassen!

[85] So Friedrich Dürrenmatt in seinem berühmt gewordenen Essay »Theaterprobleme«, vgl. *Friedrich Dürrenmatt,* Theaterprobleme (1955), in: ders., Theater. Essays, Gedichte und Reden (Zürich 1980), S. 57. Die hier formulierten Anforderungen sind Weiterentwicklungen von Gedanken aus der »Poetik« des Aristoteles, in der die – vieldiskutierten und keineswegs unumstrittenen – Grundlagen der Tragödientheorie formuliert sind, und auf die sich alle modernen Tragödientheorien – zustimmend oder kritisierend – beziehen. Die folgenden Merkmalsbeschreibungen stammen direkt von Aristoteles, vgl. *Aristoteles*, Poetik, übersetzt und herausgegeben von *Manfred Fuhrmann* (Stuttgart 1984).

[86] Der Begriff *»hamartia«*, den Fuhrmann hier mit »Fehler« übersetzt, ist einer der meistdiskutierten Begriffe der Literaturtheorie. Gero von Wilpert übersetzt »Verkennung der Situation« (a.a.O., S. 324). Fest steht, daß die Hamartia den tragischen Konflikt begründet. Aber handelt es sich um einen moralischen Begriff, um eine aktive Verschuldung des Menschen? Dann wäre das folgende Leid im Sinne eines Tun-Ergehen-Zusammenhangs verdient und der »Untergang demonstriert die poetische Gerechtigkeit«, so *Dietrich Mack,* Ansichten zum

Trägt nun Hiob ein solches tragisches Profil? Zunächst wird auf einige Analogien einzugehen sein. Ohne Zweifel ist er, wie gefordert, »bedeutungsvoll, groß, adelig, repräsentant für eine Elite, außerordentlich, wertvoll«[87], dennoch gibt es deutliche Differenzen. Auf die entscheidenden Unterschiede macht – ungewollt – Northrop Frye aufmerksam, durch einen Irrtum. Er behauptet, daß Hiob »keineswegs seine Unschuld beteuert, sondern betont, daß ein großes Mißverhältnis zwischen dem besteht, was ihm widerfahren ist, und dem, was er nach menschlichem Vorstellungsvermögen getan haben könnte.«[88] Hätte Frye recht, so stünde Hiob in der Tat auf einer Stufe mit den großen tragischen Helden. Hiob ist jedoch genau einer jener von Aristoteles explizit ausgegrenzten »makellosen Männer«, die »einen Umschlag vom Glück ins Unglück erleben«. Hiob hat gerade nicht gesündigt, es liegt *keine* Hamartia vor, seine *Unschuld* wird ausdrücklich von Jahwe bestätigt (»untadelig und rechtschaffen, er fürchtete Gott und mied das Böse« 1,8). Mit vollem Recht betont er wieder und wieder: »Schuldlos bin ich!«(9,21).
Hiob also doch kein tragischer Held? Wir müssen noch einmal auf einer tieferen Ebene nachfragen. Warum hatte Aristoteles derart »makellose Männer« ausgegrenzt? Weil er Charaktere suchte, die »Jammer und Schaudern« hervorrufen und hierdurch eine Reinigung, Katharsis, von derartigen Affektzuständen bewirken sollten.[89] Ist aber der »Fall Hiob« nicht gerade ein Beispiel dafür, daß der Fall eines großen und unschuldigen Menschen mindestens genau soviel Mitleid und Mitgefühl wecken kann?[90]

---

Tragischen und zur Tragödie (München 1970), S. 136. Jedenfalls, hierin ist Dürrenmatt zu folgen: die »Tragödie setzt Schuld, Not, Maß, Übersicht, Verantwortung voraus«, vgl. *Friedrich Dürrenmatt*, a.a.O., S. 62.

[87] *Dietrich Mack*, a.a.O., S. 41.

[88] **Northrop Frye,* The Great Code (London/Melbourne 1982), S. 194.

[89] Der von Fuhrmann mit »Reinigung« übersetzte Begriff *»katharsis«* ist der zweite vieldiskutierte Begriff der aristotelischen Tragödientheorie. Katharsis, nach Gero von Wilpert die »Erregung von Mitleid und Furcht und dadurch Reinigung solcher Leidenschaften« (a.a.O., S. 400), beschreibt die Funktion und den Effekt der Tragödie, denn diese soll ja »die Seele des Zuschauenden ethisch, philosophisch, medizinisch oder einfach lustvoll reinigen. Sie wirkt dadurch seinspraktisch, seinserhellend«, so *Dietrich Mack*, a.a.O., S. 42.

[90] *Benno von Wiese,* Altmeister der germanistischen Literaturwissenschaft, sieht ohne Vorbehalte »in den rasenden Reden des Dulders Hiob« jene »tragische Antinomie von Gottesglauben und Ichbewußtsein« verwirklicht, die für ihn den tragischen Konflikt konstituiert. Vgl. *Benno von Wiese,* Die deutsche Tragödie von Lessing bis Hebbel [1]1948 (München 1983), S. 14. So kann man in einer weiteren Parallele aufzeigen, daß Hiob in der Terminologie Schillers als *»erhabener Held«* gelten kann. In seinem 1801 erstmals veröffentlichten Aufsatz »Über das Erhabene« entwirft Schiller den Idealtypus eines »schönen Charakters«, eines tugendhaften Helden, vgl. *Friedrich Schiller*, Vom Pathetischen und Erhabenen, Ausgewählte Schriften zur Dramentheorie, hrsg. von *Klaus L. Berghahn,* (Stuttgart 1984), S. 40: »Man soll ihn seiner Güter berauben, man soll seinen guten Namen zugrund richten. Krankheiten sollen ihn auf ein schmerzhaftes Lager werfen, alle, die er liebt, soll der Tod ihm entreißen, alle, denen er vertraut, ihn in der Not verlassen. In diesem Zustande suche man ihn wieder auf und fordre von dem Unglücklichen die Ausübung der nämlichen Tugenden, zu

Eine weitere Analogie zwischen dem Hiobbuch und der griechischen Tragödie liegt in der Behandlung des Konzeptes der *»poetischen Gerechtigkeit«*. Hinter diesem Begriff verbirgt sich der in der traditionellen Dichtung oft geforderte und befolgte, in der Erfahrung aber meistens vermißte Kausalzusammenhang von Schuld und Strafe. Dieser literaturwissenschaftliche Begriff entspricht deckungstreu dem theologischen Begriff des Tun-Ergehen-Zusammenhangs. So wie von Gott im Hiobbuch die Zuteilung von menschlicher Gerechtigkeit gefordert wird, so sieht sich der Autor eines Dramas vor dieselbe Forderung in bezug auf das Geschick seiner Charaktere gestellt. Doch so wie Gott im Hiobbuch diesen Anspruch als unberechtigt zurückweist, so findet sich auch in den großen Tragödien eine Durchbrechung des eingeforderten Prinzips. Denn das einmal in Gang gesetzte »Rad der Fortuna« reißt Schuldige wie Unschuldige mit. Gerade so wird »Jammer und Schaudern« hervorgerufen.

Wenn also der Charakter Hiobs dem eines tragischen Helden in den genannten Einschränkungen entspricht, so ist das Buch als ganzes doch kaum als Tragödie zu bezeichnen. Der Hauptgrund für diese Abgrenzung liegt im Schlußkapitel des Buches begründet. Eine Tragödie mit einem solchen Happy End ist unvorstellbar. George Steiner kann unwidersprochen behaupten: »Tragödie ist unwiderruflich. Sie kann nicht zu einer gerechten und materiellen Kompensation für vergangenes Leiden führen.«[91] Der Hiobschluß durchbricht die Erwartungen an ein tragisches Ende. Northrop Frye zieht in seiner großen literaturwissenschaftlichen Studie zur Bibel »The Great Code« die überraschende Schlußfolgerung: »Das Hiobbuch wird normalerweise zu den Tragödien gezählt, aber – aufgrund seines Happy Ends – ist es rein formal betrachtet eine Komödie«[92].

### *Eine Komödie?*

Komödie kann definiert werden als ein »komisches Bühnenstück als dramatische Gestaltung eines oft nur *scheinbaren Konflikts,* der nach Entlarvung der

---

denen der Glückliche einst so bereit gewesen war.« In einem solchen Charakter mache man dann, so Schiller weiter, die »Entdeckung des absoluten moralischen Vermögens, welches an keine Naturbedingungen gebunden ist«, und genau dieses absolute moralische Vermögen, das den »Ausgang aus der sinnlichen Welt« ermögliche, kennzeichne den Erhabenen. Der Name »Hiob« fällt nicht, doch lassen sich alle Einzelheiten des von Schiller porträtierten Schicksals so mühelos auf Hiob übertragen, daß sich die Vermutung nahelegt, er habe sich hier direkt auf das ihm bekannte biblische Buch bezogen. *Hiob* also hier als *ästhetischer Idealtypus* im Rahmen der spezifisch schillerschen Tragödientheorie.

91 *George Steiner*, Der Tod der Tragödie, a.a.O., S. 13. Der jüdische Literaturwissenschaftler *Harold Fisch* erklärt folgerichtig: »Ein noch außergewöhnlicherer Anti-Climax zu einer Möchtegerntragödie (would-be tragedy) ist kaum vorstellbar«, vgl. **Harold Fisch*, Poetry with a Purpose (Bloomington/Indianapolis 1988), S. 40.

92 *Northrop Frye,* The Great Code, a.a.O., S. 196.

Scheinwerte und Unzulänglichkeiten des Menschenlebens mit *heiterer Überlegenheit* über menschliche Schwächen gelöst wird«[93]. Einer der bekanntesten englischen Gegenwartsdramatiker, Christopher Fry, nannte das Hiobbuch in der Tat einmal »das große Reservoir für Komödie«[94]. Das Buch Hiob also – eine Komödie?

Eine solche Klassifizierung will von vornherein eine vorschnelle Gleichsetzung von Komödie mit Lachen, Amüsement und flacher Auflösung von »Scheinproblemen« vermeiden. Der nordamerikanische Literaturkritiker William Whedbee entwickelte seine These vom Hiobbuch als Komödie ausgehend von zwei Grundsätzen: »Ich möchte mich auf jene Auffassung von Komödie beziehen, die zumindest aus zwei zentralen Bestandteilen besteht: (1) einer bestimmten Auffassung von Unangemessenheit und Ironie; und (2) einer grundsätzlichen Handlungslinie, die zwangsläufig am Ende zum Glück des Protagonisten und seiner Wiedereingliederung in eine harmonische Gesellschaft führt.«[95]

Einer solchen Hiobdeutung ist zuzugestehen, daß das Happy End – wenngleich nicht notwendigerweise in dieser Form – in der Tat ein notwendiger Bestandteil des Buches ist, daß die Handlungslinie zwangsläufig diesem bestätigenden und auflösenden Ende zustrebt, und daß das Hiobbuch ohne ein irgendwie glückliches Ende kaum vorstellbar ist, zumindest nicht als Bestandteil des alttestamentlichen Kanons. Und es finden sich darüber hinaus ohne Zweifel Formelemente, die eher der Komödie als der Tragödie zuzuordnen sind: *Karikatur*[96], *dramatische Ironie*[97], aber auch *Parodie.*

Aber sollten jene Hiobleser über Jahrhunderte das Buch falsch verstanden haben, die es für im Geiste tragisch hielten? Ist der Endeffekt des Buches tatsächlich dem einer – wenn auch im obigen Sinne verstandenen – Komödie vergleichbar?[98] Es gibt jedenfalls noch eine dritte beachtenswerte Interpretationslinie, eine Auslegungstradition, die Hiob als einen Vorläufer des Absurden Theaters begreift.

---

93 So *Gero von Wilpert*, a.a.O., S. 420 (meine Hervorhebung).

94 * *Christopher Fry*, Comedy, in: *R.W. Corrigan* (Hrsg.), Comedy: Meaning and Form (San Francisco 1965), S. 17.

95 * *William Whedbee,* The Comedy of Job, in: Semeia 7(1977), S.1.

96 Z.B. die Selbstbeschreibung der Freunde Hiobs.

97 Vgl. *Martin Buber,* Das Glaube der Propheten [1]1950, in: ders., Werke Bd. II: Schriften zur Bibel (München/Heidelberg 1964), S. 443: »Der Dichter, der sich uns immer wieder als ein großer Ironiker zeigt,...«. Zur *Ironie im Hiobbuch: James Williams*, You Have Not Spoken Truth of Me: Mystery and Irony in Job, in: Zeitschrift für die alttestamentliche Wissenschaft 83(1971), S. 231–255.

98 Oder muß man David Robertson, der Whedbees Auffassung von Hiob als einer Komödie mit der traditionellen von Hiob als einer Tragödie vergleicht, recht geben, wenn er sagt: »Obwohl keine der beiden Theorien frei von Fehlern ist, so gehören doch beide zu den schlüssigsten und verständlichsten Interpretationen des Hiobbuches, die man sich denken kann.« **David Robertson,* The Comedy of Job: A Response, in: Semeia 7(1977), S. 43.

*Ein Vorläufer des Absurden Theaters?*

Das Buch Hiob also als ein literarisches Werk, das Raum für eine »sinnentleerte Welt schafft und das Sinnlose oder Sinnwidrige zur Grundlage dramatischer Gestaltung nimmt«? Das Buch Hiob als Absurdes Drama, dessen Kennzeichen »der Verzicht auf einen logischen Handlungsvorgang ..., der Verzicht auf einen vorantreibenden Dialog zugunsten eines banalen und ziellosen Redens der Figuren ..., die Entmenschlichung der Figuren zu sinnlos handelnden Marionetten«[99] sind? Der Provokation einer derartigen Gleichsetzung zum Trotz verdient diese Theorie einen vorurteilsfreien Vergleich der Strukturmerkmale: »Sinnwidriges« als »Grundlage dramatischer Gestaltung« – endet nicht das Hiobbuch in der Erkenntnis, daß das menschliche Erfassungsvermögen, das in nun einmal nur menschlichen Sinnkategorien denken kann, begrenzt ist? »Verzicht auf einen logischen Handlungsvorgang« – scheitern nicht viele Hiobleser an der als unlogisch empfundenen Handlungsstruktur des Buches? »Verzicht auf einen vorantreibenden Dialog« – wurde nicht im Hiobbuch der fehlende gegenseitige Bezug der Reden der Freunde und der Reden Hiobs aufgezeigt? »Entmenschlichung der Figuren« schließlich – fungieren nicht die drei Freunde als Karikaturen einer Weltanschauung? Gibt es tatsächlich Parallelen zwischen den absurden Theaterstücken eines Beckett, Adamov oder Ionesco[100] und dem Hiobbuch?

»Hiob entspricht mehr als jede andere Figur der eines existentialistischen Helden des Absurden.« – Diese These findet sich erstmals in einem Artikel der Amerikanerin Renate Usmiani aus dem Jahre 1970. Sie fährt fort: »Hiobs Entwicklung folgt genau dem Muster, das Camus in seinem *Mythos des Sisyphos* beschreibt.«[101] Dabei geht es ihr nicht um den Nachweis einer direkten stoffgeschichtlichen Wirkung des älteren Werkes auf die neueren: »All dies soll keineswegs einen direkten Einfluß des Hiobbuches auf das Absurde Theater suggerieren«, sondern lediglich »die Existenz einer weitgehend unbewußten, aber dennoch realen ursächlichen Beziehung«[102] aufzeigen.

Ihre knappen Andeutungen werden weiterentwickelt und ausführlich entfaltet in der 1978 in Rom vorgelegten Dissertation des Alttestamentlers Dermot Cox, »The Triumph of Impotence – Job and the Tradition of the Absurd«. Sein Ausgangspunkt: »Der Mensch stand seit frühester Zeit dem Problem des sinnlosen Leidens und der Ungerechtigkeit gegenüber, und eine seiner Reaktionsmöglichkeiten war seit jeher die Erkenntnis der Absurdität menschlicher Existenz.« Und dann deutlich: »Hiob war ein Teil dieser Tradition.«[103] Cox

---

99 *Gero von Wilpert*, a.a.O., S. 4.

100 Siehe hierzu: *Martin Esslin*, Das Theater des Absurden (Frankfurt/Bonn 1964).

101 **Renate Usmiani*, A New Look at the Drama of »Job«, in: Modern Drama 13(1970), S. 191–200, hier: .S.194.

102 *A.a.O., S. 200.

103 **Dermot Cox,* The Triumph of Impotence – Job and the Tradition of the Absurd (Rom 1978), S. 26. vgl. auch neuerdings: ders., Man's Anger and God's Silence. The Book of Job

vergleicht die literarischen Strukturen des Hiobbuches mit denen der Werke von Kafka, Camus, Beckett und anderen, und weist zum Teil verblüffende Parallelen auf: Die Ausgangssituation der Protagonisten sei gleich, einige schon angedeutete Formelemente ließen sich vergleichen (Nicht-Handlung, Nicht-Dialog, Karikatur), Motivähnlichkeiten seien aufweisbar (z.B. der Prozeß ohne Anklage), die verstandeskritische Grundeinstellung sei gleich, etc.[104] *Hiob* erscheint so in der Tat als *archetypischer Vorvater des Absurden Theaters.*

Dermot Cox weiß aber um die Grenzen auch dieses Vergleichs. Ähnlich wie bei der Betrachtung des Hiobbuches als Tragödie sprengen auch hier die Gottesreden und das Happy End – dort unverzichtbare Elemente und Brennpunkt der Ausführungen – den Vergleich: »Hiobs Herausforderung muß sich von jener der meisten Charaktere des Absurden unterscheiden, denn es gibt in seiner Situation eine Dimension, die jenen fehlt – eine Transzendenz. Er glaubt an Gott.«[105] Diese transzendente Dimension, die im Hiobbuch allgegenwärtig ist, verändert das Gesamtklima des geschilderten Geschehens. Wenngleich also manche unerwartete Parallelen aufzeigbar sind: das Buch Hiob ist *kein* Absurdes Drama. Es wird eben nicht eine »sinnentleerte Welt« vorgeführt, sondern die Krise einer alten Vorstellung von Sinn, Gott und Welt, die Bedrohung eines erschütterten Weltbildes, das aber aufgehoben wird in ein umfassenderes und unverändert in Gott gegründetes.

### *»Unklassifizierbar«? – Einzigartig!*

Aufgrund der letztendlich nie auflösbaren Schwierigkeiten, das Buch Hiob unter eine der klassischen gattungsmäßigen Kategorien einzuordnen, entscheiden sich viele Interpreten dazu, es als prinzipiell eigenständig zu bezeichnen.[106] Stellvertretend preist Robert Gordis es als einzigartig: »Die Größe des Hiobbuches wird noch durch die Tatsache gesteigert, daß es einer eigenen literarischen Gattung angehört, ohne Parallelen vor oder nach seiner Entstehung. Es ist buchstäblich das einzige Buch seiner Art.«[107] Der Ver-

---

(Middlegreen 1990), S. 53: »Job has entered fully into the persona of a character of the absurd.«

[104] So kann es kaum verwundern, daß der große polnische Shakespeare-Kritiker Jan Kott jene Bühne des Absurden Theaters, auf der »die sarkastische und närrische Moralität über das menschliche Schicksal gespielt« wird, die »Hiobs-Bühne« nennt, vgl. *Jan Kott,* Shakespeare Heute (München $^{2}$1970), S. 155, oder daß Eugène Ionesco, jener französisch schreibende Rumäne, Hiob zum Zeitgenossen von Samuel Beckett, jenem anderen Großmeister des Absurden, erklärt: »Ja, das ist ... Hiob, dieser Zeitgenosse von Beckett.« Vgl. **Eugène Ionesco*, Notes et contre-notes (Paris 1966), S. 233.

[105] **Dermot Cox,* The Triumph of Impotence, a.a.O., S. 149.

[106] *Georg Fohrer* (a.a.O., S. 50) weist als formalgeschichtliches Kompositionsprinzip den »Grundsatz der Gattungsmischung« nach, *Schökel* (a.a.O., S. 82) nennt es ein »obra inclasificable«, ein »unklassifizierbares Werk«.

[107] **Robert Gordis,* a.a.O., S. 4.

gleich mit den Gattungskategorien hat eine solche Einmaligkeit insofern relativiert, als durchaus erstaunliche Parallelen aufgezeigt werden konnten, besonders in Hinblick auf die Tragödie und das Absurde Theater. Da andererseits jedoch stets Unähnlichkeiten blieben, ist die postulierte *literarische Einzigartigkeit des Hiobbuches* – in den aufgezeigten Grenzen – nicht zu leugnen.

Diese kurzen, hier nicht weiter zu vertiefenden Ausführungen mögen genügen, um die *verschiedenartige zeitübergreifende stoffgeschichtliche Bedeutung des Hiobbuches* offenzulegen. Die hier aufgezeigten entscheidenden *sechs Hauptstufen der literarisch-philosophischen Hiobrezeption:*

- 1. Hiobs Verhältnis zur literarischen Tradition des *Theatrum Mundi,*
- 2. die Erschließung einer breiteren Hiobrezeption durch Herders Deutung des Hiobbuchs als hebräische Volks- und Naturpoesie,
- 3. Kants Inanspruchnahme Hiobs als paradigmatisches Modell einer authentischen Theodizee,
- 4. Goethes literarische Hiobbeerbung und -gestaltung im »Faust«,
- 5. Kierkegaards Hiobinterpretation als exemplarische Veranschaulichung des Konzeptes der Wiederholung, und schließlich
- 6. Hiobs spannungsgeladenes Verhältnis zur Tragödie und zum Absurden Theater im Rahmen der literaturwissenschaftlichen Gattungsdebatte

stehen als richtungweisende Wegmarken für jede literarische, philosophische, aber auch theologische Hiobdeutung im 20. Jahrhundert.

# II. Hiob und die zerbrechende Weltsicht nach dem Ersten Weltkrieg

## 1. »Hiob muß sehr dumm gewesen sein« – *George Bernard Shaw*

Im Jahre 1932 verbringt der protestantische Ire George Bernard Shaw (1856–1950), einer der international bekanntesten Literaten der ersten Jahrhunderthälfte, dem 1925 der Literaturnobelpreis verliehen worden war, einige Wochen in Afrika. Dieser Aufenthalt regt ihn, der hauptsächlich durch seine Bühnenwerke bekannt wurde, dazu an, eine Erzählung zu schreiben, genauer gesagt eine neue Legende zu erfinden, und zwar über die Gottesbilder der Menschheit. Sie wird noch im selben Jahr veröffentlicht unter dem Titel: »Ein Negermädchen sucht Gott«[1].
Wie, so lautet die Ausgangsfrage dieser Geschichte, stellt sich die Bibel im Zeitalter von neuen alltagssprachlichen Übersetzungen und der historisch-kritischen Exegese einem unvoreingenommenen Betrachter dar, etwa einem soeben missionierten »Negermädchen«, das sich den so vielfältigen Erzählungen dieses Buches mit praktischem Verstand und kritisch-prüfender Neugier nähert? Diese Frage wird deshalb relevant, so Shaw in einem seiner berühmten essayistischen Vorworte, weil so »die biblischen Legenden plötzlich in einem Licht vertrauter Wirklichkeit erscheinen, was ihre Leser zwingt, sie mit dem gesunden Menschenverstand zu beurteilen« (S. 91).
Das Negermädchen macht sich also auf die Suche nach Gott und begegnet den verschiedenen »Göttern«, die Shaw in den biblischen Geschichten zu erkennen glaubt. So erklärt er: »Die Bibel konfrontiert uns mit einer aufeinanderfolgenden Reihe von Göttern, von denen jeder eine deutliche Verbesserung gegenüber dem vorherigen darstellt.« (*S. 108) Im Hintergrund dieser Vorstellungen steht Shaws Gottesbild, ein »Konzept des Schöpfergottes als wohlwollend, aber nicht allmächtig – eines sich wie der Mensch in der Evolution entwickelnden Gottes«[2], so die Shaw-Biographin Sylvia E. Bowman.
Zunächst trifft das Negermädchen auf den Gott Noahs und Abrahams, doch der erweist sich als ein rachsüchtiger opferfordernder Unhold, so daß das Mädchen ihn »im Namen des wahren Gottes« (S. 13) zurückweist. Dann *begegnet es dem Gott Hiobs*, der als »ein ältlicher Herr mit weichem Silberhaar und Bart« (S. 14) vorgestellt wird. Er versichert dem Mädchen, keine Angst vor ihm haben zu müssen, denn »ich bin kein grausamer, ich bin ein vernünf-

---

[1] *George Bernard Shaw*, The Black Girl in Search of God and Some Lesser Tales (London 1934); dt. Ein Negermädchen sucht Gott. Eine Legende (Frankfurt 1962). Die folgenden Zitate beziehen sich auf diese deutsche Ausgabe, wegen Ungenauigkeit korrigierte Übersetzungen werden im Text mit * gekennzeichnet. Eine neue Übersetzung liegt seit 1989 vor: Die Abenteuer des schwarzen Mädchens auf der Suche nach Gott (Frankfurt 1989).
[2] * *Sylvia E. Bowman*, George Bernard Shaw (Boston 1978), S. 139.

tiger Gott. Ich tue nichts Schlimmeres als Debattieren. Ich bin ein Meister im Debattieren.« (S. 14) Das Mädchen greift das Gesprächsangebot auf, und Gott kommt begreiflicherweise auf Hiob zu sprechen: »Ich hatte einst einen Diener namens Hiob, mit dem ich debattierte. Aber er war so bescheiden und dumm, daß ich die furchtbarsten Mißgeschicke über ihn ergehen lassen mußte, um ihn zum Klagen zu bringen.« (S. 15) Daraufhin wiederholt das Mädchen die – wie es meint – noch immer unbeantworteten Fragen Hiobs, und Gott weist es seinerseits mit einer – karikierten – Wiederholung der Gottesreden des biblischen Buches zurück. Er wähnt sich, wie im Falle Hiobs, als Sieger der Debatte. Doch dieses Mal erweist sich die Kontrahentin als hartnäckiger: »›Das ist kein Argument‹, sagte das Negermädchen, ›sondern Hohn. Du scheinst nicht zu wissen, was ein Argument ist.‹« (S. 16f)

Doch die Fragen bleiben auch hier unbeantwortet, Gott kann den alten »Argumenten« keine neuen hinzufügen. Logische Konsequenz für das Negermädchen: »Ein Gott, der mir meine Fragen nicht beantworten kann, nützt mir nichts ... Ich glaube überhaupt nicht, daß du jemals etwas erschaffen hast. Hiob muß sehr dumm gewesen sein, daß er dich nicht durchschaut hat.« (S. 18)[3] – *Hiobs Dummheit* wird also gleich zweimal formuliert, doch mit einer signifikanten Sinnverschiebung. Daß Hiob dumm sei, hieß nach Gottes Einschätzung, daß Hiob in seiner unendlichen Duldsamkeit erst mit gewaltigen Schicksalsschlägen dazu gezwungen werden mußte, mit ihm, Gott, zu debattieren. Aus dem Munde des Negermädchens jedoch liegt Hiobs Dummheit darin, diesen Gott überhaupt als solchen ernstgenommen und nicht als Täuschung durchschaut zu haben. Nach dem Gott Noahs und Abrahams lehnt das Negermädchen denn auch im Sinne des gesunden Menschenverstandes den Gott Hiobs ab, und »als es wieder Zuflucht zu seiner Bibel nahm, riß der Wind weitere dreißig Seiten heraus und zerblies sie über den Bäumen zu Staub.« (S. 18)

Der Fortgang der weiteren Handlung dieser Legende sei kurz skizziert: Wie dem Gott Hiobs ergeht es nacheinander den Göttern Kohelets, Michas, Jesu, Petri, dem Gott des Islam, den Göttern der Ethnologen und Naturwissenschaftler, der Philosophen und Politiker, bis sich – selbstironische Schlußpointe Shaws – dem Negermädchen an der Seite eines irischen Sozialisten in der tätigen Arbeit für Allgemeinwohl und Familie die unbeantwortbare Frage nach Gott nicht mehr stellt.

Weder kann hier auf diese Erzählung – in der Hiob nur einer Episode Gestalt gibt – als Ganzes eingegangen werden, noch ist eine theologische Auseinan-

---

[3] Eine vergleichbare, sprachlich freilich ungleich drastischere Szene baut der jüdisch-amerikanische Romancier Joseph Heller in seinen David-Roman »Weiß Gott« von 1984 ein. Sein David kommentiert die Antworten der Gottesreden: »Diesen Scheiß sollte Er mal an mir ausprobieren, ich würde nicht so geduldig darauf erwidern wie Hiob.« Vgl. *Joseph Heller*, Weiß Gott. Roman [1]1984 (München 1985), S. 371.

dersetzung mit Shaws religiösen Vorstellungen möglich[4]. Für unser Primärinteresse, die literarische Rezeption des biblischen Hiobbuches im 20. Jahrhundert, ergeben sich aber aus der Behandlung der Geschichte Hiobs in dieser Legende Shaws einige grundsätzliche Fragen, die leitmotivisch den folgenden Werken vorausgestellt werden sollen:

- Ist der Gott Hiobs innerhalb dieser ironisch-karikaturistischen Reihe von traditionellen Göttern an der »Prüfung des gesunden Menschenverstandes« gescheitert?
- Und war Hiob nichts als »bescheiden und dumm«?
- Ist Hiob als *literarisches* Vorbild nicht mehr als eine weitgehend unergiebige Randgestalt?
- Und bedeutet dies, daß jegliche Hiobrezeption nur noch als spielerische Karikatur, als ironische Parodie, als letztlich nicht ernstzunehmendes Gedankenexperiment möglich ist?
- Sind die Gottesreden aus heutiger Sicht »keine Argumente«, und somit kein hilfreicher Beitrag zur Lösung der aufgeworfenen Probleme?
- Erweist sich die biblische Hiobserzählung somit auch für eine *theologische* Anfrage an ein zeitgemäß mögliches Gottesbild ungeeignet?

## 2. »Die ganze Erde ist jetzt Hiob« – *Herbert George Wells*

Schauplatzwechsel: Auf der Erde tobt der Erste Weltkrieg, im Himmel findet unberührt davon, so wie immer schon, der »Empfang der Söhne Gottes« (S. 8) statt.[5] Auch Satan, »der Unerwartete« (S. 8), erscheint und erinnert Gott an Hiob: »Wir haben einmal eine Wette abgeschlossen ... Es ist schon ziemlich lange her.« (S. 13) Sie streiten sich eine Weile ergebnislos darüber, wer denn nun jene Wette um Hiob gewann, da erklärt Satan nach einigem Nachdenken: »Hiob lebt immer noch ... Die ganze Erde ist jetzt – Hiob.« (*S. 14) Und Gott gesteht nach einigem Zögern ein: »Ich gebe zu, was du zu beweisen versuchst: daß Hiob zur ganzen Menschheit wurde.« (*S. 15)
Satan läßt nicht locker: »Es wäre an der Zeit, eine neue Wette abzuschließen«, doch dieses Mal nicht um Hiobs Treue, sondern darum, ob »er sich überhaupt noch an Gott erinnert« (*S. 15). Denn das ist es, was Satan Gott zu beweisen versucht: daß der Mensch unfähig ist, mit seinen geistigen Fähigkeiten das Leben zu gestalten; daß er sich selbst zerstören wird. »Laß uns seine Geschichte beenden. Und eine andere beginnen, eine bessere.« (*S. 18) Gott geht auf diese erneute Wette ein, denn er vertraut auf ein göttliches »un-

---

[4] Vgl. hierzu: *Alfred Dutli*, Kosmos eines Ketzers. Die religiöse Bedeutung des Evolutionsgedankens bei George Bernard Shaw (Zürich 1950).

[5] *Herbert George Wells*, The Undying Fire (London 1919), dt.: Unsterbliches Feuer, übersetzt von Franziska Reiter (Frankfurt/Berlin/Wien 1985). Dieser Übersetzung wird weitgehend gefolgt, eigene Übersetzungen werden im Text mit * markiert.

sterbliches Feuer im Menschen« (S. 14): »Versuche den Menschen bis aufs Äußerste. Überzeuge dich, ob er wirklich nicht mehr als eine Bewegung im Schleim, eine Regung im Schlamm ist, die nichts bedeutet…« (S. 19).
Dieser hier in groben Zügen skizzierte distanziert-ironische himmlische Prolog eröffnet den unmittelbar nach Ende des Ersten Weltkriegs (1919) veröffentlichten Roman »The Undying Fire« von Herbert George Wells (1866–1946)[6]. Wird Satan diese Wette um den Hiob des 20. Jahrhunderts gewinnen? Folgen wir ihm auf die Erde!
Wir befinden uns in einer auf Geschichtsunterricht spezialisierten Schule in Woldingstanton, Norfolk. Job Huss, dessen Vater ebenfalls Job hieß, denn »so weit man den Stammbaum der Familie zurückverfolgen konnte, hatte der älteste Sohn immer Job geheißen« (S. 24), ist der Direktor dieser Schule, die in letzter Zeit von einer Reihe von Unglücksfällen heimgesucht wurde: bei einer Epidemie waren zwei Schüler tödlich erkrankt; ein Unfall im Chemielabor tötete den Lehrer; eines der Schulgebäude brannte aus. Außerdem mehren sich die Stimmen, die der Schule ein neues didaktisches Konzept und eine neue pädogogische Zielausrichtung aufzwingen wollen: statt Geschichte vermarktbare Technikausbildung, statt sozialem Verantwortungsbewußtsein ökonomische Durchsetzungsfähigkeit.
Auch privat geht es Job Huss schlecht: Sein Vermögensverwalter hat Bankrott gemacht, er selbst erlitt bei den Schulunfällen schwere Verletzungen, er ist wahrscheinlich an Krebs erkrankt, und zu allem Überfluß wendet sich auch noch seine Frau von ihm ab. Dann erreicht ihn die Botschaft, daß sein einziger Sohn im Kriegseinsatz in Deutschland getötet wurde. Völlig isoliert und der Verzweiflung nahe erwägt er die Selbsttötung. Doch dann: »›Nein‹, sagte er in einem plötzlichen Anfall von Mut, ›ich werde es bis zum Ende durchkämpfen.‹« (S. 31)
Job Huss bekommt Besuch von drei Männern: von Sir Eliphaz Burrows und Mr. William Dad, zwei erfolgreichen Unternehmern aus dem Schulvorstand von Woldingstanton, und Mr. Joseph Farr, dem Leiter der technischen Abteilung der Schule. In ihrem langen Gespräch geht es um die Zukunft der Schule, aber auch um generelle philosophische Themen. So betont Mr. Dad seinen Glauben an den Zusammenhang von Tun und Ergehen: »Ich persönlich glaube nicht daran, daß es so etwas wie Unglücksfälle gibt … Man könnte es Fehleinschätzung nennen, wenn sie so wollen.« (S. 43) Auch Job Huss sei also an seinem Schicksal selbst schuld. Dieser hält dagegen: »Bis an die Grenze meiner Möglichkeiten und meines Wissens habe ich Gott gedient … Und jetzt, in der Stunde der Dunkelheit, wo ist der Gott, dem ich gedient habe?« (S. 57) – Sir Eliphaz hingegen spricht von »Heimsuchungen, welche demütige Menschen … dankbar als Lehre und Warnung annehmen würden«,

[6] Neuere Literatur zu H.G. Wells: *John Batchelor*, H.G. Wells (Cambridge 1985); *David C. Smith*, H.G. Wells. Desperately Mortal (New Haven/London 1986); *Michael Draper*, H.G. Wells (London 1987).

denn: »Gott schlägt den Menschen nicht ohne Grund« (S. 69). War nicht doch »etwas in Ihrem Verhalten« (S. 76) Ursache der göttlichen Strafe? Darauf Job Huss: »Ich habe mich selbst vor die Schranken des Gerichts begeben, um herauszufinden, warum Gott sich gerade jetzt vor mir verbirgt, und ich kann keinen Grund und keine Rechtfertigung finden.« (S. 58) Wie der biblische Hiob beharrt er also auf seiner Unschuld. Und wie sein Namensvetter erkennt er die Fruchtlosigkeit dieses Gesprächs: »Er sprach, als rede er zu einem anderen Zuhörer als den dreien, die vor ihm saßen.« (S. 61)
Daraufhin konfrontiert Job Huss seine Besucher mit »der fundamentalen Frage, ob die Ordnung des großen Universums, ob der Gott der Sterne, irgendeine Beziehung hat zu den Problemen unseres Gewissens und den Bemühungen des Menschen, das Richtige zu tun.« (*S. 75) Und er denkt weiter: »Vielleicht flackert das Licht Gottes nur in unserem Herzen ... Dort, wo wir einen uns irgendwie verwandten Gott vermutet hatten, der das Universum regiert, ist vielleicht nichts als schwarze Leere und eine Kälte schlimmer als Grausamkeit.« (*S. 76) – »Es gibt keine Vernunft, es gibt keine Schöpfung – es gibt nur das unsterbliche Feuer, den Geist Gottes in den Herzen der Menschen.« (*S. 150) – »Aber ist das, was Sie unter Gott verstehen, wirklich das, was die anderen Menschen unter Gott verstehen?«, fragt der skeptisch-agnostische Dr. Elihu Barrack, der inzwischen am Gespräch teilnimmt: »Mir scheint ... daß es nur die Personifizierung des guten Willens ist, der in uns allen besteht. Warum sollen wir Gott miteinbeziehen?« (S. 188f) Job Huss jedoch besteht darauf, daß ein überindividuell transzendenter Gott der Schöpfer dieses – dem Roman seinen Namen gebenden – unsterblichen Feuers sei.
Die einzige Möglichkeit für Job Huss, den Krebs zu besiegen, liegt in einer Operation. Die folgenden Szenen ereignen sich während der Narkose: »Ob er das Folgende dachte oder träumte, kann man nicht sagen.« (S. 195) In einer Vision sieht er sich als Stellvertreter der Menschheit: »Ich bin der Mensch. Ich bin jeder Mensch, der jemals aufschaute zum Lichte Gottes.« (*S. 200) Er glaubt die Worte Gottes zu vernehmen, die dieser einst aus dem Wettersturm zu Hiob sprach. Doch auch *seine* Bitte »gib mir Wissen« (S. 199) bleibt unbeantwortet. Eine Stimme – es bleibt unklar, ob von Gott oder von Satan – erklärt ihm, er müsse ohne Antwort auf die Frage leben, ob seine Klagen gerechtfertigt seien: »Aber gibt es irgendein Übel, eine Grausamkeit, oder ein Leiden, das jenseits menschlicher Kontrollmöglichkeiten liegt? ... In Dir liegt die Kraft, all diese Dinge zu lenken!« (S. 201f) »Nur verliere nicht den Mut! – Alles hängt von dem Mut ab, den Du im Herzen trägst ... Wenn dieser Mut erlischt, wenn das heilige Feuer verlöscht, dann vergehen alle Dinge und verlöschen, alles, das Gute und das Böse, Raum und Zeit.« (S. 205)
Epilog: Drei Wochen später. Die Operation ist geglückt, der Patient befindet sich in jeder Hinsicht auf dem Wege der Besserung. Seine finanzielle Lage hat sich durch eine unerwartete Erbschaft stabilisiert, die Befürworter der Änderung des Schulsystems konnten sich nicht durchsetzen, ehemalige Schüler von Woldingstanton bestätigen in einem Brief an Job Huss die Richtigkeit ihrer Erziehung und ihren Einsatz für die Völkerverständigung, die Nachricht

vom Tode des Sohnes erweist sich als Falschmeldung. Das Buch endet schließlich mit einem Bild der Versöhnung der Eheleute: »Mr. Huss blieb ganz steif liegen, wie es der Arzt angeordnet hatte; aber seine Hand, die er ausstreckte, erreichte gerade ihr Haar und streichelte es.« (S. 221)
Was ist das für ein Roman, der hier notwendigerweise verkürzt zusammengefaßt wurde? Unter den Kritikern herrscht schon bei der Bestimmung seines zentralen Themas Uneinigkeit: liegt hier eine »Debatte über Gott«[7] vor, geht es um »das Ende des Optimismus« eines fortschrittsgläubigen Intellektuellen[8], oder steht das Thema »Erziehung« im Mittelpunkt des Geschehens[9]? Ein Blick auf den soziokulturellen Zeitkontext und den biographischen Hintergrund des Autors erweist sich als unerläßliche Verstehenshilfe.

*Epochenumbruch und biographische Krise*

H.G. Wells wurde hauptsächlich durch seine wissenschaftlich-utopischen Romane bekannt (u.a. »Die Zeitmaschine« – 1895), die bis in die Gegenwart hinein ganze Generationen von Science-Fiction-Autoren inspirierten. Er war aber auch, wie sein Biograph John Batchelor schreibt, »ein Romancier, ein Phantast, ein Prophet, ein Polemiker..., ein Schriftsteller, der die Zukunft ankündigte, sich aber an feste Vorstellungen der Vergangenheit klammerte.«[10] Wells, als Naturwissenschaftler ein Anhänger der darwinschen Evolutionstheorie, als Politiker mit der entscheidend von George Bernard Shaw geprägten linksorientierten Fabian-Society sympathisierend, als Romancier Erfinder von populären und auflagenstarken Zukunftsgeschichten, im religiösen Bereich ein Skeptiker, der dem Christentum kritisch, ja feindlich gegenübersteht[11], ein nationalstolzer Engländer, der den Ausbruch des Ersten Weltkriegs enthusiastisch begrüßt[12] – dieser H.G. Wells also schreibt in den Kriegsjahren einen ernsthaften modernen Hiobroman, der sich, so der Autor selbst mit gewissem Stolz, sehr genau an der biblischen Vorlage orientiert[13],

---

7 Vgl. *Evgenii Zamyatin*, Wells' Revolutionary Fairy-Tales, in: *Patrick Parrinder* (Hrsg.), H.G. Wells – The Critical Heritage (London/Boston 1972), S. 272: »a debate on the subject of God«.

8 Vgl. *Jon D. Levenson*, The Book of Job in its Time and in the Twentieth Century (Cambridge/Mass. 1972), S. 30: »The theme of *The Undying Fire* is the end of optimism.«

9 Vgl. *Lovat Dickson*, H.G. Wells. His Turbulent Life and Time (London 1969), S. 272: »Education was the whole subject of *The Undying Fire*.«

10 * *John Batchelor*, a.a.O., S. IX.

11 *Vgl. *John Batchelor*, a.a.O., S. 157: »his hostility became focused specifically on *Catholic* Christianity.«

12 In einem Artikel »The Sound of Peace«, in *The Daily Chronicle*, 7.8.1914, S. 4–5. Zum zeitgeschichtlichen und biographischen Kontext vgl. die ausgezeichnete Studie: *Bruno Schultze*, H.G. Wells und der erste Weltkrieg (Berlin 1971).

13 Vgl *H.G. Wells*, »Preface«, in: The Works of H.G. Wells, Atlantic Edition (New York 1935), Bd. XI, S. IX: »Here ... is a theological book, ›The Undying Fire‹. It is modelled very closely upon the Book of Job; most of its charcters are obviously the characters of that great

und als eine »sehr sorgsame Neuschöpfung (»re-creation«) der Hioblegende im 20. Jahrhundert«[14] gepriesen wird. Wie kommt es dazu?
Wells hatte immer schon aktiv am politischen Gegenwartsgeschehen teilgenommen und sich in seinen Büchern und Zeitungsartikeln zu verschiedensten Fragen der Zeit geäußert. Den Weltkrieg hatte er begrüßt, weil er hoffte, daß nun sein großer Traum, ein vernünftig und gerecht organisierter *Weltstaat* oder wenigstens ein *globaler Völkerbund*, realisiert werden könnte. So spricht etwa Job Huss von der »Idee einer einzigen Menschengemeinschaft«, sie sei »die Essenz aller wirklichen Geschichtslehre und die Grundsubstanz göttlicher Lehre« (*S. 164). Wells sah nun mit Ausbruch des Krieges gerade für die fortschrittlichen Kräfte eine große Chance, die internationalen Beziehungen der Weltgemeinschaft und die internen Organisationsformen der jeweiligen Gesellschaften neu und dauerhaft zu ordnen.[15]
Dieses Ziel entpuppte sich im Kriegsverlauf schnell als fatale Illusion – für Wells eine riesige Enttäuschung. So folgt auf den hoffnungsvollen Enthusiasmus eine *Phase tiefer Desillusionierung*, ein Zweifeln an den Fähigkeiten menschlicher Erkenntnis überhaupt und an den Möglichkeiten des Menschen, sein Handeln zweckrational zu steuern. »The Undying Fire«, geschrieben gerade in den Monaten seines aktivsten Einsatzes für die propagandistische Verbreitung der Völkerbundsidee, dokumentiert diese Desillusionierung, die Krise seiner optimistischen Entwicklungsideologie.
Worauf aber hatte Wells seine Hoffnung auf einen internationalen Völkerbund gegründet? Wie hatte er geglaubt, die nationalen Egoismen überwinden zu können? Durch Erziehung, genauer gesagt durch *Geschichtsunterricht.* Nur durch einen umfassenden Geschichtsunterricht könne im Einzelmenschen das Zugehörigkeitsgefühl zur gesamten Menschheit und ein globales Verantwortungsbewußtsein geweckt werden. *Geschichte* wird für Wells zur *Heilslehre*, »salvation by history« (S. 176) lautet die Botschaft, die der »moderne Hiob«[16] seinen Gesprächspartnern als Ausweg aus der Gegenwartskrise verkündet. Konsequent folgt Wells – wie Job Huss ein »Schulmeister des Universums« (S. 95) – seinem universaldidaktischen Programm: sein nächstes Buch, »The Outline of History« (1920), präsentiert eine konzise Geschichte der gesamtmenschlichen Zivilisation. Von diesem Buch werden in wenigen Jahren mehr als zwei Millionen Exemplare verkauft!
Doch zurück zu unserem Roman! Auslöser der geistigen Krise bei Wells und vielen seiner Zeitgenossen waren die Ereignisse des *Ersten Weltkrieges*: »Die ganze Welt ist ein U-Boot« (*S. 174), sagt Job Huss, die erste wichtige lite-

---

dramatic dialogue modernized; like the Book of Job it is a discussion about evil and the will of God.«

14 **Jon D. Levenson*, a.a.O., S. 30.

15 Vgl. *Bruno Schultze*, a.a.O., S. 36.

16 Vgl. *J.R. Hammond*, H.G. Wells and the Modern Novel (London 1988), S. 20: »Job Huss in *The Undying Fire* is a modern rendering of Job of Uz in the Book of Job.«

rarische Hiob-Transfiguration des 20. Jahrhunderts, und reflektiert seitenlang über das grausame Schicksal der im Meer sterbenden U-Boot-Besatzungen. Und weiter: »Dieser Krieg hat Millionen von Menschen den Illusionsschleier von den Augen gerissen ... Die Menschheit wird erwachsen.« (*S. 103) *Angesichts dieses Krieges zerbricht eine Weltsicht*, gerät eine Lebensphilosophie in die Krise, zerbröckeln die Grundfesten eines Paradigmas. Und *Hiob wird zum literarischen Kronzeugen dieser Entwicklung*.
An diesem Punkt offenbart sich auch ein grundlegender Unterschied zwischen Wells und seinem zehn Jahre älteren Freund Shaw: War der zunächst noch enthusiastisch begrüßte Krieg für Wells die zentrale Erschütterung der bisherigen Lebenserkenntnisse, so hatte sich Shaws kritisches Weltbild schon lange vorher gefestigt. Er hatte wiederholt vor diesem Krieg gewarnt und dadurch viele Freunde, auch Wells, gegen sich aufgebracht. Der Krieg ließ Shaw keineswegs unbeeindruckt[17], doch überraschten ihn die folgenden Entwicklungen nicht, sie bestärkten ihn eher in seinem Glauben an eine kreative Evolutionsphilosophie, die er in seinem großen biblisch inspirierten Dramenzyklus »Zurück zu Methusalem« (1918–1920) noch einmal in aller Ausführlichkeit darstellte. Seine Hoffnung, geprägt von Nietzsche, blieb jene Vision eines anderen, besseren, als Ergebnis der Evolution hervortretenden Übermenschen, die er schon in seinem 1903 verfaßten Drama »Mensch und Übermensch« literarisch gestaltet hatte. Diese unterschiedliche Bedeutung des Krieges für Wells und Shaw mag ihren jeweiligen literarischen Einsatz der Hiobfigur miterklären. War Hiob für Shaw nur eine »dumme und bescheidene« Karikatur, so wird er für Wells gerade in der Krisenerfahrung und -bewältigung zur zentralen literarischen Bezugsgestalt.

### *H.G. Wells und die Religion*

Wie aber greift Wells Hiob auf? Geht es ihm primär um Hiob als *archetypische Krisengestalt* oder auch um die *religiöse Gestalt Hiob*? Wird der biblische Hiob bei ihm benutzt für eine eigene, dem biblischen Buch selbst völlig fremde Intention? Ist dem Anglisten Bruno Schultze zuzustimmen, wenn er ausführt: »Der unbedingte Glaube an den Weltstaat ist dem modernen Job das, was seinem biblischen Vorbild der unbedingte Glaube an Gott war ... Gott ist in diesem Roman ganz deutlich nichts anderes als die Projektion des idealistischen Strebens des Menschen«[18]?
In der Tat: Die gesellschaftspolitische Dimension ist, wie gezeigt, eine wichtige Grundthematik des Buches. Ist sie jedoch – wie Schultze anzunehmen scheint – die einzige? Blendet Schulze hier die religiöse Dimension nicht gegen den Text des Romans selbst in leichtfertiger Weise aus? Er übersieht, daß jene Position, Gott sei »nur die Personifizierung des guten Willens, der in uns

---

[17] Vgl. *Sylvia E. Bowman*, George Bernard Shaw, a.a.O., S. 126f.
[18] *Bruno Schultze*, a.a.O., S. 114.

allen besteht« (S. 189), im Roman selbst nur Figurenperspektive ist als Meinung des Agnostikers Dr. Elihu Barrack, und damit keineswegs die des Autors. Wells religiöse Position wird genauer zu untersuchen sein. In den Kriegsjahren bezeugt Wells in einer Reihe von Romanen und Untersuchungen seine Auseinandersetzung mit dem traditionellen Gottesbild. Die Literaturkritiker sprechen hier scharfzüngig von einer »Phase des Glaubens an einen vergöttlichten Humanismus (»deified humanism«)«[19], von einer »abnormalen Phase während des Weltkrieges, in der er eine Art Wells'schen Gott erfand«[20]. Doch schauen wir genauer hin.

Wells hatte der Religion grundsätzlich und dem Christentum insbesondere kritisch, ja ablehnend gegenübergestanden. Zusammen mit seinem vorherigen Weltbild wurde dann aber auch seine bisherige Haltung dem Phänomen Religion gegenüber tief erschüttert. Die *Geschehnisse des Krieges* führten nun zu einer *intensiven Beschäftigung mit religiösen Fragen*. Erstes literarisches Zeugnis dieser neuen Auseinandersetzung ist der *Roman »Mr. Britling Sees it Through«*[21] von 1916: Mr. Britling, der britische Jedermann, fragt verzweifelt: »Gibt es irgendwo in den Unendlichkeiten ein an uns interessiertes Wohlwollen, eine schwache Hoffnung auf Duldung und Hilfestellung, etwas, das spürbar auf unserer Seite steht im Kampf gegen Tod und mechanisierte Grausamkeit?« (*S. 119) Schließlich erkennt er, daß die traditionellen Gottesbilder revidiert werden müssen. Es ist nicht mehr denkbar, daß Gott »allmächtig ist; daß er omni-was-immer ist ...Gott ist nicht absolut, Gott ist begrenzt ... Ein begrenzter Gott, der auf seine große und umfassende Art genau so kämpfen muß, wie wir auf unsere schwache und unsinnige Art – der *mit* uns ist – dies ist die Essenz jeder wirklichen Religion.« (*S. 397)

In *»God the Invisible King«* (1917)[22] werden diese Gedanken vertieft. Wells lehnt die Vorstellung einer Einheit von Schöpfergott (»the great Outward God«) und Erlösergott (»the Inmost God« oder »God of the human heart«, S. X) ab, er umschreibt den ihm einzig noch möglichen Glauben als »überzeugten Agnostizismus in bezug auf den Schöpfergott und völliges Vertrauen auf den Erlösergott« (*S. XIII). Und wie hat man sich laut Wells diesen Gott, »God, the Captain of Mankind« (S. 17), vorzustellen: »Gott ist weder allwissend, noch allmächtig, noch omnipräsent ... Gott ist ein Erlösergott, ... er ist ein Geist, eine Person, eine sehr genau beschreibbare Persönlichkeit, die man kennenlernen und lieben kann, die auch selbst liebt und inspiriert und in jeder menschlichen Seele existiert oder existieren will.« (*S. 6)

---

19 **J.R. Hammond*, An H.G. Wells Companion (London/Basingstoke 1979), S. 189.

20 **John Batchelor*, a.a.O., S. 156: »Apart from the aberrant phase during the Great War in which he invented a kind of Wellsian God ... Wells resisted deism (and Christianity in particular) throughout his career.«

21 *Herbert George Wells*, Mr. Britling Sees it Through (London 1916).

22 *Herbert George Wells*, God the Invisible King (London 1917).

In »The Undying Fire« finden *Wells' theologische Reflexionen* schließlich ihren literarischen und gedanklichen *Höhepunkt und Abschluß*. Im Rückblick stellt er später fest: »es krönt und vollendet meine Theologie«[23]. Die für Wells unbestreitbare Existenz Gottes im Tiefsten des Menschen, in »God the Invisible King« noch als »unsterbliche Menschheitserinnerung«, als »anwachsender Menschheitswille« (*S. 73) umschrieben, findet nun im Bild des »unsterblichen Feuers« seine krönende Endfassung. Wells umschreibt sein Gottesbild – das danach in keiner seiner zahlreichen folgenden Schriften mehr thematisiert wird – selbst als einen Gott, »reichlich gewürzt mit einem vergöttlichten Humanismus«[24].

*Hiob und die menschliche Allmacht*

Nicht um eine Diskussion dieses Gottesbildes kann es uns hier gehen – die wurde schon (mit oft beißender Polemik) in unmittelbarer Reaktion auf Wells' Bücher geführt[25] – sondern um eine Untersuchung des literarischen Aufgreifens der Hiobgestalt vor diesem Hintergrund. Auf das Warum, auf die Attraktivität Hiobs als archetypische Krisengestalt für H.G. Wells, wurde bereits verwiesen; das Wie der Nutzbarmachung des literarischen Vorbildes und einige damit verbundene spezifische Stärken und Schwächen des Romans bleiben noch zu untersuchen.

»The Undying Fire« ist als *Transfigurationsroman*[26] konzipiert. Wells bedient sich nicht nur einzelner Motive und Gedanken des Hiobbuches, sondern er übernimmt es vielmehr inhaltlich und strukturell als Stoffvorlage und überträgt diese in die Erzählgegenwart. So rezipiert er direkt die Aufteilung in Prolog/Hauptteil/Epilog. Wie sich schon an den Namen zeigt, modernisiert er die biblischen Figuren zwar, beläßt ihnen aber dabei die charakteristischen Grundzüge[27]. Denn wie dem Buch Hiob geht es auch ihm um die gleichen zentralen Fragen der Begrenztheit menschlicher Erkenntnis und Fähigkeit angesichts übergroßer Leiderfahrung. Bis hin zum Ende des Buches lassen sich also sehr viele – zeitgemäß ausgestaltete – Parallelen finden. Dem jüdischen Literaturkritiker Jon D. Levenson ist somit in seinem Resümee rechtzugeben, wenn er schreibt: »Hier sehen wir einen kreativen, aber doch loyalen Gebrauch einer alten literarischen Vorlage durch einen Künstler unseres Jahrhunderts.«[28]

---

[23] **Herbert George Wells*, Experiment in Autobiography (New York 1934), S. 576.

[24] Ebd.

[25] Vgl. *William Archer*, God and Mr.Wells (London 1917); *T.A. Lacey*, Mr. Britling's Finite God (London 1917); *L.E. Binns*, Mr. Wells' Invisible King (London 1919).

[26] Zum Begriff »Transformation« und Beispielen zur literarischen Jesus-Transfiguration vgl. *Theodore Ziolkowski*, Fictional Transfigurations of Jesus (Princeton 1972).

[27] Vgl. *Jon D. Levenson*, a.a.O., S. 34: »Sir Eliphaz and William Dad are substantially the same in their theological view as their counterparts in the Book of Job.«

[28] *A.a.O., S. 35.

Gerade eine solche, nahe an der Vorlage orientierte Transfigurationstechnik birgt jedoch verschiedene, kurz zu skizzierende Gefahren. Das Hiobbuch selbst ist ja kein an modernen literarischen Ansprüchen orientiertes Werk. Eine zu unmittelbare Übertragung wäre »zu wenig Dichtung, um gut zu sein«. Hiobübertragungen im speziellen stehen vor den folgenden Herausforderungen:

1. Das Hiobbuch selbst verzichtet ja völlig auf die *psychologische Feinzeichnung der Charaktere*. Hiobs Frau und die vier Freunde stehen eher als – auf der Grenze zur Karikatur stehende – Repräsentanten bestimmter Ideen oder Geisteshaltungen. Ein moderner Autor muß hier plastisch ausgestalten, entweder, indem er die karikaturistischen Tendenzen aufgreift, oder indem er psychologisch überzeugende Individualisierungen anstrebt. Wells wählt hier die zweite Möglichkeit. Er gestaltet sowohl die Freunde, als auch – deutlich schwächer und verschwommener – die Frau von Job Huss als zeitgenössisch eigenständige, aber durchaus in einer Traditionslinie zu den biblischen Charakteren stehende Figuren.
2. Deutlich schwieriger für eine jede literarische Hiobübertragung ist jedoch die *psychologische Feinzeichnung von Hiob* selbst. Im biblischen Buch stehen zwei Charakterbilder übergangslos nebeneinander: hier der demütige Dulder (Prolog), dort der aufbegehrende Rebell (Kap. 3). Ein Grund für den Umschwung von dem einen Extrem in das andere wird nicht angegeben. Hier wird ein moderner Autor entweder psychologische Hintergrundinformationen auffüllen müssen, oder aber das Schwergewicht der Charakterzeichnung in die eine oder andere Richtung verlagern. In diesem weit schwieriger zu lösenden Punkt entscheidet sich Wells für die zuletzt genannte Lösung, für eine *anders gewichtete Charakterisierung*. Während der biblische Hiob den Spannungsbogen zwischen Dulder und Rebell letztlich aushält, tendiert dieser Hiob des 20. Jahrhunderts eher zum Rebellentum. »Ich unterwerfe mich nicht. Ich rebelliere.« (S. 143) Hiob wird zum Kämpfer für die Idee des göttlichen Feuers im Menschen, das ihn zum Aufbau einer gerechten Welt drängt: »›Oh Gott‹, rief er, ›antworte mir! ... Ist es richtig zu kämpfen?‹«. »Hab nur Mut« (S. 204f), ermuntert ihn die Stimme. Eine solche Hiobdeutung aber sprengte zu dieser Zeit den üblichen Rahmen. *Hiob als Rebell*, als Zeuge für die Selbstmächtigkeit des Menschen: diese Interpretationslinie steht, wie zu zeigen sein wird, im Zeitkontext weitgehend isoliert da und wird erst viel später wieder aufgenommmen werden.
3. Ein drittes Übertragungsproblem liegt im *direkten Auftreten von Gott* als literarischem Charakter. Ohne Verfremdungselemente ist ein solches Auftreten außerhalb von Karikatur oder Parodie in unserer Zeit nicht mehr glaubhaft darzustellen. Wie aber sind die funktional unverzichtbaren Elemente des »Prolog im Himmel« oder der »Gottesreden« zu übersetzen? – Wells versucht hier eine literarische Doppelstrategie. In seinem – deutlich an Goethes Vorbild orientierten – Prolog wird ironisch-distanziert, fast spielerisch eine legendarische Umrahmung für das folgende realistische

Geschehen gesetzt. Die Gottesreden werden hingegen zu einem psychologisch-realistisch zumindest nachvollziehbaren inneren Geschehen der Hauptfigur, zu einer Audition während eines Fiebertraums.
Beide Möglichkeiten sind in sich formal durchaus gelungen. Inhaltlich und strukturell erschließt jedoch ein Vergleich zum biblischen Vor-Bild bezüglich dieser Traum-Audition entscheidende Unterschiede. Die strukturell notwendigen Gottesreden im Hiobbuch verweisen den Menschen auf die Grenzen seiner Erkenntnisfähigkeit, auf seine Ohnmacht angesichts der Schöpfung. Ganz anders hier: Die in der Gesamtkonzeption des Buches keineswegs notwendigen Gottesreden in Job Huss' Narkosetraum bestätigen nur, was er immer schon wußte, sie sprechen ihm geradezu eine »Allmacht« über die Schöpfung zu: »Es liegt in der Macht des Menschen, alle Dinge zu beherrschen.« (S. 202) Diese *menschliche Omnipotenzbeschwörung* wirkt – gerade angesichts der im Buch verarbeiteten Weltkriegserfahrungen – unvermittelt und nur wenig überzeugend. Ein derart flacher Optimismus – auch wenn er in stetiger Spannung zum pessimistischen Zweifel steht – bleibt hinter dem zuvor demonstrierten Problematisierungspotential zurück.

4. Eine jegliche gelungene Hiobbearbeitung wird sich durch eine klar erkennbare *Grundhaltung zu ihrer Quelle* auszeichnen, sei es Kritik oder Hochachtung, Ironie oder Parodie, wortwörtliche Nachzeichnung oder frei-losgelöste Ausgestaltung. Auch Mischungen dieser Haltungen sind zweifelsohne möglich, doch kommt es darauf an, den richtigen Ton, oder den richtigen Zusammenklang zu treffen. Wells' Roman bleibt auch in dieser Hinsicht hinter seinen sonst erreichten Errungenschaften der Hiobrezeption zurück. Der Grundton des Romans wird von *ironischer Distanz* zumindest mitgeprägt, gerade in den Passagen der direkt-religiösen Aussagen. Wells hat versucht, vorsichtige Brechungen einzubauen. Sicherlich kritisiert er also durch seine ironisch-parodistische Schilderung eine wörtlich verstandene Hioblesart, nur hält er diese distanziert-gebrochene Erzählerhaltung nicht durch. In den Passagen über die Bedeutung des Geschichtsunterrichtes oder die Erfahrungen der Menschen im Krieg wechselt er spürbar, doch halbherzig die Tonlage. Diese *Verschwommenheit der Erzählerperspektive* erschwert eine eindeutig positive Würdigung des Romans.

An diesem letzten Punkt wird ein weiteres Problem des Romans deutlich. »The Undying Fire« ist ein Roman der Hiobtransfiguration, läßt sich mit dieser Charakterisierung aber keineswegs erschöpfend erfassen. Die drei Motivblöcke Hiob, bildungstheoretische Bedeutung des Geschichtsunterrichts und Entsetzen über die Kriegserfahrungen stehen, trotz Verbindungslinien, allzu sperrig gegeneinander, sie ergeben *kein klares Gesamtbild.* Batchelor spricht wohl nicht zu Unrecht von einer »überhasteten Komposition«[29], was ja auch

29 * *John Batchelor*, a.a.O., S. 94.

durch die rasche Aufeinanderfolge von Wells Büchern in diesen Jahren bestätigt wird. Diese Entstehungsgeschichte findet ihren Niederschlag in verschiedenen Merkmalen, von denen zwei näher zu erläuterten sind.
»The Undying Fire« präsentiert sich als *Dialogroman*, also – wiederum der Vorlage entsprechend – als eine literarische Mischgattung, in der Gespräche den Großteil des Raumes einnehmen und deren Erzählvorgang sich vorwiegend im Figurengespräch abspielt, so daß der epische Handlungsbericht eher indirekt in den Dialog einfließt. Diese Gattung birgt prinzipiell eine Gefahr in sich, der H.G. Wells denn auch erliegt: der Stil gleitet leicht in eine *Predigt- oder Vorlesungsrhetorik* ab. Allzu deutlich läßt sich die eindrückliche Stimme des Autors hinter den vorgeblichen Äußerungen von Job Huss heraushören. Der amerikanische Wells-Spezialist J.R. Hammond kritisiert nicht zu Unrecht: »Ein Teil des Buches ist durch zu viele Passagen verdorben, in denen Wells dem Leser *eine Vorlesung hält.*«[30] John Batchelor beanstandet ebenfalls mit Recht bei Wells »eine solipsistische Überzeugung davon, daß die zentrale Figur jeweils ausschließlich über die Wahrheit und Rechtschaffenheit verfügt«[31], nämlich jene, die der Autor selbst für richtig hält.
Gerade am sicherlich angesichts der Vorlage schwierigsten Punkt der engen Hiobübertragung, am Romanschluß, läßt sich die mangelnde Sorgfalt des Autors ein weiteres Mal ablesen. Weder die optimistische Bestätigung der menschlichen Omnipotenz weiß letztlich zu überzeugen, noch die literarische Lösung der Umsetzung des Happy Ends. Allzu leicht und im Roman selbst strukturell nicht vorbereitet renkt sich die aus den Fugen geratene Lebenswelt des Job Huss wieder ein. Obwohl der Roman zuvor glaubwürdig die private Situation des Job Huss und die Situation der Welt als ganzer miteinander verknüpfte, werden diese beiden Faktoren am Ende völlig auseinandergerissen. Während sich an der Weltkrise nichts ändert, ja während sie völlig aus den Augen gerät, wird sein privates Glück auf allen Ebenen wiederhergestellt. Die wunderbare finanzielle Rettung durch eine unerwartete Erbschaft, der – zudem stilistisch wenig gelungene – Brief der ehemaligen Schüler, die seine pädagogische Grundausrichtung bestätigen, die fast für unmöglich gehaltene Heilung von der Krankheit, die Nachricht, daß der totgeglaubte Sohn doch noch lebt – diese *stereotyp altbekannten Elemente des klassischen unerwarteten Happy Ends* führen den Romanschluß ins Triviale, legendenhaft Wundersame. Die Ernsthaftigkeit des vorherigen Diskussions- und Problematisierungsniveaus kann so nicht angemessen eingehalten werden.
Diese literarisch-kompositorischen Mängel tragen sicherlich zum letztlich – verglichen mit der sonstigen Wells-Rezeption – geringen Erfolg des Buches bei, das zum Beispiel erst 1982 zum ersten Mal ins Deutsche übersetzt wurde. Obwohl Wells selbst es für eines seiner besten Bücher hielt[32], und manche

---

30 * *J.R. Hammond*, An H.G. Wells Companion, a.a.O., S. 191.
31 * *John Batchelor*, a.a.O., S. 94.
32 Vgl. *H.G. Wells*, Experiment in Autobiography, a.a.O., S. 420: »In many ways I think *The*

Kritiker es durchaus lobend erwähnen[33], bleibt die nüchterne Feststellung von J.R. Hammond: »Es gibt wenige Anzeichen dafür, daß es jemals eine größere Leserschaft erreichte.«[34] Der nur eingeschränkte Erfolg dieses – sehr wohl lesenswerten – Buches ist aber nicht nur auf einzelne Mängel seiner Form und Ge-staltung zurückzuführen, sondern ohne Zweifel auch auf das Thema. Wells, ein feinfühliger Beobachter des Zeitgeschehens und ein visionärer Zukunftsprophet, faßt im Nachhinein seine damaligen Anliegen so zusammen: »Der Autor stellt die letztendliche Gültigkeit menschlichen Denkvermögens in Frage – er bestreitet diese nicht, hinterfragt sie aber; derzeit ist er von ihrer zwangsläufigen Unschärfe und ihrer unvermeidlichen Unzulänglichkeit überzeugt.«[35] Mit einer solchen – hiobgemäßen – Infragestellung des menschlichen Erfassungsvermögens griff Wells dem Denksystem eines Großteils seiner Zeitgenossen aber genauso voraus, wie in seiner Gestaltung Hiobs als Rebell.

»The Undying Fire« ist ein Roman, der über sich selbst hinausweist. Gerade als *Typus*, als *literarisches Zeugnis der aufbrechenden geistigen Krise im Ersten Weltkrieg*, behält er seine besondere Bedeutung auch jenseits der spezifisch stoffgeschichtlich interessierten Hiobrezeption. Jon D. Levensons abschließende Einschätzung trifft in jedem Falle zu: »*The Undying Fire* von H.G. Wells ist ein zu sehr vernachlässigtes literarisches Werk. Dieser Roman illustriert in aller Offenheit die Tiefe der Desillusionierung einer ganzen Humanistengeneration nach dem ersten Weltkrieg.«[36]

### 3. Hiob im Geschlechterkampf – *Alfred Polgar/Oskar Kokoschka*

Im Expressionismus[37], so Brita Steinwendtner in ihrer Hiob-Studie, sei die Hiobsgestalt als literarische Bezugsfigur »in den Hintergrund getreten«[38]. Gerade jene zwischen 1875 und 1895 geborene Autorengeneration, welche die

---

*Undying Fire* is one of the best pieces I ever did. I set great store by it still.«

[33] Vgl. *R.H. Costa*, Edwardian Intimations of the Shape of Fiction to Come: Mr. Britling/Job Huss as Wellsian Central Intelligences, in: English Literature in Transition 18(1975), S. 232f »The Undying Fire … remains a noble and profound religious work.« Oder: *Lovat Dickson*, a.a.O., S. 270: »one of his finest novels«.

[34] **J.R. Hammond*, a.a.O., S. 190.

[35] **H.G. Wells*, »Preface«, a.a.O., S. X/XI.

[36] **Jon D. Levenson*, a.a.O., S. 30. Vgl. die ebenfalls unter dem Eindruck des Ersten Weltkriegs entstandenen dreizehn Gedichte: *Léon Cathlin*, Les treize paroles du pauvre Job (Paris 1920).

[37] Zur Problematik des Begriffs »Expressionismus« siehe: *Bernd Hüppauf*, Zwischen revolutionärer Epoche und sozialem Prozeß. Bemerkungen über den Ort des Expressionismus in der Literaturgeschichte, in: ders. (Hrsg.), Expressionismus und Kulturkrise (Heidelberg 1983), S. 55–83. Dort auch weitere Literaturhinweise.

[38] *Brita Steinwendtner*, Hiobs Klage Heute, a.a.O., S. 27.

Weltkriegskrise am intensivsten erlebt und literarisch gestaltet hat, habe also ausgerechnet die archetypische Krisengestalt Hiob ignoriert. – Diese These läßt sich bei näherem Hinsehen jedoch nicht aufrechterhalten: Wenngleich es übertrieben wäre, Hiob als zentrale expressionistische Symbolgestalt zu bezeichnen, so läßt sich *eine bemerkenswerte literarische Rezeption Hiobs* feststellen, die wohl noch umfangreicher gewesen wäre, wenn Hiob nicht in dieser Zeit so einseitig als – für den Expressionismus unattraktive – Duldergestalt gesehen worden wäre.

*Expressionistische Hiobbearbeitungen*

*Expressionismus*: Was verbirgt sich hinter dieser umstrittenen Sammelbezeichnung jener literarischen Epoche zwischen 1910 und 1925? In einer notwendig komprimierten Rückschau werden *zwei Traditionspfeiler* deutlich:

1. *Sozialer Protest*: Die Expressionisten erlebten an sich die Krise der wilhelminischen Gesellschaft, die *Krise der hochindustrialisierten Massengesellschaft*, in der die sinn- und heimatlos gewordenen Menschen ihren Standort neu bestimmen mußten. Endgültig verschärfte sich diese Krise im – zunächst von vielen sogar als Endpunkt und Neuanfang ersehnten – *Weltkrieg*, der »das entscheidende Grenzerlebnis für die Betroffenen«[39] wurde, aber auch im anschließenden *Scheitern der Novemberrevolution*, in die viele dieser Schriftsteller ihre Hoffnung gesetzt hatten. Der Germanist Gerhard P. Knapp hält die drei entscheidenden Entwicklungsschritte dieser Bewegung fest: »Aufstand gegen die Wirklichkeit« als Ausgangspunkt, »Aktivierung«, »Konkretisierung des Protests« im Einsatz für eine gewaltlos herbeigeführte gesellschaftliche Revolution als zweites Element, und schließlich als die große von Nietzsche beeinflußte Zielvision »Der neue Mensch«[40], der in einer kommenden Gesellschaft eine neue sinnvolle Dimension des Humanen verwirklichen sollte.
2. *Ästhetischer Protest*: Zur literarischen Darstellung dieser politisch-sozialen Inhalte erwiesen sich die Methoden und Mittel der traditionellen Literatur als unbrauchbar. Als Re-Aktion auf den sozialen Protest suchten sich die Dichter neue Formen des literarischen Ausdrucks. In radikal subjektiver Ich-Bezogenheit wurden die herkömmlichen Formen gesprengt, Satzstrukturen bewußt vereinfacht, oft telegrammartig verkürzt oder grotesk verzerrt. Zu den bevorzugten Stilmitteln gehörten Wortballungen, Worthäufungen, Weglassen von Funktionswörtern wie Artikeln oder Präpositionen, kühne Neologismen, Formen ekstatischen Gestammels bis hin zum rauschhaften Schrei.

Für unsere Untersuchung ist besonders *das Verhältnis der Autoren dieser*

---

[39] *Gerhard P. Knapp*, Die Literatur des deutschen Expressionismus (München 1979), S. 16.
[40] So die Kapitelüberschriften bei Knapp zum Thema »Topologie des Expressionismus«, a.a.O., S. 6.

*Epoche zur Religion* von Bedeutung. Der Germanist Wolfgang Rothe verweist in seiner Basisstudie darauf, »daß das expressionistische Weltverhältnis eine eminent theologische Substanz einschließt«. Neben »mystischen, pantheistischen, pietistischen, spirituell-gnostischen Zügen« enthalte es »bekannte christliche Stoffe und Figuren, ja sogar theistische Muster«[41]. Als Krisen- und Protestbewegung verweise der Expressionismus jedoch primär auf das *Ungenügen auch der bisherigen religiösen Vorstellungen*. Auch die theologischen Traditionen sind zerbrochen, die aktuellen religiösen Fragestellungen kreisen um Stichworte wie »Unterwelt«, »die unwirtliche Erde«, »Vorhölle«, »das Gefängnis Leben«, »Weltnacht«, »Unwirklichkeit und Leere«, »das sinnlose Nichts«[42].

Im Rahmen einer solchen, hier kurz skizzierten geistigen Atmosphäre findet neben anderen christlichen Stoffen und Figuren auch *Hiob neue Beachtung*. So veröffentlichte der später primär als Naturlyriker und heimatbezogener Kurzgeschichtenautor bekannt gewordene bayerische Schriftsteller *Georg Britting* (1891–1964) im Jahre 1921 als sein erstes Buch überhaupt eine Novellensammlung unter dem Titel *»Der verlachte Hiob«*. Die gleichnamige Titelgeschichte[43] dieser deutlich expressionistisch geprägten[44] ironisch-makabren Groteske variiert das Hiobthema.

Der Inhalt ist rasch skizziert: Hiob, alt, leidend und schmerzgepeinigt, wird eines Tages von einer bewaffneten Reiterschar heimgesucht. Seine Tochter, die ihn pflegt, tritt vor die armselige Hütte. Der Anführer sagt zu ihr: »Laß den Alten« (S. 118) und bietet ihr den Steigbügel. Das Mädchen nimmt das Angebot an, die Meute stiebt davon, nachdem ihm einer »mit der Peitsche scharf über das zerfressene Gesicht« (S. 119) schlug, und er bleibt allein, verspottet und verhöhnt zurück: »Ein prasselndes Lachen fetzte in seine Dunkelheit, steil stieg darüber das silberne des Mädchens in den hitzigblauen Himmel.« (S. 119)

Die Verlassenheit Hiobs wird durch den Verrat der Tochter ins Hoffnungslose gesteigert, das verspottende Lachen erniedrigt seine Leiden bis »zur letzten Grenze« (S. 118). Britting benutzt das Hiob-Modell dazu, »das Abstoßend-Unappetitliche der Leidsituation mit dem Ästhetizismus des Ausdrucks zusammenzubringen«[45], so der Britting-Experte Dietrich Bode. Es geht ihm also darum, die extreme Leidsituation mit den sprachlichen Mitteln des Ex-

---

41 *Wolfgang Rothe*, Der Expressionismus. Theologische, soziologische und anthropologische Aspekte einer Literatur (Frankfurt 1977), S. 32.

42 So die Kapitelüberschriften von Rothe zu seinem ersten Teil, »Zur Theologie des Expressionismus«, a.a.O. S. 7.

43 *Georg Britting*, Sämtliche Werke, hrsg. von *Walter Schmitz* Bd. I, Frühe Werke: Prosa–Dramen–Gedichte 1920–1930 (München 1987), S. 117–119.

44 Vgl. *Curt Hohoff*, Vorwort, in: ders. (Hrsg.), Georg Britting. Der Dichter und sein Werk (München 1967), S. 7: »Seine literarischen Anfänge hingen mit dem Pathos des revolutionären Expressionismus zusammen.«

45 *Dietrich Bode*, Georg Britting. Geschichte seines Werkes (Stuttgart 1962), S. 4.

pressionismus darzustellen. Hintergrund und Erklärung für sein Interesse gerade an der alles Leiden sprengenden Hiobsgestalt sind Brittings vierjährige Fronterfahrungen, die ihn entscheidend prägten, und die folgende Phase tiefster Desillusionierung in der Zeit nach dem Ersten Weltkrieg. Britting selbst distanzierte sich später freilich von seinem Frühwerk: »Der ›Verlachte Hiob‹ ist mein frühestes, ganz expressionistisches Buch, steil, und verworren, Sturm und Drang. Ich lasse es nicht wieder auflegen.«[46] *Hiob* jedenfalls erscheint hier als *Urbild menschlichen Leidens*, zu allem Unglück auch noch *von Spott und Hohn der Mitmenschen*, sogar der eigenen Tochter *erniedrigt*.
Auch im *expressionistischen Drama* finden sich Auseinandersetzungen mit Hiob. Zunächst ist hier auf eine der Zentralgestalten des expressionistischen Dramas zu verweisen: auf *Reinhard Johannes Sorge* (1892–1916), der sich nach seiner Konversion zum Katholizismus (1913) dem religiösen Weihespiel zuwandte. Im Rahmen einer posthum unter dem Titel »Mystische Zwiesprache« veröffentlichen Sammlung von expressionistisch-gefärbten biblischen Szenen findet sich auch ein kurzes, hymnisch-bekenntnishaftes »Hiob«-Spiel[47], in dem Hiob, der leidende Dulder, von Christus erlöst wird.
Ein weiteres, voll entwickeltes Hiobdrama im Expressionismus stammt von dem Journalisten, Kritiker und freien Schriftsteller *Oskar Maurus Fontana* (1889–1969). Fontana war besonders als Herausgeber der Anthologie »Aussaat« (1916) zu einer Zentralgestalt des Wiener Expressionismus geworden. Neben seiner Hauptbeschäftigung als Literaturkritiker veröffentlichte er schon früh eigene Gedichte, Erzählungen, und – mitgerissen vom »Aufbruch des Expressionismus«[48] – Bühnenwerke im Stil der neuen literarischen Mode. Hierzu zählt jene 1925 erschienene Komödie unter dem Titel »Hiob der Verschwender«[49], die uns in diesem Zusammenhang interessiert. In diesem gro-

---

46 So Britting in einem Brief, siehe: *Walter Schmitz*, a.a.O., S. 629.

47 Vgl. *Reinhard Johannes Sorge*, Werke. Dritter Band, hrsg. von *Hans Gerd Rötzer* (Nürnberg 1967), S. 178–182. Vgl. zu Sorge: *Hans Schuhmacher*, Reinhard Johannes Sorge, in: *Wolfgang Rothe* (Hrsg.), Expressionismus als Literatur. Gesammelte Studien (Bern/München 1969), S. 560–571.

48 *Paul Wimmer*, Oskar Maurus Fontana, in: *Oskar Maurus Fontana*, Das große Welttheater. Theaterkritiken 1909–1967 (Wien 1976), S. 13.

49 *Oskar Maurus Fontana*, Hiob der Verschwender. Komödie (Leipzig 1925). Nicht nur im Titel des Werkes offenbart sich eine Nähe zu dem 1936 erschienenen Roman des ebenfalls expressionistisch beeinflußten jüdischen Schriftstellers *Ernst Weiss* (1884–1940), »Der arme Verschwender« (Frankfurt 1982). Auch dieses Buch wurde mit dem biblischen Hiobbuch verglichen, ohne allerdings direkte motivgeschichtliche Anklänge aufzuweisen. Ob hingegen die Kriminalkomödie »Dr. med. Hiob Praetorius« von 1934, Zweitfassung von 1952, aus der Feder des Lustspielautors *Curt Goetz* (1888–1960) überhaupt als Hiob-Drama im engeren Sinne verstanden werden darf, ist bestreitbar, da bis auf den Vornamen des Protagonisten nichts auf das biblische Buch verweist. Es soll dennoch – unter Vorbehalt – zumindest angeführt werden. Vgl. *Curt Goetz*, Dr. med. Hiob Praetorius, in: ders., Gesammelte Bühnenwerke (Berlin 1952). Ähnliches gilt wohl von der französischen Komödie: *J. Debout*, Job, maître d'école libre. Comédie dramatique en trois actes (Paris 1932). Vgl. hierzu: *Adelheid Hausen*,

tesk-ironischen Hiobspiel, voll von witzigen Anspielungen auf das Zeitgeschehen und auf den biographischen Hintergrund des Autors, *bündeln sich die charakteristischen Formelemente und urtypischen Motivstränge des Expressionismus*. Das Hiob-Thema wird mit dem Faust-Thema gekoppelt: Hiob erscheint als ein vom Glück versuchter einfacher Mann, Martin Job, der plötzlich durch eine große Erbschaft vor das unerwartete Problem gestellt wird, mit diesem neuen Reichtum richtig umzugehen. Hiob wird hier zu einem Zeitzeugen, der angesichts der Bedrohung durch materiellen Überfluß seine Lebenseinstellung des »Verschwendens« nicht aufgibt, dem eine Ideologie des Teilens näher liegt als die Gegenposition des Geizes. Der Text eines weiteren expressionistischen Hiobdramas, im Jahre 1928 unter dem Titel »Zuletzt bleibt Hiob. Ein alltägliches Spiel« von *Paul Zech* (1881–1946) verfaßt, erschien nie im Druck und sämtliche Bühnenmanuskripte gelten als verschollen[50].

In der *expressionistischen Lyrik* finden sich nur wenige Bezüge zum Hiobbuch. Einzig bei *Johannes R. Becher* (1891–1958), einem der wichtigsten Dichter dieser Epoche, spielt Hiob eine erwähnenswerte Rolle. Schon in zwei frühen Gedichten finden sich Anspielungen auf das kollektive Hiobsschicksal des Volkes Israel.[51] Erst in seiner nachexpressionistischen Phase wird er Hiob direkt ein ganzes Gedicht widmen. Sein lyrischer Hiob ist freilich ein Hiob, der alles Leiden schon zu Ende gelitten und als solcher selbst den im Holocaust eingetretenen Leidensabgrund vorausgesagt hat. Letzte Erkenntnis dieses Hiobs im Streit um den Widersinn des Leids und gleichzeitig die Schlußverse dieses »Hiob«-Gedichts:

»Das Unerträgliche, das wir ertragen,
Ist Menschenwerk und müßte nicht so sein.«[52]

Wie bei Britting ist nicht Gott die Letztursache des Leidens, sondern allein der Mensch. Ähnlich wie schon Wells, aber nun selbst angesichts des Holocaust weist Becher im Namen Hiobs auf die Eigenverantwortlichkeit des Menschen für alles Leiden und seine mögliche Überwindung.

Eine besondere und näher auszuführende Bedeutung kommt Hiob in der expressionistischen Epoche jedoch im Rahmen eines speziellen Konfliktfeldes zu: im Geschlechterkampf zwischen Mann und Frau.

---

Hiob in der französischen Literatur, a.a.O., S. 161.

50 »Der Text des Dramas muß als verloren gelten«, so der Zech-Experte *Alfred Hübner*, in: ders., Das Weltbild im Drama Paul Zechs (Frankfurt/Bern 1975), S. 42. Ähnliches gilt von dem 1928 nur im Privatdruck erschienenen Drama von *Franz Rothenfelder*, Der Mann, den Gott schlug.

51 So im wohl zwischen 1913 und 1916 geschriebenen »Beilis. Den Juden« und im wohl 1918 entstandenen Gedicht »Zion«. Vgl. *Johannes R. Becher*, Gesammelte Werke, Bd. I: Ausgewählte Gedichte 1911–1918 (Berlin/Weimar 1966), S. 185f; 549ff.

52 *Johannes R. Becher*, Gesammelte Werke, Bd. VI: Gedichte 1949–1958 (Berlin/Weimar 1973), S. 43.

*Alfred Polgars »Hiob«-Novelle*

Hiob im Geschlechterkampf – eine derartige Konzeption findet sich bereits im Jahre 1905 in einer frühen poetischen Erzählung von Rudolf Borchardt (1877–1945), »Das Buch Joram«[53], einer motivisch mit dem Hiobbuch verknüpften bibelartigen Verserzählung, in welcher der Streit zwischen Joram und seiner unfruchtbaren Frau im Mittelpunkt steht. Ohne direkt nachweisbare Verbindung zu diesem Werk wird das Motiv »Hiob im Geschlechterkampf« aufgenommen *in einer Hiob-Novelle von Alfred Polgar* (1873–1955)[54]. Polgar war als Satiriker ein Meister der feingeschliffenen kleinen Prosa. Er trat hervor als Verfasser von pointierten literatur- und kulturkritischen Skizzen, schrieb aber auch geistvolle gesellschaftskritische Novellen und Komödien. Als Theaterkritiker arbeitete er unter anderem in Wien bei der Zeitschrift »Der neue Tag«, für die damals auch der junge Joseph Roth erste Beiträge verfaßte. Als Jude mußte er später nach New York emigrieren und stand dort in regelmäßigem Kontakt mit anderen Exilanten aus der Literaturszene, unter ihnen Alfred Döblin.

Im Jahre 1912 veröffentlichte Polgar einen Novellenband unter dem Titel »Hiob«[55]. Die Titelgeschichte erzählt von einem gewissen Danjuleschko Dmorow, der seines Lebens überdrüssig ist: »ich bin am Rande. Mag nicht mehr… Worauf warte ich? Wozu trete ich in die Mühle?« (S. 10) Einzig der Gedanke hält ihn am Leben, für seine Frau Porphyrea zu leben und zu leiden. Nur so habe alles noch »Sinn und Zweck« (S. 12): »Alles hatte er der Frau geopfert: seinen Besitz und seine Ehre, seine Arbeit und seine Ruhe, seine Kraft und seinen Willen, seinen Geist und sein Herz, sein irdisches und überirdisches Teil, seine Freuden und selbst – das war das Schwerste – seine Traurigkeit.« (S. 17f) Da erfährt er, daß seine Frau ihn betrügt. Dmorow begeht Selbstmord, um seiner Frau ein sinnvolles Leben zu ermöglichen, das mit ihm unmöglich scheint: »Wenn ich tot bin, ist Porphyrea ungestört.« (S. 20) Doch seine Frau dankt es ihm – von Polgar bewußt klischeehaft formuliert – mit Unverständnis: »Er hat mich nie geliebt… Grausam sind die Männer!« (S. 21)

Hiob wird bei Polgar zu einem beständig leidenden, betrogenen Ehemann. Eine derartige Hiobkonzeption ist ohne den biographischen Hintergrund wiederum kaum verständlich. Polgars literarisch umstrittenes Frühwerk[56] besteht aus Geschichten, die sich, so der Polgar-Biograph Ulrich Weinzierl, als »ironisch gebrochene Spiegelbilder, Karikaturen der eigenen Existenz, ihrer

---

[53] *Rudolf Borchardt*, Das Buch Joram [1]1905 (Leipzig 1947). Vgl. hierzu: *Werner Kraft*, Rudolf Borchardt. Welt aus Poesie und Geschichte (Hamburg 1961), bes. S. 202–209.

[54] Zu Polgar siehe: *Ulrich Weinzierl*, Alfred Polgar. Eine Biographie (Wien/München 1985).

[55] *Alfred Polgar*, Hiob. Ein Novellenband (München 1912).

[56] Vgl. *Ulrich Weinzierl*, a.a.O., S. 61: »Der junge Alfred Polgar war – noch – kein großer Erzähler.«

Konflikte und ihrer Fragwürdigkeit«[57] darstellen lassen. Im Hintergrund speziell dieser Hiobsnovelle stand Polgars problematische und frustrationsreiche Liebesbeziehung zu Emma Rudolf, einer weiblichen Zentralgestalt der literarischen Kaffeehaus-Szene Wiens, um die sich neben anderen auch Peter Altenberg und Hermann Broch bemühten, und die als »Ea oder die Freundin bedeutender Männer«[58] in die Literaturgeschichte eingehen sollte. Bestimmend für Polgars literarische Ausgestaltung wurde somit seine eigene leidvolle Erfahrung. In diesem individuellen biographischen Konflikt spiegelt sich jedoch das auf der gesamtgesellschaftlichen Ebene in dieser Zeit entbrannte Ringen um ein neues Frauenbild. Bei Polgar zeigt sich eine »zeittypische Mischung aus... Frauenverhimmelung und wortwörtlicher Verteufelung«, zeigt sich »die Vision der Madonna als Hetäre, die tiefe Furcht vor dem ›Dämon Weib‹«[59].
Die Grundelemente dieser polgarschen Hiobbearbeitung, also das gerade skizzierte Frauenbild, das Bild Hiobs als leidender, betrogener Ehemann, sowie die literarische Zusammenführung dieser beiden Elemente auf dem Hintergrund eigener biographischer Krisenerfahrungen finden – in frappierender Ähnlichkeit – ihre Fortsetzung in der wohl eigenwilligsten literarischen Hiobbearbeitung überhaupt, bei Oskar Kokoschka.

### *Oskar Kokoschkas Hiob – ein »Curiosum«*

Oskar Kokoschka (1886–1980) zählt zu den großen künstlerischen Doppelbegabungen unseres Jahrhunderts. Hauptsächlich bekannt ist der aus einer Prager Künstlerfamilie stammende Österreicher[60] als Maler. Im Expressionismus tritt er jedoch auch als Verfasser von ekstatischen Kurz-Dramen hervor, die sich sprachlich an der Bibel orientieren und von einer bildstarken, emotionsgeladenen, jede Logik überwuchernden Phantasie geprägt sind.
Einer dieser Einakter trägt den Titel »Hiob«. Es handelt sich um eine überarbeitete Neufassung seines ersten veröffentlichten Stückes überhaupt, »Sphinx und Strohmann« (1907), eines »Curiosum« genannten Spiels über den Kampf der Geschlechter. Dieses wird nun in der Neuversion »auf biblischen Hintergrund projiziert und mit Faustparodien versetzt«[61], so der Germanist Hans Schuhmacher. Kokoschkas erste Stücke bilden geradezu den *Anfang des expressionistischen Dramas* überhaupt, er gehört zu den ersten Autoren, die als Experiment in der Form des Einakters ein neues totales Theater anstreben.

---

57 A.a.O., S. 61.

58 Vgl. *Elisabeth Albertzen*, Ea oder die Freundin bedeutender Männer. Portrait einer Wiener Kaffeehausmuse, in: Musil-Forum V (1/2) 1979, S. 21–37; 135–153.

59 *Ulrich Weinzierl*, a.a.O., S. 39.

60 Zu Kokoschka siehe: *Frank Whitford*, Oskar Kokoschka. A Life (London 1986); *Norbert Werner* (Hrsg.), Oskar Kokoschka – Leben und Werk in Daten und Bildern (Frankfurt 1991).

61 *Hans Schuhmacher*, Oskar Kokoschka, in: *Wolfgang Rothe* (Hrsg.), Expressionismus als Literatur, a.a.O., S. 512.

Dem ästhetischen Programm des Expressionismus entsprechend, zielt er darauf ab, »die erstarrten Formen des zeitgenössischen Dramas und Theaters« zu sprengen »mit Hilfe von illusionsstörenden Gags, ästhetisch verpönter Effekte, poetisch und szenisch entfesselter Mittel.«[62] »Sphinx und Strohmann« wurde so als erstes Stück des später berühmt-berüchtigten »Cabaret Voltaire« aufgeführt.[63]
In der Überarbeitung zum Stück »Hiob« versucht Kokoschka nun, das Problem des Geschlechterkampfes in eine übergreifende Konzeption aufgehen zu lassen, um so auf die »mythische Ursache der Spannung zwischen Mann und Frau«[64] zu verweisen, so der Kokoschka-Experte Horst Denkler. Das Hiob-Spiel wird angereichert mit Motiven aus der Schöpfungsgeschichte der Genesis (»Adam und Eva«), mit Anspielungen auf Goethes »Faust«, sowie mit antiken und modernen Wissenschaftstheoremen. Es präsentiert sich, mit den Worten einiger Kritiker, in der Gestalt einer »phantasmagorischen Vision«, einer »Durchdringung der grausamen, fast pathologischen Konfrontation zwischen den Gegensätzen männlich-weiblich«[65], eines mythischen Schauspiels »um das Triebhafte im Menschen«[66].
Eine inhaltliche Zusammenfassung des Einakters[67] ist, wie schon an den obigen Zitaten deutlich geworden, fast unmöglich. Selbst dem zeitgenössischen Star-Kritiker Alfred Kerr fehlten letztlich die Worte[68]. Dennoch in aller Kürze ein Versuch: Hiob wird von seiner Frau »Anima« mit dem mephistophelischen »Herrn Kautschukmann« betrogen und verzweifelt: »Ich hatte ein Weib,/ Sie war meine Welt! ... Horror vacui!« (S. 147) Doch Anima folgt nur ihrem »Liebling ... Gott Eros« (S. 158). Hiob wird nach einigen grotesk-chaotischen Dialogen unabsichtlich von Anima, die ihm auf den Kopf fällt, getötet. Adam, ein Beobachter, kommentiert lakonisch: »Zu hoch hast du dein Weib/ In den Himmel versetzt./ Erst da sie fällt, kannst du ihr auf/ Den Boden sehn.« (S. 170) Abschließend erklärt Anima: »Und Anima – die Hiob das schwere Kreuz auf die Schulter legte,/ Ist Eva.« (S. 174)
Deutungen dieses experimentellen »tabula-rasa« Dramas[69] sind schwierig,

---

62 *Horst Denkler*, Das Drama des Expressionismus, in: *Wolfgang Rothe* (Hrsg.), Expressionismus als Literatur, a.a.O., S. 134.
63 Vgl. *Hans Schuhmacher*, a.a.O., S. 513.
64 *Horst Denkler*, Textvarianten zwischen der Erstausgabe und der Ausgabe letzter Hand des Dramas »Hiob« von Oskar Kokoschka – ein Nachtrag, in: Deutsche Vierteljahresschrift für Literaturwissenschaft und Geistesgeschichte 42 (1968), S. 305.
65 **Jacques-Léon Rose*, Oskar Kokoschka's Phantasmagorical Vision: The Book of Job transmogrified, in: Comparative Drama 2 (1971), S. 91.
66 *Brita Steinwendtner*, a.a.O., S. 31.
67 *Oskar Kokoschka*, Hiob, in: ders. Vier Dramen (Berlin 1919). Die Seitenangaben im Text folgen dieser Erstausgabe.
68 Vgl. *Alfred Kerr*, Oskar Kokoschka: »Der brennende Dornbusch« – »Hiob«, in: ders., Mit Schleuder und Harfe. Theaterkritiken aus drei Jahrzehnten (Berlin 1981), S. 154–159.
69 *Gerhard P. Knapp*, a.a.O., S. 152.

denn »Unsinn und Tiefsinn vermischen sich hier ununterscheidbar«[70], so Hans Schuhmacher. Drei *Hintergrundinformationen* können den Zugang zumindest erleichtern. Biographisch ist zunächst – ähnlich wie bei Britting oder Wells – auf Kokoschkas *traumatische Weltkriegserfahrung* hinzuweisen. Zweimal schwer verwundet, kämpft er wochenlang ums Überleben. In diesen Erfahrungen zerbricht auch für Kokoschka ein Weltbild, und dieses Zerbrechen hinterläßt sowohl in seinen zeichnerisch-graphischen Werken als auch in der neuen Radikalliteratur ihre formalen Spuren. Unmittelbarer Anlaß für dieses Hiob-Spiel sind aber – hierin wiederum der Ausgangsposition von Polgar vergleichbar – die frustrierenden Verwicklungen der partnerschaftlichen Situation. Im Jahre 1915 zerbricht die dreijährige, stets spannungsgeladene Beziehung Kokoschkas zur Witwe Gustav Mahlers, *Alma Mahler*, der späteren Gattin zunächst von Walter Gropius, dann von Franz Werfel, einer »femme fatale«, einer der faszinierendsten Frauengestalten der Epoche. Ihre stets ungleiche, extrem emotionale Beziehung, von Alma Mahler-Werfel im Rückblick als »ein einziger heftiger Liebeskampf«[71] beschrieben, ein Chaos aus Leidenschaft, Eifersucht, Haß und Liebe, bestimmte Kokoschkas Leben in diesen Jahren völlig: seine in dieser Zeit geschriebenen Dramen kreisen genauso um sie wie seine graphischen Werke. Das Scheitern dieser Beziehung stößt ihn in tiefe Depressionen, bestimmt vom Gefühl des Identitätsverlustes und der künstlerischen Erschöpfung. Kokoschka sah sich selbst als einen solchen Hiob, als einen Dulder, der im Geschlechterkampf unterliegt.
Neben diesen individualbiographischen Kontext tritt aber drittens auf einer allgemein-gesellschaftlichen Ebene das bei Polgar bereits erwähnte Problem der grundsätzlichen Rolle der Frau im Expressionismus: der Expressionismus war primär eine *Männerbewegung*[72], die *Rolle der Frau* war in einer zerbrechenden Gesamtgesellschaftsordnung neu zu bestimmen. Und sie wurde nicht nur abstrakt diskutiert, auch die *Institution Ehe* wurde in Frage gestellt. So ruft Herr Kautschukmann im Hiob-Stück auf zur »Ehereform! Ehereform!« (S. 173). *Die Gesellschaftskrise spiegelt sich im Mikrokosmos der Beziehung der Geschlechter*: Das Verhältnis Mann-Frau wird als Kampf verstanden. Kokoschka kannte die in ihrer Zeit und bis in die Gegenwart hinein einflußreiche Studie des umstrittenen jüdischen Autors Otto Weininger »Geschlecht und Charakter« aus dem Jahre 1903[73]. Dieses »maßlose, lange sensationell

---

[70] *Hans Schuhmacher*, a.a.O., S. 513.

[71] Vgl. *Alma Mahler-Werfel*, Mein Leben (Hamburg 1960), S. 49. Sie schreibt dort über ihre Zeit mit Kokoschka: »Die drei folgenden Jahre mit ihm waren ein einziger heftiger Liebeskampf. Niemals zuvor habe ich soviel Kampf, soviel Hölle, soviel Paradies gekostet.«

[72] *Else Lasker-Schüler* gilt als bemerkenswerte Ausnahme. Vgl. *Marion Adams*, Der Expressionismus und die Krise der Frauenbewegung, in: *Bernd Hüppauf* (Hrsg.), Expressionismus und Kulturkrise, a.a.O., S. 106: »Im allgemeinen bietet jedoch der Expressionismus ein konservatives und auch auffallend negatives Bild der Frau.«

[73] *Otto Weininger*, Geschlecht und Charakter. Eine prinzipielle Untersuchung (München 1980). Vgl. zur Rezeption dieses Buches etwa die zahllosen Bezüge in: *Günter Grass*,

wirkende Buch«[74] voller Frauen- und Homosexuellenhaß, Antisemitismus und Rassismus entwirft ein Bild vom Menschen, in dem das »weibliche Element«, die Libido, in einem stetigen Kampf gegen das »männliche Element«, Intellekt und Vernunft, dargestellt wird. Der Mann droht, nach Weininger, in diesem Kampf unterzugehen, als Ausweg erscheint einzig die Überwindung der Sexualität, die gegenseitige Entsagung.

Von Weininger fasziniert war in besonderem Maße der schwedische Schriftsteller *August Strindberg* (1849–1912), in dessen Dramen dieselbe Thematik, der unbarmherzige Geschlechterkampf, ebenfalls eine zentrale Rolle spielt. Strindberg selbst hatte sich darüber hinaus auch schon mit der Hiobsgestalt identifiziert. Besonders seine autobiographischen Romane »Inferno« (1887) und »Legenden« (1898) orientieren sich maßgeblich an diesem biblischen Vorbild. Er habe oft das Gefühl, »daß er Hiob sei«[75], so Strindberg im Schlußteil der »Legenden«.

Kokoschka entwirft nun sein groteskes Hiob-Spiel auf dem dreifachen Hintergrund eigener leidvoller Erfahrungen, in bewußter Auseinandersetzung mit Weininger und dem damals führenden Dramatiker Strindberg. Er warnt in einem Brief ausdrücklich davor, »die Spöttereien und den Sarkasmus für Freude an dem Gebiet der Darstellung des Gewagten« zu halten, ganz konkret sei dieses Hiob-Spiel für ihn »eine teuflische Entladung von Spott und Bitterkeit über die Lieblingsfabel des Strindberg«[76]. *Provozierendes Anti-Theater* also!

Auch wenn der Literaturwissenschaftler Jacques-Léon Rose erklärt: »Kokoschkas Spiel ist dem ursprünglichen biblischen Aufschrei ähnlich in Intensität und Qual, wenn auch nicht im Inhalt«[77], ist es augenscheinlich, daß dieses Harlekinspiel vom betrogenen Ehemann, im Sinne voller künstlerischer Freiheit mit dem biblischen Hiobbuch doch nur minimale Gemeinsamkeiten aufweist. So findet sich keinerlei Andeutung einer transzendenten, oder auch nur irgendwie religiösen Dimension.[78] Kokoschkas groteskes Hiob-Spiel il-

---

Hundejahre. Roman (Neuwied 1963).

[74] *Hans Schwerte*, Anfang des expressionistischen Dramas: Oskar Kokoschka, in: Zeitschrift für deutsche Philologie 83(1964), S. 171–191, hier S. 175.

[75] Vgl. *August Strindberg*, Inferno-Legenden (München 1920), S. 375: »Und die alte Einbildung, daß ich Hiob sei, schleicht sich in mein Gemüt. Ich habe ja wirklich mein Eigentum verloren, man hat meine bewegliche Habe, Bücher, Existenzmittel, Frau und Kinder genommen; gejagt von einem Land zum anderen, bin ich zu einsamem Leben in der Wüste verurteilt.« Zum Einfluß des Hiobbuches auf Strindberg siehe: *Fritz Paul*, Ismael, Hiob, Jakob: Alttestamentarische Typologie bei August Strindberg, in: *Franz Link* (Hrsg.), Paradeigmata. Literarische Typologie des Alten Testaments (Berlin 1989), S. 465–486.

[76] So Kokoschka in einem Brief an seine Eltern vom 20. 8. 1917, siehe: *Olda Kokoschka/Heinz Spielmann* (Hrsg.), Oskar Kokoschka. Briefe I.1905–1919 (Düsseldorf 1984), S. 271–272.

[77] *Jacques-Léon Rose*, a.a.O., S. 99.

[78] *Ulrike Schrader* spricht hier mit Recht von einer »Irrelevanz der theologischen Problematik«. Vgl. *Ulrike Schrader*, Die Gestalt Hiobs in der deutschen Literatur, a.a.O., S. 94.

lustriert vielmehr die These des Germanisten Christoph Eykman, daß sich in der expressionistischen Dichtung zwar noch häufig »Bild- und Ideengut der überkommenen christlichen Religion finden ..., allerdings vielfach seltsam umfunktioniert«[79].

*Hiob als Opfer seiner Frau*

Was also mag Kokoschka bewogen haben, den Helden seines Stückes, den Mann per se – mit dem er sich auch selbst identifiziert – »Hiob« zu nennen? Hat der Germanist Erich Kleinschmidt recht mit seiner – implizit abwertenden – Annahme, Kokoschka reduziere hier den Bezug zwischen seinem Text und der Hiobgeschichte »nahezu extrem auf einen assoziativen Namensverweis«, Hiob sei hier als bloße »Worthülse, die sogar austauschbar wirkt« anzusehen, nur noch »eine substituierbare Namenschiffre«[80]? Die Tatsache, daß der Protagonist des Dramas in der Urfassung »Herr Firdusi« heißt und erst für die 1917 erscheinende Endfassung in »Hiob« umbenannt wird, scheint diese These zu stützen.
Dennoch: *Drei mögliche Motive* für eine sehr bewußte und inhaltlich zumindest nachvollziehbare Umbenennung widerlegen einen nur oberflächlich-austauschbaren *Bezug zum Hiobbuch*:

1. Zunächst ist auf den *autobiographischen Zusammenhang* zu verweisen: Eine konkrete Identifikation mit Hiob war durch Strindberg schon vorgegeben. Aber auch die Hiobkonzeption des biblischen Buches selbst bot drei Charakterbilder, die Kokoschka sich zunutze machte: Hiob als Dulder, Hiob als unschuldig Leidender und Hiob als von seiner Frau Verfluchter. Hiob war ja bis zum Anfang dieses Jahrhunderts unter Ausblendung des rebellischen Teils seines Charakters *die* große Symbolgestalt für den leidenden Menschen, der sein Schicksal in geduldiger Demut erträgt. Josef Hügelsberger kam in seiner 1930 verfaßten und schon vom Titel her vielsagenden Dissertation über den »Dulder Hiob in der deutschen Literatur« zu dem Gesamturteil: »Job gilt allen Autoren als *absolutes Vorbild der Geduld*; von *seiner Verzweiflung* wird *selten*, von *seinem Murren nie gesprochen.* Eine merkwürdige Tatsache, daß in der Geschichte und Literatur nur der *halbe Charakter* dieses Helden fortlebt und die andere Hälfte verschwiegen oder vergessen wird.«[81] Dieses *Prinzip der Halbierung des Charakters Hiobs zugunsten des demütigen Dulders*, nachweisbar etwa in dem aus dieser Zeit stammenden »Hiob«-Gedicht des Lyrikers, Dramati-

---

79 *Christoph Eykman*, Denk- und Stilformen des Expressionismus (München 1974), S. 65.
80 *Erich Kleinschmidt*, Poetik der Auflösung: Zur Funktion der Hiob-Mythe in Texten Oskar Kokoschkas, Joseph Roths und Karl Wolfskehls, in: *Franz Link* (Hrsg.), Paradeigmata, a.a.O., S. 515.
81 *Josef Hügelsberger*, Der Dulder Hiob in der deutschen Literatur. Ein Beitrag zur Geschichte der biblischen Stoffe in Deutschland (Diss. Graz 1930), S. 26.

kers und Erzählers Klabund (1890–1928), in dem das erlittene Leiden angesichts des vorher erfahrenen Glücks relativiert wird[82], kam Kokoschka entgegen, denn genau diese Rolle blieb seiner Ansicht nach dem Mann im Geschlechterkampf. »Kokoschka erblickt in jedem Mann einen Dulder, er gibt daher dem Helden den Namen Hiob. So wird Hiob ... zum Symbol

---

[82] Vgl. *Klabund*, »Hiob«, in: ders., Gesammelte Werke in Einzelausgaben, Bd. 1: Gesammelte Gedichte. Lyrik–Balladen–Chansons (Wien 1930), S. 134f. Zu diesem Prinzip der *Halbierung des Charakters Hiobs zugunsten des Dulders* einige weitere – literarisch weniger bedeutsame – Beispiele aus der Literatur des frühen 20. Jahrhunderts:
1) Im Jahre 1912 erscheint unter dem Titel »Der Hiob von Unterach« eine posthum veröffentlichte Sammlung von kurzen Erzählungen des jüdischen Schriftstellers *Karl Emil Franzos* (1846–1904). Die Titelgeschichte erzählt das geduldig ertragene Leiden des »Matthias Pölzleithner«, eines österreichischen Holzknechtes, der in seinem Dorf als »unser Hiob« bekannt ist. Diesen Namen weist er jedoch empört zurück, denn: »Dieses Buch ist nicht gut« (S. 15). Es will ihm aus drei Gründen nicht recht gefallen. Erstens :«dem Herrn geziemt es nicht, mit dem Teufel zu wetten« (S. 15); zweitens: »weil Hiob auf dieser Erde alles wiederbekommt... So wird... nur der Neid geweckt oder die törichte Hoffnung« (S. 16); und drittens: »Ist es nicht schön vom Hiob, daß er endlich doch an Gott verzweifelt und gegen ihn murrt – solches steht keinem Menschen zu, am wenigsten jenem, welcher fromm ist« (S. 15). Der rebellische Charakterzug Hiobs wird also bewußt ausgeblendet, die andere Hälfte, die fromme Demut hingegen als Vorbild gezeichnet, wenngleich dies nicht »die einzig mögliche« Antwort sei, denn »eine solche ist nicht gefunden, wird nie gefunden werden können.« (S. 26) Siehe: *Karl Emil Franzos*, Der Hiob von Unterach und andere Geschichten (Stuttgart/Berlin 1912). Zu Franzos vgl. zwei neuere Dissertationen: *Fred Sommer*, »Halb-Asien«. German Nationalism and the Eastern European Works of Karl Emil Franzos (Stuttgart 1984); *Sybille Hubach*, Galizische Träume. Die jüdischen Erzählungen des Karl Emil Franzos (Stuttgart 1986).
2) *Emile Baumann* (1868–1941), einer der weniger bekannten Romanciers des »renouveau catholique«, veröffentlicht im Jahr 1922 den Roman »Job le Prédestiné«, eine Familiengeschichte, in der dem Protagonisten das bekannte Hiobzitat aus 1,21 in den Mund gelegt wird (»Der Herr hat gegeben, ...«), der ein angeblich hiobähnliches Schicksal demütig erleidet und am Ende von einem Nebencharakter direkt mit Hiob verglichen wird: *»Die Geduld des M. Dieuzède erinnert mich an den heiligen Mann Hiob.« Siehe: *Emile Baumann*, Job le Prédestiné (Paris 1922). Ganz ähnlich in drei weiteren französischen Romanen: *M. de Campfranc*, Pauvre Job (Paris 1905); *Edouard Ned*, Job le Glorieux (Paris 1933); *Albert de La Touche Espé*, Job. Roman (Paris 1938).
3) Im gleichen Jahr erscheint ein ganz ähnlich aufgebauter – und ähnlich unbekannter – Roman, *Siegfried Reinkes* »Hiob« (München 1922), die Familiengeschichte eines »Josef Schrattenwang«, eines Gebirgsbauern, der ebenfalls ein – glücklich endendes – Hiobsschicksal erleidet. Vor *Reinke* hatten bereits *Leopold von Sacher-Masoch* (Der neue Hiob – Stuttgart 1878) und *Hans Kyser* (Der Blumenhiob – Berlin 1905, [2]1909) gleichartige Hiob-Leid/Dulder-Romane vorgelegt. In *Kysers* (1882 –1940) Oskar Loerke gewidmeter Leidens- und Duldererzählung fehlt – abgesehen vom Titel – jeder direkte Bezug zum Hiobbuch. Loerke selbst veröffentlichte 1939 ein – wiederum eher zweitrangiges – Hiobgedicht, »Die Hiobsbotin«. Vgl. *Oskar Loerke*, Die Gedichte (Frankfurt 1984), S. 552f.
4) Vier Jahre später wiederum ein ähnlicher Roman, dieses Mal erschienen in den USA: *Grace Livingston Hill*, Job's Niece (New York [2]1976). Auch dieser Roman erzählt eine glücklich endende und angeblich hiobartige Familiengeschichte, in der die Protagonistin Doris Dunbar am Ende erkennt, daß *»Hiobs Schwierigkeiten nur dazu da waren, um ihn für die späteren Segnungen bereit zu machen.« (S. 312)

des Mannes, der an der Schicksalsgemeinschaft mit dem Weibe schwer trägt«[83], so denn auch Hügelsberger.

2. Auch das *Motiv des Geschlechterkampfes* selbst läßt sich in das biblische Hiobbuch und seine Auslegungstradition zurückverfolgen. Der Fluch der biblischen Frau Hiobs (Hiob 2,9) rückt sie in die Position einer übelwollenden Gegenspielerin Hiobs. Immer wieder wurde Hiobs Frau in diesem Sinne in der theologischen Auslegungstradition als Sprachrohr und Werkzeug Satans verstanden. In Fortentwicklung dieses Motivs wird sie hier nun vollends anstelle Satans zur Verursacherin des Leids.
3. Neben eine solche autobiographische und inhaltliche Motivierung der Namenswahl mag als Drittes ein bewußt kalkulierter Schockeffekt getreten sein, denn – so der Germanist Hans Schwerte – »diese Namensgebung war nicht weniger grotesk-provozierend gemeint: der nicht mehr von Gott mit Schwären geschlagene Mann, sondern der vom Weib ... Geschlagene und Gehörnte«[84]. Eine solche Konzeption konnte sich des gewünschten Aufsehens und der erhofft-provozierten Aufmerksamkeit gewiß sein.[85]

Eine derartige Konzeption Hiobs als demütiger Dulder im Geschlechterkampf findet sich ausschließlich bei Borchardt, Polgar und Kokoschka; sie stellt in der Tat ein *Kuriosum der Hiobrezeption* dar. Die strukturellen aber auch kontextuellen Ähnlichkeiten dieser Werke und ihrer Entstehung sind dabei besonders auffällig. Für Kokoschka wie Polgar gilt ohne Zweifel die Beobachtung der Germanistin Angelika Pöthe: Sie »reduzieren die gesamte alttestamentliche Legende auf den Konflikt Hiob-Frau ... Nicht mehr der religiöse Antagonismus Individuum-Gott ist bedeutsam, sondern einzig der säkulare Antagonismus der Geschlechter.«[86] Angesichts der vielfachen frappierenden Parallelen stellt sich die Frage, ob Kokoschka die Polgarsche Hiob-Bearbeitung gekannt hat, und ob sie direkt zur Betitelung der dramatischen Neubearbeitung seines alten Dramas geführt hat. Da beide im engen literarischen Umfeld der Wiener Kaffeehaus-Kreise verkehrten, ist eine persönliche Bekanntschaft und auch eine gegenseitige Kenntnis der Werke wahrscheinlich. Eine direkte literarische Abhängigkeit läßt sich jedoch nicht nachweisen.

---

83 *Josef Hügelsberger*, a.a.O., S. 147.

84 *Hans Schwerte*, a.a.O., S. 172.

85 Interessant, daß neben Kokoschka auch die zweite große künstlerische Doppelbegabung der Epoche Hiob – wenn auch indirekt – rezipiert: *Ernst Barlach* (1870–1938). In seinem wohl bekanntesten Drama »Die Sündflut« von 1924 gestaltet Barlach den Noah-Stoff als apokalyptisches End-Spiel. Die Struktur und inhaltlich-theologische Ausgestaltung für dieses Noah-Drama entnimmt er jedoch ganz offensichtlich dem Hiobbuch. Der Germanist *Klaus Lazarowicz* führt aus: »Die Anregung für die dramatische Organisation seiner epischen Vorlage empfing Barlach von dem spannendsten Drama der Literaturgeschichte: dem Buch Hiob.« Siehe: *Klaus Lazarowicz*, Zu Barlachs *Sündflut* und Becketts *Fin de Parti*, in *Franz Link/Günter Niggl* (Hrsg.), Theatrum Mundi, a.a.O., S. 395.

86 *Angelika Pöthe*, Das Hiobsmotiv im epischen Werk Joseph Roths. Zum Verhältnis von mythologischer »Vorlage« und sozialgeschichtlicher Darstellung (Diss. Jena 1980), S. 21.

## 4. Hiob in der Großstadt – *Alfred Döblin*

Widmeten sich die zuvor geschilderten Werke der literarischen Hiobrezeption sehr bewußt der detaillierten und ausführlichen Auseinandersetzung mit dem biblischen Vorbild, so treffen wir nun auf eine neue Rezeptionsmethode: Das Hiobbuch wird nicht als unmittelbare Stoffvorlage benutzt, sondern als symbolische Hintergrundfolie des eigentlichen Romangeschehens eingesetzt. *Hiob wird zur zentralen literarischen Spiegelfigur des Protagonisten.* Am deutlichsten findet sich eine derartige Methodik in Alfred Döblins (1878–1957) Roman »Berlin Alexanderplatz«[87], seinem einzigen wirklichen Publikumserfolg[88], den man mit dem Germanisten Walter Muschg als »ersten und einzigen bedeutenden Großstadtroman der deutschen Literatur«[89] bezeichnen kann. Diesen komplexen Roman als Ganzes zu interpretieren kann hier nicht unsere Aufgabe sein. Uns interessiert vielmehr speziell die Art und Weise des literarischen Einsatzes der Hiobfigur in diesem bedeutenden Werk.

### *»Berlin Alexanderplatz« – ein Montage-Roman*

Alfred Döblin[90] gilt als einer der Hauptvertreter der expressionistischen Novellistik; seine frühen Erzählungen »Die Ermordung der Butterblume« (1913) und der Roman »Die drei Sprünge des Wang-lun« (1915), aber auch seine Tätigkeit als Mitbegründer und Mitarbeiter der vielleicht wichtigsten Expressionismuszeitung »Der Sturm« lassen ihn als *eine der literarischen Zentralgestalten dieser Epoche* erscheinen. Der naturalistische Reportageroman »Berlin Alexanderplatz«, erschienen im Jahre 1929, führt allerdings schon weit über die Epoche des Expressionismus hinaus, wenngleich Döblin hier viele der von dort ererbten Formelemente und Motivreihen verarbeitet. Möglicherweise angeregt duch James Joyce und John Dos Passos, benutzt und erweitert er eine für den deutschen Roman dieser Zeit neuartige Technik, die der *Montage*. Mit diesem aus der Filmkunst entlehnten Begriff bezeichnet man die künstlerische Aneinanderfügung einzelner, zeitlich und räumlich eigenständiger Bildfolgen und Szenen, die weder streng sachlich, noch handlungsmäßig oder unmittelbar gedanklich miteinander verbunden werden. Sie stehen vielmehr assoziativ nebeneinander, erwecken dadurch den Eindruck

---

[87] *Alfred Döblin*, Berlin Alexanderplatz. Die Geschichte von Franz Biberkopf [1]1929 (München DTV 1965). Alle Seitenangaben im Text folgen dieser Ausgabe. Hilfreiche Informationen über Hintergrund, Entstehungs- und Wirkungsgeschichte bietet: *Matthias Prangel* (Hrsg.), Materialien zu Alfred Döblins »Berlin Alexanderplatz« (Frankfurt 1975).

[88] Vgl. *Klaus Schröter*, Döblin (Reinbek 1978), S. 93: »Es war sein einziger Publikumserfolg.«

[89] *Walter Muschg*, Von Trakl zu Brecht. Dichter des Expressionismus (München 1961), S. 220.

[90] Zu Döblin siehe neben der Einführung von Schröter: *Matthias Prangel*, Alfred Döblin (Stuttgart 1973); *Roland Links*, Alfred Döblin (München 1981).

von Gleichzeitigkeit.[91] Döblin verbindet diese Montagetechnik mit der ebenfalls in Deutschland zu diesem Zeitpunkt noch kaum bekannten Technik des Bewußtseinsstroms: der Leser folgt den inneren Gedanken sei es der Romanfiguren oder des Erzählers. Döblins Erzähler tritt aus dem Romangeschehen heraus, kommentiert, bündelt, resümiert das Geschehen, reflektiert über das Erzählte.

Mit einer derartig vielstimmigen Simultantechnik wird in diesem Roman die chaotisch-unüberschaubare Wirklichkeit der Großstadt Berlin in den zwanziger Jahren abgebildet. Verschiedenste literarische Elemente stehen collageartig nebeneinander: Erzählung, Dialog, innerer Monolog, aber auch Zeitungsausschnitte, Radiosendungen, Moritaten, Schlagertexte, Ausrufer- und Werbesprüche, Reklameschilder, erklärende und vorausweisende Zwischenüberschriften und vieles mehr. Gerade bei Döblin kommen *im Rahmen dieser Montagetechnik* als weitere wichtige Elemente *biblische Symbole, Zitate und Anekdoten* hinzu. Walter Muschg führt aus: »Vor allem das Alte Testament wird als Kontrastpunkt zum Großstadtlärm hörbar.«[92] Neben Motive aus der Genesis (Abraham, Isaak), aus den Büchern Jeremia, Kohelet und Esther, treten neutestamentliche Motive aus der Johannes-Apokalypse, die sich an den Babylon-Fluch des Jeremia anschließen, und eben in zentraler Position Hiob.[93] Warum Hiob, welche Funktion kommt den Hiobspassagen im Gesamtroman zu?

Kurz sei der das Buch durchziehende *Handlungsfaden* aufgezeigt. Franz Biberkopf, ein einfacher Berliner Transportarbeiter, hat wegen der Ermordung seiner Geliebten vier Jahre im Gefängnis gesessen. Er verläßt es mit dem festen Entschluß, von nun an »anständig« zu bleiben, denn dann würde es das Leben auch gut mit ihm meinen. Dieser Versuch erweist sich aber als schwer durchführbar. Zwar gelingt es ihm anfänglich, sich als Straßenverkäufer und Hausierer mehr schlecht als recht durchzuschlagen, schließlich aber – ausgelöst durch ein Abenteuer mit einer Witwe, die ihm ein Freund ausspannt – bricht sein Plan zusammen. Er beginnt zu trinken, schimpft auf die Schlechtigkeit der Welt und läßt sich auf halbseidene Geschäfte ein. Bei einem Einbruch verliert er einen Arm, er nimmt diesen Schlag aber als gerechte Strafe für seinen zweifelhaften Lebenswandel ohne größeres Murren hin. Er hat je-

---

91 Zu Döblins Benutzung dieser Technik siehe: *Harald Jähner*, Erzählter, montierter, soufflierter Text. Zur Konstruktion des Romans »Berlin Alexanderplatz« von Alfred Döblin (Frankfurt 1984).

92 *Walter Muschg*, a.a.O., S. 233.

93 Vgl. *Hans-Otto Horch*, Zeitroman, Legende, Palimpsest. Zu Joseph Roths »Hiob«-Roman im Kontext deutsch-jüdischer Literaturgeschichte, in: Germanisch-Romanische Monatsschrift 39 (1989), S. 211: »in Alfred Döblins ... Roman ›Berlin Alexanderplatz‹ sind die vielfachen Anspielungen auf die Bibel ... erst durch die zentrale Position der Hioballusionen verständlich.« Vgl. hierzu: *Timothy Casey*, Alttestamentliche Motive in Döblins *Berlin Alexanderplatz*. Die Rezeption des Romans und der Streit um sein Schlußbild, in: *Franz Link* (Hrsg.), Paradeigmata, a.a.O., S. 527–542.

doch jeden inneren Halt verloren und wird als Chef einer Einbrecherkolonne vollends zum Verbrecher. Im Straßenmädchen Mieze findet er eine Frau, die ihn wirklich liebt, doch er mißtraut ihr und mißhandelt sie. Mieze wird ermordet, und Biberkopf, in Wahrheit an ihrem Tode unschuldig, wird der Tat verdächtigt. Als er dennoch seine indirekte Verantwortung für ihren Tod erkennt, führt er in selbstmörderischer Absicht seine Verhaftung herbei. Er wird in eine Irrenanstalt eingeliefert, weil man ihn für verrückt hält, dort bricht er völlig zusammen, schwebt lange zwischen Leben und Tod und beginnt schließlich unter dem Motto »wach sein, wach sein« (S. 410) sein Leben als neuer Mensch noch einmal von vorn.
Döblin selbst antwortete 25 Jahre nach Abschluß des Buches auf die Frage nach dessen innerem Thema: »Es heißt opfern, sich selbst zum Opfer bringen«[94], doch läßt sich die Vielfalt der Themen und Motivstränge wohl nicht so eindeutig auf irgendeinen Hauptnenner bringen. Der letzte »Sinn« dieses Romans, seine Grundintention und Hauptaussage, ist selbst unter Spezialisten »sehr umstritten«[95]. Gerade ein Blick auf die indirekt-thematischen wie direkt-textlichen Bezüge zum Hiobbuch mag jedoch einige zentrale Aspekte dieses Romans illustrieren.

*»Es liegt an dir, Hiob, du willst nicht!«*

Andeutungen dahingehend, daß Franz Biberkopf in diesem Roman mit dem biblischen Hiob verglichen, wie Job Huss in dem Roman von H.G. Wells zu einer Hiobtransfiguration des 20. Jahrhunderts wird, finden sich schon früh. So wird Biberkopf – während seine Glückslinie noch ungetrübt ansteigt – als »der edle Dulder« (S. 64) bezeichnet, ein Topos, der traditionell auf Hiob angewendet wird. Zwei weitere zwar an Hiob erinnernde, aber diesen wiederum noch nicht direkt nennende Textpassagen setzen weitere Wegmarken: »Was ist das für ein Leben, der im Leid weiß es« (S. 80). Und bald darauf: »Durch Unglück zum Glück« (S. 83). Und schließlich die collagenhaft eingestreute Ankündigung eines Vortrags zum Thema »Wer ist vor Gott gerecht?« (S. 111) Ausführliche und direkte Erwähnung findet Hiob jedoch erst in jenem Kapitel, dessen hinweisende Überschrift über Biberkopf feststellt: »sein Grundansatz ... muß irgendwo fehlerhaft sein« (S. 105). In diesem Kapitel, nach dem ersten großen Rückschlag für Biberkopf, findet sich der erste Schlüsselabschnitt über Hiob, unter die Überschrift gestellt: »Gespräch mit Hiob, *es liegt an dir, Hiob, du willst nicht*«[96].

---

94 *Alfred Döblin*, Nachwort zu einem Neudruck (1955), in: Berlin Alexanderplatz, a.a.O., S. 414.

95 *Timothy Joseph Casey*, Alfred Döblin, in: *Wolfgang Rothe* (Hrsg.), Expressionismus als Literatur, a.a.O., S. 637.

96 Dieses Kapitel findet sich auf den Seiten 124–127, die folgenden Zitate hieraus sind nicht einzeln gekennzeichnet.

In diesem Abschnitt wird ein Gespräch eingeblendet zwischen einer »Stimme« und jenem Hiob, der für Franz Biberkopf steht. Die Stimme schildert bildreich die Situation eines Hiob im 20. Jahrhundert, der »alles, was Menschen verlieren können«, verloren hat: »Hiob, du liegst im Kohlgarten, an der Hundehütte, grade so weit weg, daß der Wachhund nicht beißen kann. Der Hund bellt, wenn sich nur ein Schritt naht. Wenn du dich umdrehst, dich aufrichten willst, knurrt er, schießt vor, zerrt an seiner Kette, springt hoch, geifert und schnappt.« Diesen völlig von der Außenwelt abgeschnittenen, bewegungsunfähigen, armen und kranken Hiob fragt die Stimme schließlich: »Was quält dich am meisten, Hiob?« Darauf Hiob, durch die Stimme verwirrt: »Wer fragt?« Antwort: »Ich bin nur eine Stimme.« Doch Stimmen kommen gewöhnlich »aus einem Hals«, aber es ist kein Mensch, der mit Hiob spricht. »Ach, ich phantasiere. Mein Kopf, mein Gehirn, jetzt werde ich auch noch verrückt gemacht«.
Doch die rätselhafte Stimme läßt sich nicht vertreiben. Im Gegenteil, auf ihre von Hiob zurückgewiesene Frage antwortet sie schließlich selbst: »du ... leidest durch deine Gedanken«! Und weiter: »Das ist es, Hiob, woran du am meisten leidest. Du möchtest nicht schwach sein, du möchtest widerstehen können«. Hiob, der selbst nicht einmal mehr die Kraft zur Hoffnung auf Besserung hat, fleht die Stimme an: »Heile mich«, doch diese gibt ihm zur Antwort: »Wer kann dir helfen, wo du selbst nicht willst!«; »Gott und der Satan, Engel und Menschen, alle wollen dir helfen, aber du willst nicht«. – »›Nein, nein‹, lallte, brüllte Hiob.« Er wehrt sich mit aller verbleibender Macht gegen diesen Vorwurf. Die Szene endet schließlich mit einem Hoffnungsausblick: »Er suchte die Stimme zu ersticken, sie steigerte sich, steigerte sich immer mehr, sie war ihm um einen Grad voraus. Die ganze Nacht. Gegen Morgen fiel Hiob auf das Gesicht. Stumm lag Hiob. An diesem Tag heilten seine ersten Geschwüre.«
Im Rahmen der döblinschen Montagetechnik kommt der wohlkalkulierten[97] Plazierung dieses Abschnitts eine zentrale Bedeutung zu. Umrahmt wird der imaginäre Dialog zwischen Biberkopf/Hiob und »der Stimme« von brutalrealistischen Schlachthaus-Sequenzen, in denen en detail nicht nur die technischen Daten und Einrichtungen des Berliner Schlachthauses, sondern auch ganz konkret die dortige Tötung von Tieren geschildert wird. Diese Passagen stehen unter der Überschrift »Denn es geht dem Menschen wie dem Vieh; wie dies stirbt, so stirbt er auch« (S. 117). Das Leben Biberkopfs wird somit in den Kontext einer unbarmherzigen Realität gestellt, in der das Gesetz von »fressen und gefressen werden« den Alltag für Tier und Mensch scheinbar gleichermaßen bestimmt. Biberkopf aber, von »der Stimme« vor die Wahl

[97] Die Hiobspassagen sind hier keineswegs »wie ein Fremdkörper«, sondern im Sinne der Montagetechnik sehr bewußt plaziert. So zu Unrecht *Ulrike Schrader*, Die Gestalt Hiobs in der deutschen Literatur, S. 114. Genau so unpassend ihre Kategorisierung dieser ersten – sehr eigenständigen – Hiob-Passage als »Paraphrase« (S. 112).

gestellt, wenn schon, dann »dein Gehirn weg, die Gedanken weg, dann schon ganz Vieh«, weist diese Alternative energisch zurück. Selbst wenn er »durch seine Gedanken« leidet, so doch lieber Leid, als die vernunftlose Existenz der Tiere.

Eine zweite, kürzere Hiob-Passage[98] des Romans bereitet den endgültigen Schlag für Franz Biberkopf vor. Hier wird der zuvor nur angedeutete Vergleich Franz/Hiob ganz direkt ausgestaltet: »Du hast nicht soviel verloren wie Hiob aus Uz, Franz Biberkopf, es fährt auch langsam auf dich herab«, wird ihm gesagt, nachdem die biblische Hiobsgeschichte kurz zusammengefaßt wurde. »Du seufzt: wo krieg ich Schutz her, das Unglück fährt über mich, woran kann ich mich festhalten. Es kommt näher.« »Du bist entschlossen, dich zu nähern, zum Äußersten entschlossen, aber oh weh auch zum Alleräußersten?« Schließlich wird Franz vor dem drohenden Tiefpunkt seines Lebens gewarnt: »du selbst wirst bis auf die innerste Seele verbrannt werden!«

Mit den diese Passage abschließenden Fragen an Biberkopf »ob du stark sein wirst, ob du nicht verloren gehst« wird der Schlußkonflikt eingeleitet, der Todeskampf. Im inneren Monolog wird Biberkopfs letzte Grundeinsicht wiedergegeben: »Blind bist du gewesen und frech dazu, hochnäsig, der Herr Biberkopf ... und die Welt soll sein, wie er will. Ist anders, mein Junge, jetzt merkst dus.« (S. 391) Befreit von der unberechtigten Erwartung an einsehbare Ordnung und im Leben erfolgende Gerechtigkeit bringt er nun den Willen auf, sich so weit als möglich selbst zu helfen. Er hat bewiesen, letztlich doch »stark zu sein«, ohne zum hirnlosen »Vieh« zu werden. So kann er, wie Hiob gebrochen aber noch lebendig, das Leben neu wagen: »herankommen lassen« (S. 404) und »wach sein« (S. 410)!

Wie wichtig gerade die Hiobfigur in Döblins »Berlin Alexanderplatz« ist, wird noch einmal besonders deutlich, wenn man sich dem 1930 gesendeten *Hörspiel »Die Geschichte des Franz Biberkopf«*[99] zuwendet, das der Autor selbst für das Medium Radio umarbeitete. Gleich am Anfang steht eine gekürzte Version der ersten Hiob-Szene des Romans: »Stimme: ›Hiob‹ – Hiob: ›Wer ruft‹ (..) Hiob: ›Du willst mir ja nicht helfen, keiner will mir helfen‹ (...) Stimme: ›Wer kann dir helfen, wo du dir selbst nicht helfen willst.‹«. Im Verlauf des Hörspiels wird eine zweite kurze Hiobsequenz aufgenommen, wiederum mit einem kurzen Dialog zwischen »der Stimme« und Hiob darüber, daß Hiob selbst seine Heilung nicht will. Hiobs Stimme wird dabei übergangslos in die Stimme Franz Biberkopfs übergeblendet. Die gesamte

---

98 Diese Passage findet sich auf den Seiten 342f., auch hier werden im Text nicht nähere Seitenangaben gemacht.

99 Abgedruckt in: *Alfred Döblin*, Ausgewählte Werke in Einzelbänden, Bd. 23, Drama Hörspiel Film, hrsg. von *Erich Kleinschmidt* (Olten/Freiburg 1983), S. 273–317. Angesichts des großen Erfolgs und der filmartigen Montagetechnik nicht verwunderlich: »Berlin Alexanderplatz« wurde darüberhinaus bereits 1931 mit Heinrich George als Franz Biberkopf unter der Regie von Phil Jutzi erfolgreich verfilmt. Rainer Werner Fassbinders vierzehnteilige Fernsehserie mit Günter Lamprecht in der Hauptrolle wurde 1980 erstmals ausgestrahlt.

Hiobepisode erfährt spätestens hier – durch die Rahmengebung – eine deutliche Aufwertung zur zentralen Interpretationskategorie der Handlung.

*Franz Biberkopf als Hiob*

Wie sind diese Hiobepisoden im Kontext speziell des Romanganzen zu verstehen? Welche Hilfe bieten sie ihrerseits zum Verständnis des Romans? Eines ist deutlich: Franz Biberkopf, ein kleiner Berliner Hilfsarbeiter aus den zwanziger Jahren dieses Jahrhunderts, trägt die Züge Hiobs; in seinem Schicksal spiegeln sich die Klagen und Verzweiflungen des biblischen Vorbildes im zeitgenössischen Kontext. Hans Jürgen Baden führt aus: »In Biberkopf ist Hiob präsent, er wiederholt das Schicksal Hiobs wie jeder vom Unglück und Elend, von der Verzweiflung Heimgesuchte.«[100] Doch entscheidend: Der durch die oben zitierten Passagen als Hiob bezeichnete Biberkopf zählt nicht so sehr als bemerkenswertes Individuum, er verkörpert vielmehr als typisch döblinscher »exemplarischer Einzelner«[101] den *Jedermann* jener Zeit.

Ein solcher zeitgenössischer Jedermann präsentiert sich umständehalber sehr *andersartig als der biblische Hiob*: Wo jener unschuldig war, ist dieser ein Dieb, Mörder und Zuhälter – wenn auch ungewollt und ohne Absicht und Vorsatz. Wo jener reich und hochgeachtet war, ist dieser ein Bettler, Hausierer und Almosenempfänger, zuhause in der untersten sozialen Schicht. Wo dieser gottesfürchtig und fromm war, ist jener ungläubig: Religion spielt abgesehen von einigen unhinterfragten Grundannahmen keine nennenswerte Rolle. Warum also erfolgt diese Gleichsetzung mit Hiob? – Im Bilde Hiobs erläutert Döblin auf symbolischer Ebene, was Franz Biberkopf auf der Handlungsebene des Romans erlebt und erkennt. Gerade die Figur des immer wieder in den Roman eingreifenden Erzählers offenbart eindeutig die »didaktische Absicht«[102] Döblins. So deutet Roland Links die Hiobspassagen aus ihrem Kontext als eine Mahnung, als eine den ganzen Roman betreffende Forderung »nach der Wandlungsbereitschaft«: »Gemeint ist, daß Hiob auf einer Stufe mit dem dumpfen Vieh bleibt, solange er mit dem Schicksal hadert, seinem einstigen Reichtum nachtrauert und nicht begreift, daß er alles hinter sich lassen und neu beginnen muß.«[103]

In der Tat, die Hiobspassagen fassen in nuce die moralisch-didaktische Hauptaussage des Romans zusammen, und es könnte keine bessere Figur als die des Hiob geben, um dieses Anliegen zu verdeutlichen. Wie Hiob, so glaubt auch Franz Biberkopf an einen *Tun-Ergehen-Zusammenhang*: wer »sauber bleibt« im Leben, dem werde es auch gut ergehen. Wie bei Hiob, so

---

100 *Hans Jürgen Baden*, Literatur und Bekehrung (Stuttgart 1968), S. 187.
101 *Timothy Joseph Casey*, a.a.O., S. 638.
102 *Klaus Schröter*, a.a.O., S. 100.
103 *Roland Links*, a.a.O., S. 121.

zerbricht auch hier der Glaube an dieses Prinzip angesichts der praktischen Lebenserfahrung – Biberkopf muß scheitern, sein als Hochmut bloßgestellter Vorsatz läßt sich nicht durchhalten. Zwar hatte er selbst den Verlust des Arms noch als gerechte Strafe betrachtet, doch ließ sich je länger desto weniger jene Einsicht verdrängen, die schon relativ früh in einer Kapitelüberschrift thematisiert wird: »sein Grundansatz, so einfach er ist, muß irgendwo fehlerhaft sein« (S. 105). Schließlich muß er in der Tat einsehen, daß sich seine bisherige Weltsicht als falsch erweist : »ich hab gedacht, die Welt ist ruhig, es ist Ordnung da, und es ist etwas nicht in Ordnung« (S. 211). Und auch am Ende treffen sich Hiobdichtung und der Döblin-Roman in einer Parallelaussage: Die *Möglichkeit zur Lebensbejahung* erwächst allein aus dem *Verzicht auf einsehbare Grundstrukturen.* Nur die völlige Neuorientierung am scheinbaren Tiefstpunkt der Existenz schafft eine Aussicht auf Lebensbefähigung.

Ein ganz entscheidender *Unterschied zwischen Franz Biberkopf und Hiob* darf jedoch nicht unerwähnt bleiben: Hiobs Erkenntnis resultiert aus einer göttlichen Offenbarung, er ergibt sich vertrauensvoll in Gottes – unverständliche, aber lebensermöglichende – Schöpfung. Diese Ergebung, so Roland Links mit Recht, »kann Biberkopf gar nicht vollziehen, weil die göttliche Instanz im ›Alexanderplatz‹ fehlt«[104]. In der Tat: In »Berlin Alexanderplatz« tritt Gott weder als Person noch als Instanz auf. Nirgendwo wird eine relevante religiöse Dimension direkt thematisiert. Schon deshalb verbietet es sich, hier von Döblins erster christlicher Dichtung[105] zu sprechen. Damit würde man aus der Kenntnis von Döblins späterer Konversion zum Katholizismus (1941) etwas in dieses Buch rückprojizieren, was ihm selbst zutiefst widerspricht. Biberkopfs Erkenntnis ist eher Resignation, ein Eingeständnis, daß die unbewußt vorausgesetzten Erklärungssysteme nicht existieren und daß diese Welt letztlich undurchschaubar ist. Am Schluß nimmt Biberkopf die Weisung der Stimme ernst: »Es liegt an dir Hiob, du willst nicht«. Und daraus folgt für ihn – sehr im Gegensatz zum biblischen Hiob – zwangsläufig die Devise: Hilf Dir selbst.

So also präsentiert sich Döblins literarischer Einsatz der Hiobfigur: Hiob wird in Franz Biberkopf zum *Stellvertreter des modernen Großstadtmenschen* überhaupt. Dieser zeitgenössische Jedermann-Hiob quält sich über die schwierigen Rahmenbedingungen seiner Großstadtexistenz hinaus, durch seine Gedanken unnütz selbst. Gerade die selbstverständlich vorausgesetzte Erwartung, man könne sich als rechtschaffener Mensch im Alltagsleben letztlich bewähren, erweist sich in der Realität des Großstadtchaos als Illusion. Auf solche selbstlaufenden Mechanismen zu vertrauen, reduziert den Menschen zum Vieh. Stattdessen gilt es, sich dem Leben ohne falsche Erwartungen selbst zuzuwenden, sich selbst zu helfen und wachsam zu sein.

---

[104] A.a.O., S. 120.

[105] So *Walter Muschg*, Nachwort, a.a.O., S. 423: »›Berlin Alexanderplatz‹ ist Döblins erste christliche Dichtung«.

*Franz Biberkopf*, umgekehrt betrachtet, ist ein *Hiob in einem ungerechten Universum ohne Gott*, der »nach vielen Qualen, nach großem Leid und Schicksalsschlägen über sich hinauswächst, Hiob vollendend.«[106] – Hiob »vollendend« durch den endgültigen Abschied von jeglichem Vertrauen auf ein sinnvolles Weltsystem, durch die Überwindung des Glaubens an einen geschichtsmächtigen Gott und durch die gleichzeitige Wende zu den zwar beschränkten, aber vorhandenen Möglichkeiten des Menschen.

### *Hiob als Proletarier – Walter Bauer*

Eine ganz ähnliche Hiobdeutung wie bei Döblin findet sich in der 1930, also nur ein Jahr später erscheinenden *Vers- und Prosa-Sammlung »Stimme aus dem Leunawerk«*[107] *von Walter Bauer* (1904–1976), von Stefan Zweig gelobt als »in ihrer großen Ehrlichkeit und Einfachheit außerordentlich«[108]. Bauer wurde später durch Reisetagebücher, Entdeckerromane und Hörspiele bekannt. In dieser Frühschrift porträtiert er jedoch wie Döblin die Welt des Proletariers in der Weimarer Republik, ein von Arbeit, Kriegselend, Entbehrung und Not geprägtes Dasein. In seine Prosa- und Versstücke streut er mehrere Kapitel ein, in denen er das Lebensschicksal eines solchen Proletariers schildert, der in bewußter Anlehnung an die Bibel Hiob genannt wird: »Der proletarische Hiob begibt sich in seine Kindheit« (S. 16–17), »Hiob betritt die Bahn seines Leidens« (S. 53), »Hiob wird Lehrling, das Werk nimmt ihn an« (S. 54–60), »Hiob reiht sich wieder ein« (S. 100), »Hiob wacht auf« (S. 122–124) und »Hiob stand auf dem Felde« (S. 149–155).

*Hiob verkörpert* hier das *Schicksal des Proletariers dieser Zeit,* denn er wird »wiedergeboren unter viele, die leiden wie jener alte, graubärtige, gramverwitterte Mann, der seinen Jammer gottverlassen hinausschrie und zuletzt gehört wurde« (S. 16). Und er ist kein bloßes Individuum: »Hiob erkennt… – er ist nicht allein, seinen Namen tragen viele.« (S. 53) Wo also ist der Hiob dieser Jahre zu suchen? Bauers Antwort: »Wir können ihn finden im mitteldeutschen Industriegebiet.« (S. 100) Das Hiobsschicksal vererbt sich vom Vater auf den Sohn, doch am Ende des Buches läßt sich der Wille zur Veränderung der Situation erkennen: »Aber wenn du schweigst, Hiob, mein Vater, so will ich, dein Sohn, nicht schweigen« (S. 155). Die neue Generation ist, so Bauer, nicht mehr bereit, den Hiob zu spielen, deshalb werden hier, so die Germanistin Angelika Pöthe, »Möglichkeiten einer Empörung gegen die weltlichen Unterdrücker angedeutet«[109].

---

106 *Roland Links*, a.a.O., S. 121.

107 *Walter Bauer*, Stimme aus dem Leunawerk. Verse und Prosa (Berlin 1930).

108 So Stefan Zweig in einem Brief vom 10. 12. 1930 an Otto Heuschele. Diese lobende Erwähnung von Bauer steht in unmittelbarem Zusammenhang eines Hinweises auf Joseph Roths zur selben Zeit erschienenen »Hiob«-Roman. Vgl. *Stefan Zweig*, Briefe an Freunde, hrsg. von *Richard Friedenthal* (Frankfurt 1990), S. 211.

109 *Angelika Pöthe*, Das Hiobsmotiv im epischen Werk Joseph Roths, a.a.O., S. 36.

Auch in Bauers Hiobbearbeitung wird die religiöse Auseinandersetzung Mensch–Gott völlig in die anthropologisch-soziale Dimension Mensch–Mensch umgestaltet. *Hiob* fungiert wiederum als *allegorische Symbolfigur eines Kollektivschicksals, des Schicksals des leidenden ausgebeuteten Arbeiters*, der sich im Namen Hiobs gegen die menschliche Unterdrückung zu wehren beginnt.

*Zur Tradition des »Anti-Hiob« – Bertolt Brecht*

Eine weitere Hiobrezeptionstradition, die sich ebenfalls bis in die Zeit von Döblins »Berlin Alexanderplatz« zurückverfolgen läßt, bedarf der Erwähnung: die Tradition des »Anti-Hiob«. Einen ersten Höhepunkt hatte diese Tradition bereits 1886 gefunden, in einem gleichnamigen *Gedicht* des Naturalisten *Arno Holz* (1863–1929).[110] In diesem von Heine angeregten Spottgedicht verwirft Holz das Hiobbuch als »primitives Drama«, das von Dichtern aller Welt als billiges Trostbuch gelesen würde. Nein, schon hier ein energischer Protest gegen ein solcherart verstandenes Hiobbuch und gegen seine den Menschen niederdrückende Aktualisierung: »Solange noch eine Rose blüht, / laß ich mir mein Herz nicht verkrüppeln.«
Diese Tradition findet nun ihre Fortsetzung durch einen der wichtigsten deutschen Literaten überhaupt, Bertolt Brecht (1898–1956)[111]. Brecht war in seiner Frühphase wie Döblin stark vom Expressionismus beeinflußt, ohne ihm freilich selbst zugerechnet werden zu können. Sein umfangreiches Gesamtwerk ist »randvoll mit Biblischem«[112], so Siegfried Melchinger mit Verblüffung und Verwunderung angesichts des selbsterklärten Atheismus des Autors. Ohne also als Glaubensquelle zu dienen, prägt die Bibel in der Tat das Gesamtwerk Brechts entscheidend mit, und zwar als hintergründige Kontrastfolie, unmittelbares Sprachvorbild oder unausschöpfliches Motivsammelbecken. Die für unsere Frage bedeutsame Hiobrezeption[113] Brechts konzentriert sich

---

[110] Vgl. *Arno Holz*, Anti-Hiob [1]1886, in: ders. Werke, Bd. 5, hrsg. von *Wilhelm Emrich/Anita Holz* (Neuwied/Berlin 1962), S. 261. Daß Brecht dieses Gedicht gekannt hat, ist nicht wahrscheinlich. In Holz' 1904 veröffentlichter Gedichtsammlung »Dafnis. Lyrische Portraits aus dem 17. Jahrhundert« findet sich ein weiteres – allerdings weitaus schwächeres – Hiobgedicht: »Er ligt alt und kranck und kombt sich für geschlagner denn Hiob«. Vgl. ebd., S. 236 – 238.

[111] Zu Brecht siehe: *Marianne Kersting*, Bertolt Brecht (Hamburg 1959); *Jörg-Wilhelm Joost/Klaus-Detlev Müller/Michael Voges*, Bertolt Brecht: Epoche-Werk-Wirkung (München 1978).

[112] *Siegfried Melchinger*, Brecht und die Bibel, in: *Hans Jürgen Schultz* (Hrsg.), »Sie werden lachen – die Bibel«. Erfahrungen mit dem Buch der Bücher (München 1985), S. 227–238, hier: S. 228; vgl. *Eberhard Rohse*, Der frühe Brecht und die Bibel (Göttingen 1983).

[113] In Brechts Gesamtwerk lassen sich einige Spuren des Hiobbuches aufzeigen. Er stellt etwa dem sechsten Kapitel seines »Dreigroschenromans« (1934) als Widmung einige Passagen aus dem Hiobbuch voraus, vgl. *Siegfied Unseld* (Hrsg.), Bertolt Brechts Dreigroschenbuch (Frankfurt 1960), S. 287. Aber auch der Aufbau von »Mutter Courage« (1941) erinnert

auf ein weitgehend unbekannt gebliebenes Prosastück aus seinen literarischen Anfangsjahren, das für die Hiobrezeption in seiner Radikalität grundsätzlich wichtig wird.

Die *Kurzgeschichte »Der Blinde«* wird um das Jahr 1921 entstanden sein[114], wurde jedoch erst 1965 im Nachlaß veröffentlicht. Es handelt sich um eine jener »Gelegenheitsarbeiten für Pressepublikationen«[115], die dann doch keinen Abnehmer fand. Entsprechend gering ist der Bekanntheits- und Beachtungsgrad. Zusammen mit der ähnlich konzipierten Geschichte »Die Hilfe« handelt es sich hier um die literarische Verarbeitung eines Themas, das Brecht einem seiner damaligen Lieblingsbücher entnahm, Rudyard Kiplings »Das Licht erlosch«(1890). Auf diese Vorlage griff er in der literarischen Gestaltung »bis ins Detail«[116] zurück. Es geht um das plötzliche Erblinden eines bis dato »normalen« Mannes, um die unvermittelte totale Ohnmacht und das völlige Angewiesensein auf die Hilfe anderer, somit um die stets präsente »Kehrseite«[117] jenes Vitalitäts- und Stärkekultes, dem Brecht in seinen Frühwerken im Bilde Baals huldigt.

Diese *Geschichte eines einfachen Mannes* – hier eine Parallele zu Job Huss, Franz Biberkopf aber auch schon ein Voraushinweis zu Joseph Roths Mendel Singer – beginnt mit den Worten: »Ein einfacher Mann lebte dreißig Jahre gut und ohne Ausschweifung, und dann wurde er blind.« (S. 52)[118] Dieser Mann wird nun durch seine Behinderung in die soziale Isolation getrieben: Im Hause seiner Brüder lebend, verkommt er immer mehr – anfängliche Kontakte verlieren sich, er vernachlässigt seine Körperpflege, wird zunehmend bösartiger, inszeniert um die Aufmerksamkeit seiner Brüder zu erheischen einen Selbstmordversuch, soll daraufhin in eine Blindenanstalt eingeliefert werden, setzt jedoch vorher die Wohnung in Brand und ertränkt sich schließlich. Warum er die Selbsttötung der Einweisung in jene Blindenanstalt vorzieht? – »Dort werden wir versucht, Gott zu verzeihen, dort gehe ich nicht hin.« (S. 55) Er jedoch will sein Schicksal nicht demütig ertragen: »Er fand sich nicht ab. Ihm war Unrecht geschehen. Er war blind geworden, unschuldig blind« (S. 56). Und dann die rebellische Zuspitzung: »Gott wurde nicht verziehen.« (S. 56)

Wie ist der postulierte Bezug zum Hiobbuch? Die zweitletzte Passage der Ge-

---

an den Aufbau des biblischen Buches, und die auf die Tradition des calderónschen »Welttheaters« zurückgehende Struktur des »Guten Menschen von Sezuan« (1942) orientiert sich ebenfalls an der Rahmenhandlung des Hiobbuches.

114 Vgl. *Klaus-Detlev Müller*, Brecht-Kommentar zur erzählenden Prosa (München 1980), S. 58.

115 A.a.O.. S. 44.

116 *Kirsten Boie-Grotz*, Brecht – der unbekannte Erzähler. Die Prosa 1913–1934 (Stuttgart 1978), S. 88.

117 *Klaus-Detlev Müller*, a.a.O., S. 59.

118 *Bertolt Brecht*, Der Blinde, in: ders., Gesammelte Werke. Prosa I (Frankfurt 1967), S. 52–56.

schichte stellt einen solchen ausdrücklich her, denn: »Hiob war nicht blind. Nie hat irgend jemand Schwereres getragen.« (S. 56) – Diese Geschichte eines »einfachen Mannes« ist also *bewußt als Anti-Hiob-Geschichte konzipiert*. Der namenlose Protagonist lebte, wie Hiob, »gut und ohne Ausschweifung«, auch er war »unschuldig«. Wie bei Hiob bricht das bewußt auf Gott zurückgeführte Unglück plötzlich, grundlos und in absurder Härte über ihn herein. Im Gegensatz zum Schicksal der biblischen Figur wird hier jedoch – wie Kirsten Boie-Grotz betont – »die Möglichkeit, auch nach dem Schicksalsschlag das Leben zu bewältigen, ausgeschlossen.«[119] Seine passive Verbitterung erlaubt dem Blinden nicht einmal ein rebellisches Aufbegehren gegen einen unerreichbaren Gott, sein Niedergang ist unaufhaltsam. Kein direkter Protest gegen Gott, aber auch keine Versöhnung mit Gott.
Brecht zeichnet seinen Hiob als hoffnungslos-trotzigen Menschen und weist damit die Dimensionen der Demut und Versöhnung des biblischen Hiobs zurück. Gerade so wird sein Hiob zum »Anti-Hiob«. In Kontinuität zu Brechts genereller Religionskritik, seiner »Bibelkritik als Ideologiekritik«, ist hier die Bibel »ein Buch des falschen Trostes, des strafenden Gottes und des passiven gottergebenen Schicksalsglaubens«[120], das thematisch aufgegriffen, als Kontrastfolie eingesetzt und schließlich überboten wird durch Brechts eigene Deutung: Hiob mag sein Schicksal geduldig ertragen haben, dem Blinden jedoch erging es noch schlechter, dem Menschen im Leid bleibt nur eine ohnmächtige Trotzreaktion: »*Gott wurde nicht verziehen*«. Erst fast sechzig Jahre später sollte diese Tradition des »Anti-Hiob« in einer derartigen Schärfe wiederaufgenommen werden.

## 5. »Das Gleichnis vom deutschen Hiobssohn« – *Ernst Wiechert*

Im Herbst des Jahres 1932 erhält der Dichter Ernst Wiechert[121] (1887–1950) vom Mitteldeutschen Rundfunk den Auftrag, ein Hörspiel zu verfassen, das als eine Art »Rückschau auf das damals verflossene Jahr«[122] gesendet werden soll. Wiechert ist zu diesem Zeitpunkt bereits ein gefeierter und erfolgreicher

---

119 *Kirsten Boie-Grotz*, a.a.O., S. 90.

120 *Karl-Josef Kuschel*, »Erzähle etwas anderes, deine Bibel ist kalt«, a.a.O., S. 18. Vgl. hierzu: *Klaus Kienzler*, B. Brecht – ein Gegenstand der Theologie? , in: *Helmut Koopmann/Theo Stammen* (Hrsg.), Bertolt Brecht – Aspekte seines Werkes, Spuren seiner Wirkung (München 1983), S. 85–110; *Hans Pabst*, Brecht und die Religion (Graz/Wien/Köln 1977).

121 Das Werk *Wiecherts* liegt vor in einer 1957 zusammengestellten, für heutige textkritische Ansprüche allerdings unbefriedigenden Ausgabe: *Ernst Wiechert*, Sämtliche Werke in zehn Bänden (Wien/München/Basel 1957), fortan SW. Eine akribische vierbändige *Ernst-Wiechert-Bibliographie* stammt von dem französischen Jesuiten *Guido Reiner* (Paris – Selbstverlag 1972–1982).

122 *Ernst Wiechert*, Zum »Spiel vom deutschen Bettelmann«, SW 10, S. 741.

Schriftsteller. Durch seine Romane »Der Knecht Gottes Andreas Nyland« (1926), »Jedermann«(1929/30) und »Die Magd des Jürgen Doskocil« (1931/32), aber auch durch seine zahlreichen Erzählungen, Kurzgeschichten und Novellen war er zu einem der bekanntesten deutschen Dichter dieser Epoche geworden, anerkannt gleichermaßen im In- und Ausland. Hauptthema des gebürtigen Ostpreußen ist zunächst eine geradezu mystische Beschwörung der Natur, der Wälder und Seen seiner sehnsuchtsvoll erinnerten Heimat – dies jedoch nicht im Sinne einer träumerischen Melancholie, sondern mit dem Ziel die »wesenhafte Gegründetheit des Menschen im Ganzen der Natur«[123] aufzuzeigen, so sein Biograph Hans Ebeling.

Zur Krise, zum Bruch in seiner Biographie, zum bestimmenden Moment für sein Leben und Werk wird, wie schon bei H.G. Wells oder Oskar Kokoschka, der Erste Weltkrieg, an dem Wiechert als Frontsoldat teilnimmt. Das Fronterlebnis dieses Krieges zerstörte für ihn vollends das schon zuvor als überaltert und morsch erkannte zivilisatorische Gebäude der abendländischen Kultur. Wiechert selbst wird später im Rückblick über diese Zeit schreiben: »Ich sah ..., daß Millionen einander mordeten in den Höhlen zerfetzter Erde ... Und ich sah, daß dem Einzelnen widerfuhr, was seiner Zeit widerfuhr ... Und ich schrie.«[124]

Seine Reaktion: Lektüre von Schopenhauer, Nietzsche, Ernst Haeckel und David Friedrich Strauss; Rebellion, Kulturpessimismus einerseits, Hinwendung zu »Blut und Boden«-Idealen, Hoffnung auf völkische Erneuerung andererseits. Er ist in diesen Nachkriegsjahren, so noch einmal Ebeling, »hart, unduldsam, unbequem. Er macht es keinem leicht, weder sich noch anderen«[125]. Dann: Freundschaften zerbrechen, wie schon 1912 die Mutter begeht nun auch die Ehefrau Selbstmord. Um 1928/29 befindet sich Wiechert in einer biographisch und literarisch ausweglosen Situation. Wie kann es weitergehen? Im Nachwort zum »Spiel vom deutschen Bettelmann« sagt Wiechert nicht ohne pointierte Selbststilisierung über sich: »Ich war vierzig Jahre alt, als der ›Durchbruch der Gnade‹ über mich kam und die alte Form zerbrach. Er spülte Haß hinweg und ließ mich in der Liebe.«[126] Er entdeckte die »Offenbarung eines neuen naturhaften Menschtums«[127], eines »einfachen Lebens«[128], einer harmonischen Verbindung von Gott, Natur und Mensch.

---

123 *Hans Ebeling*, Ernst Wiechert. Das Werk des Dichters (Wiesbaden 1947), S. 16. Wichtige neuere Sekundärliteratur zu Wiechert: *Jürgen Fangmeier*, Ernst Wiechert. Ein theologisches Gespräch mit dem Dichter (Zürich 1976). *Jörg Hattwig*, Das Dritte Reich im Werk Ernst Wiecherts. Geschichtsdenken, Selbstverständnis und literarische Praxis (Diss. Frankfurt 1984). *Axel Sanjosé Messing*, Untersuchungen zum Werk Ernst Wiecherts (Diss. München 1987).

124 *Ernst Wiechert*, Vom nahen Gott (1929), SW 10, S. 823f.

125 *Hans Ebeling*, a.a.O., S. 31.

126 *Ernst Wiechert*, SW 10, S. 712.

127 *Hans Ebeling*, a.a.O., S. 33.

128 So ja auch der Titel seines späteren Erfolgsromans (»Das einfache Leben« 1938/39),

Diese synkretistische, naturmagisch wie christlich beeinflußte neue Weltsicht wird fortan und bis zum Lebensende seine Literatur bestimmen.
In die Jahre unmittelbar nach dieser »zweiten Geburt«[129] fällt nun auch die Entstehung des »Spiel vom deutschen Bettelmann«, in dem Wiechert sich erstmals dem Drama[130] zuwendet. Zur symbolischen Veranschaulichung der Geschehnisse des zurückliegenden Jahres 1932, das er ja in einem Hörspiel darstellen soll, wählt er – die Hiobsgestalt. In ihr kristallisiert sich für ihn das Schicksal des deutschen Volkes in diesen Nachkriegsjahren.
Ein Sprecher eröffnet das in reimenden Versen verfaßte »Spiel«[131]: Es geht um die Situation des deutschen Volkes, das als »Deiner Völker verlorener Sohn« (S. 9) Gott um die Wiederaufnahme in die Völkergemeinschaft bittet, um Beendigung des Elends: »Im Dunkeln stehn wir, ganz allein,/ das Volk des Kreuzes, voller Pein« (S. 9). Dargestellt wird dies als »das Gleichnis vom deutschen Hiobssohn« (S. 9).
*Sieben Stationen* markieren im »Vorspiel« die hiobartige Geschichte des deutschen Volkes, verdeutlicht am Schicksal des deutschen Jedermann namens Hiob: *Geburt* und *Kindheit* in Luxus und Selbstgefälligkeit, Schicksalsumschwung am Tag der *Hochzeit*, Verwundung im *Krieg*, beklagtes Siechtum im *Krankenhaus*, *Heimkehr* als Krüppel, *Besitzverlust* und Armut. Im *Hauptspiel* begegnet uns der geschlagene Hiob in drei Szenen als Bettelmann. Zunächst als abgewiesener *Bettelsänger*, dann als *Bittsteller* vor dem Herrn der Welt namens Pilatus, der sich die Bitten anhört, doch die zerlumpten Gestalten in den Kerker werfen läßt. Im *Kerker* erkennt Hiob seine Schuld. Eine »heilige Stimme« spricht ihm Trost zu und verkündet das nahende Ende seines Leidens. »Hast gelitten zu deiner Frist genug,/ war mehr als jemals ein Volk ertrug.« (S. 31) Die Toten erstehen aus ihren Gräbern, um mit Hiob zusammen »zur letzten Erdenschlacht« aufzubrechen: »Sind auferstanden aus dunklem Bett,/ zu fechten für das Kind von Nazareth.« (S. 32) Mit diesem Bild eines Endkampfes für die Sache Gottes, der den verlorenen Sohn Hiob wieder aufgenommen hat, endet das Spiel.

---

Auflage von 1939–1942 260.000 Exemplare!

[129] *Hans Ebeling*, a.a.O., S. 32. Siehe hierzu: Das Kapitel »Verwirrung und Lösung« in Wiecherts autobiographischen Skizzen »Jahre und Zeiten« (1945/46), SW 9, S. 579ff. Was Wiechert und Ebeling verschweigen: Wie hat man sich diese »Offenbarung« oder »zweite Geburt« vorzustellen? Sehr »irdisch« – Wiechert erlebt eine beglückende, neue und lebenslange Liebe mit einer verheirateten Frau. In diesem Zusammenhang ist auch der Selbstmord seiner ersten Frau zu sehen. Vgl. *Guido Reiner*, Ernst Wiechert im Wandel der Zeiten 1887–1950, in: *Klaus Weigelt* (Hrsg.), Der Dichter und die Zeit. Verantwortete Zeitgenossenschaft. Ernst Wiechert 1887–1950–1987 (Alfter-Oedekoven 1987), S. 18–32.

[130] Die Beschäftigung mit der Gattung Drama blieb für Wiechert zweitrangig. Von Bedeutung ist eigentlich nur noch »Der verlorene Sohn«, ein ebenfalls biblisch motiviertes Schauspiel von 1934.

[131] *Ernst Wiechert*, Das Spiel vom deutschen Bettelmann (München 1932). Im Text Seitenangaben nach: SW 10, S. 7–33.

Was ist zu einer solchen Konzeption zu sagen, in der Hiob als *Korporativperson*, als »Sinnbild eines historisch-politischen Schicksals eines ganzen Volkes«[132], genauer: des deutschen Volkes in den ersten Jahrzehnten des 20. Jahrhunderts fungiert? Erst im Kontext der weiteren Lebensstationen Wiecherts ist eine Würdigung, aber gerade auch eine kritische Hinterfragung des »Spiel« möglich.

Die rezeptionsgeschichtliche Problematik des Gesamtwerks dieses Dichters wird gerade an diesem Kurzdrama offenbar. Man führe sich die Spannung hinsichtlich der Aufnahme seines Werkes einmal vor Augen: Wiechert galt in den Jahren 1930–1945 als einer der erfolgreichsten deutschen Schriftsteller überhaupt, die Auflage seiner Bücher allein in dieser Zeit betrug mehr als 1.200.000 Exemplare[133], seine Werke wurden in fünfzehn Sprachen übersetzt[134]. In einem Gedenkbuch zum 60. Geburtstag des Dichters 1947 finden sich Dankschriften, Berichte oder ihm gewidmete Gedichte von so illustren und unterschiedlichen Persönlichkeiten wie Reinhold Schneider, Hermann Hesse, Schalom Ben-Chorin, Johannes R. Becher, Ricarda Huch, Hans Carossa, Werner Bergengruen, Eduard Spranger und vielen mehr. Als Beispiel sei der Holländer J.H. Schouten zitiert: »In dieser dunkelsten Zeit, sind Sie, Ernst Wiechert, immer wieder der Mann gewesen, an dem ich mich aufrichtete.«[135] Der katholische Theologe Heinrich Fries kann 1949 in einer ersten theologischen Auseinandersetzung mit dem Werk Wiecherts unwidersprochen schreiben: »Ernst Wiechert ist zweifellos einer der bedeutendsten und meistgelesenen Dichter unserer Zeit.«[136]

Und heute? Trotz der freundlichen Aufmerksamkeit zum 100. Geburtstag des Dichters im Jahre 1987 wird Wiechert kaum noch gelesen. Warum? Zunächst entsprechen sicherlich die formal-stilistischen Aspekte seiner Bücher nicht mehr dem Lesegeschmack der Gegenwart: Aufbau und Sprache der Bücher wirken schwerfällig und psychologisch unglaubwürdig. Die scharfsichtige Kritik, die Max Frisch schon 1946 anführt, wird heute weithin anerkannt. Frisch sah bei Wiechert nur »die Ausflucht ins Pathos, in das vertraute Pathos des bloßen Gemütes«. Und dann schonungslos: »Eben das nennen wir

---

[132] *Lieselotte von Eltz-Hoffmann*, Hiob in der Dichtung, in: Wege zum Menschen 19 (1967), S. 191. Eine ähnliche Konzeption findet sich schon 1846 im satirischen Epos »Der deutsche Hiob« des katholischen Pfarrers und Schriftstellers *Sebastian Brunner* (1814–1893).

[133] Vgl. *Guido Reiner*, Ernst-Wiechert-Bibliographie Band II, Ernst Wiechert im Dritten Reich. Eine Dokumentation (Paris 1974), S. 162–170.

[134] Vgl. *Guido Reiner*, Ernst-Wiechert-Bibliographie Band I, Werke–Übersetzungen–Monographien und Dissertationen mit kritisch-analytischen Kurzbesprechungen (Paris 1972), S. 48–58.

[135] *J.H. Schouten*, Ein persönliches Wort, in: Bekenntnis zu Ernst Wiechert, Verlag Kurt Desch (München 1947), S. 72.

[136] *Heinrich Fries*, Ernst Wiechert. Eine theologische Besinnung (Speyer 1949), S. 5.

Kitsch.«[137] Der Literaturwissenschaftler Axel Sanjosé Messing faßt den aktuellen Stand der Forschung bezüglich der literarischen Qualität der Werke Wiecherts vorsichtiger formulierend zusammen: »eine ursprünglich weitverbreitete Bewunderung für Wiecherts Werke« sei »zugunsten der Erkenntnis zurückgewichen, daß ihr literarischer Wert mit wenigen Ausnahmen wohl kaum eine Einordnung in den Rang der ›Weltliteratur‹ erlaubt«[138].

Weit umstrittener als die Beurteilung des literarischen Gesamtwerks ist die Beurteilung der Person des Dichters. Messing führt den gerade zitierten Textabschnitt fort: »..., was zwangsläufig eine Verschiebung des Augenmerks auf das Historisch-Biographische zur Folge hat.« Eben dieser Verdacht legt sich nahe: *Wiecherts Popularität gründete sich weniger auf seine literarischen Werke, als auf die ihm zugeschriebene Persönlichkeit.* Doch auch diese bleibt aus heutiger Rückschau ambivalent. Wiechert, neben Reinhold Schneider, Jochen Klepper und Gertrud von le Fort einer der herausragenden Vertreter der später so benannten »inneren Emigration« während der NS-Zeit, hält 1933 und 1935 Reden »an die deutsche Jugend«[139], die ihn in Konflikt mit dem NS-Regime bringen. Dieser eskaliert nach seinem öffentlichen Eintreten für Martin Niemöller : 1938 wird Wiechert verhaftet und im KZ Buchenwald interniert, nach mehreren Monaten aufgrund internationaler Proteste jedoch freigelassen, um bis zum Kriegsende unter ständiger Gestapo-Aufsicht zu bleiben. 1939 erscheint sein Erfolgsroman »Das einfache Leben«, dann 1945 ein Bericht über seine erschütternden KZ-Erlebnisse in Buchenwald, »Der Totenwald«. In der Zwischenzeit schweigt er – notgedrungen.

Sein Erfolg – gerade auch nach Kriegsende bis zu seinem Tod 1950 – erwächst aus der Spannung der in diesen beiden Büchern dokumentierten Erfahrungen: der unpolitischen Flucht in einen Naturmythos des einfachen Lebens als Gegenbild zur nationalsozialistischen Ideologie einerseits[140], und der bewunderten Stellvertretung vieler im KZ andererseits, jenes Weges, den viele – schlechten Gewissens – nicht mitzugehen wagten, wie es Reinhold Schneider deutlich formuliert: »Ernst Wiechert ist den Weg nach Buchenwald gegangen; wir werden ihm immer dankbar sein müssen dafür – nicht weil er uns darin rechtfertigen könnte, daß wir diesen Weg nicht auch gegangen sind«[141].

---

137 *Max Frisch*, Stimmen eines anderen Deutschland? Zu den Zeugnissen von Wiechert und Bergengruen [1]1946, in: ders., Gesammelte Werke in zeitlicher Folge, Bd.II (Frankfurt 1976), S. 303f.

138 *Axel Sanjosé Messing*, a.a.O., S. 23.

139 Vgl. *Ernst Wiechert*, Sämtliche Werke Bd. 10, S. 349–367; 381–411.

140 Vgl. *Franz Schonauer*, Deutsche Literatur im Dritten Reich (Olten/Freiburg 1961), S. 127: »Die Literatur der sogenannten inneren Emigration war Flucht. Flucht in die Idylle oder in die sogenannten einfachen oder zeitlos menschlichen Verhältnisse, Flucht in den Traditionalismus, in die forcierte Betonung des alten Wahren und Unvergänglichen, Flucht in das Bewährte und damit Problemlose.«

141 *Reinhold Schneider*, Melodie des Todes, in: Bekenntnis zu Ernst Wiechert, a.a.O., S. 8f.

Ernst Wiechert also nationalsozialistischer Gefolgschaft zu bezichtigen, wäre angesichts seines Schicksals absurd. Und doch: An seiner *deutschnationalen Gesinnung* scheiden sich die Geister der Kritiker. Deutschnationale Gesinnung? Es war keineswegs ein Zufall, daß die Nationalsozialisten Wiecherts Frühwerke begeistert rezipierten, in ihm einen der ihren sahen. Zu nah beieinander liegen die ideologischen Wurzeln. Jörg Hattwig, der diesem Thema eine eigene Dissertation widmet, erkennt mit Recht besonders im Frühwerk[142] Wiecherts mit seiner »antirepublikanischen, kriegsverherrlichenden und naturmythischen Grundtendenz« die »Ideologisierung eines Deutschland, das sich auf seine germanischen Traditionen rückbesinnt.«[143] Kein Wunder, daß sich Wiechert später, nach 1945, von diesen Romanen distanziert und ein Druckverbot ausspricht.[144]
Was bedeutet all dies für das »Spiel vom deutschen Bettelmann« von 1932? Die Gefahr der *Möglichkeit eines nationalsozialistischen Mißbrauchs* gerade auch dieses Stückes veranschaulicht die Rezension einer Aufführung von 1935 – Aufführende sind Mitglieder des NS-Studentenbundes (!). Der Rezensent spricht von einer »Werbung für den deutschen Geist«[145], die ideologische Inanspruchnahme und Verzweckung ist augenscheinlich. Aber entspricht sie dem tatsächlichen Stück?

### *Ein modernes Mysterienspiel*

»Das Spiel vom deutschen Bettelmann« ist Wiecherts erster Versuch in der literarischen Gattung »Drama«. Es entsteht in Zusammenarbeit mit den Komponisten Fritz Reuter und Wilhelm Kempff zunächst als Hörspiel, wird aber dann, wie schon erwähnt, auch als Bühnenstück aufgeführt. Die *neu entdeckte Verbindung von Versdrama und Musik* ermöglichte Wiechert in diesem »Spiel«, so Hans Ebeling pathetisch, »die mystische Steigerung des Geschehens in der Aufreißung des Transzendenten.«[146] Aber auch hier muß der kulturpolitische Hintergrund mitberücksichtigt werden. Die Nationalsozialisten setzten das Medium »Hörspiel« sehr bewußt und weitsichtig als politisch-ideologisches Manipulationsmittel ein. Offizielle Programmgestaltungspläne entwarfen sehr genaue Strukturmuster der neuen Gattung »Hörspiel«, und Wiecherts »Spiel«, so der Germanist Gerhard Hey, »entspricht weitgehend« diesen »dramaturgischen Forderungen.«[147] Nur ein Zufall?

---

142 Vgl. vor allem: »Der Wald« 1920; »Der Totenwolf« 1922.
143 *Jörg Hattwig*, a.a.O., S. 20/32.
144 A.a.O., S. 28.
145 *Alfons Hoffmann*, Ernst Wiecherts »Spiel vom deutschen Bettelmann«. Eine Aufführung des NS-Studentenbundes in Münster, in: Germania 49 (Berlin 17. 2. 1935); vgl. *Axel Sanjosé Messing*, a.a.O., S. 26.
146 *Hans Ebeling*, a.a.O., S. 136.
147 *Gerhard Hey*, Rundfunk und Hörspiel als »Führungsmittel« des Nationalsozialismus, in: *Horst Denkler/Karl Prümm* (Hrsg.), Die deutsche Literatur im Dritten Reich (Stuttgart 1976),

Wiechert erstrebt in seinem Hiobdrama fern jeder realistischen Situationsschilderung eine allegorisch-symbolische Darstellung der Lebensbedingungen der Deutschen in der Weimarer Republik. Sein »Spiel« steht damit in einer *direkten und bewußten Traditionslinie zu den allegorischen mittelalterlichen Mysterienspielen*. Wiechert übernimmt deren Konvention, abstrakte Eigenschaften personifiziert in allegorische Figuren zu kleiden; Hiob etwa ist »der deutsche Bettelmann«, Pilatus »der Herr der Welt«. Wiecherts Hiob soll ganz bewußt »eine farblose allegorische Figur«[148] sein, fern jeglicher individuellpsychologischer Charakterisierung: *Hiob personifiziert als Symbolgestalt das deutsche Volk*.

Die Mischung der verwendeten Symbole und Motive in diesem allegorischen Spiel präsentiert sich freilich als ein ziemlich uneinheitliches Wirrwarr. Hier ist MacLeans Kritik zuzustimmen: »Der Symbolismus ... ist ziemlich verwischt.«[149] Als Hauptsymbol verkörpert Hiob das deutsche Volk, dieses wird aber auch mit dem neutestamentlichen »verlorenen Sohn« verglichen, der Gott nach den Kriegswirren um die Wiederaufnahme in den Staatenbund bittet: »der deutsche Hiobssohn« ist gleichzeitig »deiner Völker verlorener Sohn« (S. 9). Dann verkündet sich das Unheil für den zunächst reichen Hiob durch dreimal eingestreute Versbruchstücke aus Heinrich Heines Ballade »Belsazar«, die ihrerseits auf eine Episode aus Daniel 5 zurückgeht.

In die alttestamentliche Hiobssymbolik verschmelzen weitere neutestamentliche Motivstränge. Hiob erscheint vor dem Herrscher der Welt (S. 25–30), eine Szene, die deutlich von den Herodes-Episoden der matthäischen Kindheitsgeschichte Jesu inspiriert ist. Dieser Herrscher wird jedoch »Pilatus« genannt. Christliche Weihnachts- und Ostersymbolik vermischen sich. Am Ende schließlich öffnet sich die apokalyptische Szenerie einer allgemeinen Totenerweckung, die Toten streiten jedoch für das weihnachtliche Kind in der Krippe (S. 32).

Die – literarisch-technische wie inhaltliche – Problematik dieser vielfältigen Motivmischung, die zwangsläufig eine Symbolentschärfung nach sich zieht, wird spätestens dann offenkundig, wenn sich die Wiederaufnahme Hiobs/Deutschlands in den Staatenbund mit Bildern der endzeitlichen Totenauferweckung mischt. Konsequenz dieser hochproblematischen *Motivmischungen*: »Hiobs Sohn, der Deutsche, wird durch das Spiel zu Jesus selbst, zu Gottes Sohn, dem der Thron vor den anderen gebührt«[150], so Gerhard Hey.

---

S. 374.

148 **Hector MacLean*, The Job Drama in Modern Germany, in: AUMLA 2 (1954), S. 17. MacLeans Kritik an dieser Konzeption verkennt dabei die bewußt gesuchte allegorische Funktion.

149 Ebd.

150 *Gerhard Hey*, a.a.O., S. 374.

*»Hiob der Deutsche« – ein Stoffmißbrauch?*

Doch das Hauptmotiv – Hiob als »der *deutsche* Bettelmann« – verlangt noch nach einer eingehenderen Betrachtung. Was verbindet das fiktive Einzelschicksal Hiobs mit dem historischen Kollektivschicksal Deutschlands, was motiviert Wiechert gerade zur Wahl Hiobs? Zunächst stellt Wiechert beide als Günstlinge Gottes dar, das erfolgreiche Deutschland (»dein Pate ist Gott«!, S. 8) war einst wohlhabend und erfolgreich wie Hiob. So sucht sich der »junge Hiob« als Lebensmotto den biblischen Vers aus Hiob 1,3: »Und er war herrlicher denn alle, die gegen Morgen wohnten« (S. 12). Dann der Schicksalsumschwung: Im Krieg verliert Hiob/Deutschland Gesundheit und Besitz. Keiner Schuld bewußt (»Was hab ich Gott zuleid getan,/ daß er aus mir macht einen Krüppelmann«, S.17) klagt er gegen Gott, den Verursacher des Leids. Von Pilatus in den Kerker geworfen, erkennt er in dessen Gesicht sich selbst, seine Schuld: »Ist ein fremdes Gesicht, aber mir schrecklich verwandt, als hätt ich es früher an mir gekannt ... Kenne nun meine Sünde und große Schuld, und will nun bitten um Gottes Huld.« (S. 30)

Diese Parallelsetzungen werden – verbunden mit einem nicht zu leugnenden »Beharren auf dem ideologischen Postulat der Dolchstoßlegende«[151] – besonders dann problematisch, wenn man weitere Aussagen über »Deutschland« hinzunimmt:

- Deutschland also als Liebling Gottes (Gott als Pate), durch Überheblichkeit ins Unglück gestürzt!
- Hiobs Sohn, die deutsche Nachkriegsgeneration, in unerträglichem Leid (»Der Feind stieß uns in Elend und Not/...Seit uns verlassen der Herre Gott«, S. 19f) als »ärmster von Hiobs Söhnen« (S. 20)!
- Hiobs Hof und Hiobs Land verhökert für vier Groschen: »vier Groschen für Luther, Goethe, Kant« (S. 22)!
- Hiob/Deutschland wird zugesagt: »Hast gelitten zu deiner Frist genug,/ war mehr, als jemals ein Volk ertrug.« (S. 31) – Mehr als jemals ein Volk ertrug!
- Der Herr der Welt, Pilatus, wird durch die Marseillaise eingeführt (S. 28) – Frankreich als Pilatus, als Gottesbekämpfer!
- Hiob/Deutschland schuldlos in Not, und wenn doch schuldig, dann nur in verblendeter Übernahme der Verhaltensweisen der »Herren der Welt«!
- Hiob/Deutschland am Ende im Kampf gegen die Herren der Welt, für die Sache Jesu, gegen Pilatus/Frankreich!

Und ausgerechnet Hiob als Symbolfigur dieser Aussagen? Legt sich da nicht der Begriff des »*Stoffmißbrauchs*« nahe? Man wird um den nüchternen Befund nicht herumkommen: Im »Spiel vom deutschen Bettelmann« werden Tendenzen offenbar, die Jörg Hattwig recht geben, wenn er behauptet: »Die

---

151 So völlig zu Recht *Ulrike Schrader*, Die Gestalt Hiobs in der deutschen Literatur, a.a.O., S. 106.

Nationalsozialisten beanspruchten, und das nicht zu Unrecht, Wiechert für sich als Vorläufer ihrer ›Bewegung‹.«[152]
Enthielt bereits eine 1928 erschienene »Filmdichtung« unter dem Titel »Hiob« aus der Feder von Willy Vettermann ein »Element naturglorifizierenden Neuheidentums völkischer Färbung«[153], so werden die gefährlichen Tendenzen dieses Wiechertschen »Spiel« und seiner Identifikation Hiobs mit dem Schicksal der Deutschen in dieser Zeit in drei ungefähr gleichzeitig entstandenen Dramen deutlich. Die *fatale Nähe zum nationalsozialistischen Thingspiel*[154] zeigt ein hier nur anzudeutender Vergleich mit dem ersten offiziell mit diesem Namen bezeichneten Spiel, Richard Euringers (1891–1953) »Deutsche Passion« von 1933[155]. Schon die Entstehungsgeschichte dieses mit dem nationalen Buchpreis und dem Stefan-George-Preis ausgezeichneten Spiels gleicht der des Wiechertschen Spiels bis aufs Haar: im selben Jahr 1932 als Auftragsarbeit des Rundfunks nach dem Vorbild des Mysterienspiels entworfen, wird es 1933 als Hörspiel gesendet und später auch als Theaterstück aufgeführt. Auch die formalen und inhaltlichen Parallelen sind nicht zu übersehen: Klage über die Kriegsverluste, Aufrufe zur Sammlung der Nation, Kampfansage gegen mythisch-politische »böse Mächte«. Aber auch deutlich zu benennende Unterschiede: Wo Wiechert noch vor der Kriegsverherrlichung warnt, hier die unverhohlene Ankündigung des nächsten Kampfes, wo Wiechert jeglichem nationalen Größenwahn vorzubeugen versucht, hier der Aufruf zur völkischen Gemeinschaft und die Propagierung der Allmacht des Volkes.
Noch im gleichen Jahr, 1933, erscheint Hiob direkt in einem Thingspiel von Kurt Eggers (1905–1943), das den Titel »Das Spiel von Job dem Deutschen«[156] trägt. Dieses Thingspiel von Eggers hat mit Wiecherts Hörspiel nur wenig gemein, doch zeigt es die fatalen Möglichkeiten einer Motivweiterentwicklung und *Motivpervertierung*. Tendenzen aus Wiecherts »Spiel« werden konsequent ausgestaltet: der Deutsche als Gottes Lieblingssohn, dem großes Unrecht geschah, als kriegerischer Kämpfer für das Weltenheil, als Sieger über die bösen Mächte. Der Bezug zum Hiobbuch wird dabei immer zufälliger und oberflächlicher. Diese *kollektiv-völkische Hiobdeutung* übernimmt die himmlische Szenerie und das Motiv der Prüfung des Lieblingssohns: Hiob ist der unschuldig Leidende, sein Schicksal Beklagende und am Ende Rehabilitierte – aber diese Strukturelemente werden nur als leere Form-

---

152 *Jörg Hattwig*, a.a.O., S. 27.
153 *Ulrike Schrader*, a.a.O., S. 108. Ihr verdanke ich auch den Hinweis auf dieses Werk: *Willy Vettermann*, Hiob. Filmdichtung (Chemnitz–Leipzig 1928).
154 Siehe hierzu: *Egon Menz*, Sprechchor und Aufmarsch. Zur Entstehung des Thingspiels, in: *Horst Denkler/Karl Prümm* (Hrsg.), Die deutsche Literatur im Dritten Reich, a.a.O., S. 330–346; vgl. auch *Henning Eichberg* et al., Massenspiele, NS-Thingspiele, Arbeiterweihespiele und olympisches Zeremoniell (Stuttgart 1977).
155 *Richard Euringer*, Deutsche Passion 1933. Hörwerk in sechs Gängen (Berlin 1933).
156 *Kurt Eggers*, Das Spiel von Job dem Deutschen (Berlin 1933).

hülsen übernommen. Es ist keineswegs ein Zufall, daß die Bezeichnung »Job« im Zusammenhang mit »der Deutsche« in der vor nationalem Größenwahn strotzenden Schlußszene wegfällt.
Und noch ein weiteres Hiob-Drama aus dieser Zeit muß in diesem Zusammenhang angesprochen werden, in dem, so Hector MacLean, »die Doktrin des Nationalsozialismus deutlich aufscheint«[157], das Drama »Die Hochzeit von Dobesti«[158] von Theodor Haerten (1898–1968). In diesem 1936 uraufgeführten, 1939 gedruckten Schauspiel bleibt Gott ganz im Hintergrund des Geschehens, das ganze Drama geht überhaupt in großer gestalterischer Freiheit mit seiner Stoffvorlage um. Ein reicher Großbauer namens Hiob vernichtet in einem Großfeuer aus Verzweiflung seinen Hof und seine Familie. Als Erklärung dieser Untat wird seine Abstammung aus einem Zigeunerstamm angeführt. Wie bei Eggers, so findet sich auch hier eine *rassistisch-nationalsozialistische Pervertierung der biblischen Stoffvorlage*, die – bei aller Peinlichkeit – im Rahmen dieser Untersuchung nicht unterschlagen werden darf.
Um Mißverständnissen vorzubeugen: Von einer derart weitreichenden *Motivpervertierung* kann bei Wiechert selbst nicht die Rede sein. Auch soll keineswegs eine etwaige Verantwortung Wiecherts für diese späteren Auswüchse angedeutet werden. Die gefährlichen Tendenzen zu unterschlagen oder Wiechert gerade angesichts seiner Hiobrezeption in die Nähe der Opfer des Nationalsozialismus zu rücken – wie in einigen Werken der Sekundärliteratur üblich[159] – wäre jedoch genauso fragwürdig. Seine Grundintention ist freilich eine völlig andere. Das »Spiel« schließt mit der »Aufgabe einer seelischen Verinnerlichung ...– sehr entgegen der Hybris des Traumes vom Tausendjährigen Großdeutschen Reich«[160]. Oder, in Wiecherts eigenen Worten: es ist konzipiert als Allegorie eines Lebenslaufes, der »in Gott zu münden versucht«[161]. Politisch betrachtet widerspricht die Hauptaussage des Stückes radikal jeglicher Kriegsverherrlichung, es ist als Mahnung und Warnung gedacht, in dem »das Bild des deutschen Volkes ein Bettlerbild ist«. Gerade daran hat man ohne Zweifel »an manchen Orten Anstoß genommen«[162], dieses Bild war durchaus eine Zumutung für nationalstolzen Größenwahn. Wiecherts Werk ist ein Zeugnis des – in sich literarisch wie inhaltlich fragwürdigen – Versuchs einer Krisenbewältigung in schwieriger Zeit im Zeichen Hiobs.
Wiecherts »Spiel vom deutschen Bettelmann« behält eine doppelte Bedeutung: Einerseits als durchaus typisches Beispiel für das Gesamtwerk Wiecherts, andererseits jedoch als anschauliches Beispiel für zwei ganz spezielle

---

157 * *Hector MacLean*, a.a.O., S. 18.
158 *Theodor Haerten*, Die Hochzeit von Dobesti (Berlin 1939).
159 So z.B. bei *Brita Steinwendtner*, Hiobs Klage Heute, a.a.O., die Wiechert ohne Bedenken neben Nelly Sachs als Opfer der Nationalsozialisten präsentiert.
160 *Hans Ebeling*, a.a.O., S. 38.
161 *Ernst Wiechert*, Zum »Spiel«, a.a.O., S. 742.
162 A.a.O., S. 741.

literarische Rezeptionstraditionen der biblischen Hiobsfigur: Hiob wird zum einen inhaltlich betrachtet zu einer allegorischen *Symbolfigur für ein Kollektivschicksal*, hier speziell für das deutsche Kollektivschicksal. Hiob wird zum anderen formal betrachtet zur *Hauptfigur eines Dramas in Form eines mittelalterlichen Mysterienspiels.*

## 6. Erste Zwischenbilanz

Hiob als literarisches Vorbild im 20. Jahrhundert nur eine weitgehend unergiebige Randgestalt? Jegliche Hiobrezeption nur noch als lächerliche Karikatur, als ironische Parodie, als nicht ernstzunehmendes literarisches Gedankenspiel möglich? – Diese provozierenden Anfragen hatten als Schlußfolgerungen aus George Bernard Shaws Erzählung »Ein Negermädchen sucht Gott« am Anfang dieses Kapitels gestanden. Schon in bezug auf die hier erwähnten literarischen Hiobbearbeitungen aus der Zeit zwischen den beiden Weltkriegen müssen die impliziten Behauptungen dieser Fragen zurückgewiesen werden: Hiob stand zwar, so Hans Ehrenberg, lange Zeit unter einem »Bann des Schweigens, der nur ganz selten und stets unvollständig unterbrochen wurde«[163], doch spätestens mit Beginn des 20. Jahrhunderts wurde dieses Schweigen beendet.

Ohne als *die* zentrale Bezugsfigur gelten zu können, ist Hiob in diesen Jahren alles andere als eine unergiebige Randgestalt in der literarischen Welt, im Gegenteil: eine literarische Hiobrezeption ist auf vielfältigste Art und Weise möglich geworden:

- als Karikatur und Satire (Shaw),
- als Groteske (Kokoschka, Polgar),
- als Verkörperung des modernen Jedermann (Wells, Döblin, Bauer),
- als rebellische Zurückweisung des Hiobbuches in Form eines »Anti-Hiob« (Brecht)
- als kollektives Symbol für ein leidgeprüftes Volk (Wiechert).

Mit Recht verweist Angelika Pöthe auf den größeren Zusammenhang dieser wiederauflebenden Hiobrezeption. Das »gesteigerte Interesse am Hiobmythos läßt sich einordnen in die generell in diesen Jahren zunehmende Hinwendung zu den überkommenen Legenden und Mythen«[164]. Hiob nimmt freilich in dieser allgemeinen Rückbesinnungstendenz einen besonderen Platz ein: Die Hiobsgestalt bietet sich als *Verkörperung einer fundamentalen Krisenerfahrung* in Zeiten ähnlicher geistiger Erschütterungen als Kronzeuge an. Als ar-

---

163 *Hans Ehrenberg*, Hiob der Existentialist (Heidelberg 1952), S. 33.

164 *Angelika Pöthe*, Das Hiobsmotiv im epischen Werk Joseph Roths, a.a.O., S. 24. Vgl. *Theodore Ziolkowski*, Der Hunger nach dem Mythos. Zur seelischen Gastronomie der Deutschen in den zwanziger Jahren, in: *Reinhold Grimm/Jost Hermand* (Hrsg.), Die sogenannten Zwanziger Jahre (Bad Homburg/Berlin/Zürich 1970), S. 169–201.

chetypische Krisengestalt trägt Hiob dabei die Züge des Jedermann dieser Zeit: Job Huss, Franz Biberkopf, Bauers »Proletarier«, Brechts »Blinder«, Wiecherts kollektiver »deutscher Hiob«, Polgars und Kokoschkas »Mann« – sie alle werden zu Hiobtransfigurationen des Jedermann in Zeiten der Krise. Hauptanknüpfungspunkt zum biblischen Vorbild ist dabei stets das Leid. Der spezifisch religiöse Aspekt des Leidens Hiobs tritt dabei oftmals in den Hintergrund. Die Form des menschlichen Umgangs mit dem Leid der modernen Hiobsgestalten ist freilich verschieden: der schon von der Bibel her vorgegebene Spannungsbogen reicht von demütiger Geduld (Kokoschka, Polgar, Döblin) bis zu Rebellion und Aufruhr (Bauer, Brecht ,Wells).

Die Konzeption Hiobs als archetypische Krisen- und Leidgestalt erklärt auch den Grund der Aktualität dieser Figur in dieser ebenfalls als Krisenzeit zu bestimmenden Epoche. Das Schlüsselerlebnis schlechthin vieler Autoren unseres 20. Jahrhunderts war der Erste Weltkrieg, in dem sich die schon vorher immer deutlicher zu Tage tretenden Krisensymptome des aufklärerisch-neuzeitlichen, des »modernen« Paradigmas mit einem Schlag zur Katastrophe verdichteten. Alle literarischen Hiobinterpretationen aus dieser und der Folgezeit sind sich in der Wahrnehmung dieser Krise und in der Inanspruchnahme Hiobs als archetypischen Zeugen dieses geistigen Umbruchs einig, auch wenn die genaue biographisch vorgeprägte Verortung dieser Krisenerfahrung völlig unterschiedlich sein kann: im Verhältnis Mann/Frau (Polgar, Kokoschka), in der eigenen Fronterfahrung (Kokoschka, Wiechert, Britting), oder in der Reaktion auf Kriegsberichte (Wells, Döblin).

Noch viel größer wird die Spannbreite der Bearbeitungen, wenn man – ausgehend von der gemeinsamen impliziten Situationsanalyse dieser Schriftsteller – die unterschiedlichen verdeckten oder offensichtlichen *Lösungsstrategien* zur Überwindung der diagnostizierten Zeitkrise überblickt. Es darf ja nicht übersehen werden: »Die Adaption der biblischen Legende stellt auch und gerade einen Versuch dar, eine *Antwort auf die konkrete Krisensituation* des Menschen in der Epoche nach dem ersten Weltkrieg zu finden.«[165] Verschiedene Möglichkeiten zeichnen sich ab:

- Ein ästhetischer Protest, der sich jeglichem philosophisch-poetischen Lösungsweg zunächst verschließt (Kokoschka, Britting).
- Die Flucht in ein Nationalitätsgefühl, die Hoffnung, daß in der völkischen Gemeinschaft eine neue Zukunft aufscheint (z.T. Wiechert, Eggers, Haerten).
- Ein Appell trotz allem an die Selbstheilungskräfte der menschlichen Vernunft, der die Schaffung einer besseren, menschgerechteren und friedlicheren Welt gerade nach dieser Negativerfahrung zugetraut wird (Shaw, Wells, Döblin).

Welche konkreten Herausforderungen die vielfältigen literarischen Hiobbearbeitungen dieser Zeit an eine hiob- und zeitgemäße Theologie darstellen kön-

---

165 *Angelika Pöthe*, a.a.O., S. 47.

nen, soll erst nach dem Überblick über die gesamte literarische Hiobrezeption des 20. Jahrhunderts aufgezeigt werden.

# III. Hiob und das Schicksal des jüdischen Volkes

## 1. »Das ganze Leidschicksal des Judentums« – *Margarete Susman*

Im Jahre 1929 erscheint in der einflußreichen deutsch-jüdischen Zeitschrift »Der Morgen« ein rezeptionsgeschichtlich bahnbrechender Artikel unter dem Titel »Das Hiob-Problem bei Franz Kafka«, ein Artikel, der nicht nur dadurch bedeutsam wird, daß er wohl »der erste deutsche Aufsatz über Kafka«[1] überhaupt ist, sondern daß in ihm von Anfang an das Werk dieses Prager Juden in eine Geistesverwandtschaft zu dem biblischen Hiobbuch gestellt wird.[2] Nicht diese Geistesverwandtschaft ist es jedoch, die uns hier interessiert, die – obzwar zweifelsfrei atmosphärisch-archetypisch vorhanden – nicht als direkte stoffgeschichtliche Abhängigkeit angesehen werden kann: Kafka nennt oder zitiert das Hiobbuch nicht ein einziges Mal in seinem gesamten Schrifttum! Eine direkte Abhängigkeit ist nicht nachzuweisen. Insofern bleibt die Interpretationslinie Kafka/Hiob, die immer wieder rezeptionsgeschichtlich erwähnt wird[3], gemäß der methodologischen Grundkonzeption außerhalb des Untersuchungsbereiches dieser Arbeit.
Uns interessiert vielmehr die Autorin dieses Artikels, Margarete Susman (1872–1966). Sie »gehört zu den herausragenden jüdischen Frauengestalten des 20. Jahrhunderts, die als Dichterin und Literaturhistorikerin Bleibendes geschaffen hat«[4], eine wissenschaftliche Grenzgängerin, die sich um litera-

---

[1] So *Margarete Susman*, Ich habe viele Leben gelebt. Erinnerungen (Stuttgart 1964), S. 10.

[2] Etwas später schreibt Gershom Scholem an seinen Freund Walter Benjamin im gleichen Sinne: »Ich würde auch dir raten, jede Untersuchung über Kafka vom Buche Hiob aus zu beginnen«, Brief vom 1. 8. 1931, in: *Gershom Scholem*, Walter Benjamin. Die Geschichte einer Freundschaft (Frankfurt 1975), S. 212f.

[3] Vgl. besonders die detaillierte diesbezügliche Untersuchung: *Rudolf Suter*, Kafkas »Prozeß« im Lichte des Buches Hiob (Frankfurt 1976); als Beispiel der Rezeption vgl. *Brita Steinwendtner*, Hiobs Klage heute, a.a.O., S. 7–26; *Stuart Lasine*, Job and His Friends in the Modern World: Kafka's »The Trial«, in: *Leo G. Perdue/W. Clark Gilpin* (Hrsg.), The Voice from the Whirlwind. Interpreting the Book of Job (Nashville 1992), S. 144–155. Dasselbe, was für die Rezeptionsspur Kafka/Hiob gilt, trifft auch auf das schriftstellerische Werk von *Arnold Zweig* (1887–1968) zu, in dem verschiedene Kritiker Spuren des Hiobbuches erkennen. Gerade seine hier oft genannten Werke »Der Streit um den Sergeanten Grischa« (Roman 1927) und das – in seiner Grob*struktur* tatsächlich am Hiobrahmen orientierte – Drama »Die Sendung Semaels« (1914/1918) erinnern auf der Rezeptionsebene an das Hiobbuch, werkimmanent ist jedoch ein direkter Bezug nicht nachweisbar.

[4] *Schalom Ben-Chorin/Verena Lenzen* (Hrsg.), Lust an der Erkenntnis. Jüdische Theologie im 20. Jahrhundert. Ein Lesebuch (München 1988), S. 493. Ein kurzes biographisches und werkgeschichtliches Portrait findet sich bei *Ingeborg Nordmann*, Wie man sich in der Sprache fremd bewegt. Zu den Essays von Margarete Susman, in: *Margarete Susman*, »Das Nah- und Fernsein des Fremden.« Essays und Briefe, hrsg. von *Ingeborg Nordmann* (Frankfurt 1992), S. 227–267.

risch-theologische Dialogfragen genauso verdient gemacht hat, wie um den Versuch einer Vermittlung von jüdischem und christlichem Gedankengut. Gleichzeitig stand sie in engem Kontakt zu vielen jüdischen Geistesgrößen ihrer Zeit: Der Religionsphilosoph Georg Simmel widmete ihr etwa sein Buch »Die Religion«, ihr enger und vielfach von ihr beeinflußter Freund Ernst Bloch die Studie über »Thomas Münzer«, der Dichter und Wegbegleiter im Schweizer Exil, Karl Wolfskehl, den Gedichtzyklus »Traure nicht«.

*Ein Essay und seine Geschichte*

Schon 1929, in dem angesprochenen Artikel über Kafka, stellt Margarete Susman unheilsprophetisch fest: »Im Schicksal Hiobs ... ist das ganze Leidschicksal des Judentums ... vorgezeichnet.«[5] Was sie in diesen Jahren noch auf die grundsätzliche Exilsituation der Juden bezieht, sollte sich in den grauenvollen Unheilsjahren von 1933–1945 in unvorstellbarer Weise radikalisieren. Das Buchprojekt über Hiob, das sie in den späten zwanziger Jahren plant, wird so von den Ereignissen überrollt. Erst 1946, unmittelbar nach Kriegsende, erscheint »Das Buch Hiob und das Schicksal des jüdischen Volkes«, das wohl »ergreifendste, reifste und edelste Werk Margarete Susmans«[6]. Es ist ihr »dem Abgrund der Jahre von 1933 bis 1945 entrungenes«[7] Hauptwerk, »ein erschütterndes Zeugnis der Selbstbehauptung des Judentums in der dunkelsten Stunde seiner Geschichte«[8], so Walter Strolz. Dieses über einen Zeitraum von fast zwanzig Jahren entstandene Buch, nach eigener Auskunft »unter so vielen Schmerzen« geschrieben und nur »langsam und unter großen Mühen ... vollendet«[9], versucht in der Tat etwas zu diesem Zeitpunkt Revolutionäres, ist es doch der erste große literarische *Versuch* im deutschen Sprachraum, *die historische Katastrophe des jüdischen Volkes anhand biblischer Gestalten theologisch zu interpretieren*. Vor uns liegt also nichts Geringeres als der Versuch einer neuen biblischen Einwurzelung[10] einer Überlebenden des Holocaust. Durch den Rückgriff auf die biblische Hiobsgestalt eröffnet sich für Margarete Susman eine Möglichkeit, die Ungeheuerlichkeit

---

[5] *Margarete Susman*, Das Hiob-Problem bei Franz Kafka, in: Der Morgen 5 (1929), aufgenommen in: dies., »Das Nah- und Fernsein des Fremden«, a.a.O., S. 183–205, hier: S. 188. Etwa zur gleichen Zeit findet sich auch schon in einem französischen Text eine solche Deutung des Leidschicksals der Juden im Bilde Hiobs: vgl.: *Bernard Lazare*, Le fumier de Job. Fragments inédits précédés du portrait de Bernard Lazare par Charles Péguy (Paris 1928).

[6] *Erich Lüth*, »Das Buch Hiob« und die Deutschen, in: *Manfred Schlösser* (Hrsg.), Auf gespaltenem Pfad. Für Margarete Susman (Darmstadt 1964), S. 63.

[7] *Hermann Levin Goldschmidt*, Leben und Werk Margarete Susmans, in: *Manfred Schlösser* (Hrsg.), a.a.O., S. 33.

[8] *Walter Strolz*, Hiobs Auflehnung gegen Gott (Pfullingen 1967), S. 12.

[9] *Margarete Susman*, Ich habe viele Leben gelebt, a.a.O., S. 160/159.

[10] Vgl. *Hermann Levin Goldschmidt*, »Einführung«, in: *Margarete Susman*, Das Buch Hiob und das Schicksal des jüdischen Volkes [1]1946 (Freiburg 1968), S. 17–25, hier S. 23f.

des Erlebten zu versprachlichen, zu verstehen und theologisch zu deuten, oder, mit den Worten Hermann Levin Goldschmidts: »Erst Hiobs Leiden beschreiben, was jetzt vor sich geht.«[11]

Dieses Buch versteht sich, so Susman in der Einleitung, als »eine Ergründung des Schicksals und Problems des jüdischen Volkes« (S. 31)[12]. Zwar sei angesichts des Geschehens »jedes Wort ein Zuviel und ein Zuwenig«[13], dennoch müsse ein solcher »bescheidener Versuch« gewagt werden, ein Versuch als »Schrei aus den wortlosen Tiefen der menschlichen Existenz« (S. 31). Deshalb sei es gerade »das Buch Hiob, aus dem der Versuch einer Deutung dieses Geschehens unternommen wird« (S. 31). Aus Sicht der Überlebenden im Jahre 1946, die der Judenvernichtung durch die Flucht ins Schweizer Exil schon 1933 entkommen war, bestätigt sich die bereits 1929 unter anderen Vorzeichen erahnte Gleichsetzung: »Das Schicksal des jüdischen Volkes zeichnet sich rein im Lebenslauf Hiobs ab« (S. 71).

Das Buch setzt ein mit einer – zur späteren strukturellen Gleichsetzung benötigten – Interpretation des biblischen Hiobbuches. Dies sei ein »düsteres Mysterienspiel« (S. 44) und finde den Zielpunkt seines Kreisens um die ewigen Fragen von Tod, Leid und Schuld in seiner stetigen Ausrichtung auf Gott. Es geht also um eine »äußerste Grenze« des Daseins, um die letzten Fragen, auf die »kein Mensch und kein menschliches Erkennen mehr Antwort geben kann« (S. 45). Hiob als unschuldig Leidender und von Gott Gerechtigkeit Einfordernder müsse erkennen: »Gott ist überhaupt ein völlig anderer, den der Mensch nicht versteht, und der auch den Menschen nicht versteht.« (S. 58) So erkenne sich Hiob zwar als schuldig im Sinne der unumgänglichen Schuld eines jeden Menschen – »in der einmal gefallenen Schöpfung gibt es Unschuld im strengen Sinne nicht« (S. 59)[14] – doch eine spezifisch individuelle und eigenverantwortliche Schuld kann er nicht finden. Im Gegenteil: das Hiobbuch werde durchzogen von der furchtbaren »Einsicht in die Vergeblichkeit persönlicher Unschuld«, ja von der »rätselhaften Hoffnungslosigkeit persönlicher Unschuld« (S. 60). Hiermit aber werde »das Geflecht von Schuld und Schicksal satanisch verwirrt« (S. 61).

---

[11] *Hermann Levin Goldschmidt*, Leben und Werk, a.a.O., S. 46.

[12] *Margarete Susman*, Das Buch Hiob und das Schicksal des jüdischen Volkes, a.a.O. Alle folgenden Seitenangaben im Text beziehen sich auf diese Ausgabe. Der Suhrkamp Verlag hat eine baldige Neuauflage dieses derzeit vergriffenen Buches angekündigt.

[13] Vgl. hierzu das *Schlüsselgedicht von Paul Celan an Nelly Sachs* über ein von ihnen geführtes Gespräch über die Möglichkeit des jüdischen Glaubens nach Auschwitz, das offensichtlich von Susmans Buch, konkret von diesem »Zuviel und Zuwenig« ausging: *Paul Celan* Zürich, zum Storchen, in: ders., Gesammelte Werke Bd. I (Frankfurt 1983), S. 214. Zum Hintergrund: *Karl-Josef Kuschel*, Paul Celan, Nelly Sachs und ein Gespräch über Gott, in: ders., »Vielleicht hält Gott sich einige Dichter…«. Literarisch-theologische Porträts (Mainz 1991), S. 285–306.

[14] Ein solches Verständnis ist dem biblischen Hiobbuch selbst völlig fremd. Hier zeigt sich Susmans Beeinflussung durch die christliche Erbsündenlehre.

An diesen Erkenntnissen können auch die von außen helfen wollenden Freunde Hiobs nichts ändern. Gerade das Scheitern ihrer Trostbemühungen führe Hiob selbst jedoch noch näher an den unverstandenen Gott; gerade am »Zerreißen des Bandes zur menschlichen Gemeinschaft erfährt Hiob erst sein ganzes Verbundensein mit Gott« (S. 65). Zwischen ihn und Gott habe sich jedoch eine »fremde, unheimliche, ihm und Gott selbst feindliche Macht« (S. 65) geschoben. Hiob beginne schließlich »zu ahnen, daß Gott (...) selbst diese fremde, unheimliche Macht zugelassen hat« (S. 65).
An dieser Stelle brechen die Ausführungen zum Hiobbuch ab und der Blick richtet sich nun konkret auf das jüdische Schicksal. Denn wozu die vorherigen Ausführungen zu Hiob? – »Wir haben die Elemente des jüdischen Schicksals beisammen« (S. 67). Punkt für Punkt wird im folgenden das beschriebene Hiobgeschehen mit der kollektiven Volksgeschichte korreliert. Die Punkte »Ursprung«, »Schuld«, »Verfolgung«, »Zionismus«, »Das Ringen«, »Schöpfung«, »Die Hoffnung« markieren als Kapitelüberschriften die Wegmarken der Ausführungen zu der – stets auf der Kontrastfolie des Hiobbuches betrachteten – historischen und theologischen Geschichte des Judentums von den biblisch bezeugten Anfängen bis in die von Holocaust und Zionismus geprägte Gegenwart.
Hiobs Ahnung, Gott habe die widermenschliche und widergöttliche Macht selbst zugelassen, erfährt in den biblisch bezeugten Gottesreden ihre Bestätigung. Wie deutet Susman diesen Schluß des Hiobbuches? – Er erhalte hier »keine Antwort«, vielmehr steige »die ihm unbegreifliche Antwort selbst (...) plötzlich riesenhaft über ihm herauf, antwortlos, als die Selbstoffenbarung der Gerechtigkeit Gottes« (S. 193). Doch nun zeige *Gott selbst* seine dem Menschen unbegreiflich bleibende Schöpfung und dies bedeute – freilich nur für den wie Hiob »von Kraft des Herzens mächtigen Mensch« (S. 197) – »gewandeltes Leben«, das sich in der Wiederherstellung des biblischen Buches »als Wunder« (S. 199) manifestiere. Nein, »Gott antwortet den Fragen des menschlichen Schicksals nicht; aber er kann es *wenden*« (S. 200). Von dem so verstandenen Ende des Hiobbuches entspringt für Margarete Susman nun – im Schlußkapitel – auch für das jüdische Volk »die Hoffnung«. Der Blick zurück, so schreibt sie 1946 (!), ließe es zwangsläufig »zur Salzsäule« (S. 203) erstarren. Wie aber könne ein Blick nach vorn aussehen? Von Hiob her könne die Antwort auf diese Frage nur lauten: Der »Sinn der Enthüllung seiner Schöpfung« heiße »Du sollst leben!« (S. 205) Leben und an diesem göttlichen »lebendigen Mittelpunkt, wenn auch noch so unsichtbar« (S. 208) festhalten! Leben in Erinnerung an Hiobs »im Anblick der unbegriffenen Schöpfung Vertrauen zum Wunder« (S. 215)!
Und so beschließt Susman ihre Ausführungen mit den auf hiobartiger Hoffnung beruhenden Sätzen:

> »Und darum bleibt gerade auch der heutigen an ihrem eigenen Wissen gescheiterten Menschheit allein die Demut des Fragers aus Abgrund und Chaos, der sein ganzes eigenes Wissen vor der Erfahrung eines nicht mehr Wißbaren zerbricht, bleibt ihr allein *das reine Trotzdem der zu allem Wis-*

*sen paradoxen Hoffnung*, daß auch der letzte, vom menschlichen Wissen durch die Tiefe der Schöpfung gerissene Riß noch einmal von einem unwißbaren Ewigen her geheilt werden wird«. (S. 236f)[15]

Das Hiobbuch ist für sie, gerade auch wegen dieses hoffnungsvoll-vertrauenden Endes, »das Schicksalsbuch unseres Volkes«, und gleichzeitig als solches ein »Buch des Lebens und des Vertrauens zum Leben« (S. 217). Es ist, so ihre *Grundthese*, jene große alte »Dichtung, die von Anfang bis zum Ende Schicksal und Entscheidung des jüdischen Volkes spiegelt« (S. 217).

*Zwei Gedichte und eine These*

Margarete Susmans Beschäftigung mit Hiob blieb nicht auf diese epochale und in ihrer Umstrittenheit[16] wirkungsgeschichtlich bahnbrechende essayistische Abhandlung beschränkt. Auch in ihren – weniger bekannten – Gedichten wird Hiob zur Deutefigur des jüdischen Kollektivschicksals, so vor allem im *Schlüsselgedicht »Zorn Gottes«*[17]. Hier fragt die Dichterin stellvertretend für ihr Volk[18] Gott nach dem Sinn der Unheilsgeschichte Israels, nach dem Sinn des Holocaust. So zeichnet sie den Weg des jüdischen Volkes mit seinem Gott nach. Drei umfangreiche Versstrophen markieren den Weg zur Erzählgegenwart. Zunächst der Blick in die Vergangenheit: »Die vor dem Krieg kannten ihn nicht mehr./ Er war wie eingewiegt, verhüllt, verstummt.« Dann der Blick auf die Katastrophenerfahrung des Holocaust: »Dann kam der Krieg, das große Morden kam.« Und schließlich der Blick in die Gegenwart, bestimmt von der verzweifelten Frage: »Doch heut! Kann das *Dein* Werk sein, großer Gott,/Das Werk auch Deines ungemess'nen Zorns?«
Ein vierfacher Vergleich mit Hiob strukturiert den weiteren Fortgang des Gedichts. Zunächst das Eingeständnis, den aufgezeigten Wegen nicht immer gefolgt zu sein: »Herr, ich weiss: Dein Volk ist nicht wie Hiob,/Der ging ohne Fehl. Dein Volk hat schwer gesündigt.« Aber dann die Gleichsetzung von Urbild und jüdischem Volk: »Ich weiss, auch Hiob rang, Dich zu begreifen.« Hiobs Ringen brachte jedoch keine Einsicht, die der Dichterin nach Auschwitz Hilfe sein könnte, und darum, dritter Schritt: »o Herr, vergib,/Wenn ich noch einmal frage, wieder frage,/Wie Hiob frug – doch mehr als Hiob frug« (S. 127). »Mehr als Hiob«, denn nun stellt sich die Frage: war der Holocaust – die historische Massenvernichtung der Juden – Gottes Wille? Diese Frage, der

---

[15] Meine Hervorhebung.
[16] Es ließen sich zahlreiche *kritische Rückfragen* vor allem bezüglich der Treue zum Bibeltext und seinem Kontext stellen. Auch ihre theologische *Geschichtshermeneutik* ist alles andere als unumstritten. Eine derartige Diskussion ist jedoch nicht unsere Aufgabe und würde hier den Blick auf die gewagte Großartigkeit ihres Entwurfs verstellen.
[17] *Margarete Susman*, Aus sich wandelnder Zeit (Zürich/Stuttgart 1953), S. 125–129. Die folgenden Gedichtzitate im Text folgen dieser Ausgabe.
[18] Vgl. a.a.O., S. 127: »Bin ich vermessen? Ich, Dein schreiend Volk?«

letzte Schrei, bleibt unbeantwortet:

»Herr, dies Grauen tritt
Aus Deiner Ordnung. Hiob hast Du sie
Und so auch uns gezeigt« (...)
»Doch heute, heute! sieh, Dein Bund zerbrach:
Die Schöpfung ist verletzt durch Dein Geschöpf.
Darf dies geschehn?
Die Höhle ist so tief,
Aus der wir schreien, Herr – vergib den Schrei!« (S. 129)

Die offene Frage an Gott, verbunden mit dem de-profundis-Motiv, beschließt das Gedicht, in dem – im Gegensatz zum Essay – die optimistische Hoffnungsausrichtung des Hiobbuches nicht mehr thematisiert wird. So heißt es ähnlich in einem anderen Gedicht von Susman an die Gerechtigkeit: »Hiobs ew'ge leidgequälte Frage« nach Auschwitz dringt zwar zu ihr, der ewigen Waage der Gerechtigkeit vor, doch hält sie dieser Frage nun nicht mehr stand. Angesichts des Holocaust bleibt der Dichterin nur der entgeisterte Ausruf: »Ihr *lebt* noch, Menschen? (...) Die Waage selbst stürzt schwer ins Dunkel ab./Und auf ihr stürzt zerschmettert eine Welt.«[19]

Wie in ihrem geschichtsphilosophischen Essay kommt jedoch auch in diesen Gedichten jene zentrale Interpretation der Hiobfigur zum Ausdruck: *Hiob verkörpert als Kollektivsymbol das Schicksal des jüdischen Volkes*. Diese Interpretation findet im selben Maße wie bei Margarete Susman angesichts des jüdischen Schicksals in den Jahren 1933–1945 erstaunliche Verbreitung: Es erfolgt, so Hermann Levin Goldschmidt mit Recht, eine »rasche Aufeinanderfolge weiterer Wiederentdeckungen Hiobs«[20]. Gerade das von Susman anhand der Hiobsgestalt gedeutete Motiv des »Zornes Gottes« spiegelt sich wieder in einem *lyrischen Text der jüdischen Dichterin Mascha Kaléko* (1912–1975). Es trägt den Titel »*Enkel Hiobs*«[21].

Enkel Hiobs
Wie tief entbrannte über uns dein Zorn!

---

[19] So in *Margarete Susmans* Gedicht »Gerechtigkeit«, a.a.O., S. 130.

[20] *Hermann Levin Goldschmidt*, Hiob im neuzeitlichen Judentum, in: Weltgespräche 2 (Freiburg 1967), S. 42.

[21] *Mascha Kaléko*, Enkel Hiobs, in: Aufbau (New York) 6 (1940), Nr.1, S. 1. Dieses Gedicht wurde in keine der gültigen Gedichtsammlungen Kalékos übernommen. Zur Autorin und ihrem lyrischen Werk vgl. *Irene A. Wellershoff*, Vertreibung aus dem »Kleinen Glück«. Das lyrische Werk der Mascha Kaléko (Diss. Aachen 1982). Den Hinweis auf dieses weitgehend unbekannte Gedicht verdanke ich *Ulrike Schrader*, Die Gestalt Hiobs in der deutschen Literatur, a.a.O., S. 166–169. Ihre Interpretation verrät hingegen fehlende Sensibiltät und Einfühlungsvermögen sowie ideologische Voreingenommenheit. In dieser religiösen Rückbesinnung nur ein ungewöhnliches »Ausmaß an Hilflosigkeit« zu sehen, »Reflexion« (!) verbleibe hier »im schlichten Gebet«, hier werde »die Ursache des gegenwärtigen Leids sublimiert« (alle S. 169) – diese Verdikte desavouieren nicht das Gedicht, sondern die Interpretation.

Wo blieb die Feuersäule, die uns führte,
Dein Wunderfels, der, da man ihn berührte,
Uns Wasser gab, sich umwandelte zum Born.

Wo bleibt die Stimme, da der Dornbusch flammt?
Nicht Land, nur Blut, wohin wir auch enteilen,
Wo bleibt der Stab, für uns das Meer zu teilen.
Sind wir auf Ewigkeit zum Irr'n verdammt?
Ist uns die letzte Arche schon zerschellt,
Gibt's kein Entfliehn aus solcher Hölle,
Kein Ohr, das vor gewaltgem Schreie gelle,
Ist keine Liebe mehr auf dieser Welt?

Mit Tränen säten wir das erste Korn,
Und sieh, der Halm ist leer, den wir geschnitten.
Was willst du, Herr, noch über Hiob schütten?
– Gar tief entbrannte über uns dein Zorn ...

Dieses Gedicht entpuppt sich als Versuch der Identifikation der Dichterin mit dem Kollektivschicksal Israels – die Rede ist von »uns« und »wir« – einer Identifikation im Leiden, in der Hilfe erflehenden Suche nach Gott. Speziell anhand der zentralen Erfahrung Israels mit seinem Gott im Exodusgeschehen (»Feuersäule«, »Wunderfels«, »Dornbusch«, »Stab«) wird die Diskrepanz zur jetzigen Leidenssituation, zur vergeblich-scheinenden Hoffnung auf ein erneut rettendes Eingreifen Gottes zugunsten seines Volkes thematisiert. Dieses Gedicht bündelt die kollektive und religiöse Rückbesinnung der vormals assimilierten, sich bewußt vom Judentum abwendenden Kaléko in ihrem amerikanischen Exil. Auch sie selbst, Mascha Kaléko, reiht sich mit diesem Gedicht ein in die Gemeinschaft des jüdischen Volkes, die Gemeinschaft der vom göttlichen Zorn getroffenen »Enkel Hiobs«.

Weitere Beispiele einer solchen Deutung: Auch *Stefan Zweig* interpretiert die Existenz des jüdischen Volkes von Hiob her. In seiner zwei Jahre nach seinem Freitod veröffentlichten Autobiographie »Die Welt von Gestern« schreibt er: »Vielleicht ist es gerade des Judentums letzter Sinn, durch seine rätselhaft überdauernde Existenz Hiobs ewige Frage an Gott immer wieder zu wiederholen, damit sie nicht völlig vergessen werde auf Erden.«[22] Das jüdische Volk erscheint ihm, so schon in einer Tagebucheintragung aus dem Jahre 1915, als der »Hiob unter den Völkern«[23]. Neben diese jüdische Eigenidentifikation mit Hiob tritt schließlich auch die entsprechende Fremidentifikation. So kann die bayerisch-christliche Schriftstellerin Luise Rinser (*1911) ihrer jüdischen Protagonistin Mirjam im gleichnamigen Maria-Magdalena-Roman

---

[22] *Stefan Zweig*, Die Welt von Gestern. Erinnerungen eines Europäers $^{1}$1944, in: ders., Gesammelte Werke in Einzelbänden, Bd. 6 (Hamburg 1981), S. 486.

[23] Zitiert nach: *Knut Beck*, Nachwort, in: *Stefan Zweig*, Tersites. Jeremias. Zwei Dramen (Frankfurt 1982), S. 343.

aus dem Jahre 1983 die folgenden Worte in den Mund legen: »Wir, ein so kleines Volk, ein Weizenkorn zwischen den Mühlsteinen. Hiob, vom Ewigen geschlagen.«[24]

Nicht zu übersehen ist demnach eine »deutliche Kluft zwischen der jüdischen und der nicht jüdischen Behandlung«[25] des Hiobmotivs. Für Juden symbolisiert Hiob, wie gerade bei Susman deutlich wurde, etwas anderes als für Nicht-Juden. *Hermann Levin Goldschmidt* führt aus:

> »Grundlegend ist, ... daß wir Juden, wenn wir von Hiob sprechen und uns auf ihn beziehen, Hiob mit dem jüdischen Volk identifizieren. Während in der Christenheit sich der Christ in einer individuellen Nachfolge sieht, ... so daß Hiob als ein einzelmenschliches Schicksal vor den Augen steht und mit dem eigenen persönlichen Schicksal ineinsgesetzt werden kann, ist auf der ... jüdischen Seite jedem Juden bewußt, daß Hiob das jüdische Volk verkörpert und erst als dieses auch jeden einzelnen Juden in seine Nachfolge einbezieht.«[26]

Das *Proprium des jüdischen Hiobverständnisses* ist also Susman und Goldschmidt zufolge die *grundsätzlich kollektive Hiobdeutung*. Diese These wird sich derart undifferenziert allerdings nicht halten lassen. Zum einen gibt es literarische Hiobinterpretationen jüdischer Autoren, die sich dieser Kategorie nicht unterordnen lassen: Bereits erwähnt wurden in dieser Arbeit etwa die anders konzipierten Werke von Polgar oder Döblin, die sich jedoch beide höchstens teilweise mit ihrem Judentum identifizieren konnten. Zum anderen findet sich aber eine kollektive Hiobdeutung keineswegs nur bei jüdischen Schriftstellern, auch auf Wiechert/Eggers (Hiob als das deutsche Volk) oder Döblin/Bauer (Hiob als Proletarier) wurde bereits verwiesen.

Mit diesen Einschränkungen soll im folgenden die postulierte Besonderheit der jüdisch-literarischen Hiobrezeption an weiteren Einzelbeispielen überprüft werden.

## 2. »Aus, aus, aus ist es mit Mendel Singer« – *Joseph Roth*

1979. Im Rahmen einer Reihe von Literaturverfilmungen sendet die ARD über die Ostertage das dreiteilige Fernsehspiel »Hiob«. Der Sender verzeichnet ungewöhnlich lebhafte – und zum überwiegenden Teil begeisterte – Publikumsreaktionen[27]. Hiob etabliert sich für einige Tage in den Feuilletons

---

[24] *Luise Rinser*, Mirjam $^{1}$1983 (Frankfurt 1987), S. 22.

[25] **André D. Naher*, The Motif of Job in Modern Jewish and World Literature, in: Dor-le-Dor III, 1 (Fall 1974), S. 15.

[26] *Hermann Levin Goldschmidt*, Hiob im neuzeitlichen Judentum, a.a.O., S. 42. Vgl. auch *Goldschmidts* späteren, inhaltlich nur wenig veränderten, aber stark verknappten Aufsatz »Hiob einst und immer«, in: *Gotthold Müller* (Hrsg.), Israel hat dennoch Gott zum Trost. FS für *Schalom Ben-Chorin* (Trier 1978), S. 20–30.

[27] Vgl. *Margarete Willerich-Tocha*, Rezeption als Gedächtnis. Studien zur Wirkungsge-

der Tages- und Wochenzeitschriften, die filmische Bearbeitung des Regisseurs Michael Kehlmann wird gelobt als »werkgetreu in einem Maße, daß von Synchronie von Film und Roman gesprochen werden kann«[28]. – »Ein Hiob, wie er im Buche steht«[29], so resümiert doppelsinnig der Fernsehkritiker der »Welt«.

Der Roman, der die Vorlage für diese Verfilmung gab, gehört, so der von seinem Stoff begeisterte Regisseur Kehlmann, »zum Bedeutendsten, das in diesem Jahrhundert zu Papier gebracht wurde«[30], und kein geringerer als Heinrich Böll hatte bereits im Jahre 1956 erklärt, dies sei »wohl eines der schönsten Bücher, das zwischen den beiden Weltkriegen erschienen ist«[31]. Auch schon unmittelbar nach seinem Erscheinen im Jahre 1930 wurde dieses Buch ungemein positiv aufgenommen, als »einer der wirklichsten Romane der Gegenwart«[32] (H. Lützeler), als »ein Kunstwerk«, nach den »geheimnisvollen Gesetzen« komponiert, »nach denen das Leben selbst sich baut«[33] (A. Zweig), als ein Buch, bei dessen Lektüre man sich nicht schämt, »endlich auch einmal von einem wirklichen Kunstwerk ganz sentimentalistisch erschüttert zu sein«[34] (St. Zweig).

Die Rede ist von Joseph Roths »Hiob. Roman eines einfachen Mannes«[35],

---

schichte Joseph Roths (Frankfurt/Bern/New York 1984), S. 318.

28 A.a.O., S. 302. vgl hierzu: *Michael Voges*, Literatur und Film. Michael Kehlmanns Verfilmung von Joseph Roths Roman »Hiob«, in: *Michael Kessler/Fritz Hackert* (Hrsg.), Joseph Roth. Interpretation – Kritik – Rezeption. Akten des internationalen, interdisziplinären Symposions 1989, Akademie der Diözese Rottenburg-Stuttgart (Tübingen 1990), S. 385–394.

29 *Valentin Polcuch*, Ein Hiob, wie er im Buche steht, in: Die Welt 19.4.1979.

30 *Michael Kehlmann*, Einiges zu Hiob, in: ARD-Fernsehspiel April. Mai. Juni 1979, S. 97.

31 *Heinrich Böll*, Ein Denkmal für Joseph Roth [1](1956), in: ders., Werke. Essayistische Schriften und Reden I 1952–1963 (Köln 1979), S. 198.

32 *Heinrich Lützeler*, Neue Romane, in: Hochland 29 (1931/32), S. 267.

33 *Arnold Zweig*, Die große Legende, in: Die literarische Welt 7 (1931), Nr. 2, S. 9.

34 *Stefan Zweig*, Der Roman »Hiob« von Joseph Roth ([1]31. 3. 1930), in: ders., Begegnungen mit Büchern. Aufsätze und Einleitungen aus den Jahren 1902–1939 (Frankfurt 1983), S. 114. Zweig selbst hatte schon 1917 eine Szene seines »Jeremias«-Dramas unter ein Hiobsmotto gestellt.

35 Zu diesem Roman siehe: *Sidney Rosenfeld* , »Hiob« – Glaube und Heimat im Bild des Raumes ([1]1967), in: *David Bronsen* (Hrsg.), Joseph Roth und die Tradition. Aufsatz- und Materialsammlung (Darmstadt 1975), S. 489–500; *Bernd Hüppauf*, Joseph Roth: *Hiob*. Der Mythos des Skeptikers, in: *Gunter E. Grimm/Hans-Peter Bayerdörfer* (Hrsg.), Im Zeichen Hiobs. Jüdische Schriftsteller und deutsche Literatur im 20. Jahrhundert (Königstein 1985), S. 309–325; *Gershon Shaked*, Wie jüdisch ist ein jüdisch-deutscher Roman? Über Joseph Roths »Hiob. Roman eines einfachen Mannes«, in: *Stéphane Moses/Albrecht Schöne* (Hrsg.), Juden in der deutschen Literatur (Frankfurt 1986), S. 281–292; *Hans-Otto Horch*, Zeitroman, Legende, Palimpsest. Zu Joseph Roths »Hiob«-Roman im Kontext deutsch-jüdischer Literaturgeschichte, in: Germanisch-Romanische Monatsschrift 39 (1989), S. 210–226. *Otto Voß*, »Hiob« – Joseph Roth und das Ostjudentum, in: Exil 9 (1989), S. 97–106. *Sidney Rosenfeld*, Joseph Roth's *Hiob* and the Question of German-Jewish Symbiosis, in: Austraica 30 (Rouen 1990), S. 23–32. *Karl-Josef Kuschel*, Joseph Roth und der Glaube an Gottes »Wunder« in: ders., »Vielleicht hält Gott sich einige Dichter...«. Literarisch-theologische Portraits (Mainz

von einem Buch, das seinem Autor den lang ersehnten Erfolg brachte, das binnen kurzer Zeit die erhoffte Auflage von 30.000 Exemplaren erreichte, schon ein Jahr nach seinem Erscheinen ins Englische und Französische übersetzt wurde, in Amerika als »Book of the Month« gefeiert, in Paris und New York als Bühnenstück aufgeführt und in Hollywood schon 1939 (wenn auch ziemlich frei) erstmals verfilmt worden war. Ein Roman also, der in bezug auf die *literarische Hiobrezeption* im 20. Jahrhundert *einen frühen und Maßstäbe setzenden Höhepunkt* bildet.

### *Ein »sehr harmloses Buch«?*

Um was für ein Buch handelt es sich? Ist dieses »jüdischste Werk Roths«[36] eine »Legende«[37], steht es »zwischen Roman und Gleichnis«[38], ist es ein »Märchen«[39], eine »chassidische Parabel«[40] oder ein »Mysterienspiel in osteuropäisch-jüdischem Gewand«[41]?

Zunächst sei die *Handlungslinie* des Romans kurz skizziert[42]: Mendel Singer, der Held des Romans, lebt als gottesfürchtiger und frommer Jude im galizischen Zuchnow. Als Chederlehrer fristet er ein kärgliches, aber zufriedenes Dasein mit seiner Frau Deborah und den Kindern Jonas, Schemarjah und Mirjam. Ein ganz normaler Ostjude also, wie im Text betont wird: »Hunderttausende vor ihm hatten wie er gelebt« (S. 3). Von einem Tag auf den anderen wird das Leben dieses ostjüdischen Jedermann aus der Bahn geworfen: Sein viertes Kind, ein Sohn namens Menuchim, kommt als geistes- und entwicklungsgestörter Epileptiker auf die Welt. Doch ein Wunderrabbi prophezeit der verzweifelten Mutter: »Menuchim, Mendels Sohn, wird gesund werden. Seinesgleichen wird es nicht viele geben in Israel. Der Schmerz wird ihn weise machen, die Häßlichkeit gütig, die Bitternis milde und die Krankheit stark... Verlaß deinen Sohn nicht, auch wenn er dir eine große Last ist, gib ihn nicht weg von dir« (S. 11).

Die verheißene Besserung läßt jedoch auf sich warten. Inzwischen verschlechtert sich die Situation der Familie zusehends: die Liebe zwischen den Eheleuten erkaltet, der älteste Sohn Jonas wird zur russischen Armee

---

1991), S. 164–202.

36 *Gershon Shaked*, a.a.O., S. 281.

37 So wohl zuerst: *Ludwig Marcuse*, Eine neue Hiob-Legende, in: Das Tagebuch 11/44 (1930), 1. November, S. 1772f.

38 *Claudio Magris*, Weit von wo. Verlorene Welt des Ostjudentums (Wien 1974), S. 115.

39 A.a.O., S. 119.

40 *Esther Steinmann*, Von der Würde des Unscheinbaren. Sinnerfahrung bei Joseph Roth (Tübingen 1984), S. 29.

41 *David Bronsen*, Joseph Roth. Eine Biographie (Köln 1974), S. 387.

42 Textzitate folgen der Standardausgabe: *Joseph Roth*, Hiob. Roman eines einfachen Mannes, in: *Fritz Hackert* (Hrsg.), Joseph Roth, Werke 5. Romane und Erzählungen 1930–1936 (Köln 1990), S. 1–136.

eingezogen, der jüngere Sohn Schemarjah flieht, um dem Kriegsdienst zu entgehen, nach Amerika. Dort zum reichen Mann geworden, will er seine Familie nachholen, doch Mendel und Deborah wollen ihre angestammte Heimat nicht verlassen. Denn was würde aus Menuchim? Als Mendel freilich entdeckt, daß seine Tochter Mirjam intime Beziehungen zu Kosaken unterhält, steht sein Entschluß fest: im tragischen Konflikt, entweder Mirjam vor dieser Schande zu »retten« oder bei Menuchim zu bleiben, entscheidet er sich für die Tochter. Die Familie emigriert nach Amerika; Jonas, der den Kontakt weitgehend abgebrochen hat, bleibt als Berufssoldat genauso zurück wie Menuchim in der Obhut einer befreundeten Familie.
In Amerika scheint sich zunächst alles zum Guten zu wenden: Sam, so nennt sich Schemarjah hier, bleibt als Geschäftsmann erfolgreich, Mirjam arbeitet in seinem Geschäft und ist mit seinem besten Freund Mac verlobt, auch die beiden Alten gewöhnen sich trotz Umstellungsschwierigkeiten recht gut an die neue Umgebung. Wenn da nur nicht die nagende Erinnerung an Menuchim wäre, »immer wieder Menuchim« (S. 85). Man plant, ihn endlich nachzuholen. Doch das Glück ist nicht von Dauer: Der erste Weltkrieg bricht aus. Jonas wird als verschollen gemeldet, Sam fällt als amerikanischer Soldat in Frankreich, auf die Nachricht von seinem Tode stirbt Deborah, und zu allem Unglück verfällt Mirjam der Schizophrenie. Mendel, der bislang sein hartes Leben in frommer stoischer Duldsamkeit ertragen hat, rebelliert nun gegen Gott. Er zündet ein Feuer an und spielt in einer berühmten »Szene ohnegleichen in der deutschen Literatur«[43] mit dem Gedanken, Gebetsriemen, Gebetsmantel und seine Gebetbücher zu verbrennen :

> »Aus, aus, aus ist es mit Mendel Singer ... Er hat keinen Sohn, er hat keine Tochter, er hat kein Weib, er hat keine Heimat, er hat kein Geld. Gott sagt: Ich habe Mendel Singer bestraft. Wofür straft er, Gott? ... Mendel hat den Tod, Mendel hat den Wahnsinn, Mendel hat den Hunger, alle Gaben Gottes hat Mendel. Aus, aus, aus ist es mit Mendel Singer.« (S. 101)

Gefragt von den verstörten und hilflosen Freunden, was er denn verbrennen will, sagt er: »Gott will ich verbrennen.« (S. 102) Von diesem Tag an betet Mendel nicht mehr, im Gegenteil, er rebelliert: »Mendel Singer ... war böse auf Gott« (S. 109). Dann kommt die Nachricht vom Ende des Krieges. Ein Heimkehrer bringt eine Schallplatte mit, deren Titelmelodie, »Menuchims Lied«, Mendel verzaubert. Wieder und wieder hört er sie an, und eine langsame Veränderung durchdringt ihn: »Dennoch erschien Mendel seinen Freunden wie den Nachbarn in diesem Frühling verändert. Sie beobachteten manchmal, daß er ein Lied summte, und sie erhaschten ein sanftes Lächeln unter seinem weißen Bart.« (S. 114)

---

43 *Karl-Josef Kuschel*, Erzähle etwas anderes, deine Bibel ist kalt, a.a.O., S. 30.

An dem Tag, an dem sich traditionsgemäß die jüdische Erlösungshoffnung stärksten Ausdruck verschafft, am Pessachfest, ereignet sich schließlich das »Wunder«: Der Komponist jenes Liedes befindet sich mit seiner Kapelle auf einer Amerikatournee, läßt Mendel suchen und gibt sich schließlich als geheilter Menuchim zu erkennen. Die Prophezeiungen des Wunderrabbi haben sich erfüllt. Der Sohn nimmt den Vater bei sich auf, auch die Möglichkeit einer Heilung Mirjams wird angedeutet, und das Buch endet mit einem Bild tiefen Friedens: »Mendel schlief ein. Und er ruhte aus von der Schwere des Glücks und der Größe der Wunder.« (S. 136)
Eine einfache Geschichte, scheint es, in einen einfachen »gedämpften, quasireligiösen Sprachduktus«[44] gekleidet, »vorgetragen«, so der enge Freund Roths Ludwig Marcuse, »im singenden Legendenton«[45]. Ist also der Einschätzung Hermann Levin Goldschmidts zuzustimmen, der schreibt: »Das ist ein rührendes, sehr schönes, aber auch sehr harmloses Buch im Sinn der seit vielen Jahrhunderten verbreiteten Hiobsgeschichten von einem vielversprechenden Anfang und dann niederschmetterndem Lebenslauf, für den sich aber zuletzt alles zum Guten wendet.«[46] Und ist der Schluß dieses also vorgeblich »sehr harmlosen« Buches »nur eine kompositorische Verlegenheit«, so Ludwig Marcuse schon 1930, »aufgesetzt, ... zu pompös für Roths zart-intensive Striche«[47]? Ein Schluß also, der – so Heinrich Böll – »etwas leichtfertig wie die Krawatte eines Kavaliers geschlungen ist«[48] und somit Roths »Flucht ins Märchen«[49] (Marcel Reich-Ranicki) offenlegt?

### *Zwischen Assimilation und Hinwendung zum Ostjudentum*

Mehr noch als bei anderen Romanen empfiehlt sich hier ein Blick auf den *biographisch-soziokulturellen Hintergrund* als notwendige Verstehenshilfe. Wie kam der als »roter Josef« verschrieene Zeitungsreporter, der mit sozialistischen Ideen liebäugelnde assimilierte Jude Roth dazu, ein solches Buch zu schreiben? Wer war dieser Joseph Roth, der als Schriftsteller in Deutschland nach dem Krieg zunächst praktisch unbekannt war, dessen Werke sich aber

---

44 *Wolfgang Müller-Funk*, Joseph Roth (München 1989), S. 129.

45 *Ludwig Marcuse*, Die Neue Unsachlichkeit. Joseph Roth wäre am zweiten September siebzig Jahre alt geworden, in: Die Zeit 3.9.1965, S. 15.

46 *Hermann Levin Goldschmidt*, Hiob im neuzeitlichen Judentum, a.a.O., S. 41f. Ähnlich in seinem späteren Aufsatz »Hiob einst und immer«, hier bezeichnet er sowohl *Döblins* Einsatz der Hiobfigur als auch *Roths* Hiob-Roman als »harmlos rührend«. Vgl. ders., Hiob einst und immer, in: *Gotthold Müller* (Hrsg.), Israel hat dennoch Gott zum Trost. FS für Schalom Ben-Chorin (Trier 1978), S. 20–30, hier: S. 20.

47 *Ludwig Marcuse*, Eine neue Hiob-Legende, a.a.O., S. 1773.

48 *Heinrich Böll*, Ein Denkmal für Joseph Roth, a.a.O., S. 198.

49 *Marcel Reich-Ranicki*, Joseph Roths Flucht ins Märchen, in: ders., Nachprüfung. Aufsätze über deutsche Schriftsteller von gestern (München/Zürich 1977), S. 202–228.

seit den siebziger Jahren gerade auch durch vielfältige Verfilmungen einer neuen Aktualität und Beliebtheit erfreuen?

Je intensiver man der Biographie dieses Joseph Roth[50] nachzuspüren versucht, um so mehr gewinnt man den Eindruck, als entziehe er sich jeglicher festen Verbildlichung. Warum? In seiner großen Roth-Biographie schildert der Amerikaner David Bronsen seine Erfahrungen so: »Nach und nach dämmerte mir, daß ich es mit der unüberwindlichen Einbildungskraft eines Mythomanen zu tun hatte, der seine Lebensgeschichte immer wieder umdichtete.«[51] Ähnlich später der deutsche Literaturwissenschaftler Wolfgang Müller-Funk: »Den Aussagen dieses Autors über sich selbst ist kaum zu trauen.«[52] Und in der Tat: Roth schuf sich einander widersprechende Scheinbiographien, je nach Lebenslage und Gesprächsabsicht. So finden sich verschiedene Auskünfte über Geburtsort, Religionszugehörigkeit, Familienverhältnisse im Elternhaus, einen angeblichen Offiziersrang – dieser *»Mythomane«* konnte immer wieder neue autobiographische Informationen erfinden.

Was aber hat die Roth-Forschung an Erkenntnissen sichern können? Geboren wurde Moses Joseph Roth am 2. 9. 1894 in Brody, Galizien, als Kind jüdischer Eltern. Der Vater fällt in geistige Umnachtung, das Einzelkind wächst bei der Mutter auf. Nach dem Gymnasium in Brody studiert er zunächst in Lemberg, dann in Wien Germanistik. Schon aus dieser Zeit stammen erste Veröffentlichungen: Feuilletons und Gedichte. Nach dem Krieg ist er Mitarbeiter in der neugegründeten Wiener Tageszeitung »Der Neue Tag«; hier wird er gefördert u.a. von Alfred Polgar (ob Roth dessen »Hiob« kannte, bleibt ungewiß). Von nun an ist er als hochdotierter Journalist und Feuilletonist ständig auf Reisen, ein Nomade, der nur in Hotels wohnt, zunächst mit sozialistischen Ideen sympathisierend. 1923 erscheint als erste wichtige literarische Veröffentlichung, der Roman »Das Spinnennetz«, es folgen weitere Romane und Essays. Literarische Erfolge hat er nun vor allem mit »Hiob« (1930) und dem »Radetzkymarsch« (1932), in dem er sein großes Thema, die Trauer über den Untergang der wehmütig erinnerten Donaumonarchie, entfaltet. Er flieht vor den Nationalsozialisten ins französische Exil, publiziert jedoch weiter. Roth stirbt 1939 in Paris auf die Nachricht vom Selbstmord seines Freundes Ernst Toller, ein Tod, hervorgerufen durch seine sich permanent steigernde Trunksucht. Soweit die Rahmendaten seines Lebens.

Für uns von Bedeutung sind drei spezielle Aspekte der Biographie Roths: seine Hinwendung zum (Ost-)Judentum, die Tragödie seiner Ehe und schließlich die gesamten Lebensbedingungen, unter denen Roth den Hiobroman schrieb. *Roths Verhältnis zum Judentum* blieb Zeit seines Lebens zwie-

---

[50] Die drei wichtigsten Biographien sind: *David Bronsen*, Joseph Roth. Eine Biographie (Köln 1974); *Helmuth Nürnberger*, Joseph Roth mit Selbstzeugnissen und Bilddokumenten (Reinbek 1981), Neuauflage (gekürzt) 1993; *Wolfgang Müller-Funk*, Joseph Roth, a.a.O.

[51] *David Bronsen*, Joseph Roth, a.a.O., S. 13.

[52] *Wolfgang Müller-Funk*, Joseph Roth, a.a.O., S. 7.

spältig[53]. Mit chassidischen Traditionen von Hause aus vertraut, versuchte der junge Journalist in den Weltstädten Wien und Berlin zunächst häufig, seine religiöse Herkunft zu verschleiern. Dieser assimilierte Jude *sympathisierte* ganz offen *mit dem Katholizismus*[54], der damaligen »Staatsreligion« der Donaumonarchie, so daß die Gerüchte um eine mögliche Taufe Roths in seinen letzten Lebensjahren erst von den jüngsten biographischen Studien definitiv zurückgewiesen werden konnten. Dies also die eine Seite.

Dagegen steht aber das Phänomen der positiven *Entdeckung des Ostjudentums*[55]. Durch die Ereignisse des Ersten Weltkrieges, als einerseits Millionen von Ostjuden in den deutsch-österreichischen Machtbereich gelangten, andererseits Tausende von ostjüdischen Flüchtlingen in die westlichen Metropolen (vor allem nach Berlin, Prag, Wien) drängten, wurde diese jahrhundertelang im Westen fast völlig ignorierte Volksgruppe neu wahrgenommen, gerade auch von den oftmals weitgehend assimilierten Westjuden. Neben deutlicher Ablehnung trafen diese Menschen auch auf wohlwollende Neugier, besonders bei westjüdischen Schriftstellern. Für Franz Kafka, Alfred Döblin und Arnold Zweig etwa, aber eben auch für den dieser Tradition entstammenden Joseph Roth führten derartige Begegnungen zu einer neuen Auseinandersetzung mit ihrem eigenen jüdischen Erbe.[56] In dieser Rückorientierung sieht die Germanistin Angelika Pöthe eine von mehreren möglichen Erklärungen für Roths Aufgreifen gerade des Hiobmotivs: »Ein wesentlicher Grund für die Hinwendung Roths gerade zu diesem alttestamentlichen Motiv ist seine Verwurzelung in der osteuropäischen Kultur und Tradition.«[57]

Die erwähnte *Renaissance der ostjüdischen Kultur* fand ihren literarischen Ausdruck und Höhepunkt in den jiddisch-chassidischen Erzählungen etwa eines Scholem Alejchem (1859–1916), eines Mocher Sfarim Mendele (1835–1917), eines Jizchak Lejbusch Perez (1851–1915) oder später im Werk des Roth-Freundes Schalom Asch (1880–1957), um nur die vier wichtigsten Verteter zu nennen. Und das Hiobmotiv? – »Nicht zufällig gehört es denn auch in der jiddischen Literatur zu den bevorzugten Motiven«[58], so noch

---

[53] Siehe hierzu: *Hans-Otto Horch*, »Im Grunde ist er sehr jüdisch geblieben…«. Zum Verhältnis von »Katholizismus« und Judentum bei Joseph Roth, in: Literatur in der Gesellschaft, FS für Theo Buck (Tübingen 1990), S. 211–224. Eine gründliche Untersuchung zur religiösen Entwicklung von Joseph Roth findet sich bei: *Karl-Josef Kuschel*, Joseph Roth und der Glaube an Gottes »Wunder«, a.a.O.

[54] In diesem Punkt berühren sich die Biographien Joseph Roths, Franz Werfels und Alfred Döblins. Im Gegensatz zu Döblin vollzogen aber weder Roth noch Werfel die endgültige Konversion zum Katholizismus.

[55] Vgl. *Heiko Hoffmann*, Geschichte der Ostjuden (München 1990).

[56] Vgl. *Hans-Peter Bayerdörfer*, Das Bild des Ostjuden in der deutschen Literatur, in: *Herbert A. Strauss/Christhard Hoffmann* (Hrsg.), Juden und Judentum in der Literatur (München 1985), 211–236.

[57] *Angelika Pöthe*, Das Hiobsmotiv im epischen Werk Joseph Roths. Zum Verhältnis von mythologischer »Vorlage« und sozialgeschichtlicher Darstellung (Jena 1980), S. 52.

[58] Ebd.

einmal Angelika Pöthe. Immer wieder finden sich in den Geschichten auch dieser vier Erzähler direkte und indirekte Anklänge an das Hiobbuch. Roth, seinerseits tief verwurzelt in dieser ostjüdischen Kulturtradition – sein Aufgreifen der chassidischen Figur des Wunderrabbi im Hiobroman etwa bestätigt diesen Zusammenhang – war mit diesen Werken vertraut. Er steht mit seiner Hiobrezeption also in einer, wenn auch gebrochenen, so doch *unmittelbaren Traditionslinie zu den klassischen Werken der jiddischen Literatur*.[59]
Zusätzlich angeregt durch eine Reise durch die Sowjetunion, veröffentlicht Roth im Jahre 1927 »einen seiner schönsten Essays«[60]: »Juden auf Wanderschaft«. In diesem Schlüsselaufsatz zeichnet er mit Liebe ein Portrait des jüdischen »Schtetl«, einer Welt also, die weitgehend schon der Vergangenheit zugehört. Hier beschreibt er die Heimatlosigkeit der Ostjuden in ihrem Exil im Westen, wo sie nie ganz heimisch werden können. Der *Roman »Hiob«* kann nun gelesen werden als *literarisch-fiktive Entfaltung des im journalistischen Essay zuvor dargelegten Stoffes*. Claudio Magris führt aus: »erst im Hiob nimmt Roth wirklich das in Juden auf Wanderschaft nur im allgemeinen behandelte Thema ... in Angriff«[61].
Damit kristallisiert sich aber ein oft unterschätztes Hauptthema des Hiobromans heraus: War schon der Essay eine Analyse der Assimilation der Ostjuden, so wird »Hiob« nun vollends zu einem Roman, in dem die Emigration als Assimilationsprozess beschrieben wird. »Hiob« schildert den *Prozeß des Identitätsverlustes von Ostjuden* in der amerikanischen Gesellschaft, am augenfälligsten schon durch die Namensänderung des Sohnes »Schemarjah« zu »Sam«. In diesem Roman erfolgt nicht so sehr, wie oft behauptet, eine wehmütig-positive Rekonstruktion der versunkenen Lebenswelt der Ostjuden. Denn der Zusammenbruch der jüdischen Lebenswelt erfolgt schon daheim in Zuchnow. Schon vor dem Aufbruch nach Übersee liest man: »Aber schon begann das Haus Mendel Singer zu zerfallen. Wie morsch muß es doch gewesen sein, dachte Mendel. Es ist morsch gewesen, und man hat es nicht gewußt« (S. 64). Die Szenen in Zuchnow schildern also keineswegs ein harmonisch-erstrebenswertes Idyll, sondern ein ebenfalls hartes, entbehrungsreiches, entfremdetes Dasein, das freilich später in den Erinnerungen Mendels verklärt und idealisiert wird.[62]

---

[59] Vgl. *David Bronsen*, Joseph Roth, a.a.O., S. 22/75/76/255; zum Hintergrund: *Helmut Dinse/Sol Liptzin*, Einführung in die jiddische Literatur (Stuttgart 1978).

[60] *Helmuth Nürnberger*, Joseph Roth, a.a.O., S. 70; »Juden auf Wanderschaft« in: *Klaus Westermann* (Hrsg.), Joseph Roth, Werke 2. Das journalistische Werk 1924–1928 (Köln 1990), S. 827–902.

[61] *Claudio Magris*, Weit von wo, a.a.O., S. 37; vgl. *Wolfgang Müller-Funk*, Joseph Roth, a.a.O., S. 125: »In gewisser Weise stellt ›Hiob‹ die epische Ausbreitung des Essays ›Juden auf Wanderschaft‹ dar.« Vgl auch: *Hans-Otto Horch*, Zeitroman, Legende, Palimpsest, a.a.O., S. 211 über »Juden auf Wanderschaft«: »da es sich hierbei gleichsam um einen Vorauskommentar zum Roman handelt.«

[62] Vgl. hierzu den in Motivwahl, Atmosphäre und Sprache erstaunlich ähnlichen Roman über

Der Schwerpunkt des Interesses richtet sich hier vielmehr auf das alles andere als »harmlose« oder unpolitische Thema der Assimilation. Der »Roman ist daher«, so der jüdische Interpret Gershon Shaked, »*eine Auseinandersetzung mit einem der bedeutendsten Probleme des modernen Judentums*.«[63] Für Roth ist Hiob also nicht, wie in einigen der im Rahmen dieser Untersuchung bereits behandelten Werke, Zeitzeuge des Verfalls der Moderne, sondern Zeuge der Krise der spezifisch jüdischen *Vor*-Moderne (der abgeschotteten Ghetto-Existenz) auf dem Weg hin zur Moderne. Diese Grundidee der Nachzeichnung des Weges eines Ostjuden von der Tradition in die Moderne war das zentrale Thema des erst 1978 veröffentlichten *Fragmentes »Wasserträger Mendel«*, in dem der Protagonist Mendel Singer nicht nach Amerika, sondern nach Wien emigriert und dort mit den Erscheinungsformen der großstädtischen Moderne zu kämpfen hat. Dieses Fragment war ursprünglich als Anfangskapitel für den Hiobroman konzipiert. Roth ließ es später jedoch zugunsten des heutigen Aufbaus fallen, wohl auch, um neben den Themenkomplex »Assimilation« – bei aller bleibenden Bedeutung – andere Motivstränge gleichbedeutend einarbeiten zu können.[64]

### *Eine Biographie des Scheiterns*

*Zweiter biographischer Anknüpfungspunkt*: 1922 heiratet Roth Friederike Reichler, ein »graziles, dunkelhaariges Mädchen von großer Anziehungskraft«[65]. Diese Verbindung sollte jedoch nicht unter einem glücklichen Stern stehen, denn schon 1928 bahnt sich die *Tragödie der stets konfliktreichen Ehe* an. Die Anzeichen einer sich als unheilbar erweisenden Schizophrenie bei Friederike führen schließlich zur Einweisung in Nervenheilanstalten, die sie bis zu ihrer Ermordung durch die Nationalsozialisten im Jahre 1940 nicht mehr verlassen sollte. Unmittelbar literarischen Niederschlag finden die tiefgreifenden privaten Konflikte Roths besonders in der Schilderung der Geisteskrankheit der Mendeltochter Mirjam im »Hiob«. So schrieb er weite Teile des Romans unter den unmittelbaren Eindrücken der voranschreitenden Krankheit seiner Frau, die er zunächst nicht wahrhaben will. Er versucht alles, um sie zu heilen. Über achtzehn Monate lang, während er am »Hiob« schreibt, schleppt er sie von Hotel zu Hotel mit sich durch Europa, immer voller Hoffnung auf das »Wunder« einer Heilung. Auch der hinzugezogene Schriftstellerkollege und Nervenarzt Alfred Döblin vermag nicht zu helfen:

---

das Leben im Schtetl des Polen *Julian Stryjkowski*, Stimmen in der Finsternis (Berlin 1963), in dem sich ebenfalls vielfache motivische Anklänge und direkte Bezüge zum Hiobbuch nachweisen lassen (S. 49/136/138/415).

[63] *Gershon Shaked*, a.a.O., S. 290.

[64] Vgl. *Joseph Roth*, Wasserträger Mendel. Fragment eines Romans, in: *Fritz Hackert* (Hrsg.), Joseph Roth, Werke 5. Romane und Erzählungen 1930–1936 (Köln 1990), S. 850–870.

[65] *Helmuth Nürnberger*, Joseph Roth, a.a.O., S. 58.

»ein verlorener Fall«[66]. Ja, Roth läßt für seine Frau sogar einen Wunderrabbi kommen – wiederum ein biographisches Moment[67], das seinen umstrittenen literarischen Niederschlag im Roman findet. Außerdem gab er, der intime Beziehungen auch zu anderen Frauen unterhielt, sich selbst einen Teil der Schuld an Friederikes Schicksal. So spiegelt sich der quälende Selbstvorwurf des Autors in den Worten seines Romanhelden Mendel Singer, als dieser um seine gestorbene Frau Deborah trauert: »Weil nicht die Wärme der Liebe in uns war, sondern zwischen uns der Frost der Gewohnheit, starb alles rings um uns, verkümmerte alles und wurde verdorben.« (S. 95f)

Ganz eng verbunden mit diesen Eheproblemen ist der *dritte biographische Anknüpfungspunkt*: Denn ganz entscheidend zum Verständnis des Romans und zur Beantwortung der Frage seiner Motivwahl ist eine Konfrontation mit den Bedingungen, unter denen Roth schrieb. Aus einem Brief vom 2. 9. 1929 an den Freund und Förderer Stefan Zweig:

> »Es ist inzwischen mir sehr viel Übles zugestoßen ... Meine Frau ist sehr schwer krank in die Nervenheilanstalt Westend überführt worden, und ich lebe seit Wochen ohne Möglichkeit, eine Zeile zu schreiben, und ringe mir mühsam das zum Leben notwendige Zeilenschreiben ab ... Das Wort Qual hat plötzlich einen grauenhaften Inhalt bekommen, und das Gefühl, vom Unglück umgeben zu sein, wie von großen, schwarzen Mauern, verläßt mich nicht für einen Augenblick.«[68]

Roth schrieb den Roman »Hiob« aber nicht nur gequält von Schuldgefühlen, sondern auch gehetzt von akuten Geldsorgen. Wie für viele Schriftsteller, so war auch für Roth *Geld* stets *ein großes Problem*. Trotz guter Bezahlung für seine journalistischen Arbeiten und großzügiger Unterstützung durch seine Freunde war er immer »knapp bei Kasse«. Und nun noch die hohen Kosten für Friederikes Anstaltspflege! Seine Briefe, »eine Sequenz von Hiobsseufzern«[69], legen ein beredtes Zeugnis ab für die konkreten Nöte Roths in dieser Zeit. Aber sie bezeugen auch seinen realistischen Sinn für die Einkünfte, die er sich aus dem Verkauf des Hiobromans erhoffte. Er schrieb dieses Buch auch in dem Bewußtsein, schlichtweg Geld verdienen zu müssen. Und er ahnte dessen Erfolg im voraus: »ich weiß schon, daß er manche Herzen gewinnt«[70], so wiederum in einem Brief aus dem Jahre 1930 an Stefan Zweig.

Ein weiteres Problem kam hinzu, der *Alkoholismus*. Schon immer war Roths Neigung zu exzessivem Alkoholgenuß mehr oder weniger latent vorhanden gewesen, nun, angesichts der Krankheit seiner Frau, brach sie vollends durch.

---

66 So berichtet zumindest Stefan Zweig in einem Brief an seine Frau Friderike vom 9. 3. 1933. Vgl. *Stefan Zweig*, Briefe an Freunde, hrsg. von *Richard Friedenthal* (Frankfurt 1990), S. 225.

67 Vgl. *Karl-Josef Kuschel*, Joseph Roth und der Glaube an Gottes Wunder, a.a.O., S. 178.

68 *Joseph Roth*, Briefe 1911–1939, hrsg. von *Hermann Kesten*, (Köln/Berlin 1970), S. 154.

69 *Dieter Hildebrandt*, Hiob im Kaffeehaus. Romancier, Reporter, Sterbenskünstler: Joseph Roth in seinen Briefen, in: Publik 20.8.1971, S. 27.

70 Brief vom 23. 10. 1930, in: *Joseph Roth*, Briefe 1911–1939, a.a.O., S. 186f.

Er hätte, so erklärte er einer Freundin im späteren Gespräch über das Hiobbuch, »den zweiten Teil nicht schreiben können, ohne fast ununterbrochen zu trinken«[71].

Die *engen Verschränkungen von Lebenserfahrung und literarischer Produktion* werden also in Roths Hiobroman besonders deutlich.[72] »Hiob« präsentiert sich als doppeltes literarisches Spiegelbild: einer individuellen Lebenskrise einerseits und einer kollektiven Zeitkrise andererseits. Kein Wunder deswegen, daß sich auch zahlreiche Stimmen finden, die *Roth selbst* als einen *Hiob* bezeichnen, so z.B. Harald Hartung: »Roth war Hiob – will sagen, er verwandelte sich in Mendel Singer, der sich mit Hiob vergleichen konnte.«[73] David Bronsen zufolge sind derartige Gleichsetzungen zumindest insofern berechtigt, als daß sie auf Roth selbst zurückgehen, der »von dem Gefühl einer Heimsuchung in der Art Hiobs«[74] gesprochen haben soll.

*Roman und Vorlage: Strukturvergleich*

Nun zur Einzelanalyse des Textes. Mendel Singer ist sehr bewußt als ganz normaler Jedermann, konkreter: *als ostjüdischer Jedermann* gezeichnet, seine Geschichte ist, so Stefan Zweig, eine »wahre und klare Jedermanngeschichte«[75]. Aber ist sie deshalb eine zeitlose, ewig gleich wahre, oder wenn, dann in die ewige Gleichheit der Vergangenheit zielende Parabel, wie es Claudio Magris andeutet, wenn er meint, Roth suche hier »in erster Linie eine zeitlose Dimension wiederzugewinnen«[76]? Magris verkennt die *sehr genau angegebene historische Verortung* dieser Jedermanngeschichte. Im Schicksal der Familie Singer »manifestiert sich der Epochenbruch«, es »bezeichnet den Verlust einer traditionsgebundenen, vormodernen Lebensweise«[77], so der Germanist Michael Voges mit Recht. In der Tat, es ist die Zeit des Zerfalls der traditionellen Lebensbedingungen der Ostjuden, die Zeit der Emigration, die Zeit eines drohenden Verlustes der jüdischen Identität durch Assimilation. Roth wählte den Untertitel sicherlich sehr bewußt, »Roman eines *einfachen Mannes*«. Mendel Singer steht mit dieser Konzeption des »einfachen Mannes« in erstaunlicher Nähe sowohl zu Franz Biberkopf im fast gleichzeitig erschienenen »Berlin Alexanderplatz«, als auch zu Bertolt Brechts Protagonist in der Kurzgeschichte »Der Blinde«, die beide – einer breiten Tradition in der

---

[71] Vgl. *David Bronsen*, Joseph Roth, a.a.O., S. 389.

[72] So auch sein Biograph *Helmuth Nürnberger*, a.a.O., S. 87: »Sicherlich hat Roth die Inspiration zu diesem Buch durch sein persönliches Schicksal gefunden.«

[73] *Harald Hartung*, Ein epischer Gottesbeweis, in: FAZ 17.9.1985, S. 25; siehe auch: *Peter Wapnewski*, Hiob. Leben und Werk Joseph Roths, in: ders., Zumutungen. Essays zur Literatur des 20. Jahrhunderts (Düsseldorf 1979), S. 140–162.

[74] *David Bronsen*, Joseph Roth, a.a.O., S. 385.

[75] *Stefan Zweig*, Der Roman »Hiob« von Joseph Roth, a.a.O., S. 110.

[76] *Claudio Magris*, Weit von wo, a.a.O., S. 113.

[77] *Michael Voges*, Literatur und Film, a.a.O., S. 385.

Literatur dieser Epoche gemäß – ebenfalls als »einfache Männer« gezeichnet sind. Wie verhält sich ein einfacher Mann in diesen Zeiten tiefster innerer und äußerer Anfechtung? – Diese Frage steht im Zentrum des Romans.
Ist es nun berechtigt, diesen einfachen Mann »Hiob« zu nennen? Vielfach findet sich die Auffassung, daß die Struktur des Romanes weitgehende Parallelen zum biblischen Hiobbuch aufweise.[78] Brita Steinwendtner erklärt sogar kühn: »Von allen Hiob-Bearbeitungen ist jene von Roth diejenige, die sich in Handlung, Mentalität und Zitaten am engsten an das Alte Testament hält.«[79] Diese Behauptung bleibt schon durch die Nichtberücksichtigung von Wells' Hiobroman zweifelhaft. Ohne Zweifel ist jedoch auch hier eine *bewußte Orientierung am biblischen Vorbild* in bezug auf Handlungsstruktur, Charakterzeichnung und inhaltlicher Gestaltung unverkennbar, wenngleich auch Roth der kürzeren Rahmenerzählung des Hiobbuches weit mehr Beachtung schenkt als den Hiobdialogen. Andererseits gibt es aber auch Stimmen, die auf weitreichende Unterschiede hinweisen: Mendel Singer sei alles andere als eine reine Reinkarnation, eine analoge Transformation des biblischen Hiob. Ein genauerer *Vergleich des Romans mit seiner biblischen Vorlage* legt sich also nahe.
Zunächst ist darauf hinzuweisen, daß der *Roman selbst* – vom Titel einmal abgesehen – an zwei zentralen Stellen den *direkten Bezug zum Hiobbuch* herstellt. Auf dem Höhepunkt der Revolte Mendels kommen – wie im Hiobbuch – die Freunde zu Besuch, um ihm in Leid und Trauer beizustehen. In einer kurzen literarischen Übertragung der biblischen Hiobdialoge, in einem Gespräch, »das sich wie ein Kommentar zur Urschrift anmutet«[80], werden drei klassische und dem Hiobbuch entsprechende Positionen im Umgang mit Leid geschildert. Skowronnek mahnt als Vertreter einer erkenntnisskeptischen Position an, der Mensch solle das ihm zufallende Leid aushalten, da in ihm ein verborgener, nur von Gott durchschauter Sinn liege. Rottenberg, Vertreter einer eher gläubigen Position, ermuntert seinerseits zum positiven Vertrauen auf Gott, hält aber andererseits auch ein direktes, das Leid verursachende Verschulden Mendels für möglich. Menkes und Groschel repräsentieren schließlich eine tröstend-relativierende Position: Mendel solle seine jetzige Situation entweder individualbiographisch – im Blick auf sein ja auch schon erfahrenes Glück – oder weltgeschichtlich – im Blick auf das Weltganze – relativieren. Doch Mendel weist alle noch so gut gemeinten Ratschläge, die sich alle in einer letzten Hoffnungsausrichtung auf Gott treffen, entschieden zurück: Ein sinnverbergender Gott müsse gerade darin ein grausamer sein;

---

[78] Vgl. *Gershon Shaked*, a.a.O., S. 288: »Die Struktur zeigt also weitgehend Parallelen zum Buch Hiob.« Ähnlich *David Bronsen*, a.a.O., S. 382: »Um der Fabel Mustergültigkeit zu verleihen, lehnt sich der Roman im breiten Bogen seines Werdegangs an den biblischen Namensvetter des Titelhelden an und läßt an einigen Stellen eine große Ähnlichkeit im Wortgebrauch mit der ›Vorlage‹ erkennen.«

[79] *Brita Steinwendtner*, Hiobs Klage heute, a.a.O., S. 53.

[80] *Hans-Otto Horch*, Zeitroman, Legende, Palimpsest, a.a.O., S. 218.

von ihm sei nichts zu erhoffen. Von einer relevanten Schuld könne letztlich bei ihm nicht die Rede sein, wie also Gott recht geben? Und eine Relativierung des eigenen Leides sei in seiner Situation, am Tiefstpunkt menschlicher Existenz, genausowenig möglich. Nein, für Mendel gibt es keine positive Hoffnungsausrichtung auf Gott mehr.

Gespiegelt und gebündelt wird dieser zentrale Disput in einem direkten Eingehen auf das biblische Vorbild Mendels. Rottenberg stellt den unmittelbaren Bezug her: »›Erinnere dich, Mendel‹, begann Rottenberg, ›erinnere dich an Hiob. Ihm ist Ähnliches geschehen wie dir‹« (S. 103) Und der andere Freund, Groschel, ergänzt die Gleichsetzung: »Hiob war kein Schwacher, als Gott ihn zu prüfen begann... Und auch du warst kein Schwacher, Mendel!« (S. 103). Doch Mendel – strukturell mit dem biblischen Vorbild hier völlig übereinstimmend – lehnt diese Vergleiche mit Hiob genauso wie die Gesamtpositionen der Freunde schroff ab: »Und was willst du mit dem Beispiel Hiobs? Habt ihr schon wirkliche Wunder gesehen, mit euren Augen? Wunder, wie sie am Schluß von Hiob berichtet werden?« (S. 104) – Was also soll ihm der Vergleich mit Hiob, wenn das glückliche Ende, das im biblischen Hiobbuch erfolgte, für Mendel unausdenkbar scheint?

Scheint! Denn ein vergleichbar wunderbares Ende steht auch ihm bevor und konsequenterweise wird dort – am Ende – der direkte Bezugsfaden wieder aufgenommen: am Schluß des Buches akzeptiert Mendel die Gleichsetzung mit Hiob. In seiner Traumvision sieht er die folgende Szene: »Er selbst, Mendel Singer, wird nach späten Jahren in den guten Tod eingehen, umringt von vielen Enkeln und ›satt am Leben‹, wie es im ›Hiob‹ geschrieben stand.« (S. 134)

*Die Frage der menschlichen Schuld*

Neben diesen direkten Bezügen stehen eine ganze Reihe von *indirekt-strukturellen Beziehungen* zwischen dem biblischen Buch und der literarischen Nach-Gestaltung. So fällt auf, daß dem reichen, von Gott geliebten Idealtypus des biblischen Hiob hier ein einfacher, armer Ostjude entspricht. Mendel Singer ist zwar fromm und gottesfürchtig, er wird sogar zweimal »der Gerechte« genannt (S. 6/89), es handelt sich aber um einen Mann, dem »auch Schwächen, Fehler und Irrtümer eignen, ein Hiob, mit dem sich sogar Schuld vereinbaren läßt«[81].

Die hiermit angesprochene zentrale theologische *Frage der Schuld* bedarf einer näheren Untersuchung. Der biblische Hiob war ja gerade als Unschuldiger erst fähig zur Rebellion gegen Gott, den er als Erhalter eines Tun-Ergehen-Zusammenhanges mißverstand. Auch Mendel Singers Lebensfundament ist gänzlich in dieser Überzeugung gegründet, daß Gott den Schuldigen bestrafe, das Gebet des Gerechten jedoch erhöre. Auch Roths Hiob lebt also in der An-

81 *Esther Steinmann*, Von der Würde des Unscheinbaren, a.a.O., S. 35.

nahme eines metaphysisch gewährten Tun-Ergehen-Zusammenhangs, in dem er als Gerechter auf Belohnung hoffen darf. Aber ist Mendel Singer auch schuldlos? – Er wird in der Tat als Schuldloser eingeführt: »Sein Gewissen war rein. Seine Seele war keusch.« (S. 3) So ist es im Rahmen seines Weltbildes keine Überraschung, daß er auf die Schicksalsschläge mit Verwunderung reagiert: »Wofür bin ich so gestraft? dachte Mendel. Und er durchforschte sein Gehirn nach irgendeiner Sünde und fand keine schwere ... Wo ist die Sünde? Wo steckt die Sünde?« (S. 29)

Aber ist nicht spätestens das Zurücklassen Menuchims als schwere Versündigung aufzufassen?[82] Es darf in diesem Zusammenhang nicht die wahrhaft tragische Entscheidung Mendels unberücksichtigt bleiben, entweder Mirjam zu retten, oder aber bei Menuchim zu bleiben. Aus dieser Alternative konnte Mendel nur schuldlos-schuldig hervorgehen, und so sind seine späteren Gewissensbisse zwar verständlich und berechtigt – sie stehen aber in keinem adäquaten Verhältnis zum erlittenen Schicksal. Mit Ulrike Schrader davon zu sprechen, Mendels Leid sei »der Preis der Ignoranz und seiner beharrlichen Weigerung, sich mit seiner Zeit auseinanderzusetzen«[83], erweist sich somit als völlig inadäquat. Als Kritik am Grundaufbau des Romans wird man freilich hinzufügen müssen: Dieser zentrale und notwendige *tragische Konflikt Mendels* erscheint letztendlich unzureichend motiviert. Warum es unmöglich ist, Menuchim nach Amerika mitzunehmen, wird nirgends ausgeführt, erscheint auch keineswegs zwangsläufig, ist aber als implizite Voraussetzung zum Verständnis des Romans unverzichtbar.

Wie sein biblischer Vorgänger fordert Mendel Gott also auf, den scheinbar ausgesetzten Tun-Ergehen-Zusammenhang wieder einzusetzen, ihm Gerechtigkeit widerfahren zu lassen. Wo das biblische Buch jedoch zu der Einsicht gelangt, daß eben die Annahme eines solchen Prinzips schon falsch ist, entwickelt Roth zwei weitere Ansätze, um das Schuld-Strafe-Schema doch letztlich zu rehabilitieren. Einerseits ist dies die Einsicht Mendel Singers, sich nicht genug um seine Kinder gekümmert zu haben. Angesichts des Kriegsausbruchs erkennt er, »daß sein einziges Mittel, das Singen der Psalmen, ohnmächtig sein könnte in dem großen Sturm, in dem Jonas und Menuchim untergingen« (S. 89). Das menschliche Gebet, im Bilde des Tun-Ergehen-Zusammenhangs die Pflicht des Frommen und gleichzeitig die Garantie auf Erhörung, reicht nicht aus. Dieses angenommene Prinzip gilt nicht: »Zu wenig, zu wenig – sagte er sich – habe ich getan ... meine Kinder verbrennen, meine Schuld ist es, meine Schuld! Und ich singe Psalmen! Es ist nicht genug! Es ist

82 So formuliert *Gershon Shaked*, a.a.O., S. 288, wie selbstverständlich: »die Sünde besteht im Zurücklassen Menuchims in Rußland«. Shaked nimmt hiermit den im Text dem Mendel-Freund Rottenberg zugeschriebenen, von Mendel selbst aber zurückgewiesenen Vorwurf auf: »hast du Gottes Pläne zu stören versucht, weil du Menuchim zurückgelassen hast?« (S. 103)

83 *Ulrike Schrader*, Die Gestalt Hiobs in der deutschen Literatur, a.a.O., S. 131.

nicht genug!« (S. 89) Und am Ende erkennt er: »Ein schlechter Vater war ich« (S. 133). Schlecht und schuldig – warum? Zu wenig getan – warum? Weil eben, so scheint Roth anzudeuten, das alleinige Vertrauen auf ein gerechtes Schicksal *nicht* ausreicht, weil die passive Lebenseinstellung, die Mendel – wie später noch zu zeigen sein wird – verkörpert, sich auch durch Unterlassung versündigen kann.
Zum zweiten ist auf jene Erkenntnis Mendels zurückzukommen, die bereits in einem anderen Zusammenhang zitiert wurde: Angesichts des Todes seiner Frau Deborah wird Mendel sich bewußt, zu wenig geliebt zu haben: »Vielleicht war das unsere Sünde. Weil nicht die Wärme der Liebe in uns war, sondern zwischen uns der Frost der Gewohnheit, starb alles rings um uns, verkümmerte alles und wurde verdorben.« (S. 95f) Die Schuld also, wenn auch nicht für alle qualvollen Ereignisse selbst, so doch für ihre Verarbeitung, liegt hier im Mangel von gerade auch erotischer Liebe und Wärme. Entscheidende theologische Pointe: Als Kehrseite der somit *mehrfach versuchten Rehabilitation des Schuld-Strafe Schemas* ist auch umgekehrt das *Tugend-Gnade-Schema*, das hier zum Happy End führt, möglich und einsichtig.

*Mendel Singer und Hiob: Die Charakterbilder*

Ein weiterer Aspekt des Vergleichs von biblischer Vorlage und moderner literarischer Gestaltung betrifft die *Charakterzeichnung des jeweiligen Protagonisten*. Der biblische Hiob ist geprägt von jener letztlich nicht aufgelösten Spannung von demütiger Duldsamkeit und rebellischem Protest. Wie hingegen wird Mendel Singer portraitiert? Dieser erscheint als »Personifikation des skeptischen Handlungsideals«[84], Hartung spricht von Mendels »Quietismus«[85], Magris von einem »Stoizismus«, der »sich im Widerspruch zu jeder soziologischen Dimension auf einen unveränderlichen Wertcodex beruft«[86].
Ohne Zweifel: Roths Hiobgestalt *Mendel Singer verkörpert primär den demütigen Dulder* der biblischen Rahmengeschichte. Mendels Lebenseinstellung, die eines traditionsverwurzelten Juden, ist ganz von einer Akzeptanz der Umstände, von einem passiven Erwarten der Ereignisse geprägt, so daß ein entscheidendes Strukturelement des Hiobbuches, der ganze Rechtsstreit mit Gott, hier völlig entfällt. Mendel wäre als Gegenüber Gottes in einem Gerechtigkeit einfordernden Prozeß völlig undenkbar. Im Gegenteil: »Man soll sein Schicksal tragen!«, gibt er der aufbegehrenden Deborah zu bedenken, die ihrerseits eine weitaus aktivere Lebenseinstellung verrät. Ihr Motto: »Der Mensch muß sich zu helfen suchen, und Gott wird ihm helfen.« (S. 26) Aber verharrt Mendel seinerseits in dieser passiven Erwartungshaltung, vertritt er

---

84 *Bernd Hüppauf*, Joseph Roth: Hiob, a.a.O., S. 318.
85 *Harald Hartung*, a.a.O., S. 25.
86 *Claudio Magris*, Weit von wo, a.a.O., S. 159.

wirklich, wie etwa Magris meint, das »statische Prinzip«[87], oder läßt sich nicht doch eine Entwicklung, ein Lernprozeß Mendels verfolgen?
In einer präzisen Textanalyse lassen sich *drei Entwicklungsschritte* aufzeigen. Zunächst durchbricht Mendel zum ersten Mal – gezwungen durch äußere Umstände – seinen Grundsatz der Aktionsverweigerung, als er den Entschluß faßt, nach Amerika zu emigrieren. Die Konsequenz dieser ersten großen Entscheidung sind die quälenden Selbstvorwürfe, Menuchim zurückgelassen zu haben. Wäre hier ein passives Verhalten nicht doch besser gewesen? Das statische Prinzip scheint durch diese Aktion noch nicht entwertet. Erst in der bereits genannten Einsicht Mendels, »Es ist nicht genug!« (S. 89) wird Passivität als ungenügend entlarvt. Zuviel Leid treibt auch den demütig-passiven Mendel Singer an den Rand der Rebellion. Dennoch: Er verbrennt seine Gebetsutensilien letztlich nicht, er spielt zwar mit dem Gedanken, gegen seinen Gott zu rebellieren, vollzieht ihn aber nur verbal und durch Gebetsverweigerung. Und ein dritter und letzter Entwicklungsschritt Mendels ist zu benennen: Seine wachsende Akzeptanz des Schicksals, seine Aussöhnung mit dem Leid.[88] Mendel Singer ist also keineswegs ausschließlich der völlig statisch gezeichnete demütig-passive Dulder, aber die Rebellion hat für ihn einen viel geringeren Stellenwert als für sein biblisches Vorbild.
Eng verbunden mit diesem deutlichen Unterschied zwischen Vorbild und literarischer Neubearbeitung ist die *Frage nach dem Gottesbild*. Während im biblischen Buch eine Entwicklung im Gottesbild aufscheint – das Bild Gottes als Gewährer des Tun-Ergehen-Zusammenhangs wird überwunden – bleibt in Roths »Hiob« eben dieses Gottesbild bestehen. Die *kosmische Rebellion Hiobs* wird durch eine kosmische Antwort Gottes besänftigt, die *individuelle Gottesprovokation Mendel Singers* wird durch eine individuelle Wundertat beantwortet. Hiobs Anfrage weitete sich über die individuelle Situation hinaus, sie galt einem allgemein-kosmologischen System, Mendels Bitte dagegen konzentriert sich allein auf sein unmittelbar mit Menuchim verbundenes Einzelschicksal. Wie schon bei H.G. Wells vollzieht sich hier eine Ver-Söhnung im eigentlichen Wortsinn: Mit seinem Sohn wird Mendel Singer all das gegeben, was er braucht.
Aus diesem Unterschied erklärt sich, warum Roths »Hiob« ohne eine – literarisch fast unmöglich darstellbare – Gotteserscheinung auskommt. Mendel braucht keine Einsicht in die »göttlichen« kosmologischen Zusammenhänge, um mit Gott versöhnt zu sein. Im Gegenteil: »Da Menuchims Verlust der schmerzlichste ist, der Mendel trifft, und jeder andere Verlust auf diesen ver-

[87] A.a.O., S. 120.
[88] Vgl. S. 114: »Dennoch erschien Mendel seinen Freunden ... wie verändert«. In diesem letzten Entwicklungsschritt Mendel Singers jedoch »das eigentliche Wunder« zu sehen, scheint vom Text her nicht gerechtfertigt zu sein. Vgl. *Hans-Otto Horch*, a.a.O., S. 221: »Das eigentliche Wunder ist nicht die rational erklärbare Heilung, ... sondern Mendels Wandlung.«

weist,... kann er trotz allen Leids doch schließlich mit Gott versöhnt werden, als ihm Menuchim wiedergegeben wird.«[89] Die innere Logik des Romans erfordert gerade *keine philosophisch-abstrakte Theodizee*, die sich ein moderner Leser vielleicht wünschen würde. Dem »einfachen Mann« Mendel Singer genügt diese »einfache« Antwort, für ihn ist es womöglich die einzig passende Antwort überhaupt. Dem Urteil Karl-Josef Kuschels, daß der immanente Grundduktus des Romans »psychologisch konsequent«[90] sei, ist hier uneingeschränkt zuzustimmen. Insofern bleibt jene oft zitierte, von Bronsen aufgezeichnete Äußerung Roths über sein Buch unverständlich, in der Roth, angesprochen auf Mendels Gottsuche, antwortete: »Mein Hiob findet ihn nicht«[91]. Diesem nachträglichen Einzelwort des »Mythomanen« Roth zuviel Eigengewicht zuzumessen, wäre unangebracht. Unabhängig von der späteren – situativ bedingten – Meinung des Autors: Im Roman selbst findet Mendel eine Versöhnung mit seinem Gott und seinem Schicksal, die in sich völlig schlüssig ist.

### *Das umstrittene Ende des Romans*

Eine letzte Untersuchung soll sich abschließend der *Gesamtstruktur dieses Romans* zuwenden, insbesondere dem *Problem des* oftmals als unpassend empfundenen *Schlusses*. Manchen Kritikern legt sich der Verdacht nahe, daß in diesem Happy End Literatur als biographische Ersatzprojektion fungiere. Harald Hartung etwa verweist auf einen solchen Zusammenhang: »Das Wunder, das im Roman eintraf, ja eintreffen mußte, um ihm seine Wahrheit zu geben, blieb im Leben aus.«[92] Oder umgekehrt betrachtet: Die im Leben vergeblich ersehnte und erflehte Besserung transponierte der Autor Roth als Wunscherfüllung in den Bereich von Fiktion. Aber: Muß dies zwangsläufig eine ästhetische Disqualifizierung bedeuten? Ist nicht die Erkenntnis wichtiger, daß dieser Schluß im Rahmen der psychologisch-binnenstrukturellen Logik des Romans seinen unverzichtbaren Platz einnimmt?
Bronsen berichtet, Hermann Kesten habe nach eigener Aussage Roth geraten, den Roman mit einem solchen Wunder zu beenden: »Dies legt die Vermutung nahe, daß Roth ursprünglich den Roman anders konzipiert hatte« – Bronsen schränkt jedoch mit Recht ein, indem er fortfährt: »obwohl nichts in seiner Struktur für diese These spricht«[93]. In der Tat spricht die Geschlossenheit der Romanstruktur eine andere Sprache. Die Prophezeihung des Wunderrabbi gleich zu Beginn des Buches verweist von vornherein auf ein Happy End, die kunstvoll immer wieder eingestreuten Verweise auf den zurückgebliebenen

[89] *Margarete Willerich-Tocha*, Rezeption als Gedächtnis, a.a.O., S. 308.
[90] *Karl-Josef Kuschel*, Joseph Roth und der Glaube an Gottes »Wunder«, a.a.O., S. 187.
[91] *David Bronsen*, a.a.O., S. 389.
[92] *Harald Hartung*, a.a.O., S. 25.
[93] *David Bronsen*, a.a.O., S. 385.

Menuchim[94] erfordern ein erneutes Auftauchen dieses im Hintergrund stets als Hoffnungssymbol präsenten Charakters. Und wenngleich die Heilung Menuchims nicht unbedingt wahrscheinlich ist, unmöglich im Sinne eines Naturwunders ist sie keineswegs. Zudem hat Roth sie kompositorisch geschickt gleich am Anfang des Buches in Aussicht gestellt, denn der Arzt, der den Säugling u[illegible]ucht, sagt – von der Kritik oft unbemerkt : »ich könnte ihn vielleicht gesundmachen« (S. 7). Und wie anders könnte sich der positive Schluß des biblischen Hiobbuches in einem modernen Roman darstellen lassen?

Gerade angesichts des umstrittenen Endes des Romans tritt jedoch eine bisher noch nicht genannte, für ein adäquates Gesamtverständnis des Romans aber entscheidende Dimension hinzu: die der *Erzählperspektive* Roths. Auf der einen Seite präsentiert sich »Hiob« nämlich als lineare Erzählung im aufgezeigten Sinne psychologisch konsequent und erzähltechnisch logisch durchstrukturiert. Diese unmittelbare Erzählebene wird ungebrochen durchgehalten bis zum Schluß – der Roman läßt sich auch nur so lesen –, bestimmt jedoch schon immanent nicht ausschließlich das Gesamtwerk. Denn wenn sie allein den Roman ausmachte, wäre dieser eben doch vielleicht nicht nur der »Roman eines einfachen Mannes«, sondern zugleich ein »einfacher Roman« – der letztlich literarisch zweitrangig bliebe. Aber: Neben diese einfache Erzählebene tritt eine zweite, nur schwer genau definierbare, aber im Roman selbst verortbare: der ganze Roman wird durchzogen von einer eigentümlichen *Ambivalenz des Erzähltons*, die vielleicht am besten als *Ironie* zu bestimmen ist. Ironie aber nicht im Sinne einer spöttischen Zurückweisung des oberflächlich Behaupteten, sondern als *existentieller Zwiespalt*, der einerseits die unmittelbare Erzählebene ernstnimmt, sie aber gleichzeitig noch einmal in eine angedeutete vorsichtig-offene Distanzierung trägt. Der ganze Roman hat etwas unklar-schwebend Parabolisches, das sich zum Ende hin immer mehr steigert. Die einfache Handlung scheint unterlegt zu sein von einer zweiten oder vielfach gespiegelten – aber nie völlig eindeutig definierbaren – assoziativen Deutungsebene. Und es ist diese dem »Hiob« zugrundeliegende zweifache Erzählebene, diese bipolare, realistische wie ironisch-assoziative Binnendimensionalität, die den eigentlichen literarischen Reiz des Romans ausmacht.

Einige Beispiele mögen diese im Roman selbst angelegte doppelte Erzählperspektive belegen. Zunächst ein etwas ausführlicherer Blick auf die entscheidende, den Schluß vorbereitende Wiedererkennungsszene: In kunstvoller literarischer Komposition verzögert Roth die Selbstoffenbarung Menuchims über fünf Stationen zum Spannungshöhepunkt. Jede Stufe wird markiert durch eine spezifisch religiöse Motivrezeption.

1) Die Wiedererkennungsszene findet ganz bewußt am »*Osterabend*« (S. 121) statt. Warum Roth hier den christlich besetzten Terminus »Ostern«

---

[94] Z.B. S. 86: »Er hatte nur eine Hoffnung noch: Menuchim zu sehen.«

dem zutreffenden jüdischen Begriff »Pessach« vorzieht, bleibt fraglich, deutet vielleicht aber auf die so deutlicher werdende am Ende erfolgende glückhafte Schicksalswende hin.

2) Mendel wird in Kategorien beschrieben, die ihrerseits die *Gottesknechtstradition* aus Deuterojesaja aufgreifen: Er ist der »Geringste unter den Anwesenden« (S. 121), eine gebeugte, geschlagene, armselige, aber notwendige Stütze der Feier.

3) Jüdischer Tradition gemäß wird an die *Exodus*-Tradition erinnert, die wie die Ostertradition auf Rettung abzielt, und der Jude Mendel identifiziert sich schon auf dieser Stufe derart mit dem Schicksal seines Volkes, daß er »beinahe ausgesöhnt« (S. 122) zu sein scheint.

4) Wiederum jüdischer Pessach-Tradition entsprechend wird die *prophetisch-messianische Dimension* eingeführt. Am Festmahlstisch wird für den das Kommen des Messias ankündigenden Propheten Eliahu ein Platz freigelassen. Mendel öffnet ihm schließlich sogar die Tür – um sie gleich wieder zu schließen. Nein, diesen religiös-kultischen Bräuchen scheint keine Realität mehr zu entsprechen, eine wirkliche Erwartung liegt nicht mehr vor. Doch dann

5) wird die somit sorgsamst vorbereitete *Messias- oder Osterlogik* doch *erfüllt*, durch das Klopfen und Eintreten Menuchims, der sich schließlich nach dreifacher erzähltechnischer Verzögerung zu erkennen gibt. Die bewußte Anspielung auf die Auferstehung Christi ist offensichtlich, wird durch das plötzliche Verstummen der Dialoge, im Übergang zur Körpersprache unterstrichen: »Niemand spricht« (S. 130).

Soweit also der mit religiöser Motivik durchtränkte *Erzählduktus der zentralen Wiedererkennungsszene*. Wo liegt die postulierte ironische Doppelebene? – Zum einen gerade im Aufgreifen dieser zahlreichen verschiedenen religiösen Motive, das freie Assoziationsräume eröffnet. Das durchaus mit Humor gezeichnete Spiel mit den Traditionen weist einerseits den Weg zur Plausibilität des Romanschlusses, zum erzähltechnisch vorbereiteten »Wunder«. Darüber hinaus aber deutet es auf den nur vage angerissenen Reichtum dieser religiösen Welt. Zusätzlich unterstützt wird diese Doppeldimensionalität durch die gerade hier verwendete Sprache: Roth benutzt wiederkehrende, fast *balladesk-stereotype Assoziationsschemata*, die das Spielen mit Traditionen auf der inhaltlichen Seite im Spielen mit festen Sprachmustern auf der textlichen Seite spiegeln. Wie beschreibt er etwa den Raum des Geschehens: »Sechs schneeweiße dicke Kerzen brannten in sechs silbernen Leuchtern auf dem schneeweißen Tischtuch, dessen gestärkter Glanz die sechs Flammen zurückstrahlte.« (S. 121) – Stereotype Farb- und Zahlenangaben, traditionsfeste Bildfügungen: Hier wird auch eine Geschichte direkt erzählt, aber darüber hinaus die gleichzeitige Distanz zur erzählten Wirklichkeit implizit mitgeschrieben.

Weitere, nun vollends eindeutige Elemente dieser Ironisierung: Welches Zeichen weist den messianisch-prophetischen Wunderbringer Menuchim im 20. Jahrhundert aus? Als »Beweis« des Wunders dient »das Automobil« (S. 130),

mit dem er gekommen ist! Und in welches »Paradies« entführt er den geretteten Mendel? – In den »vierundvierzigsten Broadway, ins Astor Hotel« (S. 131)! Und letzter, endgültiger Beleg der vom Autor implizierten ironischen Lesart: Welchen Namen hat Menuchim angenommen, bevor er sich als Mendel-Sohn zu erkennen gibt? – Alexej *Kossak.* »Kossak«, den Mädchennamen Deborahs – eine unzweideutige Anspielung Roths auf »Kosack«, jenen Namen, der für den Juden Mendel die schlechthinnige Verkörperung allen Übels und Feindlichen darstellt. Die Rettung des Juden Mendel erfolgt durch einen Menschen, der unter Nicht-Juden aufwuchs, von Nicht-Juden geheilt wurde, der selbst kaum noch jiddisch spricht, den religiösen Traditionen entfremdet ist und den Namen der vermeintlich größten Juden-Feinde angenommen hat. Wiederum erweist sich Ulrike Schraders Interpretation als unzutreffend, wenn sie davon spricht, in Menuchim habe sich »Mendels Hoffnung auf einen Fortbestand der jüdischen Religion bestätigt«[95]. Eine religiöse Fortführung der jüdischen Existenz steht gerade nicht zur Diskussion, im Gegenteil: Ironische Pointe dieses Romanschlusses: Gerade durch die vermeintlich negativ gezeichnete »Gegen-Welt« der Moderne wird die Rettung möglich.[96]
Was aber bewirkt eine solche doppelte Erzählperspektive, eine Ironie, die den linearen Handlungsverlauf hin auf ein wundersames, glückliches Ende nicht aufhebt, sondern gleichzeitig gelten läßt *und* kritisch hinterfragt? – Sie ermöglicht die Einbeziehung einer Hoffnungsperspektive, die weder märchenhaft platt noch kitschig wirkt, einen Glauben an nicht für möglich gehaltene Auflösung von biographischen Krisen, den auch ein aufgeklärter Skeptiker teilen kann, eine Mehrdeutigkeit im polaren Spannungsfeld von Zweifel und Gewißheit, die jedem Leser seine eigene Stellungnahme ermöglicht. – Nein, dies ist kein Rückfall in ein widervernünftiges Märchen, kein Zurück in die Scheinsicherheit jüdisch-orthodoxer Festgläubigkeit. Nein, dieser Schluß ist keineswegs »eine kompositorische Verlegenheit« (Ludwig Marcuse), die Rede von einer nicht zu leugnenden »Abgeschmacktheit dieses Schlusses«[97] desavouiert sich selbst. – Es handelt sich vielmehr, so noch einmal Harald Hartung, um einen »schlechthin bezwingenden Schluß, der die Essenz des Buches faßt – wie ein schweres, warmes Glück, dem sich auch der Leser überläßt«[98], gerade in der Hoffnung ermöglichenden Zweideutigkeit.
Wie stand der Autor Joseph Roth selbst zu seinem Roman »Hiob«? Immer wieder wird im Anschluß an David Bronsen darauf verwiesen, »daß Roth nach einiger Zeit Hiob fast als einziges unter seinen Werken nicht gelten ließ«[99]. Einige Aussagen Roths scheinen diese Wertung zu bestätigen. In ei-

---

95 *Ulrike Schrader*, a.a.O., S. 134.
96 Vgl. hierzu: *Werner Sieg*, Zwischen Anarchismus und Fiktion. Eine Untersuchung zum Werk von Joseph Roth (Diss. Bonn 1974), S. 131f.
97 *Hartmut Scheible*, Joseph Roth. Mit einem Essay über Gustave Flaubert (Stuttgart 1971), S. 122.
98 *Harald Hartung*, a.a.O., S. 25.
99 *David Bronsen*, a.a.O., S. 388.

nem Gespräch mit Hans Natonek soll Roth über dieses Buch gesagt haben: »Es ist mir zu virtuos in seinem Geigenton: Paganini; das Leid ist zu schmackhaft und weich.«[100] Ähnlich in einem Brief an Stefan Zweig: »Ich finde es überflüssig ihn geschrieben zu haben. Ich habe gar kein Verhältnis mehr zu diesem. Ich bin seiner müde, wie ich überhaupt müde bin.«[101] – »Wie ich überhaupt müde bin«, dieser letzte Halbsatz verrät die Kontextbezogenheit dieser Aussagen. Erstaunlich, daß dem »Mythomanen« Roth ausgerechnet diese Selbsteinschätzungen kritiklos abgenommen werden! Denn es gibt auch ganz andere Äußerungen. Viktor Kelemen berichtet von einem Gespräch mit Roth zwei Jahre vor dessen Tod. Hier habe dieser vom »Hiob« als einem »im Grunde genommen lyrischen Werk« gesprochen und es nun als »sein Lieblingswerk«[102] bezeichnet. Ganz unabhängig vom generellen Wert der Selbsteinschätzung eines Autors sollte man diese zweite Lesart nicht unterschlagen. – Roths »Hiob« ist eine imposante literarische Transformation des biblischen Hiobstoffes, ein Buch, das aus biographischer Betroffenheit heraus ganz bewußt als »Gegenpol des literarischen Programms der Moderne«[103] konzipiert wurde und das als »epischer Gottesbeweis«(Harald Hartung) gelesen werden kann.[104]

### *Epilog: Napoleon und Hiob*

Eine Untersuchung zur Hiobsfigur im Gesamtwerk Joseph Roths darf sich nicht auf den Hiob-Roman allein beschränken. Die Jenaer Germanistin Angelika Pöthe hat in ihrer kenntnisreichen Dissertation zum »Hiobsmotiv im epischen Werk Joseph Roths« den direkten und oft auch nur indirekt-thematischen Spuren des Hiobbuches in den Romanen Roths nachgespürt. Sie erkennt in *Hiob die große hintergründige Bezugsgestalt des Rothschen Gesamtwerkes*. Zum Modus seiner Hiobrezeption formuliert sie als Hauptthese: »Joseph Roth wählt in keinem (!) seiner Werke den Hiobmythos als Sujet, er schreibt keine (!) Bearbeitungen des Buches Hiob oder greift auch nur den Erzählstoff des alttestamentlichen Buches auf. Er gestaltet moderne Schicksale, die er auf das Schicksal des biblischen Geschlagenen hin transparent

---

[100] Ebd.

[101] Brief vom 22.9.1930, in: *Joseph Roth*, Briefe 1911–1939, a.a.O., S. 178.

[102] *Viktor Kelemen*, Joseph Roths »Hiob« ($^1$1940), in: *Günther Pflug* (Hrsg.), Joseph Roth 1894–1939. Eine Ausstellung der Deutschen Bibliothek Frankfurt am Main (Frankfurt 1979), S. 449.

[103] *Bernd Hüppauf*, a.a.O., S. 311.

[104] Peter Härtling, der diesen Roman als »eines meiner Lieblingsbücher« bezeichnet, geht in einem Gespräch mit Karl-Josef Kuschel so weit, zu formulieren: »Jeder, der den Mendel Singer gelesen hat, hat ein Stück Bergpredigt mit gelesen, ohne daß er es weiß.« Vgl. *Peter Härtling*, An die Bergpredigt kann man glauben. Über Politik und christliches Engagement, in: *Karl-Josef Kuschel*, Weil wir uns auf dieser Erde nicht ganz zu Hause fühlen. 12 Schriftsteller über Religion und Literatur (München/Zürich 1985), S. 36–49, hier: S. 45f.

macht.«[105] Zunächst weist sie auf einen Grundzug im Gesamtwerk Roths hin, daß nämlich fiktive Erfindungen aus früheren Romanen in späteren wieder aufgenommen werden: Nicht nur gleiche Figuren und Orte, sondern auch Details, Bilder und Motive erscheinen in Roths Dichtung immer wieder aufs neue. So begegnet uns etwa Mendel Singer als Randfigur in dem späteren Roman »Das falsche Gewicht« in der Gestalt eines Dorflehrers und Kleinhändlers wieder.[106]

Im Rahmen dieser Selbstzitierung, dieser Ausgestaltung seiner eigenen fiktiven Welt, wird auch das Hiobsmotiv in den verschiedenen Phasen des Rothschen Werkes immer wieder gestaltet. Pöthe verweist in diesem Zusammenhang auf indirekt-thematische Bezüge schon im frühen Roman »Die Rebellion«(1924), später auch in den Romanen »Tarabas, ein Gast auf Erden« (1934), »Beichte eines Mörders«(1936) und »Das falsche Gewicht«(1937). In der Tat ist also von einer ständigen hintergründigen Allpräsenz Hiobs im Werk Roths auszugehen. Gerade die Figur des Andreas Pum aus »Die Rebellion« weist einige frappierende Vorausbezüge zur Figur des Mendel Singer auf. Die postulierten indirekt-thematischen Bezüge zum Hiobbuch sind allerdings im Einzelfall nur schwer nachzuweisen. Es läßt sich letztlich nicht belegen, ob hier tatsächlich konkrete Anregungen des Hiobbuches eingeflossen sind, oder allgemein jüdische Traditionsströme verarbeitet wurden. Hiob wird hier eher zur Interpretationskategorie, eine durchaus zulässige und fruchtbringende Methodik, die in dieser Arbeit jedoch aus oben angeführten guten Gründen nicht zur Anwendung gelangt.

Dennoch: Hiob taucht im Spätwerk Roths noch einmal direkt auf, im 1935 erschienenen *Roman* über Napoleon *»Die hundert Tage«*. Die Entstehungsgeschichte dieses Romans ist interessanter als sein Inhalt, gehört er doch, so Helmuth Nürnberger in Übereinstimmung mit den Kritikern und auch Roth selbst »zum schwächsten, was Roth zum Druck gegeben hat«[107]. Das Buch ist das Produkt gleichsam eines literarischen Wettstreits: drei deutsche Schriftsteller hatten sich im Sommer 1934 im südfranzösischen Exil ein gemeinsames Haus gemietet und widmeten ihre geistige Energie dem miteinander diskutierten Genre des »historischen Romans«. Und es blieb nicht bei der theoretischen Erörterung. Hier schrieb Hermann Kesten »Ferdinand und Isabella«(1936), Heinrich Mann seinen »Henri Quatre«(1935/1938) und eben Roth jenen eher unbedeutenden Napoleon-Roman.

Für uns wichtig: *Dreimal* wird in diesem Roman *Napoleon mit Hiob identifiziert.* Der geschlagene Kaiser belauscht das Gespräch eines einfachen Bauern mit seinem Nachbarn, und er hört: »›Das ist der Kaiser Napoleon nicht! Der Hiob ist er!‹ … ›Hiob ist er! Hiob ist er!‹ klang es in den Ohren des Kaisers.

---

105 *Angelika Pöthe*, a.a.O., S. 200 (Hervorhebungen von mir).

106 Vgl. *Joseph Roth*, Das falsche Gewicht ($^{1}$1937), in: ders., Werke Bd. 6. Romane und Erzählungen 1936–1940, hrsg. von *Fritz Hackert* (Köln 1991), S. 127–223.

107 *Helmuth Nürnberger*, a.a.O., S. 116.

›Der Kaiser Hiob ist er!‹«[108] Angeregt durch diese Benennung denkt Napoleon über Hiob nach. Zwar: »Niemals hatte er den Wunsch gefühlt, sich einen der geschlagenen Knechte Gottes vorzustellen«, aber in diesem Augenblick »sah er zum erstenmal den alten Hiob ganz genau, er erinnerte sich sogar, daß er ihm einmal begegnet war«. Begegnet, wo und wie? – »Es war der schwächliche, gute, arme Greis, den man den ›Heiligen Vater‹ nannte, und den er, der Kaiser, einmal aus der heiligen Stadt geholt hatte, damit er ihn salbe. ... Ja, dieser Alte war Hiob gewesen, dachte Napoleon.« Der Papst als Hiob!

Doch damit nicht genug, der visionär erinnerte Papst/Hiob beugt sich vor und flüstert ihm zu: »›Auch du bist Hiob! Wir alle sind eines Tages Hiob!‹ – Ja, so ist es, nickte der Kaiser.« (S. 798) Und ein letztes Mal taucht Hiob auf: »Noch einmal dachte er an den alten Hiob und an den alten Heiligen Vater und an die Freunde, die gekommen waren, den Geschlagenen zu trösten. Und er erhob sich und trat nackt wie Hiob vor seine Freunde.« (S. 803f)

*Hiob als der Papst, Hiob als Napoleon, »wir alle« als Hiob?* Was motiviert Roth zu diesen gewagten Gleichsetzungen? Pöthe erklärt in bezug auf die hier zentrale Napoleon/Hiob Parallelisierung: »Der Vergleich basiert lediglich auf der bei Napoleon und Hiob scheinbar gleichen existentiellen Situation des Geschlagenseins.«[109] Und warum diese Gleichsetzung? – Die Funktion des erneuten Aufgreifens Hiobs bestehe wohl darin, Napoleon im Roman anzuregen, sich ebenso in sein Unglück zu fügen, wie jener es tat, um sich so der anschließenden Belohnung durch Gott zu versichern. Hieraus ergibt sich aber eine *Akzentverschiebung im Einsatz des Hiobmotivs* bei Roth. Wurde im Hiob-Roman noch eine differenzierte Spannung zwischen Unschuld und Schuld des Protagonisten aufrecht erhalten, so erfolgt nun – entgegen der biblischen Vorlage – eine neue bewußte Verlagerung, eine Konzentration auf die Schwerpunkte von Schuld und Buße. So reduziert Roth die zuvor treffender wiedergegebene Vielfalt des Hiobstoffes auf das »Thema der bestraften Hybris«[110].

Ebensowenig überzeugend wie dieser ganze Roman als solcher ist hier auch der gewandelte Einsatz des Hiobmotivs. Der Gedanke einer *Motivverwässerung* legt sich nahe. Der Hiob-Roman selbst bleibt Roths entscheidender Beitrag zur stoffgeschichtlich-literarischen Hiobrezeption.

---

[108] *Joseph Roth*, Die hundert Tage ([1]1935), in: *Fritz Hackert* (Hrsg.), Joseph Roth, Werke Bd. 5, a.a.O., S. 677–848, hier S. 797. Vgl. hierzu: *Dieter Kliche*, Joseph Roths Napoleon-Roman »Die Hundert Tage«, in: *Michael Kessler/Fritz Hackert* (Hrsg.), Joseph Roth, a.a.O., S. 157–166.

[109] *Angelika Pöthe*, a.a.O., S. 179.

[110] A.a.O., S. 192.

### 3. Ein »lachender Hiob« – *Mynona*

In die Jahre nach der Veröffentlichung von Roths »Hiob«-Roman fällt in Deutschland die Machtergreifung der Nationalsozialisten. War Hiob zunächst bei Susman und dann auch bei Roth deshalb zum Symbol jüdischer Leidexistenz geworden, weil er ganz allgemein das Vertreibungs- und Außenseiterschicksal des jüdischen Volkes verkörperte, so erhielt diese Identifikation mit dem »Vorbild« Hiob nun eine aktuell-historische Dramatik. Noch 1934 konnte der junge jüdische Religionsphilosoph *Schalom Ben-Chorin* (*1913) – damals noch unter seinem Geburtsnamen Fritz Rosenthal – ein *Hiobgedicht* veröffentlichen, das sich fern von jeglichem direkten Bezug zur Gegenwart als eine Art überzeitliche poetisch-komprimierte Nacherzählung der Hiobklage präsentiert.[111]

HIOB REDET MIT GOTT

Hast du deine weiten Segenshände
Über mir zur Faust geballt,
Daß ich auch vor dir bestände
Noch im Anruf deiner Allgewalt?

Deine Schatten wollen mich erdrücken –
Diese Nacht ist riesig wie das Meer.
Willst du mich denn immer tiefer bücken?
Deine Last wird meinen Schultern schwer.

EWIGER, sieh meine Eiterwunden!
Deiner Liebe allzuharte Male.
Randgefüllt ist meiner Leiden Schale.
Setz ein Ende meiner wehen Stunden.

Mach den Tag, der mich gebar, zunichte
Und verlösche mein getrübtes Licht –
Furchtbar, Herr, sind deine Strafgerichte,
Denn wir schauen, doch erfassen nicht!

Doch schon ein Jahr später hatte sich die Situation für einen Zeitgenossen Ben-Chorins radikal gewandelt: Sofort im Jahre 1933 hatte dieser wie Margarete Susman die Zeitzeichen richtig gedeutet und war ins Pariser Exil gegangen. Dort lebte er völlig vereinsamt, zurückgezogen und vergessen, nur durch zahlreiche Briefe Kontakt mit der Außenwelt haltend, um in dieser Isolation das Ende der von ihm bekämpften Schreckensherrschaft doch nur um ein Jahr zu überleben. Die Rede ist von dem neukantianischen Philosophen jüdischer Abstammung Salomo Friedlaender (1871–1946), der im Literaturstreit um

---

111 *Fritz Rosenthal* (*Schalom Ben-Chorin*), »Hiob redet mit Gott«, in: ders., Die Lieder des ewigen Brunnens (Wien/Leipzig 1934), S. 10.

Erich Maria Remarques »Im Westen nichts Neues« (1929) als einer dessen erbittertster Gegner aufgetreten war.[112] Einer breiteren Öffentlichkeit war er freilich schon vorher als *Verfasser grotesk-ironischer Erzählungen* bekannt geworden, die er stets unter dem Pseudonym »Mynona« (Anagramm von »anonym«) veröffentlicht hatte. Schon 1913 hatte er für großes Aufsehen gesorgt, als er mit seinem Bändchen »Rosa, die schöne Schutzmannsfrau« eine bis dahin unbekannte Literaturform schuf, die Groteske, die sich durch eine »Verbindung von sprachlicher Genauigkeit, Wortwitz und Satire«[113] auszeichnete.

Mynona profilierte sich so als der eigentliche *Schöpfer der expressionistischen Groteske* und damit als Vorbild und Wegbereiter für ähnliche Erzähler wie Scheerbart, Sternheim, Ehrenstein, Heym und andere. Die Beobachtung, daß »das Groteske eine besonders ausgeprägte und bedeutende Rolle im Expressionismus«[114] spielt, kann nur wenig verwundern, erfährt doch diese Literaturform immer dann eine Neubelebung, wenn der Glaube an eine heile Welt zerbricht und die frei gewordene Phantasie über das vorher für möglich Gehaltene hinaus in das scheinbar Unfaßbare oder Absurde umschlägt. – Genau diese Charakteristika weist die Epoche des Expressionismus auf, ähnliche groteske Elemente fanden sich ja schon in den Werken Kokoschkas, Brittings oder Döblins. Mynona bleibt in den Jahren der expressionistischen Blütezeit eine diese Epoche prägende Gestalt. Er schrieb aber nicht nur die genannten philosophisch inspirierten Grotesken, die sich als »Versuch, einen Gedanken, oft eine Ansicht über das Leben konkret zu gestalten«[115] präsentieren, sondern war darüber hinaus literarischer und essayistischer Mitarbeiter in den wichtigsten Zeitschriften dieser Epoche, etwa bei »Der Sturm« oder »Die Aktion«.

Für unser Thema bedeutsam wird ein Nachzügler, die Titelgeschichte seines letzten, 1935 im Pariser Exil erschienenen Bändchens »Der lachende Hiob«[116]. Es ist die Geschichte des in Deutschland unter dem Nazi-Regime lebenden Juden Josua Zander, dem wie dem biblischen Hiob alles genommen wird: Besitz, Familie und Gesundheit, jedoch nicht von einem obskuren göttlichen Gegenspieler names Satan, sondern konkret von Vertretern des »antisemitischen Fanatismus« (S. 52) in Deutschland. Josua sieht es als wesentlich an, »des Glückes sich würdig zu machen«, und darum läßt er »sich

---

112 So publizierte er 1929 einen polemischen Satireband unter dem Titel »Hat Erich Maria Remarque wirklich gelebt?«

113 *Joseph Strelka*, Mynona, in: *Wolfgang Rothe* (Hrsg.), Expressionismus als Literatur (Bern/München 1969), S. 627. Vgl. auch: *Joseph Strelka*, Das Selbst ist innen oder Der Grotesken-Erzähler Mynona, in: ders., Auf der Suche nach dem verlorenen Selbst. Zu deutscher Erzählprosa des 20. Jahrhunderts (Bern/München 1977), S. 38–53.

114 *Colette Dimic*, Das Groteske in der Erzählung des Expressionismus. Scheerbart, Mynona, Sternheim, Ehrenstein und Heym (Diss. Freiburg 1960), S. 7.

115 A.a.O., S. 222.

116 *Mynona*, Der lachende Hiob und andere Grotesken (Paris 1935).

gerne prüfen« (S. 53). Allen Demütigungen und Folterungen antwortet er nur mit einem irren Lachen: »Sie irren sich in mir, ich bin das gar nicht« (S. 54), hält er seinem Folterknecht entgegen. Warum? Josua: »Gerade durch diese Mißhandlungen meines Fleisches bricht die Übergewalt des Geistes hervor, der sich nicht brutalisieren läßt.« (S. 56) Die Vernunft überwindet die Fesseln des Fleisches und setzt sich so über alle Anfeindungen hinweg: »Ihre Macht über mich, General, hat ein Ende« (S. 58). Josua nimmt die Gestalt eines Engels an, der sich als allen weiteren Angriffen (Folter, Erschießung, Verbrennen) überlegen erweist. Er zwingt den General, ihn »zum Obersten Tyrannen, dem sogenannten Führer« (S. 62) zu bringen und läßt diesen ins Irrenhaus befördern. Freiheit herrscht auf der Welt. Und was ist diese Freiheit? – Sie ist im Sinne Josuas »die Durchdrungenheit bis ins Innerste davon, daß unser Ich selbstherrlich ist, wenn es von nichts abhängt als von den Gesetzen seiner eigensten Vernunft und Einsicht.« (S. 62f) Denn: »Dieser Geist ist eine lachende Übermacht über alle noch so fürchterlich zwingende Natur.« (S. 63) Josua Zander, so endet die Erzählung, »ist zum lachenden Lehrer aller geworden«, und abschließender Ratschlag an die Leserschaft: »Jeder beeifert sich, es dem lachenden Hiob nachzutun.« (S. 64)
*Hiob wird hier also zum Zeugen des rechtlosen, mißhandelten, in die Enge getriebenen Juden im Nazi-Regime*, dem als Rebellion nur ein Lachen bleibt, ein Lachen »als letzte, im Doppelsinn furchtbare Waffe«[117], ein »Gelächter gegenüber dem Grauen der Weltbedrohung, durchdrungen vom Wissen um die im Grunde unüberwindliche Macht des innersten Ich und von der Überzeugung, daß die Freiheit auf Dauer nicht künstlich unterbunden werden kann«[118]. Lachen wird hier zur letzten Rettung vor der Verzweiflung, zum einzig bleibenden Ausweg aus der allumfassenden Machtsphäre des Anti-Menschen, zur einzig noch möglichen Protestreaktion eines modernen Hiob, denn »in Wahrheit klingt alles andre Gelächter & Gewimmer dumm«[119], so Mynona in einem Brief über diese Erzählung. Selbst in der tiefstmöglichen menschlichen Bedrohung bietet sich ihm so eine Möglichkeit an, jene »schöpferische Indifferenz« zu bewahren, der auch sein philosophisch-theoretisches Hauptwerk galt.[120] Die gesamte Erzählung steht gerade in dieser Konzeption im Dienste einer vehementen Faschismuskritik.
Doch woher diese Kraft zum Lachen nehmen? Wie sich über die irdische Dimension erheben? Durch »die Vernunft«? Korrespondiert dann dieser optimistische Glaube an die Gegenkraft der Vernunft mit dem glücklichen Ausgang

---

117 *Klaus H. Kiefer*, Avantgarde–Weltkrieg–Exil. Materialien zu Carl Einstein und Salomo Friedlaender/Mynona (Frankfurt 1986), S. 147.
118 *Joseph Strelka*, a.a.O., S. 634.
119 *Hartmut Geerken* (Hrsg.), Salomo Friedlaender/Mynona. Briefe aus dem Exil (Mainz 1982), S. 139.
120 Vgl. Friedlaenders philosophisches Hauptwerk: *Salomo Friedlaender*, Schöpferische Indifferenz (München 1918).

des Hiobbuches?[121] Aber woher diesen Optimismus nehmen? Schon Kurt Hiller, Schriftsteller, Kritiker und Freund Mynonas, fragt in einem Brief: »Übrigens: die Vernunft-*Pflicht* ist unter uns unbestritten; aber wo in aller Welt nehmen Sie Ihren Vernunft-*Optimismus* her?«[122] – Eine Frage, die im Nachhinein, im Wissen um die weitere historische Entwicklung nur sehr schwer zu beantworten ist. Fest steht jedoch, daß dieser Vernunft-Optimismus – den das Hiobbuch gerade durchbricht – dem exzentrischen Philosophen Friedlaender zumindest im Rahmen dieser literarischen Groteske zu einem Lachen gegenüber den Zeitbedrohungen verholfen hat. Zwar ahnte er schon 1935 die Grauen der Konzentrationslager in prophetischer Unheilsvision voraus, doch weder »Lachen« noch »Vernunft« würden als adäquate Kategorien zur Erfassung der Greuel der kommenden Jahre Zustimmung finden.
Etwa zur gleichen Zeit, ebenfalls im französischen Exil, entstand eine wiederum eher *satirisch-ironische Hiobpersiflage* aus der Feder des jüdischen Schriftstellers *Franz Werfel* (1890–1945)[123]. In Gestalt einer Geschichte über einen wahrhaft schurkischen Bösewicht aus dem spanischen Bürgerkrieg präsentiert sich die 1938 verfaßte »Arge Legende vom gerissenen Galgenstrick«[124] als drastische Veranschaulichung jenes Prinzips, das Hiob im Gespräch mit seinen Freunden provokativ formuliert: daß es nämlich bis in den Tod hinein den Guten schlecht gehe, und den Schlechten gut.
Bei Mynona findet sich noch als letzter Ausweg vor Resignation und Wahnsinn ein bitterbös-satirischer »lachender Hiob«, bei Werfel ebenfalls die Form der Hiobsatire. Diese Tradition der Hiobrezeption durch jüdische Schriftsteller wird sich jedoch nicht fortsetzen, im Gegenteil. Wie jüdische Dichter versuchten, die Unaussprechlichkeiten des Holocaust ebenfalls im Bilde Hiobs aber in völlig andere Worte zu fassen, werden die nächsten Kapitel dieser Arbeit zu zeigen versuchen.

## 4. »Seitdem bin ich, leb ich, erfahr ich Hiob« – *Karl Wolfskehl*

Juni 1938 – Ein Passagierschiff verläßt Europa mit dem Ziel Neuseeland. An Bord befindet sich ein 68-jähriger, hochgewachsener, fast völlig erblindeter

---

[121] So auch die hier treffend interpretierende *Ulrike Schrader*, a.a.O., S. 161.

[122] In: *Hartmut Geerken* (Hrsg.), a.a.O., S. 59.

[123] Zu *Werfel* siehe: *Norbert Abels*, Franz Werfel (Reinbek 1990). In einem schon vor 1927 entstandenen Gedicht hatte Werfel bereits vorher auf Hiob verwiesen. In »Verwundeter Storch« zeichnet er in seiner Titelfigur ein Bild für unüberbietbare Trauer und unvergleichlich großes Leid. Selbst Hiob wird für ihn hier von dem Bild des »verwundeten Storches« in dieser Hinsicht übertroffen: »Nie, nie / Hockt Hiob Aussatz bergend unterm Schurz / Mit solchem Schweigen neben Schutt und Sturz.« Vgl. *Franz Werfel*, Das lyrische Werk (Stuttgart/Hamburg 1967), S. 234.

[124] *Franz Werfel*, Die arge Legende vom gerissenen Galgenstrick [1] 1938, in: ders., Erzählungen aus zwei Welten. Bd. III (Frankfurt 1954), S. 7–27.

Mann, der »in Deutschland vielschichtig beheimatet war«, der gerade im »Bewußtsein seiner ungebrochenen deutschen Identität«[125] jenem Land entgegenfährt, das so weit wie nur irgend möglich von seiner Heimat entfernt liegt. Sein Name: Karl Wolfskehl (1869–1948). Dieser Dichter, in dessen Lebenslauf »das Wunschbild optimaler Integration des Jüdischen und des Deutschen«[126] in greifbare Nähe gerückt schien, hatte schon 1933 die Zeichen der Zeit erkannt: Am Morgen nach dem Reichstagsbrand ging er ins Schweizer Exil, dann nach Italien und schließlich nach Neuseeland, um nie wieder nach Europa zurückzukehren. Rückblickend schreibt er:

> »Vom Tag ab, als das Schiff vom Hafen Europas abstieß, hab ich's gewußt, gelebt, ausgesprochen, ausgeschluchzt, ausgesungen, das Zeichen, unter dem mein Leben, die letzte Phase dieses Erdengangs seitdem steht. Dieses Zeichen, mehr als ein Bild, es ist der ewige Fug des Judenschicksals. Und ich, zuckend und fast widerstrebend gehorsam, fühl ich, der Mitwalter, Mithüter des deutschen Geistes, ich mich dazu bestimmt, das lebendige, ja das schaffende Symbol dieses Schicksals darzustellen. Seit jenem Augenblick steht alles was ich bin, was ich füge, unter dem ewigen Namen Hiob, seitdem bin ich, leb ich, erfahr ich Hiob. Alles, was seitdem entstand, führt diesen Namen, oder, auch wo es abseits gewachsen scheint, ist es von ihm durchweht.«[127]

### *Ein Leben im Zeichen Hiobs*

Darin ist Karl Wolfskehl einzigartig: Sein Leben erweist sich vom Zeitpunkt seiner erzwungenen Exilierung an als ein »bewußt-unbewußtes Hineinwachsen in die ewige Gestalt Hiobs«[128]. Eine derartige *Totalidentifikation eines Dichters mit der biblischen Hiobsgestalt* hat keine Parallelen. Immer wieder findet sich in seinen zahlreichen Briefen aus dem Exil diese Gleichsetzung, immer eindeutiger wird dabei freilich auch die bewußte Selbststilisierung des Dichters: Sein Schicksal *soll* das des Hiob repräsentieren, diese Gleichsetzung leistet wenigstens die letzte lebensnotwendige Sinngebung für den Vereinsamten und Verzweifelten.[129] So auch der Wolfskehl-Experte Paul Hoffmann:

---

[125] *Paul Hoffmann*, Vorwort, in: *Cornelia Blasberg* (Hrsg.), Karl Wolfskehls Briefwechsel aus Neuseeland 1938–1948, 2 Bde. (Darmstadt 1988), S. 13. Ich danke dem ausgewiesenen Wolfskehl-Experten Professor *Paul Hoffmann* für die kritische Durchsicht dieses Kapitels und ein anregendes Gespräch über Wolfskehl.

[126] *Paul Hoffmann*, »– jüdisch, römisch, deutsch zugleich«. Karl Wolfskehl, in: *Gunter E. Grimm/Hans-Peter Bayerdörfer* (Hrsg.), Im Zeichen Hiobs, a.a.O., S. 98.

[127] Brief vom 13. 9. 1946 an *Kurt Frener*, in: *Cornelia Blasberg* (Hrsg.), a.a.O., S. 909.

[128] *Margot Ruben*, Einleitung, in: dies. (Hrsg.), Karl Wolfskehl. Zehn Jahre Exil. Briefe aus Neuseeland 1938–1948 (Heidelberg/Darmstadt 1959), S. 18.

[129] Vgl. Brief vom 4. 7. 1944 an *Hanna Steinhof*, in: *Cornelia Blasberg* (Hrsg.), a.a.O., S. 745f: »Nicht nur das Buch hier entstandener Dichtung, das jetzt ziemlich gerundet ist, steht unter dem Zeichen Hiob! Ich weiß es: ganz und gar vereinsamen muß ich, und, was noch wirklicher ist als wie Wissen, aber auch düsterer, ich erkenne den Sinn davon, die Aufgabe.«

»In der mythischen Identifikation mit ›Hiob‹ … erschließt sich Wolfskehl die überpersönliche Dimension seines persönlichen Schicksals.«[130]
*»Überpersönliche Dimension«?* – So sehr Wolfskehl sich selbst ganz individuell als neuer Hiob verstand, so sehr war diese Identifikation eingebettet in eine kollektive Hiobdeutung des jüdischen Volkes überhaupt. 1939 schreibt er, wiederum in einem Brief: »Immer mehr fühle ich die Hiobs-Gestalt, das Hiob-Erlebnis als eigentlichste Verwirklichung jüdischen Schicksals«[131]. Für ihn kristallisiert sich das Schicksal des jüdischen Volkes allgemein im Schicksal Hiobs. Auch als einzelner Jude kann er sich so unmittelbar als Verkörperung Hiobs sehen.[132]
Wolfskehl[133] entstammte einer wohlhabenden und traditionsreichen, weitgehend assimilierten jüdischen Darmstädter Bankiersfamilie. Die finanzielle Unabhängigkeit erlaubte ihm einen Lebensstil, der es ihm ermöglichte, sich ganz der Kunst zu widmen. Schon früh hatte er den jungen *Stefan George* (1868–1933) kennengelernt, und galt fortan als getreuester, aber dennoch eigenständiger George-Schüler. Sein Haus in München wurde zu einem Mittelpunkt der kulturellen und geistigen Gesellschaft der Stadt, hier traf sich der George-Kreis, hier verkehrten Martin Buber, Oswald Spengler und Ricarda Huch genauso regelmäßig wie Paul Klee, Franz Marc oder Alfred Kubin. Wolfskehl selbst galt in diesen illustren Kreisen als ungekrönter König, als »Zeus von Schwabing«, und machte sich als Herausgeber von literarischen Anthologien und als von George beeinflußter Dichter, der in seinen Dichtungen freilich auch expressionistische Stilelemente aufnahm, einen Namen.
Daß die Machtübernahme der Nationalsozialisten gerade für diesen Mann, tief verwurzelt in der klassischen Kultur der Antike, der deutschen geistesgeschichtlichen Tradition und eben auch dem jüdischen Erbe[134], eine besonders

---

130 *Paul Hoffmann*, Vorwort, a.a.O., S. 39. Zuvor hatte sich Wolfskehl mit der *Figur Sauls* identifiziert, dem er ja auch ein Versdrama (1905) widmete. Vgl. *Karl Wolfskehl*, Gesammelte Werke, hrsg. von *Margot Ruben* und *Claus Viktor Bock*, Bd. I (Hamburg 1960), S. 323–343. Kommentar hierzu und identifikatorische Briefzitate bei: *Margot Ruben* (Hrsg.), Karl Wolfskehl. Zehn Jahre Exil, a.a.O., Bd. II, S. 583.

131 Brief an *Abraham Scholem Yahuda* vom 27.3.1939, in: *Cornelia Blasberg* (Hrsg.), a.a.O., S. 265.

132 Diese kollektive Dimension der wolfskehlschen Hiobdeutung übersieht sein schärfster Kritiker *Ernst Simon*, der – wohl primär aus persönlicher Abneigung – schreibt: »Wolfskehls Nachfolge Hiobs ist gescheitert in Dichtung und Leben.« Vgl. *Ernst Simon*, Priester, Opfer und Arzt. Zu den Briefen Wolfskehls, Kafkas und Freuds, in: *Hans Tramer* (Hrsg.), In zwei Welten. FS für Siegfried Moses (Tel Aviv 1962), S. 430. Simons Kritik geht nicht über ein oberflächlich-subjektives Urteil hinaus.

133 Zu Wolfskehl siehe die Aufsätze von *Paul Hoffmann*, sowie: *Paul Gerhard Klussmann* (Hrsg.), Karl Wolfskehl Kolloquium. Vorträge–Berichte–Dokumente (Amsterdam 1983); Bibliographie bis 1971: *Manfred Schlösser* (Hrsg.), Karl Wolfskehl. Eine Bibliographie (Darmstadt 1971).

134 So heißt es autobiographisch in dem Gedicht »Das fünfte Fenster: Ultimus Vatum«: »… verbleib ich jüdisch, römisch, deutsch zugleich«, in: *Karl Wolfskehl*, Gesammelte Werke,

schockierende Entwicklung sein mußte, zeigt sich an der sofortigen richtigen Einschätzung der politischen Situation 1933 und dem konsequenten, aber um so schwereren Gang ins Exil. Gerade in Neuseeland, wo ihm nach einer Intervention Thomas Manns Asyl gewährt wurde, vollzog sich jene »Verwandlung vom Dionysos zum Hiob«[135], mit der die langjährige Wolfskehlbegleiterin, -schülerin und -forscherin Margot Ruben den Lebensumschwung ihres Lehrers charakterisiert. Unbekannt, vereinsamt, durch fast völlige Blindheit hilflos, am untersten Existenzminimum lebend, schreibt er in diesen letzten Jahren seines Lebens seine dem Leiden abgerungenen lyrischen Hauptwerke nieder.

In einem 1946, zwei Jahre vor seinem Tod, geschriebenen Brief erkennt Wolfskehl: »Das tragische Erlebnis, mein Leben genauso durchzitternd *wie das Schaffen*, heißt Hiob.«[136] In der Tat: Hiob ist bei Wolfskehl nicht nur *biographische Orientierungsfigur*, sondern auch *literarische Bezugsgestalt*, oder, mit den Worten Gunter Grimms aus dessen großer Wolfskehl-Studie: »Der Dichter lebt und gestaltet das Hiob-Schicksal.«[137]

Schon das Gedicht »Die Stimme zum Boten«[138] aus dem vielbeachteten Bändchen »Die Stimme spricht« (1934) thematisiert die Hiobproblematik. Die Gedichte des hauptsächlich während der Überfahrt nach Neuseeland entstandenen und später überarbeiteten, aber erst posthum veröffentlichten Zyklus »Bann«[139] beschreiben die Situation des Exilierten dann erstmals direkt und ausführlich im Bilde Hiobs. In direkter Anrede an Hiob wird dessen – und damit auch das eigene – Leid- und Einsamkeitsschicksal beklagt: »Weh Hiob, weh! noch bist du nicht am letzten« (S. 221). Trotzdem scheint schon hier eine letzte Hoffnungs- und Sinngebungsdimension auf. Denn warum das in Hiob gebündelt konzentrierte Leid?

»Als ob des ganzen Stammes uralte Sünde
In dir verbüsse bis zum letzten Deut,
Bis alles abgetragen, bis die Gründe
Der Schuld ganz ausgejätet sind – dann erst wird Heut.« (S. 222)

Die hier anklingende Spannung zwischen diesem als Auftrag verstandenen, durch eine unklar bleibende, kollektive Schuld abzubüßenden Leid und einer ebenfalls unscharf bleibenden Hoffnung auf einen nach Abbüßung der Schuld

---

a.a.O., Bd.I, S. 191.

135 *Margot Ruben*, Einleitung, a.a.O., S. 18.

136 Brief vom 1. 11. 1946 an *Gertrud Gräfin Helmstatt*, in: *Cornelia Blasberg* (Hrsg.), a.a.O., S. 897; meine Hervorhebung.

137 *Gunter Grimm*, Karl Wolfskehl. Die Hiob-Dichtung (Bonn 1972). Dieser gründlichen, aber leider nur schwer lesbaren Studie verdankt dieses Kapitel der Arbeit wichtige Impulse.

138 *Karl Wolfskehl*, Gesammelte Werke, a.a.O., Bd. I, S. 151.

139 Vgl. besonders: »Hinfahrt I–III«, »Noch wag ich«, ebd., S. 220–223. Zitate im Text entstammen dieser Ausgabe.

möglichen Neuanfang, wird in einer weiteren Strophe dieses Gedichtes noch einmal deutlicher formuliert:

»Nein, ich fühls, noch viel ist vor dem Ende
Abzutun, ein Sandberg riesengroß,
Bis erfüllt Hiobs geheime Sende,
Bis ich endlich von mir selber los.« (S. 224)

Das lyrische Spätwerk Wolfskehls besteht im wesentlichen aus drei Gedichtzyklen: »Mittelmeer oder Die Fünf Fenster«; »INRI oder Die Vier Tafeln«; »Hiob oder Die Vier Spiegel«, wobei er sich gerade im letzten Gedichtzyklus von der Gedanken- und Sprachwelt Georges am weitesten entfernte, seine Verbundenheit mit diesem aber um so stärker betonte. Der erste Zyklus beschwört den Mittelmeerraum als Geburtsstätte der wichtigsten religiösen und kulturellen Traditionen der Menschheitsgeschichte, in deren Spannungsgeflecht sich der Dichter auch autobiographisch verwoben sieht. In einem Vorspruch werden *die fünf zugehörigen zentralen Leidens- und Duldergestalten* nebeneinander gestellt und jeweils in einem Zweizeiler kurz charakterisiert: Prometheus, der das »Urtum« symbolisiert, Herakles für das »Griechentum«, Hiob für das »Judentum«, Jesus für das »Christentum« und Dionysos für das »Alltum«[140]. Zwischen Ur (Prometheus) und All (Dionysos), zwischen Anfang und endgültiger Auflösung, stehen die drei Mittelfiguren: Gottes-Mann (Herakles), Gottes-Sohn (Jesus) und nicht zufällig im Zentrum: Gottes-Knecht (Hiob), letzterer wie folgt charakterisiert:

»Dulder Du im Kot, der Seele Schreier
ER erlas, zerbrach Dich Knecht Befreier« (S. 178)

Der zweite Gedichtzyklus meditiert aus jüdischer Sicht die Gestalt Jesu, der dritte und letzte Zyklus aber manifestiert die krönende Endform von Wolfskehls denkerischer und dichterischer Auseinandersetzung mit Hiob – für ihn die Kerngestalt des Judentums und der eigenen Biographie zugleich.

### *»Hiob oder Die Vier Spiegel«*

»Hiob oder Die vier Spiegel«[141] entstand über einen Zeitraum von mehr als

---

140 Vgl. a.a.O., S. 178. Besonders wichtig sind hier die aufschlüsselnden Hinweise von *Margot Ruben*, a.a.O., Bd. II, S. 572. Die *Befremdung*, mit der im *Georgekreis* diese jüdisch-religiöse Spätlyrik Wolfskehls aufgenommen wurde, zeigt sich schon darin, daß in der ersten Textausgabe Hiob, der Vertreter des Judentums, von der Herausgeberin eigenmächtig aus dieser Fünfergruppe entfernt wurde und erst aufgrund persönlicher Intervention, unter anderem von Paul Hoffmann, für die Version der Gesamtausgabe wieder – wie dem Original entsprechend – eingefügt wurde.

141 *Karl Wolfskehl*, Hiob oder Die vier Spiegel (Hamburg 1950); auch in: Gesammelte

zehn Jahren und ist somit in mehreren Fassungen erhalten. In der Gesamtheit erschien der Zyklus erst nach dem Tode des Dichters, im Jahre 1950. Dieser Gedichtzyklus gilt gemeinhin als Wolfskehls bedeutendste und ureigenste Dichtung überhaupt. Auch für den Dichter selbst hatte sie absolute Priorität. So schreibt er an seinen Verleger Salman Schocken: »Mir ist der ›Hiob‹ ... ganz besonders wichtig und lieb.«[142]

Willy Haas warnt in seinem Nachwort zur Erstausgabe von 1950 davor, in diesem lyrischen Hiob-Zyklus leichte Lesekost zu erwarten; es handelt sich in seinen Augen um »eine schwierige Dichtung«[143]. Auch der Dichter selbst war sich dieser Problematik wohl bewußt, als er an Leo Baeck schrieb: »Nicht viele wird dieses Werk ansprechen, denn es ist Spätlese in jedem Sinn, heiß, dunkel und vielerlei Würze voll.«[144]

Was macht diese vom sprachgewaltigen Symbolismus Georges immer noch entscheidend mitgeprägte Dichtung so schwierig? Es ist wohl primär die »Mannigfaltigkeit und Differenziertheit der Formen«[145], jener ausgesprochene Mischstil dieser Spätwerke Wolfskehls. Die Gedichte erweisen sich als »eine glühende, kochende Sprachmasse, in der deutsche, hebräische, biblische, mystische, kabbalistische, chassidische Formen ineinandergeschmolzen sind«[146]. Ob man diese Sprache als poetische Errungenschaft feiert oder mit dem Wolfskehl-Kritiker Ernst Simon als ein »gestelzt-pathetisches«[147] modernes Schein-Jiddisch abtut, muß dem jeweiligen Einzelurteil überlassen bleiben. Diese anspielungsreiche *Form- und Sprachvielfalt* erschwert gewiß den Zugang zu der Dichtung, macht ihn aber zugleich reizvoll.

Worum geht es in diesem Gedichtzyklus? Noch einmal sei der Dichter selbst zitiert. Für ihn ist seine Dichtung nichts weniger als »meine dichterische Vision vom Wesen des Judentums«[148]. Eingeleitet durch einen dreistrophigen Vorspruch wird in vier sehr unterschiedlichen Gedichten das *Schicksal des jüdischen Volkes als Hiobschicksal* dargestellt:

---

Werke, a.a.O., S. 203–215. Wir folgen der Version in den Gesammelten Werken. Der umfangreiche Text dieses Gedichtzyklus' wird in einer für 1995 im Grünewald-Verlag geplanten Textanthologie zur Hiobsproblematik abgedruckt. Vgl. »Schlußwort«.

142 Brief vom 15. 8. 1947 an *Salman Schocken*, in: *Cornelia Blasberg* (Hrsg.), a.a.O., S. 220. Vgl. auch den Brief vom 11.6.1945 an *Siegfried Guggenheim*, a.a.O., S. 588f.: »In diesem siebenjährigen Exil ist ein neuer Band gediehen: ein Teil davon, eine Dichtung: ›Die Vier Spiegel‹, grade fertiggestellt, halte ich für das stärkste, was mir bis jetzt gelang.«

143 *Willy Haas*, Nachwort, in: *Karl Wolfskehl*, Hiob oder Die vier Spiegel (Hamburg 1950), S. 31.

144 Brief vom 2. 8. 1946 an *Leo Baeck*, in: *Cornelia Blasberg* (Hrsg.), a.a.O., S. 873.

145 *Paul Hoffmann*, Wolfskehls Dichtung im Entwicklungszusammenhang der modernen Lyrik, in: *Paul Gerhard Klussmann* (Hrsg.), Karl Wolfskehl Kolloquium, a.a.O., S. 75.

146 *Willy Haas*, Nachwort, a.a.O., S. 29.

147 *Ernst Simon*, Priester, Opfer und Arzt, a.a.O., S. 429.

148 Brief vom 2.8.1946 an *Abraham Scholem Yahuda*, in: *Cornelia Blasberg* (Hrsg.), a.a.O., S. 271.

– »Hiob Israel« zeichnet abrißhaft die Geschichte des Judentums von seinen Anfängen bis zur Gegenwart nach;
– »Hiob Simson« schildert das Schicksal Simsons, des traditionsgemäß letzten großen Richters Israels (Ri 13–16) als Hiobschicksal;
– in »Hiob Nabi« schildern zwei eigentlich voneinander unabhängige Gedichte das schwere Los der israelitischen Propheten;
– im abschließenden »Hiob Maschiach« verschmilzt die alttestamentliche Hiobfigur mit dem urjüdischen Messiasglauben.

In diesen vier Gestalten *steht* für Wolfskehl *das gesamte jüdische Schicksal unter dem Bilde Hiobs*. Doch nachgefragt: Warum nennt Wolfskehl diese Gedichte »Spiegel«? Wer oder was wird hier gespiegelt, und worin oder womit? Grimm erkennt: »Alle vier Spiegel sind Verkörperungen oder Masken des Hiob, aus allen scheint Gott als aus seinen Spiegeln heraus.«[149] Über diese Deutung hinausgehend wird man von einer *vierfachen Spiegel-Funktion* dieser Gedichte sprechen können. Zum einen spiegeln sie die Figur des alttestamentlichen Hiob in immer wieder neuem Gewande. In der Figur Hiobs spiegelt sich aber auch unverkennbar der Autor Wolfskehl selbst, sein eigenes Schicksal bildet eine stets mitzulesende unterliegende Grundschicht[150]. In Hiob und im Einzelschicksal des Juden Wolfskehl spiegelt sich aber drittens stets das Volk Israel: Israels Schicksal ist ein leidgeprüftes Hiobschicksal, Israels Schicksal versinnbildlicht kollektiv das, was der Dichter individuell erlebt. Und schließlich die vierte Spiegelebene: In all diesen Spiegeldimensionen scheint Gott auf, der Gott Hiobs, der Gott Wolfskehls, der Gott Israels – er rückt diese Größen in sein Licht, und sie rücken mit ihrem Schicksal ihn in ihr Licht. Die Spiegel-Metapher steht somit für eine komplex-dichte Interrelation der vier Größen Hiob/Dichter/Volk/Gott.

*Einzelanalysen*

Zu den einzelnen Gedichten des Zyklus! Von dem *Vorspruch* existieren zwei völlig verschiedene Versionen, wobei der endgültige Vorspruch auch der ältere ist. Auf die Nachricht von den Greueln der nationalsozialistischen Vernichtungslager entstand zwischenzeitlich ein zweiter Vorspruch, der diese Grausamkeiten sprachlich auszudrücken versuchte[151], doch entschied sich Wolfskehl später wieder für den ursprünglichen, »weil dem Dichter der zweite als zu zeitbedingt erschien«[152]. Ihm lag nämlich daran, *Hiob als überzeitliche, archetypische jüdische Urgestalt*, als paradigmatische Krisengestalt

149 *Gunter Grimm*, a.a.O., S. 39.
150 Vgl. *Margarete Susman*, »Karl Wolfskehl«, in: dies., Gestalten und Kreise (Stuttgart/Konstanz 1954), S. 220–238, hier S. 236: »in jeder dieser Spiegelungen sehen wir zutiefst den Dichter selbst gespiegelt«.
151 Vgl. *Karl Wolfskehl*, Gesammelte Werke, a.a.O., S. 284.
152 *Gunter Grimm*, a.a.O., S. 32.

aufscheinen zu lassen, wie er an Abraham Scholem Yahuda schrieb: »So sehe ich Hiob ... an jedem großen Wendepunkt, überzeitlich und getreu, niedergebeugtest und völlig frei von allem Zeitlichen.«[153]
In drei vierversigen, kreuzreimigen Strophen wird im für Wolfskehls Gesamtwerk typischen Bild des Weins das Ziel dieser Dichtung programmatisch entworfen: »Tränen sind der Seele herber Wein«. Wolfskehl sah sich, so in einem anderen seiner Gedichte, als »Kelterer ... des Weins, der Wort heißt«[154]. Der Wein wird demnach hier zum Zentralsymbol für Sprache, für dichterisches Wort. Gerade aus dem Leiden also reift jener Wein, jenes Gedicht, das »wert ist Gottes Spiegel« zu sein, und gerade die »Späte Lese« (des alternden Dichters) »bringt den vollsten Wein«. Doch dieser Wein – aus Tränen gespeist – feiert nicht mehr im dionysischen Sinne die Lebenslust und Sinnenfreude, sondern wird nun zum letzten großen religiös-lyrischen Lebenszeugnis des Dichters. In den Gedichten soll und kann sich also wahrhaft Gott spiegeln, weil sie aus dem tiefsten Seelengrund des durch Leiden gereiften alten Dichters stammen und als solche als wahre Erkenntnis gelten können.
Der *erste Spiegel* Gottes richtet seinen Blick auf das hiobartige Schicksal Israels. Das dreizehnstrophige Gedicht »Hiob Israel« bietet somit eine *mythisch-geschichtsphilosophische Schau der Geschichte des jüdischen Volkes.* Von Anfang an, seit der Exoduserfahrung, steht das Volk Israel im Zeichen des leidenden Hiob, ist es von Gott »verdingt«, in die Pflicht genommen. Identitätsstiftendes Zeichen dieser stets von Kampf und Schmerz geprägten Beziehung Israel/Gott ist »das Buch«, über das Wolfskehl bereits in einem Aufsatz aus dem Jahre 1926 geschrieben hatte, es sei »Grund, Mitte und Umfang seines Daseins für den jüdischen Menschen seit drei Jahrtausenden«[155]. Anspielungen auf Moses, die Zeugung Isaaks, die Landnahme, den Jakobskampf am Jabbok, Simson und den Unheilspropheten Ezechiel kennzeichnen die Stationen der wechselvollen Geschichte Gottes mit seinem Volk, das »hüftlahm« dennoch alle Anfechtungen überstand, solange es »Eins mit dem Buch« war.
Doch dann zerstörte »DER EINE« den Tempel, wollte nicht im Kult, doch »allüberall« gesucht und angebetet werden. Im Zentrum des Gedichtes steht der Zusammenprall von Heidentum und Judentum, denn den »Heiden überkams«. Doch der Heide »verfiel«, denn der bildlose, nicht abbildbare Gott des Judentums, das »unanschaubare Nichts«, zerbricht und überfordert alle heidnischen Gottesvorstellungen. Das Judentum aber, Hiob/sein Volk, wurde von Jahwe durch die Zerstörung des Tempels und die so problematisch bleibende Öffnung zu den Heiden nicht völlig verstoßen, sondern nur »von Mir zu Mir«.

---

153 Brief vom 27.3.1939 an *Abraham Scholem Yahuda*, in: *Cornelia Blasberg* (Hrsg.), a.a.O., S. 265.
154 Vgl. *Karl Wolfskehl*, Sämtliche Werke, a.a.O., Bd.I, S. 192.
155 So der Anfang eines Aufsatzes Wolfskehls aus dem Jahre 1926: »Die Juden und das Buch«, in: ders., Gesammelte Werke, a.a.O., Bd. II, S. 334–337, hier S. 334.

Dem Volk blieb nur das rastlose Exilsschicksal, das flüchtige Umherziehen auf der Erde, »noch *nach* dem Fund« des Buches auf der Suche nach Erfüllung. »Wohl Hiob, wohl!« – dieses Motto umrahmt das von göttlicher Erwählung einerseits und unverständlich bleibender Verworfenheit andererseits doppelt geprägte, paradox-unverständlich bleibende jüdische Schicksal.
Und in der Gegenwart: »Bei vielen Büchern verstaubt das Buch« – das ruhelose Volk, zum ahasverartigen ewigen Wandern verflucht (»Ruh nie – dein Fluch«), hat die Verbindung zu Gott verloren, ist »eingerostet«. Gott und Gesetz scheinen in dieser Existenz nicht mehr erkennbar zu sein. »Bar von Bund und Buch« leben die assimilierten Gegenwartsjuden vor der allpräsenten bangen Frage: »Begreifst du daß der Aufgang von dir wich?« Schließlich die resignative Schlußfrage: »was blieb?« – In diesem Gedicht bleibt den Juden nur die Isolation von allen anderen Völkern, die ruhelose Einsamkeit und das scheinbar von Gott verlassene Los des ständigen Exils, der ständigen Flucht.
Der *zweite Spiegel*, »Hiob Simson«, schildert das letzte Kapitel der *Geschichte Simsons aus dem Richterbuch*, die Zerstörung des Tempels der Philister. Wolfskehl setzt freilich eigene, im alttestamtlichen Buch nicht enthaltene Akzente. Er interpretiert das Schicksal Simsons »als eines ›Streiters‹ im Dienste Gottes«[156]. Simsons Handeln präsentiert sich als ein Mittel zur Vernichtung der Feinde Gottes und somit als ganz und gar gottbestimmtes Tun. Der eigene Untergang ist im unverständlich bleibenden göttlichen Heilsplan notwendig, um den Untergang der Gottesfeinde herbeizuführen. Simsons Schicksal exemplifiziert somit das Kollektivschicksal der Juden, es wird hier zum »Gleichnis für die zweifelhafte Größe und für die bittere Würde des Erwählten«[157]. Der Gottesstreiter Simson ist scheinbar schuldlos »gesetzt gegen Gottes Richterspruch«, erfüllt aber gerade so in treuem Gehorsam dessen Willen – genau darin liegt wohl die von Wolfskehl ausgemachte Parallele zur Hiobgestalt.
Die Aufnahme dieses Gedichtes in den Hiob-Zyklus, auf den ersten Blick von der inneren Struktur her nicht unbedingt zwingend, schon weil Simson bereits im Gedicht »Hiob Israel« erwähnt wurde, liegt zumindest auch in der Lebens- und Werkgeschichte Wolfskehls begründet.[158] Zum einen verschmilzt in dieser Simson-Konzeption in für Wolfskehl typischer Manier die jüdische Tradition mit einer nordischen Heldentradition, etwa der des Odin. Schon die

---

[156] *Gunter Grimm*, a.a.O.., S. 93.
[157] *Rupert Böswald*, Hiob in moderner Dichtung, in: ders./*Erich Zenger*, Durchkreuztes Leben (Freiburg/Basel/Wien 1976), S. 102.
[158] Eine literarische Verbindung der Figuren Hiob und Simson findet sich vor Wolfskehl bereits in dem in seiner Zeit durchaus verbreiteten »Simson« – Drama des frühexpressionistischen, später völkisch-national und antisemitisch gesinnten Maler und Schriftsteller Hermann Burte (1879–1960). Ob Wolfskehl dieses Drama kannte und gegebenenfalls von ihm mitbeeinflußt war, läßt sich allerdings nicht nachweisen. Vgl. *Hermann Burte*, Simson. Ein Schauspiel (Leipzig 1917), vor allem S. 188: »Simson, dein Gott ist ein Götze. Im Spiele / Gab er den Hiob dem Satan zur Probe – / Gab er den Simson den Feinden zum Spaß.«

strenge Form dieses Gedichtes, der Stabreim, belegt die hier angestrebte deutsch-jüdische, nordisch-alttestamentarische Symbiose. Und hinsichtlich der konkreten biographischen Situation Wolfskehls kommt hinzu: Gerade in der Gestalt des blinden – hier als Sänger dargestellten – Simson wird sich der fast völlig erblindete Dichter Wolfskehl selbst wiedergefunden haben. Und so wie sich für ihn in seinem Leben Hiobschicksal und Simsonschicksal verbanden, drängte sich ihm wohl auch diese literarische Parallelisierung auf.
Der *dritte Spiegel*, »Hiob Nabi«, besteht aus zwei eigenständigen Gedichten, die unabhängig voneinander entstanden sind und erst später zu einer Einheit zusammengefügt wurden. Beide schildern auf erneut biographischem Hintergrund des Dichters das – wiederum hiobartige – *Schicksal des Propheten*. Im ersten Gedicht spricht der Prophet je dreimal ein unheilverkündendes »Wüßtet ihr was ich weiß« und jedes Mal verlangt das Volk Auskunft: »Was weißt du? Sprich!« Doch als der Prophet das von ihm geschaute apokalyptische Szenario schildert, wird ihm geboten zu schweigen: »Sprich nicht, du! Schweige doch!« In diesem Gedicht rechnet Wolfskehl mit seinen Zeitgenossen ab, speziell mit weiten Teilen des westeuropäischen Judentums. Die von ihm vorausgesehene und proklamierte politische Entwicklung, die ihn selbst zur sofortigen Flucht trieb, wurde von vielen seiner jüdischen Zeitgenossen als Schwarzmalerei abgetan. Die Warnungen des Dichters, der sich hier zum Propheten stilisiert, verhallten weitgehend ungehört.
Das *zweite Gedicht* basiert auf einer ähnlichen Erfahrung des Dichters. Wieder sieht er sich als Prophet, der von seinem Volk nicht gehört wird: »Ihr aber schaudert, scheut und zagt:/›Was will der, daß er höher ragt?‹« Doch neu ist hier die Reaktion des Propheten: verbitterter Rückzug und mutloses Verstummen: »Und ich? tu ich nicht alles um/ Unmerklich mich zu machen, stumm«. Das Volk, das die warnende Stimme Gottes aus dem Prophetenmund nicht hören wollte, geht dem sicheren Verderben entgegen. Der Prophet selbst aber hat sich durch Passivität mitschuldig gemacht und sieht ebenfalls dem göttlichen Gericht entgegen: »Zu spät. Feig säumt auch ich. Verhielt/ Sein Wort. So bin ich mitverspielt/ Das Haupt verhüllt/ Erwart ich Sein Gericht.«
Diese drei ersten Hiob-Spiegel, konzentriert auf die Themen Isolierung, Untergang und Schuld, bilden den Grundstock, die Ausgangsbasis für den krönenden und abschließenden *vierten Spiegel*. Mit den Worten Gunter Grimms: »Einsamkeit, Untergang und menschliche Schwäche bilden als Kriterien hiobischer Existenz die Voraussetzung zur Erneuerung, bedingen das Eintreffen der Verheißung.«[159] Denn hiervon, von Erfüllung, Erneuerung und Verheißung, handelt der von einem talmudischen Gesamtduktus geprägte letzte Spiegel, »Hiob Maschiach«. Der zuvor geschilderten hiobartigen Existenz der Juden wird eine *hoffnungsvolle Zukunftsvision* entgegengesetzt: der traditionsverwurzelte jüdische Glaube an das Kommen des *Messias*. Diese jüdische Vorstellung wird jedoch von Wolfskehl radikal neu gedeutet.

---

159 *Gunter Grimm*, a.a.O., S. 299.

Nach dem programmatischen Motto »Wer wenn nicht du/ Wann wenn nicht heut/ Wo wenn nicht hier« folgen drei längere Gedichteinheiten, die im visionären Verschmelzen der Einheiten von Ort, Zeit und Person am Tage der Ankunft des Messias gipfeln. Doch dieser Tag ist nicht irgendwann, sondern schon da, der Ort nicht irgendwo, sondern hier, der Messias nicht irgendwer, sondern das hiobartige Du. In diesen Gedichten erfolgt eine *radikale Absage an alle traditionellen Vorstellungen des künftigen Kommens des Messias* (»nimmer die Sach, mit der ihr euch brüstet«). Denn dem Menschen steht nicht eine Erwartung des Kommenden zu, sondern ein Bereitsein für die Erkenntnis des »ist doch schon da, da, wie alles von eh.«
Das *erste Gedicht* beginnt denn auch mit dem Aufruf: »Du, der Ruf, horch! Dir gilt er, dich trifft er« – der Ruf trifft jedes jüdische Du, findet in jedem jüdischen Du einen Hiob: »Hiob immer, empfangen im Schoß der Not./ Hiob immer, erkoren zum Hocken im Kot./ Hiob immer von der Stimme umloht!« Unter bewußter Übernahme und Überbietung der dialogischen Sprachgepflogenheiten des Freundes Martin Buber, in einem sich zum ekstatischen Stammeln steigernden Sprachgebrauch erfolgt die Frage nach Gott, »Wer ist das der Ihn«. Dieses zunächst rätselhafte »Ihn« erweist sich bei näherer Betrachtung nicht als willkürlich-abstrakte Sprachverfremdung, sondern – im Sinne eines talmudischen Ernstnehmens der wörtlichen Bedeutung – als ein Akkusativ des Begehrens und Ersehnens, der hier zum Subjekt, zur Realität wird. So folgt auf die Frage die Einsicht: »Dann bist du's./ Der Ihn dann dein Du./ Der Ihn dann dein Du, dein Du'stes Du./ Wer wenn nicht Du?« Unverkennbar verschmelzen hier die Individualität des Menschen und des ersehnten Gottes, hier erfolgt in präsentischer Eschatologie eine mystische Schau der Vereinigung von menschlichem Ich und göttlichem Messias.
Das *zweite Gedicht*, durchmischt mit Begriffen aus der jüdisch-hebräischen Tradition, widmet sich der Frage nach Zeit und Ort des Kommens des Messias: »Ist doch schon da«. Es endet im Appell: »Ruft doch, begreift doch, was das bedeute:/ Nimmer wärs wenn nicht hier, wenn nicht heute:/ ... Wo wenn nicht hier? Wann wenn nicht heute?«
Das *dritte Gedicht* bricht endgültig den normalen Sprachduktus, im mystisch-ekstatischen Stammeln – wie auch anders? – wird der Tag des Messias beschrieben, zunächst in traditionell jüdischen Vorstellungen (»Beim Wolf ruht das Lamm, Leu'n kost die Kuh./ Prallen Korns voll siebenfach alle Schütten Stroh«), dann in eigenen Wendungen: »Denn da ist Dein Wann. Da ist dein Wo/ Und Dein Du, Dein Du bist Du«, gipfelnd im Schluß:

»Wieder geschieht was BE-RESCHIETH geschah.
Da dann Du, Du dann da.
Ja: nun Du Er. Ja Er nun Du.
Er der Andre, der Jeder, der Allzeit-Unzeit-Nu.
Halt dich – Er Du. Vergeh – Er Du.
Gegenwart, Opferstatt, Du Du Du.
Hiob – Du. Maschiach – Du.
WER – ER – DU.«

Das also ist der Zielpunkt dieses Gedichtzyklus: Das Du nimmt einen messianischen Charakter an. Es wird aufgrund seiner zeugnisablegenden, leidgeprüften Hiob-Existenz schließlich zu dem verheißenen »Ihn«, dem Messias. Hiob symbolisiert dabei das menschliche Dulden und Ertragen, der Messias hingegen die Gestaltwerdung göttlicher Gnade. Und das heißt konkret mit den Worten Gunter Grimms: »Die zwei größten Gegensätze vereinen sich: Hiob und Maschiach, der Leidgeläuterte und der Erlöser.«[160] Gerade der Geringste kann erhöht werden, gerade der vom Leid Zerschlagene wird zum Wegbereiter der Erlösung.

So erweist sich der gesamte Zyklus, trotz der langen Entstehungsgeschichte, als eine Einheit[161], die aber nicht so sehr von einer einheitlichen Sprach- oder Formgestalt geprägt ist, sondern ihr einigendes Band in der durchgängigen geistigen Konzeption findet und auf die visionär geschaute mystische Versöhnung des Hiob/Israel abzielt. Das getragene Leid des Einzelnen, eines jeden Hiob, zielt ab auf eine letztendliche Sinnfindung. Und es ist gerade dieser bleibende vierte *Spiegel der Hoffnung*, in dem Gott erkennbar wird. Insofern relativiert sich die Äußerung von Cornelia Blasberg, die hier »die Vorstellung Gottes bis zum horror vacui«[162] verdunkelt sieht. Eher trifft schon Paul Hoffmanns Interpretation die Grundabsicht des Dichters, wenn er davon spricht, die Einzelseele erahne hier »ihre bergende Allverwobenheit im göttlichen Seinsgrund«[163].

Wie also rezipiert Wolfskehl die Hiobfigur, welches literarische Interesse verbindet er mit ihr? Eines ist klargeworden: Wolfskehl geht weit über die biblischen Vorgaben hinaus, Grimm spricht mit Recht von einer »*Umdeutung und Neugestaltung des Hiob-Bildes unter veränderten Vorzeichen*«[164]. Angesichts der eigenen Erfahrungen, angesichts von Exil und Holocaust, ergeben sich ganz neue Aspekte des Hiob-Geschehens. So erscheint nicht nur das eigene Leben des Dichters, sondern die ganze geschichtliche Existenz des Volkes Israel im Bilde Hiobs. Was aber ist der strukturelle Ansatzpunkt Wolfskehls für eine solche Konzeption? Sieht er Hiob tatsächlich nur »als Bild für den unerhöht Leidenden«[165], wie es Grimm behauptet? Ein Briefzitat, oben bereits zum Teil angeführt, scheint diese Auslegung zu bestätigen. Wolfskehl schreibt: »Immer mehr fühle ich die Hiobs-Gestalt, das Hiob-Erlebnis als eigentlichste Verwirklichung jüdischen Schicksals, freilich nur in seiner Tragik, in der ungeheuren Belastung eines Geschichtsverlaufs ohne Gleichen, und durchaus nicht im ›happy end‹ der Hiobs-Dichtung selbst.«[166]

---

160 A.a.O., S. 298.

161 Vgl. a.a.O., S. 30.

162 *Cornelia Blasberg*, Anmerkungen, in: dies. (Hrsg.), a.a.O., S. 1057.

163 *Paul Hoffmann*, »–jüdisch, römisch, deutsch zugleich«, a.a.O., S. 102.

164 *Gunter Grimm*, a.a.O., S. 5f.; Hervorhebung von mir.

165 A.a.O., S. 5.

166 Brief vom 27.3.1939 an *Abraham Schalom Yahuda*, in: *Cornelia Blasberg* (Hrsg.), a.a.O., S. 265; vgl. Anmerkung 131.

Ohne also zunächst das glückliche Ende des Hiobbuches auf das Schicksal des jüdischen Volkes übertragen zu wollen, werden diese beiden Größen miteinander verglichen. Aber es finden sich neben dem Bezugspunkt »Leiden« weitere parallele Strukturelemente, die einen derartigen Vergleich sachlich rechtfertigen, etwa das Bewußtsein einer zwischen Erwählung und Verwerfung zerrissenen Beziehung zu Gott und die stetige Spiegelung des Leidens an den Erfahrungen mit Gott. Wolfskehls Hiob ist aber im Gegensatz zu seinem biblischen Vorbild *eine nicht protestierende, nicht rebellierende Figur*, sondern im Gegenteil eine in Demut und Duldsamkeit trotz allem sinnsuchende und in paradoxaler Zuversicht auf Gott hoffende Symbolgestalt. Angesichts von Exil und Holocaust war für Wolfskehl nur eine solche Hiobkonzeption möglich.
Die Struktur der wolfskehlschen Hiobdichtung ist dabei völlig eigenständig. Auch in diesem Punkt erweist sich Grimms Deutung als nicht stimmig: Für ihn »ordnet sich die HIOB-Geschichte« Wolfskehls »in einer Reihenfolge, die dem Vorgang des biblischen Hiob-Buches entspricht«[167]. Zuviel der Harmonisierung, von einer grundsätzlichen strukturellen Entsprechung kann keine Rede sein, dafür ist der Wolfskehlsche Gedichtzyklus mit seinen sehr verschiedenen, allmählich gewachsenen und später zusammengefügten Bausteinen eine viel zu komplexe und in sich selbst polyphone Gesamtgröße.
Es gibt somit weitreichende strukturelle Divergenzen zwischen der biblischen Dichtung und ihrer literarischen Transformation. Zentrale Bedeutung für die inhaltliche Beziehung zwischen beiden Werken kommt der Ausrichtung des Gedichtzyklus auf die messianische Hoffnung zu, die mystisch-visionär geschaut schon jetzt real erscheint. Ein wichtiger Unterschied zum Hiobbuch, gewiß, aber: Ist dies nicht als eine *kongeniale Übertragung des* von Wolfskehl im eben zitierten Brief kritisierten *Happy Ends des Hiobbuches* zu sehen, als adäquate Übertragung des Grundtons des literarischen biblischen Vorbilds in den zeitgenössischen historischen Kontext? Gerade dem isolierten, vom Untergang bedrohten, schuldig gewordenen, leidgeprüften Volk Israel wird die Hoffnung auf messianische Rettung zugesagt, zugesagt von einem nahezu blinden, fast völlig vereinsamten, am buchstäblich anderen Ende der Erde lebenden alten Dichter kurz vor seinem Tod im Exil im Jahre 1948. In dieser mutmachenden Botschaft zeigt sich Wolfskehl als Dichterprophet, der sich des angenommenen Hiob-Namens würdig erweist.

### *Wolfskehl und Susman*

Die gesamte Rezeption und dichterische Neukonzeption der Hiobfigur bei Wolfskehl weist verblüffende Parallelen zu Margarete Susmans essayistischer und lyrischer Hiobdeutung auf. In der Tat, mit Wolfskehl »verband Margarete Susman die Interpretation Hiobs als Chiffre für die geistige Be-

---

167 *Gunter Grimm*, a.a.O., S. 299.

wältigung eines aufgezwungenen Schicksals«[168], aber noch viel mehr: sie unterhielten eine Freundschaftsbeziehung über Jahre und Kontinente hinweg. Ihr *Briefwechsel* wurde eigens dokumentiert[169] und er dreht sich nicht zuletzt um die beide verbindende Hiobgestalt. Auch wenn ihre jeweiligen Konzeptionen Hiobs weitgehend unabhängig voneinander entstanden, so ergeben sich viele aufschlußreiche Bezugspunkte. Margarete Susman war es, die ihm »erstmals den Hiob deutete«[170] und als er von ihrem Plan erfährt, jenes Hiobbuch zu schreiben, kommentiert er, der sie stets »Schwester« nannte, zustimmend-begeistert: »Das Hiobbuch! Welch ein Vorwurf, was ist Ihnen auferlegt damit. Herrlich, herrlich, herrlich!«[171]

Als beider Werke nach jahrelangem Entstehungsprozeß – auch dies eine Parallele – einander zugeschickt werden, erkennen sie beide Entsprechungen in Grundton und Aussageabsicht. Wolfskehl schreibt, von sich selbst in dritter Person als »dem Dichter« redend, in einem Brief an seinen Verleger Schocken: »Ohne daß das philosophische Denken den dichterischen Gedanken Weg wies oder auch nur die Tatsache meines ›Hiob‹ der Denkerin irgendwie bekannt war, finden sich in Margarete Susmans außerordentlichem ›Hiob‹ ideelle Bezüge, ja Zusammenklänge voll ergreifender Harmonie mit dem, was den Dichter ergriffen hat.«[172] Und sie schreibt in einem der wenigen erhaltenen Briefe an ihn: »Ihr unbeschreiblicher Hiob, der sich natürlich mit dem meinen vielfach berührt, aber so viel geschlossener: eine einzige Flamme ist...«[173].

Beider Hiob verkörpert das Schicksal des in einer religionsmythologischen Geschichtsschau präsentierten jüdischen Volkes, beider Hiob bietet als Bezugspunkt in den Katastrophenjahren des Nationalsozialismus eine Zeit- und Sinndeutung von der biblischen Figur her, beider Hiob wird mit tiefem Pathos als prophetische Verkündigungsgestalt gezeichnet. Nur bei Wolfskehl findet sich jedoch die hoffnungsvolle Ausrichtung auf eine messianische Erfüllung. Paul Hoffmann möchte Wolfskehl gerade aufgrund dieser Hiob-Dichtung in einen »Zusammenhang mit Nelly Sachs und Paul Celan« rücken, denn »es besteht eine Verwandtschaft des Ethos« und »der gemeinsame Hintergrund

---

168 *Cornelia Blasberg*, Anmerkungen, a.a.O., S. 1284. Vgl. *Phyllis Berg*, Jüdische Themen und das Hiob Schicksal im Werke Yvan Golls (Diss. Ann Arbor, University of Cincinnati 1977), S. 207: »Geradezu erstaunlich ist die Parallelität des Gedankenganges der Schriftstellerin in Zürich und des Dichters in Neuseeland.«

169 *Margot Ruben* (Hrsg.), Karl Wolfskehl – Margarete Susman. Briefwechsel, in: Castrum Peregrini 102–103 (Amsterdam 1972), S. 20–72. Vgl. auch *Margarete Susmans* Nachruf, ihr Portrait von Mensch und Werk Karl Wolfskehls in: dies., Gestalten und Kreise (Stuttgart/Konstanz 1954), S. 220–238.

170 Vgl. den Brief von *Wolfskehl* an *Susman* vom 5. 11. 1938 oder 1939: »ich fand mich, ich fand den Hiob von einst und immer, Schwester, die sie mir erstmals den Hiob deuteten«, in: *Margot Ruben* (Hrsg.), a.a.O., S. 62.

171 Brief von *Wolfskehl* an *Susman* vom 12. 7. 1936, a.a.O., S. 57.

172 Brief an *Salman Schocken* vom 15. 8. 1947, in: *Cornelia Blasberg* (Hrsg.), a.a.O., S. 220.

173 Brief von *Susman* an *Wolfskehl* vom 7. 5. 1946, in: *Margot Ruben* (Hrsg.), a.a.O., S. 66.

jüdischer Sprachmystik«[174]. Der gemeinsame kabbalistische Hintergrund vor dem die Werke durchscheinenden gleichen Zeitkontext des Holocaust macht sich in der Tat in einer vergleichbaren Sprachform, einer ähnlichen Stoff- oder Motivwahl und in der Gesamtthematik überhaupt bemerkbar. Wolfskehls Gedichte zeichnen sich allerdings durch symbolistisch-überquellenden Bild- und Assoziationsreichtum aus, eine Tradition, die der modernen Lyrik letztlich gerade nicht die Richtung weisen sollte. Dort wird vielmehr die sprachsklerotische Verknappung, Auslassung und Sprachdemut, die besonders Sachs' und Celans jeweils spätere Lyrik kennzeichnen, richtungsweisend. So sehr eine solche Einreihung der Sache nach also zu rechtfertigen ist, so sehr behält Wolfskehl sein ganz individuell-geprägtes Profil: durch die biographische Totalidentifikation mit der Hiobfigur einerseits, und durch die letztgültig untrennbare Bezogenheit seines literarischen Hiob/Israel auf die Messiashoffnung andererseits.

## 5. »Unsicherer Gott / Dich Dir zu beweisen« – *Yvan Goll*

Neben Wolfskehl muß ein zweiter deutschjüdischer Dichter genannt werden, der sich in den letzten Jahren seines Lebens nicht nur lyrisch mit der biblischen *Hiobgestalt* auseinandergesetzt hat, sondern für den sie ebenfalls zur *autobiographischen Deutefigur* wurde: Yvan Goll (1891–1950). Leben und Werk dieses unter dem Namen Isaac Lang in Frankreich geborenen Dichters sind völlig zu Unrecht nur wenig bekannt, obwohl er eine zentrale Gestalt der literarischen Hauptströmungen der ersten Hälfte dieses Jahrhunderts war (Expressionismus, Surrealismus), obwohl er zeitweilig Sekretär eines James Joyce gewesen war, befreundet mit Schriftstellern wie Stefan Zweig, Rainer Maria Rilke oder Alfred Döblin und mit Malern wie Picasso, Dalí, Chagall, Miró oder Matisse, die seine Bücher illustrierten, und obwohl er nachhaltigen Einfluß auf Dichter wie Paul Celan oder Karl Krolow ausübte.[175]

Für diese *mangelhafte öffentliche Rezeption* gibt es zwei sehr verschiedenartige Gründe. Der eine basiert auf einem biographischen Spezifikum Golls: er war ein Wanderer zwischen verschiedenen Welten. In der epochalen expressionistischen Anthologie »Menschheitsdämmerung« von 1920 charakterisiert sich der hier mit sieben Gedichten vertretene Goll folgendermaßen: »Iwan Goll hat keine Heimat – durch Schicksal Jude, durch Zufall in Frankreich geboren, durch ein Stempelpapier als Deutscher bezeichnet.«[176] Und dreißig

---

[174] *Paul Hoffmann*, Wolfskehls Dichtung im Entwicklungszusammenhang der modernen Lyrik, a.a.O., S. 77.

[175] Vgl. *Winfried Hauck*, Die Bildwelt bei Iwan Goll (München 1965), S. 220: »›Traumkraut‹ hatte auf Celan und Krolow nachhaltigen Einfluß«.

[176] *Yvan Goll*, in: *Kurt Pinthus* (Hrsg.), Menschheitsdämmerung. Ein Dokument des Expressionismus (Hamburg ²1959), S. 340; siehe hierzu: *Dietrich Schaefer*, Iwan Goll, in: *Wolfgang Rothe* (Hrsg.), Expressionismus als Literatur. Gesammelte Studien (Bern/München

Jahre später, nach lebenslanger Odyssee, soll er auf dem Totenbett gesagt haben: »Ich gehe mit französischem Herzen, deutschem Geist, jüdischem Blut und amerikanischem Paß.«[177] Der ruhelose Weltenwanderer Goll schrieb Romane, Dramen und besonders Gedichte in Deutsch, Französisch und Englisch[178], doch keiner dieser drei Kulturräume nahm sich seines Gesamtwerkes an. Das führt zu der wenig zufriedenstellenden, vom Goll-Experten Erhard Schwandt vor mehr als zwanzig Jahren so beschriebenen Situation: »Golls Werke sind verstreut, vielfach vergriffen, schlecht überschaubar und nicht mehr als Ganzes verfügbar; sein Nachlaß ist zum Teil unzureichend ediert, zum Teil unveröffentlicht.«[179] Diese Situation gilt auch weiterhin, trotz freundlicher Aufmerksamkeit der Feuilletons anläßlich des 100. Geburtstags Golls im Jahre 1991: Es liegt keine Gesamtausgabe seiner Werke vor, von einer dringend benötigten textkritischen Ausgabe ganz zu schweigen.
Neben diese Editionsproblematik tritt ein völlig anders gelagerter Grund, verbunden mit dem Namen Paul Celans (1920–1970) und einer unschönen und bis heute letztlich undurchschaubaren *Literaturaffäre*[180], deren Folgen bis in die Gegenwart hinein die Rezeption Golls erschweren. Celan hatte sich als junger erfolgloser Dichter 1948 an Goll gewandt, er wurde für die kurze Lebenszeit, die Goll noch blieb, sein Sekretär, Übersetzer und wohl auch Freund. Als Celan 1960, zehn Jahre nach dem Tode Golls, zum gefeierten erfolgreichen Dichter avanciert war, während Golls Werke nur mäßige Beachtung fanden, sah sich Claire Goll, die Frau und Nachlaßverwalterin Golls, zu einem schon zuvor vorbereiteten öffentlichen Angriff gegen Celan veranlaßt: In einem in Ton und Inhalt völlig überzogenen Artikel beschuldigte sie Celan des Plagiats, er habe in seinen frühen Dichtungen wesentliche Bilder und Sprachformen aus dem ihm zugänglichen, aber damals noch unveröffentlichten Spätwerk Golls schlichtweg übernommen. Diese in Form und Methode höchst fragwürdige Attacke löste eine heftige und emotionsgeladene öffentliche Diskussion aus. Die Meinung der Öffentlichkeit polarisierte sich schnell zugunsten einer Parteinahme für Celan. In der damaligen kulturpolitischen Situation war an einer Klärung der *sachlichen Grundlagen* dieses emotional völlig überlagerten Angriffs niemandem gelegen. Eine detaillierte Untersuchung über den Raum des Zitats im poetologischen Verfahren Celans steht bis

---

1969), S. 426–436; *Joachim Müller*, Yvan Goll im deutschen Expressionismus (Berlin 1962).

177 So *Claire Goll*, Ich verzeihe keinem. Eine literarische Chronique scandaleuse unserer Zeit (Bern/München 1978), S. 276.

178 Siehe hierzu: *James Phillips*, Yvan Goll and Bilingual Poetry (Stuttgart 1984).

179 *Erhard Schwandt*, Vorwort, in: *René A. Strasser* (Hrsg.), Yvan Goll. Gedichte. Eine Auswahl (Meilen 1968), S. 6.

180 Vgl. hierzu: *Reinhard Döhl*, Geschichte und Kritik eines Angriffs. Zu den Behauptungen gegen Paul Celan, in: Jahrbuch der deutschen Akademie für Sprache und Dichtung 1960 (Heidelberg/Darmstadt 1961), S. 101–132; *Erhard Schwandt*, Korrekturen zum Bericht von Reinhard Döhl, in: Jahrbuch der deutschen Akademie für Sprache und Dichtung 1966 (Heidelberg/Darmstadt 1967), S. 191–206.

heute aus. Hans Mayer, ein Freund Celans, gibt vorsichtig zu bedenken: »Im allgemeinen zitiert Celan nicht, sondern behandelt die überlieferte Denksubstanz und Formulierung als Teil seiner eigenen Gegenwart: also als sein Eigentum.«[181] Die inhaltliche Seite der Attacke Claire Golls zu überprüfen und von ihrem poetologischen Grundsatz her zu hinterfragen steht also noch aus.
In unserem Zusammenhang entscheidend sind jedoch die *negativen Konsequenzen dieser Affäre für die Rezeption des Werkes Yvan Golls*. Celan war durch diese in der Öffentlichkeit weitdiskutierten Anschuldigungen aufs Tiefste verletzt. Hilde Domin, eine sicherlich unparteiische Zeugin, dokumentiert seine überzogene Reaktion: »Paul Celan forderte und erhielt von den bundesdeutschen ›Meinungsmachern‹ die *absolute Ausradierung seines Freundes Yvan Goll*. In keiner Anthologie arbeitete er mit, in der ein Vers von Yvan Goll stand oder ein Wort der Germanisten, die auf der Gollschen Seite impliziert waren. Wie eine Billardkugel stieß er den toten Freund vom Tisch.«[182] Und diese Tendenz zur »Verniemandung« Yvan Golls, gegen die Hilde Domin weitgehend ungehört anschrieb, hält sich bis in die Gegenwart durch und erforderte so die kurze Darstellung im Rahmen dieser Arbeit.
Vor diesem Hintergrund nun also zurück zu einigen wichtigen Daten der *Biographie Golls*. Dank der detaillierten Forschungen von *Erhard Schwandt*[183] ist folgendes klar: Nach dem erzwungenen Exil in den USA kehrt Goll 1947 in seine Wahlheimat Frankreich zurück. Er weiß, daß er unheilbar an Leukämie erkrankt ist und nur noch geringe Zeit zu leben hat. Diese letzte verbleibende Lebensspanne will er seinem dichterischen Vermächtnis widmen.
Zwei Entwicklungen sind für diese Spätphase Golls kennzeichnend: die *Rückkehr zur deutschen Muttersprache* und die *Hinwendung zur biblischen Hiobgestalt*. Claire Goll stellt, wenngleich bewußt stilisierend und somit nicht buchstabengetreu zu interpretieren, fest: »fünfzehn Jahre lang hatte er keinen deutschen Vers mehr geschrieben«[184]. Tatsache ist, daß Goll – zuvor eine

---

[181] *Hans Mayer*, Deutscher auf Widerruf. Erinnerungen II (Frankfurt 1988), S. 323. Zudem gilt es zu bedenken, daß zumindest für Celans bekanntestes (Früh)-Gedicht, die »Todesfuge«, die weitgehende Übernahme wichtiger Bilder und Zentralmotive aus dem erst 1970 veröffentlichten, schwer genau datierbaren Gedicht »Er« seines Jugendfreundes *Immanuel Weißglas* diskutiert wird. Vgl. hierzu: *Theo Buck*, Lyrik nach Auschwitz. Zu Paul Celans »Todesfuge« , in: *Chaim Shoham/Bernd Witte* (Hrsg.), Datum und Zitat bei Paul Celan. Akten des Internationalen Paul Celan-Kolloquiums Haifa 1986 (Bern 1987), S. 11–41.

[182] *Hilde Domin*, Plädoyer gegen die »Verniemandung« von Yvan Goll [1]1973, in: dies., Gesammelte Essays. Heimat in der Sprache (München/Zürich 1992), S. 121–123, hier: S. 122. Hervorhebung von mir.

[183] Vgl. bes. *Erhard Schwandt*, Das poetische Verfahren in der späten Lyrik Yvan Golls. Untersuchungen zur Genesis und Poetik (Diss. Berlin 1968).

[184] *Claire Goll*, Vorwort, in: *Claire Goll/Yvan Goll*, Traumkraut. Die Antirose. Gedichte (Frankfurt 1990), S. 17. Vgl. den Brief *Yvan Golls* vom März 1948 an *Alfred Döblin*, damals Herausgeber der Zeitschrift »Das goldene Tor«, in dem Goll einige Gedichte zur Veröffentlichung anbietet, von denen Döblin später auch fünf publiziert: »Nach zwanzigjähriger Abkehr bin ich zur deutschen Sprache zurückgekehrt«, abgedruckt in: Ausstellung Mai–Juni 1973

Zentralgestalt des deutschsprachigen Expressionismus – seit 1933 fast ausschließlich französisch geschrieben hatte und erst angesichts des nahenden Todes (Februar 1950) zur deutschen Sprache zurückfindet. Tatsache ist ebenfalls, daß Goll, dem zeitlebens ein »ausgeprägter Hang zur Selbstdarstellung« und eine »Neigung, sich mit mythischen Figuren und Rollen zu identifizieren«[185] nachgesagt wurde, nun nicht mehr Orpheus, Ahasver oder Johann Ohneland als archetypische Lebensvorbilder sieht, sondern, angesichts der Leiden, Schmerzen und der nagenden Sinnfrage, *die biblische Hiobgestalt als lyrische Deutefigur des eigenen Schicksals* entdeckt. Dabei darf nicht übersehen werden, daß sich das Hiob*thema* (Leid, Rebellion, Sinnfrage) seit frühen Jahren durch Golls Dichtung zieht. Doch erst jetzt wird es für ihn zum direkten literarisch gespiegelten Stoff. – Wie im Fieber beschreibt er unter heftigen Schmerzen jedes nur irgend erreichbare Stück Papier. So entsteht jener »›Hiob‹-Komplex, bestehend aus 26 deutschen Gedichten, geschrieben zwischen dem 21. September 1948 und dem 14. Januar 1949 im Straßburger Hôpital Civil«[186].

*Die »Hiob«-Gedichte*

Und hier beginnen die editorisch bedingten Rezeptionsprobleme: Keine dieser 26 zum Teil fragmentarischen und äußerst verschiedenen Gedichtversionen[187] kann als endgültig angesehen werden. Claire Goll nimmt insgesamt zwölf Hiob-Gedichte, zum Teil noch von diesen 26 abweichend, in die bis heute wichtigste Sammlung von Goll-Texten[188] auf. Einen Zyklus von vier Gedichten stellt sie unter die Überschrift »Hiob. Erste Fassung« (S. 372–375), einen weiteren Viererzyklus unter das Thema »Hiobs Revolte« (S. 376–379), drei stark verknappte Gedichte bilden im Nachlaßband »Traumkraut« eine Einheit unter dem schlichten Titel »Hiob« (S. 452–453), ein letztes Hiob-Gedicht bildet den Abschluß des Gedichtzyklus »Neila« (S. 588). Dieses wohl auch chronologisch letzte Gedicht bündelt die in den anderen enthaltenen poetischen Aussagen und Bilder und soll im folgenden als Ausgangspunkt und Grundlage der Interpretation des Hiobmotives bei Yvan Goll dienen.[189]

---

Gutenberg Museum, *Yvan Goll und Claire Goll*, Bücher und Bilder, S. 82.

185 *Erhard Schwandt*, Mythische Selbstdarstellung in der Lyrik Yvan Golls. Der neue Orpheus, Jean sans Terre, Hiob, in: Colloquia Germanica 4 (1970), S. 233.

186 *Erhard Schwandt*, Das poetische Verfahren, a.a.O., S. 19.

187 An anderer Stelle spricht *Schwandt* von insgesamt 38 im Marbacher Nachlaß erhaltenen Hiob-Gedichten, vgl. *Erhard Schwandt*, Mythische Selbstdarstellung, a.a.O., S. 243.

188 *Claire Goll*, Yvan Goll. Dichtungen. Lyrik. Prosa. Drama (Darmstadt 1960). Alle Seitenangaben im Text folgen dieser Ausgabe.

189 Der Einwand gegen ein solches Verfahren von Seiten der amerikanischen Literaturwissenschaftlerin *Phyllis Berg* aus ihrer kenntnisreichen Dissertation »Jüdische Themen und das Hiob Schicksal im Werke Yvan Golls« (Diss. Ann Arbor, University of Cincinnati 1977), S.

*Hiob*

Das ist mein Schmerzenskreis
Mein Sein wird wieder Element
Verwandelt sich zum Märchen der Muschel
Ich bin geadelt zu Nessel
Bin verzaubert zu Stein
Sieh! Aus meinem braunen Aug rieselt der Honig
Durch meine Hände blitzt der grüne Eidechs
Tastet der zarte Fühler der Schnecke
So kehr ich zu mir zurück wie die Statuen
Die nur von innen vernehmbar sind

Das Echo von Seherstimmen tönt
Aus der Höhle meiner Brust
Meine Lust ist verteilt an blaue Falter
Meine Trauer an dunkles Nachtgetier
Verfallen ist die Kuppel Sodoms
Doch ihre verlorenen Vögel
Beginnen auf mir zu schlafen
O einen Schlaf so dünn wie ein Halm
Aus dem am Morgen der Geist erblüht
Oder ein klagendes Lied.

Dieses Gedicht repräsentiert die *Endphase der Auseinandersetzung* Golls mit seinem Sterben einerseits und der biblischen Hiobgestalt andererseits. Seine ersten Hiobgedichte waren noch zum Teil als *lyrische Gebete* konzipiert (»O Herr, daß du mich ausbrennst«, S. 372; »nichts kann das Gebet/ Aus meinen zerlöcherten Fingern reißen«, S. 374), die direkt an Gott gerichtet waren, an einen Gott allerdings, der stets »nicht bloß ein deus absconditus, sondern auch ein deus incertus« ist[190]. Dieser *Gottzweifel* wird in einem dieser früheren Hiob-Gedichte unverblümt verbalisiert:

»Wieso ich noch lebe?
Unsicherer Gott
Dich Dir zu beweisen« (S. 453)

Dennoch, auch gegen diesen unsicheren Gott ist der aus dem biblischen Hiobbuch entlehnte Gestus der Frage, der Klage, der Anklage noch möglich, der zunächst Golls Hiob-Gedichte bestimmt. So steht ja auch der zweite Zyklus unter dem Titel »Hiobs *Revolte*«.

---

5: »Um das Hiobproblem in seiner Komplexität und Entwicklung darzustellen, scheint es geboten, auf frühere Gedichte … zurückzugreifen«, ist zwar in methodischer Hinsicht möglich, aber keineswegs zwangsläufig. Gerade im Rahmen dieser Arbeit lassen sich auch aus den Hiobgedichten allein deren Hauptaussagen herausfiltern.

190 *Erhard Schwandt*, Das poetische Verfahren, a.a.O., S. 109.

Der Gottzweifel, der lyrisch bezeugte Glaube an den »unsicheren Gott«, wird in dem unserer Interpretation zugrundeliegenden Gedicht radikalisiert. An die Stelle der vorherigen Ansprache eines Gegenübers, sei es in der Gebetsform die Ansprache Gottes, oder sei es in anderen dieser Gedichte die Ansprache von dinglichen, an seinem Sterben mitbeteiligten Objekten wie die »Mondaxt«, den »greisen Kalk« oder das »junge Salz«, tritt das reine *lyrische Selbstgespräch*, die in sich selbst ruhende dichterische Aussage. Das ein Du voraussetzende »Sieh!« wird entweder zum eigenen Selbst oder in den leeren Raum gesprochen. Konsequenz dieser Strukturverschiebung: Die ein dialogisches Du voraussetzenden Sprechhaltungen wie Klage oder Anklage, zuvor wenigstens noch thematisiert (»Ich klage nicht«, S. 373), sind hier von vornherein ausgeschlossen.
In den *früheren Hiob-Gedichten* findet sich neben dem Gegenüber auch noch der – später völlig in den Hintergrund getretene – *direkte Bezug zum biblischen Hiob*. So heißt es etwa im gerade schon zitierten zweiten Gedicht des schlicht »Hiob« benannten Zyklus:

> »Siebzig Scheunen verbrannt!
> Sieben Söhne verwest!
> Größe der Armut!« (S. 453)

Von all dem, von einem auf der Textebene erkennbaren direkten Bezug zum Hiobbuch, von Gebetssprache, von unsicherer Anwesenheit Gottes, von Klage und Rebellion, ist in diesem letzten Hiob-Gedicht nicht mehr die Rede. Im Gegenteil: Schmerz, Verzweiflung und Klage, die in den vorherigen Gedichten vorherrschten, schlagen nun um zu einer Todessehnsucht und zum Wunsch der Seinsverwandlung ins Elementare. Das lyrische Ich hat sich abgefunden mit dem bevorstehenden Tod, der bald den »Schmerzenskreis« vollenden wird. Jenseits von Rebellion[191] wird nun die *Akzeptanz des Schicksals* möglich. Wie ? – Indem Goll den *Tod als Verwandlung, Transfiguration, Metamorphose*[192] beschreibt.
Darauf weist schon der erste Vers des Gedichtes hin. In der bewußten Zusammenfügung der Zentralmetapher »Schmerzenskreis« wird die sich zwangsläufig und unaufhaltsam ereignende Logik des Lebenskreislaufs von Geburt und Tod, vom mit beidem untrennbar verbundenen Schmerz evoziert. Hiob wird am Ende seines Lebens wieder in die Natur aufgenommen (»Mein Sein wird wieder Element«). Die rein emotionslos geschilderte Feststellung dieses Prozesses in den ersten zwei Versen des Gedichts wird durch die fol-

---

[191] Diese Akzeptanz des Schicksals realisiert sich aber auch jenseits einer »kontinuierlichen Sanftmut«, die *Ulrike Schrader* zur Charakterisierung der Gemütslage Golls anführt. Vgl. *Ulrike Schrader*, Die Gestalt Hiobs in der deutschen Literatur, a.a.O., S. 192.
[192] Vgl. *Joachim Müller*, Yvan Goll im deutschen Expressionismus a.a.O., S. 48: »Im Schmerz löst sich das Sein in seine Elemente, ins Elementare auf. Es vollzieht sich eine mythische Metamorphose und Metempsychose.«

genden drei Verse kommentiert. Die sich von neutralen zu bewußt positiv besetzt steigernden Verbformen »verwandelt«, »geadelt« und »verzaubert« bewerten die vorherigen Aussagen, sie feiern geradezu das eigene Sterben. Keine Trauer mehr über den Tod, kein Protest gegen das Sterben, sondern das positive Einverständnis in den naturnotwendigen Kreislauf. Denn gerade so erhält das lyrische ich Anteil an der Erinnerung (»Muschel« als Symbol der angesammelten Erzählungen, »Märchen«, Geschichten der Menschheit), an dem neublühenden Naturkreislauf (»Nessel« als Symbol des Wachstums und der Blüte[193]) und Anteil an der Ewigkeit (»Stein« als Symbol der Unvergänglichkeit).

Auch die folgenden drei Zeilen versinnbildlichen symbolisch in den Metaphern »Honig« (Bild für die überreichen Gaben der Natur), »Eidechs« (Bild für die Flinkheit) und »Schnecke« (Bild für die Langsamkeit) den nur durch das Sterben möglichen Eingang Hiobs in den überzeitlichen Lebenskreislauf: »Hiob geht durch seinen Schmerz in die Natur ein – davon berichten die vielen Einzelbilder –, er wird ein Teil von ihr.«[194] Durch den Übergang »so« angedeutete Konsequenz dieses Einswerdens mit der Natur: Die mit »Eidechs« und »Schnecke« in Gegensatzbildern angesprochene Naturdimension der Zeit verwandelt sich in die Dimension des Raumes. Schwandt spricht hier von einer »Verwandlung aus disparater Zeitwelt in eine innere Raumwelt«[195]. Hiob kehrt in diesem Prozeß in sein wahres Selbst zurück wie in den Innenraum einer Statue. In diesem Bild verdichtet sich noch einmal der Abschied von der dialogischen Struktur der Wirklichkeitswahrnehmung und dichterischen Umsetzung. Daß dieser Prozeß zudem nur »von innen vernehmbar ist« weist bereits darauf hin, daß der beschriebene Vorgang von außen, etwa für den Leser, wenn überhaupt, dann nur schwer nachvollziehbar ist.

Die zweite Strophe dieses Gedichts richtet den Blick auf die konkrete Form des Weiterwirkens des in die Natur zurückgekehrten Dichters. Ein »Echo« ertönt, ein prophetisches Echo. Ob jemand dieses Echo hört bleibt genauso offen wie der Inhalt des wiederklingenden Geschauten. Nicht nur sein Werk hinterläßt aber – wie immer undeutlich auch – Spuren, sondern auch sein Gefühlsleben, wiederum durch ein Gegensatzpaar verdeutlicht, »Trauer« und »Lust«. Sie werden von Tieren (»Falter«, »Nachtgetier«) aufgenommen und weitergetragen. Die »Kuppel Sodoms« könnte ein Bild für den Kopf des

---

193 Das Symbol der Nessel ist schwer aufzulösen. Mögliche weitere Assoziationen (»Purpur« oder »Gold«) könnten auf die Nessel als Königssymbol verweisen, vielleicht sind aber auch Ausdeutungen der Taub-Nessel oder Brenn-Nessel mitgemeint.

194 *Rupert Böswald*, Hiob in moderner Literatur, in ders./*Erich Zenger*, Durchkreuztes Leben (Freiburg/Basel/Wien 1976), S. 118. Vgl. *Erhard Schwandt*, Mythische Selbstdarstellung, a.a.O., S. 244: »Selbst ein Teil der Natur, wird Hiob Heimstatt für Bienen, Eidechse und Schnecke.«

195 *Erhard Schwandt*, a.a.O., S. 244.

Dichters sein, darauf weisen auch Verse anderer Gedichte hin.[196] Eingeleitet durch das einen Umschwung indizierende »doch« tritt eine weitere, letzte und entscheidende Dimension hinzu: Zur Ruhestatt der Vögel – vielleicht ein Sinnbild für seine lyrischen Werke – geworden, erblüht »am Morgen« aus dem zur Natur zurückverwandelten Hiob »der Geist«, »oder ein klagendes Lied«. Erst so und jetzt schließt sich der »Schmerzenskreis«. – »Hiobs Leib ist an die Natur verteilt ... und nun singt die Natur ihn zurück«[197], so der amerikanische Germanist Richard Exner. Hiobs Geist, Hiobs Klagelied sind endgültig zum bleibenden Weltelement geworden.

*Golls Hiob – im »Widerstreit zur Bibel«?*

Eine solche literarische Hiob-Deutung ist ohne Zweifel weit entfernt vom biblischen Hiob. Hiob ist hier primär als Schmerz- und Leidsymbol präsent, wenngleich die Anfrage an Gott zumindest in den früheren Gedichten ja ebenfalls anklingt. Golls Hiob steht aber gerade nicht, wie es Hermann Levin Goldschmidt fälschlicherweise annimmt, »im Widerstreit ... zur Bibel«, wird keineswegs einfach nur »zum Rebellen, einem Aufrührer«[198]. Nein, dies ist keineswegs einfach ein provokativer »Anti-Hiob«. Die zentralen Entwicklungsstufen des biblischen Hiob – Leid, Klage, Rebellion – liegen hier vielmehr schon zurück. Die in wenigen Tagen geschriebenen Hiobgedichte gehen in sich selbst diese Entwicklungsschritte nach, bleiben dort jedoch nicht stehen, sondern gehen weiter. Das vorliegende Abschlußgedicht schildert sehr bewußt diese letzte Stufe, die *Überwindung eines ungetrösteten Hiob-Daseins*. Sämtliche Hiobgedichte Golls übernehmen gerade den optimistischen Grundzug des biblischen Buches, in dem Leid und Klage nicht das letzte Wort haben. Alle enden in einem »Triumph über das Leiden«[199], so die amerikanische Literaturwissenschaftlerin Margaret A. Parmée.
Entscheidender Unterschied zur Geisteswelt Hiobs: Nicht durch einen äußeren Eingriff Gottes, sondern durch einen freien Willensakt, durch die Einsicht in die Naturnotwendigkeit des Sterbens, erfolgt hier die Versöhnung mit dem Schicksal. Die Dimension Gottes wird dabei nicht geleugnet, aber auch nicht

---

196 Vgl. »So verfallen ist die Kuppel Sodoms/Daß ihre heimatlosen Vögel/Begannen auf meinem Schädel zu nisten« (S. 372); »Es morschen in meinem Kopf/Wurmstichige Knochen« (S. 452). Die Selbstbezeichnung als »Sodom« wiese dann auf das Bewußtsein eines schuldbeladenen Lebens gerade hinsichtlich der Gestaltung der Sexualität hin.

197 *Richard Exner*, Yvan Golls Werk seit 1930. Oden, Jean Sans Terre und Hiob. Surrealismus und Liebslyrik, in: *Yvan Goll*. Dichtungen, a.a.O., S. 820. Mit den Worten von Phyllis Berg: »Die Vereinigung und Aufhebung der Grenzen von Leben und Tod, und Hiobs neue Form der Existenz, sein Eingelassen- und Ergebensein in die Natur ist ein Vorgang der Selbstentäußerung und der Selbstfindung zugleich.« Vgl. *Phyllis Berg*, a.a.O., S. 162.

198 *Hermann Levin Goldschmidt*, Hiob im neuzeitlichen Judentum, a.a.O., S. 45.

199 **Margaret A. Parmée*, Ivan Goll: the Development of His Poetic Themes and Their Imagery (Bonn 1981), S. 90.

direkt thematisiert. Der so verstandene Hiob wird für den sterbenden Yvan Goll zu einem lebenserklärenden, sinnerhaltenden und sinngebenden Bild, welches die vermeintliche Zerstörung des Todes übersteht, weil es Zerstörung als notwendigen Teil des ewigen Seinskreislaufes in sich aufnimmt. Hiob als Deutefigur des Leidschicksals des Dichters Goll – *autobiographische und biblische Motivelemente vermischen sich zu einer untrennbaren Einheit*, zu einer eigenen mystischen Welt-, Bibel- und Selbstdeutung, in der Hiob nach Phasen des Protestes, der Klage und Rebellion im Sich-Fügen in den ewigen Kreislauf des Lebens eine letzte Sinngebung sogar des Todes findet.
Die amerikanische Goll-Interpretin Vivian Perkins kommt zu der Schlußfolgerung: »Hiob ist ein Symbol für Golls persönliches Leiden, aber auch ein allgemeines Symbol für das Leiden des jüdischen Volkes.«[200] Doch nachgefragt: Stimmt der zweite Teil dieser Aussage? Ist Hiob für Goll wie etwa für Susman oder Wolfskehl ein Kollektivsymbol für das jüdische Volk? Den Gedichten selbst ist eine solche Interpretation nicht zu entnehmen. Zwar sind besonders einige der hier nicht näher untersuchten Gedichte voll von auch identifikatorischen Bildern aus der jüdischen Mystik, aber: So wie der direkte Bezug zum Hiobbuch radikal reduziert wird, wird auch auch die Dimension einer jeglichen kollektiven oder geschichtsmythologischen Deutung des jüdischen Volkes ausgeblendet. Die angesprochenen Bilder werden rein zur Selbstdeutung verwendet, zu einer bewußten Selbstidentifikation mit der jüdischen Tradition. Nein, anders als bei den genannten Autoren liegt die Motivation für die Wahl Hiobs als literarische Bezugsgestalt hier nicht im Kollektivschicksal Israels, sondern ganz im individuell-persönlichen Leiden und Ringen um Sinnfindung. *Golls Wahl Hiobs erfolgt also bewußt als Jude, aber nicht im Namen aller Juden.* Daß diese Gedichte auf der *Rezeptionsebene* auch auf das Schicksal des jüdischen Volkes insgesamt übertragen werden können, steht dabei außer Frage. Eher als eine solche Deutung legt sich jedoch die Übertragung des so stilisierten Hiobschicksals auf die Situation eines jeden Leidenden, Sterbenskranken nahe.
Auch wenn also wichtige Unterschiede zur Hiob-Gestaltung Wolfskehls bestehen, es bleiben frappierende Ähnlichkeiten aufzuzeigen. Noch einmal Richard Exner, der auf diese Parallelen aufmerksam macht: »Wolfskehls Hiob bietet sein Herz mit derselben Innigkeit und Frömmigkeit dar wie der zerschlagene Hiob Golls. ... Beiden wurde Hiob zur leiderfüllten Schlüsselgestalt ihrer Zeit, ihres eigenen Exils. Beide versuchen ihn zu nennen und ihn dadurch in sich selbst ganz zu verwirklichen.«[201] – Wolfskehl und Goll, zwei deutschjüdische Dichter, die unabhängig voneinander im Exil, in ihren letzten Lebensjahren ihre Existenz als Hiobschicksal verstanden, ihr lyrisches Spätwerk voll und ganz unter das Zeichen Hiobs stellten, und so im Rückgriff auf den biblischen Hiob ihrem Leben letzte Sinndeutung geben konnten.

---

200 * *Vivian Perkins*, Yvan Goll. An Iconographical Study of his Poetry (Bonn 1970), S. 160.
201 *Richard Exner*, a.a.O., S. 819.

## 6. »Hiobs Vier-Winde-Schrei« – *Nelly Sachs*

Antworten auf die spontane Aufforderung, die deutschsprachigen Literaturnobelpreisträger aufzuzählen, werden immer wieder so oder ähnlich aussehen: die »Fünf großen Namen« werden wahrscheinlich bald genannt: Gerhart Hauptmann (1912), Thomas Mann (1930), Hermann Hesse (1946), Heinrich Böll (1972) und Elias Canetti (1982). Weniger dagegen Paul Heyse (1910) und Carl Spitteler (1919), die allenfalls Spezialisten bekannt sein dürften. – Ebenfalls nur wenigen bekannt sein dürfte die einzige deutschsprachige Dichter*in*, der dieser Preis verliehen wurde, Nelly Sachs (1891–1970), Nobelpreisträgerin des Jahres 1966. Und die Ursachen für diesen verhältnismäßig geringen Bekanntheitsgrad bleiben näher zu untersuchen. Sicherlich, sie hatte sich diesen Preis mit dem israelischen Schriftsteller Samuel Joseph Agnon zu teilen, hatte außerdem zum Zeitpunkt der Verleihung bereits die schwedische Staatsangehörigkeit angenommen, aber sie wurde expressis verbis für ihre deutschsprachige Dichtung ausgezeichnet.

### *»Dichterin jüdischen Schicksals«?*

Warum also diese mangelhafte Rezeption? Provokative Antwort: Weil sie Jüdin war! Walter A. Berendsohn, der sich um die deutsche Exil-Literatur verdient gemacht hat, etikettierte sie früh als *»Dichterin jüdischen Schicksals«*: »Man wird Nelly Sachs immer als die größte Dichterin jüdischen Schicksals rühmen.«[202] So berechtigt und wichtig diese Klassifizierung auch war, sie hatte – immer wieder aufgenommen – einen unbeabsichtigten Nebeneffekt: sie verhinderte eine unvoreingenommene Auseinandersetzung mit ihrem Werk. Ehrhard Bahr beschreibt in seiner Studie zum Leben und Werk der Nelly Sachs die sich aus dieser Bezeichnung ergebenden drei Tendenzen der Rezeption: »erstens die Vereinnahmung der Dichterin als Symbol deutsch-jüdischer Versöhnung, zweitens die Distanzierung von ihr als einer im Grunde fremden Dichterin und drittens eine pseudo-literarische Haltung ... um ihr Werk abzulehnen«[203]. Denn genau diese Reaktion war vorgezeichnet: eine »Dichterin jüdischen Schicksals« konnte dem relativ gleichgültig sein, der sich gerade dafür nicht interessierte. Diese Inthronisation zur »Hohepriesterin des Judentums« klinge gelegentlich »wie ein Wegloben« und mache sie »gleichzeitig zu einer Fremden«, so Fritz Raddatz[204].

---

202 *Walter A. Berendsohn*, Nelly Sachs. Der künstlerische Aufstieg der Dichterin jüdischen Schicksals, in: Nelly Sachs zu Ehren. Gedichte Prosa Beiträge (Frankfurt 1961), S. 100.

203 *Ehrhard Bahr*, Nelly Sachs (München 1980), S. 18f.

204 *Fritz J. Raddatz*, Welt als biblische Saat: Nelly Sachs, in: ders., Verwerfungen. Sechs literarische Essays (Frankfurt 1972), S. 43. Der hier angedeuteten Gefahr erliegt aus Voreingenommenheit *Ulrike Schrader*, die im Werk von Sachs »Spuren von Sentimentalität, Ästhetisierung oder Verharmlosung« erkennt, »Entgleisungen« in diesen zum Teil »fragwürdigen Gedichten«, fragwürdig, weil sie versuchen aus jüdischer Glaubensperspektive »dem Leiden

Daß Nelly Sachs aber ganz allgemein eine große Dichterin war, eine große deutschsprachige Dichterin, wird hinter dem von Berendsohn eingeführten Würdenamen allzu leicht übersehbar. Leidenschaftlich fordert deshalb Hilde Domin (*1912), jene andere große deutschjüdische Dichterin und Sachs-Verehrerin, Nelly Sachs als *deutsche Dichterin* anzuerkennen, denn ihre Gedichte »gehören zum Bedeutendsten, was der deutschen Sprache abverlangt wurde: zumindest in diesem Jahrhundert«[205]. Damit greift Hilde Domin ein Plädoyer des schwedischen Sachs-Freundes und -Experten Olof Lagercrantz auf, der schon 1967 weitblickend schreibt: »Es ist leicht, allzu leicht, sie als große *jüdische* Dichterin zu bezeichnen. Schwerer scheint es zu sein, zu verstehen und zu erkennen, daß Nelly Sachs auch des deutschen Volkes größte zeitgenössische Dichterin ist.«[206] Auch Nelly Sachs selbst habe sich, so die dänische Germanistin Ruth Dinesen in ihrer ausführlichen Biographie der Dichterin, stets gegen eine derart einseitig-jüdische Etikettierung gewehrt, da sie die so mühevoll angestrebte »Einheit von Deutsch und Jüdisch in Person und Werk«[207] bedroht habe.
Nelly Sachs – welche Namen hat man ihr nicht all gegeben: sie sei »die letzte Dichterin des Judentums in deutscher Sprache« (H.M. Enzensberger)[208], sie sei eine »Schwester Kafkas«[209], eine »Schwester von Novalis und Hölderlin«[210] und nicht zuletzt eine *»Schwester Hiobs«* (Walter Jens)[211]. Nelly Sachs eine »Schwester Hiobs«, dem Hiob »zutiefst verwandt«[212]? – Diese Bezeichnung erfordert im Rahmen dieser Arbeit eine nähere Untersuchung: Wie kommt es zu dieser Bezeichnung, und erfolgt sie zurecht? Diese Fragen stecken die Grenzpfosten des folgenden Kapitels ab: denn das Gesamtwerk[213]

---

einen Sinn zu stiften«. Vgl. dies., Die Gestalt Hiobs in der deutschen Literatur, a.a.O., S. 177.

205 *Hilde Domin*, »Daß nicht Einer Tod meine, wenn er Leben sagt«. Die Dichtung der Nelly Sachs [1]1977, in: dies., Gesammelte Essays. Heimat in der Sprache (München / Zürich 1992), S. 100–118, hier: S. 104.

206 *Olof Lagercrantz*, Versuch über die Lyrik von Nelly Sachs (Frankfurt 1967), S. 48f.

207 *Ruth Dinesen*, Nelly Sachs. Eine Biographie (Frankfurt 1992), S. 254. Neben diese ausführliche biographische und werkgeschichtliche Studie tritt eine allerneueste, besonders den Privatraum der Nelly Sachs erforschende Biographie: *Gabriele Fritsch-Vivié*, Nelly Sachs (Reinbek 1993).

208 *Hans Magnus Enzensberger*, Über die Gedichte der Nelly Sachs, in: *Bengt Holmqvist* (Hrsg.), Das Buch der Nelly Sachs [1]1968 (Frankfurt 1991), S. 360. Diese etwas vorschnelle Bezeichnung übersieht so wichtige deutschjüdische Dichterinnen wie *Hilde Domin* und *Rose Ausländer*!

209 Vgl. *Ragnar Thoursie*, Eine Schwester Kafkas, in: Nelly Sachs zu Ehren (1961), a.a.O., S. 68–69. Zuvor bereits: *Peter Hamm*, Besuch bei Nelly Sachs, einer »Schwester Kafkas«, in: Du. Atlantis 20, Nr. 232 (1960), S. 56–60.

210 Vgl. *Hilde Domin*, Nachwort, in: *Nelly Sachs*, Gedichte (Frankfurt 1977), 105–134, hier: S. 130: »daß sie eine Schwester von Novalis und Hölderlin ist.«

211 *Walter Jens*, Laudatio auf Nelly Sachs, in: *Bengt Holmqvist* (Hrsg.), a.a.O., S. 387f.: »Nelly Sachs, ... das ist ... die Stimme einer Schwester Hiobs«.

212 *Gabriele Fritsch-Vivié*, a.a.O., S. 135f.

213 Neben den Studien von Bahr, Dinesen und Fritsch-Vivié vgl. zu Biographie und Ge-

der Nelly Sachs genauer zu untersuchen und zu würdigen, kann im Rahmen unserer Themenstellung nicht die Aufgabe sein.
Der Zugang zur Lyrik und zu den oftmals zu Unrecht vernachlässigten dramatischen Werken der Nelly Sachs ist alles andere als leicht – auch hierin liegt ohne Zweifel ein Grund für die schwierige Rezeption. Ohne Informationen über den *biographischen Hintergrund* der Dichterin ist er fast unmöglich, auch wenn diese selbst völlig hinter ihr Werk zurücktreten wollte. Der Wunsch von Berendsohn, ihren Lebensweg offen darzulegen, verwirrte sie. In einem Brief erinnert sie ihn an »die von mir wiederholt ausgesprochene Bitte, ... daß ich hinter meinem Werk verschwinden will, daß ich anonym bleiben will«[214]. Genauso in einem späteren Brief: »Meine Dinge gebe ich hin..., aber ich selbst will im Dunkeln verschwinden«[215].
Ohne einem sich selbst genügenden Biographismus huldigen zu wollen, vielmehr aus dem Bemühen heraus, das Werk als solches mit Hilfe dieser Informationen so gut wie möglich zu verstehen, deshalb in aller Kürze die Rahmendaten ihres Lebens, eines Lebens, typisch, ja stellvertretend für das assimilierte deutsche Judentum dieser Epoche. Die 1891, also im selben Jahr wie Yvan Goll geborene Berlinerin verlebte in materieller Unabhängigkeit zunächst ein weitgehend »normales« Leben. Auffallend allenfalls das aber eben auch typische »beinahe völlige Fehlen eines besonderen jüdischen Kolorits«[216]. Eine jüdische Identität wurde ihr erst ab 1933 von den Nationalsozialisten aufgezwungen. Anders als etwa Susman und Wolfskehl, die am gesellschaftlich-kulturellen Gegenwartsleben lebhaft Anteil nahmen und sofort 1933 ins Exil gingen, blieb Nelly Sachs, eine gesellschaftlich unbeachtete Randfigur, bis 1940 in Berlin. Erst im buchstäblich allerletzten Augenblick

---

samtwerk: *Henning Falkenstein*, Nelly Sachs (Berlin 1984); zum Werk: *Gisela Bezzel-Dischner*, Poetik des modernen Gedichts. Zur Lyrik von Nelly Sachs (Bad Homburg 1970); *Paul Kersten*, Die Metaphorik in der Lyrik von Nelly Sachs. Mit einer Wort-Konkordanz und einer Nelly-Sachs-Bibliographie (Hamburg 1970); *Peter Sager*, Nelly Sachs. Untersuchungen zu Stil und Motivik ihrer Lyrik (Bonn 1970); *Peter Michel*, Mystische und literarische Quellen in der Dichtung der Nelly Sachs (Freiburg 1981).

214 Brief an *Walter A.Berendsohn* vom 25.06.1959, in: *Ruth Dinesen/Helmut Müssener* (Hrsg.), Briefe der Nelly Sachs (Frankfurt 1984), S. 217.

215 Brief an *Walter A.Berendsohn* vom 15.12.1959, in: Briefe der Nelly Sachs, a.a.O., S. 238. Die Zurückführung dieses Wunsches von Nelly Sachs auf frühkindlich-traumatische Erlebnisse, wie Gabriele Fritsch-Vivié es in ihrer Biographie immer wieder andeutet, scheint mir weder notwendig, noch angesichts der biographischen Informationen für genügend belegt.

216 *Russell A. Berman*, »Der begrabenen Blitze Wohnstatt«: Trennung, Heimkehr und Sehnsucht in der Lyrik von Nelly Sachs, in: *Gunter E. Grimm/Hans-Peter Bayerdörfer* (Hrsg.), Im Zeichen Hiobs, a.a.O., S. 281. Ob die Kindheit von Nelly Sachs eine unbeschwert glückliche Zeit war, wie es ihre späteren eigenen Zeugnisse andeuten, oder aber selbst schon – wie es die neuesten biographischen Forschungen andeuten – leidgeprägt, bleibt für das Verständnis ihres *Werkes* letztlich ohne Belang.

gelang ihr fast wie durch ein Wunder die Flucht nach Schweden[217], wo sie bis zu ihrem Tod im Jahre 1970 ihr Leben geprägt von Einsamkeit und schlimmen krankhaften Verfolgungsängsten verbringen sollte.
Schon als junges Mädchen hatte sie in Deutschland begonnen, romantisch geprägte Gedichte zu schreiben – von dieser Frühlyrik[218] sollte sie sich später jedoch energisch distanzieren. Nein, ihr wirkliches Leben als Dichterin begann im Exil, das ihr buchstäblich zur künstlerischen Neugeburt wurde. Konkret ausgelöst wurde ihre dichterische Tätigkeit durch die Schreckensmeldungen über die Greueltaten der Nationalsozialisten in Deutschland. Kein Zweifel: »Das Schicksal der verfolgten Juden im Dritten Reich ist der konkrete Ausgangspunkt«[219]. Auschwitz wurde für Nelly Sachs ein geschichtliches Datum, angesichts dessen alles Vorherige seine Bedeutung verlor.
Doch nicht dieses allgemeine Geschichtsdatum war für sie der Lebenswendepunkt: Als junge Frau hatte sie sich in tragischer Unbedingtheit, die zu einer lebensbedrohenden Erkrankung führte[220], in einen – bis heute unbekannten – Mann verliebt. Nachdem die Biographen zunächst allgemein davon ausgegangen waren, daß eine tatsächliche Beziehung zwischen den beiden nicht bestanden hatte, deuteten die Angaben von Hilde Domin in eine andere Richtung, obwohl hier viele Punkte offen und unklar bleiben. Zwar war offensichtlich eine Heirat ausgeschlossen, doch scheint die Beziehung über mehr als dreißig Jahre in irgendeiner Form bestanden zu haben, zumindest muß eine spätere Wiederbegegnung stattgefunden haben, denn 1940 wurden sie zusammen in Berlin verhaftet. Unbezweifelbar fest steht, daß es ganz speziell die Nachricht vom qualvollen Tod dieses Mannes – wohl im Konzentrationslager – ist, die fortan ihr Leben und Werk bestimmt. In einem Brief schreibt sie: »Mein ganzes Lebenswerk aus der Quelle entstanden, da unter den 7 Jahren unter Hitler ein geliebtester Mensch zu Tode gemartert wurde.«[221] Mit den Worten Hilde Domins: Das »Leid um den einen Ermordeten« wurde für sie »stellvertretend … für alle Ermordeten«[222].
Von der Todesnachricht getroffen, schreibt sie in den letzten Kriegsjahren wie in Trance den Gedichtband »In den Wohnungen des Todes« und das szeni-

---

[217] Vgl. hierzu und zu der lange umstrittenen, nun aber definitiv belegten Bedeutung des Einsatzes zur Rettung von Nelly Sachs von Seiten der berühmten schwedischen Dichterin *Selma Lagerlöf*, mit der Nelly Sachs einen losen Briefkontakt gepflegt hatte: *Ruth Dinesen*, a.a.O., bes. S. 107–111, *Gabriele Fritsch-Vivié*, a.a.O., S. 74f.

[218] Die frühe Lyrik sowie einige frühe Prosaarbeiten der Nelly Sachs sind abgedruckt und kommentiert in: *Ruth Dinesen*, »Und Leben hat immer wie Abschnitt geschmeckt«. Frühe Gedichte und Prosa der Nelly Sachs (Stuttgart 1987).

[219] *Gisela Dischner*, Das verlorene und wieder gerettete Alphabet. Zu den Gedichten von Nelly Sachs, in: Nelly Sachs zu Ehren. Zum 75. Geburtstag am 10. Dezember 1966. Gedichte Beiträge Bibliographie (Frankfurt 1966), S. 111.

[220] Vgl. *Ruth Dinesen*, Nelly Sachs, a.a.O., S. 48–52; 111–119, *Gabriele Fritsch-Vivié*, a.a.O., S. 40–49.

[221] Brief an *Johannes Edfelt* vom 24. 3. 1959, in: Briefe der Nelly Sachs, a.a.O., S. 209.

[222] *Hilde Domin*, »Daß nicht Einer Tod meine« …, a.a.O., S. 113.

sche Spiel »Eli: Ein Mysterienspiel vom Leiden Israels«. Wie es der Untertitel ihres Spiels andeutet, stehen diese Werke ganz *im Zeichen des Holocaust*, es sind Versuche, die unfaßbaren Greueltaten zu versprachlichen. Dabei versteht sich Nelly Sachs ganz als anonyme »Stimme Israels«[223], und ihr Thema ist zunächst allein das grausame Schicksal des jüdischen Volkes. Das *Schreiben* wird ihr dabei zur *lebenserhaltenden Notwendigkeit*: ohne diesen Versuch, das Unschilderbare zu schildern, wäre ihr ein Weiterleben unmöglich gewesen. Lagercrantz übermittelt ihre dementsprechende Selbsteinschätzung: »Ich schrieb, um zu überleben. Ich schrieb wie in Flammen.«[224]

Freilich: Im Werk von Nelly Sachs nur einen thematisch einheitlichen Block unter der Überschrift »Dichterin des jüdischen Schicksals« zu sehen, heißt, ihre *thematische und dichterische Entwicklung* zu verkennen. Bahr unterscheidet mit Recht drei deutlich erkennbare Abschnitte in der Lyrik ihres gültigen Werkes[225]. Ihre ersten Werke, entstanden zwischen 1943 und 1949, werden von der alles überlagernden Thematik des Holocaust beherrscht; in diese Periode fallen die Gedichtbände »In den Wohnungen des Todes«(1947), »Sternverdunkelung«(1949) und das erst 1951 veröffentlichte Drama »Eli«. Die zweite Schaffensperiode ist beeinflußt von zwei biographischen Fixpunkten: dem Tod der geliebten Mutter (1950) einerseits, und der intensiven Beschäftigung mit der kabbalistischen jüdischen Mystik andererseits. So treten Stichworte wie »Flucht«, »Sehnsucht«, »Tod« und »Verwandlung« in den Mittelpunkt ihrer mystisch-erdabgehobenen Sammlungen »Und niemand weiß weiter«(1957), »Flucht und Verwandlung«(1959) und »Fahrt ins Staublose« (1961). Die letzte Schaffensperiode ab 1961 wird geprägt durch die immer unerträglicher werdenden Zwangsvorstellungen der Dichterin, die geplagt von neurotischen Verfolgungsängsten, geistig und körperlich völlig gelähmt, monatelang in Krankenhäusern verbringen muß. Die kurzen Perioden des Besserbefindens abgetrotzten literarischen Reflexionen über ihre Lebenswirklichkeit dort spiegeln sich in den oft stark verknappten, nunmehr wieder realistischeren Gedichten etwa der Bände »Noch feiert der Tod das Leben« (1961) oder »Glühende Rätsel« (1963–1967).

Den Mut und die Kraft zum Schreiben angesichts des eigentlich Unsagbaren schöpfte Nelly Sachs in besonderem Maße aus der *Bibel*. Neben Werken der Romantik, der deutschen und der von Martin Buber vermittelten jüdischen Mystik wird also gerade die Bibel, und hier im besonderen Maße das Alte Testament, zur motivischen und sprachlichen Hauptquelle ihrer Dichtung[226], ja ihre »gesamte Dichtung konnte gar nicht entstehen ohne die Bibel als Aus-

---

223 Vgl. Brief an *Gudrun Dähnert* vom 23. 4. 1946, zur Veröffentlichung ihrer Werke: »es geschieht, um Israels Stimme Gehör zu verschaffen«, in: Briefe der Nelly Sachs, a.a.O., S. 72.

224 *Olof Lagercrantz*, Versuch, a.a.O., S. 43.

225 Vgl. *Ehrhard Bahr*, a.a.O., S. 130.

226 Vgl. *Peter Sager*, Mystische und literarische Quellen in der Dichtung der Nelly Sachs (Freiburg 1981), S. 21.

gangspunkt und Grundlage«[227], so Walter A. Berendsohn. In einem Rundfunkinterview aus dem Jahre 1966 erklärt sie: In diesen ersten lyrischen Versuchen, auf den Holocaust zu reagieren, »haben biblische Texte stärkend und ermutigend eingewirkt, daß ich überhaupt versuchte, das Unsägliche auszusprechen. Vor allem waren es Jesaja, Hiob, die Ekstase der Propheten.«[228]
In der Tat: Aus den *biblischen Gestalten*, die ihr sogleich als *Deutefiguren des jüdischen Schicksals* erschienen, ragt eine ohne jeden Zweifel heraus, schon dadurch, daß sie über ihre gesamte dichterische Schaffensperiode hinweg immer wieder auftaucht: *Hiob*! Zwei Kritikerstimmen mögen diese *hintergründige Allpräsenz Hiobs im Werk von Nelly Sachs* bezeugen. Der Schriftsteller Horst Bienek schreibt: »Die Welt der Nelly Sachs ist die Welt von Hiob. Sein Schicksal wird zum Schicksal aller«[229], und ähnlich der Literaturwissenschaftler Werner Weber: »Im Werk der Nelly Sachs erscheint der Name Hiobs. Im Hallraum ihrer Verskunst lebt die Hiobgeschichte alles durchlautend mit.«[230] Es darf jedoch nicht übersehen werden: Hiob ist nur eine der vielen biblischen Bezugsfiguren[231] im Werk der Dichterin. Wichtig sind auch die Urväter Israels (besonders Abraham), die Propheten (besonders Jeremia), weiter David, Saul, Simson, Ruth und andere. Hiobs Erwähnung zieht sich jedoch wie ein roter Faden durch die verschiedenen Schaffensperioden der Dichterin. Diese Spuren Hiobs durchziehen ihr Gesamtwerk:

- Dem allerersten Gedicht des ersten Sammelbandes »In den Wohnungen des Todes« (S. 8)[232] steht – programmatisch für den gesamten Band – ein Zitat aus dem Hiobbuch voran; im Gedicht selbst steht Hiob zusammen mit Jeremia als Repräsentant des gequälten jüdischen Volkes.
- In einem weiteren Gedicht dieser Sammlung wird die Liebe die »Hiobzerschlagene« genannt (S. 23).
- Im Band »Sternverdunkelung« findet sich ein zentrales Gedicht, das den Titel »Hiob« trägt (S. 95).
- Im Gedicht »Landschaft aus Schreien« aus der Sammlung »Und niemand weiß weiter« begegnet der Begriff »Hiobs Vier-Winde-Schrei« (S. 222).

---

227 *Walter A. Berendsohn*, Nelly Sachs. Einführung in das Werk der Dichterin jüdischen Schicksals (Darmstadt 1974), S. 116. Vgl. *Notker Füglister*, Die Wirkungsgeschichte biblischer Motive in den Dichtungen von Nelly Sachs, in: *Johann Holzner/Udo Zeilinger* (Hrsg.), Die Bibel im Verständnis der Gegenwartsliteratur (St.Pölten/Wien 1988), S. 47–60.

228 So *Ehrhard Bahr*, a.a.O., S. 63.

229 *Horst Bienek*, Sprache als Verwandlung der Welt. Die Lyrikerin Nelly Sachs, in: Nelly Sachs zu Ehren (1966), a.a.O., S. 116.

230 *Werner Weber*, »... um Gott her ist schrecklicher Glanz«. Bemerkungen zur Dichtung der Nelly Sachs, in: Nelly Sachs zu Ehren (1961), a.a.O., S. 55.

231 Vgl. zu Ruth: *Birgit Hartberger*, Das biblische Ruth-Motiv in deutschen lyrischen Gedichten des 20. Jahrhunderts (Altenberge 1992), bes. S. 132–150; 251–261. Zu David siehe: *Georg Langenhorst*, »Der magische Tänzer«. Literarische Transformation der Davidsgestalt, in: Erbe und Auftrag 69 (1993), S. 468–488.

232 Alle Seitenangaben im Text beziehen sich auf: *Nelly Sachs*, Fahrt ins Staublose. Gedichte (Frankfurt 1988).

- In der Sammlung »Flucht und Verwandlung« taucht Hiob zweimal auf: im Gedicht »Vertriebene« (S. 283) und als Motto über dem Gedicht »Halleluja« (S. 291).
- Schließlich wird er noch einmal genannt in einem ihrer letzten Gedichte aus dem Zyklus »Glühende Rätsel«[233].
- Darüber hinaus beschäftigt sich ein offiziell nicht veröffentlichtes Kurzgedicht mit Hiob, das sich nur in einem Brief aus dem Jahre 1963 findet.[234]

Genug Textzeugen also. Wie mit ihnen umgehen? Als Methodik legt sich ein Zugang über die zentrale Metaphorik der Gedichte nahe. Dabei soll in chronologischer Abfolge die *Motiventwicklung* im Mittelpunkt des Interesses stehen. Ein besonderes Schwergewicht kommt dabei dem Schlüsselgedicht zu, das den Titel »Hiob« trägt (S. 95).

*»O die Schornsteine«*

Das gültige lyrische Werk der Nelly Sachs beginnt mit dem ganz unter Eindruck der Schreckensmeldungen des Holocaust geschriebenen Gedichtzyklus »Dein Leib im Rauch durch die Luft«. Gleich das erste Gedicht steht leitmotivisch für den Band – und das Gesamtwerk überhaupt – unter einem dem Hiobbuch entnommenen Motto: »Und wenn diese meine Haut zerschlagen sein wird,/ so werde ich ohne mein Fleisch Gott schauen« (Hiob 19,26). Sachs wählt als Motto also ausgerechnet jene umstrittenste Stelle des Hiobbuches, in der von einer Hoffnung, von rätselhaft bleibender Zuversicht die Rede ist! Und das gerade für das Gedicht »*O die Schornsteine*« (S. 8), das wie kein anderes das grauenhafte Schicksal der Juden im Holocaust zum Thema hat, ein Gedicht »mit prophetischem Aufschrei«[235]:

»O die Schornsteine
Auf den sinnreich erdachten Wohnungen des Todes,
Als Israels Leib zog aufgelöst in Rauch
Durch die Luft –
Als Essenkehrer ihn ein Stern empfing
Der schwarz wurde
Oder war es ein Sonnenstrahl?

O die Schornsteine
Freiheitswege für Jeremias und Hiobs Staub –
Wer erdachte euch und baute Stein auf Stein
Den Weg für Flüchtlinge aus Rauch?

---

233 Vgl. *Margareta und Bengt Holmqvist* (Hrsg.), Suche nach Lebenden. Die Gedichte der Nelly Sachs (Frankfurt 1971), Glühende Rätsel IV, elftes Gedicht, S. 93.
234 Vgl. Brief an *Gudrun Dähnert* vom 9. 7. 1963, in: Briefe der Nelly Sachs, a.a.O., S. 293.
235 *Russell A. Berman*, »Der begrabenen Blitze Wohnstatt«, a.a.O., S. 284.

O die Wohnungen des Todes,
Einladend hergerichtet
Für den Wirt des Hauses, der sonst Gast war –
O ihr Finger
Die Eingangsschwelle legend
Wie ein Messer zwischen Leben und Tod –

O ihr Schornsteine,
O ihr Finger,
Und Israels Leib im Rauch durch die Luft!«

Ein wie angesichts des Unfaßbaren und eigentlich Unsagbaren fassungslos gestammelter Text, zentriert auf die drei am Schluß gebündelten *Bildmotive* der *Schornsteine* der Krematorien von Auschwitz, der *Finger* der berüchtigten Nazischergen, die mit einem Wink an der »Rampe« von Auschwitz über sofortigen Tod oder zumindest kurzfristiges Leben entschieden und der *Leib Israels*, der durch die Schornsteine als Rauch in die Luft zieht.
Nicht um eine Vers-für-Vers-Analyse dieses Gedichtes kann es hier gehen, sondern um die Frage nach der Rolle Hiobs in diesem Gedicht. Einerseits taucht *Hiob im Gedichttext* selbst auf. Den entsprechenden Motivzusammenhang übernahm Nelly Sachs aus ihrem kurz zuvor verfaßten Mysterienspiel »Eli«, in dem eine »Stimme aus dem Schornstein« spricht: »Wir Steine sind die Letzten, die Israels Leib berührten./ Jeremias Leib im Rauch, Hiobs Leib im Rauch/... Israels Freiheitswege im Rauch.«[236] Keine Frage: Jeremia und Hiob werden hier als Stellvertreter des ganzen Volkes Israel genannt. Die »leidenden und ermordeten Juden werden ... als Erben Hiobs«[237] gesehen.
Andererseits bleibt jedoch die zentrale Frage zu beantworten: Wie verhalten sich *Motto und Gedicht* genau zueinander? – Ist das Gedicht eine Konkretisierung der biblischen Hiobhoffnung oder gerade umgekehrt seine provozierende Widerlegung angesichts des Erfahrenen? Das Wort »Gott« wird im Gedicht selbst signifikanterweise ja nicht aufgenommen, wie überhaupt direkte Hinweise auf eine mögliche transzendente Dimension unterbleiben. Nein, im Gedicht werden die unfaßlichen Bildfetzen des Vernichtungslagers in klagenden Aussagesätzen konstatiert, wie Bildfolgen aneinandergereiht. Hier finden sich angedeutete fassungslos-fragende Gedanken über die Täter, den Plan der Vernichtung, über den Tod, sonst Gast in den menschlichen Wohnungen, nun aber widernatürlich zum Wirt geworden, Gedanken, die zum Teil nicht weiter gedacht werden, stammelnd unter- und abgebrochen werden, im offenen Gedankenstrich enden, alles verbunden durch das wiederkehrende exklamative »O«.
Ist Sinn des Ganzen also doch eine *Widerlegung des Mottos?* Ist angesichts der »Shoa« die Hiobhoffnung letztgültig zerschlagen? – Eine solche Lesart

236 *Nelly Sachs*, Zeichen im Sand. Die szenischen Dichtungen (Frankfurt 1962), S. 64.
237 *Ruth Dinesen*, Nelly Sachs. Eine Biographie, a.a.O., S. 124.

dieses Gedichtes ist ohne Zweifel möglich und legitim, aber ganz sicher nicht die einzige. Denn merkwürdig: Die Schornsteine der Krematorien von Birkenau werden allerletzte »Freiheitswege« genannt, und das ist aus dem Kontext heraus ganz sicherlich nicht ironisch gemeint. Man wird um die Einsicht nicht umhin können: Es gibt für Nelly Sachs offenbar diese paradoxe Möglichkeit der kosmischen Befreiung, des Ausbruchs aus aller Qual, versinnbildlicht im mystischen Schlüsselbegriff »Staub«, einem Wort, das bei ihr immer »sowohl Vergänglichkeit als auch Erlösung bedeutet«[238]. Ganz sicherlich wäre es hier andererseits völlig verfehlt, davon zu sprechen, hier liefere Nelly Sachs ein »Bekenntnis« ab, dergestalt, daß »die Auferstehung und das Leben« hier das letzte Wort hätten, wie es ein christlich-theologischer Ausleger allzu vereinnehmend interpretiert.[239] Die verbleibende Hoffnung wird von Nelly Sachs programmatisch gerade nicht direkt benannt, verbleibt bewußt offen und darf keineswegs als traditionell jüdisch-christliche Vorstellung kategorisiert werden. Nein, was man sagen darf ist dies: Das Motto dürfte nicht eigentlich als Kontrastzitat, sondern als *tiefere Grundlegung des Gedichtes* zu verstehen sein. Nelly Sachs verbietet es sich angesichts des Unfaßbaren, selbst von »Gott« zu sprechen. Das bedeutet jedoch nicht, daß ihr das Nachsprechen der Bibel unmöglich geworden wäre. Im Bibel-, nicht im eigenen Dichterwort ist eine Andeutung – nicht mehr – der bleibenden Hoffnung gegen alle Hoffnung möglich, der Hoffnung, »Gott zu schauen«. Als Nebenton der Klage, des stammelnden Fast-Verstummens vor Grauen, der Einsicht in die Unumgänglichkeit des Durchleidens, steht bei Nelly Sachs gerade *in der Gestalt Hiobs* von Anfang an *ein unausrottbarer und lebensnotwendiger Restfunken Hoffnung*.

In dem ersten Gedichtband der Nelly Sachs von 1947, in den programmatisch so benannten »Wohnungen des Todes«, begegnet uns Hiob neben dieser ersten Erwähnung noch ein weiteres Mal. In einem Gedicht aus dem Zyklus »Gebete für den toten Bräutigam« heißt es von der Sprecherin des Gedichtes, die zuvor von sich in der Ich-Form sprach, »ihr, der Hiobzerschlagenen«, sei »keine Antwort geworden« (S. 24). Warum? Keine faßbare Antwort wird erteilt, die Rede ist allein von einem »Grabstaub«, der wie »Wind von einem Stern, den ein Nachtmeer behext / Wie Totenschnee« auf den Mörder fiel und an dessen Händen zu »zehnfacher Marterpfahl« wuchs. Hiob, der Symbolgestalt des übergroßen Leidens, wird keine ihm verständliche Antwort zuteil, Leid im Kontext der »Shoa« läßt sich nicht erklären. Genau denselben Aspekt des Hiobleids betont noch einmal das späte Hiobgedicht aus dem Brief an Gudrun Dähnert:

---

238 *Ehrhard Bahr*, a.a.O., S. 132, vgl. hierzu: *Bruno Bolliger*, Nelly Sachs und die Verwandlung des Staubes, in: Nelly Sachs zu Ehren (1966), a.a.O., S. 143–155.

239 Vgl. *Michael Langer*, Stern in der Gottesfinsternis, in: *Klaus Hurtz* (Hrsg.), Verdichteter Glaube. Prominente interpretieren Gedichte (Regensburg 1993), S. 43–51, hier: S. 50.

»Hiob du befragst das Sandkorn
warum schmerzt du?
Aber das Sandkorn schmerzt weiter
Seine Antwort ist der Schmerz –«[240]

Hiobs Warum-Frage wird nicht beantwortet. Es bleibt nur die Einsicht in die Dinge, wie sie sind. Doch wie schon im Gedicht »O die Schornsteine« wird auch hier eine letzte Hoffnung auf Sinn nicht aufgegeben: Im Nachwort zum Spiel »Beryll sieht in die Nacht« erklärt Nelly Sachs, auch der Widerspruch, das Paradoxon, das Sinnwidrige sei notwendiges Ferment der Schöpfung: »Warum? Das ist die Klippe wie bei Hiob – aber das Leiden dient, die Materie durchsichtig zu machen.«[241]

*Das Zentralgedicht »Hiob«*

Nun zu jenem Gedicht, das »Hiob« speziell gewidmet ist, einem Schlüsselgedicht für die gesamte sachssche Dichtung, speziell aber natürlich für ihre literarische Hiobdeutung. Dieses Gedicht soll im folgenden ausführlich interpretiert und analysiert werden.

HIOB

O DU WINDROSE der Qualen!
Von Urzeitstürmen
in immer andere Richtungen der Unwetter gerissen;
noch dein Süden heißt Einsamkeit.
Wo du stehst, ist der Nabel der Schmerzen.

Deine Augen sind tief in deinen Schädel gesunken
wie Höhlentauben in der Nacht
die der Jäger blind herausholt.
Deine Stimme ist stumm geworden,
denn sie hat zuviel *Warum* gefragt.

Zu den Würmern und Fischen ist deine Stimme eingegangen.
Hiob, du hast alle Nachtwachen durchweint
aber einmal wird das Sternbild deines Blutes
alle aufgehenden Sonnen erbleichen lassen.

Das Gedicht »Hiob« findet sich in dem Zyklus »Die Muschel saust«. Wie schon bei Yvan Goll, so steht die Muschel hier als Zentralmetapher für den »Erinnerungsort, wo das Verborgene gesammelt und zugleich erlauschbar ist«[242]. Erinnert wird anhand biblischer Urgestalten wie Abraham, Jakob, den

---

240 Vgl. Anmerkung 234.
241 *Nelly Sachs*, Zeichen im Sand, a.a.O., S. 353.
242 *Gisela Bezzel-Dischner*, Poetik des modernen Gedichts, a.a.O., S. 50.

Propheten, eben Hiob und Daniel ganz konkret die *Geschichte des jüdischen Volkes*, seine Erfahrungen mit Gott. Im Gedicht »Abraham« ist direkt davon die Rede, dieser habe »die sausende Muschel des Gottesgeheimnisses« (S. 88) gefunden. Gerade in Anbetracht dieses Kontextes verbietet es sich, schon hier von einer Blickausweitung auf das »Schicksal der ganzen Menschheit«[243] zu sprechen. Die biblischen Gestalten versinnbildlichen das Schicksal des jüdischen Volkes vor dem Hintergrund des Holocaust. Sie sind in dieser Leidenssituation entstanden als Vorbilder des jüdischen Volkes »für ein Leben unter der Ewigkeitsperspektive«[244].

Schon im ersten Vers wird Hiob direkt und persönlich angesprochen: »du Windrose der Qualen«. Das Bild der Windrose wird später im Zusammenhang mit Hiob in leichter Abwandlung noch einmal gebraucht: im Gedicht »Landschaft aus Schreien« spricht Nelly Sachs von »Hiobs Vier-Winde-Schrei« (S. 222). Gemeint ist mit diesem Bild in beiden Fällen die universale Dimension der Qual: Hiob verkörpert das Leiden schlechthin. Doch – von bisherigen Interpreten unbemerkt – die Assoziationsfügung ist noch viel konkreter. In der Metapher der Windrose wird ein Bild aus dem biblischen Hiobbuch selbst aufgenommen. Dort heißt es: »Geh ich nach Osten, so ist er nicht da,/ nach Westen, so merk ich ihn nicht,/ nach Norden, sein Tun erblicke ich nicht;/ bieg ich nach Süden, sehe ich ihn nicht.«(23,8f.) – Das *Bild der vier Himmelsrichtungen* entstammt also dem biblischen Hiobbuch selbst und steht dort für die Erfahrung einer universalen *Gottesverdunkelung*, dem Gefühl völliger *Gottesverlassenheit*. Genau diese Aspekte betont auch Nelly Sachs ganz bewußt: Als der leidende Mensch ist Hiob gleichzeitig der menschen- und gottverlassene Mensch. Die folgenden Verse bestätigen diese Lesart: Hiobs Schicksal ist »Einsamkeit«, sein Leiden wird dabei rätselhaft von außen verursacht (von »Urzeitstürmen«). Es ist geprägt von einer »Dynamik des Umhergetriebenseins«[245], einem ruhelosen Umhergerissensein. Diese Einsamkeit ist absolut, umgreift die Raumdimension (»Süden« als Extrempol) genau so wie die Sphäre der Zeit (»Urzeit« wiederum als Extrempol). Präsentisch zusammengefaßt: Hiob als Zentrum, als »Nabel der Schmerzen«.

Wie hatte der biblische Hiob auf diese Situation reagiert? – Er hatte immer wieder »Warum« gefragt! Die klagende Bitte Hiobs um eine Aufklärung bezüglich des Grundes seines Leidens, die sich im biblischen Buch findet, wird auch hier aufgenommen. Doch dann der entscheidende Unterschied zum biblischen Vorbild: Angesichts von Auschwitz verändert sich die Situation: die tausendfache Warum-Frage blieb ungehört, die Theophanie der Bibel blieb aus. Der Hiob des 20. Jahrhunderts erhielt keinerlei Antwort. Was blieb ihm? Oder, bewußt hypothetisch gefragt: Was wäre auch dem biblischen Hiob ohne die Gotteserscheinungen geblieben? – Die Einsicht, *zuviel* »Warum gefragt«

---

243 *Rupert Böswald*, Hiob in moderner Dichtung, a.a.O., S. 110.
244 *Ruth Dinesen*, a.a.O., S. 170.
245 So mit Recht *Ulrike Schrader*, a.a.O., S. 185.

zu haben und das schließliche Verstummen! Bild für dieses Sprachlos-Werden ist, wie oft bei Nelly Sachs, der Gang der Stimme zu »den Würmern und Fischen«. Gerade das *mehrdimensionale Zentralmotiv »Fisch«* evoziert, so Paul Kersten, die »Konnotationen ›Ersticken‹, ›Schweigen‹ und ›Verstummen‹«[246]. Der *Wurm* steht andererseits, so Peter Sager, insbesondere für »die Vergänglichkeit alles Irdischen und die Hinfälligkeit des Menschen«[247] und wird schon im biblischen Hiobbuch selbst mit Hiob in Zusammenhang gebracht[248].

Neben diese Verurteilung zum Verstummen tritt das Bild der Erblindung durch nächtelanges Weinen, auch dies im wiederum von Nelly Sachs häufig gebrauchten Bild des Jägers durch einen Eingriff von außen hervorgerufen. Angesichts übergroßen Leides ist Hiob »buchstäblich Hören und Sehen vergangen«[249]. Beide Bilddimensionen, das Verstummen und die »in den Schädel gesunkenen Augen« sind biographisch im Leben der Dichterin verankert. Nach einem Verhör durch die Gestapo litt Nelly Sachs tagelang unter einer Kehlkopflähmung, die Erfahrung des »Stumm-Gemacht-Werdens« war ihr also leidvoll bekannt, und dasselbe gilt für die durchweinten Nachtwachen am Bett der kranken Mutter. Dies also sind die Dimensionen des sachsschen Hiobbildes, eines Hiob, der – wenn nicht aus dem Gedichttext, so doch aus dem Kontext eindeutig erkennbar – wie in den vorherigen Gedichten für das jüdische Volk steht: *Hiob als Symbolfigur für das Leiden schlechthin, als Zeuge einer universalen Gottesverdunkelung, als ein von außen zum Verstummen und Erblinden Gezwungener*.

Doch das Gedicht endet nicht mit diesem Bild, die beiden letzten, vieldiskutierten Verse sprengen – schon durch ihre einen Umschwung andeutenden Anfangsworte »aber einmal« – die vorherige Perspektive. Erfolgt hier aber tatsächlich »in krassem Übergang ein Ausblick der Hoffnung«[250], findet sich hier gar jenes von Paul Konrad Kurz so interpretierte »Festhalten am Jahve-Gott, das klagende Tasten im Dunkel und ahnende Finden im Glauben«[251]? – Ein vorsichtiger Deutungsversuch dieser Schlüsselstelle des Gedichtes wird *den Kontext und die Metaphorik* genauestens zu beachten haben. Zunächst

---

246 *Paul Kersten*, Die Metaphorik in der Lyrik von Nelly Sachs, a.a.O., S.332. Ganz sicher völlig verfehlt ist wiederum die – allerdings nur als Möglichkeit ausgesprochene – Annahme von *Ulrike Schrader*, das Fisch-Symbol könne hier nach seiner »christologischen Ikonographie« ausgedeutet werden. Für eine derartige Deutung spricht weder der Text, noch der sonstige Gebrauch dieser Metapher bei *Nelly Sachs*. Vgl. *Ulrike Schrader*, a.a.O., S. 185.

247 *Peter Sager*, Nelly Sachs, a.a.O., S. 138.

248 Vgl. Hiob 17,14: »Zur Grube ruf ich: Mein Vater bist du!,/ Meine Mutter, meine Schwester! zum Wurm«; Hiob 24,20: »Gewürm labt sich an ihm«; Hiob 25,6: »der Mensch, die Made,/ der Menschensohn, der Wurm«.

249 *Birgit Lermen*, Biblische Texte in der deutschen Gegenwartsliteratur, in: Stimmen der Zeit 210 (1992), S. 529–542, hier: S. 538.

250 *Rupert Böswald*, a.a.O., S. 112.

251 *Paul Konrad Kurz*, »Fahrt ins Staublose«. Die Lyrik der Nelly Sachs, in: Stimmen der Zeit 178 (1966), S. 421–437, hier: S. 422.

wird nüchtern festzustellen sein, daß Nelly Sachs einen einfachen und unzweideutigen Umschwung zu einem Hoffnungsausblick bewußt unterläuft. Die negativ besetzten Wörter »Blut« und »erbleichen« entlarven jede allzu optimistische Interpretation dieser Schlußverse als Wunschdenken. Auch werden über die Art und Weise, den Urheber oder den Zeitpunkt des erhofften Umschwungs keinerlei Angaben gemacht. Nelly Sachs versteckt ihre Hoffnungsaussage in Verse, die mit der Technik der paradoxalen Übersteigerung und bewußten Erwartungsdurchbrechung arbeiten.
Der Gedichtband, in dem sich dieses Hiob-Gedicht befindet, trägt den Titel »Sternverdunkelung«. Dieser aus der biblischen Vorstellungswelt der Apokalyptik entlehnte Titel spielt an auf die Verdunkelung des eigentlich strahlenden Planeten Erde durch die Verfolgung und Vernichtung des jüdischen Volkes durch die Nationalsozialisten. Hier ist nun die Rede von einem alles überstrahlenden »Sternbild«, das »einmal« »alle aufgehenden Sonnen erbleichen lassen« wird. Nelly Sachs wagt hier, mit den Worten des Germanisten Beda Allemann, »die Wiederaufnahme der kosmischen Dichtung mit modernen Mitteln«[252], auf deren komplex-spezifische, an dieser Stelle vielleicht in der Tat etwas »gezwungene«[253], all zu weit getriebene Metaphorik sich der Leser einlassen muß, wenn er sie verstehen will.
Wofür stehen im Rahmen dieser kosmischen Dichtung die *zentralen sachsschen Astralmotive*?[254] Sie fungieren, so Peter Sager, »als Entwürfe, als Projektionen des Transzendenten«[255]. Es handelt sich hier also zumindest auch um eine eschatologische Zukunftsvision, die durch das »aber einmal« einen unzweideutigen *Umschwung zum Guten* andeutet. Der derzeitigen »Sternverdunkelung« wird die bewußt nicht näher spezifizierte Hoffnung auf eine zukünftige »Sternerstrahlung« entgegengesetzt. Ganz ähnlich heißt es schon am Ende des etwas früher entstandenen Gedichts »Chor der Sterne«:

»Erde, o Erde
Stern aller Sterne
Einmal wird ein Sternbild Spiegel heißen.
Dann o Blinde wirst du wieder sehen!« (S. 61)

---

252 *Beda Allemann*, Hinweis auf einen Gedichtraum, in: Nelly Sachs zu Ehren (1961), a.a.O., S. 37.
253 So *Ulrich Klingmann*, Religion und Religiosität in der Lyrik von Nelly Sachs (Frankfurt 1980), S. 74. Klingmann führt in seiner – als ganzer blaß bleibenden – Dissertation zu diesem Gedicht aus, S. 72: »Die Metapher ›Sternbild deines Blutes‹, die möglicherweise in einem anderen Kontext als einprägsames Bild zu werten wäre, wirkt durch den schroffen Übergang von der leiblichen Ebene des Blutes in die kosmischen Räume und im Zusammenhang einer konkretisierenden kosmischen Lichtsymbolik künstlich.«
254 Vgl. hierzu: *Wolfgang Grothe*, Astralmotive im Universum der Nelly Sachs, in: *Heinz Ludwig Arnold* (Hrsg.), Nelly Sachs. Text und Kritik Heft 23 (Juli 1969), S. 13–24.
255 *Peter Sager*, a.a.O., S. 120.

Paradoxerweise erfolgt hier diese »Sternerstrahlung« gerade im Zeichen des Blutes Hiobs. Wichtig ist dabei die *Bedeutung des »blutroten« Sonnenaufgangs*, der angesichts des Sternbildes aus Hiobs Blut erblassen wird. Das Bild des Morgenrots – verführerisch in seiner Alltagsassoziation als Hoffnungsmetapher – bedarf einer näheren Untersuchung unter Miteinbeziehung anderer eindeutigerer Einsätze dieses Motivs bei Nelly Sachs: es steht entgegen der normalen Assoziationsfügung für den Wohnort der Opfer[256], im Gedicht »Jakob« (S. 90) etwa heißt es: »o die Wunde zwischen Nacht und Tag/ die unser Wohnort ist«. Die menschliche Existenz erscheint im Zeichen jeder Geburt, die »mit Blut auf der Dämmerung geschrieben steht«, ja »das spitze Messer des Hahnenschreis« ist »der Menschheit ins Herz gestochen«. Gerade der »Hahnenschrei öffnet die Wunde« (S. 238), in der Morgendämmerung ist »der furchtbare Augenblick der gottlosen Armut da« (S. 196). In einem weiteren Gedicht wird die Morgendämmerung als »Schmerzgebirge« (S. 116) bezeichnet. Sie wird somit gerade nicht zum Hoffnungssymbol, sondern zum schlimmstmöglichen Moment der Bewußtwerdung, daß mit dem anbrechenden Tag neues Leiden, neues Entsetzen, neue Qual bevorsteht. Die *aufgehende Sonne* wird im Kontext dieses Bildzusammenhangs des anbrechenden Tages zum *Symbol der blutenden Menschheitsexistenz* überhaupt.
Und nun in paradoxer Übersteigerung: das Rot dieser »aufgehenden Sonnen« wird »erbleichen«! – Erbleichen angesichts des Sternbilds jener Gestalt, die das Leiden schlechthin verkörpert – Hiob![257] Nur so, in einer endgültigen Demonstration des Zuviel an Leiden, kann die leidende Existenz aufgehoben und überwunden werden im Hinblick auf eine erhoffte Erlösung. Es ist dabei durchaus möglich, daß das *biblische Motiv der Erhöhung des Niedrigsten*, bekannt aus den Liedern von dem neben Hiob zweiten Gottes-Knecht aus Jes 53, mitprägend für die Fügung des Bildes gewesen sein könnte.
Von einem »Festhalten am Jahve-Gott« kann also sicherlich ebensowenig die Rede sein, wie von einem »Finden im Glauben«, doch es bleibt wie im Gedicht »O die Schornsteine« eine verschlüsselt angedeutete und lebenserhaltende Hoffnung auf Versöhnung und Erlösung gerade im leidbündelnden Zeichen Hiobs. Der Bezug zum biblischen Hiob ist dabei eindeutig noch weiter zurückgewichen. Aufgenommen wird er zum einen nur als zentrale Leidens- und Schmerzgestalt, zum anderen aber auch über konkret aus dem alttestamentlichen Buch übernommene und ausgedeutete Bildzusammenhänge (»Windrose«, »Wurm«). Die konkrete Gestaltung dieser Figur unterscheidet sich jedoch deutlich von ihrem Vor-Bild. Der Hiob der Nelly Sachs ist wie

---

256 Vgl. *Gisela Bezzel-Dischner*, a.a.O., S. 30.

257 In einem weiteren Gedicht aus »Sternverdunkelung« wird eine Verbindung hergestellt von »Schweigen« – Hiobs Verstummen – und »Blut«. In dem Gedicht »Nacht, Nacht« (S. 76) heißt es: »Nacht, Nacht,/ daß du nicht in Scherben zerspringst,/ nun wo .../ die Monde des Todes/ das stürzende Erdendach/ in deines Schweigens geronnenes Blut ziehn«. Noch ein Beleg dafür, daß Hiob, der schweigend-verstummte, im Sternbild des Blutes betrachtet wird.

bei Yvan Goll ein Hiob, der alle Erfahrungsstufen des biblischen Hiobs bereits durchlaufen hat, dessen Rebellion aber längst resigniert eingestellt wurde. Diesem Hiob der Gegenwart wurde gerade keine göttliche Antwort zuteil. Darum also geht es Nelly Sachs: um die *Schilderung des unbeantworteten Hiobs des 20. Jahrhunderts*. Gerade dieser Hiob bleibt aber – wie sein alttestamentliches Vorbild – nicht in Leid und Resignation verbohrt, sondern öffnet sich einer schwachen, verschlüsselten, aber eindeutigen Hoffnungsperspektive.

*Hiob im Gesamtwerk der Nelly Sachs*

Ein entscheidend neuer Aspekt sowohl im Hinblick auf die Hiobdeutung als auch im Rahmen des sachsschen Gesamtwerks begegnet in dem *Gedicht »Landschaft aus Schreien«* (S. 221–223) aus der mittleren Schaffensperiode der Dichterin. In den vorherigen Gedichten war – im Gesamtkontext eindeutig – speziell vom Leiden Israels die Rede. Deshalb gingen Interpretationen wie die von Rupert Böswald zu weit, der behauptete: »der Todesweg der Juden bekommt Modellcharakter für alle. Das leidende Israel ist ein Abbild der ganzen leidenden Menschheit«[258]. Nun jedoch *erweitert sich* in der Tat *der Blick vom Schicksal der Juden auf das Schicksal der Menschheit*. Gerade hier zeigt sich eine motivische Entwicklung in der Lyrik von Nelly Sachs, die eben mehr ist als nur die »Dichterin jüdischen Schicksals«. So schreibt sie selbst in einem Brief aus dem Jahre 1959: »Meinem Namen haftet eben das Schicksal meines Volkes an, ... obgleich die letzten beiden Gedichtsammlungen längst die Menschheit meinen.«[259] In ihren späteren Werken, aber eben auch erst dort, gilt für Nelly Sachs in der Tat das Judenschicksal als »ein Modellfall der conditio humana«[260], so Hilde Domin.

»Landschaft aus Schreien« – der Titel dieses Gedichts gibt sehr genau seine Form und seinen Inhalt an: Die Form des Gedichtes ist nun noch radikaler als in den zuvor besprochenen Werken zerfallen in freie Assoziationen, surrealistische Bildfragmente, expressive Exklamationen, verstummende Beschwörungsversuche, alptraumartige Wortfetzen, in ungekannte Bildwucherungen jenseits normaler Sprachlogik. Aneinandergereiht »in der Nacht, wo Sterben Genähtes zu trennen beginnt« erscheint ein alptraumartiges Szenario: die »Landschaft aus Schreien« reißt ihren »schwarzen Verband auf« und es erklingen die Schreie der gequälten Menschheit, von Abrahams »Herz-Sohn-Schrei« wegen Isaak über den schon zitierten »Vier-Winde-Schrei« Hiobs zum »Schrei verborgen im Ölberg/wie ein von Ohnmacht übermanntes Insekt im Kristall«, dem ungehörten, vielleicht unterdrückten Schrei Jesu in Gethsemane – die gesamtmenschliche Existenz wird gebrandmarkt durch ihre

258 *Rupert Böswald*, a.a.O., S. 95.
259 Brief an *Johannes Edfelt* vom 25. 8. 1959, in: Briefe der Nelly Sachs, a.a.O., S. 228.
260 *Hilde Domin*, Nachwort, a.a.O., S. 130.

einzig mögliche Reaktion auf Leid, den klagenden, aber seltsamerweise kaum direkt an-klagenden Schrei. Und dann, als Beispiel für die Erweiterung des Werkes ins Universale, neben »Maidanek« auch »Hiroshima« als Ort, wo »die Zeit wegfällt/ an den Gerippen«. Dieses Mal stimmt Böswalds Kommentar: »Mit diesem Gedicht ist Nelly Sachs in eine universale Perspektive vorgedrungen. Die vielen Situationen der Qual werden zum Sinnbild der gesamtmenschlichen Existenz.«[261]

Zwei weitere Male begegnen wir Hiob in dem folgenden Gedichtband »Flucht und Verwandlung«. Das *Gedicht »Vertriebene«* schildert zunächst das grausame Schicksal der Heimatlosen. »Reißend wird ihr Leib/im Salz der Folter fortgefressen.« Abgesetzt vom vorherigen Textkorpus erscheint am Schluß des Gedichts der Dreizeiler:

> »Hautlos
> Augenlos
> hat Hiob Gott gebildet« (S. 283)

»Hautlos« – dieser Begriff ruft das biblische Motto des Gedichtes »O die Schornsteine« wieder in Erinnerung, doch im dortigen Bibelzitat (»Und wenn diese meine Haut zerschlagen sein wird/so werde ich ohne mein Fleisch Gott schauen«) hoffte Hiob noch, wenn auch hautlos, so doch Gott zu *schauen*. Dieses Schauen wurde bereits im Schlüsselgedicht »Hiob« durch die vielfachen Erblindungsmetaphern in Frage gestellt. Hier nun die radikale Zuspitzung der Bildlogik, die endgültige Verrätselung des Gottvertrauens: Selbst dieses Schauen ist nun nicht mehr möglich: Hiob ist nun auch »augenlos«. Dann der schon rein grammatikalisch rätselhafte Schlußvers: was ist Subjekt, was Objekt? Hat Gott den Hiob gebildet, ihm Haut und Augen genommen, oder wahrscheinlicher: hat Hiob, schließlich auch noch der Haut und Augen beraubt, dennoch gar nicht anders gekonnt, als sich ein »Bildnis« von Gott zu machen?[262] Dann wäre diese Stelle rein anthropologisch zu verstehen und ein Beleg für die unbedingte Angewiesenheit Hiobs darauf, an seinem Gott festzuhalten, selbst in der extremst möglichen Leidsituation. Die zuvor noch möglichen, wenn auch zunehmend eingeschränkten Hoffnungsaussagen werden hier jedenfalls noch weiter zurückgenommen.

Der Titel der Sammlung »Flucht und Verwandlung«, dem »Mittelpunkt des Gesamtwerkes von Nelly Sachs«[263], markiert die zuvor schon angedeuteten Zentralgedanken der Dichterin. Über Flucht (»Hiobs Staub«) wird Befreiung, Verwandlung möglich, nicht jedoch im Sinne einer vordergründigen Spiritualisierung, sondern über Leiden. Gerade so werde die »Materie duchsich-

---

261 *Rupert Böswald*, a.a.O., S. 129.

262 »Gebildet« scheint mir eher in diesem Sinne gemeint zu sein, also »ein Bild machen«, im Sinne von »bilden« als »schaffen«, »aus dem Nichts hervorrufen«.

263 *Ehrhard Bahr*, a.a.O., S. 142.

tig«[264], selbst schwerste Materie könne derart verwandelt werden. Im Hintergrund dieser Vorstellungen steht die intensive Beschäftigung der Dichterin mit der jüdischen kabbalistischen Mystik. Nur im Rahmen dieser Vorstellungswelt läßt sich auch jener Gesang auf die kosmische Entstehung des Felsens verstehen, das Gedicht »Halleluja bei der Geburt eines Felsens« (S. 291), dem wiederum ein Hiob-Motto voransteht: »Selbst die Steine umarmen wir – wir haben einen Pakt mit ihnen geschlossen«, wohl bezogen auf Hiob 5,23: »Mit den Steinen des Felsens bist du verbündet«.

Ein letztes Gedicht aus der späten Sammlung »Glühende Rätsel«, geschrieben zwischen 1962 und 1967, bleibt zu betrachten. Im elften Gedicht der vierten Abteilung dieser Sammlung heißt es: »Hiob war eingewickelt/in den Geburtenleib der Sterne«[265]. Auch hier also die Verbindung zum Astralmotiv, in dem die im Motiv der Geburt gebündelte Hoffnung auf Erlösung durchscheint. Hiob war umgeben vom mystisch erahnten Urgrund allen Seins, der auch als Endpunkt visionär geschaut wird. Das Gedicht schließt mit den Versen:

»Jemand schüttelt die Schwärze
bis der Apfel Erde fällt
gereift ans Ende
Ein Seufzer
ist das die Seele – ?«

*Die Hiobdeutung der Nelly Sachs – Resümee*

Welche Funktion hat Hiob im dichterischen Werk von Nelly Sachs? Ist er nicht mehr als eine Chiffre, »abstrahiert zum Vier-Winde-Schrei«[266], so Brita Steinwendtner? Ist hier »vom ursprünglichen Hiobmotiv nur noch das alle Maße sprengende stumme Leiden an Gott und der Welt«[267] übrig geblieben, so Karl-Josef Kuschel? Wird hier in der Person Hiobs gar »die Problematik der Vereinbarkeit von göttlicher Gerechtigkeit und Leiden von Unschuldigen thematisiert«[268], so Peter Michel? Letzteres hat mit den Texten von Nelly Sachs nur wenig zu tun, es geht dort, so Olof Lagercrantz mit Recht, »nicht mehr darum, ob Hiob unbescholten war oder nicht. Ein solches Problem aufzuwerfen, wäre absurd.«[269] Angesichts der Grauen des Holocaust spielt die Schuldfrage keine Rolle mehr; allein die Frage, wie Gott so etwas geschehen lassen konnte, ist von Belang. Im Rahmen gerade dieser existentiellen Fragestellung wurde für Nelly Sachs die Hiobgestalt wichtig.

---

264 Vgl. Anmerkung 241.
265 Vgl. Anmerkung 233.
266 *Brita Steinwendtner*, Hiobs Klage heute, a.a.O., S. 74.
267 *Karl-Josef Kuschel*, »Erzähle etwas anderes, deine Bibel ist kalt«, a.a.O., S. 31.
268 *Peter Michel*, a.a.O., S. 43.
269 *Olof Lagercrantz*, Versuch, a.a.O., S. 18.

Aber wie konkret griff die Dichterin die biblische Figur auf? Generell zeichnet sich ihre Stoffübernahme durch eine »spekulative Deutung des Alten Testaments«[270] aus. Angeregt durch mystische Interpretationen und eigene Dienstbarmachung ist der sachssche Hiob ein anderer als der biblische. Ein Unterschied wurde schon betont: durch das Ausbleiben der Gotteserscheinung ist dieser Hiob stumm und blind geworden, er selbst klagt nicht mehr. Diese Klage hat dafür um so mehr sie selbst, die Dichterin, seine »Schwester«, übernommen. Auffallend ist jedoch, daß tatsächlich der Gestus der Anklage deutlich zurücktritt, wohl weil das Vertrauen auf einen personalen Gott, gegen den allein eine Anklage sinnvoll wäre, in der Erfahrung des Holocaust zurückgedrängt wurde. Das *Fehlen der Anklage* wird so zum Beleg der erfahrenen *Gottesverdunkelung*.
Die Klage ist jedoch nicht der Endpunkt: »die Elegien erschöpfen sich nur selten in Klage. Nelly Sachs ist immer auf der Suche nach einem Weg aus der Hölle«[271], so Bengt Holmqvist völlig zu Recht. Gerade in der Hiobgestalt bündelt sich bei ihr jene spannungsreiche Dialektik von Klage und Hoffnung, die das Gesamtwerk auszeichnet. *Als Verkörperung des jüdischen Volkes steht Hiob also für ein untrennbares spannungsvolles Vierfaches*:

- für *die* Verkörperung von Qual und Leid schlechthin;
- für das nach erfolglosem Fragen, Klagen und Protestieren erzwungene Verstummen und Erblinden;
- für die Erfahrung des Ausbleibens einer göttlichen Antwort und darum einer völligen Gottesverdunkelung und Gottverlassenheit;
- für die durch alles Leid hindurch unauslöschliche Hoffnung auf Verwandlung und Erlösung.

Steht hinter diesen Gedichten also doch »Leid, das sich ausstreckt nach Gott«[272], sind diese Gedichte bemüht, »den Sehnsuchtsweg zu Gott hin offenzuhalten«[273]? Eine Antwort auf diese Frage wird in aller Behutsamkeit, fern jeglicher theologischer »Eingemeindungsversuche« zunächst zu bedenken haben, was mit diesem »Gott« gemeint ist. Von der literarischen Textbasis her kann kein Zweifel bestehen: Der alttestamentlich und auch neutestamentlich bezeugte Gott hat sich für Nelly Sachs im Holocaust radikal verdunkelt. Die Hoffnung, die ihr unaufgebbar bleibt, scheint eher aus kosmisch-mystischen Quellen und aus der jüdischen Kabbala gespeist. Alles was man also sagen darf, fern davon, hier von einem »Bekenntnis«[274] zu reden, ist, daß sie die Hoffnung zu einer solcherart erahnten Erlösungsmöglichkeit in aller Unbestimmbarkeit offenhält.

---

270 *Peter Sager*, a.a.O., S. 21.

271 *Bengt Holmqvist*, Die Sprache der Sehnsucht, in: ders. (Hrsg.), Das Buch der Nelly Sachs (1968), S. 41.

272 *Rupert Böswald*, a.a.O., S. 128.

273 *Ruth Dinesen/Helmut Müssener*, Vorwort, in: dies. (Hrsg.), Briefe der Nelly Sachs, a.a.O., S. 11.

274 *Rupert Böswald*, a.a.O., S. 95.

Die Dichtung der Nelly Sachs steht außerhalb der Entwicklung sonstiger europäischer Lyrik. Ihre ganz eigene Kombination von Thematik, Metaphorik und Stilistik, sicherlich angeregt etwa durch den biblischen Klagegestus der Psalmen, aber auch beeinflußt von jener schwedischen Lyrik, die sie ins Deutsche übertrug, oder durch expressionistische Techniken, hat nur wenige Parallelen. Aber auch wenn ihr Werk eine ganz eigene Prägung und Bedeutung aufweist[275], so lassen sich doch interessante *Querverbindungen* aufzeigen: in Motivwahl und dem Versuch, den Holocaust anhand biblischer Gestalten zu deuten etwa zu Margarete Susman, zu deren Hiobbuch Schalom Ben-Chorin schreibt: »In Form reiner Dichtung ist ... das Werk von Nelly Sachs geistesverwandt.«[276] Oder, wie dort schon angedeutet, zum Spätwerk Karl Wolfskehls. Gerade in dessen zweitem Vorspruch zum Hiob-Zyklus[277], geschrieben direkt unter dem Eindruck der Nachricht von den Vernichtungslagern und später zugunsten des »zeitloseren« ersten Vorspruchs wieder gestrichen, kommt er »Nelly Sachs nahe«[278], so die Germanistin Sigrid Bauschinger. In der zentralen Metaphorik (»Stein«, »Muschel«) und in einer Hiobkonzeption, die einerseits keinen Vergleich zur konkret gezeichneten Geschichte des Volkes Israel zieht und andererseits das unbeantwortete, zum Schweigen gebrachte nachbiblische Hiobschicksal thematisiert, lassen sich auch Verbindungslinien zu Yvan Goll aufzeigen.[279]
Am ehesten *vergleichbar* in bezug auf Qualität, Thematik, Rezeption und Stil ist das Gesamtwerk Nelly Sachs' jedoch der *Lyrik des kongenialen Freundes Paul Celan* (1920–1970). Hier kann man »von einer engen geistigen Verwandtschaft«[280] sprechen. Neben den tragisch-biographischen Parallelen bis

275 Ein interessanter Vorläufer liegt vor im »Hiob«-Gedicht des österreichisch-jüdischen Journalisten, Schriftstellers und Dichters *Jakob Julius David* (1859–1906), in dem Gottzweifel, Protest und glaubende Zuversicht in spannungsvoller Einheit beschrieben werden. Vgl. *Jakob Julius David*, »Hiob«, in: Gesammelte Werke I. Gedichte. Das Höferecht (München/Leipzig 1908), S. 68–71.

276 *Schalom Ben Chorin/Verena Lenzen*, in: dies. (Hrsg.), Lust an der Erkenntnis. Jüdische Theologie im 20. Jahrhundert. Ein Lesebuch (München 1988), S. 493.

277 Vgl. *Margot Ruben/Claus Victor Bock* (Hrsg.), Karl Wolfskehl. Gesammelte Werke I, a.a.O., S. 284.

278 *Sigrid Bauschinger*, Hiob und Jeremias. Biblische Themen in der deutschen Literatur des 20. Jahrhunderts, in: Akten des VI. Internationalen Germanisten-Kongresses Basel 1980 (Bern/Frankfurt/Las Vegas 1980), Bd. III, S. 470.

279 Bestätigt werden derartige Verbindungslinien zwischen Sachs und Goll in der ebenfalls beiderseitigen Aufnahme und Gestaltung des Ruth-Motivs. Vgl. hierzu: *Birgit Hartberger*, Das biblische Ruth-Motiv in deutschen lyrischen Gedichten des 20. Jahrhunderts (Altenberge 1992).

280 *Ehrhard Bahr*, Paul Celan und Nelly Sachs: Ein Dialog in Gedichten, in: *Chaim Shoham/Bernd Witte* (Hrsg.), Datum und Zitat bei Paul Celan. Akten des Internationalen Paul Celan-Kolloquiums Haifa 1986 (Bern 1987), S. 183–194, hier: S. 183. Vgl. hierzu: *Ruth Dinesen*, Paul Celan und Nelly Sachs, ebd., S. 195–210; *Gisela Bezzel-Dischner*, Paul Celan und Nelly Sachs, in: dies., Poetik des modernen Gedichts, a.a.O., S. 103–128; *Karl-Josef Kuschel*, Paul Celan, Nelly Sachs und ein Gespräch über Gott, in: ders., »Vielleicht hält Gott

in den Tod hinein – Sachs starb am Tage von Celans Beerdigung – steht das zum Teil in bewußter Auseinandersetzung mit dem jeweils anderen konzipierte lyrische Werk dieser beiden Dichter im Vordergrund des deutsch-jüdischen literarischen Umgangs mit Auschwitz. Im Gegensatz zum Werk von Nelly Sachs steht zwar auch Celans Gesamtwerk atmosphärisch unter Hiobs Schatten, doch greift er dieses Motiv nirgends direkt auf[281]. So bleibt es Peter Sager zufolge vorrangig Nelly Sachs vorbehalten: »Für das zentrale Thema des Leidens und des Sprachverlustes hat Nelly Sachs in Hiob eine exemplarische Metapher gefunden.«[282]
Was diese Lyrik bewirkte, bezeugt am besten ein eindrucksvoller »offener Brief«, den Hilde Domin an Nelly Sachs schrieb. Entgegen dem berühmt-berüchtigten Diktum Adornos, nach Auschwitz noch Gedichte zu schreiben sei Barbarei, bewirkten gerade diese Gedichte für die Überlebenden eine »große Katharsis«, denn »da hattest Du meine Toten bestattet ... In Schmerz aber ohne Bitterkeit lösten sie sich in Deinen Worten und stiegen auf wie milchiger Dunst«[283]. Gerade im Aussprechen des Unaussprechlichen lag die Voraussetzung zum geistigen und physischen Weiterleben. Und damit leistete Nelly Sachs etwas, das Hans Magnus Enzensberger schon 1961 erkannte – nichts weniger als *die Wiedereinsetzung der verloren und zerstört geglaubten Sprache*: »Ihrer Sprache wohnt etwas Rettendes inne. Indem sie spricht, gibt sie uns selbst zurück, Satz um Satz, was wir zu verlieren drohten: Sprache.«[284]

## 7. »Namenlos entrann ich« – Hiob als literarische Deutefigur des Holocaust

Sowohl bei Margarete Susman und Karl Wolfskehl als auch bei Nelly Sachs dient Hiob – zumindest auch – als literarische Deutefigur des Holocaust: mit Hilfe gerade dieser alttestamentlichen Gestalt versuchen sie, das Holocaust-Geschehen denkerisch, literarisch und – in aller Vorsicht formuliert – religiös

---

sich einige Dichter...«. Literarisch-theologische Portraits (Mainz 1991), S.285–306. *Ruth Dinesen*, Nelly Sachs, a.a.O., bes. S. 273–316.

281 Alle Versuche, einen direkten motivischen Einfluß des Hiobbuches auf Celan nachzuweisen, wirken künstlich; vgl etwa: *Saul Myers*, The Way Through the Human-Shaped Snow: Paul Celan's Job, in: Studies in Twentieth Century Literature 11 (1986/87), S. 213–228.

282 *Peter Sager*, a.a.O., S. 124.

283 *Hilde Domin*, Offener Brief an Nelly Sachs [1]1966, in: dies., Gesammelte autobiographische Schriften. Fast ein Lebenslauf (München/Zürich 1992), S. 167–175, hier : S. 168. In den Gedichten von *Hilde Domin* selbst taucht Hiob nur ein einziges Mal direkt auf, und das nur in einer Randmetapher: im 1960 veröffentlichten Gedicht »Lieder zur Ermutigung III«, siehe: *Hilde Domin*, Gesammelte Gedichte (Frankfurt 1987), S. 223.

284 *Hans Magnus Enzensberger*, Die Steine der Freiheit, in: Nelly Sachs zu Ehren (1961), S. 47.

zu bewältigen. Mit einer derartigen Konzeption stehen sie jedoch keineswegs allein, im Gegenteil: es finden sich darüber hinaus zahlreiche ähnliche literarische Zeugnisse.[285] Die wichtigsten dieser Beispiele sollen im folgenden in der gebotenen Kürze dargestellt werden, auf weitere kann nur in den Anmerkungen eingegangen werden.

*Weitere literarische Zeugen*

1. Schon im Jahre 1948 erscheint ein autobiographischer Überlebensbericht der Grauen der Konzentrationslager auf Französisch unter dem Titel: »Pour que la terre se souvienne«. Verfasser ist der in Galizien gebürtige Jude *Leon Weliczker Wells* (*1925). Die deutsche Übersetzung erhält – einem dem Buch vorangestellten und abschließenden Motto aus dem biblischen Hiobbuch folgend – den Titel: »Ein Sohn Hiobs«.[286]
2. Vierzig Jahre nach der Zerstörung des Warschauer Ghettos erscheint, ausgewählt und herausgegeben von Karin Wolff, eine *Textsammlung* mit den letzten Zeugnissen der damals im Ghetto umgekommenen Juden unter dem Titel *»Hiob 1943«*[287], durch den das damalige Schreckensereignis bewußt mit dem Schicksal des biblischen Hiob verglichen wird. In dieser Sammlung findet sich auch ein Text des jüdisch-polnischen Dichters *Julian Turwim* (1894–1953) unter dem Titel »Wir – die polnischen Juden« (S. 287–291), in dem er, dem 1939 die Flucht nach Amerika gelang, sich leidenschaftlich und klagend zu seinem polnisch-jüdischen Volk bekennt, gerade angesichts der Nachricht von der Vernichtung des Warschauer Ghettos. An einer zentralen Stelle dieses Textes setzt er dabei die polnischen Juden bewußt mit dem biblischen Archetyp gleich: »Wir – Hiob« (S.289).
3. Ebenfalls in dieser Anthologie findet sich die poetische Umgestaltung eines

---

[285] Leider nicht zugänglich war mir ein – möglicherweise auch gar nicht im Druck erschienenes – »Hiob«-Gedicht des deutschjüdischen Lyrikers *Jakob Rothstein*, das jedoch nachweislich auf einer Veranstaltung des Jüdischen Kulturbundes am 4. 5. 1940 in Berlin – neben Gedichten von Nelly Sachs oder Gertrud Kolmar – vorgelesen wurde.

[286] *Leon W. Wells*, Ein Sohn Hiobs (München 1979). – »Seht mich an, ich bin der wiederaufgerichtete Hiob, ich habe den Abfallhaufen vor dem Stadttor verlassen und meinen rechtmäßigen Platz unter euch wieder eingenommen.« Dieses Zitat entstammt dem autobiographischen Roman »Gebranntes Kind sucht das Feuer«, einem Roman von *Cordelia Edvardson* (*1929) – der Tochter der Schriftstellerin *Elisabeth Langgässer* (1899–1950) – die als »Halbjüdin« nach Auschwitz kam und ihre Erfahrungen in diesem fiktiv gebrochenen Roman niederlegt. Ein in Form und Inhalt dem Bericht von Wells vergleichbares Buch, auch wenn es sich durch eine größere fiktive Freiheit auszeichnet. Die Perspektive verschiebt sich jedoch schon durch den längeren zeitlichen Abstand zu den Ereignissen: Gerade auch *das Über-Leben von Auschwitz* und *das Weiter-Leben nach Auschwitz* werden hier *im Bilde Hiobs*, im Bilde des »wiederaufgerichteten Hiobs« verstanden. Vgl. *Cordelia Edvardson*, Gebranntes Kind sucht das Feuer (München/Wien 1986), S. 115.

[287] *Karin Wolff* (Hrsg.), Hiob 1943. Ein Requiem für das Warschauer Getto (Neukirchen-Vluyn 1983).

Textes, der einem gewissen *»Jossel Rackower«* zugesprochen wurde, in dem dieser, kurz vor der endgültigen Vernichtung im Ghetto mit seinem Gott rechtet. Der Dichter Roman Brandstaetter sieht in Rackower einen »Hiob des 20. Jahrhunderts«[288] und setzt dessen letzte Worte in Verse um:

»Herr, in den Bitternissen meiner Seele
kann ich nicht das Böse rühmen,
das Du Deinem Volke antust« (S. 275).

Der dieser literarischen Umsetzung zugrundeliegende, lange Zeit für authentisch gehaltene Bericht entstammt de facto seinerseits der Feder des jüdisch-israelitischen Schriftstellers *Zvi Kolitz* (*1914), der später berühmt wurde unter anderem durch seine maßgebliche Federführung bei der Aufführung von Hochhuths »Der Stellvertreter« in New York, der selbst jedoch nicht im Ghetto war. Somit kann auch dieser Text »nur dichterischen Wert«[289] beanspruchen, so die Redaktion der Zeitschrift »Stimmen der Zeit«, die den Text zuvor im Glauben seiner historischen Authentizität abdruckte und als »gläubige Anklage Jobs erhoben im brennenden Ghetto von Warschau«[290] präsentierte.
Kolitz läßt Rackower unter direkter Vergleichsziehung zum Hiobbuch sagen: »Jetzt ist meine Stunde gekommen. Wie Hiob kann ich von mir sagen – und ich bin nicht der einzige –: Nackt bin ich geboren, nackt kehre ich zur Erde zurück.«[291] Diese demütige Akzeptanz des Schicksals im Namen Hiobs erfolgt auch hier aus der Erkenntnis heraus, daß ein Tun-Ergehen-Zusammenhang endgültig nicht besteht: »Ich fordere aber nicht wie Hiob, Gott möge mit seinem Finger auf meine Sünde zeigen, damit ich weiß, womit ich diese Strafe verdiene.« Warum? Weil Rackower erkannt habe, daß es sich »nicht mehr um Strafe für Sünden handelt.«[292] Trotz der tiefen Zweifel und des Nichtverstehens endet dieser Text aber mit der traditionellen jüdischen Vertrauensaussage auf Gott, dem »Sch'ma Israel«.
4. Ein anderer Überlebender des Warschauer Ghettos, der auch den Pogromen in Krakau, Wilna und Bergen-Belsen entkam, ist *Hermann Adler* (*1911). Nach dem Krieg veröffentlichte er zwei Gedichtbände mit zum überwiegenden Teil noch im Ghetto selbst entstandenen Gedichten, zunächst 1945 die »Gesänge aus der Stadt des Todes«, dann 1946 die *»Balladen der Gekreuzigten, der Auferstandenen, Verachteten«*. Mit diesen Schreckensschilderungen löste er, mit seinen eigenen Worten, »ein meinen Brüdern im Wilnaer Ghetto

288 *Roman Brandstaetter*, Jossel Rackower rechtet mit Gott, ebd., S. 274.
289 Stimmen der Zeit 159 (1956/57), S. 377.
290 *Käthe Kuhn*, in: Stimmen der Zeit 159 (1956/57), S. 168. Textabdruck hier S. 161–168.
291 *Zvi Kolitz*, Jossel Rackower spricht zu Gott, in: Almanach für Literatur und Theologie 2 (Wuppertal 1968), S. 21.
292 A.a.O., S. 22.

zur Zeit des großen Unterganges abgelegtes Gelübde ein«[293]. Er will ein Zeugnis der unfaßbaren Geschehnisse ablegen. Und auch für Adler gilt: »Die Hiob-Motivik zieht sich durch sein ganzes Werk und gibt ihm ihr Gepräge.«[294] Der erste Zyklus des früheren Gedichtbandes steht ganz im Zeichen Hiobs. Auf ein längeres Textzitat aus dem biblischen Buch folgt das einleitende Gedicht:

> »Mauern des Ghettos zertrümmerte Gott. Doch sein Volk war geschlagen.
> Und mit der Rache am Feind weckt Er Tote nicht auf.
>
> Doch es geschah, daß die Erde sich öffnete: Rechtende stiegen,
> Dulder und Zitternde nicht, Rechtende stiegen empor (…)
>
> Plötzlich war Unrecht zu prüfen und Klarheit zu suchen: Die Kläger
> Traten vor Gottes Gericht. Selbst wog sich himmlisches Recht:
>
> Denn es entstiegen der Erde Söhne und Töchter von Hiob …
> Und wie einst Hiob mit Gott, rechteten alle mit Gott!«[295]

Das *jüdische Volk als »Söhne und Töchter Hiobs«*[296], *die mit Gott rechten* angesichts der unfaßbaren Leiden des Holocaust – diese Thematik zieht sich

---

293 *Hermann Adler*, Balladen der Gekreuzigten, der Auferstandenen, Verachteten (Zürich 1946), S. 9f.

294 *Phyllis Berg*, Jüdische Themen und das Hiob Schicksal im Werke Yvan Golls, a.a.O., S. 250.

295 *Hermann Adler*, a.a.O., S. 9.

296 Das jüdische Volk als »Söhne und Töchter Hiobs« – diese Gleichsetzung und Identifikation findet sich nicht nur bei Hermann Adler. Denn neben der Selbstdeutung als *»Geschwister Hiobs«* sahen sich viele Juden ganz individuell als *»Nachfahren Hiobs«*: Dem »Sohn Hiobs« Leon W. Wells steht als »Tochter Hiobs« beispielsweise die *amerikanische Jüdin Jean Starr Untermeyer* gegenüber, die eine ihrer Gedichtsammlungen unter genau diesen Titel stellt, und sich selbst in dem einleitenden Gedicht als »Job's own daughter«(S. 13) sieht. Vgl. *Jean Starr Untermeyer*, Job's Daughter. New Poems and Old Favourites (New York 1967). – So kann auch der 1951 vom Protestantismus zum Katholizismus konvertierte – eben nichtjüdische – deutsche Schriftsteller *Edzard Schaper* (1908–1984) seine beiden Erzählungen über zwei neutestamentlich-jüdische Randfiguren (der namenlose Knecht, der Jesus im Verhör vor dem Hohenpriester schlug, Joh 18,22; sowie der Knecht »Malchus«, dem Petrus bei der Festnahme Jesu ein Ohr abhieb, Joh 18,10) unter den Titel *»Die Söhne Hiobs«* stellen. Das ganze jüdische Volk, versinnbildlicht durch die jüdischen Nachkommen jener beiden neutestamentlichen Gestalten, erscheint hier als »Sohn Hiobs«, sein Schicksal ist vorgezeichnet im Schicksal des Vaters Hiob. Und so findet sich in beiden Erzählungen an zentraler Stelle die Einsicht: »Das hat schon unser Vater Hiob erkannt«(S.22/104). Vgl. *Edzard Schaper*, Die Söhne Hiobs (Köln/Olten 1962), siehe hierzu: *Irène Sonderegger-Kummer*, Transparenz der Wirklichkeit. Edzard Schaper und die innere Spannung in der christlichen Literatur des 20. Jahrhunderts (Berlin/New York 1971), bes. S. 247–253. – Vgl. auch *Tatjana Goritschewa*, Hiobs Töchter (Freiburg/Basel/Wien 1988). Diese »Töchter Hiobs« sind hier – ohne nähere Erklärung – die unterdrückten Frauen in der Sowjetunion. Ähnlich in *Joan Chittister*s feministischer Studie »Job's Daughters« (New York/Mahwah 1990), wo alle unterdrückten Frauen als Hiobtöchter bezeichnet werden.

durch den gesamten Zyklus, der unter dem Titel steht »Balladen von den Waagen Gottes«. Und wie schon im Gedicht »Gerechtigkeit« von Margarete Susman zerbrechen auch hier die Waagen der göttlichen Gerechtigkeit angesichts der rechtenden Anklage Hiobs und seiner Erben. Der Zyklus endet mit dem folgenden Gedicht:

> »Gott wog die Klagen der Klagenden gegen die Leiden der Klagenden.
> Aber die Waage zerbrach unter den Lasten des Leids:
>
> Schwerer noch wogen die Schmerzen der Söhne und Töchter von Hiob.
> Schwerer als himmlischer Lohn, schwerer als göttliches Recht. (...)
>
> Gott nahm die stärkste der Waagen: Die Sühne wog schwer so zur Sünde,
> Schwer, daß die Waage zerbrach. Wanken sah Gott sein Gericht:
>
> Denn es entstiegen der Erde die Söhne und Töchter von Hiob...
> Aber sie segneten Gott; und Gott verfluchte den Haß!«[297]

Nein, nicht das vertrauende »Schm'a Israel« steht hier am Ende. Auf das unnachgiebig rechtende Fragen der Kinder Hiobs kannte Adler nur eine Antwort: Die Vorstellung von Gottes Gerechtigkeit zerbricht im Holocaust unwiderruflich. Es bleibt Aufgabe des Menschen, Gott zu verzeihen, ihn zu »segnen« – und Gott so in aller Unbestimmbarkeit wieder einzusetzen.[298]

5. Im Jahr 1953 schreibt *Halper Leivick* (1888–1962), der »als Dichter des Martyriums und der messianischen Hoffnung« des Judentums im 20. Jahrhundert gilt[299], ein jiddisches *Drama* unter dem Titel *»In de Teg von Hiob«*. Auch in diesem Drama wird Hiob »als Vorgänger aller jüdischen Leidensgenossen begriffen«[300]. Ohne daß Leivick, der die Schreckensberichte aus den Vernichtungslagern von vielen Überlebenden kannte, bereit wäre, eine leichte Antwort auf das unlösbare Problem einer verstandesmäßig faßbaren Erklärung der Greuel zu akzeptieren, verweist er letztendlich auf eine mögliche »Antwort jenseits der Logik in der Welt des Glaubens und Gottvertrauens«[301], und auf die gottgegebene Zukunft des jüdischen Volkes im neuen Staat Israel.

---

297 *Hermann Adler*, a.a.O., S. 22.

298 Wiederum desavouiert sich *Ulrike Schrader* selbst, wenn sie – angesichts der ihr verschlossen bleibenden religiösen Tiefendimension dieser Texte – schreibt, hier vermische sich unmotiviert »antikisierendes Pathos« mit »biblischer Thematik«, die Gedichte hätten lediglich »oberflächlich-erbaulichen Charakter«. Vgl. dies., Die Gestalt Hiobs in der deutschen Literatur, a.a.O., S. 201.

299 *Sol Liptzin*, in ders./*Helmut Dinse*, Einführung in die jiddische Literatur (Stuttgart 1978), S. 131.

300 A.a.O., S. 132; vgl. *Sol Liptzin*, In the days of Job, in: ders., Biblical Themes in World Literature (Hobroken/New Jersey 1985), S. 254–258.

301 *Sol Liptzin*, Einführung in die jiddische Literatur, a.a.O., S. 132.

6. Bei Leon W. Wells, Hermann Adler und den meisten anderen Autoren, die über den Holocaust schreiben, steht eine klar benennbare *Motivation* im Vordergrund ihres Schreibens: Sie wollen *Zeugnis geben* für das erlebte Grauen. Denn hierin liegt, wie Lawrence L. Langer betont, die psychologische Hauptmotivation, nach dem Holocaust überhaupt weiterleben zu wollen: »Von Hiob bis zur Gegenwart liegt in dem Zwang, Zeugnis von dem Leiden abzulegen, ein wesentlicher Impuls zum Überleben.«[302] Die Autoren sehen sich oder werden gesehen im Bilde Hiobs. In ihre Persönlichkeit fließt aber durch dieses Zeugnisgeben *ein zweites Bild* mit ein, *das des Boten Hiobs*, der als einziger der Vernichtung entkommt und Zeugnis ablegen muß über das Erlebte, der namenlose Überbringer der sprichwörtlichen Hiobsbotschaften, der Unglückskünder, dessen Lebenssinn im der Wahrheit verpflichteten Bezeugen des Geschehens liegt, unabhängig von der Aufnahmebereitschaft derer, denen die Hiobspost gilt.

Viele jüdische Autoren identifizieren sich folglich eher mit diesem anonymen Hiobsboten, als mit Hiob selbst. So etwa der deutsch-französische Jude *Manès Sperber* (1905–1984), der in einem Interview mit Siegfried Lenz sein poetologisches Selbstverständnis wie folgt umreißt: »Ich also bin der Bote, der kommt und dem Hiob sagt: Da kam der Wind von Norden und riß alle Bäume aus, tötete. Ich allein bin entkommen, um es dir zu melden. In diesem Erleben liegt der Grund dafür, daß das Hiobselement in allem, was ich geschrieben habe, sehr stark ist.«[303]

Diesem Boten Hiobs gilt auch das besondere Interesse *Alfred Momberts* (1872–1942)[304], eines weiteren vorwiegend expressionistisch geprägten deutschjüdischen Schriftstellers. Unter ständiger Bedrohung lebend, steigert sich Mombert in den letzten Jahren seines Lebens in eine *visionär-mythische Kosmologie*. In seinen Werken verkörpern eine unüberschaubare Fülle von mythischen Gestalten und Figuren die Mächte und Kräfte des Kosmos. In seiner Spätphase identifiziert er sich mit einer dieser mythischen Gestalten namens *»Sfaira der Alte«* und unter diesem Titel erscheinen schließlich in zwei Bänden seine letzten szenisch-episch-lyrischen, sehr eigenwilligen Dicht-Werke. Vor allem der zweite dieser Bände, vollendet, nachdem Freunde seine Freilassung aus dem Konzentrationslager von Gurs in Südfrankreich durch-

---

302 **Lawrence L. Langer*, The Divided Voice: Elie Wiesel and the Challenge of the Holocaust, in: *Alvin H. Rosenfeld/Irving Greenberg* (Hrsg.), Confronting the Holocaust. The Impact of Elie Wiesel (Bloomington/London 1978), S. 43.

303 *Alfred Mensak* (Hrsg.), Siegfried Lenz. Gespräche mit Manès Sperber und Leszek Kolakowski (Hamburg 1980), S. 31f. Eine ähnliche Szene findet sich in Sperbers Romantrilogie »Wie eine Träne im Ozean« (Köln/Berlin 1961), in der ein Charakter fast die gleichen Worte spricht. S. 1004: »Und dann ist ein Sturmwind von der Wüste herübergekommen, das Haus hat er angepackt an den vier Enden, so daß es über den jungen Leuten eingestürzt ist, und sie sind umgekommen. Ich bin ganz allein entronnen, es dir zu melden, Hiob.«

304 Zu Mombert siehe: *Hans Hennecke*, Alfred Mombert. Eine Einführung in sein Werk und eine Auswahl (Wiesbaden 1952).

gesetzt hatten, wo er zwischenzeitlich interniert worden war, gilt als sein dichterisches Vermächtnis.
Im Kapitel »Im Bücher-Saal« ergeht an diesen Sfaira der Wunsch: »enthülle das Wort«[305]. Sfaira ist Wächter über jenen Büchersaal, in dem das ganze gesammelte Menschheitswissen aufbewahrt ist, das als solches »das WORT« verkörpert, »Göttliches-Einzigstes« (S. 540). Auf sein Geheiß hin erscheinen jene fünfzehn Gestalten, die als Menschen in ihrer Gesamtheit dieses göttlichste WORT offenlegen. Jede dieser Gestalten stellt sich mit einem kurzen typischen Erkennungszitat vor, dann mit Namen und schließlich mit einer emblematisch verknappten Kurzangabe des jeweils erlittenen Schicksals. Dante erscheint, dann Jesaias, Homer und Empedokles, Spinoza etwa stellt sich vor, Hölderlin und Shakespeare und schließlich als letzter, abschließender und krönender der *Hiob-Dichter*. Sein Zitat: »Kannst du die Bande des Orions lösen?« Sein Name und sein Schicksal: *»Hiob-Dichter ich: Namenlos entrann ich«* (S. 545). Mit diesem letzten WORT-Zeugen ist die »WORT-ERSTRAHLUNG« (S. 546) vollendet. – »Namenlos entrann ich«, das Motto des Hiob-Boten, wurde jedoch zum programmatischen Schlagwort der Überlebenden des Holocaust.
7. Ein weiteres Motiv, die *Absage an Hiob* gerade angesichts des Holocaust, wird in dem Gedicht eines weiteren deutschjüdischen, nach eigener Aussage allerdings atheistischen Dichters deutlich. Im Jahre 1939 wird *Rudolf Leonhard* (1889–1953)[306], bekannt als expressionistischer Lyriker, Dramatiker, Erzähler und Essayist mit linksradikalen Tendenzen, als kommunistischer Widerstandskämpfer gegen das Naziregime verhaftet. Ein Jahr später entsteht im Internierungslager La Vernet sein Hiob-Gedicht unter dem Titel »Furunkulose«[307], das 1947 in seinem Gedichtband »Deutsche Gedichte« veröffentlicht wird. Als Gegenbild der dokumentierten Hiobrezeption in der jüdischen Lyrik dieser Zeit, unter einer vergleichbaren Verfolgungssituation entstanden, aber von einem erklärtermaßen antireligiösen Schriftsteller verfaßt, verdient es besondere Beachtung:

FURUNKULOSE

Wenn die Geschwüre noch größer wären
und wären fürchterlich,
Hiob hatte mehr Schwären
als ich.

---

305 *Alfred Mombert*, Sfaira der Alte [1]1936/1942, in ders., Dichtungen, Bd.2: Dramen, Mythen (München 1963), S. 542.
306 Zu *Leonhard* siehe: *Bernd Jentzsch*, Rudolf Leonhard »Gedichteträumer«. Ein biographischer Essay, Dokumente und Bibliographie (München/Wien 1984).
307 *Rudolf Leonhard*, »Hiob«, in: ders., Ausgewählte Werke in Einzelausgaben, Band 1: La Vernet. Gedichte (Berlin 1961), S. 191.

Hiob litt ganz entsetzlich.
Er duldete gern:
war doch sein Leiden ergötzlich
seinem Herrn.

Je mehr der Unrat wuchs,
Hiob wurde reiner;
Hiob ertrug's,
der Herr war sein Herr, war seiner.

Ich schrei gegen Leiden, Hiob, mein Bruder.
Es wuchs ein Abgrund zwischen uns beiden.
Ich kämpfe mit Schrein, mit Salben und Puder.
Ich habe keinen Herrn. Mir taugt kein Leiden.

Hiob wird hier zunächst, wie schon bei den anderen jüdischen Dichtern, auch dem ungläubigen Rudolf Leonhard zum »Bruder« in dieser Zeit, gerade durch das geteilte Leiden. Hiob habe jedoch »gern« gelitten, so Leonhard, da er das Leid für seinen Gott ertrug, und je mehr er litt, sich um so enger an ihn annäherte. Eine solche – allerdings nicht dem biblischen Buch selbst, sondern bestenfalls dessen Auslegungstradition entstammende – Sinngebung des Leidens weist Leonhard jedoch energisch zurück. Ohne den Bezug zu Gott wird ihm dieses Leiden nur sinnlos und unverständlich.[308] So wird letztlich der »Abgrund« zwischen Hiob und seinem vermeintlichen zeitgenössischen »Bruder« um so größer und unüberwindbar.

*Der »Hiob von Auschwitz« – Elie Wiesel*

Neben den genannten Autoren erhält Hiob für einen weiteren Schriftsteller von Weltruf im Kontext der Auseinandersetzung mit dem Holocaust eine zentrale Bedeutung, die der ausführlicheren Darstellung und Diskussion bedarf. Untrennbar mit dem Begriff »Holocaust« verbunden ist bis heute der Name des Mannes, der dieses Wort zur Bezeichnung für die Judenvernichtung durch die Nationalsozialisten einführte: Elie Wiesel (*1928). Und obwohl er es heute bedauert, diesen Begriff, der jetzt – in seinen Worten – so

308 An dieser Stelle liegt eine Parallele zur Randerwähnung Hiobs im Werk des jüdischen Sozialisten *Stefan Heym*. Einer kurzen Anspielung auf Hiob im »Ahasver«-Roman von 1981 (Frankfurt 1983: S. 86) folgt in »Schwarzenberg« (München 1984) eine etwas ausführlichere Reflexion von Seiten der Romanfigur Max Wolfram. Im Gefängnis überdenkt dieser seine Lage: »keine drei Freunde würden ihn besuchen kommen wie seinerzeit den armen Hiob, um gemeinsam mit ihm sein Elend zu bejammern.« (S. 294) Und kurz darauf: »Dann kam ihm das Buch Hiob wieder in den Sinn. Wie hatte Hiob gesagt? Mein Leben ist nur ein Windhauch, und mein Auge wird das Glück nicht mehr erblicken. Aber Hiob hatte einen Gott, an den er sich halten konnte; und was hatte er?« (S. 297)

»gängig, so billig geworden ist«[309], geprägt zu haben, gehört dieser unverzichtbar zum Vokabular der Gegenwart. »Holocaust« – dieser Begriff steht bis heute auch für das Gesamtwerk des Friedensnobelpreisträgers von 1986. Denn seine fast dreißig bis heute veröffentlichten Bücher gehören zwar den verschiedensten literarischen Gattungen an: Roman, Erzählung, Drama, Essay oder Kommentar, doch gruppieren sie sich letztlich in immer neuen Variationen und Formen um sein *Zentralthema: das Erleben, Überleben, Bezeugen und Deuten des Holocaust*. In einem 1989 veröffentlichten Gespräch mit dem jüdischen Theologen und Psychiater Richard L. Rubenstein führt Wiesel aus: »Tatsächlich habe ich nie über den Holocaust gesprochen, außer in einem einzigen Buch: *Nacht* – dem allerersten – in dem ich versuchte, eine Geschichte unmittelbar zu erzählen, als sei man direkt mit der Erfahrung konfrontiert. Alle meine folgenden Bücher sind um dieses herum konzipiert.«[310] *»Nacht«* – dieser autobiographische, aber literarisch gestaltete Bericht, 1958 auf Französisch erschienen als gekürzte Fassung eines ursprünglich viel längeren, jiddisch verfaßten Buches *»Un di Welt hot geschwign«*, ist die wohl bekannteste, beeindruckendste und bedrückendste Schilderung der Grauen der Konzentrationslager. Wiesels auf dieser Grundschrift aufbauendes Gesamtwerk ist ausgespannt zwischen dem Zwang des »Hiob-Boten«, das Erfahrene der Nachwelt zu *berichten*, immer wieder mahnend vor Augen zu führen, und der Einsicht, daß die eigentlich einzig mögliche Reaktion auf die bezeugten Ereignisse nur *Schweigen* sein kann. Aus dieser Spannung ergibt sich Wiesels literarische Produktivität, die sich vornehmlich der Frage nach der Möglichkeit einer Existenz Gottes nach Auschwitz, aber genauso der Frage nach der Möglichkeit einer Existenz des Menschen nach Auschwitz widmet. Wiesel ist dabei ein religiös Suchender, ein die Gottesfrage immer wieder Stellender, aber nie definitiv Beantwortender, ein existentieller Durchprobierer aller wichtigen jüdisch-christlichen Traditionen und Positionen, der sich jedoch nie auf eine feste Aussage, Antwort oder Haltung festlegt oder festlegen läßt. Nicht einzelne Stellen seines Werkes geben letztlich seine Meinung wieder, sondern nur die spannungsreiche Einheit des Gesamtwerkes.[311]

---

309 So *Wiesel* auf einer Tagung in der Evangelischen Akademie Loccum, vgl.: *Olaf Schwenke* (Hrsg.), Erinnerung als Gegenwart. Elie Wiesel in Loccum (Loccum 1987), S. 57. Zu Wiesel siehe: *Ellen S. Fine*, Legacy of Night. The Literary Universe of Elie Wiesel (Albany 1982); *Ellen Norman Stern*, Wo Engel sich verstecken. Das Leben des Elie Wiesel (Freiburg/Basel/Wien 1986); *Robert McAfee Brown*, Elie Wiesel. Zeuge für die Menschheit (Freiburg/Basel/Wien 1990), Lit! Wichtige Hinweise zu diesem Kapitel verdanke ich Reinhold Boschert-Kimmig, dessen Wiesel-Studie als Fortsetzung der mit dieser Studie begonnenen Reihe bald im Matthias-Grünewald-Verlag erscheinen wird.

310 **Elie Wiesel*, Exchange, in: *John K. Roth/Michael Berenbaum* (Hrsg.), Holocaust. Religious and Philosophical Implications (New York 1989), S. 362.

311 Dies sollten besonders jene christlichen Wiesel-Rezipienten berücksichtigen, die selektiv jene Szene aus »Nacht«, in der der Galgentod eines jüdischen Jungen beschrieben wird, als Illustrierung einer Kreuzes-Theologie funktionalisieren. Vgl. *Elie Wiesel*, Nacht [1]1958, in: ders., Die Nacht zu begraben, Elischa (Frankfurt/Berlin 1988), S. 93f.

Protestierendes Bezeugen – betroffenes Schweigen: zwischen diesen zwei Spannungspolen bewegt sich auch die Schreckensreaktion des biblischen Hiob, den Wiesel immer wieder als seinen »favourite« bezeichnet: »ich liebe Hiob, wer tut es nicht?«[312] Schon 1968 hatte er geschrieben: »Ich ziehe es vor, meinen Platz an der Seite Hiobs einzunehmen, der Fragen suchte und nicht Antworten, Schweigen und nicht Reden.«[313] In der Tat, das gesamte Werk Wiesels steht ebenso wie seine Person im Schatten Hiobs, ja die *Hiobgestalt* ist als *hintergründige Deutefigur* oder als *offensichtliche Bezugsfigur* in seinem Werk *ständig präsent.* So schreibt er schon in »Nacht« rückblikkend auf seine ersten Tage von Auschwitz: »Wie ich Hiob verstand! Ich leugnete zwar nicht Gottes Existenz, zweifelte aber an seiner unbedingten Gerechtigkeit.«[314] In »Nacht«, so die jüdisch-amerikanischen Holocaust-Forscher John K. Roth und Michael Berenbaum, »hören wir das Echo des biblischen Hiob, aber das Echo hallt zurück mit einem eigenen zeitgenössischen Ton.«[315]

Auch in den folgenden Werken Wiesels bleiben die Anspielungen auf Hiob nicht nur im Hintergrund, sondern werden ganz offensichtlich. Der *Protest gegen die Haltung Hiobs* rückt dabei mehr und mehr ins Zentrum, am deutlichsten in dem 1962 geschriebenen *Roman* »La ville de la chance«, auf Deutsch *»Gezeiten des Schweigens«.* Michael, ein Überlebender von Auschwitz und Held dieses Romans, setzt sich dabei leidenschaftlich mit der Gottesfrage auseinander:

> »Er suchte seinen Gott, er stellte ihn. Ich werde Ihn finden, sagte er sich. Bei mir wird Er sich nicht so leicht aus der Affaire ziehen wie bei Hiob. Bei mir wird Er nicht so leicht gewinnen. Mit mir wird die Partie kein Kinderspiel sein. Mir macht Er keine Angst. Mich schüchtert Er nicht ein. Michael ließ nicht ab, gegen Hiob zu wettern. Dieser biblische Rebell hätte sich nicht unterwerfen sollen. In letzter Minute hätte er das Haupt erheben, die Faust schwingen und einen gellenden Schrei der Weigerung gegen die transzendente, unmenschliche Gerechtigkeit ausstoßen sollen, vor der das Leiden in der Waagschale nichts gilt.
>
> Ich werde mich nicht unterkriegen lassen, sagte Michael zu sich. Ich werde Ihn fragen: was bedeutet dieses Versteckspiel, das Du mit Deinem Ebenbild treibst?«[316]

---

312 *Elie Wiesel*, in: *Olaf Schwenke* (Hrsg.), a.a.O., S. 112/126.

313 **Elie Wiesel*, »A Plea for the Dead«, in: ders., Legends of Our Time (New York 1968), S. 181.

314 *Elie Wiesel*, Nacht, a.a.O., S. 70.

315 **John K. Roth* / *Michael Berenbaum*, Holocaust, a.a.O., S. 259. Vgl. den Holocaust-Roman des deutschjüdischen Schriftstellers *Edgar Hilsenrath*, ebenfalls »Nacht« betitelt ([1]1978 – München 1990). Während dort im Rahmen drastisch-realistischer Schilderungen der Lebens- und Sterbenssituation im Ghetto über Gott nur ausgesagt wird »Er ist doch damals gestorben« (S. 44), ringt Wiesel unablässig mit dem biblischen Gottesbild.

316 *Elie Wiesel*, Gezeiten des Schweigens. Roman. [1]1962 (Freiburg/Basel/Wien 1987), S. 53f.

Dieser Protest gegen Hiobs letzte Unterwerfung unter den Willen Gottes wird in den beiden *Dramen »Salmen oder Der Wahnsinn Gottes«* von 1968, dessen Protagonist – ein Rabbi – Wiesels eigenen späteren Angaben gemäß als »ein Bild Hiobs«[317] verstanden werden soll, und in *»Der Prozeß von Schamgorod«* von 1979, einem Esther-Drama, in dem Gott angesichts der Judenpogrome im Rußland des Jahres 1649 auf der Anklagebank sitzt und der Prozeß gemacht wird, wieder aufgenommen. Ausdrücklichstes Zeugnis der lebenslangen Beschäftigung und Identifikation Wiesels mit Hiob ist jedoch ein Hiob*kommentar, »Job ou Dieu Dans La Tempête«*, entstanden aus einer zwei Jahre lang laufenden allsonntäglichen Sendereihe im französischen Fernsehen, in der er sich zusammen mit Josy Eisenberg intensiv, Vers für Vers dem Hiobbuch, seinen Traditionen, Problemen, Assoziationen und Bedeutungsschichten widmete.
Seine wichtigsten, in den vorherigen Werken schon vorbereiteten Positionen zum Hiobbuch hatte er aber bereits 1975 in einer Studie zu den zentralen alttestamentlichen Gestalten niedergelegt. Diese biblischen Archetypen erhielten ihre besondere und tatsächliche Bedeutung, ihre zeitübergreifende Aktualität erst dann, »wenn man sie heute im Licht einer bestimmten Lebens- und Todeserfahrung erzählt«[318], so Wiesel in seinem Vorwort. Vor dem Hintergrund der chassidisch-midraschischen Tradition einerseits und dem unfaßbaren Leid des Holocaust andererseits erzählt Wiesel seinerseits *zeitgenössische Midraschim*, die Geschichten von Adam, Jakob, Mose und anderen aus heutiger jüdischer Sicht. Seine neue Hiob-Version trägt den aufschlußreichen Titel: *»Hiob oder das revolutionäre Schweigen«*. Zunächst betont Wiesel *Hiobs zeitlose Bedeutung* und gleichzeitig seine spezielle Bedeutung für die Holocaust-geprägte Gegenwart: »Ob Vorläufer oder Zeitgenosse, seine Gestalt erscheint uns vertraut, seine Prüfungen sind im Heute verankert. ... Er gehört zur verwüsteten Landschaft unserer Seele.« (S. 207) Dann erzählt er Hiobs Geschichte und gleichzeitig die Weiterdeutungen dieser Geschichte in den chassidischen Erzählungen. Hiob sei wohl keine historische Gestalt, nicht einmal ein Jude, und dennoch von derart hervorragender Bedeutung in der Bibel. Konsequenz für Wiesel: »Falls Hiob kein Jude war, wird er es« (S. 222), wird es durch sein Leiden, seine rebellisch-klagende Treue zu Gott auch und gerade im Leiden, wird so zum Kollektivsymbol für das jüdische Volk. Und in seiner Rebellion fühlt sich Hiob »als Sieger« (S. 226) bis Gott erscheint. Doch dann, als Gott ihm auf sein Anliegen gerade nicht direkt antwortet, bleibt er schließlich »geschlagen und besiegt« zurück, hat sich »unser Held, unser Bannerträger« (S. 227) unterworfen, bedingungslos kapituliert!

---

317 **Elie Wiesel*, in: ders./*Josy Eisenberg*, Job ou Dieu Dans La Tempête (Paris 1986), S. 378. Dieses Werk liegt (noch ?) nicht in deutscher Übersetzung vor.
318 *Elie Wiesel*, Adam oder das Geheimnis des Anfangs. Brüderliche Urgestalten $^{1}$1975 (Freiburg/Basel/Wien 1987), S. 10. Der Hiob-Essay steht auf S. 207–232, Seitenangaben im Text beziehen sich auf diese Ausgabe.

Diesem Hiob, dem Sich-Unterwerfer, fühlt sich Wiesel bei aller vorherigen Sympathie nicht nahe. Bei aller vorherigen Identifikation mit seinem Schicksal: sie findet ihre Grenze im Bild dieses resignierenden Schluß-Hiobs. Gegen das Ende des Buches will Wiesel, muß er – um sich und seinem Lebenswerk treu zu bleiben – »laut protestieren« (S. 228). Nein, als »Unglücklicher und Verdammter erschien er mir menschlicher und würdevoller als später mit seinen im Zeichen des wiedergewonnenen Glaubens wieder aufgebauten Luxuswohnungen« (S. 228), so Wiesel. Dieses sei nicht das richtige, ursprüngliche Ende, denn der »wahre Ausgang des Buches Hiob« sei uns nicht mehr überliefert.[319] Hiob sei vielmehr, so Wiesel weiter, in Wahrheit »gestorben ohne zu bereuen und ohne sich selbst aufzugeben« (S. 229).
Dem so von ihm ausgemachten *»wahren Hiob«* gilt Wiesels ungeteilte Sympathie, denn man »traf ihn damals auf allen Wegen Europas, verwundet, beraubt, verstümmelt, sicher nicht glücklich, aber auch nicht resigniert« (S. 229). Und gerade im Namen dieses wahren Hiobs, dieses leidenden Zeitgenossen, müsse man gegen die falsche Unterwerfung, die das Buch abschließt, protestieren. Sie sei »Hohn«, Hiob habe »nicht so schnell nachgeben dürfen« (S. 229). Und gerade wegen dieser schlußendlichen Verfälschung gehe Hiobs Prozeß weiter, denn: »Die Tragödie Hiobs endet nicht mit Hiob« (S. 230). – Aber gebe es nicht trotzdem eine – spekulativ erschlossene – Möglichkeit, selbst Hiobs Unterwerfung auf einer tieferen Ebene zu verstehen? Wiesel glaubt eine solche zu erkennen und erzählt am Ende seinen *eigenen Hiob-Midrasch*: Hiob habe sich nämlich deshalb unterworfen, »um den Gegner zu täuschen« (S. 231), um den Gegner Gott, dessen restlose Überlegenheit offensichtlich sei, scheinbar zufriedenzustellen, in Wahrheit aber den Protest weiterzutragen. Gerade hierin liege Hiobs »revolutionäres Schweigen«[320], auf das der Titel dieser Geschichte anspielt, in dem – fern von demütiger Unterwerfung – *Schweigen als letztes Refugium des menschlichen Protestes gegen den übermächtigen Gott*.[321] Und genau hier liege auch Hiobs besondere Be-

---

319 Vgl. die ganz ähnliche Position, die *Gerhart Hauptmann* schon 1930 bezüglich Hiob vertritt: »Der Schluß des Berichtes oder Gedichtes, worin er zur Demut umgebogen wird, trägt den Stempel der Fälschung allzu deutlich.« *Gerhart Hauptmann*, Buch der Leidenschaft (Berlin 1930), S. 48.

320 Vgl. gerade zur Kategorie des Schweigens als adäquate Haltung nach Auschwitz das neben den Werken von Wiesel und Rubenstein wohl *wichtigste Buch über ein Sprechen von Gott nach Auschwitz* von dem *französischen Juden André Neher, L'exil de la parole*. Du silence biblique au silence d'Auschwitz (Paris 1970). Immer wieder bezieht sich auch der mit Wiesel befreundete Neher ausdrücklich auf Hiob als Modell des Umgangs mit dem Holocaust – besonders in den Kapiteln »Le silence du complot: Job« (S. 29–32) und »Oui au Mal: Job« (S. 209–217).

321 Die zentrale Wieselsche Kategorie des »Schweigens« als einzig verbleibende menschenmögliche Reaktion auf den Holocaust sah Wiesel selbst schon vorgeprägt in einer parodistischen Erzählung des jiddischen Dichters *Jizchak Lejbusch Perez* schon aus dem Jahre 1893 unter dem Titel »Bontsye Shvayg«. Siehe hierzu die den Bezug dieser Erzählung zum Hiobbuch ausführlichst untersuchende und ausdeutende Studie von *Bruce Zuckerman*, Job the

deutung für heute: »ihm verdanken wir die Erkenntnis, daß es dem Menschen gegeben ist, die göttliche Ungerechtigkeit in menschliche Gerechtigkeit zu verwandeln« (S. 232). Ja, so stünde Hiob bis heute als unübertroffenes Beispiel einer menschlichen Rechtschaffenheit Gott gegenüber: »Er verkörpert das ungestillte Suchen nach Gerechtigkeit und Wahrheit, er hat nie den Nakken gebeugt.« (S. 232)

In all diesen Aussagen über Hiob spricht Wiesel auch über sich selbst und über Wesen und Inhalt seines literarischen Wirkens. Und angesichts der vielfältigen Parallelen zwischen dem Schicksal und literarischen Schaffen Wiesels einerseits und dem biblischen Hiob andererseits prägte der vor allem als Buber-Forscher bekannte jüdisch-amerikanische Literatur- und Religionswissenschaftler Maurice Friedman den vielfach aufgegriffenen Würdenamen: *»Elie Wiesel – Der Hiob von Auschwitz«*[322]. In Person und Werk Elie Wiesels verbindet sich die Deutung des Holocaust untrennbar mit der Figur Hiobs. Wiesel, der Überlebende von Auschwitz, ist selber ein Hiob und trägt Hiobs Hadern und Ringen mit Gott weiter.

Kein Zweifel also: Der empirische Befund belegt eindrücklich den Gebrauch der Hiobgestalt als literarischer Deutefigur des Holocaust[323]. Doch die Frage stellt sich nun: Taugt die Hiobfigur überhaupt dazu, mit dem Holocaust adäquat umzugehen? Ist der biblische Hiob hier tatsächlich ein hilfreiches Modell, vorausgesetzt, man läßt eine Vergleichbarkeit der Shoa mit irgendetwas anderem zu? Oder grundsätzlicher, mit *Martin Buber* gefragt: »Wie ist nach Auschwitz ein jüdisches Leben möglich? ... Wie ist in einer Zeit, in der es Auschwitz gibt, noch ein Leben mit Gott möglich? ... Wagen wir es, den Überlebenden von Auschwitz, dem Hiob der Gaskammern, zu empfehlen: ›Danket Gott dem Herrn, denn er ist gütig, denn in Weltzeit währt seine Huld!‹?«[324]

Wird eine solche individuelle oder kollektive Selbstidentifikation mit Hiob den Erfahrungen des Holocaust wirklich gerecht? *Taugt Hiob als Modell, als Deutefigur des jüdischen Schicksals nach Auschwitz?* Diese Frage führt über die literarischen Bearbeitungen selbst hinaus, soll jedoch trotzdem in diesem Zusammenhang diskutiert werden. Schon die Essays von Susman und Wiesel haben ja gezeigt, wie schwer, fast schon beliebig eine gattungsmäßige Be-

---

Silent. A Study in Historical Counterpoint (New York/Oxford 1991). Wiesels Stellungnahme: S. 66.

322 *So die Kapitelüberschrift des Wiesel-Kapitels in: *Maurice Friedman*, Abraham Joshua Heschel & Elie Wiesel. You Are My Witnesses (New York 1987), S. 89. Diese Bezeichnung Wiesels hatte Friedman schon in mehreren vorherigen Aufsätzen wiederholt gebraucht.

323 Ein weiterer Beleg: Im Oktober 1933 schreibt der im berüchtigten Berliner Gefängnis Moabit einsitzende – ehemalige KPD-Abgeordnete – *Werner Scholem* an seinen nachmals berühmten Bruder *Gershom* einen Brief, der die vielsagende Unterschrift trägt »Dein Bruder Hiob«. Vgl. Die Zeit, 27.3.1992.

324 *Martin Buber*, An der Wende [1]1950, in: ders., Der Jude und sein Judentum. Gesammelte Aufsätze und Reden (Köln 1963), S. 144–183, hier: S. 182.

schränkung der Hiob-Literatur im Zusammenhang der Hiobrezeption ist. Um das Bild dieser Rezeption wenigstens ansatzweise zu vervollständigen, soll ein kurzer Exkurs die diesbezügliche Diskussionslage bei jüdischen Denkern der Gegenwart auch jenseits der im strengen Sinne literarischen Gattungen wiedergeben und kritisch kommentieren. Es kann dabei nicht um eine umfassende Darstellung der jeweiligen Hiobinterpretation gehen; von allen geteilte Auslegungstraditionen im Rahmen des Grundkonsenses werden nicht immer wieder aufgenommen. Vielmehr werden die jeweiligen spezifischen Besonderheiten und herausragenden Sinnspitzen aufgegriffen.

## Exkurs I: Hiob als Deutefigur des Holocaust? – Jüdische Positionen

Das Hiobbuch stand bei den Juden »seit frühjüdischer Zeit in hohem Ansehen«[325]. Die zahlreichen – in sich selbst keineswegs eindeutigen – Kommentare zu Hiob rückten jedoch fast ausschließlich den duldsamen Hiob der Rahmenerzählung in den Vordergrund, während der rebellische Hiob des Dialogteils übergangen wird. Der Gottesknecht Hiob wird so – als Nichtjude! – zum Glaubensvorbild der Rechtschaffenheit. Eine direkte Identifikation des jüdischen Volkes mit seinem Schicksal läßt sich dagegen in der jüdischen Tradition kaum finden, zumindest erwähnen die einschlägigen Fachuntersuchungen nichts davon. Lediglich Elie Wiesel deutet – freilich ohne dies zu belegen – an, daß zumindest ein derartiger Vergleich durchaus nicht ungewöhnlich war, daß »Hiob im Midrasch mit dem jüdischen Volk verglichen wird«[326]. Eine unmittelbare Identifikation des jüdischen Volkes mit dem Nicht-Juden Hiob würde jedoch für viele orthodoxe Juden schwer zu akzeptieren sein, ja provokativ wirken.[327]
Neben derartige Vorbehalte treten jedoch angesichts des Holocaust und der besonderen Problematik, überhaupt davon und darüber zu sprechen, andere Bedenken. Im Namen derjenigen Juden, die selbst nicht im Konzentrationslager waren, erhebt beispielsweise der bekannte amerikanische Rabbi *Eliezer Berkovits* Einspruch gegen eine vorschnell-identifikatorische Gleichsetzung mit Hiob, denn: »Wir sind nicht Hiob und sollten es nicht wagen, so zu sprechen und zu reagieren, als wären wir es.« Wenn schon ein Vergleich mit

[325] *Stefan Schreiner*, Der gottesfürchtige Rebell oder Wie die Rabbinen die Frömmigkeit Hiobs deuteten, in: Zeitschrift für Theologie und Kirche 89 (1992), S. 159–171, hier: S. 161. Vgl. *Nahum N. Glatzer*, Introduction: A Study of Job, in: ders., (Hrsg.), The Dimensions of Job (New York 1969), S. 16–24; *Judith R. Baskin*, Rabbinic Interpretations of Job, in: *Leo G. Perdue/W. Clark Gilpin* (Hrsg.), The Voice From the Whirlwind. Interpretations of the Book of Job (Nashville 1992), S. 101–110.
[326] *Elie Wiesel*, Hiob oder das revolutionäre Schweigen Gottes, a.a.O., S. 222.
[327] Diesen Hinweis verdanke ich Frau Prof. Dr. Margarita Pazi von der Universität Tel-Aviv.

Hiob, dann dieser: »Wir sind nur Hiobs Brüder.«[328] Aber spricht dieser Vorbehalt grundsätzlich gegen eine Indienstnahme Hiobs als Deutefigur des Holocaustgeschehens?[329]

### a. Hiob als Vorbild untauglich? – *Richard L. Rubenstein*

Am radikalsten *negiert* wird die *Tauglichkeit Hiobs als Vorbild zur Deutung des Holocaust* von dem amerikanischen Rabbiner und Theologieprofessor Richard L. Rubenstein (*1924). Dieser hatte im Jahre 1966 durch seine unter dem Titel *»After Auschwitz«* in Buchform publizierten gesammelten Aufsätze eine weltweite Diskussion über die Möglichkeit eines Gottesglaubens nach den Geschehnissen des Holocausts provokativ ausgelöst. Rubenstein war ein kritischer Anhänger der von Mordecai M. Kaplan (1881–1983) initiierten Bewegung der jüdischen »Rekonstruktion«[330], jenes vierten großen Traditionsstroms des Gegenwartsjudentums neben Orthodoxie, Konservatismus und Reformjudentum, der unter dem Schlagwort »Judentum als Zivilisation« die komplexe Gesamtheit des sozialen und kulturellen jüdischen Erbes erhalten und bewahren will, unter Zurücknahme – aber nicht Preisgabe – der Bedeutung von konkret religiösen Inhalten. So steht für Rubenstein – dessen Theologie sich seitdem freilich weiter entwickelt hat[331] – zu diesem Zeitpunkt außer Frage, daß nach Auschwitz – so seine provokative Formulierung – *»Gott tot«* sei. Doch damit spricht der jüdische Rabbi keineswegs dem Atheismus das Wort. Zwar stellt er unzweideutig fest, daß nach Auschwitz für viele Juden »der Gott des jüdischen patriarchalen Monotheismus tot und jenseits aller Hoffnung auf Auferstehung«[332] sei, dennoch bleibt »das Problem ›Gott‹ nach dem Tod Gottes«[333].

Tot ist für Rubenstein tatsächlich der Gott der Tradition, der transzendente Gott der persönlichen Begegnung, der wirkmächtige Gott der Geschichte, aber es bleibt eine letztlich nicht genau faßbare, nur immer wieder neu umschreibbare Dimension »Gott«, in Anlehnung an die Terminologien Heideggers und besonders Tillichs benannt als »ground of being«, »infinite measure«, »focus of ultimate concern«[334]. Jüdische Theologie nach Auschwitz solle sich Rubenstein zufolge um ein derartiges Gottesbild einerseits und

---

328 **Eliezer Berkovits*, Faith after the Holocaust (New York 1973), S. 5

329 Vgl. zur Gesamtthematik: *Dominique Bourel*, »Bien Qu'il Tarde…« Théodicée dans le judaisme contemporain?, in: Teodicea Oggi? Archivo di Filosofia 56 (1988), S. 139–146.

330 Vgl. hierzu: *Hans Küng*, Das Judentum (München 1991), S. 524–529.

331 Vgl. *Richard L. Rubenstein/John K. Roth*, Approaches to Auschwitz. The Legacy of the Holocaust (John Knox Press 1987), bes. S. 308–316.

332 **Richard L. Rubenstein*, After Auschwitz. Radical Theology and Contemporary Judaism (Indianapolis/New York/Kansas City 1966), S. 227.

333 *A.a.O., S. 237.

334 A.a.O., S. 238.

um eine Pflege des jüdischen Kultus und Brauchtums sowie der sozialen Tat andererseits bemühen.
Von diesem Gottesbild her läßt sich schon vermuten, daß Rubenstein den Gott des Hiobbuches und Hiobs Auseinandersetzung mit diesem Gott als problematisch empfinden muß. Und so warnt er schon in »After Auschwitz« in einer kurzen Nebenbemerkung vor einer Deutung – und das heißt für ihn vor einer Sinngebung – des Holocausts im Bilde Hiobs: »Der Todeskampf der europäischen Juden kann nicht mit der Prüfung Hiobs verglichen werden.«[335]
In seiner folgenden *Studie »The Religious Imagination«* von 1968 greift Rubenstein diesen Gedanken noch einmal auf und verschärft seine Grundthese: Es sei »ein gravierender Fehler, anzunehmen, daß Hiob als ein Modell für die jüdische Antwort auf Auschwitz«[336] tauge. Die Konkretisierung und ausführliche Begründung dieses Einspruchs legte er 1970 vor, in einem *programmatischen Aufsatz* unter dem Titel *»Job and Auschwitz«* [337]. Nein, Hiob »bietet kein hilfreiches Bild dafür, Auschwitz zu verstehen« (S. 421), im Gegenteil, der »Gebrauch Hiobs als Metapher für die Erfahrungen des jüdischen Volkes und als Mittel dazu, Auschwitz mit der Existenz des biblischen Gottes der Geschichte zu versöhnen«, habe »bestenfalls eine fragwürdige Gültigkeit« (S. 430).
*Warum*, wie begründet Rubenstein seinen Einspruch gegen eine Deutung des Holocausts im Bilde Hiobs? – Er benennt drei für ihn wesentliche Argumente. Zunächst sei Hiob schlichtweg deshalb kein mögliches Vorbild für die Opfer des Holocaust, weil er seine Qualen überlebte. Ihn, den letztlich Glücklichen, mit den Millionen Dahingemordeten zu vergleichen, sei schon wegen dieses Faktums unmöglich. Nein, die Opfer der Vernichtungslager »können höchstens mit Hiobs Kindern verglichen werden, nicht aber mit Hiob« (S. 430). Ist dann aber für die Überlebenden oder für »das jüdische Volk als Ganzes« (S. 430) eine Seinsdeutung im Bilde Hiobs möglich?
Auch hier widerspricht Rubenstein – ohne ausdrücklichen Bezug – etwa Margarete Susman als Hauptvertreterin einer solchen Interpretationstradition energisch. Zwei wesentliche Argumente führt er an: ein psychologisches und ein theologisches. Hiobs Protest, Widerstand und Herausforderung Gottes sei ja *psychologisch* nur möglich gewesen durch seine im biblischen Buch bezeugte starke »Persönlichkeit mit einem authentischen, erwachsenen und integrierten Ego« (S. 426). Denn darin liege ja die letzte Sinnspitze des Buches: Hiob habe gezeigt, daß »seine eigene Integrität zu bewahren eine größere Gerechtigkeit darstellt als das gehorsame Befolgen traditioneller Normen« (S. 429f).

---

335 *A.a.O., S. 153.
336 **Richard L. Rubenstein*, The Religious Imagination. A Study in Psychoanalysis and Jewish Theology (Boston 1968), S. XVI. Vgl. hierzu kritisch: *Pierre Watté*, Job à Auschwitz, in: Revue Théologique de Louvain 4 (1973), S. 173–190.
337 *Richard L. Rubenstein*, Job and Auschwitz, in: Union Seminary Quarterly Review 25 (1970), S. 421–437. Alle folgenden Seitenangaben im – von mir übersetzten – Text beziehen sich auf diese Ausgabe.

Genau diese psychologische Voraussetzung treffe aber – empirisch breit belegt – für die Überlebenden des Holocaust gerade nicht zu, im Gegenteil: Regression, Anpassung und Resignation kennzeichneten deren »völlige Depersonalisierung« (S. 431). Diese diametral entgegengesetzten Persönlichkeitsprofile lassen Rubenstein zufolge eine Identifizierung mit Hiob, oder auch nur eine Orientierung an Hiob nicht zu.
Neben diese psychologische Argumentation treten jedoch auch *theologische Gründe*. Auschwitz habe die »alten Kategorien von Sinn und Ausmaß menschlichen Leidens wie menschlicher Bosheit« (S. 434) radikal gesprengt. Das biblische Gottesbild, der personale Gott, den man anreden, zu dem man beten, gegen den man aber auch hiobartig rebellieren könne, sei in dieser völlig neuen Situation absolut inadäquat. Nein, für Rubenstein steht fest: Hiob ist als Deutungsfigur des Holocaust untauglich: »Die Erfahrungen der Vernichtungslager mit den Erfahrungen Hiobs zu vergleichen, wird nur als eine übersimplifizierende Abwehrreaktion verständlich.« (S. 434)
Einige *Rückfragen* an Rubensteins Ausführungen werden – gerade von den literarischen Hiobdeutungen her, die Rubenstein freilich kaum kennen konnte – unumgänglich. Zunächst wird Hiob nur selten zum Bild der Deutung des Schicksals der Gemordeten selbst, sondern meistens nachträglich zur sekundären Deutefigur des eigenen Schicksals der Überlebenden oder der – psychologisch bei ihm nicht in den Blick genommenen – Außenstehenden. Weiter setzt er voraus, daß der Einsatz Hiobs als Deutefigur eine völlige Übernahme der Grundzüge des biblischen Vorbildes beinhalten müsse. Dies ist jedoch – wie gesehen – bei den Dichtern gerade nicht der Fall. Weder Hiob noch der Gott Hiobs werden einfachhin ungefragt übernommen, sondern angesichts der gegenwärtigen biographischen, geschichtlichen oder politischen Situation neu überdacht und umgestaltet. Gerade hierin, in der produktiv-umdeutenden Konfrontation mit den Vorgaben, liegt die spezifische Provokation der biographischen, literarischen und zumindest implizit religiösen Auseinandersetzung mit Hiob. Und schließlich sind Rubensteins theologische Schlußfolgerungen alles andere als allgemeingültige, allseits akzeptierte Grunderkenntnisse. Welche Gottesvorstellungen nach Auschwitz noch möglich sind, steht gerade zur Diskussion an. So besteht Rubensteins bleibender und wichtiger Hauptbeitrag zur Hiobsproblematik in der Warnung, Hiob nicht als unhinterfragtes und ganz und gar unverändert übernommenes Modell für die Erfahrungen des Holocaust einzusetzen.

### b. »In Hiob leidet Gott selbst« – *Hans Jonas*

Der mit-leidende Gott: Diese von Rubenstein nur als mögliches neues Gottesverständnis am Schluß seiner Ausführungen vage angedeutete Vorstellung gewinnt bei einem anderen maßgeblichen jüdischen Denker der Gegenwart konkrete Gestalt: bei Hans Jonas (1903–1993). Der jüdische Religionsphilosoph Jonas wurde zunächst vor allem als Gnosisforscher bekannt, bevor er im

Jahre 1979 seine international vielbeachtete ethische Studie »Das Prinzip Verantwortung« vorlegte. Anläßlich der Verleihung des Dr. Leopold-Lucas Preises der Evangelisch-Theologischen Fakultät der Eberhard-Karls-Universität Tübingen im Jahre 1984 hielt Jonas eine später auch in Buchform publizierte Grundsatzrede über den *»Gottesbegriff nach Auschwitz«*[338].

Wie, so fragt Jonas, läßt sich nach Auschwitz – wo seine eigene Mutter ermordet wurde – die alte »*Hiobs*frage« – »seit je die Hauptfrage der Theodizee« (S. 10) – beantworten? Eines sei ja klar: Für die Juden sei der Holocaust ein unvergleichliches, alle traditionellen Verständniskategorien sprengendes Datum. Angesichts der dort betriebenen »Dehumanisierung« (S. 12), der gräßlichsten »Umkehrung der Erwählung in den Fluch, der jeder Sinngebung spottet« (S. 13), könne kein vorgegebenes Deutungsschema und kein tradiertes Gottesbild mehr ausreichen. Nein, wer trotz Preisgabe der alten Vorstellung eines sowohl guten, allmächtigen und verstehbaren Gottes den Gottesbegriff »nicht einfach lassen« (S. 14) wolle, der müsse *»auf die alte Hiobsfrage eine neue Antwort suchen«* (S. 14)[339]. Wie aber sucht Jonas eine solche neue Antwort, die die Vorstellung des »Herrn der Geschichte« »wohl fahren lassen« (S. 14) müsse? – Er präsentiert ein Stück »spekulativer Theodizee« (S. 7), einen demütig als »Gestammel« (S. 48) charakterisierten Versuch, anhand eines selbsterdachten Mythos eine Antwort zu geben. Er greift eine Tradition der jüdischen Mystik auf, die *kabbalistische Vorstellung des »Zimzum«*. Gott habe sich durch die Schöpfung eine Selbstbeschränkung von Anfang an auferlegt, er habe sich sozusagen zusammengezogen, um Raum zu schaffen für die Schöpfung und die Freiheit des Menschen.

Philosophisch-logische Schlußfolgerung für die Frage der Theodizee: Die drei klassischen göttlichen Attribute, absolute Macht, absolute Güte und verstandesmäßige Vorstellbarkeit, stehen für Jonas »in einem solchen Verhältnis, daß jede Verbindung von zweien von ihnen das dritte ausschließt« (S. 37). Die Vorstellung der Güte Gottes sei jedoch unverzichtbar, »untrennbar von unserem Gottesbegriff« (S. 38). Auch sei ein »gänzlich verborgener, unverständlicher Gott« (S. 39) nach jüdischem Verständnis unannehmbar. Konsequenz: das Verständnis von Gottes Allmacht im klassischen Sinn muß preisgegeben werden. Gott *konnte* Auschwitz nicht verhindern, weil er seine ursprüngliche Allmacht im »Selbstverzicht« (S. 36) des Schöpfungsaktes freiwillig selbst einschränkte. Nein, ein allmächtiger Gott ist nach Auschwitz für Jonas nicht mehr denkbar, Gott sei vielmehr ein *leidender Gott* (S. 25), ein *werdender Gott* (S. 27) und ein *sich sorgender Gott* (S. 31).

Das also ist der jonassche *Gegenentwurf zur Antwort des Hiobbuches*. Seine Antwort sei bewußt »der des Buches Hiob entgegengesetzt«, denn: »Die beruft die Macht*fülle* des Schöpfergottes; meine seine Macht*entsagung*« (S. 48).

---

338 *Hans Jonas*, Der Gottesbegriff nach Auschwitz. Eine jüdische Stimme $^{1}$1984 (Frankfurt 1987). Die folgenden Zitate im Text entstammen dieser Ausgabe.

339 Meine Hervorhebung.

Und dann deutlich: »Auch das, so scheint mir, ist eine Antwort an Hiob: daß in ihm Gott selbst leidet.« (S. 49) – Die theologische Auseinandersetzung mit diesem höchst bemerkenswerten Essay von Jonas ist hier nicht aufzunehmen, weder in ihrer kreuzestheologisch-trinitarischen Form (Eberhard Jüngel)[340], noch im Versuch ihrer pragmatischen Überwindung (Hans Küng)[341]. Nur eine Anfrage vom Hiobverständnis her sei erlaubt: Ist Jonas' Antwort wirklich »der des Buches Hiob entgegengesetzt«? Beschwört denn das Hiobbuch tatsächlich einzig Gottes Macht*fülle*? Wird nicht im Hiobbuch bezüglich der Trias Allmacht/Güte/Vorstellbarkeit zumindest auch die *Verstehbarkeit* Gottes relativiert, ohne freilich völlig aufgehoben zu werden? Werden im Zuge dessen nicht auch die beiden anderen – unbiblischen weil philosophischen – Gottesattribute mitrelativiert, so daß tatsächlich höchstens von »Machtfülle«, nicht aber von »Allmacht« gesprochen werden kann, und von einer »Güte« Gottes, die zumindest nicht mit den menschlichen Vorstellungen hiervon einfachhin übereinstimmt? Ob hier die »alte Antwort des Hiobbuches« nicht doch etwas vorschnell verabschiedet wurde?
Rubenstein und Jonas vertraten zwei Positionen, die einer Deutung des jüdischen Schicksals im Bilde Hiobs angesichts des Holocaust kritisch, wenn nicht ablehnend gegenüberstehen. Neben den schon genannten philosophisch-literarischen Ausführungen von Elie Wiesel soll abschließend eine weitere gewichtige Gegenposition hierzu die bei den Literaten vorgefundene Sinngebung Hiobs als Deutefigur der jüdischen Existenz unterstützen, die Position von Martin Buber.

### c. »Bei Ihm ausharren« – *Martin Buber*

Fast alle der genannten jüdischen Schriftsteller, ob Susman oder Wolfskehl, Nelly Sachs oder Yvan Goll, entstammten ursprünglich einem weitgehend assimilierten deutschjüdischen Kontext. Die Auseinandersetzung mit Hiob erfolgte für sie im Rahmen einer grundsätzlichen, von außen aufgezwungenen Beschäftigung mit den eigenen jüdischen Wurzeln. Und für fast alle erhielt im Rahmen dieser Identitätssuche besonders das Werk eines Mannes eine herausragende Bedeutung, der sich intensiv gerade mit dem traditionell-kulturellen jüdischen Erbe beschäftigte: Martin Buber (1878–1965)[342]. Bubers imposan-

---

340 Vgl. *Eberhard Jüngel*, Gottes ursprüngliches Anfangen als schöpferische Selbstbegrenzung. Ein Beitrag zum Gespräch mit Hans Jonas über den »Gottesbegriff nach Auschwitz«, in: *Hermann Deuser* et al. (Hrsg.), Gottes Zukunft – Zukunft der Welt. FS für Jürgen Moltmann (München 1986), S. 265–275.

341 Vgl. *Hans Küng*, Das Judentum, a.a.O., S. 714–733; vgl. auch: *Walter Groß/Karl-Josef Kuschel*, »Ich schaffe Finsternis und Unheil!« Ist Gott verantwortlich für das Übel? (Mainz 1992), bes. S. 170–175; 197–213.

342 Zur Biographie siehe: *Gerhard Wehr*, Martin Buber (Reinbek 1968); ders., Martin Buber. Leben, Werk, Wirkung (Zürich 1991) Lit!; *Maurice Friedman*, Martin Buber's Life and

tes Lebenswerk umfaßt drei große Einzelbereiche[343]: Zunächst jenen Bereich, der für die genannten Autoren so wichtig wurde, die Sammlung, Herausgabe, Deutung und Verbreitung des ostjüdisch-chassidischen Gedankengutes; dann seine philosophisch-pädagogisch-politischen Schriften, angefangen von der das dialogische Prinzip aller Wirklichkeit definierenden Grundschrift »Ich und Du«, bis hin zu seinen Äußerungen zum politischen wie religiösen Zionismus; und schließlich drittens in gegenseitiger Verzahnung mit den ersten beiden Bereichen die zusammen mit Franz Rosenzweig erarbeitete deutsche Übersetzung des Alten Testaments, die bis heute durch ihre Sprachgewalt, Originalität und Kongenialität zur hebräischen Ursprache beeindruckt.

Zu dieser dritten Dimension des gigantischen buberschen Lebenswerks gehört aber neben der übersetzenden Sprachprägung auch die kommentierende Sprachdeutung: Buber ist nicht nur Übersetzer, sondern in besonderem Maße auch Interpret der Bibel. Von daher wird angesichts der zu Anfang dieses Exkurses bereits zitierten Anfrage an die Möglichkeit eines Gottesglaubens nach Auschwitz gerade auch *Bubers Hiobdeutung* interessant. Buber hat sich an verschiedenen Stellen seiner Schriften und Briefe zu Hiob geäußert, vornehmlich in dem 1950 erschienenen Buch »Der Glaube der Propheten«[344]. Außer Frage steht für ihn, daß hinter diesem Buch der »Weltliteratur, wo wir dem Wortwerden eines menschlichen Anliegens auf der Spur sind ... Erfahrungen überindividueller Art« (S. 435) stehen – die Erfahrungen des Volkes Israel im Exil. Das Hauptproblem Hiobs liege darin, daß er »nicht mehr an Gott und Recht *in einem*« (S. 439) glauben könne, deshalb ringe er »gegen die Gottferne, gegen den Gott, der wütet *und schweigt*« (S. 440). Seine Beziehung zu Gott, sein Verständnis von Gott, sei völlig gestört, denn gerade Gottes augenscheinliches »Sichverbergen«, gerade die – einem weiteren Zentralwerk Bubers den Titel gebende – »Gottesfinsternis« mache »die Abgrundsnatur der Verzweiflung aus« (S. 440). Da Hiobs Problem also ausschließlich die solcherart bestimmte Störung der Beziehung zu Gott sei, kommt Bubers Deutung der Lösung des Problems im biblischen Hiobbuch selbst nicht überraschend: Die reine *Tatsache des Erscheinens Gottes*, allein das »daß«, nicht das »wie«, sei die Lösung: »die wahre Antwort, die Hiob empfängt, ist die Erscheinung Gottes allein«[345]. Oder, an anderer Stelle, in für Bubers Denken typischer Zuspitzung: die Lösung liege in der »Offenbarung als *Antwort* an den Leidenden auf die Frage des Leidens« konkret in der »Selbstbeschränkung Gottes zur Person, die der Person antwortet« (S. 442). Hiermit sei Hiobs Hauptproblem, die Störung der Gottesbeziehung, gelöst.

---

Work, 3 Bde. (New York 1981–83).

343 Vgl. *Hans Küng*, Das Judentum, a.a.O., S. 542 –549.

344 *Martin Buber*, Der Glaube der Propheten [1]1950, in: ders., Werke Bd. II: Schriften zur Bibel (München/Heidelberg 1964), zu Hiob bes. S. 435–444. Seitenzahlen im Text beziehen sich auf diese Ausgabe.

345 *Martin Buber*, An der Wende, a.a.O, S. 182.

Über alles andere, etwa den Inhalt der Gottesreden, das »wie« der Offenbarung Gottes, sei nicht mehr zu sagen, als daß die berechtigte Anfrage Hiobs zurückgewiesen würde durch eine »überlogische Wahrheit der Wirklichkeit« (S. 443), durch das rätselhaft bleibende »Geheimnis einer Schöpfung, in der kein Recht waltet, als sein eigenes Schöpfergeheimnis«[346]. Über Recht und Unrecht würde nicht entschieden, die Frage werde vielmehr aufgehoben »durch das ›Sehen‹«, durch das »Mysterium der Nähe«[347].

Was folgt für Buber selbst aus dieser Hiobinterpretation hinsichtlich der Frage eines Gottesglaubens nach Auschwitz? Zunächst dies: Hiob habe bewiesen, daß an Gott zweifeln »beinah zum richtigen Glaubendürfen« hinzugehöre, denn sonst sei Hiobs Bestätigung aus Hiob 42,7 unverständlich[348], so Buber vorausblickend schon in einem Brief aus dem Jahre 1932. Hiob, der »treue Rebell« (S. 443), bezeuge in seinem Klagen und Zweifeln vorbildhaft das unbedingte Festhalten an Gott gerade in Notzeiten der Gottesfinsternis. Denn darauf will Buber hinaus: Gewiß, »Gott und unsere Vorstellung von Gerechtigkeit« seien »nicht zu vergleichen«, wie anders ließe sich »Seine ›Grausamkeit‹«[349] erklären, so Buber in einem Briefwechsel um sein Hiobverständnis mit dem jüdisch-amerikanischen Philosophen Walter Kaufmann aus dem Jahre 1959. Und weiter: »Aber wenn Hiob sagt (19,25), was er ›weiß‹, spricht er auch in meinem Namen«. Und was ist dies, das Hiob »weiß« und das Buber auch für sich selbst akzeptiert, so die briefliche Nachfrage Kaufmanns? – Es sei die Gewißheit, »Gott wird, wie spät auch, doch noch kommen«, und dieses Erscheinen werde »aus der Gottferne, aus der Verfallenheit ›auslösen‹«[350]. Dieser unzerstörbare, dem Vorbild Hiob abgeschaute *letzte Glaube an eine Erlösung durch Gott selbst in Zeiten der Gottesfinsternis* zeichnet Buber – etwa im scharfen Gegensatz zu Rubenstein – aus. Und nur dieser Glaube verdiene die Bezeichnung »Gottvertrauen«[351].

Und so wird Bubers Hiobverständnis und seine Antwort auf die Frage nach der Möglichkeit eines Gottesglaubens nach Auschwitz ein letztes Mal deutlich, als er an den Überlebenden des KZ Bergen-Belsen, den Ungarn Ernst Szilagyi als Antwort auf just diese Frage schreibt: Wie Hiob werde uns Gottes Gerechtigkeit, die so unbegreifliche, nicht entschlüsselt, doch wie Hiob wissen wir nur eins: »Nur Ihn und sein Kommen wissen wir, denn er ist der

---

346 *Martin Buber*, Zur Verdeutschung des Buches Ijob [1]1962, in: ders., Werke Bd. II, a.a.O., S. 1170–1174, hier S. 1172.

347 A.a.O., S. 1173. Vgl. Bubers Interpretation zur Hioblösung als »Sehen durch Sehen«, in: ders., Zwei Glaubensweisen [1]1950, in: ders., Werke Bd. I: Schriften zur Philosophie (München/Heidelberg 1962), S. 651–782, zit. S. 679.

348 Brief an *Hermann Gerson* vom 23.10.1932, in: *Grete Schaeder* (Hrsg.), Martin Buber. Briefwechsel aus sieben Jahrzehnten, Bd. II 1918–1938 (Heidelberg 1973), S. 449.

349 Brief an *Walter Kaufmann* vom 25.5.1959, in: *Grete Schaeder* (Hrsg.), a.a.O., Bd. III 1938–1965 (Heidelberg 1975), S. 478.

350 Brief an *Walter Kaufmann* vom 30.4.1960, a.a.O., S. 501.

351 Brief an *Walter Kaufmann* vom 25.5.1959, a.a.O., S. 478.

Kommende«. Und somit bliebe dem Menschen nur dies: »bei Ihm ausharren«[352]. Bubers Hiobdeutung präsentiert sich also einerseits, mit den Worten Grete Schaeders, als ein »Existentialismus des Standhaltens und Wartenkönnens«[353], und andererseits, so der kongeniale Freund und Bibelmitübersetzer Franz Rosenzweig, als »die biblische Illustration zur Lehre von Ich und Du«[354]. *Hiob* wird bei Buber zum *Archetyp des Ausharrens bei Gott in Zeiten der Gottesfinsternis*, zum Vorbild des unerschütterlichen Glaubens an ein Ende dieser Finsternis und den Wiederbeginn einer vertrauten Beziehung von Gott und Mensch als Partner in einer Ich-Du-Beziehung. Vom Menschen ist in diese Beziehung ein unbedingtes Vertrauen einzubringen – gerade in Bereichen, die sich dem verstandesmäßig Faßbaren entziehen –, denn Bubers »radikale Absage an das Wißbare im religiösen Bereich«[355] wird gerade in seiner Hiobdeutung offensichtlich.

Einige auch in der Buber-Forschung immer wieder geäußerten kritischen *Rückfragen* auch an dessen Hiobauslegung sollen schließlich nicht verschwiegen werden. Ist Bubers Deutung tatsächlich vorwiegend ein »Dokument seiner eigenen Anschauungen«[356], nicht aber des Urtextes selbst, so J.C. Rylaardam? Ringt er hier nicht so sehr mit dem Hiobbuch und dessen tatsächlicher Bedeutung, als vielmehr mit dem grundsätzlichen »Problem des Bösen und der Abwesenheit Gottes«[357], so der jüdische Buber-Forscher Nahum N. Glatzer? – Ohne Zweifel benutzt Buber das Hiobbuch zur Veranschaulichung eigener Lieblingsideen, und dies geht zumindest in zwei Punkten zu Lasten des eigentlichen Textes. Zum einen, so noch einmal Glatzer mit Recht, »spielt Buber Hiobs Rebellion herunter, den Aufstand des Menschen gegen eine grausame, gewalttätige Welt und ihren Schöpfer«[358]. Der Rebell Hiob paßt dem auf letztliches Ausharren abzielenden Buber nicht ins Konzept, die im biblischen Buch bleibende Spannung zwischen Dulder und Rebell wird deutlich zugunsten des *Dulders* aufgelöst.

Und zum zweiten: Bubers Konzentration auf das »daß« der Offenbarung Gottes, sein Insistieren auf die faktische Wiederherstellung der Beziehung Gott-Mensch, vernachlässigt den Wortlaut, das konkrete »wie« der Gottesreden. Denn daß dort »dem um Gerechtigkeit ringenden Menschen eine *andere* Gerechtigkeit als die seine« (S. 442) vor Augen gestellt wird, führt gerade nicht

---

352 Brief an *Ernst Szilagyi* vom 2.7.1950, a.a.O., S. 255.

353 *Grete Schaeder*, Martin Buber. Ein biographischer Abriß, in: dies. (Hrsg.), Martin Buber. Briefwechsel, a.a.O., Bd. I 1897–1918 (Heidelberg 1972), S. 19–141, hier S. 133.

354 *Franz Rosenzweig*, Brief an Martin Buber vom 1. 3. 1923, in: *Franz Rosenzweig*, Der Mensch und sein Werk. Gesammelte Schriften, Bd. I: Briefe und Tagebücher (Haag 1979), S. 897.

355 *Gerhard Wehr*, Martin Buber (Reinbek 1968), S. 64.

356 Zitiert a.a.O., S. 130.

357 **Nahum N. Glatzer*, Baeck–Buber–Rosenzweig Reading the Book of Job [1]1966, in: ders., Essays in Jewish Thought (Alabama 1978), S. 209–221, hier S. 216.

358 *A.a.O., S. 215.

dazu, daß sich hier der alte israelitische Schöpfungsglaube »voll entfaltet« (S. 443), sondern zu einem Gegenentwurf zur Schöpfungslogik der Genesis: Der Mensch steht gerade nicht als Abbild des Schöpfers voller Verantwortung und Verständnis an der Spitze der Schöpfung, diese bleibt vielmehr ein radikales, bleibendes Geheimnis Gottes. Aussagen wie »Nichts ist geschehen, als daß der Mensch wieder Gottes Anrede vernimmt«[359], verkennen gerade den originären Erkenntnisgewinn des Hiobbuches, die dort erfolgende *Neu-* und nicht nur Wiederbestimmung des Verhältnisses Gott-Mensch. Und diese neue Gottesbeziehung ist nur von der Einsicht in den veränderten Standort des Menschen her denkbar, erst aus dieser Konsequenz des »wie« führt das »daß« zur Erlösung. – Diesen zwar nicht zentralen, aber eben wirkungsgeschichtlich betrachtet auch nicht nebensächlichen Einschränkungen zum Trotz bildet Martin Bubers Hiobinterpretation eine entscheidende Wegmarke der Indienstnahme Hiobs für eine Deutung jüdischer Existenz nach Auschwitz.
Im *Anschluß an Buber* seien *drei weitere zeitgenössische Hiobdeutungen* kurz benannt. Neben Buber steht als zentrale Gestalt des deutschen Judentums zwischen den beiden Weltkriegen die Figur des damaligen Berliner Oberrabbiners *Leo Baeck* (1873–1956)[360]. Er kommt auf das Hiobbuch in seinem großen Alterswerk, der Studie *»Dieses Volk«*, zu sprechen, es sei »ein vulkanisches Buch«, aus seiner Tiefe »brechen mit elementarer Gewalt die Gluten, die Wehen hervor«[361]. Die Sinnspitze des Buches sieht Baeck überraschenderweise im 28. Kapitel, dem – später eingefügten – Loblied auf die Weisheit. Dies sei »die Antwort, die das Geheimnis gibt«[362]. Indem der Mensch somit – ohne die Weisheit Gottes jemals voll zu erfassen – dennoch an ihr teilhaben kann, wird die rebellische Schärfe des Hiobbuches aufgelöst in eine letztlich friedvolle Gott-Mensch Beziehung. Durch diese Fehldeutung des biblischen Buches schon auf der textimmanenten Ebene bleibt Baecks Einführung, in der er von siedenden und brandenden Fragen spricht, »in denen die Qual menschlicher Not, der äußeren und der inneren, sich ihren Weg, ihren Ausgang«[363] suchen, folgenlos. Dieses »Buch vom Menschen«[364] wird hier nicht zum jüdischen Menschen der Gegenwart in Beziehung gesetzt.
Ein solcherart postulierter Brückenschlag vom biblischen Hiobbuch zur Situation des heutigen Menschen findet sich hingegen bei zwei einflußreichen Buber-Schülern. Da ist zunächst einmal *Schalom Ben-Chorin* (*1913), dessen frühes Hiobgedicht schon erwähnt wurde. Der Religionswissenschaftler betont über Buber hinausgehend besonders die unversöhnliche Schärfe zwischen einerseits der Dringlichkeit des Hiobanliegens gerade heute, und der

---

359 *Martin Buber*, An der Wende, a.a.O., S. 182.
360 Zu Baeck siehe: *Albert H. Friedländer*, Leo Baeck. Leben und Lehre (München 1990).
361 *Leo Baeck*, Dieses Volk. Jüdische Existenz, Bd. I (Frankfurt 1955), S. 125.
362 A.a.O., S. 127.
363 A.a.O., S. 125.
364 A.a.O., S. 129.

Notwendigkeit, auf verstehbare Auflösungen des Problems und Beantwortung der Fragen verzichten zu müssen, andererseits. Zur bleibenden Aktualität Hiobs hebt er hervor, dieser sei keine historische Gestalt, habe nie existiert, aber »gerade deshalb lebt er immer, kehrt er immer wieder in der Gestalt des leidenden Gerechten.« Er »lebt unter uns, tausendfach, unerkannt.«[365] Und zur Verschärfung der Hiob-Position des heutigen Menschen: Dem wirklichen Hiob unserer Tage sei »oft noch Grauenvolleres geschehen« als dem literarischen Vorbild, und wo diesem eine göttliche Antwort zuteil wurde, dringe dem heutigen Hiob »oft nur noch das eiserne Schweigen aus einem sich ihm erbarmungs- und antwortlos verschließenden Himmel«[366]. Die Hiob-Position des heutigen Menschen stellt sich für Ben-Chorin – wie schon für Nelly Sachs – also als noch weitaus problematischer dar, als die des biblischen Archetypen. Bleibt wirklich nur der Verzicht auf die Fragen? – Für Ben-Chorin, einen Vorkämpfer des jüdisch-christlichen Dialogs, leuchtet eine zusätzliche Trost-Dimension auf, die Hoffnung auf eine letzte »Überwindung des Todes«, auf den visionär erahnten »Jubelton der Auferstehung«[367].
Einen völlig anderen Sinnschwerpunkt der Hiobinterpretation setzt der jüdisch-amerikanische Philosoph *Walter Kaufmann* (1921–1980), aus dessen hochinteressantem Briefwechsel mit Martin Buber gerade über die Hiobsgestalt bereits mehrfach zitiert wurde. In seiner 1959 veröffentlichten religionskritischen Studie »Critique of Religion and Philosophy« wird letztlich jeder theologisch-philosophische Versuch einer Metaphysik – ganz im Sinne von Bubers Absage an alles Wißbare im religiösen Bereich – einer harschen Kritik unterzogen. In einem fiktiven Dialog zwischen »Satan« und einem »Theologen« bezeichnet Satan das Hiobbuch als »die antitheologischste Abhandlung, die jemals geschrieben wurde«[368]. Und später spricht der Autor selbst unverblümt: »Ein großer Teil des vorliegenden Buches hätte auch in Form eines Kommentars zum Hiobbuch geschrieben werden können«[369]. Kaufmann erkennt im Hiobbuch – wie Buber – die radikalste Form einer Absage an jede Theologie, die sich als Vermittlerin von verstandesmäßig Faßbarem versteht. Denn, so zwei Jahre später in der Studie »The Faith of a Heretic«, was sei die Quintessenz des Inhaltes der Gottesreden – und in dieser Beobachtung geht er über Buber hinaus: »Weit davon entfernt, darauf zu bestehen, daß es irgendeine verborgene Gerechtigkeit in dieser Welt gibt, bemüht sich Gott darum, aufzuzeigen, wie völlig eigenartig (›weird‹) sie größtenteils ist.«[370] Letzte Konsequenz für Kaufmann: Die Worte und Erkenntnisse Hiobs seien problemlos »vereinbar mit dem Glauben eines Häreti-

---

365 *Schalom Ben-Chorin*, Als Gott schwieg. Ein jüdisches Credo (Mainz 1988), S. 30.
366 A.a.O., S. 41.
367 A.a.O., S. 64f.
368 * *Walter Kaufmann*, Critique of Religion and Philosophy (London 1959), S. 160.
369 *A.a.O., S. 248.
370 * *Walter Kaufmann*, The Faith of a Heretic (New York 1961), S. 165.

kers«[371], eines Ungläubigen. Hiob wird hier zum Modell des jede religiöse Festlegung zurückweisenden Menschen der Gegenwart.
*Hiob als Deutefigur des Holocaust*: Neben den zahlreichen literarischen Zeugen einer derartigen Auslegung wurden die Stimmen jüdischer Denker wiedergegeben: pro (Buber, Wiesel) oder contra (Rubenstein, Jonas). Die innerjüdische Diskussion über diese Frage wird weitergehen. Festzuhalten bleibt jedoch: Wenn es überhaupt eine biblische Figur gibt, anhand derer die unfaßbaren Ereignisse des Holocaust gedeutet, mit deren Hilfe diese Erfahrungen überwunden werden können, dann ist es de facto Hiob. Aber eben nicht das unhinterfragte Modell Hiob, sondern das kritisierte, umstrittene, unverständig bleibende und dennoch in tiefster Auseinandersetzung Sinngebung leistende individuelle oder kollektive Vorbild Hiob.

## 8. Zweite Zwischenbilanz

Die von Margarete Susman und Hermann Levin Goldschmidt formulierte Ausgangsthese dieses Kapitels lautete, daß sich die jüdische Hiobrezeption durch eine kollektive Deutung Hiobs als Verkörperung des Gesamtschicksals des jüdischen Volkes auszeichne. Im Blick gerade auf die hier vorgestellten *literarischen Hiobbearbeitungen* muß diese These modifiziert werden.
Die *überragende Bedeutung Hiobs als Deutefigur jüdischer Existenz*[372] wird zunächst schon in dem in dieser Arbeit oft zitierten Sammelband literaturwissenschaftlicher Aufsätze deutlich, der das Thema »Jüdische Schriftsteller und deutsche Literatur im 20. Jahrhundert« unter den vielsagenden Titel *»Im Zeichen Hiobs«* stellt. In diesem Band sind »Werke vertreten, in denen die Hiob-Gestalt als alttestamentlich beglaubigtes, literarisches Deutungsmodell in Erscheinung tritt«[373], so die Herausgeber in der Einleitung. Sehr viel allgemeiner scheint hier neben der in dieser Arbeit untersuchten engeren, direkt stofflich-literarischen Abhängigkeit eine breit gestreute inhaltlich-strukturelle Parallele – teils auf der Text-, teils auf der Deutungsebene – zum Hiobbuch

---

371 *A.a.O., S. 181.

372 Auffällig ist freilich, daß gerade bei *Else Lasker-Schüler* (1869–1945), die sich – abgesehen von Nelly Sachs – wie keine andere jüdische Autorin der lyrischen Deutung der biblischen Archetypen und Kerngestalten widmete, gerade *kein Hiob-Gedicht* findet. In ihren berühmten, 1913 veröffentlichten »Hebräischen Balladen« fehlt Hiob in der Reihe der großen biblischen Charaktere. Vgl. *Jakob Hessing*, Else Lasker-Schüler. »... die größte Lyrikerin, die Deutschland je hatte...« [1]1985 (München 1992), S. 207f.: »Und es ist bezeichnend für Else Lasker-Schülers Sonderstellung in der deutsch-jüdischen Geistesgeschichte, daß gerade sie, deren Werk so oft aus der Bibel schöpft, sich nie mit Hiob identifiziert und sein Unglück nirgends zum Thema ihrer Dichtung macht.«

373 *Gunter E. Grimm/Hans-Peter Bayerdörfer*, Einleitung, in: dies. (Hrsg.), Im Zeichen Hiobs. Jüdische Schriftsteller und deutsche Literatur im 20. Jahrhundert (Frankfurt 1986), S. 49.

zu bestehen. Die gesamte deutschjüdische Literatur dieser Zeit erscheint so »im Zeichen Hiobs«.

Die in unserer Arbeit speziell vorgestellten direkten Hiobbearbeitungen gehen in ihrer unmittelbaren Hiobrezeption jedoch einen Schritt weiter. Hier ist Peter Sager zuzustimmen, wenn er schreibt: »Keine andere Gestalt des Alten Testamentes ist – zumal unter den deutschsprachigen jüdischen Dichtern – so oft und intensiv zum Thema lyrischer Gestaltung geworden wie Hiob.«[374] In der Tat, Hiob wird gerade angesichts des Holocaust zu *der* großen Bezugsgestalt deutschjüdischer Schriftsteller. Sie finden in ihm während und »nach dem Holocaust geradezu ein idealtypisches Identifikationsmodell«[375], so Hans-Otto Horch. Als literarische Gattung dieser Bezugnahme auf Hiob dominiert in dieser Phase eindeutig die Lyrik. Die *Form des um Sprache ringenden Gedichts* erscheint neben dem *zeugnisablegenden autobiographischen Bericht* als einzig literarisch angemessene Möglichkeit der Verarbeitung und literarischen Darstellung dieser Erfahrungen. – Joseph Roths Hiob-Roman ist hier sowohl gattungsmäßig als auch in seiner Gesamtkonzeption und Thematik die Ausnahme, ein Vorläufer der jüdischen Hiobrezeption des 20. Jahrhunderts in einem anderen historischen und soziokulturellen Kontext.

Wie aber wurde Hiob konkret von diesen Autoren aufgegriffen? Phyllis Berg scheint die Ausgangsthese noch einmal zu bestätigen, wenn sie schreibt: »Im Exil wurde diesen Dichtern das Judentum zur Inkarnation des Leidens, und aus der schicksalhaften Verbindung mit ihrem Volk entstanden Werke, in denen sie sich die Geschehnisse ihrer Zeit im biblischen Buch Hiob spiegelten.«[376] Gegen Susman und Goldschmidt und in Differenzierung der Aussage von Berg wird man formulieren können: Das *Proprium der jüdischen Hiobrezeption* liegt nicht in einer primär kollektiven Deutung, sondern in einer *unlösbaren Verschränkung von Selbstdeutung und Volksdeutung*, in einer *vielschichtigen Dialektik von individuell-biographischer Identifikation* mit dem Hiobsschicksal *und einer kollektiv-historischen Interpretation* der Hiobsfigur: Hiob ist eben Deutefigur sowohl der *conditio personalis*, des eigenen Schicksals, als auch der *conditio judaica*, des jüdischen Volksschicksals.

Die biographische Verankerung konnte sowohl bei Roth als auch bei Sachs nachgewiesen werden, am eindrucksvollsten jedoch bei Wiesel, Wolfskehl und Goll. Auch die kollektive Deutung, bei Goll am schwächsten ausgeprägt, wurde bei Roth, Sachs, Adler, Wiesel und gerade auch Wolfskehl offensichtlich, wobei im späteren Werk von Nelly Sachs die wichtige Erweiterung der

---

374 *Peter Sager*, Nelly Sachs. Untersuchungen zu Stil und Motivik ihrer Lyrik (Bonn 1970), S. 124.

375 *Hans-Otto Horch*, Zeitroman, Legende, Palimpsest. Zu Joseph Roths »Hiob«-Roman im Kontext deutsch-jüdischer Literaturgeschichte, in: Germanisch-Romanische Monatsschrift 39 (1989), S. 211.

376 *Phyllis Berg*, Jüdische Themen und das Hiob-Schicksal im Werke Yvan Golls (Ann Arbor 1977), S. 200.

kollektiven Hiobdeutung vom jüdischen Volk auf die *conditio humana*, auf die leidende Gesamtmenschheit, erfolgt.
Aber wie kam es überhaupt bei diesen Autoren zu einer Hinwendung zur Hiobsfigur? Auffällig ist doch, daß fast alle der angesprochenen Dichter einem zunächst weitgehend assimilierten, nur gering jüdisch geprägten Kontext entstammen. Durch die politisch-geschichtlichen Ereignisse wurde ihnen nicht nur jeweils die Flucht ins Exil, sondern auch eine Auseinandersetzung mit ihrem Jude-Sein, ein Ringen um die eigene jüdische Identität von außen aufgezwungen. Und ebenfalls auffällig ist die Beobachtung, daß dieses Ringen um eine jüdische Identität bei ihnen allen nicht nur eine Auseinandersetzung mit der Bibel beinhaltete, sondern auch eine *Hinwendung zur ostjüdischen Tradition*, zur mystischen Strömung der Kabbala, eine verblüffend parallel verlaufende Beschäftigung mit den chassidischen Werken Martin Bubers und Scholem Alejchems etwa. Ihr *Rückgriff auf die kabbalistische Sprach- und Gedankenwelt* erklärt jedenfalls zweierlei: Zum einen das Aufgreifen biblischer Themen, Stoffe, Motive, Sprachformen und auch die zum Teil verblüffend ähnliche Metaphorik[377] dieser Autoren, zum anderen aber auch die Schwierigkeiten, die diese literarischen Werke dem – dieser Welt nicht vertrauten – modernen Leser bereiten können.
Im Rahmen dieser *auffälligen biographischen wie literarischen Gemeinsamkeiten* – jüdisch-assimilierter Hintergrund, hiobartige Notsituation im Exil, Hinwendung zur jüdischen Mystik, kollektive Ausdeutung Hiobs auf das Schicksal des jüdischen Volkes – gelingt es jedem Autor, eigene Schwerpunkte der literarischen Hiobgestaltung zu setzen:

- Hiob als Vorbild einer geschichtsmythologischen Präsentation des Wegs des jüdischen Volkes (Susman, Wolfskehl);
- Hiob als von der Assimilation bedrohter jüdischer Jedermann (Roth);
- Hiob als konkret-biographische Identifikationsfigur (Wolfskehl, Goll, Wiesel);
- Hiob als Deutefigur des eigenen Sterbens (Goll);
- Hiob als Verkörperung der dialektischen Spannung von Leid und messianischer Hoffnung (Roth, Wolfskehl, Sachs).

Aber: Diese aufgezeigten jüdischen Traditionslinien hatten ihren genau bestimmbaren biographischen und geschichtlichen Ort. Hiob erscheint immer dann als Bezugsgestalt, wenn es um den Themenschwerpunkt Leiden/Gottzweifel/Überleben geht, jene Themen also, die für die deutschjüdischen Dichter dieses Jahrhunderts zwangsläufig zentrale Bedeutung erhielten. Die Verbrechen der Nationalsozialisten setzten dieser großen Tradition deutsch-jüdischer Literatur ein Ende. Die jüdische Literatur der Gegenwart hat ihren Platz zum einen in Israel, zum anderen aber wohl primär in Nordamerika gefunden.

---

377 Vgl. etwa *Phyllis Berg*, a.a.O., S. 177: »Wie die Steinmetaphorik läßt sich auch Golls Feuermetaphorik mit der von Nelly Sachs vergleichen.«

In der Literatur der »Enkel« des fiktiven Mendel Singer, der jüdisch-amerikanischen Autoren also, in den Romanen von Isaac Bashevis Singer, Bernard Malamud, Saul Bellow oder Philip Roth etwa, hat sich jedoch der vorherrschende Themenschwerpunkt verlagert. Diese Dimension kann hier nur in einem knappen Ausblick angedeutet werden. In diesem neuen Kontext ist nicht mehr das nackte Überleben das Zentralthema, sondern die jüdische Existenz in einer modernen hochtechnisierten Gesellschaft. Folglich steht auch die Hiobfigur, obzwar sie immer wieder am Rande erwähnt wird[378], nicht mehr im Zentrum des literarischen Interesses. *Im jüdisch-amerikanischen Kontext hat Hiob seine Bedeutung als Deutefigur sowohl des individuellen als auch des kollektiven Schicksals weitgehend verloren*.[379]
Hiob eine *Deutefigur jüdischer Existenz*, Hiob ein *Stammvater des jüdischen Volkes*: An diesen Wegmarken der jüdischen Selbstdeutung darf auch eine christliche Theologie nicht mehr vorbeigehen. Der um den Dialog von Chri-

378 Als Illustrierung nur vier Beispiele der Erwähnungen Hiobs am Rande: 1. *Saul Bellow*, The Victim (New York 1947), *S. 146: ... »Gott macht keine Fehler. Er ist die Abteilung für Maße und Gewichtseinheiten. Wenn du okay bist, ist er auch okay. Genau das ist es, was Hiobs Freunde ihm sagen, als sie zu ihm kommen.« 2. Die 1958 veröffentlichte Kurzgeschichte von *Bernard Malamud* »Ein Engel namens Levine« – eine eindeutige, strukturell sehr genau am Vorbild orientierte Aktualisierung der Hiobsgeschichte – projiziert in die Situation der Juden im New York der fünfziger Jahre. Vgl. *Bernard Malamud*, Das Zauberfaß und andere Geschichten (München 1982), S. 28–39. 3. Vom gleichen Autor: *Bernard Malamud*, God's Grace (New York 1982),* S. 127, in einem Dialog zwischen dem Protagonisten, Calvin Cohn, und Gott: »›Abraham und Hiob gaben sich zufrieden‹ hörte Kohn sich sagen. ›Sie waren meine Knechte.‹ ›Hiob beklagte, daß Du die Aufrechten genau wie die Frevler zerstörst.‹ ›Und dafür bereute Hiob‹.« Außerdem erhielt die von John Frankenheimer realisierte Verfilmung von Malamuds 1966 erschienenem Roman »The Fixer« im Deutschen den Titel: »Ein Mann wie Hiob«. 4. Eine Konzeption Hiobs als Prophet und Heiliger einer neu zu schaffenden »Religion der Rebellion« findet sich in den zwischen 1976 und 1981 entstandenen autobiographischen Rückblicken von *Isaac B. Singer*, Verloren in Amerika. Vom Schtetl in die Neue Welt (München 1985), S. 390. Vgl. auch dort S. 55/123/186. Hinsichtlich einer ironischen Indienstnahme Hiobs von seiten des jüdisch-israelischen Schriftstellers Y.H. Brenner vgl: *Menachem Brinker*, On the Ironic Use of the Myth of Job in Y.H. Brenner's *Breakdown and Bereavement*, in: *David H. Hirsch/Nehama Aschkenasy* (Hrsg.), Biblical Patterns in Modern Literature (Chico 1984), S. 115–126.

379 Drastischer Kommentar aus dem Munde des alttestamentlichen David im 1984 veröffentlichten Roman »Weiß Gott« von Joseph Heller: »Hiob? Den können wir vergessen!« *Joseph Heller*, Weiß Gott (München 1985), S. 10. Zum Hintergrund: In diesem fiktiven Lebensrückblick Davids will dieser beweisen, daß *er* der interessanteste Charakter des Alten Testamentes sei, auch wenn ausgerechnet ihm dort kein Buch eigens gewidmet ist. Vgl. hierzu: *Georg Langenhorst*, »Der magische Tänzer«. Literarische Transformationen der Davidsgestalt, in: Erbe und Auftrag 69 (1993), S. 468–488. Der amerikanische Literaturwissenschaftler Alan L. Berger erkennt: »Interessanterweise ist es aber weder die Rebellion Hiobs, noch die Listigkeit Josephs, welche die gegenwärtige jüdisch-amerikanische Literatur am besten charakterisiert. Vielmehr fällt das Bild vom Kampf Jakobs in den Blick.« *Alan L. Berger*, Crisis and Covenant. The Holocaust in American Jewish Fiction (New York 1985), S. 190.

stentum und Judentum verdiente Schriftsteller Heinz Flügel (*1907) erkennt eine Wechselwirkung der Rezeptionsströme: »Je mehr die christliche Theologie Christus als ›Antwort auf Hiob‹ aufgebaut hat, desto ausschließlicher wurde Hiob zum Inbegriff jüdischer Existenz.«[380] Zumindest eine christliche Exklusivauslegung Hiobs auf Christus hin, so Flügel weiter mit Recht, dürfte sich ob dieses Befundes »nicht mehr rechtfertigen lassen«[381].

380 *Heinz Flügel*, Hiob in der Gegenwartsliteratur, in: *Hans Jürgen Schultz* (Hrsg.), »Sie werden lachen, die Bibel«. Erfahrungen mit dem Buch der Bücher [1]1975 (München 1985), S. 204–217, hier: S. 205.

381 *Heinz Flügel*, Hiobs Prozeß mit Gott, in: *Hugo Gold* (Hrsg.), Max Brod. Ein Gedenkbuch 1884–1968 (Tel-Aviv 1969), S. 47–59, hier: S. 47.

# IV. Hiob und die Krise des Menschen nach dem Zweiten Weltkrieg

Während die bislang dargestellten Epochen der Hiobrezeption chronologisch und thematisch als doch deutlich abgrenzbare Blöcke präsentiert werden konnten, wirkt die Situation seit 1945 aufgrund ihrer zeitlichen Offenheit einerseits und ihrer inhaltlichen Spannbreite andererseits sehr viel uneinheitlicher und schwerer einordbar. Deshalb wird das folgende Kapitel oftmals eher Tendenzen als abgeschlossene Entwicklungen aufzeigen, wird vielfach in nur andeutender Reihung Rezeptionsströme zu bündeln versuchen. Außerdem wird das rein chronologische Längsschnittverfahren an einigen Stellen dahingehend unterbrochen, daß Rezeptionstraditionen, die schon vor 1945 auftauchen, deren Schwerpunkte sich aber erst später aufweisen lassen, im entsprechenden Kapitel unter Zuhilfenahme von kurzen Rückblenden präsentiert werden.

## 1. Hiobs »Vollendung in Christus« – *Paul Claudel* und die christliche Literatur

Nach der Darstellung der literarischen Auseinandersetzung mit Hiob von seiten jüdischer Autoren stellt sich nun die Frage, wie die spezifisch christliche Literatur mit dieser alttestamentarischen Zentralgestalt umgeht. Findet sich zu dem zentralen Einsatz Hiobs als Deutefigur der *conditio judaica* eine christliche Entsprechung? Eines steht jedenfalls fest: Ein lebenslanges Ringen um die in der Hiobgestalt verkörperte Problematik und der Versuch einer literarischen Gestaltung dieser geistigen Auseinandersetzung findet sich keineswegs ausschließlich bei jüdischen Autoren, sondern auch bei Schriftstellern christlicher Provenienz, zunächst vor allem in *Frankreich*. In den letzten Jahren des ausgehenden 19. Jahrhunderts hatte sich hier eine literarisch-religiöse Vereinigung von Schriftstellern und Philosophen zusammengefunden, die eine Rückwendung zu den Werten der katholischen Kirche propagierte, die Gruppierung des »*Renouveau Catholique*«[1]. Als Hauptvertreter dieser später auch über Frankreich hinaus wirkenden, durchaus nicht einheitlichen und besonders von Konvertiten geprägten Bewegung gelten Léon Bloy (1846–1917), Paul Claudel (1868–1955), Georges Bernanos (1888–1948), Gabriel Marcel (1889–1973) oder Julien Green (*1900).

---

[1] Eine umfassende aktuelle Studie zu dieser Bewegung steht überraschenderweise noch aus. Überblicke finden sich bei: *Hermann Weinert*, Dichtung aus dem Glauben. Einführung in die geistige Welt des Renouveau Catholique in der modernen französischen Literatur (Hamburg [2]1948); *Karl Heinz Bloching*, Die Autoren des literarischen »renouveau catholique« Frankreichs (Bonn 1966).

Nachdem das Buch Hiob im 19. Jahrhundert in der französischen Vorromantik und Romantik zur »zentralen Quelle für eine literarische Epoche«[2] wurde – hier sei noch einmal auf den schon erwähnten, in diesem Zusammenhang geprägten Begriff des »*Jobisme*« verwiesen – erfährt es nun gerade im »Renouveau Catholique« eine neue stoffliche Aktualität. Adelheid Hausen stellt fest: »In unserem Jahrhundert häufen sich die französischen Hiob-Bearbeitungen in allen literarischen Gattungen.«[3] Hiob wird im »Renouveau Catholique« einerseits zu einer indirekt-archetypischen literarischen Vorbildfigur, etwa für viele der Werke von Bernanos und Green.[4] Darüber hinaus finden sich aber auch direkt-stoffgeschichtliche dichterische Hiobbearbeitungen. Schon verwiesen wurde in diesem Zusammenhang auf den »Hiob«-Roman von Emile Baumann[5]. Vor allem in der Tradition des geistlichen Spiels wird das Hiobbuch immer wieder als Vorlage benutzt.

### *Hiob im geistlichen Spiel*

Ein typisches Beispiel für diese Tradition des geistlichen Spiels findet sich bei einer zentralen Gestalt des »Renouveau Catholique«, bei *Henri Ghéon* (1875–1944)[6]. Ghéon hieß eigentlich Henri-Léon Vangeon, war zunächst ein ohne besondere religiöse oder literarische Ausrichtung lebender Arzt. Wie schon für Wells, Wiechert und viele andere der behandelten Autoren, so wurde auch für ihn der *Erste Weltkrieg* zum *entscheidenden biographischen Wendepunkt*[7] – er konvertierte zum Katholizismus und schloß sich dem »Renouveau Catholique« an. Hier widmete er sich in besonderem Maße der Erneuerung

---

[2] *Adelheid Hausen*, Hiob in der französischen Literatur, (Bern 1972), S. 144.

[3]. A.a.O., S. 158.

[4] Das gesamte dichterische Werk von *Georges Bernanos* steht, atmosphärisch wie indirekt-motivisch, »im Schatten der tragischen Figur Hiobs«, so Marc Bochet in einer neueren Studie. Für Bernanos verkörpert Hiob den Zustand der Welt schlechthin, von dieser hiobartigen Welt aus zieht er seine literarischen Fäden, die im Kreuz Christi ihren Zielpunkt finden. Er schreibt: »Unsere arme Welt ähnelt dem alten Vater Hiob auf seinem Misthaufen, übersät von Wunden und Geschwüren.« Vgl. hierzu: **Marc Bochet,* Présence de Job dans le théâtre d'apres-guerre II en France (Bern 1988), S. 39. Vgl. auch die Äußerung eines Charakters aus dem Roman »Die Freude« (»La Joie«) von 1928: »Manches oft gelesene Wort, ein Vers aus dem Buch Hiob, der furchtbare Schrei, den die Weltbosheit jenem harten Hebräerherz entreißt, ... erhielt seinen eigenartigen Sinn wieder.« – *Georges Bernanos*, Die Freude [1]1928 (Zürich 1982), S. 121. Eine ähnliche Bedeutung als ständig hintergründige Begleitlektüre hat das Hiobbuch für *Julien Green*. Schon im Titel seines 1929 erschienen Erfolgsromans »Leviathan« findet sich ein motivisch begründeter Hinweis auf das Hiobbuch, aber Green spricht seine Vorliebe für gerade dieses biblische Buch auch direkt an: »Ich bin nicht so sehr in die ›Sprichwörter‹ vernarrt, sondern ich liebe besonders Hiob, dessen Dunkelheiten (›obscurités‹) mich begeistern.« Vgl. **Marc Bochet*, a.a.O., S. 40.

[5] *Emile Baumann*, Job le Prédestiné (Paris 1922).

[6] Siehe: *Henri Brochet*, Henri Ghéon (Paris 1946).

[7] Vgl. hierzu seinen autobiographischen Bekehrungsbericht: *Henri Ghéon*, L'homme né de la guerre. Temoignagne d'un convert, in: La nouvelle revue française (1919).

des geistlichen Spiels. Im »Renouveau Catholique« hatte diese volksnahe, am mittelalterlichen Mysterienspiel orientierte und paränetisch-didaktische Form des geistlichen Theaters einen neuen Aufschwung, ja zentrale Bedeutung gewonnen. Ghéon gilt als »Begründer und Führer dieser Bewegung«[8], von ihm stammen die meisten – und in viele Sprachen übersetzten – Spiele dieser Gattung.

Im Rahmen dieser Arbeit konzentriert sich das Interesse auf ein leider nicht ins Deutsche übersetztes Spiel um Hiob: »Job – Tragédie biblique en trois actes«.[9] Verblüffend zunächst einige äußere Parallelen zu Wiecherts »Spiel vom deutschen Bettelmann«: ein Hiobdrama, konzipiert nach dem Vorbild des mittelalterlichen Mysterienspiels à la Calderón, geschrieben im Jahre 1932, veröffentlicht und aufgeführt im Jahre 1933. Doch dann gehen beide Dramen verschiedene Wege: bei Ghéon fehlt, dem Mysterienspiel entsprechend, ein direkter zeitgeschichtlicher Bezugspunkt – das Spiel ist als *überzeitlich-gültige Parabel* konzipiert. Einfache szenische Techniken und ein gleichbleibend sparsames Bühnenbild unterstützen diese Grundausrichtung. Ghéon hält sich weitgehend an den – allerdings gekürzten und vereinfachten – Text und die Szenenfolge des biblischen Buches. Nur sporadisch eingestreute Kunstgriffe des Autors verraten seine Interpretationsausrichtung. So spricht etwa ein Engel die im biblischen Vorbild Jahwe zugesprochenen Worte – ein dramaturgisch problematisches Auftreten Gottes auf der Bühne wird dadurch ebenso vermieden wie eine theologisch problematische Gegenüberstellung Gottes und Satans als gleichberechtigte Gegenspieler.

Thema dieses geistlichen Spiels ist die *demütige Hingabe an Gott*. Hiob verkörpert eine menschliche Grundhaltung, die in Notzeiten, in Zeiten der Gottesverdunkelung, zweifelt, fragt und klagt, aber die nicht *ver*zweifelt, nicht *ver*flucht, nicht *an*klagt. Hiob wird hier also im Rahmen der im Christentum lange vorherrschenden Tradition eindeutig allein als vorbildlicher Dulder gezeichnet. Sein durchaus vorhandener Zorn richtet sich gegen die platten Ratschläge der Freunde, nicht gegen Gott. Die rebellische Reaktion von Hiobs Frau wird verworfen und auf niedere Motive, Ehrgeiz, Selbstsucht und Größenwahn zurückgeführt. Diese *theologische Entschärfung* des biblischen Buches entspricht der offensichtlichen didaktischen Absicht des Spiels: *Hiob als Vorbild* in »dieser Finsternis ringsum« (S. 320) – *ein demütiger Dulder*, der gerade im Leid und in verlassener Verständnislosigkeit von Gott geliebt wird.[10]

---

[8] *Ellynor Eichert*, Das geistliche Spiel der Gegenwart in Frankreich und Deutschland (Berlin 1941), S. 212.

[9] *Henri Ghéon*, Job. Tragédie biblique en trois actes, in: La vie intellectuelle 5–19(1933), S. 38–67; 318–337.

[10] Léon Chancerel, (1886–1965), ein Berufsschauspieler und Dramatiker, der sich der von Ghéon gegründeten Bewegung für das geistliche Spiel anschloß, veröffentlichte im Anschluß an diesen 1941 selbst ein weiteres, aber weniger wichtiges Hiob-Drama. Vgl.: *León Chancerel*, Job 41. Méditation chorale d'apres la Bible, in: Répertoire des comédiens routiers (Lyon

Hiob, der Dulder und demütig-vorbildhaft Leidende: Gerade in dieser Grundkonzeption steht Ghéons Spiel als *Typus* für die ungebrochene Hiob-Rezeption der Zeit nach dem Ersten Weltkrieg. Das wird besonders augenfällig, wenn man den Blick wieder zurück in den deutschen Sprachraum wendet. Ähnlich wie in Frankreich gab es *auch in Deutschland eine neue Blüte des geistlichen Spiels* als Ausdruck einer neuen geistigen und religiösen Haltung, die aus dem schicksalsvollen Weltkriegserlebnis und den darauffolgenden Jahren des Niedergangs entstand[11]. Das schon 1914 entstandene expressionistische Kurzdrama von Reinhard Johannes Sorge wurde ja bereits erwähnt. Die neue Blüte des geistlichen Spiels vollzog sich freilich im Rahmen einer allgemeinen *Renaissance des Laienspiels*, einer breite Kreise erfassenden Bewegung, die sich ab 1912, besonders aber nach dem Ersten Weltkrieg, aus der Jugendbewegung konstituierte. Die literarische Bedeutung der Spiele dieser Bewegung wird von einem ihrer Hauptverteter, Rudolf Mirbt, zutreffend kritisch gesehen: »Mit wenigen Ausnahmen war das Laienspielschrifttum der Jahre 1920–1932 *Niederschlag einer ebenso echten wie eben oft auch nur gutgemeinten Gelegenheitsdichtung*«[12] ohne unmittelbar literarischen Eigenwert. Gerade deshalb erweist sich die Rede von einem »zweiten Jobismus«[13] in dieser Zeit als unglücklich.

---

1941). Drei literarisch gebrochene Beispiele mögen die hier vorgefundene traditionell-christliche Charakterzeichnung Hiobs noch einmal nachdrücklich belegen: 1. In *Thomas Manns* (1875–1955) Erstlingsroman »Buddenbrooks« von 1901 wird eine schulische Religionsstunde geschildert, die Hiob zum Thema hat. Das Hiobbuch wird hier jedoch vom Lehrer als abstraktes Lehrmaterial eher seziert als problemorientiert behandelt, zudem unter den Begriff des »Kreuzes« subsumiert, so daß Hanno Buddenbrook es existentiell gar nicht begreifen kann, während dem Leser Parallelen zwischen dem Hiobschicksal und dem Verfall der Familie Buddenbrook aufgehen. Vgl. *Thomas Mann*, Buddenbrooks, Verfall einer Familie (Frankfurt 1988), S. 608f. 2. In *Günter Grass*' (*1927) Roman »Das Treffen in Telgte«, einem witzigen und anspielungsreichen »Bericht« eines fiktiven Treffens der wichtigsten deutschen Literaten des 16. und 17. Jahrhunderts im Münsterländischen, ziehen sich die zwei Hauptinitiatoren des Treffens, Dach und Albert, angesichts des all zu bunten nächtlichen Treibens in ihre Dachkammer zurück. Warum? – Sie lasen »einander aus der Bibel vor: aus dem Buch Hiob natürlich...«. Vgl. *Günter Grass*, Das Treffen in Telgte (Darmstadt/Neuwied 1979), S. 133. Der Roman persifliert die berühmten Treffen der »Gruppe 47«. 3. Hiob als demütig-ablenkender Trost, dieses Motiv findet sich genauso distanziert gebrochen geschildert in *Wolfgang Koeppens* (*1906) »Jugend«. Er berichtet von einer alten Frau, die ihr Leben »in einer Überzeugung von Unglück und Geschlagensein« lebt, sich dabei mit »Hiobs Leiden« vergleicht, weil dies »so schön und voll nach Unglück klingt«. Vgl. *Wolfgang Koeppen*, Jugend (Frankfurt 1976), S. 33.

[11] Vgl. *Ellynor Eichert*, a.a.O., S. 13.

[12] *Rudolf Mirbt*, Laienspiel und Laientheater. Vorträge und Aufsätze (Kassel 1960), S. 109. Adelheid Hausen erkennt in bezug auf die entsprechenden französischen Werke: »Einzeln für sich genommen ist jedes dieser Werke fast ohne Bedeutung. Diese Hiob-Bearbeitungen sind nur als Zeiterscheinungen interessant.« Vgl. *Adelheid Hausen*, a.a.O., S. 162. Vgl. *Angelika Pöthe*, a.a.O., S. 27: »Jene Hiob-Dichtungen aus den zwanziger Jahren ... besitzen ... keine literar-historische Relevanz.«

[13] *Ulrike Schrader*, Die Gestalt Hiobs in der deutschen Literatur, a.a.O., S. 102.

Immerhin fünf solcher Spiele sind in dieser Zeit im deutschsprachigen Raum in Druck erschienen und wohl auch vielfach aufgeführt worden.[14] Auch das 1940 geschriebene und auch aufgeführte polnische Hiob-Drama des damals zwanzigjährigen Karol Wojtyla gehört zu dieser Tradition.[15] Welche, zum Teil schon von Ghéon bekannten Grundzüge dieser geistlichen Spiele lassen sich in aller notwendigen Kürze aufzeigen?

- Zunächst die *einseitige Charakterisierung Hiobs als demütiger Dulder*. Die zweite Seite des biblischen Vorbilds, die Rebellion, wird zwar nicht ganz verschwiegen, aber doch entscheidend abgeschwächt.
- In einem logischen Zusammenhang mit der einseitigen Portraitierung Hiobs als Dulder steht eine *Vorliebe für die dramaturgische Ausgestaltung der Rahmenhandlung* des biblischen Buches, während die Gesprächsrunden mit den Freunden zum Teil drastisch gekürzt werden. Motivische Anreicherungen und psychologische Charakterzeichnungen füllen die »Leerstellen« des biblischen Prologs auf.
- Schon bei Ghéon fand sich der am Mysterienspiel orientierte *Verzicht auf direkte Zeitanklänge*, die Spiele sollen zeitlose Allegorien sein. In den meisten Fällen wird nur indirekt auf die leidvollen Erfahrungen der Gegenwart verwiesen, die das Aufgreifen des themenverwandten Hiobstoffes motivieren.
- Häufig wurden diese Spiele für einen direkt-liturgischen Gebrauch konzipiert, etwa für die Aufführung in Kirchen. So findet sich fast immer der Hinweis auf die *Lösung des Hiobproblems* und damit auch der Leidenssituation der Gegenwart *in Christus*.
- Alle Spiele versuchen in irgendeiner Form jenem zentralen theologischen Problem aus dem Wege zu gehen, das im Hiobbuch zur unverzichtbaren Grundstruktur gehört: dem *Problem der völligen Unschuld Hiobs* und der sich daran anschließenden Überwindung des Prinzips eines Tun-Ergehen-Zusammenhangs.
- Schließlich, als letztes Charakteristikum dieser Hiob-Spiele, finden sich durchaus *kreative Lösungsmodelle* in bezug auf das im biblischen Buch als unglaubwürdig empfundene und kaum spielbare Ende, die Wiederherstellung Hiobs.

Bemerkenswert ist vor allem die Tatsache, daß diese *Tradition der geistlichen Spiele nach dem Zweiten Weltkrieg* völlig unabhängig von den historischen Ereignissen *weitergeführt* wird, ohne jedoch theologisch oder literarisch

[14] Ohne Zweifel stehen diese Hiob-Spiele in einer weitgehend ungebrochenen Traditionslinie zu den Hiobdramen aus den vorherigen Jahrhunderten (vgl. »Panoramablick«). Zu nennen sind: 1. *Alois Lanner*, Job. Ein biblisches Drama (Innsbruck 1925); 2. *Fritz Weege*, Das Spiel Hiob (München 1927); 3. *Alexander Faure*, Hiob. Ein biblisches Spiel (München ²1936); 4. *Margit Petermann*, Die verhüllten Kreuze. Job, ein Opfer. Zwei Spiele (Freiburg 1936); 5. *Hans-Joachim Haecker*, Hiob. Ein Spiel von Adams und Evas Schuld, von Hiobs Heimsuchung und der Auferstehung des Herrn (Berlin 1937). Es ist zu vermuten, daß die übrigen, nur schwer zugänglichen Hiob-Spiele dieser Zeit ähnlich konzipiert sind.

[15] Vgl. *Karol Wojtyla*, Job, in: The Collected Plays and Writings on Theater, hrsg. von *Boleslaw Taborski* (Berkeley/Los Angeles/New York 1987), S. 25–74.

letztlich weiterzuführen. Bis zum Jahre 1971 lassen sich mindestens acht weitere solcher Spiele nachweisen.[16] Ganz offensichtlich stimmt insgesamt gesehen die Erklärung, die der große protestantische Dichtertheologe *Rudolf Alexander Schröder* (1878–1962) in seinen 1948 veröffentlichten »Marginalien zum Buch Hiob« liefert. Er schreibt über das Hiobbuch: »Auch heute beginnt es unter unserem Volk wieder seine alte Rolle zu spielen: wir spiegeln uns – erlaubter oder unerlaubter Weise – in dem Schicksal des von Gott Geschlagenen.«[17] Und noch 1992 wurde ein Mysterienspiel um Hiob in Stuttgart uraufgeführt, dessen vielversprechender Titel, »Hiob – Im Kreuzfeuer der Religionen«[18], jedoch weder literarisch noch theologisch befriedigend umgesetzt wurde. Zu sehr verläßt sich der Autor, der Schweizer Theologieprofessor Walter J. Hollenweger, auf von den vorherigen Spielen bekannte vorgeprägte Stereotypen und flache Aktualisierungsversuche.

*Hiob in der christlichen Literatur nach 1945*

Die Bedeutung Hiobs in der explizit christlichen Literatur beschränkt sich aber keineswegs auf diese Rolle im geistlichen Spiel. *Die weiteren Stationen der christlich-literarischen Hiobrezeption* sollen im folgenden in groben Zügen und aller Kürze angedeutet werden, für nähere Ausführungen muß wiederum auf die Anmerkungen verwiesen werden:

1. In der Zeit nach 1945 findet sich eine ganze Reihe von *Erzählungen oder Romanen* aus der Feder eher zweitrangiger Autoren, die mehr oder weniger deutlich christlicher Tradition entstammen. Der Bezug zur Hiobfigur wird im Titel zum Ausdruck gebracht: *Hiob* dient hier als *Wiedererkennungschiffre*, die das Romangeschehen spiegeln soll. Der Bezug bleibt jedoch fast durchgängig willkürlich und oberflächlich.[19]

---

[16] 1. *Max Rössler*, Job. Ein Spiel von der geprüften Liebe (Würzburg 1946); 2. *Fritz Riebold*, Hiob. Ein biblisches Verkündigungsspiel (Stuttgart 1947); 3. *Peter A. Steinhoff*, Der arme Hiob (Berlin 1947); 4. *Ruth Roberta Stalberg*, Hiob. Ein Spiel (München 1950); 5. *Charlotte Sauer*, Hiob (Berlin 1953); 6. *René Morax*, Job le vigneron. Mystère en trois actes (Sievre 1953); 7. *Hannsludwig Geiger*, Ein Mensch wie Hiob (München 1960); 8. *Berthold Wulf*, Hiob der Wanderer. Szenische Dichtung in 7 Bildern (Zürich 1971). Außerdem: *Franz Johannes Weinrich*, Das Gastmahl des Job (1948); *Willy Grüb*, Ich heiße Hiob. Eine Komödie in drei Akten (Donaueschingen 1949). Diese beiden letzten Spiele sind nicht in Druck erschienen, werden aber in der Sekundärliteratur ab und zu erwähnt.

[17] *Rudolf Alexander Schröder*, Marginalien zum Buch Hiob $^{1}$1948, in: ders., Gesammelte Werke, Bd. III: Aufsätze und Reden (Frankfurt 1952), S. 445.

[18] *Walter J. Hollenweger*, Hiob – Im Kreuzfeuer der Religionen (1992).

[19] 1. *Ilse Molzahn*, Hiobs Versuchung, in: Das goldene Tor 4 (1949), S. 194–201; 2. *Michael Fehrbrügge*, Die Geige des Hiob. Ein Märchen, in: Das goldene Tor 5 (1950), S. 53–62; 3. *David Maria Turoldo*, Da una Casa di Fango. Job (Brescia 1951); 4. *Heinz Risse*, Dein Bruder Hiob, in: ders., Die Grille. Erzählungen (Bremen 1953); 5. *Lorenz Mack*, Hiob und die Ratten. Roman (Zürich/Stuttgart 1961); 6. *Wolfgang Altendorf*, Hiob im Weinberg. Erzählung (Freudenstadt/Wittlersweiler 1962); 7. *Gussla Bayer-Fichtner*, Die Flöte Hiobs (Stuttgart

2. Einige Auseinandersetzungen mit Hiob in *epischen Texten* ziehen eine deutlichere Bezugslinie zu ihrem alttestamentlichen Vorbild. So veröffentlichte der Westberliner Maler, Schauspieler und Schriftsteller *Robert Wolfgang Schnell* (1916–1986) 1973 eine Sammlung von Erzählungen unter dem programmatischen Titel »Das verwandelte Testament«[20], verfremdete und umgestaltete Bibelgeschichten. Darunter die Erzählung *»Hiob bekommt Bohnen«*, eine strukturell sehr eng an der biblischen Quelle orientierte, durchaus gelungene Nacherzählung, die sprachlich modernisiert und der Gegenwart angepaßt wurde, dabei »auch vor vulgären Kraftausdrücken«[21] nicht zurückschreckt. Sie endet jedoch unbiblisch: An die Stelle der Gottesreden treten die Worte eines asiatischen Weisen, der Hiob von der Fruchtlosigkeit seines Protestes überzeugt und ihm in der rein menschlichen Arbeit – sehr ähnlich wie schon bei G.B. Shaw – den Ausweg aus allem Leid aufzeigt. Als Zeichen überreicht er Hiob ein Säckchen mit Bohnen, das dieser zum Ausdruck seiner menschlich-praktischen Lebensbejahung in die Erde pflanzt.
In einem Essay der katholischen Schriftstellerin *Luise Rinser* (*1911) »Vom Sinn des Leidens«[22] löst sich Hiobs Leiden, Fragen und Klagen einzig im Kreuz Jesu: »Jesus ist Frage und Antwort, er ist Hiob und Gott in einem.« (S. 28) Genau dieselbe Ausrichtung haben auch die 1982 von *Günther Lange* veröffentlichten »unwirklichen Tatsachenberichten« unter dem Titel »Grenzgänger wie Hiob«[23]. In Hiob wird ein Voraushinweis auf die Erlösung in Christus gesehen.

---

1963); 8. *Eckart Kroneberg*, Keine Scherbe für Hiob (München 1964). – 9. *Inge Meidinger-Geise* (*1923), als katholische Lyrikerin und Literaturhistorikerin Vorsitzende der europäischen Autorenvereinigung »Die Kogge«, gab 1974 einen Sammelband dieser Vereinigung unter dem Titel »Hiob kommt nach Himmerod« heraus. Die Titelgeschichte entstammt der Feder des katholischen Priesters und Schriftstellers *Michael Zielonka* (*1942). Vgl. *Inge Meidinger-Geise/Stephan Reimund Senge* (Hrsg.), Hiob kommt nach Himmerod. Ein Lesebuch (Himmerod 1974). Ähnlich als *Hörspiel*: 10. *Horst Mönnich*, Hiob im Moor (Hamburg 1966); 11. *Jürgen Seidel*, Zum Teufel mit Hiob (Kriminalhörspiel des WDR 1987, ohne religiösen Bezug). – Ähnlich mit *Bezug im Roman, nicht im Titel*: 12. *Erich Landgrebe*, Ein Narr des Glücks. Roman (Hamburg 1962). – Änliches Verfahren, doch ohne explizit christlichen Hintergrund: 13. *Mario Franco Ruiz*, Los Hijos de Job (Bogotá 1960); 14. *Martin Gregor-Dellin*, Begräbnisse, in: ders., Möglichkeiten einer Fahrt. Erzählungen ((München 1964), S. 65–69; 15. *Jorge Guzmán*, Job–Boj. Novela (Barcelona 1967); 16. *Jacques Doyon*, Hiob oder der Tod Hiobs. Erzählung (Berlin 1973); 17. *Joseph Hansen*, Job's Year (New York 1983); – Ähnliches Verfahren in zwei neueren Science-Fiction-Romanen: 18. *Robert A. Heinlein*, Das neue Buch Hiob (Bergisch-Gladbach 1985); 19. *Herbert W. Franke*, Hiobs Stern. Science-fiction-Roman (Frankfurt 1988).

[20] *Robert Wolfgang Schnell*, Das verwandelte Testament (Wuppertal 1973). »Hiob bekommt Bohnen« steht hier auf den Seiten 7–33. Schnells Erzählung ist dabei nur mit Einschränkungen als »christliche« Hiobbearbeitung zu verstehen.

[21] *Ulrike Schrader*, Die Gestalt Hiobs in der deutschen Literatur. a.a.O., S. 222.

[22] *Luise Rinser*, Vom Sinn des Leidens, in: dies., Leiden. Sterben. Auferstehen (Würzburg 1975).

[23] *Günther Lange*, Grenzgänger wie Hiob. Unwirkliche Tatsachenberichte (Stuttgart 1982).

Nicht als christlicher Autor versteht sich der 1932 in Chemnitz geborene *Rolf Schneider*. Dennoch verwendet er spezifisch christliches Traditionsgut, so vor allem in seinem 1976 veröffentlichten und der »DDR-Emanzipationsliteratur« zugerechneten Roman *»Das Glück«*. Er schildert hier den konfliktreichen Lebensweg der unorthodoxen Lehrerin Hanna. Der Roman selbst steht unter einem Hiobmotto (Hiob 5,6) und an mehreren zentralen Schlüsselstellen wird Hanna direkt mit Hiob verglichen: »Sie wollte nicht wie Hiob sein, aber vielleicht, trotz ihres Willens, war sie es.«[24] Während sie sich lange gegen eine Gleichsetzung mit Hiob wehrt, scheint am Ende des Romans eine Verwirklichung des lebenslang gesuchten »Glücks« im Zeichen Hiobs zumindest andeutungsweise möglich. Der in seiner Gesamtheit nur wenig überzeugende Roman rezipiert ausschließlich die Dulderdimension Hiobs und trägt zur literarischen Hiobrezeption insgesamt nichts Wesentliches bei.

3. Das *christliche Drama* hat außerhalb der Tradition des Geistlichen Spiels nur wenig mit Hiob anfangen können, mit einer bemerkenswerte Ausnahme: Im Jahre 1952 veröffentlicht der weitläufig mit dem jüdischen Religionsphilosophen Franz Rosenzweig verwandte, zum Christentum konvertierte protestantische Theologe und Kulturphilosoph *Hans Ehrenberg* (1883–1958) ein Buch unter dem Titel *»Hiob der Existentialist«*[25]. Dieses in formaler und inhaltlicher Ausrichtung eigenständige Buch enthält neben einigen theoretischen Ausführungen zum Hiobbuch fünf szenische Dialoge, die in der Form stark an Martin Bubers Ich-Du-Prinzip orientiert sind. Hiob erscheint gerade in der Zeit nach dem Zweiten Weltkrieg als aktuell wie nie. Schon zitiert wurde Ehrenbergs Feststellung, daß die Zeit »hiobreif« sei (S. 33). Hiobs Probleme lösen sich auch hier erst in der Kirche Christi: »In der Kirche wurde Hiobs Leiden restituiert.« (S. 61)

4. Auch in der *christlichen Lyrik* finden sich einige Auseinandersetzungen mit Hiob. So veröffentlichte der österreichische protestantische Pfarrer und Dichter *Gerhard Glawischnig* (*1906) 1963 einen Gedichtband unter dem Titel *»Und morgen wird Hiob anders heißen«*. Der Bezug zum Hiobbuch bleibt aber relativ beliebig.[26] Einen sehr viel deutlicheren Bezug auf Hiob nimmt dagegen die auflagenstarke geistliche Gedichtsammlung des ebenfalls aus Österreich stammenden katholischen Pfarrers *Martin Gutl* (*1942), »Der tanzende Hiob« genannt.[27] Es handelt sich um geistliche Meditationen und

---

24 *Rolf Schneider*, Das Glück (Darmstadt/Neuwied 1976), S. 48. Weitere Stellen mit direktem Vergleich Hanna / Hiob: S. 43, 51, 69, 105, 118, 190, 228, 241.

25 *Hans Ehrenberg*, Hiob der Existentialist (Heidelberg 1952). In einem ebenfalls sehr eigenständigen Drama von 1954 wird die Gestalt Johannes Keplers in einem »Spiel im Spiel« mit Hiob verglichen. Vgl. *Albert Jakob Welti*, Hiob der Sieger (Zürich/München 1954).

26 *Gerhard Glawischnig*, Und morgen wird Hiob anders heißen (Wien 1963). Ähnlich die esoterischen Gedichte von *Tilo Trebosch*, Fragen an Hiob: Das Gottesbild in uns (München 1986).

27 *Martin Gutl*, Der tanzende Hiob [1]1975 (Graz/Wien/Köln [5]1986). Ein weiteres Hiobgedicht Gutls und Angaben zur Biographie finden sich in: *Martin Gutl*, Ich begann zu suchen. Texte

lyrische Gebete, die besonders um die Frage des Leidens kreisen, einen Bezug vom leidenden Hiob zum leidenden Jesus herstellen und von Jesus her die Möglichkeit einer Überwindung des Leidens andeuten. Der schweizerische protestantische Dichterpfarrer *Kurt Marti* (*1921) portraitiert seinerseits in einer seiner lyrischen »Leichenreden« von 1969 einen »schüler hiobs und kohelets«, der – ohne diese beiden Bücher in ihrer Tiefenbedeutung wirklich zu kennen – nach dem Motto lebte und starb:

»ich habe die guten tage genossen
und also kein recht
jetzt über die bösen tage zu klagen«[28]

Ein anschauliches Beispiel für eine in sich typische, literarisch gelungene christliche Auseinandersetzung mit Hiob in der Lyrik, in der die spezifisch christliche Glaubensdimension vorsichtig angedeutet wird, findet sich in einem »Hiob«-Gedicht der in Heidelberg lebenden Dichterin *Eva Zeller* (*1923) aus dem Jahre 1971. Nach einer eng am Hiobbuch und seiner Bilderwelt orientierten knappen Beschreibung der Ohnmachtssituation des leidenden Hiob und einem Blick des lyrischen Ich auf die eben nicht auf ihn bezogene, nicht anthropozentrische Schöpfung, endet dieses Gedicht mit den folgenden Versen:

»er wurde vielmehr gewahr
daß der
der seine Seele betrübt
der ihm sein Recht verweigert
und ihn verändert
wie Lack unter dem Siegel

derselbe ist
dem nichts zu schwer wird
was er sich vorgenommen (...)
der sich als letzter
über den Staub erheben
und ihn aus der Erde
aufwecken wird«[29]

Im Gegensatz zum biblischen Buch erkennt Zellers Hiob selbst die Größe und Unverstehbarkeit der göttlichen Schöpfung, ohne daß sich ihm Gott ihm Wettersturm zeigen müßte. In den letzten Versen wird darüber hinaus zumindest andeutungsweise und implizit die traditionelle christliche Auslegungstradition

---

Texte der Hoffnung (Graz/Wien/Köln 1982), S. 15; 125ff.

[28] *Kurt Marti*, Leichenreden [1]1969(Frankfurt 1989), S. 37. Als Folge dieser Lebenseinstellung habe er »im sterben / das schlimmste« verschwiegen.

[29] *Eva Zeller*, Hiob, in: dies. Sage und Schreibe. Gedichte (Stuttgart 1971), S. 65–67.

aufgegriffen, wonach der Löser aus Hiob 19,25 typologisch mit Christus als dem endzeitlichen Erlöser identifiziert wird.

Im Nachlaß des italienischen Literaturnobelpreisträgers *Eugenio Montale* (1896–1981) findet sich ein weiteres Hiobgedicht[30], »Für einen neuen Hiob«, und noch 1992 veröffentlichte der – literarisch bislang unbekannte – Eberhard Gilbert Bethge eine mehr als 200seitige dramatische Dichtung zum Thema »Hiob Christ«, eine christlich-heilsgeschichtliche Gesamtschau in Versen.[31] Wie auf dieses Opus kann hier auf das Gedicht von Montale oder auf andere Einzelgedichte, in denen auf Hiob Bezug genommen wird, nicht näher eingegangen werden.[32]

5. Erwähnenswert bleibt eine eigene Rezeptionsspur, die im Rahmen der christlichen Literatur *Hiob und Judas* zusammenführt. So stellt der italienische Romancier *Giuseppe Berto* (1914–1978) seinen Roman, »La Gloria«[33] von 1978 unter ein Hiobmotto, unter die Worte der Gottesreden von Hiob 40,8: »Willst du wirklich mein Recht zerbrechen,/ mich schuldig sprechen, damit du recht behältst?« Der Roman selbst besteht aus den vermeintlichen autobiographischen Aufzeichnungen des Judas Ischariot, der hier die Gründe für seine Handlungsweise, für seinen so gedeuteten Verrat an Jesus, darlegt. Schon im Jahre 1928 hatte ein bewußt sich als christlicher Autor verstehender Schriftsteller eine Gleichsetzung von Judas und Hiob vorgelegt, der Nordamerikaner *Thornton Wilder* (1897–1975). In seinem Dreiminutenspiel »*Hast du nicht achtgehabt auf meinen Knecht Hiob*«[34] übernimmt er die Struktur des Hiobbuches, vertauscht jedoch die Rollenträger: Zwar behält Satan seine Aufgabe, doch Gottes Stelle nimmt nun »Christus« ein und Hiobs Platz des

---

30 *Eugenio Montale*, Per un nuovo Giobbe (1972), abgedruckt in: La Stampa 31.12.1988. Diesen Hinweis verdanke ich Giovanni Moretto.

31 *Eberhard Gilbert Bethge*, Hiob Christ. Dichtung in drei Teilen (Frankfurt 1992).

32 Derartige Einzelerwähnungen Hiobs in lyrischen Texten finden sich beispielsweise bei Hermann Lienhard, Ulrich Schacht, Renold J. Blank, Gábor Hajnal, Albert Paris Gütersloh, Ursula Koch, Horst Bienek, Jürgen Rennert, Drutmar Cremer oder Walter Helmut Fritz, ohne jedoch zentrale Bedeutung zu erlangen. Vgl. hierzu die Bibliographie im Anhang.

33 *Giuseppe Berto*, La Gloria. Romanzo (Milano 1978). Vgl. hierzu: *Josef Imbach*, »Judas hat tausend Gesichter«. Zum Judasbild in der Gegenwartsliteratur, in: *Harald Wagner* (Hrsg.), Judas Iskariot. Menschliches oder heilsgeschichtliches Drama? (Frankfurt 1985), S. 91–143, bes. S. 106–112. In der modernen italienischen Literatur begegnet uns Hiob außerdem in dem Roman »Il Natale del 1833« von *Mario Pomilio*, vgl. *Ferdinando Castelli*, Volti di Gesù nella Letteratura Moderna (Alba 1987), S. 547ff.

34 *Thornton Wilder*, »Hast du nicht achtgehabt auf meinen Knecht Hiob?« [1]1928, in: ders., Einakter und Dreiminutenspiele (Frankfurt 1954), S. 59–61. Genau dieselbe strukturelle Übernahme und Rollenvertauschung wie bei Wilder findet sich noch einmal in einem postmodernen Mysterienspiel des nordamerikanischen jüdischen Dramatikers *Peter Ury*, im Jahre 1976 unter dem Titel »The Kiss of Judas« erschienen, um, so der Untertitel, den zwölften Apostel zu rehabilitieren. Vgl. *Peter Ury*, The Kiss of Judas. A Miracle Play with Music, Rehabilitating the 12$^{th}$ Apostle (New York 1976). Siehe hierzu: *Bernhard Dieckmann*, Judas als Sündenbock. Eine verhängnisvolle Geschichte von Angst und Vergeltung (München 1991), bes. S. 232–235.

Knechtes – Judas. Dieser wird hier – ähnlich wie im späteren Roman von *Walter Jens*[35] – zum Erfüller des göttlichen Heilsplans stilisiert und deshalb in den Himmel aufgenommen.

*Paul Claudel als Hiob-Leser*

Die ohne Zweifel wichtigste Auseinandersetzung mit Hiob im Rahmen der christlichen Literatur findet sich jedoch bei einer der Zentralgestalten des französischen »Renouveau Catholique«, bei Paul Claudel (1868–1955). In Claudel, dem *geradezu klassischen Vertreter des christlichen, des katholischen Schriftstellers* im traditionellen Sinn, haben viele in Frankreich und gerade auch in Deutschland für einige Jahrzehnte »beinahe einen Kirchenlehrer … einen Herold des modernen Katholizismus«[36] gesehen. Dieser scheinbar so glaubenssichere Dichter ist jedoch gleichzeitig – so schreibt er in seiner essayistischen Studie »Das Buch Job« von 1946 – ein Bibelleser, »der wohl hundertmal in fünfzig mit Studien und Überlegungen gefüllten Jahren über denselben Texten gegrübelt hat« – eben über den Texten des Hiobbuches – und er »kann sich damit nicht zufriedengeben«[37].

In der Tat, gerade Hiob ist »in allen Etappen von Claudels geistigem Weg sein getreuer Begleiter gewesen«[38], und zwar deswegen, weil sich in Hiob des Dichters Menschenbild[39] und gleichzeitig sein unerschütterliches Gottvertrauen[40] in einzigartiger spannungsgeladener Weise vereinen. Im Briefwechsel mit einem katholischen Pfarrer über die Bibel schreibt Claudel 1953, zwei Jahre vor seinem Tod: »Man kann sagen, daß das ganze Alte Testament sich in der Figur Hiobs zusammenfassen läßt, in jenem Gerechten, der Gerechtigkeit verlangt.«[41] – So wichtig also einerseits Claudels Beschäftigung mit Hiob zum Verständnis des literarischen Schaffens und religiösen Denkens

---

[35] *Walter Jens*, Der Fall Judas (Stuttgart 1975). Vgl. auch: ders., »Ich, ein Jud« . Verteidigungsrede des Judas Ischariot, in: ders., Juden und Christen in Deutschland (Stuttgart 1989), S. 9–25.

[36] *André Espiau de La Maëstre*, Der Sinn und das Absurde. Malraux–Camus–Sartre–Claudel–Péguy (Salzburg 1961), S. 140.

[37] *Paul Claudel*, Das Buch Job [1]1946, in: ders., Gesammelte Werke, Bd. 6: Religion (Einsiedeln/Zürich/Köln 1962), S. 437–466, hier S. 446. Alle Seitenangaben im Text folgen dieser Ausgabe.

[38] *André Espiau de La Maëstre*, Das göttliche Abenteuer. Paul Claudel und sein Werk (Salzburg 1968), S. 261.

[39] Vgl. *Albert Fuß*, Paul Claudel (Darmstadt 1980), S. 74: »Im Kern des Claudelschen Menschen aber steckt Hiob mit aufsässigen Fragen an Gott und dem Warum des Bösen.«

[40] Vgl. *Robert Grosche*, Paul Claudels religiöse Schriften, in: *Paul Claudel*, Gesammelte Werke, Bd. 6, a.a.O., S. 840f: Claudel sei »unter den alttestamentlichen Büchern vielleicht keines teurer als das Buch Job, … weil es das Buch dieses unerhörten Vertrauens ist, das durch nichts erschüttert werden kann.«

[41] **Paul Claudel*, Brief vom 4.4.1953, in: Lettres de P. Claudel sur La Bible. Au R.P. Paroissin. 7 Août 1949–11 Octobre 1954 (Paris 1955), S. 49.

dieses Dichters ist[42], so zentral ist sie andererseits für die gesamte französische Literatur überhaupt, denn in seinem Werk findet sich, so Adelheid Hausen in ihrer fachbezogenen Studie, die »*wichtigste zeitgenössische Auseinandersetzung mit Hiob ... für den französischen Sprachraum*«[43].

Person und Gestalt der Nelly Sachs konnte man mit der Bezeichnung »Dichterin jüdischen Schicksals« bei aller sachlichen Berechtigung letztlich nicht erfassen, und auch Paul Claudel sollte man dieselbe Differenziertheit angedeihen lassen. Wie bei ihr, so läßt auch hier gerade die Hiobgestalt den »katholischen Dichter« Claudel in einem Spannungsgeflecht erscheinen. So erkennt der sich um ein differenziertes Claudel-Bild und dabei gerade um dessen Hiobdeutung bemühte französische Literaturwissenschaftler André Espiau de La Maëstre: »Das Motiv der Revolte Hiobs beim späten Claudel legt einige ... Dissonanzen frei, die es wert sind, skizziert zu werden, weil es sich geradezu anbietet, sie mit dem Mythos des monolithischen traditionellen Claudel zu konfrontieren.«[44] Dem lohnt sich nachzugehen.

Claudel, Jurist, Staatswissenschaftler und als Diplomat in der ganzen Welt zu Hause, hatte sich nach seinem für den »Renouveau Catholique« so typischen Konversionserlebnis während des Weihnachtsgottesdienstes in Notre Dame 1886 (als 18jähriger)[45], beeinflußt von den französischen Symbolisten um Rimbaud und Mallarmé, aber auch von Richard Wagner, jenem Ziel verschworen, das seinen Weltruhm begründen sollte: der *literarischen Verherrlichung seines katholischen Glaubens.*[46] Besonders sein poetisches und dramatisches Werk, beispielsweise sein wohl bekanntestes Welttheater-Drama »Der seidene Schuh« von 1929, widmet sich der Ausrichtung des Menschendaseins in allen geschichtlichen Phasen auf das – katholisch-dogmatisch verstandene – Heilsereignis in Christus. Dennoch mahnt Albert Fuß mit Recht zur Vorsicht vor vorschnellen Klassifizierungen, schließlich seien Claudel und seine literarischen Gestalten keineswegs nur »Vertreter des Triumphes, des strahlenden Sieges und der Freude, sondern meist Gefährten des biblischen Hiob. Sie wissen um Scheitern und Düsternis.«[47] Gerade seine lebenslange Auseinandersetzung mit der Hiobgestalt zwingt somit zu einer differenzierteren Sicht dieses »katholischen Dichters«.

---

42 Vgl. hierzu besonders: *André Espiau de La Maëstre*, Job et le problème du mal dans l'oeuvre de Claudel, in: *Georges Cattani/Jacques Madaule* (Hrsg.), Entretiens sur Paul Claudel (Paris/La Haye 1968), S. 301–327.

43 *Adelheid Hausen*, a.a.O., S. 163 (meine Hervorhebung).

44 **André Espiau de La Maëstre*, Job et le problème du mal, a.a.O., S. 303.

45 Vgl. den berühmt gewordenen autobiographischen Bericht »Meine Bekehrung« [1]1909, in: Gesammelte Werke, Bd. 6, a.a.O., S. 9–15.

46 Zur Biographie und Werkgeschichte siehe die angeführten Arbeiten von *Espiau de La Maëstre* und die Übersicht bei *Fuß* (Lit.!), ferner: *Louis Chaigne*, Paul Claudel. Leben und Werk (Heidelberg 1963); *Paul-André Lesort*, Paul Claudel (Reinbek 1964); *Harold A. Waters*, Paul Claudel (New York 1970); *Josef Theisen*, Paul Claudel (Berlin 1973).

47 *Albert Fuß*, a.a.O., S. 89.

Erst in der jüngeren Claudel-Forschung wurde die *Bedeutung seiner Reflexionen über die Bibel* für sein Gesamtwerk erkannt, die ja schon rein quantitativ neben den Dramen und Gedichten einen Eigenwert beanspruchen.[48] Vor der spezifischen Betrachtung von Claudels literarischer Hiobgestaltung soll ein kurzer Blick auf sein *grundsätzliches Bibelverständnis* und seinen *eigenwilligen Interpretationsansatz* geworfen werden. Er wendet sich nämlich in scharfer Form gegen jegliche moderne Exegese[49], welche die biblischen Texte unter philologischen oder kontexthistorischen Gesichtspunkten betrachtet. Dies erscheint ihm als Unding. Sein Gegenprogramm: »Alles Seiende ist Symbol und alles Geschehene ist Parabel ... Dies sind die beiden Pole meines Denkens«[50]. Konkret auf die Bibel bezogen bedeutet dieses von Mallarmé beeinflußte Programm einer »Christianisierung des Symbolismus« eine *konsequent symbolistische Bibelauslegung*: »Alles, der allegorische Sinn, die moralistische oder mystische Bedeutung, Typologie, Etymologie, Wortanalogie und metaphysische Anpassung sind ihm gleichermaßen nützlich«[51], so Paul-André Lesort, einer seiner Biographen. Claudel selbst schreibt über die seiner Meinung nach einzig adäquate und wahrhafte Bibelinterpretation: »Auf diese Weise lernen wir, daß es um den gebieterisch sich aufdrängenden buchstäblichen Sinn ein Feld ... von Bildern gibt, das heißt von Ähnlichkeiten und Entsprechungen, die sich mehr oder weniger unmittelbar und organisch an die geoffenbarte und bestätigte Tatsache anschließen.«[52] Und das letztendliche Ziel, der allpräsente Fluchtpunkt dieser symbolistischen Schriftauslegung ist immer wieder Claudels Bemühen, die »*Vollendung durch Christus*« in den Vordergrund zu stellen. Gerade auch in bezug auf das Alte Testament bemüht er sich, »in der Christus vorangehenden Offenbarung eine globale Prophezeiung in Hinblick auf Christus zu sehen«[53].

Vor diesem Hintergrund der allgemeinen Bibelhermeneutik Claudels nun konkret zu seiner literarischen Gestaltung des Hiobbuches. Zunächst könnte man fragen, warum der Schriftsteller und besonders der Dramatiker Claudel über Hiob einen essayistischen Kommentar schreibt und nicht – was gerade bei ihm naheliegend wäre – ein Drama? In einem Brief gibt er selbst hierauf

---

[48] Vgl. *Albert Fuß*, a.a.O., S. 5. »Claudels Gedanken zu den verschiedenen Bibeltexten ... machen mehr als ein Drittel seiner gesamten schriftstellerischen Produktion aus«. Zum Thema siehe: *Pierre Grelot*, Les commentaires bibliques de Claudel, in: La pensée religieuse de Claudel (Paris 1969), S. 59–109; *Jacques Petit* (Hrsg.), Claudel, lecteur de la Bible (Paris 1981).

[49] Vgl. hierzu: Claudels Schriften »Über die heilige Schrift« [1]1949, in: Gesammelte Werke, Bd. 6, a.a.O., S. 225–233; sowie »Vom Bildsinn der heiligen Schrift« [1]1938, ebd., S. 233–309.

[50] *Paul Claudel*, zitiert nach: *André Espiau de La Maëstre*, Der Sinn und das Absurde, a.a.O., S. 163.

[51] *Paul-André Lesort*, Paul Claudel, a.a.O., S. 116f.

[52] *Paul Claudel*, Vom Bildsinn der heiligen Schrift, a.a.O., S. 244.

[53] *Paul-André Lesort*, a.a.O., S. 121.

die Antwort: »Führen wir uns noch einmal jene wahrhaft *übermenschlichen Persönlichkeiten* in ihrer lebendigen und typischen Wirklichkeit vor Augen: deren Menschlichkeit sozusagen vollständig verklärt ist durch ihre wahrhafte Bedeutung ... Hiob etwa ... Das sind keine Helden für den Roman oder das Theater. Wir können sie anfassen. Sie sind unsere Brüder und Schwestern, aber Brüder oder Schwestern voll von Gott.«[54] – Daß derartige Hiobromane und -dramen sehr wohl möglich sind, wurde und wird in dieser Untersuchung gezeigt, doch muß man Claudels Respekt vor den von ihm sogenannten »übermenschlichen Personen« als Vorgabe für sein eigenes literarisches Schaffen akzeptieren.

### *Hiob-Gedicht und Hiob-Essay*

Seit dem Zeitpunkt von Claudels Konversion blieb die Hiobgestalt als ständige Hintergrundfigur seines Lebens und Schaffens präsent. Durch seine lange Schaffensperiode hindurch finden sich immer wieder Hiob-Zitate, -Anspielungen, -Bezugnahmen. Freilich: Seine Meditationen über Hiob haben wohl erst in seinen letzten Lebensjahren ihre abgerundete literarische Form und ihr scharfes gedankliches Profil erhalten. Erst in den *Jahren der gesellschaftlichen* und – wie wir sehen werden – *biographischen Krise* erfährt die lebenslange Auseinandersetzung ihren literarischen Höhepunkt. Während der ein Jahr jüngere Karl Wolfskehl in Neuseeland um seine lyrische Hiobgestaltung ringt, schreibt Claudel mitten im Weltkriegseuropa seinen Essay »Das Buch Job«, in den Grundzügen entstanden zwischen 1941 und 1942, erstveröffentlicht direkt nach dem Ende des Krieges im Jahre 1946[55], im selben Jahr also wie das fast gleichnamige und in Entstehungsprozeß und Form vergleichbare Werk der drei Jahre jüngeren Margarete Susman. Und wie bei Susman erfolgt die literarische Auseinandersetzung mit Hiob nicht nur im theoretischen Essay, sondern auch im lyrischen Gedicht: im Oktober 1944 entsteht »Antwort an Job«, später aufgenommen in die 1945 veröffentlichte Gedichtsammlung »Strahlende Gesichter«.
Es ist keineswegs ein Zufall, daß die Konzeption und Veröffentlichung sowohl des Kommentars als auch des Gedichts in die Zeit einer tiefen biographischen Krise fallen. Claudels Biograph Espiau de La Maëstre führt aus: »Der Tiefpunkt des Zweifels und der Entmutigung scheint in die vierziger Jahre zu fallen, als er Hiobs Auseinandersetzung mit Jahwe inszeniert.«[56] Neben das allgemeingesellschaftliche Chaos der Kriegszeit treten persönliche Schicksalsschläge: der Tod seiner genialen Schwester Camille, der ehemaligen Schülerin und Geliebten von Auguste Rodin nach dreißigjähriger geisti-

---

[54]* *Paul Claudel*, Brief vom 15.11.1949, in: Lettres de P.Claudel sur La Bible, a.a.O., S. 13.
[55] Vgl. *Jacques Petit*, Claudel et la Bible. Inventaire de l'Oeuvre exégétique (Paris 1981), S. 95f.
[56] *André Espiau de La Maëstre*, Das göttliche Abenteuer, a.a.O., S. 259.

ger Umnachtung, der Tod weiterer wichtiger Weggefährten (G. Fritzeau, F. Jammes), schwere eigene Krankheiten – all diese Umstände beeinflussen die endgültige Hiobkonzeption des nun über 70jährigen Claudel.
Und deshalb kann es nicht mehr überraschen, daß er die biblische Figur vor allem dazu benutzt, um dessen Revolte darzustellen. Er projiziert in die alttestamentliche Gestalt »alle Zweifel, alle Lästerungen und alle Blasphemien, die er ansatzweise in sich selbst fühlt«[57]. Aber der Jurist Claudel hat das Hiobgeschehen sehr bewußt auch in die Form eines Gerichtsprozesses gekleidet und betont immer wieder, daß er dessen Anliegen – und damit auch das eigene – für begründet ansieht. Hiob wird für den vorgeblich so kirchentreuen Dichter Claudel zum *Symbol der Revolte* gegen die conditio humana und nirgendwo in seinem Werk wird der Aspekt der Blasphemien und Rebellion gegen Gott weiter vorangetrieben als im *Gedicht »Antwort an Job«*, dem Höhepunkt der claudelschen Revolte.
Deshalb also zunächst zu diesem von dem katholischen Theologen Hans Urs von Balthasar ins Deutsche übertragenen Gedicht aus dem Jahre 1944.[58] Es gliedert sich in 23 lange Einzelverse, die strukturell in drei Teile zerfallen. Zunächst spricht das lyrische Ich. »Recht so! Ich meine den alten Job! Famos! Endlich einer, der seinen Standpunkt gradheraus erklärt dem Allmächtigen!« Dann folgt in vielen Zeilen die an Gott gerichtete rebellische Anklagerede Hiobs: »Schau mich an! ... und tu nicht so, als sähst du mich nicht! Sag mal, darf man Unschuldige derart verdächtigen?« Eine *Klagerede*, in der Tat gefüllt mit *blasphemisch anmutenden Aussagen* (»ich hätte nicht übel Lust, zu erröten an Deiner Statt!«), *Beschuldigungen* (»Gewalttat, rücksichtslos bis aufs Messer!«) und *Zweifeln* (»Fragwürdig wurde mir die Gerechtigkeit angesichts dieses Unrechts, das Du mir zuerkannt«), gipfelnd in der *Aufforderung*: »Gib Rechenschaft! Es wird Zeit, diese Art von Welt, die Du schufst, uns ein bißchen zu erklären! Wohlan!« – Ein einziger schlichter Vers beschließt dieses Gedicht, er schildert die *Reaktion Gottes* auf diese ihn direkt herausfordernde Provokation: »Und der Herr, er neigt das Haupt, erwidert: ›Verzeihung Job! Ich hab es nicht mit Absicht getan!‹«
Quintessenz dieses Gedichtes also: Keine Klärung der aufgeworfenen Fragen, keine unmittelbare »Antwort an Job« – wie es der Titel suggeriert, sondern Gott bittet Hiob um Verzeihung! Was liegt hier vor, ist diese »Antwort an Job« Satire, Zynismus, Ausdruck von Verzweiflung? – Jedenfalls, so Adelheid Hausen, artikuliere Claudel hier »Zweifel an Gott, die im Widerspruch zu den anderen Anspielungen auf Hiob im Werk Claudels zu stehen scheinen«[59]. Doch nachgefragt: Steht das Gedicht tatsächlich im Widerspruch zu den sonstigen Aussagen Claudels? Immerhin sagt er ja auch im Essay über

---

57 *Brita Steinwendtner*, Hiobs Klage Heute, a.a.O., S. 76.
58 Siehe: *Paul Claudel*, Antwort an Job, in: ders., Gesammelte Werke. Bd. 1: Gedichte (Zürich/Köln 1963), S. 510f.
59 *Adelheid Hausen*, a.a.O., S. 167f.

die »Anwort« der Gottesreden: »Welche Enttäuschung! Die ganze Verteidigungsrede Jobs, es ist als ob er überhaupt nicht geredet hätte. Der göttliche Sprecher gibt sich gar keine Mühe, auch nur auf eine seiner beschwörenden Anrufe, auch nur auf einen seiner Beweise einzugehen!« Mit einer solchen »Zurschaustellung von Macht und Größe« (S. 446) könne sich gerade der Leser, den diese grundlegenden Fragen ein Leben lang beschäftigt haben, nicht zufriedengeben. Nein, auch Claudels Hiobgedicht will ernstgenommen werden, gerade in seiner theologischen Grundaussage. Allein für sich genommen bleibt gerade diese inhaltliche Seite jedoch rätselhaft. Ohne eine Kenntnis des claudelschen Grundansatzes und Weltbildes bleibt sie dunkel.
Ein Blick auf das *Essay zum »Buch Job«* verdeutlicht Claudels zentrales Anliegen. Da beide Texte zum einen zeitlich-entstehungsgeschichtlich relativ eng beieinander liegen und zudem durch den inhaltlichen Bezug auf Hiob verzahnt sind, scheint ein solches Verfahren legitim. Das Essay präsentiert sich als kommentierende Nacherzählung und gleichzeitige Auslegung des biblischen Buches, das auch in eigener Übertragung über weite Passagen selbst ausführlich zitiert wird. Gleich zu Anfang seiner Überlegungen legt Claudel ein Zeugnis ab für die Faszinationskraft des Hiobbuches: »Von allen Büchern des Alten Testamentes ist das Buch Hiob das erhabenste, ergreifendste, kühnste und zugleich das rätselhafteste, enttäuschendste und, fast möchte ich sagen, das abstoßendste.« (S. 437) Claudel sieht in Hiob »einen Gerechten, der in der tiefsten Tiefe seines Glaubens getroffen und empört ist und der in einem Aufruhr seines ganzen Wesens sein Inneres erbricht.« (S. 440) Zudem: Er ist nicht nur der Einzelmensch Hiob, »sondern der Mensch schlechthin, der Menschensohn« (S. 441).
Zur Darstellung des Hiobbuches bedient sich Claudel der Form eines Gerichtsprozesses gegen Gott. Im ersten Teil schildert er in aller Drastik die Rebellion Hiobs als »Anklage« (S. 440). Daraufhin kommen die »Verteidiger der Sache Gottes« (S. 441) zu Wort, die freilich nur die »Klugheit der Außenstehenden« (S. 444) wiedergeben können. Und damit läßt sich das Hiobproblem gerade nicht lösen. Somit ist nun für den Beklagten selbst, für »den Ewigen der Augenblick gekommen, sich seinerseits zu erklären« (S. 446). Doch wie tut er dies? Claudels Reaktion auf den Inhalt der Gottesreden wurde bereits zitiert: »Welche Enttäuschung! Die ganze Verteidigungsrede Jobs, es ist, als ob er überhaupt nicht geredet hätte.« (S. 446)
Doch Claudel fragt nach, dieser erste Eindruck stellt ihn nicht zufrieden: In aller Ausführlichkeit versucht er, den Sinn des Inhaltes dieser Reden trotz aller »Enttäuschung« zu verstehen. Was kann dort gemeint sein? Zumindest die Konsequenz dieser Gottesreden scheint ja auf der Hand zu liegen: Gott hat sich Hiob zum Vertrauten gemacht, »an Hand seines sichtbaren Werkes erteilt er ihm Unterweisung im Katechismus, im Katechismus des Vertrauens« (S. 448). Und daraus folgt: »Jetzt weiß Job, daß er nicht Opfer eines blinden Zufalls ist, daß Gott nicht sein Feind ist, daß zwischen Ihm und dem Menschen ein Echo besteht« (S. 457). Aber was ist der Inhalt dieser Gottesreden? Was führt zu dieser Einsicht? Claudel zufolge beginnt Gott hier, »in verhüllter

Form von dem Gegner zu sprechen, vom Bösen.« (S. 450) Genau an dieser Stelle liegt der hermeneutische Schlüssel zum Verständnis der gesamten Hiobinterpretation Claudels. Er geht davon aus, »daß Gott als Urheber der Ordnung nicht der Urheber des Bösen und der Unordnung ist.« (S. 457) Im Hiobbuch findet Claudel zufolge der ewige Machtkampf zwischen Gott und Satan seinen bildhaft-konkreten Ausdruck.
Und nur von hierher erklärt sich nun auch die Schlußzeile des Hiob-Gedichts »Ich habe es nicht mit Absicht getan«: Gott ist für Claudel nicht allmächtig, ihm wird als dualistisches Gegenüber der *gleichstarke Widersacher Satan* zur Seite gestellt. Nein, in aller Deutlichkeit: Gott erklärt Hiob, daß angesichts Satans »Er selbst, der Allmächtige, ohnmächtig ist« (S. 457). Damit beantwortet sich für ihn auch die Theodizeefrage, die Frage nach dem Übel in der Welt, denn er habe, so Espiau de La Maëstre, »immer intensiver geglaubt, Satan, der gefallene Lucifer, sei vor allem Schuld daran, dessen vorkosmische Rebellion Gott sozusagen dazu gezwungen hätte, eine mißlungene Welt zu erschaffen.«[60] Mit dieser Vorstellung folgt Claudel der kosmologischen Vorstellung, in der Satan und Gott als gleichberechtigte Gegenspieler um die Welt wetteifern, einer Vorstellung, die der Welttheateridee sehr nahe kommt und gerade im »Renouveau Catholique«[61] weit verbreitet war. Aber nicht nur dort; auch der ungarische Lyriker *Gabor Hájnal* (*1912) – wiederum ein Beispiel für die autobiographisch-literarische Identifikation mit der Hiob-Figur – läßt sein von Franz Fühmann ins Deutsche übertragene Gedicht »Job bin ich« mit dem Zweizeiler enden:

»Job bin ich um den zwei unbekannte Götter wetten
wer siegt ob bös ob gut nichts kann mich retten.«[62]

Ganz ähnlich die dualistische Vorstellung hier bei Claudel. Er läßt seinen Jahwe sagen: »So wurde Meinem Willen eine Mir unübersteigbare Grenze gesetzt durch das Auftreten Satans« (S. 458). Von dieser Voraussetzung ausgehend können nun sämtliche scheinbar so rätselhaften Elemente der Theophanie symbolistisch ausgedeutet werden als *Manifestationen Satans*. So habe die Tierbeschreibung der Gottesreden den Sinn, in der Tierwelt die »Wirkweise des Teufels« (S. 451) als objektive Gegebenheit darzustellen, etwa wenn »das Nashorn mit Heidentum und Materialismus« (S. 454) gleichgesetzt wird, oder wenn im Habicht »die Darstellung jener verderblichen Denker,... die über sich eine Zone der Trostlosigkeit und Schwermut aufgerichtet haben und am Unglück so vieler Generationen schuld sind« (S. 457) gesehen wird.

---

60 *André Espiau de La Maëstre*, Das göttliche Abenteuer, a.a.O., S. 13f.
61 Vgl. als ausgeprägtestes Beispiel *Georges Bernanos*, Die Sonne Satans (1926).
62 *Gabor Hájnal*, »Job bin ich«, in: *Franz Fühmann*, Gedichte und Nachdichtungen (Rostock 1978), S. 261.

Die somit beschriebenen satanischen Gegenkräfte werden als gegebene und auch von Gott nicht einfachhin zu beseitigende Realitäten vorausgesetzt. Ein letztes Vertrauen in Gott gründet sich jedoch auf der Hoffnung, daß Gott »immer das Böse zum Guten wenden« (S. 465) könne. Und an dieser Stelle wird nun auch die *Verbindungslinie von Hiob zu Jesus* gezogen. Gleich auf der ersten Seite des Essays erfolgte schon ein klarer Hinweis auf den Zielpunkt der Ausführungen: »Die Worte des alten Mannes durchzittert schon die Vordeutung auf jenen letzten Schrei am Kreuze,... auf den Schrei des Gottessohnes« (S. 437). Und am Schluß des Essays noch einmal in aller Deutlichkeit: Hiob gilt Claudel als »Gestalt des würdigen Greises ..., dem die Ehre zuteil geworden ist, das Bild des Schmerzensmannes vorwegzunehmen« (S. 466). Kein Zweifel also, mit dem Theologen und Claudel-Forscher Robert Grosche kann man festhalten, *daß »Claudel aus der Stimme Jobs die Stimme Christi heraushört«*[63], und mehr noch: Erst in Christus lösen sich für Claudel letztlich die zuvor unerledigten Probleme der Anklagen Hiobs. Denn wer wird Claudel zufolge all die Rätsel der Existenz und der Schöpfung lösen? »Wer anders als das Kreuz Christi« (S. 466). Nur vom Kreuz Christ her ist auch »Satan nicht mehr frei«, von Christus her kann Hiob, dem in der Schöpfungsschau Einsicht in den Weltenplan und damit auch in die Heilsgeschichte gewährt worden war, seine Schlußverse sprechen: »Nun sieht dich mein Auge« (S. 466).

### *Hiob zwischen Satan und Christus – Rückfragen*

Auch diese »Anwort Claudels an Hiob« löst nicht alle aufgeworfenen Probleme: eine streng rational faßbare Erklärung, eine spekulativ-philosophische Aufklärung bleibt Jahwe auch dem claudelschen Hiob schuldig. Doch immerhin: Im Rahmen dieses Weltbildes, dessen vorherige Akzeptanz allerdings Voraussetzung ist, erfolgt ein stringenter Erklärungsversuch. Aber der Mensch? Ihm bleibt – in dieser für die traditionell christliche Literatur so typischen Welttheater-Vorstellung des Menschen als Spielfigur zwischen Gott und Satan – nur entweder die Rebellion oder die Hoffnung auf eine letztendliche Überwindung Satans durch Christus. Und archetypische Verkörperung einer solchen heutigen Menschenexistenz ist für Claudel eben dieser Hiob, der »das absurde Rätsel der conditio humana«[64] symbolisiert.
In Espiau de La Maëstres Einschätzung stellt sich der claudelsche Hiob dar als »der kühnste, aufrichtigste, den es in der ganzen abendländischen Literatur gibt«[65]. Diese Einschätzung muß im Rahmen dieser Arbeit freilich relativiert

---

[63] *Robert Grosche*, Paul Claudels religiöse Schriften, a.a.O., S. 841 (meine Hervorhebung). Diese *Christus-Typologie* übernahm Claudel aus dem von ihm studierten berühmten Hiob-Kommentar *Gregor des Großen*.
[64] *André Espiau de La Maëstre*, Das göttliche Abenteuer, a.a.O., S. 10.
[65] A.a.O., S. 312.

werden. Zwar schildert Claudel in seiner Hiobgestaltung radikal dessen Zweifel, Rebellion und Protest, doch beruht diese Gestaltung auf zwei Vorgaben, die kritisch hinterfragt werden müssen. *Erste Rückfrage*: Claudel stellt sich selbst bewußt in eine fachtheologisch-exegetische Debatte, muß sich also – als mit Recht frei schaffender Künstler – auch an ihren Kriterien messen lassen. Und hier wird man kritisch anfragen müssen, ob Claudels Pauschalkritik an der historisch-kritischen Exegese einerseits und seine eigene Hermeneutik der symbolistischen Bibelinterpretation andererseits ihm nicht letztlich ein Alibi für individuelle Beliebigkeit der Auslegung und Ausdeutung verschaffen sollen. Gewiß hat Claudel als Schriftsteller das Recht einer fiktiv-freien Bibelinterpretation, nur trägt er damit weniger zum Verständnis des vorgegebenen Stoffes bei, als vielmehr zur subjektiv-eigenen Meditation auf der Rezeptionsebene. Wenn dies sein Ziel ist, keinen Einwand! Doch genau den erstgenannten Anspruch, nämlich die Verständnisklärung der biblischen Vorlage, erhebt Claudel.
*Zweite Rückfrage*: Im Rahmen seiner symbolistischen Bibelhermeneutik gelangt Claudel zu drei Deutungen, deren Prämissen deutlich benannt werden müssen. Erstens : Claudels Überzeugung von der Existenz Satans als Störer der göttlichen Schöpfungsordnung. – Im Hiobbuch wird die Satansgestalt gerade nicht als gleichstarkes dualistisches Gegenüber zu Jahwe präsentiert, eine derartige Vorstellung ist dem Alten – und Neuen – Testament völlig fremd.[66] Zweitens: Von hieraus erweisen sich die gewagten Assoziationen der Tiergestalten der Gottesreden als kühne Phantasieprodukte. So wie es keinen biblischen Dualismus gibt, so werden die Tiere im Hiobbuch als freie Geschöpfe Gottes und gerade nicht als Manifestationen Satans gesehen. Und schließlich drittens: Das alttestamentliche Buch selbst enthält auf der Textebene keinen Voraushinweis auf Christus. Diese Gedanken mögen legitime *nachträgliche* Rückschlüsse und Interpretationen darstellen, doch dürfen sie nicht einfachhin rückprojizierend dem Hiobbuch selbst übergestülpt werden. All dies heißt zusammengefaßt und auf einen Nenner gebracht: Claudel gestaltet nicht das alttestamentliche Menschen- und Gottesbild, sondern sein eigenes.
Diese kritischen Nachfragen sollen keineswegs den Blick auf die Vorzüge der claudelschen Hiobliteratur verstellen. Unter der Vorgabe, daß Claudel von *seiner* Rebellion, *seiner* Geduld und *seinem* Ringen mit Gott schreibt, wird man die literarische Gestaltung der Revolte »Hiobs« gerade auch im Hiob-Gedicht neu lesen. Es präsentiert sich als ein Zeugnis der versuchten Rebellion gegen eine in christlicher Tradition stehende dualistische Weltsicht, in der dem Menschen nur die Rolle einer ohnmächtigen, unverständigen, nicht selbstmächtigen Marionette bleibt. Der Protest und das Aufbegehren heben dabei aber dieses Weltbild gerade nicht aus den Angeln, sondern bestätigen es letztlich nur resignativ. So gesehen liegt in der Darstellung dieses Spannungs-

---

[66] Vgl. hierzu: *Herbert Haag*, Vor dem Bösen ratlos [1]1978 (München/Zürich 1989), bes. S. 73–105.

bogens von kosmischer Rebellion und der impliziten Resignation, übergipfelt von der Hoffnung auf den in Hiob präfigurierten Christus das spezifische Profil des claudelschen Hiob.
Wie also präsentiert sich zusammenfassend die Hiobrezeption in der christlichen Literatur? Zunächst eindeutig: Hiob ist *kein Lieblingsthema* dieser Literatur, die unübersichtliche literarische Form des Hiobbuches einerseits und seine provokativ-herausfordernden Aussagen andererseits erschweren offensichtlich eine literarische Rezeption auf christlichem Hintergrund. Zweitens: Wenn Hiob im explizit christlichen Horizont aufgegriffen wird, dann wird er meistens als große Leidens- und Duldergestalt gezeichnet und in ihm meistens *ein Vorläufer Jesu* gesehen. Hiobs Probleme lösen sich für diese Autoren fast durchgängig in Kreuz und Auferstehung Christi. Wenngleich man hier nicht wie Ulrike Schrader voreingenommen zu den vernichtenden Bewertungskategorien »erbauliche Trostliteratur« oder »christlicher Eskapismus«[67] greifen sollte, bleibt festzuhalten: eine wirklich überzeugende literarische Gestaltung dieses Zusammenhangs – vielleicht im Medium der Literatur gar nicht zu erlangen – steht noch aus. Und schließlich drittens: *Höhepunkte der christlichen Hiobrezeption in der Literatur* bleiben eindeutig *Gedicht und Essay Paul Claudels*. Nur ihm gelingt zumindest ansatzweise eine literarisch glaubwürdige Darstellung jener Spannung von Glaube und Zweifel, Rebellion und Demut, die auch das biblische Hiobbuch auszeichneten.

## 2. »Das 43. Kapitel des Hiobbuches« – *Robert Frost*

1945, also bereits ein Jahr vor Erscheinen der Hiobbücher von Margarete Susman und Paul Claudel, wird in den USA eine literarische Hiobbearbeitung publiziert, die in vielfacher Hinsicht einzigartig ist. Sie stammt von einem der wichtigsten nordamerikanischen Dichter dieses Jahrhunderts, von Robert Frost (1874–1963), trägt den ungewöhnlichen Titel »A Masque of Reason«[68] und präsentiert sich als *witziges, anspielungsreiches dramatisches Gedicht*, als literarische Parodie, gekleidet in Ironie und Satire. Es ist ein groteskes Versdrama, das die Kritiker sofort in zwei entgegengesetzte Lager spaltete: Neben Stimmen schärfster Ablehnung wie »A Masque of Reason ist einer von Frosts ganz seltenen völligen Fehlschlägen«[69], es sei gar »ein Sakrileg gegen

---

[67] *Ulrike Schrader*, a.a.O., S. 203. Ihr Urteil bezieht sich freilich nur auf die von ihr selbst ermittelten Werke, also nicht auf die von ihr übersehenen zahlreichen Einzelgedichte, *Ghéon* oder *Claudel* (die außerhalb ihres Behandlungsbereiches stehen), *Schneider*, *Rinser*, und ähnliche Werke.
[68] *Robert Frost*, A Masque of Reason [1]1945, in: *Edward Connery Lathem* (Hrsg.), The Poetry of Robert Frost (New York 1969), S. 473–490. Dieses dramatische Gedicht Frosts wurde allem Anschein nach noch nicht ins Deutsche übertragen. Die Übersetzungen im Text stammen vom Verfasser dieser Arbeit.
[69] * *Elizabeth Jennings*, Frost (Edinburgh/London 1964), S. 79.

den Geist der Menschheit«[70], treten begeisterte Reaktionen, die es als »ein Meisterwerk literarischer Adaptation«[71] oder als »großartige Errungenschaft«[72] feiern.

*Ein Maskenspiel um Hiob*

Ganz am Schluß dieses dramatischen Gedichts steht ein Vers, der die vom Dichter intendierte Lesart offenlegt: »Hier endet das dreiundvierzigste Kapitel des Hiobbuches« (S. 490) – »A Masque of Reason« ist demnach keine Nacherzählung oder Aktualisierung des Hiobstoffes, sondern zu lesen als ein Aperçu, als nachträgliche Reflexion über das Hiobbuch, als ein Nachtrag aus heutiger Sicht, ein rückfragender Kommentar[73], als »eine nochmalige Prüfung des zugrundeliegenden Themas, des unbeantworteten ›Warum‹ von Hiobs Qualen«[74].
Denn genau davon geht Frost aus: Die dem Hiobbuch zugrundeliegenden Fragen wurden noch *nicht* beantwortet, eine zufriedenstellende Antwort steht noch aus. Und so öffnet sich die Szenerie: Ort der »Handlung« ist offensichtlich der »Himmel«, geschildert als »eine schöne Oase in der reinsten Wüste« (S. 473). Zwei Personen, zunächst als »Mann« und »Frau« eingeführt, beobachten eine dritte Person, die sich in einem Strauch, dem »Myrrhe-Baum«, verfangen hat und sich schließlich befreien kann. Es ist, wie die Frau blitzschnell erkennt, »Gott./Ich würde ihn überall nach Blakes Bildern erkennen.«[75] Zwischen den drei Personen, »Gott«, dem Mann – der sich nun als »Hiob« zu erkennen gibt –, und »Hiobs Frau«, »Thyatira«[76] genannt, entspannt sich im folgenden ein anspielungsreich-witziges und zugleich ernsthaft-philosophisches Gespräch. Zunächst wendet sich Gott an Hiob:

---

70 * *Radcliffe Squires*, The Major Themes of Robert Frost (Michigan 1969), S. 83.

71 * *Jon D. Levenson*, The Book of Job in its Time and in the Twentieth Century (Cambridge/Mass. 1972), S. 66.

72 * *John F. Lynen*, The Pastoral Art of Robert Frost (New Haven/London 1960), S. 139. Zur kritischen Rezeption von »A Masque of Reason« siehe: *Hans Otto Schürmanns*, Geschichte der kritischen Aufnahme des dichterischen Werkes von Robert Frost (1874–1963), (Diss. Freiburg 1968), S. 217ff. Teilabdruck der zeitgenössischen Rezensionen bei: *Linda W. Wagner* (Hrsg.), Robert Frost. The Critical Reception (B. Franklin 1977), S. 185–205.

73 Vgl. * *Radcliffe Squires*, a.a.O., S. 80: »*A Masque of Reason* entfaltet sich als ein Kommentar zu jenem furchtbaren Drama, dem Hiobbuch.«

74 * *W.R. Irwin*, The Unity of Frost's Masques, in: American Literature 32 (1960–61), S. 302.

75 Anspielung auf die berühmten Illustrationen zum Hiobbuch des englischen romantischen Dichters und Malers *William Blake* (1757–1827). Siehe hierzu: *Kathleen Raine*, The Human Face of God: William Blake and the Book of Job (London 1982).

76 Der Name stammt aus dem neutestamentlichen Buch der Offenbarung und bezeichnet dort eine der sieben Gemeinden der Provinz Asien, an die das Offenbarungsschreiben gerichtet ist. Vgl. Offb. 2, 18–29.

»Schon seit tausend Jahren habe ich daran gedacht
Dir eines Tages dafür zu danken, daß du mir geholfen hast
Ein für allemal jenes Prinzip klarzustellen:
Es gibt keine Beziehung, die der Mensch begreifen könnte,
Zwischen seinen gerechten Verdiensten und dem, was er bekommt.
Tugend kann scheitern und Lasterhaftigkeit Erfolg haben. (...)

Ich bezweifle nicht,
Daß du inzwischen erkannt hast, welche Rolle du spieltest
Um den Deuteronomisten zu lähmen
Und den Grundton religiösen Denkens zu verändern.
Ich danke dir dafür, daß du mich aus moralischer
Sklaverei den Menschen gegenüber befreit hast. (...)

Du hast mich zu meiner Herrschaft befreit.
Du bist der Emanzipator deines Gottes
Und als solcher erkläre ich dich zum Heiligen.« (S. 475f)

Endlich von moralischer Verpflichtung dem Menschen gegenüber frei, wird Gott dennoch von Thyatira, einer naiv-praktischen Streiterin für die Gleichberechtigung der Frau, vor die Warum-Frage gestellt. Seine Reaktion:

»Da stellst du genau jene Frage,
Deren Antwort ich nicht geben muß, wie wir gerade vereinbart haben. (...)
Sie will wissen, warum es immer noch Ungerechtigkeit gibt.
Ich antworte ganz einfach: Das ist so wie es ist.« (S. 477)

Thyatira ist damit keineswegs zufriedengestellt, doch Hiob drängt ihre Fragen beiseite, denn auch er möchte Gott ein Problem vorlegen: »Gott, auch ich habe eine Frage (...) Ich brauche eine Auskunft über das Problem der Vernunft.« (S. 479) – Er, der »Emanzipator seines Gottes«, der »Heilige«, will endlich wissen, was die menschliche Vernunft erkennen kann, ob es ein für den Menschen erkennbares Vernunftsystem gibt, auf dem die Welt beruhe? Gottes Antwort:

»Hiob, du und ich, wir haben doch zusammen erkannt:
Die Disziplin, die der Mensch am dringendsten benötigte,
War zu lernen, sich der Unvernunft zu unterwerfen.« (S. 481)

Dieser fast unübersetzbare Schlüsselbegriff *»submission to unreason«*[77] legt das Thema dieses dramatischen Gedichtes fest, deutet auf seine Hauptaussage hin und erklärt seinen Titel. Hiob jedoch weigert sich im folgenden, genau

[77] Die Assoziationsfülle des frostschen Neologismus »unreason« ist im Deutschen nicht adäquat wiederzugeben. Schon »reason« steht im Englischen für die semantische Spannbreite Grund/Anlaß/Verstand/Vernunft. »Unreason« ist sehr viel positiver als das deutsche »Unvernunft«, gemeint ist eher »Trans-Vernunft«.

diese »submission to unreason« zu leisten. Denn:

»Wir verunglimpfen die Vernunft,
aber sie ist es, worum wir uns stets am meisten bemühen. (...)

Nur weil ich es Dir erlassen habe,
Mir dein Vernunftsystem (»reason«) zu erklären, glaube nicht,
Daß ich dachte du hättest keines. Ich wußte,
Daß Du es irgendwo in der Hinterhand hättest. (...)

Komm, nach all den Jahren, um mich zufriedenzustellen!
Ich bin neugierig! (...)
Warum hast Du mich so gequält? Es bleibt mir nichts anderes übrig,
Als schlichtweg nach dem Grund (»reason«) zu fragen – geradeheraus!«
(S. 481f)

Doch Gott versucht, sich herauszureden, stellt sich den für überwunden geglaubten Fragen nicht. Darauf Thyatira: »Von Gott wirst du keine Antwort bekommen.« (S. 484) – Widerwillig, aber derart provoziert, antwortet Gott dann doch:

»Ich habe nur vor dem Teufel angegeben, Hiob,
So wie es im Kapitel eins und zwei beschrieben ist.
Bist du nun enttäuscht?

*Hiob*: Nein, nein, dazu besteht kein Anlaß.
Das war menschlich von Dir. Ich erwartete mehr
Als ich verstehen konnte, doch was ich bekomme
Ist fast weniger als ich verstehen kann.« (S. 484f)

Der Grund für die Prüfung Hiobs sei also lediglich der gewesen, daß Gott mit der Treue seines Knechtes Hiob vor dem Teufel angeben wollte! Nach dieser – letztendlich eben doch – Enttäuschung plätschert das Gespräch vor sich hin, bis Hiob schließlich zugibt, gerade an eben diesen, den Teufel, zu denken: »Eines Tages sollten wir uns zu einer schönen Wiedersehensfeier treffen.« (S. 486f) Der solcherart bedachte Teufel erscheint, denn, so Gott, »der Teufel ist nie sehr weit weg« (S. 487). Thyatira will ein Erinnerungsphoto von den Dreien vor dem brennenden Dornbusch aufnehmen, gruppiert sie unter flapsigen Bemerkungen nach ihrem Willen dorthin und richtet die letzten Worte des Stückes an die drei Photographierten, aber genauso an das imaginäre (Lese-) Publikum:

»Also, wenn ihr drei alles erledigt habt, könntet ihr
Bei der Gelegenheit genau so gut lächeln wie die Stirn runzeln!« (S. 490)

Soweit also die groben Handlungsstränge des frostschen »Dreiundvierzigsten Kapitels des Hiobbuches«. Der *Ton* dieses kurzen Versdramas, das allerdings mehr vom Dialog als von wirklicher dramatischer Handlung geprägt ist, wird

gekennzeichnet von Ironie, Wortwitz, flapsigen Bemerkungen mit erotischen Untertönen, Anspielungen auf Gedichte von beispielsweise Ralph Waldo Emerson oder W.B. Yeats und satirischen Nebenbemerkungen. Ist ein solcher Ton diesem Thema – der Hiobproblematik – angemessen? Beinhaltet nicht schon diese grotesk-humoristische Grundkonzeption ein zwangsläufiges literarisches Scheitern, wie es etwa die Frost-Kritikerin Elizabeth Jennings diagnostiziert, wenn sie schreibt: »Der größte Mißerfolg dieses Stückes liegt in seiner peinlichen Albernheit.«[78] Oder muß man dieses Gedicht von Frost gerade als Satire ernstnehmen, so der jüdische Interpret Jon D. Levenson, der zu bedenken gibt: »Hinter der satirischen Stimme von A Masque of Reason verbergen sich die dringenden Fragen des Hiobbuches«[79]?
Mehrere Gründe – literarische, biographische und theologische – sprechen dafür, Frosts Versdrama nicht vorschnell als unernsthaft zu verdammen oder als unwichtig zu ignorieren, sondern es als dichterische Hiobgestaltung ernstzunehmen. Zunächst ist auf den Anspruch zu verweisen, den es selbst erhebt: es will keine philosophisch-abstrakte Debatte[80] zur Theodizeeproblematik vorlegen und gibt erst recht nicht vor, ein in sich kohärentes Antwortsystem[81] auf die angesprochenen Probleme liefern zu können. Es reflektiert vielmehr spielerisch und respektlos die Gedanken und Aussagen zunächst des Hiobbuches selbst, dann aber auch besonders seiner theologischen Auslegung[82], ganz im Sinne von Shaws Prüfung der Bibel im Lichte des »gesunden Menschenverstandes« der Gegenwart.

*Zur literarischen Form: Ein Maskenspiel*

Frost macht sich die komödienhaften Elemente nutzbar, die das biblische Hiobbuch selbst ihm vorgibt: Ironie, Parodie und Satire, die er freilich erweitert und überspitzt. So auch der amerikanische Kritiker Ruben A. Brower: »In seinem Maskenspiel ... bringt Frost kühn die beunruhigenden Widersprüche und Rätsel des alttestamentlichen Dramas zum Vorschein.«[83] Das Mittel der

---

78 * *Elizabeth Jennings*, a.a.O., S. 71. Sie folgt in ihrer Kritik weitgehend der Einschätzung von *Yvor Winters*, Robert Frost: or, the Spiritual Drifter as Poet [1]1948, in: *James M. Cox* (Hrsg.), Robert Frost. A Collection of Critical Essays (Englewood Cliffs 1962), S. 58–82.

79 * *Jon D. Levenson*, a.a.O., S. 59.

80 Vgl.* *Ruben A. Brower*, The Poetry of Robert Frost (New York 1963), S. 216: »A Masque of Reason ist nicht weniger als das Hiobbuch eine Debatte im vollen Sinne von aufgeworfenen und widerlegten Argumenten.«

81 Vgl. **John Robert Doyle*, The Poetry of Robert Frost (New York 1965), S. 242: »A Masque of Reason gibt in keiner Weise vor, ein komplettes und schlüssiges Gedankensystem zu präsentieren.«

82 Vgl. **Nancy C. Joyner*, Comic Exegete, in: *Kathryn Gibbs Harris* (Hrsg.), Robert Frost. Studies of the Poetry (Boston 1979), S. 163: »Die Witze, die Frost über die Bibel macht, richten sich nicht so sehr gegen die Bibel selbst, sondern gegen ihre überlieferte Interpretation.«

83 * *Ruben A. Brower*, a.a.O., S. 210.

Satire wird dabei keineswegs zum Selbstzweck, stellt vielmehr die wohl einzige literarisch-glaubhafte Möglichkeit dar, Charaktere wie »Gott« und den »Teufel« direkt auf der – imaginären – Bühne auftreten zu lassen.[84] Außerdem wird so jeglicher theatralische Anschein von Realismus unmöglich, es geht Frost ausschließlich um ein provokativ-kreatives *Gedankendrama*.

Die von Frost gewählte, oder besser: *gestaltete Form dieses Hiobdramas* verdient besondere Beachtung. Die eigentlich nur in England beheimatete Gattung der »masques« erlebte im 17. Jahrhundert eine kurze Blütezeit. Diese »Maskenspiele« waren meistens höfische theatralische Aufführungen und Szenen nach traditionellen Stoffen aus Mythologie und Legende. Sie wurden aufgeführt mit reichem Kostümprunk sowie szenischen und musikalischen Effekten, Ballett und Theatermaschinerie.[85] Anfang des 20. Jahrhundert hatte der amerikanische Dichter William Vaughn Moody (1869–1910) eine Wiederbelebung dieser vergessenen Gattung versucht, sein Drama »The Masque of Judgement« (1901) blieb jedoch weitgehend unbeachtet. Im Jahre 1931 erlebte ein ballettartiges musikalisches Maskenspiel um Hiob des englischen Komponisten Ralph Vaughn Williams[86] (1872–1958) seine Uraufführung in London, das wie Frosts Maskenspiel maßgeblich von den Hiobillustrationen William Blakes beeinflußt war. Daß Frost freilich von diesem musikalischen Hiobwerk wußte, ist an keiner Stelle seiner detailgetreuen Biographien erwähnt und darf damit ausgeschlossen werden. Deutlich ist hingegen, daß Frost für sein Hiob-Spiel die Idee Moodys einer *Neubelebung einer alten Form* aufnahm, ohne aber die von diesem vergebens angezielte Imitation und Nähe zum Original auch nur zu versuchen. Im Gegenteil, er ging sehr viel kreativer mit der vorgegebenen Gattung um[87], und nahm eher die *Züge der »anti-masque«* auf, jener Form spöttischer Unterhaltung also, die in den Maskenspielen als eine auflockernde Gegenfolie zur Haupthandlung diente.

Eine zweite Gattung diente ihm als Vorbild, die des mittelalterlichen englischen *Mirakelspiels*[88], einer besonders auf Wunderdarstellungen spezialisierten Form des Mysterienspiels. Die Einführung der Charaktere als Mann/Frau weist deutlich auf diese Tradition: auch Frosts Hiob verkörpert den modernen Jedermann, der seine Fragen stellvertretend für die ganze Menschheit formu-

---

[84] Vgl. **Jon D. Levenson*, a.a.O., S. 62: »Er benutzt den Einsatz von Satire und Parodie als Abwehrmechanismus, um den Alptraum eines jeden Dramatikers erfolgreich zu bestehen, die Darstellung Gottes auf der Bühne.«

[85] Vgl. *Gero von Wilpert*, Sachwörterbuch der Literatur, a.a.O., S. 498.

[86] *Ralph Vaughn Williams*, Job. A Masque for Dancing, founded on Blake's Illustrations of the Book of Job (London 1934). Vgl. die Hinweise von *Michael Kennedy*, The Works of Ralph Vaughn Williams (London 1964), S. 528–534.

[87] Vgl. **W.R. Irwin*, The Unity of Frost's Masques, a.a.O., S. 304: »Obwohl Frost seine Gedichte ›Maskenspiele‹ nannte, wich er – ohne Zweifel sehr bewußt – deutlich von den Anforderungen der traditionellen Gattung ab.«

[88] Vgl. **Elizabeth Jennings*, a.a.O., S. 71: »Die mittelalterlichen englischen Mirakelspiele … sind ohne Zweifel das Modell für seine Maskenspiele.«

liert. Aus diesen beiden Gattungstraditionen formt Frost eine neue Gattung, von der W.R. Irwin mit Recht behauptet, sie sei »fast eine eigene Form«[89]: diese satirischen Maskenspiele Frosts, diese dramatischen Gedichte sind *in ihrer Art einzigartig*. Und es ist nur zu begrüßen, daß Frost seinen ursprünglichen Plan, sie auf dem Broadway als tatsächlich gespielte Bühnenstücke zu präsentieren[90], wieder fallen ließ. Die Kritik des Frost-Biographen Lawrance Thompson erfolgt völlig zu Recht: »A Masque of Reason besteht zu sehr aus Gesprächen (›talk-talk‹) und zuwenig aus dramatischer Handlung, um dramatischen Wert beanspruchen zu können«[91]. Nein, dieses Maskenspiel ist kein Bühnenstück, sondern ein Dialoggedicht, das der Leser auf der imaginären Bühne seiner eigenen Vorstellung selbst inszenieren soll.
Läßt diese anspielungsreich-ironische Behandlung des Hiobstoffes eine »Bereitschaft zur Zuflucht in Witz und Doppeldeutigkeit«[92] erkennen, so E.J. McGregor, also ein Ausweichen Frosts vor einer ernsthaften Auseinandersetzung mit den aufgeworfenen Fragen? Wie noch zu zeigen sein wird, bedingt gerade die zentrale Aussage des Stückes, »submission to unreason«, eine künstlerische Form, die dieser inhaltlichen Aussage entspricht. Denn was entspräche dieser Botschaft einer »Unterwerfung unter Unvernunft« mehr, als eine »un-vernünftige«, witzige Satire? Damit wird auch der tendenziöse Vorwurf von Elizabeth Jennings haltlos, die bezüglich Frost zu bedenken gibt: »In A Masque of Reason will er den Impuls auf Kosten der Logik inthronisieren, obwohl er gerade Logik benutzt, um uns davon zu überzeugen, daß diese Inthronisierung notwendig ist.«[93] Im Gegenteil, die un-logische Form des Maskenspiels, die sich dem logischen Diskurs gerade widersetzt, steht nicht im Gegensatz zur Aussage, sondern in völliger Übereinstimmung zu ihr.

### *Zum biographischen Hintergrund: Ein Werk der persönlichen Krise*

Neben diese literarisch-formalen Gründe, »A Masque of Reason« als dichterische Hiobgestaltung ernstzunehmen, treten Faktoren, die mit der *Biographie*[94]

---

89 * *W.R. Irwin*, a.a.O., S. 304.

90 Vgl. hierzu: *Lawrance Thompson/R.H. Winnick*, Robert Frost. The Later Years 1938–1963 (New York 1976), S. 117.

91 * *Lawrance Thompson*, Robert Frost (Minneapolis 1959), S. 36.

92 * *Elisabeth Johnson McGregor*, The Poet's Bible: Biblical Elements in the Poetry of Emily Dickinson, Stephen Crane, Edwin Arlington Robinson, and Robert Frost (Diss. Brown University Ann Arbor 1979), S. 256.

93 * *Elizabeth Jennings*, a.a.O., S. 79.

94 Zu Leben und Werk Frosts gibt es eine nahezu unüberschaubare Sekundärliteratur. Als Standardbiographie gilt das umfassende dreibändige Werk von Lawrance Thompson: *Lawrance Thompson*, Robert Frost. The Early Years 1874–1915 (New York/Chicago/San Francisco 1966); ders., Robert Frost. The Years of Triumph 1915–1938 (London 1970); ders./*R.H. Winnick*, Robert Frost. The Later Years 1938–1963 (New York 1976). Neben den im einzelnen zitierten Werken vgl. die neueren Einführungen: *James L. Potter*, Robert Frost Handbook (University Park/London 1980); *William H. Pritchard*, Frost. A Literary Life Re-

des gefeierten nordamerikanischen Dichters Robert Frost zusammenhängen. Frost schrieb sein Hiob-Versdrama als Siebzigjähriger, es entstand während des Zweiten Weltkriegs und ist das Ergebnis einer lebenslangen Auseinadersetzung mit dem Hiobbuch[95] – frappierende biographisch-literarische Parallelen zu Margarete Susman, Nelly Sachs, Karl Wolfskehl oder Paul Claudel!

Frosts öffentlicher Ruhm beruht auf seinem Ruf als »Dichter Neuenglands«. Man kennt ihn als einen Lyriker, dessen Themen sich auf eine zwischen Romantik und Realismus angesiedelte Naturschilderung konzentrieren, auf die Beschreibungen des Lebens und Denkens der einfachen Menschen in Neuengland und auf allgemein-philosophische Betrachtungen über individualmenschliche Probleme. Der Erfolg und die Anerkennung als Dichter stellten sich erst spät ein, dann jedoch um so deutlicher. Viermal gewann er den begehrten Pulitzer-Preis. Er galt als ungekrönter »poeta laureatus« der USA, zu dessen Berühmtheitshöhepunkt die offizielle Einladung von Präsident John F. Kennedy wurde, anläßlich seiner Amtseinführung eine Rede und ein eigens hierfür verfaßtes Gedicht vorzutragen.

*Frosts Verhältnis zur Religion* war geprägt von lebenslangen Weiterentwicklungen und bleibenden Spannungen. Zwar schrieb er in und über Neuengland, eine in ihren Wurzeln puritanisch geprägte Kultur, die nun aber mit der säkularen Moderne konfrontiert wurde[96], doch war dieses *puritanische Erbe* nur ein Faktor seiner eigenen religiösen Entwicklung. Er selbst schrieb stichwortartig in einem Brief aus dem Jahre 1917 an die Dichterin Amy Lowell bezüglich seines religiösen Werdeganges: »Presbyterianer, Unitarier, Swedenborgianer, Nichts«[97]. Dieses »Nichts« darf man aber keinesfalls nihilistisch-agnostisch interpretieren. *Frost blieb zeitlebens ein religiös denkender Mensch*, der sich nur von jeglicher institutionellen Zugehörigkeit zu irgendeiner religiösen Gemeinschaft distanzierte.

Das puritanische Erbe bewirkte jedoch eine prägende *Bedeutung der Bibel für sein Leben und Schreiben*: sie blieb für ihn, so die amerikanische Literaturwissenschaftlerin E.J. McGregor in einer diesbezüglichen Studie, »ein Symbol alter, erhaltenswürdiger Werte, die aber schwer ernsthaft und vernünftig zu bewahren«[98] seien. Er schätzte die Bibel jedenfalls, kannte sie recht gut und benutzte sie vielfach als literarische Anregung oder Stoffquelle. Zur Art und Weise seiner literarischen Bibelrezeption im Allgemeinen führt die genannte Studie aus: »Er entnimmt nichts der Bibel, ohne es zu transformieren, es zu verändern, es in eine neue Perspektive zu stellen, hauptsächlich durch

---

considered (New York/Oxford 1984).

[95] Vgl. **Lawrance Thompson/R.H. Winnick*, Robert Frost. The Later Years, a.a.O., S. 118: »A Masque of Reason erwuchs aus Frosts lebenslanger Faszination durch das Hiobbuch.«

[96] Vgl.**Elisabeth Johnson McGregor*, The Poet's Bible, a.a.O., S. 185.

[97] **Robert Frost*, Brief vom 2.12.1917 an *Amy Lowell*, in: *Lawrance Thompson* (Hrsg.), Selected Letters of Robert Frost (New York/Chicago/San Francisco 1964), S. 226.

[98] **Elizabeth Johnson McGregor*, a.a.O., S. 186.

Ironie. Und er fügt vieles hinzu, das sich nicht in der Bibel findet.«[99] Diese vielfältigen Auseinandersetzungen mit der Bibel erreichen ihren literarischen Höhepunkt in »A Masque of Reason«. Dieses Versdrama repräsentiert Frosts intensivste literarische Gestaltung von biblischen Motiven und direkt religiösen Themen überhaupt.[100]
Wie kommt es bei Frost gerade zu einer Auseinandersetzung mit der Hiobgestalt? – Ähnlich wie bei vielen anderen der hier vorgestellten Autoren, liegt eine *biographische Identifikation mit der biblischen Gestalt* zugrunde, wenngleich sie hier nicht so weit geht wie etwa bei Wolfskehl oder Goll. »Es lag für Frost nahe, Elemente seiner eigenen Erfahrungen mit denen des archetypischen Leidenden im Alten Testament gleichzusetzen«[101], so sein Biograph Lawrance Thompson lakonisch. In den zehn Jahren zwischen 1929 und 1939 starben die ihm liebsten Menschen: seine Schwester Jeanie, die zuvor lange wegen neurotischer Zwangsvorstellungen in einer Nervenheilanstalt leben mußte, seine Tochter Marjorie an den Folgen einer komplizierten Entbindung und schließlich seine Frau Elinor, die jahrelang an Krebs gelitten hatte. Die Leiden Hiobs waren für Frost also weit mehr als nur literarische Fiktion: Er selbst haderte mit Gott und seinem Schicksal als leidender Mensch, für ihn ganz persönlich stand gerade in diesen Jahren die Hiobfrage im Zentrum des Lebens.

*Zur theologischen Aussage: Die Unzulänglichkeit der Vernunft*

Nein, schon ein Blick auf die sorgsam geprägte literarische Form und den biographischen Hintergrund des Autors mahnt davor, der Gefahr zu erliegen, getäuscht durch den flapsigen Ton des dramatischen Gedichtes über seine inhaltlich-theologischen Aussagen hinwegzugehen. Die Literaturwissenschaftlerin Murray Roston erkennt: »Hinter dieser genialen Leichtfertigkeit verbergen sich einige der besten Zusammenfassungen der Botschaft des Hiobbuches, verborgen in solch täuschend einfachen Begriffen, daß ihre Grundwahrheit leicht übersehen werden kann.«[102] Zu diesen Erkenntnissen zählt etwa die bereits zitierte *klare Absage an die Vorstellung eines Tun-Ergehen-Zusammenhangs*: »Es gibt keine Beziehung, die der Mensch begreifen könnte/ Zwischen seinen gerechten Verdiensten und dem, was er bekommt«. Hiob, der nachfragende Jedermann, wird hier von falschen Schuldvorstellungen entlastet, wird im Nachhinein zum Heiligen erklärt. An die somit erfolgte nachträgliche Rechtfertigung Hiobs aus »göttlichem Mund« schließt sich jedoch

---

99 *A.a.O., S. 213.

100 Vgl. **Thomas McClanahan*, Frost's Theodicy: »Words I had no one left but God«, in: *Jac Tharpe* (Hrsg.), Frost. Centennial Essays II (Jackson 1976), S. 121: »Frosts religiöses Denken erreicht seinen Höhepunkt in ›A Masque of Reason‹.«

101 *Lawrance Thompson/R.H.Winnick*, a.a.O., S. 118. Vgl. * *Elizabeth Johnson McGregor*, a.a.O., S. 216f: »Der Dichter sah sich ohne Zweifel selbst in der biblischen Figur.«

102 **Murray Roston*, Biblical Drama in England (London 1968), S. 309.

zwangsläufig die Frage an, welche Konsequenzen sich grundsätzlich für die Möglichkeiten und Grenzen des menschlichen Erkenntnisvermögens ergeben. Das Thema der Vernunft, die Frage, was Menschen mit ihrem Verstand wahrhaft erfassen können, hatte Frosts lyrische Werke schon immer geprägt. Nun, angesichts dieser Erfahrungen, stellte sich das Problem erneut in aller Dringlichkeit. Nicht der Frage nach Gottes Gerechtigkeit gilt deshalb das Hauptinteresse dieses lyrischen Dramas – und Frost zufolge auch nicht das des Hiobbuches, sondern dieser Frage nach »reason«, nach der Möglichkeit menschlichen Erfassens der Weltgesetze. »A Masque of Reason« trägt seinen Titel bewußt und zurecht: *»Reason« ist der zentrale Schlüsselbegriff*[103], »reason« in all den Schattierungen seines semantischen Bezugsfelds. So fragt Frosts Hiob Gott nach dem Grund (reason) seines Leidens, um mit dem Verstand (reason) Gottes Weltsystem als Vernunft (reason) zu begreifen.
Und die Antwort Gottes: Es gibt kein System, das der Mensch erkennen könnte (»man can reason out«, S. 475), ihm bleibt nur jene *»submission to unreason«*. Denn dies ist, so Peter J. Stanlis mit Recht, die Grundaussage von »A Masque of Reason«: Frost lehnt »nicht nur den Gedanken ab, die begrenzte menschliche Vernunft sei fähig, Gottes Gerechtigkeit zu verstehen und zu akzeptieren,« darüber hinaus ist dies Maskenspiel »eine Satire über den Glauben an die Vernunft als solche«[104].
Doch wie zeichnet Frost die *Reaktion des Menschen auf diese göttliche Selbstoffenbarung*? Die eingeforderte Zurückweisung des Glaubens an die Vernunft wird ihrerseits dreifach zurückgewiesen. Zunächst kann Thyatira diese Grundbotschaft nicht akzeptieren. Sie gibt zu bedenken:

> »Natürlich, eine universelle Vernunft im Sinne
> Eines abstrakten, für sich stehenden Singular gibt es nicht (...)
> Aber es muß doch viele unsystematische vereinzelte
> Stückchen lindernder Vernunft geben!« (S. 478)

Erster Einwand also: Wenn schon eine Einsicht in das System des Weltganzen unmöglich ist, so sei aber doch damit noch nicht ausgeschlossen, daß der Mensch wenigstens teilweise zu wahren Erkenntnissen gelangen könne. Und

---

103 Vgl. **Marjorie Swank Matthews*, Issues and Answers in the Book of Job and Joban Issues and Answers in Three Twentieth Century Writers: Carl Jung, Robert Frost, and Archibald MacLeish (Diss. Florida State University, Ann Arbor 1976), S. 113: »›Reason‹ (wie es der Titel des Maskenspiels andeutet) ist der Schlüsselbegriff in Frosts Fortsetzung des Hiobbuches. ›Reason‹ ist das, was Hiob immer schon wollte.«

104 * *Peter J. Stanlis*, Robert Frost's Masques and the Classical American Tradition, in: Frost. Centennial Essays (Jackson 1974), S. 453. – Eine an diesem Punkt ganz ähnliche, allerdings essayistische Hiobinterpretation entstammt der Feder des argentinischen Schriftstellers *Jorge Luis Borges* (*1899), der im Hiobbuch ebenfalls das Rätselhafte, das unverständlich bleibende Grundgeheimnis der Welt, rätselhaft dargestellt findet. Vgl. *Jorge Luis Borges*, El Libro de Job, in: Conferencias (Buenos Aires 1967), S. 93–102. Siehe hierzu: *Edna Aizenberg*, Borges and the Book of Job, in: Kentucky Romance Quarterly 31 (1984), S. 89–96.

zweitens: Auch Hiob gibt sich mit der Offenbarung Gottes nicht zufrieden. Wieder und wieder drängt er auf eine Antwort auf die Sinnfrage, so daß Gott sich schließlich zu jener »Antwort« mit dem Hinweis auf den Teufel gedrängt sieht. Diese Antwort durchschaut Hiob jedoch als Ausflucht; immer noch glaubt er zumindest an die Möglichkeit einer vernunftgemäßen Erklärung. Er gesteht Gott – wenn auch widerwillig – zu, seine letzte Erklärung vor ihm, dem Menschen, zurückzuhalten. Und schließlich drittens, Frosts eigene – zumindest angedeutete – Stellungnahme zur Problematik: Als Gott Thyatiras Warumfrage unbeantwortet zurückweist, folgt prompt die Regieanweisung: »Der Thron bricht zusammen« (S. 477). Gottes Thron, den er sich zuvor mühsam aus Sperrholz zusammengezimmert hatte, stürzt just in jenem Moment ein, in dem Gott seinen klassischen Attributen, Allwissenheit gepaart mit Allmacht, abschwört. – Ein Hinweis auf die Unzulänglichkeit einer solchen Vorstellung, auf den buchstäblichen Zusammenbruch der traditionellen Gottesvorstellungen? So schwierig also schon im Stück selbst das Akzeptieren seines Zentralanliegens scheint: »das ist so, wie es ist«, so »Gott«.
Aber was ist die theologisch-philosophische Sinnspitze einer solchen Botschaft des Stückes? Steht am Ende des »dreiundvierzigsten Kapitels des Hiobbuches« eine Erkenntnis, die über die von Frost analysierte offenbleibende Unzulänglichkeit des zweiundvierzigsten Kapitels hinausgeht? Was bleibt als Reaktion auf die aufgeworfenen Fragen von Theodizee und Erkenntnisfähigkeit des Menschen? – »Am Schluß des Maskenspiels ist absolut nichts geklärt«[105], so mit unzufriedenem Unterton die Kritik, oder: »das Gedicht endet in Unstabilität und nicht aufgelöstem Paradox«[106]. In der Tat: Klären kann und will das Stück nichts, im Gegenteil. Wenn die Botschaft in »submission to unreason« liegt, kann es nur im »nichtaufgelösten Paradox« enden. Genau dies ist ja seine Grundaussage: Daß dem Menschen/Hiob zugemutet wird, das Weltsystem letztlich nicht erkennen zu können. Frosts modernismuskritische Botschaft fordert den Menschen dazu auf, sich der *Notwendigkeit seines Fügens in ein nicht seinem Verstand untergeordnetes Weltsystem* bewußt zu werden.
Was mit einem solchen Bewußtsein freilich positiv erreicht wäre, bleibt offen, offensichtlich auch für den Autor Frost selbst. Zwei Jahre nach »A Masque of Reason«, 1947 also, erscheint ein zweites biblisches Maskenspiel aus seiner Feder, »*A Masque of Mercy*«[107]. Die beiden Maskenspiele sind offensichtlich im Zusammenhang als »komplementäre Stücke«[108] konzipiert worden und sollten, so zumindest W.R. Irwin in seiner Untersuchung dieser Frage, als Ganzes gesehen und interpretiert werden. – Eine derart absolute Notwendig-

105 * *Ruben A. Brower*, a.a.O., S. 219.
106 * *W.R. Irwin*, a.a.O., S. 302.
107 Siehe: *Edward Connery Lathem* (Hrsg.), The Poetry of Robert Frost, (London 1959), S. 493–521.
108 * *W.R. Irwin*, a.a.O., S. 303.

keit, die beiden Versdramen als Einheit zu verstehen, ist allerdings nicht zwingend. Schon die getrennt erfolgte Publikation spricht dagegen. Ohne Zweifel gibt jedoch »A Masque of Mercy« – in dem das Schicksal des biblischen Propheten Jona mit dem des Apostels Paulus verbunden wird – eine *weiterführende Antwort* auf jene Probleme, die »A Masque of Reason« – das allgemein inhaltlich und formal als hochwertiger eingestuft wird – aufgeworfen hatte: »Submission to unreason« ermögliche ein Sich-Öffnen für die göttliche Gnade (»mercy«), und ohne eine derart christlich verstandene Gnade gibt es keine wirkliche Antwort auf die Hiobfrage!

Dennoch: »A Masque of Reason« sollte zunächst aus sich selbst heraus verstanden und interpretiert werden. Frost selbst zählte es zu seinen wichtigsten Werken. In einem Interview sagte er: »Meine sämtlichen Gedichte sind nur eine Fußnote zu ihm.«[109] Die gewählte Form, eine witzig-chaotisch-anspielungsreiche Burleske, mag auf manche – in Einzelfragen möglicherweise berechtigte – Kritik stoßen. Daß die Satire jedoch überhaupt die Möglichkeit eröffnet, Gott auf der imaginären Bühne auftreten zu lassen, wird von vielen Kritikern übersehen, die Frosts Gott als »viel zu schwach und anthropomorph«[110] ansehen und humorlos anmahnen, auch der literarisch dargestellte »Gott« solle »größer sein als Frost selbst, er sollte keine Späße machen, er sollte seine Göttlichkeit nicht verlieren«[111].

In dieser philosophischen Komödie bündelt sich *Frosts vernunftpessimistische Neuzeitkritik* in der Erkenntnis, der Mensch habe sich der Einsicht zu fügen, daß das Weltsystem nicht nach den Gesetzen seines Verstandes aufgebaut ist. Genau dieser Aspekt, die *Absage an den Vernunftglauben der Moderne* konstituiert die Grundaussage dieses Werkes. Mit dieser Absage verbunden ist jedoch – in aller Vorsicht formuliert – die Möglichkeit der *Eröffnung einer religiösen Dimension*. Hiob und Thyatira geben ihren Glauben an den vernünftig faßbaren Gott gerade nicht auf, entlassen ihn nur aus der Pflicht, ihnen zu antworten. Jenseits von Vernunft und Verstehen findet sich gerade nicht Resignation und Frustration, sondern eine – in diesem Spiel nur angedeutete – letzte Hoffnung. In dieser Grundkonzeption erweist sich eine erstaunliche Parallele von »A Masque of Reason« und den Aussagen der Gottesreden im Hiobbuch.

Philosophisch-theologisch gespiegelt heißt dies: Frost unternimmt hier – in aller Eigenwilligkeit der Form und Aussage – den *Versuch einer literarischen Theodizee*. So auch sein Biograph Lawrance Thompson: «Die Antworten, die Frost anbietet, sind Versuche, Gottes Wege dem Menschen gegenüber zu rechtfertigen. Das Schwergewicht seiner Ausführungen wird so letztendlich

---

109 * *Reginald L. Crook*, Robert Frost's Asides on Poetry, in: American Literature 19 (1948), S. 355.

110 * *Elizabeth Jennings*, a.a.O., S. 69.

111 * *Radcliffe Squires*, a.a.O., S. 81.

metaphysisch und theistisch.«[112] Ganz im Sinne Kants wird hier in – literarisch-satirischer Form – einer jeglichen »doktrinalen Theodizee« eine klare Absage erteilt: auf rein philosophisch-logischer Ebene ist das Hiobproblem nicht zu lösen. Diese Absage ermöglicht aber – bei Frost wiederum eher als Tendenz – eine »authentische Theodizee«: Die bleibende Spannung von der Einsicht in den notwendigen Verzicht auf Erklärungen einerseits und der gleichzeitig nie aufgegebenen Suche danach andererseits führt nicht zu Verzweiflung, sondern zur Aufforderung: »Ihr könntet bei der Gelegenheit genau so gut lächeln wie die Stirn runzeln«. In der verschärfenden Klärung und Aktualisierung dieser Position liegt der Erkenntnisgewinn, den das »43. Kapitel« gegenüber dem Hiobbuch liefert. Frost verarbeitet in seinem Hiobspiel auf witzige, aber gleichzeitig sehr ernsthafte Art und Weise scharf-pointierte Einsichten in das biblische Hiobbuch, Reflexionsansätze zur Theodizeeproblematik, autobiographische Daseinsfragen und aktuell-kritische Zeitdeutungen. Seine Hiobbearbeitung bleibt so eine der eigenständigsten, originellsten und herausforderndsten aller in dieser Arbeit behandelten Werke.

## Exkurs II: Hiob in philosophischen Deutungen

Im 20. Jahrhundert finden sich neben direkt literarischen und spezifisch theologischen Hiobdeutungen auch weitere Auseinandersetzungen mit Hiob, die im weitesten Sinne der Philosophie[113] zugerechnet werden können. Wie schon bei den nichtliterarischen jüdischen Hiobdeutungen wird in dem nun folgenden Exkurs die Charakterisierung und Diskussion der wichtigsten dieser Interpretationen in einem kurzen Überblick notwendig, und zwar aus drei Gründen:

- Zunächst soll in dieser Arbeit ein möglichst *komplettes Bild* der Hiobrezeption im 20. Jahrhundert vorgelegt werden; die Kenntnisnahme der philosophischen Hiobdeutungen ist dazu unumgänglich.
- Zudem ist innerhalb des spezifischen Untersuchungsgegenstands gerade dieser Arbeit die genaue *Abgrenzung* zwischen »literarischer« oder »phi-

---

112 **Lawrance Thompson*, Robert Frost (Minneapolis 1959), S. 33. Vgl. **Peter J. Stanlis*, a.a.O., S. 458: »Frosts Maskenspiel ist theologisch, theistisch und humanistisch. Das Problem der Schuld wird subsumiert unter das übergreifende Problem, Gottes Wege dem Menschen gegenüber zu rechtfertigen und unter die Satire auf den menschlichen Stolz und die menschliche Vernunft.«

113 Siehe hierzu: *Jörg Mertin*, Negationserfahrungen denken. Zur philosophischen Auseinandersetzung mit dem Hiobproblem, in: Anstöße. Aus der Arbeit der evangelischen Akademie Hofgeismar 31 (1984), S. 155–168; *Carl-Friedrich Geyer*, Das Hiobbuch im christlichen und nachchristlichen Kontext. Anmerkungen zur Rezeptionsgeschichte, in: Kairos 28 (1986), S. 174–195; *Giovanni Moretto*, Giustificazione e Interrogazione. Giobbe nella Filosofia (Neapel 1991).

losophischer« Hiobinterpretation im Einzelfall sehr *schwierig*. Was unterscheidet etwa gattungsspezifisch Susmans Essay, Wiesels Midrascherzählung oder Claudels Kommentar von den hier vorzustellenden Werken? Und ist der jeweilige Anspruch zur Hiobauslegung nicht ebenfalls vergleichbar?

– Wichtiger jedoch: Die *inhaltlichen und strukturellen Verzahnungen* zwischen den verschiedenen Auslegungen erhellen gerade im Gesamtbild die gegenseitigen Abhängigkeiten. Am deutlichsten wird dies, wenn – wie zu zeigen sein wird – literarische Gestaltungen von den philosophischen Hiobdeutungen direkt beeinflußt werden, ja ohne sie kaum verständlich wären.

Aus den »philosophischen« Hiobdeutungen ragen drei hinsichtlich ihrer Originalität, Wirkmächtigkeit und Qualität heraus: die *Ansätze von C.G. Jung, Bloch und Girard.* Es kann dabei nicht darum gehen, den umfangreichen Gesamtwerken dieser Autoren auch nur ansatzweise gerecht zu werden. Allein die jeweilige Hiobauslegung wird – unter Berücksichtigung des Werkzusammenhangs – zu präsentieren sein, um schließlich einige strukturelle Gemeinsamkeiten dieser Interpretationen herauszuarbeiten. In der jeweiligen Darstellung der Hiobauslegung werden – wie schon bei den jüdisch-theologischen Hiobdeutungen – speziell die Besonderheiten herausgearbeitet, ohne den Gesamtargumentationsduktus in allen – oftmals konsensfähigen – Grundzügen darstellen zu können.

Einige andere philosophische Hiobdeutungen von Belang seien zuvor nur kurz skizziert. Schon der große, später unter anderem für Camus so bedeutsame russische Philosoph *Leo Schestow* (1866–1938) stellte seine 1929 erschienenen philosophischen Betrachtungen »Über die Quellen der Wahrheit« unter den Titel »Auf Hiobs Waage«[114]. Die Hauptströmungen der modernen Philosophie müssen sich hier mit Hiobs Maßen messen lassen.

Auf der Linie Kierkegaards erkennt der jüdische Philosoph, Essayist und Literaturhistoriker *Ludwig Marcuse* (1884–1971) Hiob als Modellfall eines letztendlich glückermöglichenden Lebensentwurfs. Seine 1949 veröffentlichte Studie über die »Philosophie des Glücks« spannt im Untertitel den Bogen »Von Hiob bis Freud« und beginnt mit einer Hiobauslegung unter dem programmatischen Titel: »*Hiobs Recht auf Glück*«. Kern seiner Ausführungen ist einerseits der so gedeutete »Prestige-Verlust«[115] Gottes in der Auseinander-

---

[114] *Leo Schestow*, Auf Hiobs Waage. Über die Quellen ewiger Weisheit (Berlin 1929). Die herausragende Bedeutung Hiobs als Leitgestalt für das philosophische Denken Schestows wird auch deutlich in dessen Aufsatzsammlung »Spekulation und Offenbarung: Essays und Betrachtungen« (München 1963), in der immer wieder auf Hiob verwiesen wird. Der ebenfalls russische Existentialphilosoph *Nicolaus Berdiajew* (1874–1948) sieht in seiner Hiobinterpretation in diesem ein »Urbild des irdischen Menschengeschickes«, vgl. *Nicolaus Berdiajew*, Geist und Wirklichkeit [1]1939 (Lüneburg 1949), S. 110.

[115] *Ludwig Marcuse*, Philosophie des Glücks. Von Hiob bis Freud [1]1949 (Zürich 1972), bes. S. 24–41, hier: S. 36.

setzung mit Hiob: Gott sei hiermit letztgültig das Attribut »gerecht« entzogen. Andererseits aber erkennt Marcuse die Zerstörung des Tun-Ergehen-Zusammenhangs und verbindet damit die richtungweisende Einsicht, daß Glück eben nicht verdient werden kann, nicht als Produkt von Gerechtigkeit und Frömmigkeit im menschlichen Machbarkeitsbereich liegt.
In seiner 1962 erschienenen Studie »Der philosophische Glaube angesichts der Offenbarung« legt dann der Existenzphilosoph *Karl Jaspers* (1883–1959) eine brillante Textanalyse des Hiobbuches vor. Jaspers sieht – ganz ähnlich wie Frost – dessen Sinnspitze in dem Aufweis der dem Menschen gesetzten »Grenzen seines Begreifenkönnens«, aus der in einem Akt der existentiellen Umkehr »die Helligkeit der Existenz«[116] entspringen könne, die ihrerseits sinnvolles Leben ermögliche.
Eine ebenso feinsinnige Textstudie zum Hiobbuch entstammt der Feder des Phänomenologen und Hermeneutikers *Paul Ricoeur* (*1913). In seinem Hauptwerk, der »Phänomenologie der Schuld« von 1960, weist er dem Hiobbuch eine zentrale Stellung zu, denn seine »Virulenz« habe »nicht ihresgleichen in irgendeiner anderen Kultur«[117]. Zentrale theologische Pointe des Buches laut Ricoeur: Es markiere »die Rückkehr des ethischen zum tragischen Gottesverständnis«[118]. Angesichts der zerstörten Erwartung Hiobs, Gott sei der Gerechte, erkenne dieser – und mit ihm der heutige Leser – ein neues Gottesbild, das gerade nicht zum Schweigen, zur »Besiegelung der Sinnlosigkeit« führe. Vielmehr sei dies als ein positiver Weg zu sehen, unter Zurückweisung der Gerechtigkeits- und Verstehbarkeitserwartung Gott gegenüber dennoch nicht zu verzweifeln. Ricoeur: »dieser Weg ist der unbegründbare Glaube«[119].

---

[116] *Karl Jaspers*, Der philosophische Glaube angesichts der Offenbarung (München 1962), bes. S. 331–351, hier: S. 323. Textgleich mit: ders., Hiob, in: Einsichten. Gerhard Krüger zum 60. Geburtstag (Frankfurt 1962), S. 86–106.
[117] *Paul Ricoeur*, Symbolik des Bösen. Phänomenologie der Schuld II [1]1960 (München 1971), zu Hiob bes. S.358–366, hier: S. 358.
[118] A.a.O., S. 361.
[119] A.a.O., S. 365. Andere philosophische Entwürfe akzentuieren lediglich bereits bekannte Aspekte des Hiobbuches. *Hans Blumenberg* (*1920) etwa betont in erster Linie – auf Kant aufbauend – Hiobs Absage an jegliche Form einer »doktrinalen Theodizee«. Das Hiobbuch sei gerade »nicht die Theodizee, sondern deren Provokation«, so Blumenberg auf einem 1966 abgehaltenen Kolloquium der Forschungsgruppe »Poetik und Hermeneutik«. Vgl. *Hans Robert Jauß* (Hrsg.), Die nicht mehr schönen Künste (München 1968), S. 547. Eine direkte Auseinandersetzung mit Blumenberg bietet: *Hans Robert Jauß*, Hiobs Fragen und ihre ferne Antwort (Goethe, Nietzsche, Heidegger), in: Poetica 13 (1981), S. 1–15; auch in: ders., Ästhetische Erfahrung und literarische Hermeneutik (Frankfurt 1982), S. 450–466. – Ähnlich wie Blumenberg argumentierten die meisten Teilnehmer des »neunten Kolloquiums zur Gegenwartsphilosophie«, das sich 1985 unter der Federführung von *Willi Oelmüller* dem Thema »Leiden« widmete: Nicht nur zwei der Hauptreferate widmeten sich Hiob, auch zahlreiche Diskussionsbeiträge kreisten um diese archetypische Leidensgestalt des Alten Testaments. Den Grundtenor der philosophischen Stimmen faßt *Hermann Lübbe* zusammen: Die Quintessenz des Hiobbuches liege gerade in der »Zurückweisung der Moralisierbarkeit des Leidens«,

## a. Hiobs moralischer Sieg über Jahwe – *C.G. Jung*

Die erste große im weitesten Sinne philosophisch zu nennende Auseinandersetzung mit Hiob stammt jedoch von einem Mann, der sich selbst weder als Literat noch als Philosoph verstand, sondern als rein empirisch denkener Arzt und Psychiater: von dem Schweizer Psychoanalytiker und Tiefenpsychologen Carl Gustav Jung (1875–1961). Doch trotz seiner Beteuerung, sein ureigenstes Wissensgebiet nicht zu verlassen: In seiner 1952 erschienenen Studie »Antwort auf Hiob«[120] greift Jung »faktisch über die sachlichen Grenzen ... hinaus«[121], präsentiert er doch hier seine lebenslang gereiften Grundüberzeugungen zu den Themen Bibel, Religion und Gottesbild[122] in philosophischem Duktus. Wir können uns auf die direkt mit dem Hiobbuch zusammenhängenden Aussagen konzentrieren.

### *Ein Psychoanalytiker liest die Bibel*

Um Jungs Hiobinterpretation verstehen zu können, wird man zunächst seinem grundsätzlichen Umgang mit der Bibel[123] und dem Phänomen Religion beziehungsweise der Frage nach Gott nachgehen müssen. Zunächst also: Wie liest der Psychoanalytiker Jung die Bibel? – Im Vorwort zu »Antwort auf

---

und eben deswegen gehöre es eigentlich »nicht in die Tradition der Theodizee«. Siehe: *Willi Oelmüller* (Hrsg.), Leiden. Kolloquien zur Gegenwartsphilosophie Bd.3 (Paderborn 1986), S. 143. Die Hauptreferate zur Hiobsproblematik stammten von Jürgen Ebach und Carl-Friedrich Geyer.

120 *Carl Gustav Jung*, Antwort auf Hiob $^{1}$1952, in: ders. Gesammelte Werke Bd. XI, Zur Psychologie westlicher und östlicher Religion (Olten $^{2}$1973), S. 385–506. Alle Textzitate entstammen dieser Ausgabe.

121 *Otto Wolff*, C.G. Jungs »Antwort auf Hiob«, in: *Gerhard Zacharias* (Hrsg.), Dialog über den Menschen. Eine Festschrift für Wilhelm Bitter zum 75sten Geburtstag (Stuttgart 1968), S. 153–168, hier S. 154. Zu Jungs »Antwort auf Hiob« siehe ferner: *August Brunner*, Theologie oder Tiefenpsychologie?, in: Stimmen der Zeit 152 (1952/53), S. 401–415; *Hans Wildenberger*, Das Hiobproblem und seine neueste Deutung, in: Reformatio 3 (1954), S. 355–363, 439–448; *Ulrich Hedinger*, Reflexionen über C.G. Jungs Hiobinterpretation, in: Theologische Zeitschrift 23 (1967), S. 340–352; *E.W. Schmidt*, Hiob, Jung und Bultmann, in: Neue Deutsche Hefte 1 (1954), S. 699–705. – Eine streng medizinisch-psychologische Untersuchung zum Hiobbuch liefert *Jack Kahn*, Job's Illness: Loss, Grief and Integration. A Psychological Interpretation (Oxford 1975). Eine wenig überzeugende psychologisch-philosophische Neuinterpretation Hiobs mit Hilfe des »Identitäts«-Begriffs findet sich bei *Klaus Seybold*, Das Hiobproblem als Ausdruck einer Identitätskrise, in: *G. Benedetti*/ *L. Wiesmann* (Hrsg.), Ein Inuk sein. Interdisziplinäre Vorlesungen zum Problem der Identität (Göttingen 1986), S. 125–137.

122 Der evangelisch-reformierte Pfarrerssohn aus Kesswill spannt den inhaltlichen Bogen in diesem Buch von Hiob über die Sophia-Gestalt zu Christus und weiter von der Apokalypse bis hin zur psychologisch-mythisch begrüßten Dogmatisierung der leiblichen Aufnahme Mariens in den Himmel, die kurz zuvor in Rom proklamiert worden war.

123 Siehe hierzu: *Wayne G. Rollins*, Jung and the Bible (Atlanta 1983).

Hiob« legt er seine Bibelhermeneutik offen: »Ich schreibe nicht als Schriftgelehrter (der ich nicht bin), sondern als Laie und Arzt, dem es vergönnt war, tiefe Einblicke in das Seelenleben vieler Menschen zu tun.« (S. 392) Konsequenz: »Ich kann mich daher nicht kühler Objektivität bedienen, sondern muß meine emotionale Subjektivität zu Worte kommen lassen.« (S. 391) Gerade so aber spreche er »zugleich im Namen vieler« (S. 392), gerade so stehen Jungs Ausführungen, so Otto Wolff mit Recht, ihrem Selbstverständnis nach »stellvertretend ... für diese leidende Hiobsmenschheit«[124].

Jung liest die Bibel also bewußt mit den Augen des Laien, ohne jeglichen Bezug auf exegetisch-wissenschaftliche Erkenntnisse, denn er will ja der Fachexegese gerade nicht Konkurrenz machen. Er nimmt vielmehr den vorgegebenen *Wortlaut* ernst, liest gerade so die Texte gegen den Strich, argumentiert ähnlich wie Shaws »Negermädchen« oder Frosts Charaktere mit der Psychologie des »gesunden Menschenverstandes« gegen theologisch-differenzierte Glättungs- und Beschwichtigungsversuche. Jung kokettiert geradezu mit seiner *nichtwissenschaftlich-naiven Bibelhermeneutik*. In einem Brief aus dem Jahre 1955 an den Berner Pfarrer Walter Bernet: »Ich habe als Laie nur versucht, den Hiob, so wie der Text übersetzt vorliegt, mit psychologischem common sense zu lesen.«[125] Als derartiger »schlichter Bibelleser« akzeptiert Jung die biblischen Charaktere – unter ihnen eben auch Jahwe – als reale Personen und betrachtet sie als solche mit seinen tiefenpsychologisch geschulten Augen.

Warum beschäftigt sich Jung gerade mit Hiob, welches besondere Interesse verbindet er speziell mit dieser Gestalt? – Im Hiobbuch erkennt Jung einen wesentlichen Sprung, einen essentiellen Fortschritt in bezug auf die Gotteserkenntnis des Menschen. Mit seinen Worten: »Hiob ist ... der äußere Anlaß zu einer innergöttlichen Auseinandersetzung« (S. 406). Für Jung gibt es kein Zurück hinter das Ergebnis dieser im Hiobsgeschehen unwiderruflich gewonnenen Erkenntnisse über Gott. Gerade weil Hiob also einen *fundamentalen Erkenntnisbruch* verkörpert, spielt er »die Rolle eines Paradigmas für die Art und Weise eines Gotteserlebnisses, das für unsere Zeit eine ganz besondere Bedeutung besitzt« (S. 394). *Hiob* verkörpert *als Paradigma* eine menschliche Erkenntnis, die gerade in den Jahren nach dem Zweiten Weltkrieg wieder aktuell wurde. In einem Brief aus dem Jahre 1951 an den späteren Berner Theologieprofessor Hans Schär weist Jung mit Nachdruck auf die neue Aktualität der Hiobsproblematik hin: »Man hat doch hoffentlich noch nicht vergessen, was in Deutschland geschehen ist und was in Rußland Tag um Tag geschieht. Das Leiden Hiobs hört nie auf und mehrt sich millionenfach.«[126]

---

124 *Otto Wolff*, C.G. Jungs »Antwort auf Hiob«, a.a.O., S. 164f.

125 *C.G. Jung*, Brief an *Walter Bernet* vom 13.6.1955, in: ders., Briefe, hrsg. von *Aniela Jaffé* in Zusammenarbeit mit *Gerhard Adler*, Bd. II: 1946–1955 (Olten/Freiburg 1972), S. 501.

126 *C.G. Jung*, Brief an *Hans Schär* vom 16.11.1951, in Briefe II, a.a.O., S. 236.

Welche urmenschliche und in dieser Zeit wieder virulente Gotteserfahrung verkörpert Hiob für Jung? – Hiob deckt als erster in schonungsloser Radikalität die Tatsache auf, daß »Gott sich in Widerspruch mit sich selbst befindet« (S. 396), daß er »einen furchtbaren Doppelaspekt« (S. 484) hat, eine »*Antinomie*, eine totale innere Gegengesetzlichkeit« (S. 396). Jahwe, der Gott des Alten Testamentes, der liebt und zerstört, allwissend herrscht und emotional agiert und reagiert, ist in sich zutiefst gespalten und leidet unter dieser Zerrissenheit. Denn, so Jung, wenn einerseits streng monotheistisch Gott als einziger Weltenschöpfer verstanden werden soll, der dann folgerichtig das Gute *und* das Böse schuf, und andererseits Allwissenheit/Allmacht *und* Gerechtigkeit/Liebe von ihm ausgesagt werden, »so ist die Annahme der im einen Gott enthaltenen Gegensätze unerläßlich« (S. 506), so Jung in einem als Nachwort abgedruckten Brief aus dem Jahre 1956. Keine begriffsverklausulierende Theodizee bei Jung, kein Rückzug auf ein göttliches Mysterium, sondern die konsequent dem Buchstaben der Bibel treue psychologische Deutung Gottes als Person.
Eine solcherart beschriebene schizoide Persönlichkeit ist dem Psychologen Jung aber wohlbekannt als Typus einer »Persönlichkeit, die nur vermöge eines Objekts sich ein Gefühl eigener Existenz verschaffen kann«. Konsequenz: »Die Abhängigkeit vom Objekt ist absolut.« (S. 399) Dieses psychologisch notwendige Objekt Gottes ist aber im Alten Testament der Mensch: jener Mensch, den Hiob beispielhaft repräsentiert. Typische psychologische Reaktion einer derart gespaltenen, auf andere völlig angewiesenen Person: Die Problematik der inneren Antinomie wird auf das Gegenüber projiziert. Und genau so verhält sich – Jung zufolge – Jahwe: er »projiziert auf Hiob ein Zweiflergesicht, welches er nicht liebt, weil es sein eigenes ist« (S. 408).
*Konsequenz für Hiob*: Nachdem er eingesehen hat, daß er nur als Prüfling in einer innergöttlichen Auseinandersetzung fungiert hatte, erkennt er »die innere Antinomie Gottes« (S. 404), erkennt die Fehlerhaftigkeit seiner ursprünglichen Erwartung, Gott sei gerecht, sei ein »moralisches Wesen« (S. 405). Doch um Recht geht es gerade nicht! Wenn es aber nicht um Recht, sondern um die in den Gottesreden offenbarte Macht geht, ist Hiobs Reaktion, die bedingungslose Unterwerfung des Schwächeren in Demut, die psychologisch einzig richtige Reaktion.[127] Erneut spricht der erfahrene Psychiater: »Die therapeutische Maßnahme des widerstandslosen Akzeptierens hat sich wieder einmal bewährt.« (S. 441) *Hiob als Therapeut Jahwes!* Logische Konsequenz und Ergebnis der Auseinandersetzung Hiob/Jahwe: »Der Sieg des Unterlegenen und Vergewaltigten ist einleuchtend: Hiob stand moralisch höher als Jahwe.« (S. 434) *Hiob*, der Mensch, blieb also *moralischer Sieger* gegen Jahwe, so die provokative Schlußfolgerung Jungs.
Doch umgekehrt betrachtet: *Was bedeutet all dies für Gott/Jahwe* – zwei Be-

---

[127] Ganz ähnlich wird ja – wie wir schon gesehen haben – später Elie Wiesel dieses Unterwerfen als »rebellisches Schweigen« interpretieren.

griffe, die Jung synonym verwendet? Zum einen dies: »das Drama hat sich für alle Ewigkeit vollendet. Jahwes Doppelnatur ist offenbar geworden« (S. 414). Doch gerade diese Erkenntnis konnte nicht ohne Folgen bleiben. Bei aller Offenlegung der Antinomie Gottes steht im Hiobbuch selbst letztlich die wirkliche »Antwort auf Hiob« noch aus. Wie eine solche Antwort dann außerhalb des Hiobbuches erfolgen konnte, zeigt Jung im folgenden auf. Die Therapie Hiobs zeitigte deutliche Konsequenzen, denn die »Auseinandersetzung mit der Kreatur wandelt den Schöpfer« (S. 459). Jahwe erinnert sich mittels der Gestalt der »Sophia« seiner Allmacht und Allwissenheit. Und nun zeigt sich Jungs spezifisch christlicher Deutungsansatz, auf den er gleich am Anfang seiner Ausführungen sehr deutlich hingewiesen hatte[128]: Da sich Hiob/der Mensch Jahwe moralisch überlegen gezeigt hat, gibt es für Jahwe nur einen Weg, nur eine »weltumstürzende Wandlung« (S. 431): *Gott »will Mensch werden«* (S. 426), ja, er »muß Mensch werden, denn diesem hat er Unrecht getan« (S. 435). Überraschende, aber konsequente Folgerung Jungs: »Wir erblicken also den unmittelbaren Grund für diese Menschwerdung in der Erhöhung Hiobs und den Zweck derselben in der Bewußtseinsdifferenzierung Jahwes.« (S. 435) – Gott wurde Jung zufolge Mensch, um die moralische Niederlage gegenüber Hiob auszugleichen. *Ohne Hiob deshalb kein Christus*, ohne die Bewußtwerdung der inneren Antinomie Jahwes keine Heilsgeschichte, die sich in Christus vollendet.[129]
Was also ist für Jung die *»Antwort auf Hiob«*, die weit über das Hiobbuch selbst hinausgreift? Es ist ganz konkret der *Aufschrei Jesu am Kreuz* »Mein Gott, mein Gott, warum hast du mich verlassen«(Mk 15,34). Hier erreiche Jesu »menschliches Wesen Göttlichkeit, nämlich in dem Augenblick, wo der Gott den sterblichen Menschen erlebt und das erfährt, was er seinen treuen Knecht Hiob hat erdulden lassen. Hier wird die Antwort auf Hiob gegeben« (S. 438). Doch auch mit Jesus Christus ist die *volle* Antwort auf Hiobs Fragen noch nicht gegeben. Gottes Geschichte mit den Menschen / die Geschichte der Menschen mit Gott geht vielmehr weiter. Gerade die Apokalypse rückt Jung zufolge eine alte Einsicht Hiobs noch einmal ins Zentrum. Jung schreibt:.«Das ist das ewige Evangelium (…): *man kann Gott lieben und muß ihn fürchten*« (S. 484). Auch nach der Menschwerdung in Christus bleibt Gott eine Antinomie, eine, so der von Nikolaus von Kues entlehnte Begriff, »coincidentia oppositorum« (S. 450). Folglich geht die Menschwerdung Gottes weiter, ist die punktuelle Menschwerdung in Christus nur der Auftakt zu einer allgemeinen Menschwerdung, denn: »die Einigung seiner Antinomie« könne

[128] Vgl. S. 393: »Doch nicht darum soll es sich hier handeln, sondern vielmehr um die Art und Weise, wie ein christlich erzogener und gebildeter Mensch unserer Tage sich mit den göttlichen Finsternissen, die sich im Hiobbuch enthüllen, auseinandersetzt, bzw. wie diese auf ihn wirken.«

[129] Vgl. S. 439: »Jahwes Absicht, Mensch zu werden, die sich aus dem Zusammenstoß mit Hiob ergeben hat, erfüllt sich im Leben und Leiden Christi.«

nur im Menschen stattfinden, und dies »bedeutet für den Menschen eine neue Verantwortlichkeit« (S. 484). Das letztendliche Schicksal Gottes und der Menschen ist programmatisch an diese sich fortwährend realisierende Menschwerdung gebunden und als solches ein offenes Programm der Zukunft.

### *Jung im Kreuzfeuer der Kritik*

Das hier nur in groben Zügen skizzierte Buch schlug wie ein Meteor in eine theologiegeschichtliche Situation ein, die gerade von Bultmanns Entmythologisierungsdebatte geprägt war. Und dann solch ein Buch, das heftigste Auseinandersetzungen auslöste, eher wie eine Re-Mythologisierung gelesen und von Martin Buber in die Nähe der »Gnosis«[130] gerückt wurde. Oder, so Karl Barth in einer Randbemerkung in seinen eigenen Reflexionen zum Hiobbuch, dies sei zwar »ein menschlich sehr ergreifendes Dokument«, doch ob seiner subjektivistischen Vorgehensweise als Erklärungsbeitrag zum tatsächlichen biblischen Buch selbst »völlig unergiebig«[131]. Kurz: das Hiobbuch und Jungs Auffassungen seien zwei völlig verschiedene geistige Welten.[132]
Jung war sich der Gefahr bewußt, ob dieses bewußt provokativen Buches »in Stücke gerissen zu werden« (S. 387), so gleich im Vorwort. In einem ein Jahr nach Erscheinen von »Antwort auf Hiob« verfaßten Brief an den Teheraner Professor Henry Cobin beklagt er sich, das Buch habe »eine Lawine von Vorurteilen, Mißverständnissen und vor allem fürchterliche Dummheiten ausgelöst«[133]. Dies traf ihn umso mehr, da dieses Buch eines seiner »persönlichsten und leidenschaftlichsten«[134] Werke war. In ihm findet sich das Resultat seiner lebenslangen Auseinandersetzung mit einem Gottesbild, das von Anfang an als höchst zwiespältig erlebt wurde. Nun, nach Auschwitz und Hiroshima, stellt sich Jung den alten Fragen nach dem Ineinander von Gut und Böse in Gott in aller Radikalität. Jungs »Antwort auf Hiob« ist demnach zugleich *ein philosophisch-theologisches Lebensresümee* als auch *ein früher Versuch einer authentischen Rede von Gott nach Auschwitz.*

---

130 Vgl. die Auseinandersetzung Buber/Jung in Merkur 6 (1952), S. 467–477. Einige weitere Kritikerstimmen: Das Buch sei eine »Uminterpretation der biblischen Offenbarungsgeschichte vom indischen Denken her« (*Hans Wildenberger*, a.a.O., S. 448.), hier werde schlechthin »das Zentrum des Christentums, das Versöhnungsgeschehen und das in breiter Tradition sich mit ihm verbindende Gottesbild« in Frage gestellt (*Otto Wolff*, a.a.O., S. 154), dies sei ein »Angriff auf die kirchliche Verkündigung vor allem des Protestantismus von heute«(*Hans Wildenberger*, a.a.O., S., 443).

131 *Karl Barth/ Helmut Gollwitzer*, Hiob (Neukirchen-Vluyn 1966), S. 31.

132 Vgl. *Raimar Keintzel*, C.G. Jung. Retter der Religion? Auseinandersetzung mit Werk und Wirkung (Mainz/Stuttgart 1991), S. 179: »die Welt Hiobs und die Welt Jahwes, zwischen denen ein Abgrund klafft«.

133 *C.G. Jung*, Brief an *Henry Cobin* vom 4.4.1953, in: ders., Briefe II, a.a.O., S. 323.

134 *Gerhard Wehr*, C.G. Jung (1969), a.a.O., S. 121.

Für einige der beklagten »Mißverständnisse« trägt Jung jedoch selbst die Verantwortung. Struktur und Form dieses Buches erschweren eine objektive Einschätzung. Einige der kühn-assoziativen Gedanken und die überquellende Ideenvielfalt erklären sich freilich aus den unmittelbaren Umständen seiner Entstehung.[135] Der 76jährige (!) leidet im Jahre 1951 an verschiedenen Krankheiten, die ihn zeitweilig ans Bett fesseln. Mitten in seinen Fieberphantasien steht ihm, eigenen Berichten zufolge, das Hiobbuch und sein Grundduktus plötzlich vor Augen, wie eine Inspiration. »Das Ganze war ein Abenteuer, das mir zustieß, und ich beeilte mich, es aufzuzeichnen«[136], schreibt er nicht ohne Selbststilisierung in einem Brief aus dem Jahre 1953. Und so entsteht eben kein logisch durchstrukturierter, wissenschaftlich abgesicherter, objektiver Kommentar, sondern ein spontan-überquellendes, angreifbares, bewußt sehr persönliches und provokatives Buch.

Doch grundsätzlich zurückgefragt: Kann man Jungs methodische *Prämisse der bewußt naiven Bibelhermeneutik*, die er nachträglich immer wieder verteidigt hat, am deutlichsten noch in einem Brief aus dem Jahre 1960[137], bei einem so umfassend gebildeten und wissenschaftlich-interdisziplinär denkenden Menschen wie Jung letztlich akzeptieren? Legt sich hier nicht doch der Verdacht nahe, durch Nichtzurkenntnisnahme von exegetischen und kontexthistorischen Forschungen der Komplexität des Gegenstandes bewußt auszuweichen, um eigene Gedanken assoziativ frei mit dem Gegenstand verbinden zu können? Haben somit jene Kritiker nicht recht, die hier von einer *»neuen Mythologie«*[138] sprechen, einem neuen Ideensystem, das man glauben oder nicht glauben, jedenfalls nicht verifizieren kann?

Und konkret nachgefragt: Was bedeutet diese Bibelhermeneutik für die Aussagen des Psychiaters Jung über Religion und Gott grundsätzlich? Wird hier nicht, wie viele Kritiker meinen, Religion »auf das Psychische reduziert«, liegt zudem nicht doch eine »Verwechslung von Geistigem und Psychi-

---

135 Vgl. *Gerhard Wehr*, Carl Gustav Jung (1985), a.a.O., S. 340ff.

136 *C.G. Jung*, Brief an *Henry Cobin* vom 4.5.1953, in: ders., Briefe II, a.a.O., S. 332.

137 Am eindrucksvollsten – und fragwürdigsten – spiegelt sich Jungs Selbstverteidigung in bezug auf seine grundsätzliche Bibelhermeneutik in einem Brief an seinen Kollegen *Josef Rudin* vom 30.4.1960: »Sagen Sie es im Tone eines leisen Vorwurfs (anläßlich *Antwort auf Hiob*), daß ich keine Rücksicht auf ›Bibeltheologie‹ nehme? Hätte ich dies nämlich getan, so hätte ich vom theologischen Standpunkt aus geschrieben, und Sie hätten alles Recht, mich der Blasphemie zu bezichtigen. Von protestantischer Seite wurde mir der ähnliche Vorwurf gemacht, daß ich die höhere Textkritik nicht in Betracht ziehe. Warum aber haben diese Herren keinen Hiob herausgegeben, der so verfaßt ist, wie er nach ihrer Ansicht hätte lauten müssen? Ich bin ein Laie, und mir liegt nur der (übersetzte) Hiob vor, wie er dem Laienpublikum serviert wird cum sensu auctoritatis. Über diesen Hiob aber denkt der Laie nach und nicht über textkritische Spekulationen, die er sowieso nie zu Gesicht bekommt und die zudem zum Geiste dieses Buches nichts Relevantes beitragen.« Siehe: *C.G. Jung*, Briefe Bd. 3: 1956–1961, hrsg. von *Aniela Jaffé*, (Olten/Freiburg 1973), S. 296.

138 *Raimar Keintzel*, a.a.O., S. 179.

schem«[139] vor? Ist dem Jung-Kritiker Martin Buber recht zu geben, der glaubt nachweisen zu können, daß Jung »über die religiösen Gegenstände Behauptungen formuliert, die den Bereich des Psychischen und Psychologischen (...) überschreiten«[140]?

Zur Klärung dieser Frage muß zunächst *Jungs Selbstverständnis* zur Kenntnis genommen werden. Denn erneut ahnt er bereits im Vorwort seines Buches den Vorwurf voraus, »des Psychologismus verdächtigt zu werden«. (S. 390) Gerade in der Debatte mit Buber weist er jedoch nachdrücklich darauf hin, daß in seiner Konzeption »weder Gott geleugnet, noch der Mensch an Stelle Gottes gesetzt«[141] werde. Nein, Jung, der die Wirklichkeit der »Seele« in die Tiefenpsychologie einführte, leugnet nicht die Existenz Gottes, doch scheint es ihm unmöglich, irgend etwas darüber zu sagen. In bewußter Frontstellung gegen die »Dialektische Theologie« seines Landsmannes und Generationsgenossen Karl Barth[142] konzentriert er sich einzig und allein auf *das anthropologische Phänomen »Religion«*. – Religiöse Aussagen, und nur davon könne ein Mensch wissen, bezögen sich »samt und sonders auf Gegenstände, die physisch nicht feststellbar sind« (S. 387), und unzweifelhaft liege »diesen Bildern ein bewußtseinstranszendierendes Etwas zugrunde« (S. 389) – doch von diesem »Etwas« könne man nichts weiter sagen, als daß die menschliche Seele »eine Beziehungsmöglichkeit, das heißt eine Entsprechung zum Wesen Gottes in sich«[143] habe, so schon in der früheren Schrift »Psychologie und Alchemie«. – Sehr viel hingegen könne man sagen zur Religion als solcher – denn diese sei ja eben ein anthropologisches Phänomen –, aber stets im Bewußtsein, so Jung nochmals gegenüber Martin Buber, »daß ich es mit anthropomorphen Anschauungen zu tun habe und nicht mit wirklichen Göttern«[144]. Und noch deutlicher – gegen alle jene theologischen Kritiker, die diesen Punkt immer wieder übersehen – im bereits zitierten Brief an Walter Bernet: »Sie haben wohl nicht beachtet, daß ich vom *Gottesbild rede und nicht von Gott*, weil ich vom letzteren zu reden überhaupt nicht imstande bin ... Im Hiob wie anderwärts rede ich stets und deklariertermaßen vom *Gottesbild*.«[145] Ohne also Transzendenz zu leugnen, konzentriert sich Jung auf die *Widerspiegelung des Transzendenten in der menschlichen Seele*, über die ge-

---

139 *August Brunner*, Theologie oder Tiefenpsychologie?, a.a.O., S. 403; 407.

140 *Martin Buber*, in: Merkur 6 (1952), S. 467–477, hier S. 474. Vgl. Bubers allgemeine Kritik an Jungs Aussagen zur Religion, in: ders., Gottesfinsternis. Betrachtungen zur Beziehung zwischen Religion und Philosophie [1]1952, in: ders., Werke Bd. I: Schriften zur Philosophie (München 1962), bes. S. 561–574.

141 *C.G. Jung*, in: Merkur 6 (1952), a.a.O., S. 472.

142 Vgl. eine direkt gegen *Barth* gerichtete Fußnote in: *C.G. Jung*, Psychologie und Alchemie [1]1944, Gesammelte Werke Bd. XII (Olten/Freiburg [3]1980), S. 25: »Es ist darum psychologisch gänzlich undenkbar, daß Gott das ›ganz andere‹ schlechthin sein soll.«

143 A.a.O., S. 24f.

144 *C.G. Jung*, in: Merkur 6 (1952), a.a.O., S. 468.

145 *C.G. Jung*, Brief an *Walter Bernet* vom 13.6.1955, in Briefe II, a.a.O., S. 498.

rade er, der Tiefenpsychologe, etwas sagen kann. Jungs Aussagen sind nicht ontologisch-metaphysisch mißzuverstehen, sondern Aussagen über die archetypischen göttlichen Urbilder in der Seele des Menschen.
Hiob als »moralischer Sieger über Gott«, das im Hiobsgeschehen erfolgte »Ende des moralischen Gottes«[146] (Heinz Zahrnt), Hiob als »Provokateur der Menschwerdung Gottes«, die »Antwort auf Hiob im Schrei Jesu am Kreuz«, die »fortwährende Menschwerdung als Aufgabe des Menschen« – Jungs Hiobinterpretation bleibt aktuell und provokativ, sie »kennen zu lernen könnte heute eine individual- und sozialethische Pflicht genannt werden«[147], so ein theologischer Jung-Kritiker in subjektiv-drastischer Überspitzung. Eine zeitgemäße theologische Hiobinterpretation[148] wird an ihr jedenfalls nicht schweigend vorübergehen können, gerade weil einige ihrer zentralen Aussagen auch in der belletristischen wie fachtheologischen Literatur nachwirken und weiterentwickelt werden.

### b. »Hiobs Auszug aus Jahwe« – *Ernst Bloch*

Mit der philosophischen Hiobinterpretation Ernst Blochs (1885–1977), des großen jüdischstämmigen marxistischen Philosophen der Hoffnung, begeben wir uns in eine völlig andere geistige Welt. Gleichzeitig knüpfen wir an einen schon vor langem aufgenommenen Faden innerhalb dieser Arbeit an. Denn wo findet sich Blochs entscheidender Beitrag zur modernen Diskussion um die Hiobsgestalt? – In einem zentralen Kapitel der 1968 erschienenen Studie *»Atheismus im Christentum«* unter der programmatischen Überschrift »Grenze der Geduld, Hiob oder Exodus nicht in, sondern aus der Jachwevorstellung selber, Schärfe des Messianismus«[149]. Dies ist jedoch keineswegs der Erstort der Veröffentlichung, sondern nur die allerdings gründlich überarbeitete und erweiterte Zweitfassung eines Aufsatzes, den Bloch unter dem Titel »Studien zum Buch Hiob« in der vier Jahre zuvor erschienenen Festschrift zu Ehren seiner lebenslangen Freundin Margarete Susman veröffentlichte[150]. Ihr hatte er ja schon zuvor seine Studie über »Thomas Münzer« gewidmet. Nun liefert Bloch in seiner Hiobdeutung eine bewußte Auseinandersetzung mit jener von Susman, eine – wie wir sehen werden – geradezu

---

146 Vgl. *Heinz Zahrnt*, Das Ende des moralischen Gottes. Ein Treffen zwischen Hiob, Freud und Jesus, in: ders., Aufklärung durch Religion. Der dritte Weg (München 1980), S. 37–66.
147 *Ulrich Hedinger*, a.a.O., S. 347.
148 Eine ausführliche *jüdische Auseinandersetzung* gerade mit dem Hiobbuch Jungs und seinen theologischen Implikationen liegt seit kurzem vor: *Éliane Amado Levy-Valensi*, Job: Réponse à Jung (Paris 1991).
149 Vgl. *Ernst Bloch*, Atheismus im Christentum. Zur Religion des Exodus und des Reichs [1]1968 (Frankfurt 1985), S. 148–166. Zitate im Text entstammen dieser Ausgabe.
150 Vgl. *Ernst Bloch*, Studien zum Buch Hiob, in: *Manfred Schlösser* (Hrsg.), Auf gespaltenem Pfad. Für Margarete Susman (Darmstadt 1964), S. 85–101.

»diametral entgegengesetzte«[151] Auslegung, ohne im Text freilich auf diesen Bezug direkt einzugehen.[152]

Aber auch dieser Aufsatz ist keineswegs der Anfang von Blochs Auseinandersetzung mit Hiob, vielmehr ist hier ähnlich wie bei Susman, Wolfskehl oder Claudel von einer jahrzehntelangen intensiven Beschäftigung mit dieser biblischen Figur auszugehen. So schrieb Bloch schon 1942 in einem Brief, er arbeite an einer »Philosophie der Religion«, und dazu gehöre »eine Untersuchung zum Buche Hiob«[153]. Tatsächlich finden sich denn auch sämtliche konzisen Grundgedanken Blochs zu Hiob schon in seinem zwischen 1938 und 1947 verfaßten epochalen *Hauptwerk »Das Prinzip Hoffnung«*[154].

Was sind die Zentralanliegen von Blochs Hiobauslegung, der einerseits eine »bestechende Radikalität«[155], eine »unbestreitbare Originalität des Denkens«[156] bescheinigt wird, die aber andererseits als »stürmische Beschlagnahmung des Alten Testaments«[157] kritisiert wird, die vor »exegetischen Gewaltstreichen«[158], ja vor »Verstümmelung«[159] des Hiobbuches nicht Halt mache, so daß Blochs Methode ein »offenbar gestörtes Verhältnis zur Wahrheit«[160] erkennen lasse? – Wie bei dem ähnlich umstrittenen Hiobbuch C.G. Jungs ist ein Blick auf die *hermeneutischen Vorentscheidungen* des Philosophen Bloch unumgänglich.

---

151 So mit Recht **André Neher*, Job dans l'oeuvre de Bloch, in: *Gérard Raulet* (Hrsg.), Utopie – Marxisme selon Ernst Bloch (Paris 1976), S. 233–238, hier: S. 236.

152 In diesem Zusammenhang darf eine formale Kritik an Blochs Arbeitsweise nicht unerwähnt bleiben: Bloch stützt sich in seiner Auseinandersetzung mit Hiob – die hier als Paradigma dienen mag – auf vielfache *Quellen und Anregungen*, die er jedoch fast immer *verschweigt* (Kallen, Jung, Susman, Exegese der 30er Jahre). Entzieht er sich damit nicht einerseits einer philologisch sauberen Dokumentationspflicht, und macht er nicht damit andererseits eine Nachprüfung und Einordnung seiner Thesen unnötig mühsam?

153 *Ernst Bloch*, Brief an *Otto Klemperer* vom 30.7.1942, in: ders., Briefe Bd. II 1903–1975, hrsg. von *Karola Bloch* et al. (Frankfurt 1985), S. 716. Zu Bloch siehe *Erhard Bahr*, Ernst Bloch (Berlin 1974); *Silvia Markun*, Ernst Bloch (Reinbek 1977); *Gert Ueding*, Bloch in Tübingen, in: *Eckhard Nordhofen* (Hrsg.), Physiognomien. Philosophen des 20. Jahrhunderts in Portraits (Königstein 1980), S. 159–177; *Burghard Schmidt*, Ernst Bloch (Stuttgart 1985); *Peter Zudeick*, Der Hintern des Teufels. Ernst Bloch – Leben und Werk (Bühl-Moos 1985).

154 Vgl. *Ernst Bloch*, Das Prinzip Hoffnung, Gesamtausgabe Bd. 5 (Frankfurt 1959), S. 1455f.

155 *Helmut Gollwitzer*, Krummes Holz – aufrechter Gang (München 1970), S. 244.

156 *François Chirpaz*, Ernst Bloch und die Rebellion Ijobs, in: Concilium 19 (1983), S. 686–692, hier: S. 690. Siehe auch: *Henry Mottu*, La Figure de Job chez Bloch, in: Revue de Théologie et de Philosophie III 27 (1977), S. 307–320.

157 *Walther Zimmerli*, Der Mensch und seine Hoffnung im Alten Testament (Göttingen 1968), S. 173.

158 *Felix Gradl*, Ein Atheist liest die Bibel. Ernst Bloch und das Alte Testament (Frankfurt 1979), S. 221. Vgl. dazu neuestens: *Thomas H. West*, Ultimate Hope Without God. The Atheistic Eschatology of Ernst Bloch (Bern/Frankfurt/New York 1991).

159 *François Chirpaz*, a.a.O., S. 691.

160 *Walter Bodenstein*, Die Deutung Hiobs bei Bloch und Kafka, in: Die Spur 11 (1971), S. 89–96, hier: S. 91.

Gerade an Blochs *Bibelhermeneutik* entzündet sich *heftigste Kritik und Ablehnung* durch christliche Theologen.[161] Immer wieder stößt man auf den Vorwurf, Bloch lese die Bibel durch die vorgefärbte Brille seiner »idealistisch-marxistischen Geschichtsphilosophie«[162] und verkürze oder verfälsche somit den eigentlichen Text. – Wie sieht Bloch selbst seinen Umgang mit der Bibel? Im Gegensatz etwa zu C.G. Jung geht er ganz *bewußt exegetisch* vor. Er sieht die Bibel sehr wohl in ihrer heute vorliegenden Gesamtheit, doch als solche lehnt er sie ab, weil sie das Ergebnis einer Glättung, einer politisch-priesterschriftlichen Theokratisierung sei. Das Alte Testament etwa sei durch Esra und Nehemia in diesem Sinne redigiert, kanonisiert und dadurch letztlich zensiert worden.[163]

Gegen diesen kanonisierten Endtext will Bloch nun *die Bibel bewußt gegen den Strich lesen*, will in *»detektorischer Bibelkritik«*[164] einen *Subtext* offenlegen, der das Gegenteil von der Endredaktion bezeugt und als *ursprüngliche Sinnstufe* angesehen wird, eine »unterirdisch paradoxe Bibelhäresie« (S. 22). Denn gegen jene Tendenz der Theokratisierung Jahwes gibt es Bloch zufolge die ihm allein wichtige Anti-Tradition, den für ihn »entschiedensten Affekt der Bibel«: gegen »die oben mit ihrem Priestergott, gibt es nur hier den Aufruf zur Revolte dagegen« (S. 21). Dieser *rote Faden der Rebellion des Menschen gegen Gott* – repräsentiert etwa durch die Kains-Sage, den Turmbau zu Babel, oder den Jakobskampf am Jabbok – diese Gegengeschichte ist es, die Bloch interessiert, denn ihm scheint es »nötig, die Bibel sub specie ihrer weiterwirkenden *Ketzergeschichte* zu lesen« (S. 23). Nur so erweise sich die Bibel als wichtigste Urkunde der Menschheit, nur durch »*Enttheokratisierung* läßt sich in der Bibel ihrem zu rettenden Text gerecht werden« (S. 111). Was würde durch eine solche Lesart gewonnen? – Gewonnen würde die *Hoffnung*, jene unbedingte Zentralkategorie blochschen Denkens, möglich würde ein »Transzendieren ohne Transzendenz« (S. 23), wiederum eines seiner zentralen Grundanliegen. Blochs Bibelhermeneutik zielt also darauf ab, die Erkenntnis der letztlich a-theistischen Grundexistenz des Menschen schon in der

---

161 Vgl. hierzu etwa die frühe Studie von *Carl Heinz Ratschow*, Atheismus im Christentum? Eine Auseinandersetzung mit Ernst Bloch (Gütersloh 1970); Überblick und themenbezogene Auswahlbiographie bei: *Hermann Deuser/Peter Steinacker* (Hrsg.), Ernst Blochs Vermittlung zur Theologie (München/Mainz 1983).

162 **Daniel L. Migliore*, Barth and Bloch on Job: A Conflict of Interpretations, in: *James T. Butler* et al. (Hrsg.), Understanding the Word. Essays in Honour of *Bernhard W. Anderson* (Sheffield 1985), S. 265–279, hier: S. 270.

163 Vgl. hierzu: *Ernst Bloch*, Vom Sinn der Bibelkritik, in: *Hans Jürgen Schultz* (Hrsg.), »Sie werden lachen – die Bibel«. Erfahrungen mit dem Buch der Bücher (München 1985), S. 45–58. Dieser Essay geht auf ein Rundfunkgespräch Blochs mit *Bernd Stappert* zurück, gesendet vom Süddeutschen Rundfunk am 13.4.1975.

164 Vgl. *Ernst Bloch*, Atheismus im Christentum, a.a.O., S. 98–111: Kapitel »Bibelkritik als detektorisch: Roter Faden und Enttheokratisierung im unterdrückten Text«.

scheinbar theistischen Urkunde des Judentums und Christentums selbst aufzuweisen. Die wichtigsten religiösen Gestalten bis hin zu Jesus hätten eben diese Einsicht mehr und mehr vertreten, so daß der Titel des Buches sein Programm tatsächlich festlegt: es geht um den – positiv bewerteten – Aufweis des »Atheismus *im* Christentum«.

Wie bei *Jung*, so legt sich auch hier die Frage nahe: Warum Hiob, welches spezielle Interesse verbindet Bloch gerade mit dieser Figur, die ihm zufolge zumindest als Erinnerung auf eine historische Figur zurückgehe, »die einmal gelebt haben muß, wenn auch in grauer Vorzeit«[165]? – Für Bloch ist Hiob mehr als nur eine biblische Figur neben anderen, vielmehr bildet das Hiobbuch für ihn, so Carl Heinz Ratschow mit Recht, »den Zielpunkt des ganzen Alten Testaments«[166]. Und wie konkretisiert Bloch diesen Zielpunkt? Schritt für Schritt soll seine Hiobdeutung im folgenden dokumentiert werden.

Das Hiobbuch ist für Bloch in seinem Kern ein *Buch der menschlichen Revolte*, denn sein Protagonist »bezweifelt, ja verneint Gott als einen Gerechten« (S. 148), steht also der Theokratisierungstendenz der orthodoxen Bibelredaktion diametral entgegen. Der Fall des unschuldig leidenden Hiob zerstört unwiderruflich den Glauben an den allmächtigen und allgerechten Gott. Schon im »Prinzip Hoffnung« lesen wir: »weder die lahmen Korrektheiten und traditionellen Harmonien seiner Freunde noch auch der Gewittersturm, worin Jahwe seine disparate Erhabenheit kundgibt, retten den Glauben an die Gerechtigkeit des ehemals so großartig verkündet-verkündenden Gottes«[167]. Und doch ist das Hiobbuch ein Teil der Bibel, wie das? Indem, so Bloch, sich hier ein hervorragendes Beispiel für jene glättend-harmonisierende Tendenz der Endredaktion zeigt: »Das Volksbuch hat über den Dichter gesiegt« (S. 159). Bloch rezipiert hier – ohne direkte Angabe seiner Quelle – die These von Horace M. Kallen[168], dem zufolge die Endredaktion den orthodoxen Rahmen um die in sich häretische Hiobdichtung legt, um so den Anschein von Orthodoxie zu wahren. Der Rahmen sei nichts als die »Deckung der Häresien, auf deren Bekundung es vor allem ankam« (S. 156). Weder die »abgemachten, vorgeschriebenen, unwirklichen Klischees« (S. 150) der Tröster, noch die »gereizt majestätische ... schlechthin niederwerfende« (S. 153) Antwort Jahwes aus dem Wettersturm, und nicht einmal die »schließliche Konformismus-Szene« (S. 155) der Demutsbezeugungen Hiobs können laut Bloch den wahren Charakter des Hiobbuches als Dichtung der Rebellion gegen Gott verstellen.

---

165 *Ernst Bloch*, Sinn der Bibelkritik, a.a.O., S. 48.

166 *Carl Heinz Ratschow*, a.a.O., S. 60.

167 *Ernst Bloch*, Das Prinzip Hoffnung, a.a.O., S. 1455.

168 Im Radiointerview von 1975 geht Bloch direkt auf Kallens Thesen ein, Hiob sei die aramäische Übersetzung einer verlorengegangenen griechischen Tragödie. Wiederum nennt Bloch den Namen nicht direkt, auch verwirft er *diese* These – doch übernimmt er ohne Quellenbeleg die These der Rettung der Hiob-Häresien durch die orthodoxe Ummantelung; vgl. *Ernst Bloch*, Vom Sinn der Bibelkritik, a.a.O., S. 49.

Im Hiobbuch findet sich Bloch zufolge »ein neues Bild von Jahwe«, hier erfolge eine »fortdauernde Humanisierung der Gottesvorstellung«[169], aber eben nicht in der vorliegenden geglätteten Endform, sondern in der ursprünglichen, exegetisch herausfilterbaren Urfassung. Ziel und Anspruch dieses Grund-Buches sei nichts weniger als »die Entdeckung des ursprünglichen Könnens innerhalb religiöser Sphäre: Ein Mensch kann besser sein, sich besser verhalten als sein Gott« (S. 150). Und noch deutlicher, in einer Sprachform und einem Sinngehalt, der überraschenderweise dem von C.G. Jung erstaunlich nahe kommt: »Ein Mensch überholt, ja überleuchtet seinen Gott.« (S. 152)[170] Wie erklärt Bloch diesen moralischen Sieg des Menschen in Hiob über Gott? Hiob habe in seiner Kritik »der vorhandenen Welt die Ahnung einer besseren« (S. 152f) gegenübergestellt. Jahwes Antwort aber sei ein Rückfall in eine physikalisch-kosmische Naturtheologie, nicht ohne einen Hauch von »dämonischem Pantheismus« (S. 154). Seine Weltsicht sei »nicht mehr anthropozentrisch« (S. 154), nicht mehr moralisch und damit ein unverzeihlicher Rückschritt gegenüber der *moralisch höherstehenden Gotteserwartung Hiobs*. Dessen Auszug aus dieser überholten Gottesvorstellung, der »Exodus Hiobs aus Jahwe« (S. 151), sei die folgerichtige Konsequenz.
Nein, nicht auf diese Gottesreden und die anschließende Unterwerfung Hiobs hin sei das Grund-Buch konzipiert, sondern vielmehr auf eine, in der vorliegenden Fassung noch enthaltene *»andere Lösung«* (S. 156). Sie verberge sich hinter dem »heillos verderbten« (S. 156) Text von Hiob 19,25–27, den die Einheitsübersetzung wiedergibt als: »Doch ich, ich weiß: mein Erlöser lebt (...)«. Nicht die christlich eingefärbte Übersetzung »Erlöser« entspreche jedoch dem hebräischen »goel«, so der gebürtige Jude Bloch im Anschluß an Margarete Susman und mit philologisch nicht zu widerlegender Stringenz, sondern *»Bluträcher«*, ein »nächster Verwandter und Erbe, der die Pflicht hat, einen Ermordeten zu rächen« (S. 156f). Und dieser Bluträcher, den Hiob beschwört, *»kann nicht der gleiche Jachwe sein, gegen den Hiob den Rächer aufruft«* (S. 157). Nicht letztes Vertrauen auf Jahwe, schon gar nicht ein Voraushinweis auf Christus sei die Grundaussage dieses Zentralverses des gesamten Buches, sondern die Hoffnung auf einen irdischen Rächer. Noch einmal Bloch: Die Antworten auf Hiobs Fragen werden »im *Reich des Rächers gegeben, das mit dem eigenen guten Gewissen verknüpft ist*; sie werden sonst nirgends gegeben.« (S. 159)
Philosophische Konsequenz dieser Erklärung ist ein doppeltes Dilemma: Einerseits setzt Hiob den Anfang der Auseinandersetzung um Gottes Gerechtig-

[169] A.a.O., S. 49. Den Endpunkt dieser Humanisierung der Gottesvorstellung sieht Bloch, wie Jung!, in Jesus: »Dieser Vorgang, durch Hiob vorbereitet, wirkt voll erst in der Jesusvorstellung.« Unter Humanisierung versteht Bloch hier die wachsende Emanzipation des Menschen gegenüber Gott, den letztlichen Auszug aus und Verzicht auf Gott.
[170] Bloch verschweigt auch die offensichtliche Beeinflussung durch Jung – den er andernorts permanent als »faschistisch schäumenden Psychoanalytiker« verunglimpft, vgl. *Ernst Bloch*, Das Prinzip Hoffnung, a.a.O., S. 65.

keit und Güte, mit ihm beginnt nun »die fatale Notwendigkeit der Theodizee« (S. 150). Gleichzeitig aber beendet er diese Auseinandersetzung, denn jegliche Theodizee ist »seitdem, an Hiobs harten Fragen gemessen, eine Unredlichkeit« (S. 163).[171] Für Bloch bleibt angesichts der Hiobsproblematik nur der dort ursprünglich bereits vorexerzierte Auszug aus Gott. Aber werden, so fragt er weiter, »die Fragen und Anklagen Hiobs ... bei Wegfall eines thronenden Gottseins gegenstandslos«? (S. 164) – Keineswegs, die *Fragen und Grundprobleme bleiben bestehen*: »Hiobs Fragen sind derart mit seinem Auszug aus dem scheinbaren Gerechtigkeits-Jachwe nicht ganz beantwortet« (S. 165).

Hiob steht also nicht für einen seichten Triumph des Atheismus über jedwelchen Theismus. Die Fragen bleiben, doch Bloch gibt seinerseits zwar nicht eine Antwort, aber doch eine Perspektive: »*dieser Auszug ist nicht auch einer aus dem Auszug selbst*« (S. 165). Was bleibt, ist das Motiv des Auszugs, die urmenschliche Hoffnung, die immer wieder eine neue Dimension erschließt. Auch für den Atheisten Bloch steht Hiob als ein »biblischer Prometheus« (S. 155)[172] also nicht nur als *Modell des Auszugs aus Gott*, sondern in diesem Akt des Auszugs gerade als ein *Paradigma des »Transzendierens ohne Transzendenz«*, das dem Menschen Halt und Richtung geben kann.

### *Anfragen an Bloch*

Ohne Zweifel: »Atheismus im Christentum« ist ein innovatives, provokatives und so zu kritischer Auseinandersetzung herausforderndes Buch. Der jüdische Sozial- und Wirtschaftswissenschaftler Adolph Lowe, dem es gewidmet ist, preist es stellvertretend als »ein großartiges Buch«, und dies gerade weil die herausragende »Hiobdeutung im Mittelpunkt steht«[173]. Eine Grundsatzauseinandersetzung mit Blochs Philosophie ist hier natürlich nicht zu leisten, einige Anfragen und Anmerkungen zur Klärung seiner Position über Hiob sind jedoch unumgänglich.

Wie bei Jung, so wird auch hier zunächst die grundsätzliche Bibelhermeneu-

---

171 Insofern relativiert sich die These von *Stefan Zecchi*: »Hiob wird für Bloch die Spur, um den Sinn der Theodizee zu verstehen.« Vgl. *Stefan Zecchi*, Hiob und Müntzer. Die Utopie als Spur ethischer Bedeutung, in: *Heinz Ludwig Arnold* (Hrsg.), Ernst Bloch (München 1985), S. 32–45, hier: S. 36. Nicht um einen Sinn von Theodizee geht es Bloch, sondern um deren Unmöglichkeit.

172 Vgl. schon im »Prinzip Hoffnung«, a.a.O., S. 1456: »die Rebellion Hiobs, des hebräischen Prometheus«. Zum Vergleich Hiob/Prometheus im allgemeinen siehe: *William A. Irwin*, Job and Prometheus, in: The Journal of Religion 30(1950), S. 90–108; *Herbert G. May*, Prometheus and Job: The Problem of the God of Power and the Man of Worth, in: Anglican Theological Review 34(1952), S. 240–246; *Saul Israel*, Hiob – Prometheus in Judäa, in: Antaios 9(1967), S. 369–384.

173 *Adolph Lowe*, Brief an *Ernst Bloch* vom 21.10.1968, in: *Ernst Bloch*, Briefe, Bd. II, a.a.O., S. 807.

tik, innerhalb derer die spezifische Hiobdeutung erfolgt, noch einmal kritisch hinterfragt werden müssen. Sicherlich stimmen die Aussagen Felix Gradls, Bloch lese die Bibel »grundsätzlich unter utopisch-revolutionärem Vorzeichen«. Stimmt aber auch Gradls Schlußfolgerung: »Bei diesem Vorgehen, das auf Kontext und ursprünglichen Wortsinn nicht achtet, vollzieht sich eine entscheidende semantische Drehung: Das Bibelwort wird zur Chiffre, wird zum Zeichen, welches in neuem Kontext das von diesem her Gemeinte bezeichnet.«?[174] Blochs eigener Ansicht zufolge legitimiert eine Auslegung à la Gradl nur die anpasserische Theokratisierungstendenz der Endredaktion, während seine eigene Deutung eben den Urkern wieder vorscheinen lasse. Keine semantische Drehung im Sinne von Verfälschung also, sondern eine Rück-Drehung im Sinne einer Wiederentdeckung des Ursprünglichen. Dies zumindest ist der Selbstanspruch der blochschen Bibelhermeneutik.[175]
Ein weiteres Mal wird Gradl in seiner Untersuchung zu Blochs Umgang mit der Bibel diesem nicht gerecht. Er behauptet, der »Einfluß exegetischer Fachliteratur« spiele bei Bloch »von wenigen Ausnahmen abgesehen, so gut wie keine Rolle«[176]. Diese undifferenzierte Einschätzung bedarf der Korrektur. Dem Tübinger Alttestamentler *Bernhard Lang* ist die Erkenntnis zu verdanken, daß Bloch sich sehr wohl mit exegetischer Fachliteratur auseinandergesetzt hat, aber: Da sich alle wichtigen themenbezogenen Grundgedanken bereits vor »Atheismus im Christentum« finden, konkreter auf die Entstehungsjahre des 1938–1947 konzipierten »Prinzip Hoffnung« zurückdatieren lassen, ergibt sich die folgende Einsicht: »Es findet sich kaum eine These, die in den dreißiger Jahren nicht bekannt oder sogar geläufig gewesen wäre.«[177]
Die exegetischen Prämissen von Blochs Deutungen der alttestamentlichen Geschichte entstammen – Punkt für Punkt nachgewiesen – den seinerzeit eminent einflußreichen Studien von Ernst Sellin und Julius Wellhausen, sind also keineswegs so völlig originell, wie oft behauptet. Nachdem Bloch sich anhand des aufgenommenen Forschungsstandes der 30er Jahre einmal seine feste Meinung gebildet hatte, hielt er es allem Anschein nach für unnötig, die Fachliteratur vor der Veröffentlichung von »Atheismus im Christentum« dreißig Jahre später noch einmal gründlich zu Rate zu ziehen. Nicht die Nichtbeachtung exegetischer Erkenntnisse könnte man ihm also mit Recht vorwerfen, sondern höchstens die mangelhafte Überprüfung des einmal aufgearbeiteten wissenschaftlichen Diskussionsstandes anhand der aktuellen Fachliteratur.
Durch die Verarbeitung der Ergebnisse zeitgebundener Exegese, doch der

---

174 *Felix Gradl*, a.a.O., S. 236.

175 Inwieweit Bloch diesen Anspruch freilich wissenschaftlich historisch-kritisch – und mit Betonung auf kritisch – verifizieren kann, ist nur im konkreten Einzelfall aufweisbar.

176 A.a.O., S. 239.

177 *Bernhard Lang*, Ernst Bloch als Leser des Alten Testaments, in: Theologische Quartalsschrift 158(1978), S. 110–120, hier: S. 112.

Nichtzurkenntnisnahme späterer Fachliteratur wird der Eindruck einer *vorurteilsgesteuert eigenzielbestimmten Auswahlhermeneutik* genährt. Wird hier nicht die wissenschaftlich exakte Überprüfung der Grundthese preisgegeben, um sie als solche aufrechterhalten zu können? Einige seiner konkret *exegetischen Aussagen* sind so gesehen auf dem Erkenntnisstand der Wissenschaft der 60er Jahre, geschweige denn aus heutiger Sicht *nicht haltbar*. Blochs Behauptung etwa, das Hiobbuch sei in seiner Urform auf die Verse 19, 25–27 hin angelegt – eine These, die aus entgegengesetztem Interesse in völlig anderer Auslegung von vielen christlichen Theologen geteilt wird –, läßt sich durch nichts exegetisch, logisch, aber auch strukturell-literarisch stützen und bleibt beliebige, unbeweisbare Vermutung.
Auch hinsichtlich möglicher Urformen und Redaktionsprozesse des Hiobbuches hat Bloch exegetisch schlichtweg Unrecht, doch ist ihm dies wohl bewußt, denn sein Ziel, so Diether Gebracht, sei es eben, »das biblische Buch Hiob nicht als solches, seiner eigenen Intention gemäß, zu verstehen«. Pointiert: »Natürlich hat Bloch exegetisch Unrecht, doch geht es darum nicht.«[178] Wie das? Worum geht es denn? Es kann Bloch nur *auf der Ebene der Rezeption* um die *Bedeutung Hiobs für heute*, um eine Lesart des Hiobbuches gegen den Strich vor unserem zeitgenössischem Hintergrund gehen. Hiob *wird* gerade so zur paradigmatischen Veranschaulichung des Blochschen Prinzips Hoffnung.
Auf dieser Ebene der zeitgenössischen, frei-assoziativen Hiobinterpretation ist nun die Weigerung Blochs entscheidend, die von Margarete Susman vorgeschlagene Rezeptionsspur zu verfolgen. Ganz bewußt entscheidet er sich gerade auch »nach Auschwitz« gegen eine kollektiv-jüdische und letztlich religiös demütig ausharrende Hiobinterpretation, die im Vertrauen auf das alte Gottesbild auf den letztendlich doch rettenden Eingriff Gottes hofft. Für Bloch bleibt Hiob – in bewußter Frontstellung zum biblischen Text – nur als *rebellisches menschliches Modell* wichtig, als Modell des Auszugs aus Gott und eines Auszugs schlechthin, der als solcher seine bleibende Bedeutung behält.

### c. Hiob als Sündenbock seines Volkes – *René Girard*

In C.G. Jungs »Antwort auf Hiob« konnte man bezüglich Gottes die folgende These lesen: »Seine Bereitschaft, Hiob dem mörderischen Zugriff Satans zu überlassen, beweist, daß er darum an Hiob zweifelte, weil er seine eigene Tendenz zur Untreue auf einen Sündenbock projiziert.«[179] *Hiob* steht bei Jung

---

[178] *Diether Gebracht*, Aufbruch zu sittlichem Atheismus. Die Hiob-Deutung Ernst Blochs, in: Evangelische Theologie 35 (1975), S. 223–237, hier: S. 233/235.
[179] *C.G. Jung*, Antwort auf Hiob [1]1952, in: ders., Gesammelte Werke Bd. XI (Olten [2]1973), S. 419.

also als *Sündenbock Gottes*. Dieses Motiv, Hiob als Sündenbock, greift René Girard[180] (*1923) auf – um es jedoch völlig eigenständig und provokativ neu zu formulieren.
Der in Avignon geborene Franzose hat seit den frühen siebziger Jahren als Literaturwissenschaftler und Religionsphilosoph eine völlig eigenständige und vieldiskutierte *Kulturanthropologie* entwickelt. Seine Studien »Das Heilige und die Gewalt«(1972), »Das Ende der Gewalt«(1978) und »Der Sündenbock«(1982) beschäftigen sich primär damit, die rituellen Mechanismen aller Kulturen und Religionen in bezug auf den Umgang mit dem *Phänomen »Gewalt«* aufzudecken, wobei speziell dem Christentum die Rolle zufallen soll, diese universalen Gewaltmechanismen zu durchbrechen. Anhand ausführlicher Text-, Literatur-, und Bibelstudien[181] weist er das Vorhandensein derartiger Mechanismen, aber gerade auch die Ansätze zu deren Überwindung in der jüdisch-christlichen Glaubensurkunde selbst nach.

### *Ein Kulturanthropologe liest die Bibel*

Im Zusammenhang mit dieser kulturanthropologischen und religionsphänomenologischen Gesamttheorie ist sein 1985 erschienenes und 1990 ins Deutsche übersetztes Werk zu sehen, das den Titel trägt »Hiob – ein Weg aus der Gewalt«[182]. Der *Fall Hiob* dient Girard als *archetypisches Paradebeispiel zur Illustrierung seiner zuvor entwickelten Theorie*. In einem Interview mit der französischen Zeitschrift »Le point« antwortet er auf die Frage, warum er ausgerechnet Hiob eine eigene Studie widmet: »Nun, zuerst, weil es ein ganz erstaunlicher Text ist. Seine literarische und poetische Qualität bleibt auch heute noch ergreifend.« Und weiter: »Es scheint mir, daß dieser fremdartige Text seltsame Widersprüche hervorgerufen hat. Mit anderen Worten: Man hat ihn Dinge aussagen lassen, die er nicht enthält.«[183] Girard wendet sich offensiv gegen jegliche bisherige Hiobinterpretation: sämtliche Ausleger dieses biblischen Buches hätten dessen eigentliches Anliegen nicht erkannt, obwohl es doch auf der Hand läge. Denn worunter leidet Hiob, was ist sein Grund-

---

180 Zu Weg und Werk Girards siehe: To Honour René Girard. Presented on the Occasion of his Sixtieth Birthday by Colleagues, Students, Friends (Stanford 1986); *Eugene Webb*, Philosophers of Consciousness. Polanyi, Lonergan, Voegelin, Ricoeur, Girard, Kierkegaard (Seattle/London 1988), bes. S. 183–225.

181 Siehe hierzu: *Andrew J. McKenna* (Hrsg.), René Girard and Biblical Studies, Semeia 33 (1985). Zur theologischen Auseinandersetzung siehe besonders: *Raymund Schwager*, Brauchen wir einen Sündenbock? Gewalt und Erlösung in den biblischen Schriften (München 1978).

182 *René Girard*, Hiob – ein Weg aus der Gewalt (Zürich 1990). Alle Zitate im Text entstammen dieser Ausgabe. Vgl. auch den späteren, nur wenig Neues bietenden Beitrag: *René Girard*, Job as Failed Scapegoat, in: *Leo G. Perdue/ W. Clark Gilpin* (Hrsg.), The Voice from the Whirlwind. Interpreting the Book of Job (Nashville 1992), S. 185–207.

183 »Job, bouc émissaire. George Suffert fait le point avec René Girard, in: Le point, 19. 5. 1985, S. 72–80, hier: S. 72.

problem: »Hiob sagt ganz klar, worunter er leidet: unter der Ächtung und Verfolgung seiner Mitmenschen. ... Er ist der *Sündenbock seiner Gemeinschaft*.« (S. 12) – so Girard gleich am Anfang seines Buches.
Hiob also nicht – so das »hier vorgelegte neue Verständnis« (S. 12), das den Anspruch erhebt, das einzig richtige und ursprüngliche zu sein – als Opfer der göttlich/satanischen Wette oder Prüfung, Hiob nicht eigentlich im Konflikt mit Gott, sondern ausschließlich mit den Mitmenschen? Wie kommt Girard zu dieser in der Tat revolutionären Hiobdeutung? Er leitet sie ab aus einer *exegetisch-hermeneutischen Prämisse*: Man müsse sich, so Girard, die erst später hinzugefügte (!) Rahmenhandlung des Hiobbuches wegdenken, um dessen eigentlichen Kern, die Hiobdialoge, als solche unvoreingenommen betrachten zu können. In dem bereits zitierten Interview mit »Le point« sagt er es klar und deutlich: »Der Prolog und der Epilog wurden hinzugefügt, um den Leser zu beruhigen.«[184] Girard übernimmt also die unter anderem von Kallen und Bloch bekannte These, die Rahmenhandlung sei eine spätere Hinzufügung zu den Dialogen, sie diene genauso wie die ebenfalls sekundären Gottesreden einzig dazu, »das Wesentliche zu vertuschen« (S. 180), Hiob »für die unterschiedlichen Orthodoxien annehmbar« (S. 182) zu machen. Wenn dem aber so ist, dann bleibt dem Interpreten, der sich um die Grundaussage des Buches bemüht, Girard zufolge nur die Aufgabe, es »vom verderblichen Einfluß des Prologs zu reinigen« (S. 17). Liest man die Hiobdialoge nun aber ohne den Prolog, so ergibt sich ein völlig neues Bild. Noch einmal Girard: »Der Hiob der Dialoge ist nicht der Hiob des Prologs.« (S. 20)
Diese Erkenntnis des radikalen Bruchs im Hiobbuch erfolgt noch völlig im Rahmen des exegetischen Konsenses. Nicht konsensfähig hingegen ist das Bild, das Girard dann von dem Hiob der Dialoge zeichnet: »Er ist ein von der öffentlichen Meinung erst hochgelobter, dann jäh fallengelassener großer Herrscher.« (S. 20) Girard führt eine imposante Reihe von *Textzeugnissen* aus dem Hiobbuch an, etwa 19,13–19; 30,1–12, in denen der Protagonist sein Schicksal dahingehend beklagt, daß er früher in der Tat ein großer, geachteter Herrscher war, der nun von der menschlichen Gemeinschaft ausgestoßen und verachtet ist. Kein Wort hier von Gott, so Girard! In bezug auf die Frage nach der konkreten Ursache von Hiobs Unglück finde sich einzig »das immer gleiche Grundmotiv, nämlich die Mißhandlung eines isolierten Opfers durch eine Vielzahl von Feinden.« (S. 37)
Der hinter diesem Prinzip verborgene *universal-anthropologische Grundmechanismus* sei nun aber ein bekanntes Phänomen, »das Sündenbock-Werden des Helden« (S. 38). Hiob biete geradezu das »charakteristische Profil des gestürzten Idols« (S. 26), er sei ein Paradebeispiel für jenen Mechanismus, dem Girards grundsätzliches Hauptinteresse gilt: der »Metamorphose des Volksidols in einen Sündenbock« (S. 50). Der einstmals hochgelobte Volksheld wird Opfer eines »massiven und jähen Stimmungsumschwungs« (S. 23),

[184] *Ebd.

hervorgerufen durch »mimetische Rivalität« (S. 74), durch den eifersüchtigen Neid der Konkurrenten aus der gleichen Herrscherklasse, die das Volk durch erfolgreiche Propaganda auf ihre Seite bringen konnten. Zentrum der Girardschen Theorie ist nun die Beobachtung, daß sich die somit »einmütige Gewalt der Gruppe in die Epiphanie der Gottheit« (S. 43) verwandele, daß also der *Sündenbockmechanismus als heiliges, göttliches Opferhandeln* empfunden und interpretiert wird: im Opfern des Sündenbocks versöhnt sich die Gemeinschaft mit ihrer Gottheit.

Das Hiobbuch spiegele also den Idealtypus eines solchen Sündenbockrituals. Aber – und das sei das Aufregende an diesem Buch – nur bis zu einem gewissen Punkt. Im Gegensatz zu Oedipus, einem anderen Paradebeispiel dieser Theorie, *durchbreche Hiob den Ritus*, zeige sich die Überlegenheit des biblischen Textes gegenüber den klassischen Mythen in einer »radikalen Entmystifizierung« (S. 56). Wie das? – Eine wesentliche Voraussetzung zum Funktionieren des Sündenbockrituals sei dessen »Forderung nach Einmütigkeit«, und diese betreffe »zuallererst das Opfer« (S. 143). Oedipus etwa willige schließlich in sein Schicksal ein und verlange geradezu die eigene Bestrafung. Genau das fordern nun besonders die Freunde auch von Hiob, ja, dies sei ihre primäre Funktion – sie sollen ein reibungsloses Ablaufen der Ritualhandlung dadurch ermöglichen, daß sie Hiobs Einwilligung einholen. Deshalb ihr Drängen darauf, daß er zugeben solle, schuldig zu sein.

Und hierin liegt nun Hiobs Besonderheit: Sein Insistieren auf der eigenen Unschuld – und das sei nichts anderes als die Weigerung, als Opfer und Sündenbock zu fungieren –, sein Ungehorsam »bringt das Szenario durcheinander«. Genau hier liege das Zentrum des »unerhörten Charakters des Ereignisses«: Hiob sei »ein Opfer, das der ganzen Gemeinschaft die Stirn bietet« (S. 145). Theologische Implikation dieses Verhaltens Hiobs: Er stellt sich dem Versöhnungsgeschehen der Gemeinschaft mit ihrem Gott entgegen! So erscheinen seine Unschuldsbeteuerungen als Versuch, »die beiden untrennbaren Größen, Gott und die gegen ihn verbündete Gemeinschaft, voneinander zu trennen« (S. 171). Dennoch, so Girard weiter, auch in dieser Auflehnung gegen die ihm zugedachte Rolle bleibt Hiob letztlich dem Vorstellungsrahmen des alten religiösen Systems und Mechanismus verhaftet.

Zu einem radikalen Bruch mit diesem System komme es dennoch ansatzweise in zwei zentralen Texten, die eine »epochale Kehrtwendung« (S. 176) kennzeichnen. Wie Bloch – aber mit völlig andersartiger inhaltlicher Füllung – sieht Girard in jenen Texten »den Höhepunkt der Dialoge« (S. 178), in denen Hiob auf den »goel« anspielt, also in 16,19–21 und 19,25–27. Hier scheine *ein neues Gottesbild* auf, in dem Gott nicht mehr ausschließlich der im Sündenbockritus zu versöhnende Gott der Verfolger ist, sondern ein *»Gott der Opfer«* (S. 177). Nicht die Gottesreden, »diese Posse« (S. 179), böten die Kernaussage des Buches und damit die Lösung seiner Probleme, sondern diese Andeutungen eines neuen Gottesbildes, diese Andeutungen eines Weges heraus aus dem universalen Mechanismus der Gewalt.

Am Ende schließlich treffen sich Girards Aussagen – bei aller Unterschiedlichkeit der Assoziation und des Grundanliegens – in überraschender Übereinstimmung mit denen von Jung. Girard schreibt: »Die wahre Größe des Buches Hiob … besteht darin, daß es … ein Verlangen nach dem Gott der Opfer gibt. Hiob setzt etwas in Gang, was unvollendet bleibt.« (S. 193) Und wo sieht Girard – wiederum wie auch Jung – die Erfüllung der im Hiobbuch aufgezeigten Sehnsucht? – Im »Gott der Evangelien« (S. 195), in Kreuz und Auferweckung Jesu! Jesus und Hiob sind die beiden großen religiösen Sündenbockgestalten, die den vorgegebenen Mechanismus sprengen und dem Gott der Verfolger ein Bild Gottes als *Gott der Opfer* entgegenstellen. Und diese hier präsentierte *schließliche Lösung in Christus* wirft nun noch einmal ein neues Licht auf die Bibelhermeneutik von Girard, auf die Hioblesart, die »die einzig wahre« (S. 206) sei. Girard sagt über die Passionsberichte: »mit ihrer Hilfe können wir Hiob verstehen, weil Christus das vollendet, was Hiob nur halbwegs gelingt« (S. 206). So sei letztlich die Quintessenz des Hiobbuches: »Hiob kündigt Christus in seiner Teilnahme am Kampf gegen den Gott der Verfolger an.« (S. 209)

### *Rückfragen an Girard*

Girards Hioblesart ist neuartig, provokativ und herausfordernd. Seine Thesen sind durch zahlreiche Textzitate abgedeckt und überzeugen in ihrer kohärenten Geschlossenheit. Und dennoch ahnt er – wiederum genauso wie Jung – schon im Buch selbst voraus, daß es ihm wohl kaum gelingen würde, die durch traditionelle Prägungen verstockte Leserschaft des Hiobbuches von dieser von ihm aufgedeckten Lesart zu überzeugen.[185] Warum hat er mit dieser Vorahnung hinsichtlich zahlreicher Einwände auf seine Hiobdeutung recht? – Derartige Anfragen erfolgen nicht etwa aus blinder Verstocktheit, wie er meint, nicht einfach aus einem Unwillen heraus, das Offensichtliche durch lebenslang andersartige Vorprägung nicht sehen zu wollen, sondern mit guten Gründen und berechtigten Einwänden.

Zunächst eindeutig: Genausowenig wie bei Jung und Bloch kann es hier um eine Diskussion des Grundansatzes von Girard gehen.[186] Fraglich ist hier allein, ob Hiob als ein Beispiel für einen solchen Sündenbockmechanismus angeführt werden darf, ob seine Lesart des Hiobbuches diesem tatsächlich gerecht wird. Hierzu einige kritische Anfragen:

1. Girards gesamtes Interpretationsgebäude beruht auf der in seinem Buch nur *völlig unzureichend begründeten exegetischen Prämisse*, die Rahmen-

[185] Vgl. *René Girard*, Hiob – ein Weg aus der Gewalt, a.a.O., S. 167, hinsichtlich der Einmütigkeit der traditionellen Interpretation: »Ich hege starken Zweifel, daß es mit dem hier vorliegenden Versuch gelingen wird, sie zu durchbrechen.«

[186] Auch ist Girards Grundintention, seinem eigentlichen Anliegen nicht zu widersprechen, das darauf abzielt, die Schuldfähigkeit und das Schuldigwerden des Menschen offenzulegen, gerade indem religiös-kollektiv positiv bewertete Entschuldigungsmechanismen hinterfragt werden.

geschichte inklusive der Gottesreden sei eine nachträgliche Ummantelung der eigentlichen Hiobsgeschichte, der Dialoge. Diese These wird in der Tat von einigen wenigen modernen Exegeten vertreten, während die überwiegende Mehrheit weiterhin der traditionellen Auffassung zuneigt, die Rahmengeschichte sei das ältere Element des Buches. Selbst ein Girard-Anhänger wie der amerikanische Theologe James G. Williams kommt nicht umhin, Girard hier unter Berufung auf einen »Konsens unter den Exegeten«[187] zu widersprechen. Das ganze Ausdeutungskonstrukt Girards steht jedenfalls von vornherein auf unsicheren, wackligen Beinen.

2. Girards Entstehungshypothese einmal vorausgesetzt: Gibt er den Hiob des Dialogteils in seiner ganzen Fülle wieder? Der jüdische Kulturwissenschaftler Baruch Levine gibt zu bedenken: »Girard zieht aus den Hiobdialogen diejenigen Textpassagen heraus, die seine eigene These illustrieren.«[188] In der Tat wird man Girard zwar zugestehen müssen, daß es einige *Textzeugnisse* gibt, die seiner These entsprechen, doch *unterschlägt* er sehr viele andere, die sich direkt an Gott richten, in denen eindeutig *Gott der Verursacher des Hiobleidens* ist und keineswegs das Volk. Das Volk ist allenfalls ausführendes Organ des göttlichen Willens, re-agiert bestenfalls auf eine angenommene vorherige Verwerfung Hiobs durch Gott. In seiner Verabsolutierung geht Girard somit selbst am Text der Hiobdialoge vorbei.
3. Und zu den von Girard angeführten Belegstellen selbst: Er *verkennt den literarischen Charakter biblischer Sprache*. Hiobs Schilderungen seines Leidens sind nicht historisch oder psychologisch realistische Berichte, sondern metaphorische Ausmalungen des Grundgefühls der Gott- und Menschverlassenheit. Gerade diese vermeintlichen Schilderungen der Ausstoßung aus der Gesellschaft sind an Gott gerichtete Klagen, sind Proteste gegen von Gott gewährte menschliche Verfehlungen – die zumeist nicht tatsächlich erlebt worden sein müssen, sondern von Hiob als bildhafte Möglichkeiten ausgemalt werden. Daß in der konkreten Gestaltung dieser hypothetischen Bilder der Sündenbockmechanismus vorstellungsbildend – nicht erfahrungsrückbezogen – mitgewirkt haben mag, ist dabei durchaus möglich oder wahrscheinlich.
4. Wie bei Bloch und anderen, die Hiob 19,25ff in den Mittelpunkt ihrer Deutung stellen: Die Struktur des Hiobbuches – selbst der Hiobdialoge in sich – unterstützt in nichts die These, hier liege das Zentrum der Botschaft des Buches.

---

187 * *James G. Williams*, Job and the God of Victims, in: *Leo G. Perdue/W. Clark Gilpin* (Hrsg.), a.a.O., S. 208–231, hier: S. 218. Williams möchte trotzdem Girards Hiobinterpretation aufrechterhalten, indem er zwar die Originalität der Gottesreden anerkennt, ihre Aussage aber als »armselige Theologie« (»poor theology«) verwirft; S. 222.

188 **Baruch Levine*, René Girard on Job: The Question of the Scapegoat, in: *Andrew J. McKenna* (Hrsg.), René Girard and Biblical Studies, a.a.O., S. 136.

Welche *Grundzüge der philosophischen Hiobbearbeitungen* lassen sich erkennen? Alle drei vorgestellten Hiobdeutungen sehen in Hiob einen Kronzeugen für das jeweilige, schon vorher feststehende philosophische System des Verfassers. Das Rezeptionsprinzip ist dabei strukturell stets dasselbe: Es wird postuliert, das Hiobbuch auf der Textebene authentisch auszulegen. Gerade diese *ursprüngliche Authentizität* erreicht jedoch keine der drei Deutungen, sei es, weil der Umgang mit dem Text methodologisch fragwürdig ist (Jungs »common sense«), sei es, daß die Zurkenntnisnahme der exegetischen Fachliteratur bewußt selektiv erfolgt (Bloch und Girard). Diese Deutungen sind also weniger dahin ausgerichtet, das Hiobbuch in seiner Zeit und seinem Kontext zu erläutern, als vielmehr Zeugnisse für die Korrelierung des Textes des Hiobbuches mit dem jeweiligen philosophisch-weltanschaulichen System. Die somit entstehenden Interpretationen zielen als Hiob-Rezeption allein in die Situation unseres Jahrhunderts. Gerade so sind sie produktive Anregungen für weitere, auch literarische Auseinandersetzungen mit Hiob, aber auch Herausforderungen für eine an Hiob orientierte Theologie.

## 3. »Vergibt man Gott denn?« – *Archibald MacLeish*

Das Hiobbuch ist – wie schon gezeigt – dasjenige Buch im Alten Testament, das sich der Gattung des Dramas am meisten annähert. Es ist deshalb nicht erstaunlich, daß sich auch unabhängig von der Tradition des geistlichen Spiels à la Ghéon oder Wiechert Versuche finden, ein modernes Hiob-Drama für das Theater zu konzipieren.
Ein kurzer Überblick soll zunächst die wichtigsten dieser Versuche kurz charakterisieren.

### *Hiob-Dramen*

Im Jahre 1955 veröffentlichte der italienische Erzähler, Essayist und Literaturkritiker *Giovan Battista Angioletti* (1896–1961) ein Drama unter dem Titel »*Giobbe uomo solo*«[189] (»Hiob der einsame Mann«), in dem unter engem Bezug zur biblischen Vorlage eine zeitlose Parabel erzählt wird, die inmitten einer apokalyptischen Welt dennoch die Kraft zur Hoffnung wecken will. Wie schon Frost oder Ehrenberg vor ihm, so wählt auch Angioletti – in Anlehnung an die Vorlage – eine literarische Mischform: Dieses Werk präsentiert sich als eine dramatische Erzählung, als ein erzähltes Drama, das nicht für eine tatsächliche Bühnenaufführung geschrieben, sondern eher als imaginäres Gedankendrama konzipiert wurde.
Es finden sich jedoch auch Versuche, ein wirklich für eine Aufführung bestimmtes Theaterstück zu schreiben. So entwarf der Dramatiker und Lyriker

189 *Giovan Battista Angioletti*, Giobbe uomo solo (Mailand 1955).

*Rolf Lauckner* (1887–1954) im Jahre 1949 ein Hiob-Drama, in dem der Generationenkonflikt im Mittelpunkt des Geschehens steht.[190] Um genau dasselbe Thema kreist auch das erst 1970 veröffentlichte Drama »Herr Job« des österreichischen Schriftstellers *Rudolf Henz* (1897–1987).[191] In beiden Fällen liegt der Kernpunkt des Leidens Hiobs in seinem problematischen Verhältnis zu den eigenen Kindern begründet – eine Konzeption, die sich auch schon vor 1945 etwa in den Dramen von Haecker und Fontana findet. Der umgekehrte Aspekt, die vergebliche Vatersuche eines bewußt so benannten zeitgenössischen Hiob, wird zu einem zentralen Motiv in einer grotesk-absurden Komödie des französischen Dramatikers *François Billetdoux* (1927–1991).[192]
Den unbestreitbaren Höhepunkt erlebt das moderne Hiobdrama jedoch in den USA. Zunächst ist auf ein Versdrama des gebürtigen Engländers *Ivor Armstrong Richards* (1893–1979) hinzuweisen, das dieser in seiner 1971 erschienenen Gedichtsammlung »Internal Colloquies« unter dem Titel »*Job's Comforting*« (»Tröstung Hiobs«) veröffentlichte.[193] Richards[194] lehrte seit 1944 an der Harvard University und gilt als einer der einflußreichsten Literaturwissenschaftler dieses Jahrhunderts. Er bestimmte maßgeblich den »New Criticism«, eine rein formalästhetisch wertende Form der Literaturkritik, die von den 20er bis zu den 60er Jahren im englischsprachigen Raum von größter Bedeutung war.
Gerade als Literaturwissenschaftler, aber auch als Dichter, war Richards ein Leben lang – von der ersten Begegnung im Alter von fünfzehn Jahren bis in die Zeit kurz vor seinem Tod – vom Hiobbuch fasziniert.[195] Die Endform dieser lebenslangen geistigen Auseinandersetzung mit Hiob findet sich zum einen in seinem letzten veröffentlichen literaturtheoretischen Buch – »Beyond« aus dem Jahre 1974[196], und zum anderen in diesem drei Jahre zu-

---

190 *Rolf Lauckner*, »Hiob«, in: ders., Gesammelte Werke, Bd. 4: Dramen (Darmstadt 1952), S. 303–362.

191 *Rudolf Henz*, »Herr Job«, in: ders., Tollhaus Welt. Fünf neue Dramen (Wien 1970), S. 9–41. In einem kleinen nicht literarischen, sondern politisch-didaktischem Drama wird Hiob 1983 sogar zum Kronzeugen der westdeutschen Friedensbewegung: *Christian Weyer*, Hiobs-Botschaft (Stuttgart 1983).

192 *François Billetdoux*, Comment va le monde , mossieu? Il tourne, mossieu (Paris 1963); vgl. hierzu: *Marc Bochet*, Présence de Job dans le théâtre d'après-guerre II en France (Bern 1988), bes. S. 95–99; 140–143; 195–200; 237–239.

193 *I.A. Richards*, Job's Comforting, in: ders., Internal Colloquies (London 1971), S. 301–326. Alle Übersetzungen im Text von mir.

194 Zur Biographie siehe die umfangreiche Studie: *John Paul Russo*, I.A.Richards. His Life and Work (Baltimore 1989), hier zu Richards Hiobinterpretation besonders S. 611–638.

195 So war Hiob eines seiner Schwerpunktthemen schon seiner ersten Lehrveranstaltung in Harvard.

196 *I.A. Richards*, Beyond (New York/London 1974). In dieser Studie untersucht er die Grundpfeiler der literarischen Kultur der Gegenwart, für ihn gekennzeichnet durch die Stationen: Homer–Plato–Dante – und eben Hiob! Vgl. zur Kritik an diesem Buch: *Mary Ann Radzinowicz*, How and Why the Literary Establishment Caught Up With the Bible: Instancing the

vor veröffentlichten Versdrama. Der Untertitel des Dramas weist bereits auf seinen Inhalt. Es sei »Das Buch Hiob, gekürzt und umgeordnet, und mit einem einzigen hinzugefügten Satz.« (S. 301) Dieses Versdrama ist tatsächlich eine – wenn auch äußerst eng an der biblischen Vorlage orientierte, so doch sehr eigenständige – dichterische Neuübertragung und Neufassung des Hiobbuches, die sich, so ein amerikanischer Literaturkritiker mit Recht, »wie eine griechische Tragödie«[197] präsentiert. Der Epilog des biblischen Buches wird ersetzt durch das Loblied auf die Weisheit (Ijob 28), gesprochen von Satan, dem die Rolle des klassischen Chores zufällt.

Welches ist nun der »einzige hinzugefügte« und tatsächlich entscheidende Bedeutung erlangende Satz? Es ist ein Satz aus dem Munde »Shaddais« am Ende des Stückes, gerichtet an »Dinah«, Hiobs Frau. Hiob habe, so zunächst »Jahwe«, recht gesprochen von Gott – soweit die Parallelen zum Hiobbuch. Doch dann »Shaddais« Worte: »Und genau das hat auch Dinah, unsere Dienerin.« (S. 324) Nun, was hatte Hiobs Frau gesprochen? Jenen Vers aus Hiob 2,9, den Richards wie folgt übersetzt: »Bist du immer noch uneingeschränkt für Jahwe? Sag zu ihm ›Du Dummkopf‹ und stirb!« (S. 308) – Erklärung dieser doppelten Recht-Sprechung: Ausgehend von der exegetischen Beobachtung, daß im biblischen Hiobbuch sehr verschiedene Gottesnamen gebraucht werden[198], spaltet Richards »Gott« in zwei einander widerstreitende Hälften: in »Jahwe« im Prolog und »Shaddai« in den Gottesreden. Die zwei hiermit verbundenen Konzepte seien völlig unvereinbar, einander widersprechend und nicht zu harmonisieren, andererseits aber in ihrer dialektischen Bezogenheit unverzichtbar. Jahwe, dem Gesetzgeber, stünde Shaddai, der Schöpfer als absurder, unmöglicher und doch unverzichtbarer Gegensatz entgegen. In dieser Konzeption stimmt Richards völlig mit *Paul Ricoeur* überein, der sagt: »je deutlicher Gott als Gesetzgeber hervortritt, desto rätselhafter wird er als Schöpfer«[199]. In genau dieser absurden Unvereinbarkeit zweier untrennbarer Gotteskonzeptionen liege der besondere Reiz des Hiobbuches, so Richards, der in einem das Hiobspiel abschließenden Gedicht bezüglich der Gottesbegriffe noch einmal unterstreicht: »meine Wahl war zwischen Absurdem« (S. 326)[200]. Als Illustration dieser provokativen, in ständiger Auseinandersetzung mit dem biblischen Buch entwickelten These einerseits und als literarisch eigenständige Neuschöpfung des Hiobbuches andererseits, erhält das sprachlich

---

Book of Job, in: Christianity and Literature 39(1989), S. 77–89.

197 *John J. Miles*, Gagging on Job, or The Comedy of Religious Exhaustion, in: Semeia 7(1977), S.71–126, hier: S. 98. Diese »Hiob-Tragödie« präsentiert sich freilich sehr viel überzeugender als die schon angesprochene Version von Horace M. Kallen.

198 Im Hiobbuch wird als Gottesname in Prolog und Epilog ausschließlich »Jahwe« verwendet, im Dialogteil dagegen nie. Hier werden die Gottesnamen »El«, »Elohim«, oder »Shaddai« gebraucht.

199 * *Paul Ricoeur*, The Reaffirmation of the Tragic, in: *Harold Bloom* (Hrsg.), The Book of Job. Modern Critical Interpretations (New York 1988), S. 10.

200 *I.A. Richards*, a.a.O., »my choice was between absurds«.

wie dramatisch äußerst gelungene Hiobspiel von Richards seine bleibende Bedeutung.
Hiob wurde aber darüberhinaus sogar zur Hauptfigur von Theaterstücken, die auf dem Broadway gespielt wurden. Das erste dieser Stücke stammt von einem der berühmtesten Broadwayautoren überhaupt, von dem jüdischen Dramatiker *Neil Simon* (*1927).[201] In »*God's Favourite*«(1974)[202] wird die Geschichte des steinreichen *Joe Benjamin* erzählt, der unter seltsamen Umständen Besitz, Gesundheit und Glauben verliert. Das Drama ist als burleske Komödie konzipiert. Zwar sind fast alle wichtigen Strukturelemente des Hiobbuches in moderner dramatischer Gestaltung vorhanden, doch derart oberflächlich und umgestaltet, daß »man kaum auf die Idee kommt, es ernstzunehmen«[203]. Dies ist auch ganz offensichtlich nicht beabsichtigt. Im Gegenteil, unter Aufnahme und Überspitzung der komödienhaften und absurden Elemente des Hiobbuches schreibt Simon bewußt eine Farce, eine sarkastisch-anmutende Persiflage, denn dies scheint ihm das einzige zu sein, was aus einem solchen Stoff heute herauszuholen sei. Doch der Versuch, Unglück und körperliche Qualen auf der Bühne in einem parodistisch-komödienhaften Theaterstück darzustellen, scheitert. Weder der Aufbau des Stückes, noch die sprachliche Gestaltung der Szenen wirken überzeugend.[204] Simons Biograph Robert K. Johnson kann unwidersprochen resümieren: »God's Favourite ist das schlechteste Stück, das Simon je geschrieben hat.«[205] Daß Hiob aber im Rahmen eines modernen Theaterstücks durchaus erfolgreich und überzeugend selbst den Broadway erobern konnte, hatte vor Simon bereits ein anderes Drama bewiesen.

### *»J.B.« – ein »Spiel um Job«*

Im Jahre 1958 feiert im Yale University Theater in New Haven ein modernes Hiob-Drama seine Premiere, das bald darauf einen Siegeszug um die ganze Welt antreten sollte: »J.B.«, ein Versdrama von Archibald MacLeish (1892–1982), noch im gleichen Jahr von Eva Hesse ins Deutsche übertragen und bei den Salzburger Festspielen auch in Europa uraufgeführt.[206]

---

201 Zu *Simon* siehe: *Robert K. Johnson*, Neil Simon (Boston 1983), zu »God's Favourite« die Seiten 86–90.
202 *Neil Simon*, God's Favourite. A New Comedy (New York/London 1975)
203 **John J. Miles*, Gagging on Job, a.a.O., S. 90.
204 Gerade wenn man berücksichtigt, daß Simon dieses Stück als »kathartische Erfahrung« in einer Lebensphase schrieb, als seine Frau mit 39 Jahren an Krebs gestorben war, ist die literarische Umsetzung dieser Erfahrung in den Bereich der Komödie gescheitert. Vgl. **Robert K. Johnson*, a.a.O., S. 90.
205 *A.a.O., S. 87.
206 *Archibald MacLeish*, J.B. A Play in Verse (Boston 1958); dt. von Eva Hesse, Spiel um Job (Frankfurt 1977). Zitiert wird nach dieser Fassung. Das Drama existiert in zwei deutlich verschiedenen Fassungen. In dieser Arbeit wird die in Buchform publizierte, als solche über-

Wo immer es zunächst gespielt wird, ob am Broadway in New York, oder in Stuttgart, Hannover oder Münster – die Reaktionen auf dieses Drama sind überall ähnlich[207]: Das Hiobspiel schlägt das Publikum in seinen Bann; noch Stunden nach der Aufführung diskutieren Zuschauer im und um das Theater herum über seine Aussagen; die Tageszeitungen beschäftigen sich mit seinen ästhetischen und theologischen Implikationen[208]; Hiob wird zum öffentlichen Thema. Und überall die stets gleichartige Polarisierung der Meinungen und Urteile: Dem überschwenglichen Lob auf der einen Seite, die hier von »der Geburt eines Klassikers«[209] spricht, steht schärfste Ablehnung auf der anderen Seite gegenüber: »J.B.« sei »unzufriedenstellend«[210], »trivial«[211], oder gar »eher eine Verzerrung als eine Neuinterpretation des Hiobbuches«[212]. Umstritten sind dabei vor allem zwei Problemkreise: In rein literarästhetischer Ausrichtung wird die Qualität dieses Spiels als Theaterstück diskutiert: Ist es »als Drama nicht sehr wirkungsvoll«[213] oder aber ein »sprachgewandtes, äußerst theaterwirksames Stück«[214]? Sehr viel vehementer wird jedoch um die religiöse Aussage, die philosophisch-inhaltliche Ausrichtung des Spiels gestritten. Das amerikanische Magazin *Life* etwa stellt drei bewußt theologische Reaktionen auf dieses Stück nebeneinander. Während der jüdische Rabbi

---

setzte und rezeptionsgeschichtlich bedeutsamere Erstfassung zugrunde gelegt. Den Pulitzer-Preis erhielt MacLeish für die stark überarbeitete Zweitfassung, die am Broadway gespielt wurde und einige wichtige Änderungen in bezug auf Bühnenwirksamkeit und Eindeutigkeit der inhaltlichen Aussagen enthält. Sie ist abgedruckt in: Theatre Arts 44 (Februar 1960), S. 33–64. Der hochinteressante Briefwechsel zwischen MacLeish und dem Regisseur des Stükkes, Elia Kazan, über diese Änderungen des Stückes, ist seinerseits abgedruckt in: The Staging of a Play: The notebooks and letters behind Elia Kazan's staging of Archibald MacLeish's »J.B.«, in: Esquire (Mai 1959), S. 144–158.

207 Vgl. zur Rezeption: *Robert Downing*, J.B.'s Journeys, in: Theatre Arts 44 (Februar 1960), S. 29–32; zur Bibliographie bis 1973 siehe: *Edward J. Mullaly*, Archibald MacLeish. A Checklist (Kent State University Press 1973).

208 Vgl. etwa zur Stuttgarter Produktion des Stückes von *Günther Rennert*: *Oliver Storz*, Theologie im Zirkuszelt. MacLeish's »Spiel um Job« im Schauspielhaus Stuttgart, in: Stuttgarter Zeitung 20. 1. 1959, S. 2; *M.*, Hiob spricht doch zu uns. Ehrenrettung von MacLeishs Spiel durch Günther Rennert, In: Die Welt 21. 1. 1959, S. 6.

209 *John Ciardi*, The Birth of a Classic, in: The Saturday Review 8.3.1958, S. 11–12.48. Vgl. auch: **Henry P.van Dusen*, Third Thoughts on *J.B.*, in: The Christian Century 76 (1959), S. 107: »MacLeish hat ein Drama von heroischen Ausmaßen und immenser Suggestivkraft, von ernüchterndem Scharfblick und unentziehbarer Stärke vorgelegt.«

210 Vgl.**Kenneth Hamilton*, The Patience of J.B., in: Dalhousie Review 41 (Spring 1961), S. 37: »MacLeishs Behandlung der Hiobsgeschichte als Gegenwartsgeschehen ist unzufriedenstellend.«

211 **Martin C. D'Arcy*, J.B. Wrong Answer to the Problem of Evil, in: The Catholic World 190 (November 1959), S. 83: »Neben seinem Prototyp wirkt *J.B.* trivial.«

212 **Jon D. Levenson*, The Book of Job in its Time and in the Twentieth Century (Cambridge/Mass. 1972), S. 54.

213 **Henry Hewes*, A Minority Report on »J.B.«, in: The Saturday Review 42 (Januar 1959), S. 22.

214 **Grover Smith*, Archibald MacLeish (Minneapolis 1971), S. 44.

Louis Finkelstein hier von einem »Einblick in unsere tiefen Nöte« spricht, der protestantische Theologe Reinhold Niebuhr in aller Ausgewogenheit die Qualität des Theaterstückes als solches lobt, aber seine Aussagen aus christlicher Sicht hinterfragt, spricht der Jesuit Thurston N. Davis offen von einer »trockenen Zurückweisung von Religion«.[215] Bis heute steht also jene Frage im Zentrum der Auseinandersetzung um dieses moderne Hiob-Drama, die der Kulturredakteur der *Stuttgarter Nachrichten* in den Mittelpunkt seiner Vorankündigung des Stückes stellt: »Auf was läuft das hinaus ... auf aggressiven Atheismus oder auf verborgene, tiefe Religiosität?«[216]

*Aufbau des Dramas*

Ja, auf was läuft es hinaus, dieses ohne Zweifel *bekannteste und umstrittenste aller Hiobdramen*, dieser »Höhepunkt der modernen Hiobdichtung«[217], dieses »Spiel um Job«, für das MacLeish 1959 mit dem begehrtesten Literaturpreis der USA, dem Pulitzer-Preis für Drama[218], ausgezeichnet wurde? Wie schafft es ein moderner Dramatiker überhaupt, den – bei aller Nähe des biblischen Hiobbuches zur dramatischen Form – schwierigen Hiob-Stoff auf einer zeitgenössischen Bühne darzustellen? – Nicht, indem er die Stoffvorlage in modernisierter Form einfachhin nur nacherzählt, wie einige Kritiker meinen[219], sondern in einem viel kreativeren und freieren Umgang mit seiner Vorlage. MacLeish versucht »den Hiob zu vergegenwärtigen, nicht zu rekonstruieren«[220], so Hartmut Sierig mit Recht. Der immer wieder beliebte Versuch, den Protagonisten J.B. mit dem biblischen Hiob zu vergleichen[221] – ein Vergleich stets zum Nachteil des ersteren, solange einseitig mit den Kategorien des letzteren gemessen wird – trägt diesem Unterschied viel zu wenig Rechnung. Auch beruht ja der besondere Reiz einer Stoffneubearbeitung in den bewußten Unterschieden, die sich zwischen den Werken ergeben. Das

---

215 *Three opinions on »J.B.«: *Reinhold Niebuhr*, Modern Answers To an Enigma; *Louis Finkelstein*, Insight Into Our Deep Need; *Thurston N. Davis*, Arid Repudiation of Religion, in: Life 18.5.1959, S. 135–138.

216 *Oliver Storz*, in: Stuttgarter Nachrichten vom 17.1.1959, S. 51.

217 *Lieselotte von Eltz-Hoffmann*, Hiob in der Dichtung, in: Wege zum Menschen 19 (1967), S. 192.

218 Zweimal schon, 1933 und 1952, hatte MacLeish den Pulitzer-Preis für *Lyrik* verliehen bekommen.

219 Vgl. **Jon D. Levenson*, a.a.O., S. 40: »Das Stück ist offensichtlich ein Versuch, die Hioblegende in zeitgenössischer Version nachzuerzählen.«

220 *Hartmut Sierig*, Narren und Totentänzer. Eine theologische Interpretation moderner Dramatik (Hamburg 1968), S. 42.

221 Vgl. z.B.: *Charles M. Bond*, J.B. is not Job, in: Bucknell Review 9 (1961), S. 272–280; *W.D. White*, MacLeish's *J.B.* – Is it a modern *Job*?, in: Mosaic: A Journal for the Comparative Study of Literature and Ideas 4(1970), S. 13–20; *Samuel Terrien*, J.B. and Job, in: The Christian Century 76(1959), S. 9–11; und neuerdings: *Manfred Siebald*, Archibald MacLeishs *J.B.* und das Buch Hiob, in: *Franz Link* (Hrsg.), Paradeigmata, a.a.O., S. 759–774.

neue Werk ist immer eine Art von Kommentar zu dem älteren, dessen Kenntnis vorausgesetzt wird. Ein Gegenwartshiob muß, bei aller Vergleichbarkeit, aufgrund der historischen und kulturellen Unterschiede ein völlig anderer sein, als sein dreitausend Jahre altes Vorbild.[222] In einem berühmt gewordenen Aufsatz in der *New York Times* betont MacLeish selbst die – zum Verständnis des Stückes notwendige – *Voraussetzung der Eigenständigkeit* seines Werkes: »mein ›J.B.‹ ist keine Rekonstruktion des Hiobbuches«[223].
Diese Eigenständigkeit zeigt sich schon im Grundaufbau des elfszenigen Dramas. Ort der Handlung ist die Nebenbühne eines alten Zirkuszeltes[224], in dem soeben eine Vorstellung stattgefunden hat. Offensichtlich wurde eine dramatische Fassung des Hiobbuches gespielt. Zwei heruntergekommene ehemalige Schauspieler, die nun Luftballons und Popcorn verkaufen, betreten den Schauplatz. Ihre Namen, Mr. Zuss (dt. Herr Zoisl) und Nickles (dt. Haftiger) deuten schon auf die ihnen zugedachten Rollen – einerseits eine Anspielung auf Zeus, andererseits auf den Teufel, der im englischen Sprachraum auch »Old Nick« genannt wird.[225]
Mr. Zuss und Nickles überlegen, ob sie selbst nun das Hiobstück spielen sollen. Doch dazu wiederum benötigen sie Masken, denn, so sagt Nickles empört zu Mr. Zusss: »Du würdest Gott doch nicht/ Mit deinem Gesicht spielen?« (S. 13) Sie klettern auf einen hohen Steg neben der Bühne, von wo aus sie das ganze folgende Geschehen beobachten werden, und nehmen ihre Masken auf: Mr. Zuss eine »riesige Maske ... weiß, glatt, schön und ausdruckslos mit geschlossenen Lidern« (S. 23), und Nickles, der gegen seine Erwartung die Rolle Satans übernehmen muß, eine ebenso große, »aber dunkel statt hell, mit offenen, statt mit geschlossenen Augen. Die Augen, obwohl von Lachrunzeln gesäumt, haben einen starren Blick, und die Mundwinkel sind mit dem Ausdruck schmerzlichen Widerwillens herabgezogen.« (S. 26) Die beiden sind bereit, ihre Rollen als »Gott« und »Satan« zu spielen – und Hiob?

Mr. Zuss: Ach einer ist immer da,
Der Hiob macht.
Nickles: Tausende
Muß es geben!
Abertausende von Menschen –

[222] Vgl. **Shannon O'Campbell, The Book of Job* and MacLeish's *J.B.*: A Cultural Comparison, in: English Journal 61 (May 1972), S. 653: »beide Werke sind Produkte ihrer Zeit, und schon diese Tatsache allein erklärt viele der gedanklichen und formalen Unterschiede.«

[223] **Archibald MacLeish*, About a Trespass on a Monument, The New York Times 7.12.1958, abgedruckt in: *Roland Bartel* u.a. (Hrsg.), Biblical Images in Literature (Nashville/New York 1975), S. 373.

[224] Das Bild des Zirkuszeltes als Symbol für die Welt findet sich bereits in MacLeishs frühem Sonett: »The End of the World« von 1926, doch sollte man die Bedeutung dieser Parallele nicht überstrapazieren. Vgl. etwa *Thurston N. Davis*, a.a.O.

[225] Die deutsche Übertragung »Haftiger« könnte auf »Leibhaftiger« anspielen und somit das Assoziationsgefüge bewahren.

Verbrannt, erdrückt, geknickt, zerstückt,
Geschlachtet. Und wofür? Fürs Denken,
Weil sie auf der Welt rumliefen
In der falschen Haut – der falschen Nasenform,
Der falschen Augenstellung: weil sie
In der falschen Nacht, der falschen Stadt schliefen –
London, Dresden, Hiroshima (...)
Hiob ist überall, wo wir hinschauen. (S. 19f)[226]

So vorbereitet, sprechen die beiden alten Schauspieler durch ihre Masken die Worte des Prologs des biblischen Hiobbuches. Auf der Bühne unterhalb des Steges öffnet sich die Szene zu einem traditionellen Bild. J.B., der zeitgenössische Hiob, ein erfolgreicher Bankier mit einem Namen gemäß den Gepflogenheiten des modernen Geschäftslebens, feiert mit seiner Frau Sarah und seinen fünf Kindern den traditionellen amerikanischen Nationalfeiertag, den »Thanksgiving Day«. Ein wichtiger Unterschied zwischen den Eheleuten wird gleich von Anfang an deutlich. Sarah mahnt:

Gott gibt dies alles nicht umsonst: (...)
Wir müssen auch dazutun,
Wenn wir dazutun, tut Er's auch.
Er tat es stets. Doch wenn wir ihn vergessen,
Vergißt er uns, Für immer. In allem. (S. 40)
(...)
Gott straft auch.
Gott belohnt und Gott kann strafen.
er ist gerecht. (S. 49)

Während Sarah also eine Verdienstethik beschwört, eine Art Tun-Ergehen-Zusammenhang voraussetzt, vertritt J.B. ein typisch amerikanisches Prädestinationsdenken, ein »Reflex calvinistischen Auserwählungsbewußtseins«[227]:

Nie, seit ich unterscheiden lernte
Zwischen Kern und Schatten, niemals,
Kein Uhrenticken lang, hab ich gezweifelt,
Daß Gott auf meiner Seite und mir gut war.
Auch als ich arm und jung war, wußt' ich das.
Die Leute nannten es mein ›Glück‹. Das war's nicht. (S. 45)

---

226 »London. Dresden, Hiroshima« – Der jüdische Literaturkritiker André Neher moniert völlig zurecht, daß in dieser Aufzählung und im ganzen Drama überhaupt der Name und – sofern man die zitierte Anspielung auf die »Nasenform« nicht als (dann freilich sehr gut versteckten) Hinweis auf das Schicksal der Juden deuten will – das Thema »Auschwitz« fehlt. Vgl. *André Neher*, Hiob als Thema der modernen jüdischen und der Weltliteratur, in: Ariel 42 (1976), S. 69.
227 *Manfred Siebald*, a.a.O., S. 770.

(...)
Ich habe stets gewußt,
Daß Gott mit mir war ... Ich verdien es nicht
Es handelt sich nicht ums Verdienen. (S. 48)

Nickles und Zuss kommentieren diese Szene. Nickles: »Saumäßiger Schauspieler«. Mr. Zuss: »Nein. Manches davon fand ich ergreifend.« (S. 55) Doch dann müssen sie dem biblisch-vorgegebenen Spielplan folgen und J.B.'s Gottestreue prüfen. Nickles: »Wozu ihn aber prüfen?« Mr. Zuss: »Darum, daß Hiob sehend werde.« (S. 62)
Die folgenden Szenen zeigen in effektvoller dramatischer Breite die Momente, in denen J.B. und Sarah die Unglücksbotschaften übermittelt werden. Dabei handelt es sich um eine Reihe von vorwiegend spezifisch modernen Ereignissen, um sämtlich von Menschen herbeigeführte Schicksalsschläge, die einen hohen Grad an absurder Sinnlosigkeit offenlegen. Ein Sohn wird im Weltkrieg aufgrund eines unsinnigen Befehls noch nach dem Waffenstillstand getötet, zwei Kinder sterben unschuldig bei einem durch Alkohol verursachten Verkehrsunfall, eine Tochter wird das Opfer eines Sexualmörders, eine Bombenexplosion zerstört J.B.'s gesamten Besitz und begräbt die letzte Tochter unter den Trümmern des Bankhauses. J.B.'s strahlende Gottesgewißheit verstummt unter dem Eindruck dieser Schicksalsschläge. Er flüstert mit gebrochener Stimme: »Der Herr hat gegeben ... Der Herr hat genommen!« (S. 97) und schließlich doch auch die in der Bibel bezeugte Fortführung des Spruches: »Der Name des Herrn sei gelobt« (S. 104). Bei all dem rebelliert er jedoch nicht gegen Gott, denn: »Wir dürfen nicht! ... Gott ist auch da: in der Verzweiflung.« (S. 103) Mr. Zuss wähnt sich als Sieger der Wette/Prüfung und Nickles protestiert gegen Hiobs Duldsamkeit:

Es ist nicht anständig! Nein
Nicht einmal moralisch! Es ist widerwärtig!
Sein Weib, verzweifelt weinend
Und er neben ihr auf zittrigen Lenden,
Gott preisend! ... Es ist ekelhaft! (S. 107)

Doch die Prüfung ist noch nicht beendet. Angetrieben von einer rätselhaft bleibenden »fernen Stimme«, einem ihr Handeln bestimmenden Souffleur, sprechen Mr. Zuss und Nickles jene Worte des Prologs, die Hiob auch noch der körperlichen Qual aussetzen.
In der nächsten Szene betreten nun einige alte Frauen, Vertreterinnen des »einfachen Volkes«, die Bühne und kommentieren ihrerseits das folgende Geschehen.[228] Hiob liegt völlig verarmt, zerlumpt und todkrank auf einem

---

[228] Als literarisches Vorbild diente hierzu, wie auch zur Gesamtkonzeption des Stückes als Versdrama, ohne Zweifel: *T.S. Eliots* Thomas-Becket-Drama »Murder in the Cathedral« (1935).

alten Tisch. Immer noch versagt er sich die Rebellion, ihm bleibt allein die schmerzliche Klage und die sinnsuchende Frage:

> Gott, laß mich sterben!
> Gott hält etwas
> Vor uns verborgen, das er noch zeigen will (S. 118)
> Wenn ich
> Nur wüßt' ... warum! (S. 126)

Dennoch beharrt er darauf, daß es einen Grund für diese Schicksalsschläge geben müsse, denn er glaubt fest:

> Gott wird nicht strafen ohne Grund.
> Gott ist gerecht. (S. 126)

Ganz anders Sarah. Sie rebelliert und protestiert lauthals gegen ihr Schicksal und J.B.'s Gottesbild:

> Wenn Gott gerecht ist,
> Dann waren unsere umgebrachten Kinder
> Verrottet und räudig vor Sünde! (S. 126)
> Sie sind tot
> Und waren unschuldig. Du darfst nicht
> Ihren Tod zum Opfer tauschen, nur damit
> Ungerechtigkeit gerecht wird und Gott gut. (S. 127)

Mit dem vorgegebenen biblischen Fluch auf den Lippen verläßt sie ihren Mann. Doch J.B. kann ihre Einwände nicht akzeptieren. Unbeirrt sucht er weiter nach einer ihm freilich unbekannten persönlichen Schuld, denn wenn er nicht schuldig ist, ist Gott für ihn undenkbar:

> Ich habe keine Wahl, muß schuldig sein.
> Gott ist Gott, oder wir sind nichts – (...)
> Wir haben keine Wahl, wir müssen schuldig sein.
> Wenn wir unschuldig sind, ist Gott undenkbar. (S. 128)
> Zeig mir meine Schuld, o Gott! (S. 130)

Wie im Hiobbuch treten nun, nachdem Hiob von Sarah verlassen wurde, die drei Tröster auf. MacLeish schildert sie als karikiert-zeittypische Charaktere: Zophar – ein zwielichtig-abgerissener Kleriker, Eliphas – ein desillusionierter Psychologe und Naturwissenschaftler, Bildad – ein zynisch-kommunistischer Geschichtsphilosoph. Ihre Sprache entspricht ebenfalls einer »bewußten Karikatur religiösen, wissenschaftlichen und kommunistischen Jargons«[229].

229 * *Murray Roston*, Biblical Drama in England (London 1968), S. 317.

Doch die Rollen haben sich vertauscht: Der biblische Hiob beteuerte allem Anschein zum Trotz seine Unschuld und seine Freunde versuchten ihn davon zu überzeugen, daß er schuldig sein müsse. J.B. hingegen bezeugt sein Schuldig-Sein, ohne zu wissen, worin dies besteht, und sucht nach einem Aufweis dieser Schuld. Folgerichtig versuchen diese modernen Tröster nun »das genaue Gegenteil dessen zu erreichen, was die biblischen Tröster anstrebten«[230], ihn nämlich von seiner Unschuld zu überzeugen. Bildad spricht von der Gleichgültigkeit der Geschichte, in der es Gerechtigkeit nun einmal nicht gebe: »Geschichte hat keine Zeit für Unschuld« (S. 138) und Eliphas schildert aus medizinisch-psychologischer Sicht die Unsinnigkeit des persönlichen Schuldbegriffs, denn: »Wir haben die Schuld überwunden« (S. 140). Beide Erklärungen helfen J.B. jedoch nicht weiter, denn:

> Auf die Schuld kommt's an. Wird's immer ankommen.
> Wenn Schuld nicht zählt, ist alle Welt
> Sinnlos. Und Gott ein Nichts. (S. 139)

Also bleibt Zophar, dem zynischen Priester, der letzte Hinweis auf die Erbsünde als Erklärungsversuch: »Deine Sünde / Ist einfach: Du bist als Mensch geboren.« (S. 144) Doch auch hier protestiert J.B.:

> Deiner ist von allen der grausamste Trost.
> Du machst den Schöpfer des Weltalls
> Zum Fehlschöpfer der Menschheit (S. 144)

Wenn auch die Inhaltsseite dieser Dialoge vertauscht wurde, ihre *Struktur* blieb gleich: letztlich reden Hiob und die »Tröster« aneinander vorbei, letztlich scheitert die Vermittlung von existentieller Betroffenheit und grundsätzlich-systematischen Hilfestellungen. Wie im Hiobbuch bleibt nur der letzte Appell an Gott selbst: »Gott, mein Gott, antworte mir!« (S. 145) Und wie dort erfolgt auch hier – genauso unerwartet – die Antwort. Nicht aus dem Wettersturm, aber auch nicht aus dem Mund des Schauspielers Mr. Zuss, sondern von der mysteriösen »fernen Stimme«, die nun die Worte der biblischen Gottesreden wiederholt. Reaktion J.B.'s: »Ich weiß, daß du alles vermagst ... Ich hatte von dir mit den Ohren gehört ... Aber nun ... Hat mein Aug dich gesehen! ... Darum sprech ich mich schuldig ... und bereue« (S. 150).
Mit diesem von der Bibel vorgegebenen Einlenken zeigen sich nun aber weder Nickles noch Mr. Zuss zufrieden. Nickles, der seine »Niederlage« zwar eingesteht, da J.B. Gott nicht verflucht hat, ist über dessen duldige Demut empört. Nein, die im Hiobbuch folgende Wiederherstellung könne er, J.B., doch nicht akzeptieren. Nach derartigen Erfahrungen bliebe nur eines, der Selbstmord:

---

[230] *Manfred Siebald*, a.a.O., S. 767.

Ich sage dir, wie du's spielst. Hör zu!
Denke an all die vermasselten Millionen,
Seit die verfahrene Erde hier begann,
Die »nein danke« sagten und eine Schlinge nahmen,
Die ein Fenster zur Tür machten,
Die was verschluckten, an etwas erstickten ... (S. 166)

Aber auch Mr. Zuss ist mit seinem scheinbaren Triumph keineswegs zufrieden. Denn wie deutet er J.B.'s Reaktion auf die göttliche Offenbarung?

Hiob ... sitzt ... da! (...)
Dann ... besänftigt er mich! (...)
Vergab mir! ... die Welt! ... Alles! (S. 156f)
Als wären Hiobs Leiden gerechtfertigt
Nicht durch den Willen Gottes, sondern durch Hiobs
Fügung unter den Willen Gottes ... (S. 157)
Wer macht den Helden? Gott oder er?
*Vergibt* man Gott denn? (S. 158)

J.B. hat demnach beide, Mr. Zuss und Nickles, enttäuscht und überrascht. Warum? – »Nickles, weil der Held es ablehnt, das Leben zurückzuweisen und Gott und Mr. Zuss, weil Gottes Vorrecht der Vergebung von ihm genommen wird.«[231] Die eigene Lösung des Stückes, die Botschaft, die MacLeish propagieren will, erfolgt erst, nachdem sowohl Mr. Zuss als auch Nickles empört von der Bühne abgetreten sind. Sie wird eingeleitet durch die Rückkehr von Sarah, die mit der Absicht, sich das Leben zu nehmen, J.B. verlassen hatte. Doch sie konnte es nicht. Ein Forsythienzweig, der mitten in der Schutt- und Aschenlandschaft der Zerstörung blühte, zeigte ihr den Wert und die Kraft des Lebens trotz aller Widernisse.

| | |
|---|---|
| Sarah: | Du wolltest Gerechtigkeit, nicht wahr?<br>Nun, es gibt keine. Gibt nur die Welt ... (...) |
| J.B.: | Warum hast du mich allein gelassen? |
| Sarah: | Ich liebte dich. Ich konnte<br>Dir nicht mehr helfen. Du<br>Wolltest Gerechtigkeit und die gibt's nicht.<br>Bloß Liebe. |
| J.B.: | *Er* liebt nicht. Er<br>Ist. |
| Sarah: | Aber wir tun's: Das ist das Wunder. (170f) |

Und dann die oftmals als kitschig bezeichneten und in der zweiten Version abgeänderten Schlußworte:

---

231 **Nancy A. Francisco*, Job in World Literature, in: Review and Expositor LXVIII(1971), S. 531.

| | |
|---|---|
| J.B.: | Es ist zu dunkel, um zu sehen. |
| Sarah: | Dann blas auf die Kohle des Herzens, mein Lieb |
| J.B.: | Die Kohle des Herzens ... |
| Sarah: | All unser Licht (...) |
| | Blas auf die Kohle des Herzens. |
| | Die Kerzen der Kirchen sind aus. |
| | Die Sterne am Himmel sind fahl. |
| | Blas auf die Kohle des Herzens – |
| | Und wir werden sehn übers Mal... (...) |
| | Und wir werden wissen ... Wir werden wissen. (S. 172f)[232] |

*Dramaturgische Konzeption und Figurengestaltung*

Wie also geht MacLeish vor, wie löst er das vorgegebene Grundproblem, auf einer modernen Bühne glaub- und ernsthaft Gott und Satan der Rahmenerzählung des biblischen Buches auftreten zu lassen? – Mit einem *doppelten dramaturgischen Kunstgriff*. Zum einen übernimmt er vom epischen Theater Brechts die Methode der *Illusionszerstörung*: »J.B.« entlarvt sich selbst von vornherein, als das, was es tatsächlich ist – ein Theaterstück, das keinen Anschein von Realität vorgaukeln will. So erscheinen etwa in der Broadway-Fassung des Stückes die Schauspieler, die später die Rolle der Unglücksboten übernehmen, in einer Art Vorspann als Bühnenarbeiter, die letzte Hand an das Bühnenbild legen, bevor das eigentliche Spiel beginnt. Ein zweites Beispiel: In jenem Dialog, in dem Nickles J.B. am Ende des Stückes zum Selbstmord angesichts der Absurdität der Schöpfung auffordert und ihm das seiner Meinung nach inakzeptable vom biblischen Buch vorbedachte Ende vor Augen stellt, zweifelt J.B. an der Möglichkeit jeglicher Heilung. Seine Haut sei schließlich von der Krankheit völlig zerfressen. Darauf Nickles: »Laß mich aus! Ich kenne doch Bühnenschminke!« (S. 166)
Dieses Prinzip der »Illusionsdurchbrechung, der Episierung des Stückes«[233] zeigt sich auch in seinem Grundaufbau: das »Spiel um Job« wird präsentiert als *»Spiel im Spiel«*. So ergibt sich eine dreifache Brechung der Realitätsebene: in einem Zirkus hat ein Hiobspiel stattgefunden; zwei alte Schauspieler kommentieren die Szenerie und das Geschehen; sie inszenieren schließlich auf der Nebenbühne ein eigenes Hiobspiel. Konsequenz und zweiter Aspekt dieser Methode: Durch diese Realitätsbrechung gelingt MacLeish die Überwindung der Schwierigkeiten, die *Bühne zum Schauplatz der Darstellung von Transzendenz* zu machen. Den erwarteten Widerständen gegen ein solches Vorhaben vorbeugend, erfolgt der Übergang in drei Schritten: von der realistischen Ebene der Schauspieler über die symbolische Ebene der Masken bis

232 In der Übersetzung von Eva Hesse wird der letzte Vers fälschlicherweise als »wir werden sehn« übersetzt. Hier korrigiert.
233 *Manfred Siebald*, a.a.O., S. 766.

hin zur rätselhaft-transzendenten Ebene der »fernen Stimme«.[234] Dieses Verfahren führt nicht zu einem – von manchen Kritikern vermißten und erwünschten – Bewußtsein einer ständigen Allpräsenz Gottes, die das Hiobbuch auszeichnet[235]. Aber es ermöglicht wenigstens eine für ein modernes Theaterstück sonst kaum noch mögliche Andeutung dieser transzendenten Ebene und trägt dem veränderten Zeit- und Kulturkontext Rechnung.

Zur *Gesamtstruktur des Stückes*: Ohne Zweifel folgt MacLeish in bezug auf das »Spiel im Spiel« sehr eng der Vorlage des biblischen Hiobbuches[236], doch ergibt sich durch die ständig eingestreuten Zwischenszenen mit Mr. Zuss und Nickles, aber auch mit den »Frauen des Volkes« ein ganz anderer Gesamteindruck. Auffällig ist dabei die *Konzentration auf die Geschehnisse der Rahmenhandlung*. Die im Hiobbuch viel breiter ausgeführten Diskussionen zwischen Hiob und den Tröstern sind hier im wesentlichen auf die neunte Szene reduziert. Statt dessen sind die Hiobsbotschaften – im Original nur kurz und knapp erzählt – hier in aller Breite ausgestaltet. Warum diese Akzentverschiebung? Weil philosophisch-theologische Dialoge kaum geeignetes Material für ein spannendes Drama bieten, wohingegen die Momente der Aufnahme der Schreckensnachrichten theaterwirksam dargestellt werden können.[237]

Dennoch, *ein Schwachpunkt* im Aufbau des Stückes bleibt mit Recht zu bemängeln. Er ergibt sich aus der im Vergleich zum Hiobbuch umgekehrten Position J.B.'s: Wo Hiob seine Unschuld beteuerte, besteht J.B. auf einer – ihm unbekannten – Schuld, wo Hiob Gott rebellisch herausfordert, wimmert J.B. demütig um eine Aufklärung seiner Vergehen. Warum diese originelle Umkehr der Positionen? – Um den Kontextbedingungen des 20. Jahrhunderts Rechnung zu tragen: Galt im biblischen Kontext im Rahmen des Tun-Ergehen-Schemas die persönliche *Schuld* als erwiesen, sobald es einem Menschen schlecht ging, so steht dem laut MacLeish in unserer Zeit die prinzipielle persönliche *Unschuld* als Grundannahme entgegen. So unmöglich damals die Annahme persönlicher Unschuld war, so wenig werde heute, im Zeitalter der modernen Psychologie, Soziologie und Theologie an reale persönliche Schuld geglaubt. Beide Hiobpositionen protestieren gegen das jeweilige Axiom, das

---

234 Vgl. *Murray Roston*, Biblical Drama in England, a.a.O., S. 315.

235 Vgl. etwa * *W.D. White*, MacLeish's *J.B.* – Is it a modern *Job*?, a.a.O., S. 16: »der Unterschied liegt im alles umspannenden und durchdringenden Gottesbewußtsein des biblischen Buches, einem Element, das in MacLeishs *J.B.* völlig fehlt.«

236 Vgl.* *Hermann J. Weiand*, Insight IV. Analyses of Modern British and American Drama (Frankfurt 1975), S. 217: »MacLeish folgt der Struktur des biblischen Originals sehr genau.«

237 Vgl.* *Signi Lenea Falk*, Archibald MacLeish (New York 1965), S. 145: »Indem der moderne Dramatiker das Publikum an dem gewalttätigen Tod der Kinder teilnehmen läßt, verschärft er die Probleme, die dramatische Spannung im späteren Teil des Stückes beizubehalten. Er muß versuchen, philosophischem Material eine dramatische Form zu geben.« Diese verändernden Zugeständnisse wird man dem Medium Theater gegenüber dem Medium Buch einräumen können, ohne darin eine wertmindernde Schwächung sehen zu müssen.

Gott unmöglich zu machen scheint. Der biblische Hiob muß auf seiner Unschuld bestehen, der moderne Hiob aber auf seiner Schuld – im veränderten Zeitkontext läßt sich jeweils nur so Gott denken.
Diese geschickte *Umkehrung der Positionen* erfordert jedoch eine strukturelle Konsequenz, die MacLeish zugunsten der Treue zum Original scheut. Denn da J.B. Gott *nicht* herausfordert, ist dessen Reaktion, die Zurschaustellung seiner Schöpfermacht, noch unangemessener, als dies schon im Hiobbuch empfunden wurde.[238] Und da J.B. eben *nicht* rebelliert hat, fehlt seinem Einlenken im Anschluß an die Gottesreden dramaturgisch ebenfalls die logische Voraussetzung.
Wie aber steht es um die *Protagonisten des Stückes*, sind sie überzeugende und in Kontinuität zur Bibel angemessene Charaktere? Zunächst zu J.B. und Sarah! Ein Problem der Charakterzeichnung des Protagonisten bleibt tatsächlich ungelöst. MacLeish verfolgt eine gegenläufige – und im letzten wohl unvereinbare Strategie: zum einen präsentiert er J.B. als historisch genau verorteten Einzelcharakter, den erfolgreichen Neuenglandbanker im 20. Jahrhundert, zum anderen soll aber dieses reale Individuum das allgemeinmenschliche Schicksal des Jedermann veranschaulichen. In dieser Spannung verlieren beide Pole ihre letzte Tiefenschärfe: J.B. ist letztlich weder der psychologisch überzeugende Einzelmensch, noch der symbolische moderne Jedermann.[239]
Gerade am *Charakter J.B.s* ist generell vieles kritisiert worden: Er sei ein viel zu ausschließlich passiv gezeichneter Dulder, ohne jegliche Entwicklung im Drama, menschlich völlig unglaubwürdig und als solcher dem Helden des biblischen Buches völlig fremd.[240]
Diese Kritik an der passiv-duldsamen Grundzeichnung J.B.'s bleibt aber wohl zu oberflächlich. Warum? Weil MacLeish das scheinbar unlösbare Problem, den demütigen Dulder Hiob der biblischen Rahmenerzählung mit dem rebellischen Hiob des Dialogteils psychologisch glaubwürdig in einem Charakter zusammenzubringen, auf geniale Weise löst: Er teilt die psychologisch nicht zu harmonisierenden Hälften des Charakters in zwei auf dieser Ebene in sich glaubwürdige Einzelpersonen: J.B. ist der demütige Dulder, und der rebellische Part fällt auf – Sarah! Die in der Bibel nur angedeutete Rebellion der Frau Hiobs wird von MacLeish aufgegriffen und ausgestaltet. *Sie* repräsentiert jenen Hiob, der aufbegehrt, klagt und fragt. Insofern ist jene Kritik zwar berechtigt, die in J.B. eine unzureichende Vergegenwärtigung Hiobs sieht, nur übersieht sie den dramaturgisch-psychologischen Kunstgriff des Autors, eben jenen doppelgesichtigen biblischen Hiob in zwei Charaktere aufzuteilen. Erst

[238] Vgl. **Jon D. Levenson*, a.a.O., S. 51: »Da J.B. Gott nicht herausgefordert hat, ist dessen grimmige Antwort völlig außerhalb des Kontextes dieses Stückes.«
[239] So auch: *Marion Montgomery*, On First Looking Into Archibald MacLeish's Play in Verse *J.B.*, in: Modern Drama 2 (Dezember 1959), S. 231–242.
[240] Vgl. etwa **Samuel Terrien*, J.B. and Job, a.a.O., S. 9: »Während MacLeishs Versdrama eine brillante Wieder-Schöpfung der *Geschichte* Hiobs darstellt, bleibt der Charakter J.B. dem Helden, der im biblischen *Gedicht* spricht, völlig fremd.«

*J.B. und Sarah zusammen repräsentieren den in die Gegenwart übertragenen Hiob.*

So wichtig diese beiden Charaktere in diesem Stück aber auch sein mögen, sie stehen nicht im eigentlichen Zentrum des Dramas. Zum Mittelpunkt wird vielmehr der von MacLeish frei gestaltete Kommentar zum Geschehen, der Dialog zwischen Mr. Zuss und Nickles, zwei Figuren, die im äußeren Erscheinungsbild und der Charakterzeichnung sicherlich nicht zufällig an die Protagonisten von Samuel Becketts »Warten auf Godot« erinnern.[241] Deren Rolle erfüllt eine vielfache Funktion: Sie sind zunächst einfache Menschen, die mit »gesundem Menschenverstand« das Hiobgeschehen kommentieren. Sie sind aber auch Schauspieler, die ihr eigenes Spielen und zudem die ästhetische Dimension des »Spiel im Spiel« auf einer Metaebene thematisieren. Und sie sind schließlich hinter ihren Masken Repräsentanten der Hauptakteure im »Welttheater«, Gott und Satan.

Ihre Dialoge entstehen vor dem Hintergrund der biblischen Schilderungen, in denen unzweifelhaft Gott der Sieger der Auseinandersetzung bleibt. Hier wird nun umgekehrt eher Nickles zum Sieger erklärt, denn in der Auseinandersetzung zwischen Mr. Zuss und Nickles erleidet dieses Mal der Repräsentant Gottes charakterlich, intellektuell und rhetorisch eine klare Niederlage. In dieser Bevorzugung der deutlich von Goethes Konzeption des Mephistopheles angeregten Rolle von Nickles – die freilich als bewußte Kontrastfolie zum biblischen Buch zu sehen ist – mag eine weitere Schwäche des Dramas liegen. Der Schauspieler, der Gott darzustellen hat, Mr. Zuss, ist seinem Kontrahenten all zu eindeutig unterlegen, so daß auch der von ihm vermittelte »Gott« als all zu blasse und unglaubwürdige Karikatur erscheint. Diese Überlegenheit von Nickles, der auch in allen Inszenierungen als der stärkste Charakter, ja als der eigentliche Protagonist[242] des Stückes erscheint, geht in einem Maße zu Lasten des Antagonisten Mr. Zuss, das dramaturgisch nicht notwendig erscheint und der Kritik an dem somit nur unzureichend repräsentierten »Gott« leichten Zugang verschafft.[243]

Diesem Ungleichgewicht auf der Ebene der Schauspieler korrespondiert auf der symbolischen Ebene das *Ungleichgewicht der Masken*. Die Gottmaske hat geschlossene Lider, ist zwar strahlend schön, aber »ausdruckslos« (S. 23). Diese passive in sich selbst ruhend schöne Gottheit ist hier tatsächlich blind für die Anliegen der Menschen, für die Forderung nach Gerechtigkeit. Umgekehrt Satans Maske: nicht schön, aber mit offenen Augen und einem

---

241 Vgl. *Heinz Beckmann*, Godot oder Hiob. Glaubensfragen in der modernen Literatur (Hamburg 1965), S. 88: »...'spiel um Job‹, ... eine moderne Version des Buches Hiob, die in ihrem Personal eine merkwürdige Verwandtschaft mit ›Warten auf Godot‹ von Samuel Beckett hat.«

242 Vgl. **W.D. White*, a.a.O., S. 15: »in MacLeishs Drama ist eher Nickles der Protagonist als J.B.«

243 So spricht etwa **Charles M. Bond*, a.a.O., S. 275 von einer »fast sarkastischen Karikatur der Idee von Gott«.

»Ausdruck schmerzlichen Widerwillens« (S. 26). Satan sieht das reale Elend der Menschen und der Schauspieler Nickles erträgt dieses Sehen kaum: »Wenn du gesehen hättest, was ich sah,/ Würdest du nie mehr lachen« (S. 29), sagt er zu Mr. Zuss. Als solcher, als Sehender, übernimmt er mehr und mehr die *Rolle eines Sprachrohrs der leidenden und aufbegehrenden Menschheit*, das deren Anliegen dem blinden und entrückten »Gott« nahe zu bringen versucht.

Durch diese Aufwertung der Rolle von Nickles/Satan wird also – im Zusammenspiel mit der Bibel, in der Gott die Oberhand behält – ein »Unentschieden« erreicht. Und tatsächlich sind ja am Ende von »J.B.« weder Nickles noch Mr. Zuss, weder Satan noch Gott die Sieger, beide Seiten werten dieses »Unentschieden« von ihrer jeweiligen Warte aus als Niederlage. Auf dem verlassenen »Spielfeld« öffnet sich so dem Menschen J.B. die Möglichkeit eines eigenen Einsatzes. Nach der Neutralisierung der Positionen von Gott und Satan entdeckt der Schauspieler Mensch im Welttheater seinen eigenen – beschränkten, aber vorhandenen – Freiraum. Und genau diese Gestaltung des Freiraumes, die hier von MacLeish aufgezeigte Lösung, steht im eigentlichen Zentrum der Auseinandersetzung um dieses Hiob-Drama.

*Menschliche Liebe – die umstrittene »Lösung« MacLeishs*

Abgesehen von den aufgezeigten strukturellen Schwachstellen des Dramas, wird die Wirksamkeit des Stückes als solchem selten angezweifelt, und sein Erfolg spricht ja auch für sich. Der Kernpunkt der Kritik richtet sich vielmehr gegen die inhaltliche Aussage des Stückes: hier werde »ein praktischer, humanistischer Atheismus«[244] vertreten, hier werde »der Konflikt von Gerechtigkeit und Gnade viel zu oberflächlich und leichtfertig aufgelöst«[245], dies sei schlicht eine »falsche Antwort auf das Problem des Bösen«[246] in der Welt.

Um die Aussagen des Stückes richtig einordnen zu können ist auch hier ein kurzer Blick auf die *Biographie des Autors*[247] und auf die *Entstehungsgeschichte des Dramas* hilfreich. MacLeish, 1892 als Sohn schottischer Einwanderer in Glencoe (Illinois) geboren, war wie Claudel Jurist (Studium in Yale und Harvard) – vielleicht erklärt bei beiden dieser berufliche Hintergrund das Interesse an der Hiobfigur, in der sich die Probleme von Schuld und Gerechtigkeit konzentrieren. Bald schon widmete sich MacLeish jedoch ausschließlich seiner eigentlichen Leidenschaft, der Dichtung. So verbrachte

---

244 *Beatrix Schubert*, Vom Umgang mit menschlichem Leiden. Ein Versuch über Ijob in der modernen Literatur, in: Erbe und Auftrag 60(Beuron 1984), S. 361.

245 **Marion Montgomery*, a.a.O., S. 241.

246 **Martin C. D'Arcy*, J.B., Wrong Answer to the Problem of Evil, in: Catholic World 190 (November 1959), S. 81–85.

247 Zur Biographie siehe: *Signi Lenea Falk*, Archibald MacLeish (New York 1965); *Grover Smith*, Archibald MacLeish (Minneapolis 1971); besonders: *Bernard A. Drabeck/Helen E. Ellis* (Hrsg.), Archibald MacLeish. Reflections (Amherst 1986).

er in den zwanziger Jahren fünf Jahre in Paris und hatte dort Kontakte zu vielen der literarischen Größen der Epoche (Joyce, Hemingway, Proust). Später, zurück in Amerika, wurde er Direktor der Kongreßbibliothek und Rhetorikprofessor in Harvard. Sein literarisches Wirken konzentrierte sich auf die Sparten Lyrik (Pulitzer-Preis 1933 und 1952) und auf eine von T.S. Eliot beeinflußte Wiedererweckung des Versdramas, als dessen amerikanischer Hauptvertreter er gilt. Bis zu seinem Tode im Jahre 1982 gehörte MacLeish zu den herausragenden, im Ausland aber nur wenig bekannten literarischen Zentralgestalten der USA.

Ohne sich selbst als gläubigen Christen zu betrachten, waren die *Grundfragen des Christentums* für Archibald MacLeish ein Leben lang von biographischem und literarischem Interesse. Sein Versdrama »Nobodaddy« (1926) beschäftigt sich ebenso mit den biblischen Stoffen von Paradies, Sündenfall und Vertreibung wie die spätere Gedichtsammlung »Songs for Eve« (1954). Zielpunkt seines Interesses wird dabei, so er selbst im Vorwort zu Nobodaddy, »der Zustand des menschlichen Selbst-Bewußtseins in einem indifferenten Universum«[248]. Hier werden Themenkreise, Fragehorizonte und Antwortversuche angedeutet und vorweggenommen, die in »J.B.« weiter entfaltet werden sollten.

Die Anregung, sich nun konkret der Hiobgestalt zuzuwenden, erhielt MacLeish während des Zweiten Weltkrieges, als er sich in dem von Bomben zerstörten London aufhielt.[249] Schon in dieser Zeit sah er im Bilde Hiobs ein Symbol für die leidgeprüfte Gegenwartsmenschheit. Später schrieb er hierzu in dem bereits erwähnten Artikel in der *New York Times*: »Als ein Mann, der sich keinem Glaubensbekenntnis verpflichtet weiß, und der in bezug auf letzte Glaubenswahrheiten unsicherer ist, als er vielleicht sein sollte, scheint mir der Gott Hiobs unserer Generation näherzustehen als irgendeiner anderen seit Jahrhunderten. (...) In seinen endlosen Schreien hören wir überdeutlich unsere eigenen Stimmen.«[250]

Weitere Impulse, ein eigenes Hiobdrama zu schreiben, erhielt er durch die Lektüre etwa von »A Masque of Reason« seines Freundes Robert Frost, dessen Anliegen er aufnahm, am deutlichsten in einer für die Broadway-Fassung neukonzipierten Ansprache von Mr. Zuss an J.B., in der er zusammenfaßt, was J.B. am Ende des Stückes gelernt habe:

> Es gibt keine Auflösung des Geheimnisses
> Von unverständlichem Leiden, als den stummen
> Gesenkten Kopf, der Ungerechtigkeit gerecht macht,
> Indem er sich dem Willen unterwirft, der es wollte. –

---

248 Zitiert nach: **Signi Lenea Falk*, Archibald MacLeish, a.a.O., S. 30.

249 Vgl. hierzu: *Warren V. Bush* (Hrsg.), The Dialogues of Archibald MacLeish and Mark van Doren (New York 1964), S. 103ff.

250 **Archibald MacLeish*, About a Trespass on a Monument, a.a.O., S. 375f.

Sich dem Willen unterwirft, der eine Welt
Wollte, in der Ungerechtigkeit vorkommen kann.[251]

Hier spiegelt sich deutlich Frosts »submission to unreason«, doch MacLeish fragt weiter als Frost, indem er die sich für den Menschen aus dieser Einsicht ergebenden Konsequenzen untersucht. Er schreibt in einem Brief an den Regisseur seines Stückes Elia Kazan: »J.B.'s Erkenntnis ist eine Erkenntnis nicht nur der Bedeutungslosigkeit seiner menschlichen Position in dem unendlichen Raum des Universums, sondern von der *Bedeutung* dieser Bedeutungslosigkeit.«[252] Welche Bedeutung, welche Konsequenz sieht MacLeish? Zur Beantwortung dieser Frage dient ihm neben dem ausgiebigen Studium exegetischer Kommentare als zweite einflußreiche *Quelle* neben Frost das 1952 erscheinende *Hiobbuch von C.G. Jung*, in dem Gott ja als moralischer Verlierer, Hiob als moralischer Sieger der biblischen Auseinandersetzung präsentiert wird.[253] Seit dieser Lektüre widmet sich MacLeish über einen Zeitraum von fünf Jahren[254] der Fertigstellung dieses Dramas, das also keineswegs eine leichtfertige literarische Spielerei darstellt, sondern den tiefsten Erkenntnissen, Gedanken und Fragen seines Verfassers entspringt.

Diese Ernsthaftigkeit zeigt sich auch im Drama selbst. MacLeish läßt keinen Zweifel daran, daß es ihm um das alte Hiobanliegen der *Theodizee* geht. Ein monotoner Singsang von Nickles am Anfang des Stückes gibt diese Fragerichtung unzweideutig vor:

Ich hörte schreien jenen Mann,
Der vor Qual nicht schlafen kann
»Wenn Gott Gott ist, ist er nicht gut;
Wenn Gott gut ist, ist er nicht Gott!« (S. 18)

Ebenfalls unbestreitbar ist, daß *MacLeish* auf diese Frage *eine eigene Antwort* zu geben versucht, daß er weder mit der Lösung des Hiobbuches, vertreten durch die Gottesreden und die Kommentare von Mr. Zuss, aber auch nicht mit

---

251 Vgl. *Theatre Arts 44 (Februar 1960), S. 62.

252 **R.H. Winnick* (Hrsg.), Letters of Archibald MacLeish 1907–1982 (Boston 1983), S. 413.

253 Der konkrete Hinweis auf diese aus dem Drama selbst fast sicher rekonstruierbare Beschäftigung von MacLeish mit *C.G. Jung* stammt von Herbert Weiner, der von einer öffentlichen Lesung des Dichters vor Pfarrern und Rabbinern berichtet: »MacLeish fügte hinzu, daß er in seinem Denken von der Analyse Hiobs beeinflußt worden war, die der Psychoanalytiker Carl Jung geschrieben hatte.« Vgl. **Herbert Weiner*, Job on Broadway. MacLeish's Man and the Bible's, in: Commentary 27 (Februar 1959), S. 153.

254 Vgl. **Archibald MacLeish*, About a Trespass, a.a.O., S. 373f: »das nun vorliegende Drama hat mich seit fünf Jahren nicht losgelassen.« Vgl. auch eine Predigt, die MacLeish im Jahre 1955 in Connecticut zum Hiobbuch hielt, Thema: »God has need of man«, abgedruckt in: *Nahum N. Glatzer* (Hrsg.), The Dimensions of Job (New York 1969), S. 278–286.

den nihilistischen Vorschlägen von Nickles zufrieden ist. Sarah und J.B. verdeutlichen im letzten Aufzug des Stückes MacLeishs eigenen Antwortversuch: Gottes Existenz und Schöpfermacht wird nicht geleugnet: »Er ist« (S. 171), wie es J.B. formuliert. Doch hilft diese Einsicht dem Leidenden nicht, weil sie nichts verändert. Veränderung wird nur möglich durch *die menschliche Liebe*, durch Sarahs Rückkehr zu J.B. In einem Artikel meldet sich MacLeish innerhalb der Diskussion um sein Stück noch einmal selbst zu Wort und stellt klar: »Der Mensch ist von Gott völlig abhängig – Gott vom Menschen nur in bezug auf Eines: Ohne die menschliche Liebe existiert Gott nicht als Gott, nur als Schöpfer, und Liebe ist das Einzige, was niemand, nicht einmal Gott selbst, befehlen kann.« Und deshalb: »*Gott braucht den Menschen*.«[255]
Eines dürfte feststehen: Diese Aussagen sind, rückbezogen auf das biblische Hiobbuch, sicherlich in dieser Weise nicht haltbar. Aber: Sind es angemessene Antworten für das Problem eines modernen Hiob, eines J.B., der eben auch den zeitgenössischen Jedermann repräsentiert? – Zwei gegensätzliche Interpretationslinien stehen sich dabei scheinbar unversöhnlich gegenüber. Zunächst ist auf eine Tendenz zu verweisen, die versucht, dieses »Spiel um Job« inklusivistisch als christliches Drama zu deuten: der Dichter bekenne sich »zuletzt zum Leben, das in der Liebe Gottes gegründet liegt«[256]. Das Zeichen der Liebe, unter das MacLeish seine eigene Antwort stellt, müsse »nicht unbedingt als eine Ablehnung Gottes«, sondern könne »auch als eine Ablösung des alttestamentlichen durch den neutestamentlichen erscheinen«[257]. Auch die Aufnahme dieses Stückes in die im Verlag Jakob Hegner herausgegebene Sammlung »Homo Viator. Modernes Christliches Theater«[258] ist wohl einem solchen christlichen Eingemeindungsversuch zuzuschreiben. Dem steht jene Tendenz entgegen, hier den totalen Triumph des Menschen über Gott zu sehen, hier werde Gott abgeschüttelt und durch einen – jegliche Transzendenz ablehnenden – Humanismus ersetzt, weil »Gott nicht mehr als eine bedeutungslose Chiffre«[259] sei. Damit sei dieses Theaterstück ein geradezu archetypisches Beispiel für die moderne »Perversion biblischer Literatur«[260].
Beide Interpretationslinien gehen in ihrer Ausschließlichkeit am Drama selbst vorbei. Gegen den Versuch einer christlichen Eingemeindung des Stückes ist

---

255 * *Archibald MacLeish*, The Book of Job, in: The Christian Century 76 (1959), S. 421.
256 *Lieselotte von Eltz-Hoffmann*, Hiob in der Dichtung, a.a.O., S. 193.
257 *Franz Link*, Götter, Gott und Spielleiter, in: ders. und *Günter Niggl* (Hrsg.), Theatrum Mundi (Berlin 1981), S. 39.
258 Vgl. Homo Viator. Modernes christliches Theater. Band 2 (Köln/Olten 1962), zusammen mit: *Charles Péguy*, Das Mysterium der Erbarmung; *Thornton Wilder*, Das lange Weihnachtsmahl; *Friedrich Dürrenmatt*, Ein Engel kommt nach Babylon; *Edzard Schaper*, Die Freiheit des Gefangenen; *Fritz Hochwälder*, Das heilige Experiment.
259 So z.B. *Beatrix Schubert*, Vom Umgang mit menschlichem Leiden, a.a.O., S. 359.
260 * *Charles M. Bond*, J.B. is not Job, a.a.O., S. 272.

zu sagen, daß sich nirgends auch nur eine Andeutung dafür findet, daß die den Menschen als letztes bleibende Liebe doch auf Gott zurückginge.[261] Diese Möglichkeit wird zwar auch nicht explizit ausgeschlossen, bleibt vielleicht sogar bewußt offen, hat aber im Text keinen Rückhalt.

Und gegen den Atheismus-Vorwurf ist anzuführen: MacLeishs »Gott« ist sicherlich nicht identisch mit dem traditionell jüdisch-christlichen Gottesbild, aber Gott wird keineswegs grundsätzlich geleugnet, nur erweist er sich in diesem Falle nicht als praktisch wirkende Hilfe. Die Lösung à la MacLeish erfolgt ja nicht »aus Lust und Laune«, in beliebiger Ablehnung einer möglicherweise vorgegebenen Lösung des Hiobbuches, sondern im Bewußtsein, daß jene in sich rätselhafte Lösung diesem modernen Hiob eben nicht helfen konnte und nichts veränderte. Ihm blieb ja scheinbar nur der von Nickles geforderte Selbstmord. Die eigene Lösung ist für MacLeish die buchstäblich letzte *Not-Lösung*, um der Verzweiflung zu entgehen, ist Suizidprophylaxe. Sie bejubelt keineswegs einen glorreichen Sieg des Menschen über Gott, sondern sieht als letzten Ausweg ein *Miteinander von Mensch und Gott*, in dem der Mensch erstens das So-Sein der Welt akzeptieren muß, dem Schöpfergott ihre Schwächen verzeihen muß, und zweitens sein Menschenmögliches, die Liebe, einzubringen hat.

Das mag als eine schwache, eine unzureichende Lösung des Theodizeeproblems angesehen werden, aber es ist – zumindest für MacLeish – die einzige und letztmögliche, der nur die Verzweiflung gegenübersteht. Nur so, als letzte Abwendung eines zerstörerischen Nihilismus – nicht als Triumph des Humanismus über die Religion – sind MacLeishs Worte zu verstehen: »Hiob akzeptiert es, sein Leben noch einmal zu leben, trotz allem, was er über das Leben weiß, trotz allem, was er nun über sich selbst weiß, weil er ein Mensch ist.« Ihm bleibt nur ein schwaches, aber lebenermöglichendes *Trotzdem*. Und nur vor diesem Hintergrund gilt: »Liebe wird die letzte menschliche Antwort auf die letzte menschliche Frage.«[262]

Daß selbst dieses »trotzdem« der menschlichen Liebe immer vom Scheitern bedroht bleibt, verdeutlicht MacLeish selbst noch einmal durch eine signifikante Änderung der Schlußverse seines Dramas. Schloß die ursprüngliche Fassung noch mit den hoffnungsvoll-optimistischen Worten Sarahs »Wir werden wissen ... Wir werden wissen« (S. 173), so fügt der Autor in der Broadway-Fassung J.B.'s Worte an:

---

261 Vgl. **Janis P. Stout*, Re-Visions of Job: *J.B.* and »A Masque of Reason«, in: Essays in Literature 14(1987), S. 232: »Ob die Möglichkeit dazu, diese innere Stärke zu finden, ein Teil jener kreativen Lebenskraft ist, die ihm von der fernen Stimme vorgeführt wurde, wird von MacLeish offen gelassen.«

262 **Archibald MacLeish*, About a Trespass, a.a.O., S.377. Ähnlich in einem Brief vom 5. 1. 1959: *»Wir können es (das Dilemma der Theodizeefrage) nur lösen, indem wir das Leben lieben, dem Leben zum Trotz.« In: *R.H. Winnick* (Hrsg.), The Letters of Archibald MacLeish, a.a.O.,S. 415.

Wir können niemals wissen.
Er antwortete mir wie die unbewegte Stille eines Sterns
Der unsere Fragen zum Schweigen bringt.
Nein, Sarah, nein:
Wir *leben*, und das ist unsere ganze Antwort.[263]

Eine Antwort, die von der biblischen Vorgabe abweicht – doch das ist das gute Recht eines Schriftstellers, der auf einen vorgegebenen Stoff zurückgreift; eine Antwort, die zumindest in sich logisch und folgerichtig ist; eine Antwort, die beileibe nicht alle Fragen beantworten zu können vorgibt – doch darin ist sie in guter Gesellschaft. Ein scharfsinniger Kritiker gibt den vollmundigen Gegnern des Stückes zu bedenken: »Wenn sich der sorgsame und informierte Leser von *J.B.* zum wissenschaftlich untersuchten Hiobbuch wendet, um Konfusion und Verblüffung zu entfliehen, so findet er dort nur gesteigerte Konfusion und Verblüffung.«[264] In der Tat, die Grunddiskussionen, die sich seit seiner Entstehung um das Hiobbuch selbst ranken, finden ihre – gebührende – Fortsetzung in diesem Hiob-Drama, das sich in aller Eigenständigkeit als würdige Neubearbeitung der alten Vorlage erweist.

### 4. »Sterbend Gott zu fluchen« – *Fritz Zorn* und der Anti-Hiob

Als unnachgiebige Zuspitzung von Hiobs Rebellion war das *Motiv des Anti-Hiob* in mehreren Werken angeklungen, am deutlichsten in dem direkt »Anti-Hiob« genannten Gedicht von Arno Holz, dann in Brechts Kurzgeschichte »Der Blinde«, in Leonhards Gedicht »Furunkulose«, in Blochs Schilderung des ursprünglichen, rebellischen Hiob sowie in Wiesels Hiobkonzeption des revolutionären Schweigers. Ein Anti-Hiob, der gegen die Tradition der Auslegung Hiobs als Duldergestalt rebelliert und als bleibende Absage an jegliche Versöhnung Hiobs mit Gott und seinem Schicksal gerichtet ist.
In diese Gestaltungslinie reihen sich auch die Hiobgedichte des der jüdischen Tradition entstammenden Wiener Lyrikers und Erzählers *Peter Henisch* (*1943)[265] ein. Henisch – in seinen Grundgedanken ganz entscheidend vom Werk Ernst Blochs geprägt[266] – hatte bereits 1977 einen Hiob-Gedichtzyklus

---

263 Vgl. *Theatre Arts 44 (Februar 1960), S. 64.

264 **Parley A. Christensen*, *J.B.*, the Critics and Me, in: Western Humanities Review 15(Spring 1961), S. 114.

265 Siehe hierzu: *Eva Schobel*, Peter Henisch. Eine Monographie (Diss. Wien 1988). Henischs Vater war Jude, gleichzeitig jedoch als Photograph für die Nationalsozialisten tätig.

266 Henisch hatte eine Dissertation über Blochs Philosophie begonnen, jedoch nicht fertiggestellt. Den Titel seines Hiobzyklus – »Das 3. Buch Hiob« – leitet zumindest *Brita Steinwendtner* direkt von Henischs Auseinandersetzung mit Bloch ab, schließlich habe dieser doch auf die »Umarbeitungen des ursprünglichen Hiob-Stoffes« hingewiesen. Vgl. *Brita Steinwendtner*, a.a.O., S. 92.

vorgelegt[267], in dem Hiob einerseits zur Selbstdeutungsfigur des Dichters wird, in dem aber andererseits die Unabgeschlossenheit der »Sache Hiobs« bekräftigt wird. In der 1989 vorgelegten Zwischensumme seines lyrischen Schaffens – erschienen unter dem programmatischen Titel *»Hamlet, Hiob, Heine«*[268] – legt er einen neuen, weithin überarbeiteten Hiobzyklus vor. »Nicht zur Ruhe gekommen / seit 3000 Jahren« (S. 66) ist dieser Hiob, »nach wie vor schlaflos« (S. 67). Nichts hat sich geändert auf der Welt seit den Tagen Hiobs, auch nicht durch Jesus[269]. Warum? – »Nämlich die Sanftmütigen / haben noch immer kein Land« (S. 71). Konsequenz aus dieser Erkenntnis: »Und auch die Dulder / sind alles andere als selig zu preisen« (S. 74). Henischs Hiobdeutung, ein »Versuch, mythisch-historische Menschheitserfahrungen zu verdichten«[270], ist »ganz eindeutig«[271] von der blochschen Hiobdeutung beeinflußt. Nein, an den grundsätzlichen sozialen, politischen und humanen Parametern der menschlichen Existenz hat sich nichts geändert, nur »die Öfen der Nelly Sachs sind längst ausgeraucht«. Was aber bleibt diesem Anti-Hiob, der nicht zu den Duldern gezählt werden möchte, der sich mit der gleichgebliebenen Welt nicht versöhnen kann? Nicht das auf zuviel Warum-Fragen zurückgeführte Verstummen, das für Nelly Sachs' Hiobgedicht zentral war, sondern (S. 94):

RUFEN

und hören
und rufen
und hören
und rufen
und hören
und rufen
und gehört werden wollen
und hören
und gerufen werden wollen
und rufen
und
und hören

und

---

267 *Peter Henisch*, Mir selbst auf der Spur / Hiob. Gedichte (Baden b.Wien 1977).

268 *Peter Henisch*, Hamlet, Hiob, Heine (Salzburg/Wien 1989).

269 Provokative Aussage Henischs über Jesus in diesem Gedichtzyklus (S. 87): »Wahr ist vielmehr / daß dieser jüdische Tischler / verschwunden aus seinem Grab / vermutlich verrückt war«.

270 *Eva Schobel*, a.a.O., S. 275.

271 A.a.O., S. 279. Möglicherweise ebenfalls mitgeprägt wurde die Hiobdeutung Henischs von – der im folgenden Abschnitt noch anzuführenden Hiobdeutung von – *Adolf Holl*, der für viele Jahre Henischs Religionslehrer war und maßgeblichen Einfluß auf ihn ausübte. Vgl. a.a.O., S. 61; 66f.

Dieses Gedicht beschließt in bewußter Offenheit der Form den Hiob-Zyklus. Hiob ist für Henisch – so er selbst in einem Brief – »der trotzdem nach Sinn fragende Mensch«[272]. Dieser Anti-Hiob bleibt für ihn der unversöhnte Frager und ungehörte Rufer, der trotz aller Enttäuschung nicht aufgibt.

*Motive des Anti-Hiob* finden sich vor allem im Zusammenhang von Schilderungen von *Krankheit*. Literarische Versuche, Krankheit und Sterben im Bilde Hiobs zu deuten, hatte es in diesem Jahrhundert schon früh gegeben, so etwa in einem der – allerdings unbekannteren – Werke des Literaturnobelpreisträgers *Gerhart Hauptmann* (1862–1946). In dem eindeutig autobiographisch geprägten Roman *»Buch der Leidenschaft«* von 1930 versucht Hauptmann, seine Zerrissenheit zwischen zwei Frauen in der Zeit von 1893 bis 1904 aufzuarbeiten.[273] In diesem Roman wird besonders der vom nahenden Tode gezeichnete Bruder des Protagonisten immer wieder mit Hiob verglichen. Außerdem ist hier die Rede davon, daß auch eine der Frauengestalten »von einem Hiobsschicksal gestreift«[274] wird, als sie einen Netzhautriß erleidet. Hauptmanns Charaktere tragen – wie ja auch *Yvan Goll* in seinen in ähnlicher Situation entstandenen Hiob-Gedichten – ihr Schicksal jedoch mit geduldiger Fassung und demütiger Ergebenheit.

Auch bei anderen Autoren begegnet uns Hiob in halb autobiographischen, halb literarischen Auseinandersetzungen mit Krankheit und Tod. So verfaßte die französische Philosophin *Janine Chanteur* im Jahre 1990 ein Buch unter dem Titel »Les Petits-Enfants de Job«[275]. Chanteur, deren ältester Sohn schon als Kind starb und deren jüngste Tochter als behindertes Kind zur Welt kam, schreibt dieses Buch über die »Enkelkinder Hiobs« im Namen aller gestorbenen oder behinderten Kinder. Hiob ist für sie zunächst der Inbegriff von verlogener Duldsamkeit und unwürdiger Demut, von falscher Opferwilligkeit und fataler Friedfertigkeit auf Kosten des Schicksals seiner Kinder. »Ich hasse Dich, Hiob!« (S. 9), schleudert sie ihm gleich zu Anfang ihres Buches entgegen. Warum? Gerade Hiob habe die vielleicht einmalige Chance gehabt, end-

---

272 Zitiert bei *Brita Steinwendtner*, a.a.O., S. 95.

273 Vgl. *Roy C. Cowen*, Hauptmann-Kommentar zum nichtdramatischen Werk (München 1981), bes. S. 126–132.

274 *Gerhart Hauptmann*, Buch der Leidenschaft (Berlin 1930), S. 121. Vergleiche des Bruders Marcus mit Hiob finden sich auf S. 43f., 48, 74, 80. Auf den Seiten 48–50 findet sich zudem eine eher theoretische Reflexion Hauptmanns über Hiob, der »der weiseste unter den Menschen geworden« sei, durch sein Leiden und seine Gotteserfahrung. Doch erscheinen, so der Exeget Curt Kuhl mit Recht, gerade diese Passagen als »recht fraglich«, denn eindeutig ist das »Verständnis, das andere Dichter für Hiob aufbringen … größer und besser«. Vgl. *Curt Kuhl*, Vom Hiobbuche und seinen Problemen, in: Theologische Rundschau 21 (1954), S. 261–316, hier: S. 282. – Bereits erwähnt: In Übernahme von Hartmann von Aues Original hatte auch Gerhart Hauptmanns »Der arme Heinrich« einige Anspielungen auf Hiob enthalten.

275 *Janine Chanteur*, Les Petits-Enfants de Job. Chronique d'une enfance meurtrie (Paris 1990). Für den Hinweis auf dieses Buch und eine Teilübersetzung danke ich Herrn stud. theol. Alexander Ausmeier.

gültig gegen diese Schöpfung zu rebellieren. Stattdessen aber habe er sich duldsam-fromm dem Schicksal gefügt. Nicht die Verursachung des Leids wirft sie ihm vor, wohl aber dessen Legitimierung durch passive Hinnahme.
Immer wieder unterbrochen von Reflexionen über Hiob beschreibt Chanteur die Lebensgeschichte ihres behinderten Kindes und ihre eigene Auseinandersetzung damit: ihre Weigerung, das Kind in ein Heim abzuschieben, ihre Verzweiflung, die bis zu den Gedanken führt, sich selbst und die Tochter umzubringen. »Du hast ja gesagt, Hiob. Ich, ich sage nein.« (S. 9). Sie wendet sich, das wird hier deutlich, einzig gegen den Hiob der Rahmenhandlung und den Hiob der christlichen Vertröstungs- und Duldsamkeitstradition – diesen weist sie angesichts ihres persönlichen Hintergrundes und angesichts jener »Enkelkinder Hiobs«, für die sie schreibt, energisch zurück. Hauptangriffsziel bleibt aber hinter Hiob jener Gott, der so etwas zulassen kann.
Dennoch erfolgt im letzten Kapitel dieses Buches ein radikaler Umschwung. Die bisherigen Kapitel hatten ihre Haltung vor dreißig Jahren wiedergegeben. Inzwischen aber hat sie gelernt, sich mit dem Schicksal des Kindes abzufinden und auch dieses Leben als lebenswert anzuerkennen. Und, so fragt sie sich selbst: »Das Buch Hiob? Haben Sie es noch einmal wieder gelesen?« Aus der Distanz und nach der erneuten Lektüre des Buches erkennt sie: »Ich muß dich um Verzeihung bitten, Hiob. Ich hatte nichts verstanden« (S. 109) Haßtiraden, Protest und Rebellion sind nun überwunden. Wie Hiob erkennt sie, daß die Frage nach dem Leid letztlich nicht zu beantworten ist, und daß sie im Verzicht auf eine Antwort leben muß – und kann. Ohne zu verstehen, öffnet sie sich der erfahrbaren Gnadenbotschaft des Christentums. »Hände haben sich mir entgegengestreckt, die ich nicht sah.« Wie zuvor in der Rebellion, so steht nun auch die Zuwendung zum Leben im Zeichen Hiobs. Denn wessen Hände streckten sich ihr entgegen? Das Buch endet mit den Worten: »Deine, Hiob. Bleibe bei mir, ich brauche dich.« (S. 120)
Aus einer ähnlichen, am eigenen Leib erfahrenen Leidsituation gelangt der einem jüdisch-christlichen Elternhaus entstammende, sich selbst jedoch als ungläubig bezeichnende Schweizer *Ulrich Kägi* (*1924) zu einer wiederum völlig eigenständigen Auseinandersetzung mit Hiob. Er erlitt im Jahre 1986 einen Hirnschlag, der sein Sprachvermögen lähmte. Besonders schlimm für einen Journalisten, Redakteur und Schriftsteller, für den Sprache gerade auch die berufliche Lebenswelt vollends bestimmt. Zäh und unter großen Mühen erobert er sich in einer jahrelangen Energieleistung mit Hilfe einer Logotherapeutin die Fähigkeiten, zu verstehen, zu sprechen, zu lesen und zu schreiben zurück.
Seine Erfahrungen auf diesem Weg schildert er in dem 1991 erschienenen Buch »Am Anfang – am Ende.«[276] Zum einzigen *Gesprächspartner* wird ihm, der von seinen Mitmenschen ob seiner Sprachstörungen gemieden wird – *der biblische Hiob*. Hiob, der so entsetzlich leiden mußte, dem aber doch noch die

---

[276] *Ulrich Kägi*, Am Anfang – am Ende. Gespräche mit Hiob (Stäfa 1991).

Sprache blieb, um zu klagen, zu beten, zu disputieren, zu dem – wie immer unpassend auch – Tröster kamen, um ihn mit Sprache zu trösten. Diesem Leidensbruder Hiob erzählt er, dem gerade dies alles fehlt, zunächst nur in Gedanken, dann Schritt für Schritt in stammelnd erinnerter und wiedererlernter Sprache, seinen Leidensprozeß. Hiob, dem Leidenden, kann er seinen Schmerzensweg anvertrauen, ohne auf dessen äußere Wiederherstellung zu hoffen, doch im trotzig-festen Glauben an eine Wiedererringung des Sprachvermögens. Keine Dimension eines göttlichen Gegenübers bei Kägi, gegen das man rebellieren könnte, sondern einzig der Kampf des leidenden Menschen um seine Genesung, gegen die Krankheit und die unverständige menschliche Mitwelt.
Bei Hauptmann, Kägi und Chanteur steht *Hiob* im Kontext von Krankheit und Tod letztendlich *als Versöhnungsfigur*. Nun ist jedoch ein Buch zu nennen, das als radikalste Anti-Hiob-Geschichte nach 1945 konzipiert ist, als extreme Gegenposition zur Deutung Hiobs als Dulder, als endgültige literarische Absage an den Hiob-Gott, ohne jegliche Versöhnung mit Gott und dem Leben.

### *Sterbensbericht eines Krebskranken*

»Ich bin jung und reich und gebildet; und ich bin unglücklich, neurotisch und allein (...) Natürlich habe ich auch Krebs«[277]. – Mit diesen Worten beginnt einer der schockierendsten und aufsehenerregendsten autobiographischen Sterbensberichte der letzten Jahrzehnte, geprägt durch eine radikale Weigerung, sich mit dem Schicksal zu versöhnen. Später heißt es: »Wenn ich jetzt mein Leben zusammenfassen und beurteilen soll, so kann ich nur zum Schluß kommen, daß es mißraten und gescheitert ist.« (S. 171) Und Gott? – Gäbe es ihn nicht, so müßte man ihn angesichts des Erlittenen eigens erfinden, »bloß um ihm eins in die Fresse zu hauen.« (S. 174)
Die Rede ist von einem Buch, das unter den Titel *»Mars«* gestellt und von einem pseudonymen *»Fritz Zorn«* verfaßt wurde. In drei aufeinanderfolgenden Berichten setzt dieser sich mit seiner Krankheit und dem drohenden Sterben auseinander. Tatsächlich sollte er das Erscheinen des Buches nicht mehr erleben, er starb vier Monate nach Abschluß des letzten Kapitels im Herbst 1975. Die Veröffentlichung oblag dem Schweizer Schriftsteller Adolf Muschg (*1934), der in einem sehr persönlich gehaltenen Vorwort – Muschg identifiziert einige Passagen des Berichts mit eigenen Erfahrungen – die Entstehungsgeschichte des Manuskripts schildert. Der beispiellose Erfolg eines derartigen Buches – über 250.000 verkaufte Exemplare im deutschsprachigen Raum, Übersetzungen ins Englische, Französische und Italienische, eine *Bühnenfassung von Ria Endres* erlebte noch am 18. 9. 1992 ihre deutsche Erstaufführung am westfälischen Landestheater in Castrop-Rauxel – basiert auf seiner *schonungslosen Abrechnung* mit den Faktoren, die für diese als folgerich-

---

[277] *Fritz Zorn*, Mars. Mit einem Vorwort von *Adolf Muschg* (Frankfurt 1979), S. 25.

tig erkannte tödliche Erkrankung verantwortlich gemacht werden: die Eltern – »schuldig«[278], die bürgerliche Gesellschaft – zum Tode führend, Gott – als Hauptverantwortlicher »das größte Schwein des Universums« (S. 166). Gerade in der Summierung führten diese Faktoren aus Zorns Perspektive zwangsläufig zu seiner Krankheit, notwendigerweise zum selbstzerstörerischen Krebstod.

Zorn sieht sich durch diese völlige Außenprägung keineswegs nur als Einzelfall, vielmehr als stellvertretenden Typus an: »Ich denke, ... daß ich einen typischen Fall repräsentiere« (S. 154). Diese Einsicht in die vielfältige Fremdverantwortlichkeit für seinen Zustand führt ihn zu einem *unerbittlichen Protest*: Protest gegen die Eltern, die ihn »zu Tode erzogen« (S. 44); Protest gegen die bürgerliche Gesellschaft, hinter deren Wohlanständigkeitsanschein sich die lebensfeindlichsten Prinzipien verbergen; Protest gegen Gott, der diese Welt als solche erschuf. Geboren im Sternzeichen des Widders, dem Zeichen des *Mars*, wird ihm dieser römische Kriegsgott zur *Deutefigur seiner Existenz* und dann auch zum Titel dieses Sterbensberichtes. Mars fungiert also einerseits rückblickend als Archetyp von Aggression, die sich – da jegliche äußere Angriffsfläche erziehungsbedingt ausschied – selbstzerstörerisch nach innen wenden mußte[279]; Mars ist hier andererseits gegenwärtig als Vorbild der totalen Rebellion. Das Buch endet mit der martialischen Kampfansage an die Welt: »Ich erkläre mich als im Zustand des totalen Krieges.« (S. 225)

Eine derart radikale, schriftlich fixierte Rebellion angesichts des eigenen Sterbens sucht ihresgleichen. Kein Wunder deswegen, daß sie Gegenreaktionen, »Antworten an Fritz Zorn«[280] aus dem Munde ähnlich Betroffener provozierte. Doch um diesem Buch gerecht zu werden, sollte man es weder – wie oft in theologischen Abhandlungen über das Sterben der Fall – vorschnell als ein eben nicht christliches Gegenbeispiel abstempeln[281], noch als positives Beispiel eines religiös begründeten Ringens mit Gott christlich vereinnahmen.[282] Vielmehr sollte zunächst der Versuch im Vordergrund stehen, diesen

278 Vgl. S. 209: »Ich bin bereit, meinen Eltern jeden, aber auch *jeden* mildernden Umstand zuzubilligen; aber auf die Frage, ob sie an meinem Unglück schuldig oder unschuldig sind, lautet mein Urteil: Schuldig.«

279 Vgl. a.a.O., S. 157f.

280 Siehe z.B. *Christiane Lenker*, Krebs kann auch eine Chance sein. Zwischenbilanz oder Antwort an Fritz Zorn (Frankfurt 1984). Die ebenfalls krebskranke Lenker schreibt hier »ein Negativ« (S. 85) zu »Mars«, um so ein stimmiges Gesamtbild entstehen zu lassen. Siehe hierzu ebenfalls: *David Basler/Walter Baumgärtner* (Hrsg.), Angst und Zorn. »Mars« – zehn Jahre danach (Zürich 1986), hierin besonders: *Georg Kohler*, Bruder Mars, S. 10–13 (ein fiktiver Brief an Fritz Zorn); *Alice Villon-Lechner*, Der große Zorn des kleinen Fritz oder Mars in Küssnacht, S. 24–31 (ein dramatischer Kommentar); *Alex und Daniel Varenne*, o.T., S. 32–59 (ein ernstzunehmender Comicstrip).

281 Vgl. z. B. *Bernd Feininger*, Anders als christlich sterben. Zum Buch »Mars« von Fritz Zorn, in: Orientierung 16(1977), S. 174f.

282 So *Peter Eicher*, Der Krokodilgott, in: Christ in der Gegenwart 44 (1992), S. 305f. Eicher schreibt über Zorn auf S. 306: »Im Fluch auf den Gott, der sich Krokodile in der

Bericht in seiner inhaltlichen Vielschichtigkeit und speziell in seiner literarischen Gestalt ernstzunehmen. Was weiß man über den Autor, seinen Hintergrund, sein Buch?

Hinter dem Pseudonym Fritz Zorn – gewählt, um die Familie des Autors zu schützen – steckt die Person *Fritz Angst* (1944–1976). Schon die Namensveränderung von »Angst« zu »Zorn« erfolgt programmatisch, hatte der Autor doch lange Zeit das neutrale Pseudonym »Fritz Roth« favorisiert.[283] Als Millionärssohn aufgewachsen an der »Goldküste« des Züricher Sees, werden ihm Werte wie Anstand, Sauberkeit und Pflichterfüllung als Tugenden anerzogen, als deren Kehrseite er an sich Leibfeindlichkeit, Kommunikationsunfähigkeit und – letztendlich – Lebensunfähigkeit diagnostiziert. Nach Abschluß der Schule studiert er Philologie, promoviert zum Dr.phil., wird Lehrer und findet sich in einer Lebenssituation, die ihm eigentlich alles Erwünschte bereitstellt. Er schreibt im Rückblick. »Ich hatte nun alles, was ich wollte; ich hatte mein Studium erfolgreich abgeschlossen, ich hatte einen Beruf, ich hatte ein schönes Heim.« (S. 120) Und doch: »Ich war wunschlos unglücklich.« (S. 127)[284]

In dieser Situation wird der latent depressive, einsame, kontaktschwache und sich selbst als neurotisch bezeichnende Zorn – um den gebräuchlichen Namen weiterhin zu verwenden – mit der medizinischen Diagnose konfrontiert, er habe einen bösartigen Tumor. Im Nachhinein erscheint ihm diese Krebserkrankung jedoch nur als konsequente Fortsetzung seines bisherigen Lebens: »Das ganze angestaute Leid, das ich jahrelang in mich hineingefressen hatte, ließ sich auf einmal nicht mehr in meinem Inneren komprimieren; es explodierte aufgrund seines Überdrucks und zerstörte bei dieser Explosion den Körper.« (S. 132) Neben einer medizinischen entschließt sich Zorn zu einer psychologischen Behandlung und in Auseinandersetzung mit der Krankheit, ihrer Behandlung und dem drohenden Sterben entsteht in seinem letzten Lebensjahr der vorliegende, in drei Zeitetappen verfaßte Bericht.

Ein autobiographischer therapeutischer Bericht über Krankheit und Sterben – »ist das noch Literatur?«, fragt Adolf Muschg im Vorwort, um gleich zu belegen: »Gewiß doch, Mars ist Literatur.«[285] Dieses »im höchsten Sinne autistische Dokument«[286] stammt von einem Mann, der im Umgang mit Sprache

---

Schöpfung hält, schaute er doch wie Hiob Gott ins Angesicht.« Hierin habe er sich »dem Leiderfahrenen aus Nazareth« nahe gewußt. Von all dem kann auf der Textebene keine Rede sein. Eichers Artikel entstammt insgesamt nicht einer tiefgründigen Auseinandersetzung mit Buch und Hintergrund, das zeigt schon seine Bemerkung über »Fritz Zorn«: »Wir kennen seinen Namen nicht.« (S. 305)

[283] Diese und weitere biographische Hintergrundinformationen entstammen einem zuverlässigen »portrait intime« (S. 8) Zorns von einer Studienfreundin: *Monique Verrey*, Lettre a Fritz Zorn. Suivie de le premier Puzzle de Zurich récit de Fritz Zorn (Lausanne 1980), hier S. 67.

[284] Vgl. den Bericht *Peter Handkes* über Leben und Selbstmord seiner Mutter unter gleichnamigem Titel: *Peter Handke*, Wunschloses Unglück. Erzählung (Frankfurt 1974).

[285] *Adolf Muschg*, Vorwort, a.a.O., S. 10.

[286] A.a.O., S. 11.

alles andere als ungeübt war, der in der Zeit zwischen 1962 und 1974 nicht weniger als elf Theaterstücke – allesamt auf studentischen und zum Teil auch auf größeren Bühnen aufgeführt – und zehn längere Erzählungen verfaßt hatte.[287] »Mars« ist weit mehr als ein individueller Protestschrei gegen Krankheit, Leiden und Tod, es ist ein literarischer Essay – aus tiefster persönlicher Betroffenheit – über die Grundfragen der menschlichen Existenz überhaupt.

*Protest gegen den »Krokodilgott«*

Im Rahmen dieser Arbeit soll nun weniger Zorns Auseinandersetzung mit seinem Elternhaus und der schweizerisch-großkapitalistischen Gesellschaft im Zentrum des Interesses stehen, als vielmehr seine Auseinandersetzung mit Gott. Zorn entstammte keineswegs einem religiös geprägten Elternhaus, sein »Fall« ist also alles andere als ein weiteres Beispiel jener neurotisch-religiösen Fehlerziehung und ihrer lebenslangen Folgen, die etwa Tilman Moser in seinem bekannten Buch »Gottesvergiftung« beispielhaft geschildert hat.[288] Zorn entstammte einem im Gegenteil »zutiefst areligiösen« (S. 69) Elternhaus, in dem die Kirche aber als gesellschaftliche Institution ihren selbstverständlichen traditionellen Platz bewahrte: »Für die Form der Kirche zu sein, das gehörte zum guten Ton; für deren Bedeutung zu sein, war lächerlich.« (S. 71)

Wie steht ein derart areligiös erzogener Mensch überhaupt zum Christentum? Seine Kindheitserinnerungen sind geprägt von der antichristlichen und im Tiefsten auch antikirchlichen Haltung der Eltern. Allein die selbstverständliche Teilnahme an kirchlichen Beerdigungen hinterlassen bleibende Eindrücke. Dennoch: Im Rückblick erscheint ihm seine Erziehung »in seiner innersten Natur nach christlich«, ausgezeichnet durch »die geläufigsten christlichen Tugenden wie Enthaltsamkeit, Entsagung, Sanftmut, Dulden und vor allem das unmißverständliche Nein zu fast allen Aspekten des Lebens.« (S. 72) Ohne selbst also explizit christlich erzogen zu sein, identifiziert er – sozusagen von außen – dieses Erziehungsideal mit jenem *System eines bürgerlichen Zerrbilds christlicher Werte*, das ein Tilman Moser von innen her schildert. Und genau dieses – empirisch breit belegte – Zerrbild christlich-religiöser Werte und Vorstellungen prägt auch seine Auseinandersetzung mit Gott.

Warum mit Gott? – Gerade die »gequälte Seele empfindet die Notwendigkeit der Existenz Gottes« (S. 218). Im Leiden stilisiert Zorn die für ihn keineswegs als gesichert vorausgesetzte Existenz Gottes zur Gewißheit, zum notwendigen Zielpunkt des Protestes, der Rebellion.[289] Und in dieser Leidenssi-

---

287 Vgl. *Monique Verrey*, a.a.O., S. 21.

288 Vgl. *Tilman Moser*, Gottesvergiftung (Frankfurt 1976).

289 Vgl. hierzu die sehr ähnliche Entwicklung bei Heinrich Heine: *Karl-Josef Kuschel*, Heinrich Heine und die Doppelgesichtigkeit aller Religion, in: ders., »Vielleicht hält Gott sich ei-

tuation entdeckt er als Anknüpfungspunkt seiner Rebellion die Gestalt Hiobs. Warum? – Weil man in seiner Situation, im krebskranken Leben auf den Tod hin, eines gerade nicht haben dürfe: Geduld. Und als »exemplarischsten Vertreter dieser Charaktereigenschaft« sieht er eben »den alttestamentarischen Hiob«[290]. Wie bei Yvan Goll erfolgt auch hier die Auseinandersetzung mit dem eigenen Sterben im Bilde des biblischen Hiob. Doch wie völlig anders ist hier die Anknüpfung an diese Gestalt: Einer langen christlichen Interpretationstradition entsprechend blendet Zorn Hiobs Rebellion völlig aus und sieht ihn nur als archetypische Verkörperung von unendlicher Geduld, denn: Hiob kommt »nicht auf die Idee, Stellung zu beziehen, sondern er kuscht.« In kurzen sarkastisch zugespitzten Sätzen faßt er die biblische Hiobgeschichte zusammen, um Hiobs letzte Reaktion, die Unterwerfung unter Gottes unverständlich bleibende Macht, wie folgt zu charakterisieren:

> »Da antwortete Hiob dem Herrn und sprach: Du hast recht. Ich anerkenne, daß du der gemeinste, widerlichste, brutalste, perverseste, sadistischste und fieseste Typ der Welt bist. Ich anerkenne, daß du ein Despot und Tyrann und Gewaltherrscher bist, der alles zusammenschlägt und umbringt. Dies ist für mich Grund genug, dich als alleinseligmachenden Gott anzuerkennen, zu verehren und zu preisen. Du bist das größte Schwein des Universums. Meine Antwort auf diesen Tatbestand ist die, daß ich dir gerne untertan bin, dich sinnvoll finde und versuche, dich zu lieben. Du hast die Gestapo, das KZ und die Folter erfunden; ich anerkenne also, daß du der Größte und der Stärkste bist. Der Name des Herrn sei gelobt.«

Blasphemie? Man darf nicht vergessen, wer diese Verse schreibt: ein todkranker 32jähriger, der die traditionell-göttlichen Attribute »Allmacht« und »Güte« mit seiner eigenen Situation zusammenzudenken versucht. Zorns eindeutige Schlußfolgerung aus der solcherart geschilderten Hiobgeschichte: *Rebellion*! »Hiobs Reaktion ist nicht nur feig, sie ist auch dumm« – ein Satz, der sich fast wortwörtlich auch schon bei George Bernard Shaw fand. Aber schlimmer für Zorn: Eben diese duldsame Haltung finde sich auch heute noch zuhauf, ja, »es wimmelt heutzutage von solchen Hioben«[291]. Nein, gegen eine solche Haltung bleibt ihm nur der wesenstiefe Protest: »Eben *weil* Gott das Krokodil erfunden hat, besteht die Verpflichtung, gegen ihn zu rebellieren … und sterbend Gott zu fluchen.« Und warum dieser Protest, diese späte Befolgung des biblisch bezeugten Ratschlags von Hiobs Frau, zu welchem Nutzen? – »Es braucht überhaupt nichts zu nützen; es genügt, daß es richtig ist.« Und später doch noch eine letzte haßerfüllte sinngebende Hoffnung: die Hoffnung, daß Gott, der dieses Leid verursacht, durch den Tod seiner Opfer selbst stirbt, ja die diesbezügliche Einsicht in die »Notwendigkeit, daß Gott

---

nige Dichter…«. Literarisch-theologische Portraits (Mainz 1991), S. 35–69.

290 Alle folgenden unmarkierten Textzitate: a.a.O., S. 166f.

291 Zorn sieht etwa in seinem – sinnigerweise mit Vornamen »Gottfried« heißenden – Vater einen solchen bedauernswerten modernen Hiob. Vgl. a.a.O., S. 167/204.

sterben muß«. Denn: »Gott schlägt mich mit einer bösartigen und tödlichen Krankheit, aber andererseits ist er selbst auch wieder der Organismus, in dem ich die Krebszelle verkörpere« (S. 218). »Ich bin das Karzinom Gottes« (S. 219), so Zorn.

Nirgendwo sonst in der Literatur nach 1945 findet sich eine derart radikale Weigerung, sich mit dem »Krokodilgott« zu versöhnen, als in diesem Bericht von Fritz Zorn. Dieses *»Anti-Hiob-Motiv«*[292], in dem nicht Ausgleich und Lebensermöglichung, doch bleibende Revolte und Todesausrichtung das letzte Wort behalten, erfährt hier seine pointierte Schärfe und Aufgipfelung. Der einseitigen Hiob-Zeichnung als nur demütiger Dulder in christlicher Tradition wird hier die ebenso einseitige Anti-Hiob-Zeichnung entgegengestellt. Daß sie von einem Mann stammt, der nicht aufgewachsen ist in dieser religiösen Tradition, der nur ein äußeres Zerrbild christlicher Vorstellungen attackieren kann, nimmt ihr nicht ihre Berechtigung und bleibende Herausforderung. Die extrem zugespitzte Schärfe der Attacke legt lediglich tiefer liegende gedankliche Grundstrukturen frei, die sonst leicht, allzu leicht übertüncht werden.

Wird in alldem letztendlich »doch ein Stück ›Gnade‹ im christlichen Sinne sichtbar«[293], wie es ein christlicher Interpret meint? Nein, eine solch eingemeindende Umdeutung wird dem Buch und seinem Autor genausowenig gerecht wie die Vermutung, es sei halt in jener »Phase der Auflehnung«[294] geschrieben, die von den Sterbensforschern in den letzten Jahren als typisches Zwischenstadium der Auseinandersetzung mit dem Tod ausgemacht wurde. Und folglich sei eine letzte Versöhnung und Annahme des Schicksals *nach* dieser Phase nicht nur möglich, sondern auch wahrscheinlich. Nein, die Lebenszeugnisse über diesen Fritz Zorn sprechen eine andere Sprache! Selbst wenn Aussagen über buchstäblich letzte Ereignisse des Lebens eines Menschen unmöglich sind, so müssen die Berichte Zorns in Übereinstimmung mit seinem Leben gelesen und als solche tiefernst genommen werden. Auch wird der Hinweis des bekannten Schweizer Juristen Peter Noll, der selbst ein sehr ähnliches Schicksal erlitt und aufzeichnete, allein Zorns noch jugendliches Alter gebe ihm »das Recht« zu einer derart einseitig haßerfüllten Lebensabrechnung[295], dessen tiefem Anliegen und Ernst nicht gerecht.

Wenn es überhaupt eine Gegenströmung zu den geschilderten Aussagen des Buches gibt, dann in ihm selbst. So paradox es klingen mag: für Zorn ist der Krebs nicht nur eine sinnlose Krankheit, sondern auch Haftpunkt von hoffnungsbergender Lebenskraft. Warum? Muschg benennt diese Hoffnungspotenz so: »Das lebensfeindliche Prinzip schien, indem es ihn jetzt offen angriff,

---

292 *Adolf Muschg*, Vorwort, a.a.O., S. 19.

293 *Bernd Feininger*, Anders als christlich sterben, a.a.O., S. 175.

294 A.a.O., S. 174.

295 Vgl. *Peter Noll*, Diktate über Sterben und Tod (München 1987), S. 50.

endlich selbst einen Angriffspunkt zu bieten.«[296] Zorn, zuvor neurotisch-depressiv, entdeckt plötzlich einen Sinn im Leben, nämlich den Kampf gegen die Krankheit und die Umstände, die zu ihr führten. Mit der Entdeckung dieses letzten Sinnes schwanden – in tragischer Ironie – die Depressionen.[297] Indem das namenlose und ungreifbare Leiden nun begreifbare und bekämpfbare Gestalt und Form annahm, eröffnete sich eine Hoffnungsvision, die im Leben zuvor nie verwirklicht war. Folgerichtig die groteske Selbsteinschätzung Zorns: »Wenn es überhaupt möglich ist, den Krebs als eine Idee zu bezeichnen, so möchte ich bekennen, daß es die beste Idee, die ich je hatte, gewesen ist, Krebs zu bekommen.« (S. 135)

Der ganze Bericht Zorns wird also getragen von einem wilden Lebenswunsch, von einer realen Hoffnungsvision, in der auch die letztliche Unmöglichkeit, die Gewißheit des eigenen Sterbens zu akzeptieren, aufgehoben ist. Und in diesem Kontext erscheinen nun auch die blasphemischen Gottesverfluchungen noch einmal in einem neuen Licht – obwohl alle Aussagen hierüber nur als vorsichtige Vermutungen formuliert werden können. Der Gottesfluch ist gleichzeitig das äußerste Mittel der *Gottesprovokation*: sinnvoll wird der Fluch nur durch die letzte noch so kleine Hoffnung, Gott möge sich doch – im Leben – anders zeigen. In dieser Struktur der Rede von Gott offenbart sich also letztlich eine überraschende Gemeinsamkeit mit dem biblischen Hiob. Doch auch das Trennende wird noch einmal in aller Schärfe deutlich. Wo sich im fiktiven alttestamentlichen Buch die Gotteshoffnung durch das Erscheinen Gottes und die schließliche Wiederherstellung Gottes erfüllt, bleibt im wirklichen Leben die Gottesprovokation ohne objektivierbaren Effekt. Und gerade diese letztendliche Vergeblichkeit der Lebenshoffnung des sterbenden Fritz Zorn stellt die Blasphemien dieses »Anti-Hiob« als offene Fragen in den Raum.

## 5. »Das einzige Problem« – *Muriel Spark* und die Hiob-Satire

Ganz am Anfang unserer Betrachtung über Hiob in der zeitgenössischen Literatur hatte eine Satire von George Bernard Shaw gestanden. Auch in anderen literarischen Hiobbearbeitungen des 20. Jahrhunderts – etwa bei Döblin, Mynona, Simon oder Frost – hatten sich satirische Motivelemente als prägend erwiesen. Daß nun auch am Ende des literarischen Überblicks die Satire erneut in den Blickwinkel gerät, ist sicherlich kein Zufall, sondern ein zeitbedingtes rezeptionsgeschichtliches Phänomen. Diese Tradition der Hiobsatire bedarf somit einer abschließenden Untersuchung.

---

296 *Adolf Muschg*, a.a.O., S. 15.

297 Vgl. a.a.O., S. 146: »Die Depressionen waren eines schönen Tages nicht mehr da«. S. 141: »... ist das Wissen darum, woran man leidet, für den Patienten viel eher ein Trost als eine zusätzliche Belastung.«

*Zur Hiob-Satire*

Zunächst sollen *sieben neuere satirische Hiobpersiflagen* kurz vorgestellt werden, dann wird die wichtigste Hiobsatire der letzten Jahre, Muriel Sparks Roman »Das einzige Problem« näher untersucht.

1. Im Jahre 1964 veröffentlicht der damals noch in Warschau lehrende Philosoph und Literat *Leszek Kolakowski* (*1927)[298] eine Sammlung von Satiren unter dem Titel »Der Himmelsschlüssel, oder Erbauliche Geschichten nach der Heiligen Schrift zur Belehrung und Warnung«[299]. In dieser Sammlung präsentiert der später in Oxford lehrende, als Kommunismus- und Religionskritiker bekannte Kolakowski satirisch-scharfsinnige Auseinandersetzungen und Gedankenspiele um die wichtigsten Gestalten des Alten Testamentes. Unter ihnen, an zentraler Position, eine Geschichte um Hiob: *»Hiob – oder die Widersprüche der Tugend«*. Es handelt sich um eine ironisch-pointierte Nacherzählung ausschließlich der biblischen Rahmengeschichte (!) und um sieben praktisch-satirische Moralschlußfolgerungen, die sich aus dieser Geschichte für Kolakowski ergeben. Hauptaussage und »Moral Nummer vier«: »Die Treue ist eine Tugend mit innerem Widerspruch, denn wenn sie in der Hoffnung auf einen Vorteil praktiziert wird, hört sie auf, eine Tugend zu sein, und wenn sie um ihrer selbst betrieben wird, zwingt sie häufig zum Bösen, hört also auch auf, eine Tugend zu sein.« (S. 61) Im bewußt buchstäblichen Ernstnehmen der Bibel zeigt Kolakowski deren auf dieser Ebene notwendigen Widerspruch gerade in bezug auf das Böse auf, das sich in der – für Kolakowski faszinierenden – Gestalt des Satan bündelt. So *dient ihm die Hiobsatire zum Aufzeigen der inneren Widersprüchlichkeit und denkerischen Unmöglichkeit des alttestamentarischen Gottesbildes* seiner – buchstabengetreuen – Lesart.

2. *Helmut Heißenbüttel*, der 1921 geborene avantgardistische Essayist und innovative Lyriker, veröffentlichte in seiner 1964/65 erschienenen Sammlung »3x13 mehr oder weniger Geschichten« eine selbstverfaßte *»Hiobsbotschaft«*[300]. Diese Geschichte von »einem gewissen Herrn Hiob« läßt dessen Erfolg darauf gründen, daß er »Angst« hatte, »Angst war alles was er hatte«. Er verliert diese seinen Erfolg begründende Angst in dem Moment, als ihn sein Sohn, »Hiob junior« überflügelt. Mit der Angst schwindet aber auch sein Erfolg. Auf der Suche nach der verlorenem Angst und dem verlorenen Erfolg

---

298 Zu *Kolakowski* siehe: *Bogdan Piwowarczyk*, Lire Kolakowsky. La question de l'homme, de la religion et de l'Église (Paris 1986).

299 *Leszek Kolakowski*, Der Himmelsschlüssel. Erbauliche Geschichten (München/Zürich 1985). Die Hiobgeschichte findet sich auf den Seiten 52–62. Alle folgenden Zitate im Text beziehen sich auf diese Ausgabe.

300 *Helmut Heißenbüttel*, »Hiobsbotschaft« [1]1964/65, in: ders., Das Textbuch (Neuwied/Berlin 1970), S. 143–145. Zu Heißenbüttel siehe: *Karl Heinz Köhler* (Hrsg.), Reduktion als Erzählverfahren in Heißenbüttels Textbüchern. Anspruch, theoretische Begründung und erzählerische Leistung von Heißenbüttels Reduktionsformen (Frankfurt 1978).

resigniert er schließlich und »er ist es zufrieden«. Mit dem Hiobbuch hat dieser – wenig überzeugende – Text nur das Motiv des Umschlags von Reichtum zu Armut gemeinsam.

3. Der Amerikaner *William Humphrey* schildert in seiner 1968 erschienenen Kurzgeschichte *»Hiob in Oklahoma«*[301] in zunächst äußerst genau am Hiobbuch orientierter Struktur die Situation eines Durchschnittsbürgers der Südstaaten der USA, eines Jedermann, zur Zeit der Weltwirtschaftskrise 1929. Sein von Mißerfolg und Unglück geprägtes Schicksal wendet sich völlig, als auf seinem Land Öl entdeckt wird. Von nun an geht Humphreys Geschichte eigene Wege, kommentiert ironisch-satirisch die Vorlage. Denn auch der wiedergenesene Hiob kann sein Glück gerade nicht genießen: im Überfluß seines Reichtums lebt er gelangweilt, entwurzelt und in der ständigen Furcht, sein Geld wieder verlieren zu können. Als sich schließlich auch seine Kinder von ihm abwenden und seine Frau erwägt: »Manchmal wünsche ich, wir wären nicht auf Öl gestoßen«, lebte er nur noch »gerade lange genug, um die Söhne seiner Söhne zu sehen und zu verzweifeln.« Und so starb er, im Gegensatz zum biblischen Vorbild, »vor seiner Zeit gealtert und lebenssatt« (S. 88).

4. Drei Jahre später präsentiert der als Lyriker, Kurzgeschichtenschreiber, Romanautor und Feuilletonist bekannte *Günter Kunert* (*1929) eine kurze zweiseitige satirische Erzählung *»Hiob gut bürgerlich«*[302]. In dieser in die Gegenwart übertragenen phantasie- und wortreichen Kurzwiedergabe des Hiobgeschehens erscheint Hiobs abschließende Wiederherstellung als letzter Schlag, »um ihn fertigzumachen... Von diesem Schlag erholt er sich nicht mehr.« Schließlich wird Hiob ausgezeichnet mit dem »Orden für unverzagtes Durchhalten und für unwandelbaren Glauben an den guten Endzweck aller Heimsuchung«, doch dieser erreicht ihn nur noch »postum und setzt den Schlußpunkt unter ein miriadenhaftes Geschick«. Dieses grotesk-provokative Spiel mit Worten und Geschichten spiegelt Kunerts Lust am Aufweis der Widersprüchlichkeit der Existenz, noch einmal bewiesen durch ein aus dem Zusammenhang gerissenes Hiob-Zitat als Schlußwort dieser Kurzsatire: »Ist's nicht also? Wohlan, wer will mich Lügen strafen und bewähren, daß meine Rede nichts sei? (Vers 25, Kapitel 24).«[303]

---

301 *William Humphrey*, Hiob in Oklahoma ¹1968, in: ders., Zur Zeit von Bonnie und Clyde. Geschichten aus Texas (Frankfurt 1970), S. 61–88.

302 *Günter Kunert*, Hiob gut bürgerlich, in: Akzente 18(1971), S. 69f.

303 Ganz ähnlich wird für ihn Hiob später auch in einem Gedicht unter dem Titel »Biblische Geschichte II« zum *Prototyp der alltäglich-absurden Menschheitsexistenz der Gegenwart*. In der Bibel, jenem »bizarrsten Buch der Bücher«, habe Hiob als Vorläufer der Gegenwartsmenschheit die Unerforschlichkeit jenes entscheidenden Gedankens »statuiert«, der »Vergangenheit wie Gegenwart« beträfe und »so Zukunft nach sich zöge«. Aufgrund dieser Unerforschlichkeit bliebe nur eine – das Gedicht abschließende – Reaktion: Schweigen – »desto lieber man ... schweigt«. Vgl. *Günter Kunert*, Biblische Geschichte II, in: ders., Unterwegs nach Utopia. Gedichte (München/Wien 1977), S. 58.

5. 1976 legt der ehemalige katholische Priester *Adolf Holl* – primär bekannt durch sein Buch »Jesus in schlechter Gesellschaft« (1971) – einen satirisch-ironischen Streifzug durch die religiöse Geistesgeschichte der Menschheit vor, der unter dem Titel »Wo Gott wohnt« erscheint[304]. Dabei ist die letzte und wichtigste Station dieses Streifzuges direkt vor dem Erscheinen Jesu: Hiob. Unter den Stichworten *»Gott verliert eine Wette. Eine wichtige Frage bleibt unbeantwortet«* (S. 73–83) erzählt und problematisiert Holl seine Version der Hiobgeschichte. Seine Quintessenz lautet dabei: Durch Hiobs Rebellion verliert Gott die im Prolog geschilderte Wette: »Eins zu Null für Luzifer. Ein schwerer Schlag für die Selbstzufriedenheit Gottes.« (S. 78) Und Hiob? Erhält er eine Antwort? – »Auch wenn man das Buch Hiob dreimal liest, findet man keine bündige Antwort Gottes« (S. 78) Und ist damit die Geschichte beendet? Nein, denn was machen Gott und Luzifer? – »Anscheinend schließen die beiden immer noch ihre Wetten ab, mal gewinnt Gott, manchmal Lucifer.« Und schließlich: Warum das Ganze? Warum erschuf Gott keine bessere Welt? – Schlußendliche Resignation, letzte Einsicht Holls aus dem Hiobbuch: »Das weiß ich nicht.« (S. 83) Das Hiobbuch bleibt das Buch der unbeantwortbaren Fragen, die man heute nur noch in Form der Satire stellen zu können scheint.

6. Bislang vorletzte Station der Hiobsatire: Der gebürtige Estländer *Robert Gernhardt* (*1937), als parodistisch-satirischer Texter und Zeichner seit einigen Jahren eine bekannte Erscheinung in deutschsprachigen Feuilletons, veröffentlicht 1986 eine Sammlung von Satiren, »Kippfigur«[305]. Gleich die erste Erzählung dieser Sammlung ist eine Hiob-Satire unter dem Titel *»Das Buch Ewald«* (S. 9–27). Wieder einmal betrachten ein recht trottelig gezeichneter »Gott« und ein blitzgescheiter Satan die Erde und kommen auf den »Knecht Hiob« zu sprechen. Der Streit, wessen Knecht Hiob denn nun letztendlich war, der Satans oder der Gottes, bleibt wie vieles andere ungelöst, so daß Gott Satan auf ein neues Wettobjekt aufmerksam macht, auf »meinen Knecht Ewald« (S. 19). Dieser, ein zeitgenössischer Student der Kunstgeschichte, ist gerade dabei, ein Mädchen zu verführen. Von Gott beauftragt, diesem Ewald irgendetwas wegzunehmen um ihn zu prüfen, zeigt sich der Satan ratlos darüber, wie er dies anstellen solle. Schließlich ist es Gott selbst, der beschließt, »seinen Geist« über Frau Reinig, die Zimmerwirtin, »auszugießen«. Wie wir aus einem nachträglichen Bericht aus dem Munde von Ewald S. erfahren, sei diese plötzlich ins Zimmer getreten, um just die bekannten Gottesreden aus dem Hiobbuch zu wiederholen. Danach sei mit dem Mädchen »natürlich

[304] *Adolf Holl*, Wo Gott wohnt (Stuttgart 1976).

[305] *Robert Gernhardt*, »Das Buch Ewald«, in: ders., Kippfigur. Erzählungen (Zürich 1989), S. 9–27; Erstabdruck in: Der Rabe (1983), Bd. 3, S. 116–130. Vgl. auch die – ähnlich blaß bleibende – satirische Nacherzählung »Das böse Spielchen um Hiob«, in: *Günter Posch*, Hiobs chaotisches Lesebuch (Konstanz 1989), S. 7–9; oder die satirisch-phantastischen Anspielungen auf Hiob in dem Roman des schwedischen Autors *Lennart Hagerfors*, Der lachende Kongolese. Roman (Reinbek 1991).

nichts mehr gelaufen«. Gottes grundsätzliche Eingriffsmöglichkeiten – so Gernhardt sarkastisch – beschränkten sich also auf diese Reden. Und die Botschaft dieser Worte aus dem Gewittersturm gilt unabhängig von der realen Geschichte und Situation – oder gilt eben nicht. Ende der – doch recht blaß und willkürlich bleibenden – Satire: »Doch sollte die Geschichte wohl besser schließen, denn wer darf schon von sich behaupten, er kenne sich aus in SEINEN Gedanken?« (S. 27)

7. Allerneuestes Beispiel der satirischen Hiobbearbeitungen: In seinem 1993 veröffentlichten Experimentalroman »Passion«, in dem Zeit, Ort und Personen im Monolog des Icherzählers zu spielerisch austauschbaren Elementen in seinem Lebensrückblick werden, konfrontiert der Schweizer Schriftsteller *Jürg Laederach* (*1945) den Erzähler mit einer »Hiobistensekte«, die »eine andere Art des glücklichen, beseligten, verwirklichten Hiobtums«[306] anstrebt.

Alle diese satirischen Hiobbearbeitungen machen sich über die – nach modernen Gesichtspunkten unglaubwürdige – Fabel der biblischen Rahmenhandlung lustig. In ironischer Überspitzung ihrer wortwörtlich ernstgenommenen Struktur legen sie die Grundprobleme dieses Textes und die Geschichte seiner unkritischen kirchlichen Rezeption schonungslos frei, um die so betrachtete Absurdität seiner Prämissen und Lösungen aufzudecken.

### *Muriel Spark: Konversion als literarische Erweckung*

Bis dato letzte wichtige und genauer darzustellende Station der literarischen Hiobrezeption: Im Jahre 1984 veröffentlicht die wohl bedeutendste zeitgenössische englischsprachige Schriftstellerin Muriel Spark (*1918) ihren siebzehnten Roman unter dem Titel »Das einzige Problem«[307]. Was genau ist in diesem Roman »überhaupt das einzige Problem, über das sich zu diskutieren lohnt« (S. 16)? Es ist das Problem des Leidens, das sich brennspiegelförmig in einzigartiger Weise in jenem Hiobbuch bündele, das, mit den Worten des Protagonisten dieses Romans, »nicht nur die bedeutende und großartige Dichtung war, als die es allgemein angesehen wurde, sondern der Dreh- und Angelpunkt der ganzen Bibel.« (S. 24)

Auch dieser Hiobroman ist eng verknüpft mit dem Leben seiner Autorin. Wie schon so oft spiegelt die literarische Gestaltung die biographischen – und hier speziell die religiösen – Grunderfahrungen. Geboren wurde Muriel Sarah Camberg[308] im schottischen Edinburgh: ihr Vater war – allerdings nicht

---

306 *Jürg Laederach*, Passion. Ein Geständnis. Roman (Frankfurt 1993), S. 125.

307 *Muriel Spark*, Das einzige Problem (Zürich 1985). Zitate im Text beziehen sich auf diese Ausgabe.

308 Zu Leben und Werk von Spark siehe die neueren Publikationen: *Ruth Whittaker*, The Faith and Fiction of Muriel Spark (London/Basingstoke 1982), Lit!; *Alan Bold* (Hrsg.), Muriel Spark: An odd capacity for vision (London 1984); *Joseph Hynes*, The Art of the Real. Muriel Spark's Novels (London/Toronto 1988); *Norman Page*, Muriel Spark (Houndsmills/London 1990).

praktizierender – Jude, ihre Mutter protestantische Christin. So zeichnete sich ihre Erziehung zwar durch einen »Hauch jüdischen Einflusses«[309] aus, folgte aber vorwiegend der traditionellen presbyterianischen Prägung ihrer Umgebung. Dennoch, so Muriel Spark selbst 1961 im Rückblick auf ihre Konversion: »Bis 1952 hatte ich überhaupt keine bestimmten festen Glaubensüberzeugungen«[310].

Dann beschäftigt sie sich mit dem Leben und Werk des berühmtesten englischen Konvertiten der Neuzeit, mit Kardinal John Henry Newman (1801–1890). Fasziniert von seiner Gestalt und den religiösen Grundsätzen, die Newman im Katholizismus verwirklicht sah, beschließt sie, seinem Weg zu folgen: im Jahre 1954 – während einer tiefen seelisch-geistigen, aber auch körperlichen Krise – wird sie offiziell in die katholische Kirche aufgenommen.

Fortan avanciert sie zur wichtigsten weiblichen Vertreterin der englischen Parallelbewegung zum französischen »Renouveau Catholique«, jener Gruppe englischsprachiger zum Katholizismus konvertierter Schriftsteller, für die diese Erfahrung und das Thema »Religion« überhaupt bleibende Bedeutung für ihr literarisches Schaffen haben sollte. Hauptvertreter dieser Bewegung sind neben Spark G.K. Chesterton, Graham Greene und Evelyn Waugh.[311] Formales Spezifikum dieser Autoren ist – am deutlichsten ausgeprägt bei Chesterton – der Versuch, ernsthafte, oft von spezifisch katholischen Motivsträngen beherrschte Themen in sehr wohl realistischer, aber trotzdem auch satirischer Form zu bearbeiten. Und genau dieser Tradition fühlt sich Spark verpflichtet. Besonders aufschlußreich ihre Begründung, wie diese zwei Elemente – Religion und literarische Satire – aufeinander bezogen sind. Ohne Zweifel ist für sie nämlich der Beginn ihres persönlichen literarischen Schaffens im dafür schon recht fortgeschrittenen Alter von 35 Jahren mit ihrer Konversion untrennbar verknüpft. Sie schreibt: »Ich bin ziemlich sicher, daß mir meine Konversion eine Grundlage für die Arbeit als Satirikerin verschaffte. Der katholische Glaube ist die Norm, von der man abweichen kann.«[312]

Gerade das feste Dogmen- und Traditionsgebäude des Katholizismus gibt der ernsthaften Satirikerin jenen stabilen Hintergrund, vor dem allein eine Satire brillieren kann.[313]

---

309 **Muriel Spark*, My Conversion, in: Twentieth Century 170(1961), S. 58–63, hier: S. 58.

310 *Ebd.

311 Neben diesen sind besonders zu nennen die katholischen Familien entstammenden Hilaire Belloc, Anthony Burgess und David Lodge. Vgl. hierzu: *David Lodge*, The Catholic Church and Cultural Life, in: ders., Write on. Occasional Essays (London 1989), S. 32–37.

312 **Muriel Spark*, My Conversion, a.a.O., S. 60. Vgl. hierzu: *Joanne Catherine Parnell*, A Theology of Juxtaposition: Muriel Spark as a Catholic Comic Novelist (Diss. University of Rhode Island 1977).

313 Vgl. hierzu: *Georg Langenhorst*, Transformationen des »Katholischen Romans«: Brian Moore und David Lodge, in: Stimmen der Zeit 211 (1993), S. 464–476.

Vom Zeitpunkt ihrer Konversion an beginnt Spark, die seit 1966 in Italien lebt, literarisch zu arbeiten. Sie veröffentlicht fortan regelmäßig Kurzgeschichten, Gedichte, Literaturkritiken aber vor allem aus ironisch-kritischer Distanz verfaßte Romane mit satirischen und grotesken Zügen, die ihr den Ruf als wichtigste englischsprachige Gegenwartsautorin einbrachten. Im Zentrum ihrer spezifisch religiösen Auseinandersetzungen, die immer wieder ihre Romane prägen, steht von Anfang an die Hiobgestalt. Gerade in den Jahren, in denen sie mit dem Entschluß ringt, zum Katholizismus zu konvertieren, in diesen Jahren der seelischen und körperlichen Krise, steht diese biblische Figur im Mittelpunkt ihrer geistigen und literarischen Auseinandersetzungen. So arbeitet sie in dieser Zeit an einem ersten eigenen Buchprojekt, geplant ist wohl eine Art kritische Studie über Hiob. Diese Studie wurde jedoch nie fertiggestellt und ist nicht einmal als Fragment erhalten. Lediglich eine Buchrezension zeugt von dieser Auseinandersetzung: Unter der Überschrift »Das Geheimnis der Leiden Hiobs«[314] setzt sich Muriel Spark – wie etwa gleichzeitig auch Archibald MacLeish in Amerika – mit *C.G. Jungs Studie »Antwort auf Hiob«* auseinander. Ihre Endform werden die hier angeregten Gedanken erst dreißig Jahre später im Roman »Das einzige Problem« finden.
Die anvisierte Hiobstudie wird Muriel Spark niemals fertigstellen. Stattdessen erscheint – finanziell und motivationsstärkend unter anderem von Graham Greene unterstützt – 1957 Sparks erster Roman, »Die Tröster«, der von Evelyn Waugh sogleich überschwenglich gelobt wird, bis heute aber bezüglich seines literarischen Wertes umstritten bleibt. Der Titel spielt auf die Tröster des Hiobbuches an. Dieses spiegelt sich auch in der Grundstruktur des Romans[315], ohne jedoch als tatsächliche Vorlage oder direkte Stoffquelle benutzt zu werden. Schon in diesem Buch werden aber die zwei Schwerpunkte deutlich, die das gesamte literarische Schaffen Sparks auszeichnen: inhaltlich die Beziehung von Mensch und Gott, formal die Beziehung des Schriftstellers zu seinem literarischen Werk, zu den Möglichkeiten, Grenzen und der Art und Weise des literarisch Darstellbaren.[316]

*»Das einzige Problem«*

Es sollte bis zum Jahre 1984 dauern, bis die intensive Beschäftigung mit dem Hiobbuch einen von Sparks Romanen wirklich entscheidend prägen sollte.

---

314 * *Muriel Spark*, The Mystery of Job's Suffering, in: Church of England Newspaper, 15.4.1955, S. 7.

315 Vgl. **Joanne Catherine Parnell*, A Theology of Juxtaposition, a.a.O., S. 8: »Sparks Einsatz des Hiobbuches als zugrundeliegendem Mythos für ›Die Tröster‹ ... gibt dem Roman seine Struktur«.

316 Vgl. **Ruth Whittacker*, The Faith and Fiction of Muriel Spark, a.a.O., S. 151: »Muriel Sparks Romane beschäftigen sich primär mit der Beziehung zwischen Gott und Mensch und mit der Beziehung des Autors zu seinem Roman.«

Wovon handelt »Das einzige Problem«? Im Zentrum des Romans steht der kanadische Millionär und Mittdreißiger Harvey Gotham, der sich – da er sich um den praktischen Lebensunterhalt nicht zu kümmern braucht – in ein kleines Landhaus im Elsaß zurückgezogen hat, um an »dem einzigen Problem überhaupt« zu arbeiten, das es seiner Ansicht nach gibt: dem Hiobproblem. »Er konnte sich nicht damit abfinden, daß ein gütiger Schöpfer ... alles Leiden zuließ und damit in logischer Konsequenz seiner Allmacht dessen eigentlicher Urheber war; dies mit der Existenz Gottes in Einklang zu bringen, vermochte er nicht, wenn davon auszugehen war, daß Gott gut sei.« (S. 15) Nein, auch Hiob habe schon die im biblischen Buch geschilderte abschließende Wiedergutmachung nicht als Lösung aller Probleme empfinden können. Wie bei Frost geht es hier um eine Wiederaufnahme des »Fall Hiob«, weil die zugrundeliegenden Fragen gerade nicht geklärt sind.
In der Einsamkeit der Vogesen hofft Harvey Gotham nun – inspiriert von dem berühmten *Hiobgemälde »Job visité par sa femme« von Georges de La Tour* aus dem frühen 17. Jahrhundert, das er sich im nahen Epinal immer wieder anschaut – seine lange schon geplante Hiobstudie fertigstellen zu können. Er hat vor kurzem seine Frau Effie verlassen, die nun in den Verdacht gerät, eine Terroristin zu sein. In den diesbezüglichen Untersuchungen der französischen Polizei wird auch er selbst, Harvey, zum Verdächtigten. In dieser Situation kommen dann ungebeten mehrere »Tröster« zu Besuch, einmal seine Schwägerin Ruth, dann sein Freund und Anwalt Stewart Cowper und schließlich seine Tante Pet. Wörtlich heißt es, daß sie »herkommen und die Tröster spielen« (S. 55). Nach einigen Verwicklungen mit der Polizei und vielen Gesprächen mit den verschiedenen Freunden und Besuchern endet der Roman damit, daß Harvey seine Zelte im Elsaß ziemlich genau nach einem Jahr abbricht, weil er seine Hiobstudie abgeschlossen hat. Das zentrale Problem hat freilich auch er nicht gelöst, denn: »Immer wenn die Antworten hieb- und stichfest sind, dann sind die Fragen schief.« (S. 156) Nein, *die Fragen bleiben bestehen, das »einzige Problem« bleibt ungelöst*. So heißt es am Ende des Romans über das Ende des Hiobbuches: »Harvey fragte sich erneut, ob Hiob im wirklichen Leben mit so einer plumpen Entschädigung zufrieden gewesen wäre, und bezweifelte es. Seine Tragödie war die des glücklichen Ausgangs.« (S. 157)
Die postulierte Offenheit des Hiobbuches und seines Problems spiegelt sich konsequent auch auf der Ebene der Romanhandlung wider. So bleibt die Frage der Identität von Effie, Harveys Frau, mit der gesuchten Terroristin letztlich ungeklärt und genauso offen ist Harveys Zukunft nach Abschluß seiner Studie. Ein satirisch-parodistisches Zitat stellt am Schluß den Bezug zum Hiobbuch noch einmal direkt her. Auf die Frage nach seinen Plänen antwortet Harvey – und damit schließt der Roman: »Noch hundertundvierzig Jahre zu leben. Ich werde drei Töchter haben, Clara, Jemima und Salbhörnchen.« (S. 160)
Nicht nur mit diesen letzten Worten, die auf Hiob 42, 14–16 anspielen, auch sonst im Roman finden sich bewußt inszenierte Andeutungen dahingehend,

den Protagonisten mit dem biblischen Hiob gleichzusetzen.[317] Ist dieser *Harvey Gotham also als neue zeitgemäße Hiobfigur* konzipiert? Sein Reichtum, der Besuch und die Gespräche mit den Tröstern, die Schlußworte, all diese Elemente könnten auf eine solche Absicht der Autorin hindeuten. Zudem entdeckt Harvey an Hiobs Frau auf dem Gemälde von Georges de La Tour eine verblüffende Ähnlichkeit mit seiner eigenen Frau. Aber, so der Spark-Kenner Norman Page: »Es gibt unübersehbare Schwierigkeiten, Harvey als modernen Hiob anzusehen.«[318] Warum? – Harvey erscheint hier als ein egozentrischer und eher gefühlloser Intellektueller, der keineswegs leidet[319], der sich eher theoretisch der Hiobfrage widmet, als selbst ein moderner Hiob zu sein.[320] Er setzt sich auch nicht mehr selbst direkt mit Gott auseinander, sondern nur noch indirekt mit der literarischen Figur »Gott« des Hiobbuches. »Siehst du dich als Hiob?«, fragt denn auch ganz direkt seine Schwägerin Ruth, und er antwortet: »Nicht direkt, aber man kommt nicht daran vorbei, mit dem Mann zu sympathisieren.« (S. 42) Und später noch einmal in aller Deutlichkeit: »Ich bin wohl kaum in der Situation Hiobs.« (S. 94)

Im Gegensatz zu den Hiobtransfigurationen etwa eines Job Huss, eines Franz Biberkopf oder eines »J.B.« wird uns in diesem Roman kein »neuer Hiob« präsentiert, sondern ein moderner Mensch, der über Hiob nachdenkt und dessen Leben, fern von jeglicher Gleichartigkeit des Schicksals, höchstens ansatzweise ähnliche Erfahrungen aufweist. So ist auch der gesamte Roman zwar durchaus eine Neubearbeitung der Hiobgeschichte, doch »folgt sie ihr nicht sehr genau, sondern weicht beträchtlich und rätselhaft von ihr ab.«[321] Rätselhaft? Nein, rätselhaft sind diese Abweichungen nicht, sondern – im Gegenteil – programmatisch. »Das einzige Problem« ist eine bewußte Absage an die Möglichkeit, linear in die Gegenwart übertragene Hiobgeschichten zu entwerfen. So wie das biblische Hiobbuch sich durch Offenheit, Unabgeschlossenheit und Rätselhaftigkeit auszeichnet, so ist auch der zeitgenössische Roman im Verständnis von Muriel Spark fragmentarisch, unabgeschlossen, offen. Allein die ironisch-satirisch-distanzierte Metaebene ermöglicht es ihr,

---

317 Vgl. **Norman Page*, Muriel Spark, a.a.O., S. 106: »An vielen Stellen des Romans scheint vom Leser erwartet zu werden, eine Verbindung zwischen Harvey und Hiob herzustellen.«

318 *A.a.O., S. 107.

319 Vgl. **Joseph Hynes*, The Art of the Real, a.a.O., S. 133: »Wenn sich Harvey überhaupt mit Hiob gleichsetzt, dann ist die Basis dieser Gleichsetzung wohl kaum geistiges, psychologisches oder physisches Leiden.«

320 Ein ähnliches Verfahren findet sich in dem 1967 erschienenen Roman »Job–Boj« des chilenischen Erzählers *Jorge Guzman* (*1930), in dem sich neben wenigen direkten Anspielungen auf das Hiobbuch – besonders an jener Stelle, an der ein Nebencharakter geschildert wird, der sich mit der Gottesfrage beschäftigt und das Hiobbuch literarisch bearbeiten will – eher stimmungsmäßige Analogien zum Hiobbuch finden. Vgl. *Jorge Guzman*, Job–Boj. Novela (Barcelona 1967). Siehe hierzu: *Wolf Lustig*, Christliche Symbolik und Christentum im spanischamerikanischen Roman des 20. Jahrhunderts (Frankfurt 1989), S. 85f.

321 **Norman Page*, a.a.O., S. 108.

die lebenslange Auseinandersetzung mit der Hiobgestalt in einem zeitgenössischen Roman fruchtbar werden zu lassen. »Das Hiobbuch wird nie klarer werden« (S. 114), so Harvey Gotham, und der moderne Hiobroman fügt sich in seiner Formalstruktur dieser inhaltlichen Vorgabe: auch er bleibt rätselhaft, viele der Handlungsfäden werden gerade nicht aufgelöst, das Ende ist offen, lediglich markiert durch die Fertigstellung der Studie. Ein Erkenntnisfortschritt bezüglich des »einzigen Problems« wird nicht erreicht, weil er nicht erreichbar ist.
Somit erscheint dieser Roman als typisches Beispiel der Kombination der zwei Zentralthemen von Muriel Spark: der Frage der Beziehung von Gott und Mensch sowie der Frage nach den Möglichkeiten des literarisch Sagbaren im zeitgenössischen Roman. Beide Fragekreise bleiben im Kontext der achtziger Jahre – ganz im Sinne des postmodernen Dekonstruktionalismus[322] – rätselhaft und offen, werden gerade nicht harmonisierend aufgelöst, sondern »dekonstruiert«. Wie schon bei den anderen Hiobsatiren wird der Anschein von innerer Geschlossenheit und abschließender Beantwortung des Hiobbuches und der von ihm angesprochenen Problematik als Täuschung entlarvt. Die Form der Satire bietet sich ihrerseits als derartiges Entlarvungsmittel an. Der somit postulierten Unlösbarkeit der philosophisch-theologischen Fragestellung entspricht völlig die Unabgeschlossenheit der literarischen Form.

## 6. Dritte Zwischenbilanz

Noch deutlicher als in den vorausgegangenen Kapiteln zeigt sich in dieser unabgeschlossenen Epoche nach 1945 die Spannweite der literarischen Hiobkonzeptionen. Eines wird jedenfalls deutlich: *Auch nach 1945 bleibt Hiob ein wichtiges und häufig aufgegriffenes Motiv von intensiver persönlicher, literarischer und philosophischer Auseinandersetzung*, gerade weil die möglichen Ansatzpunkte der Interpretation breit gestreut sind. Im Rahmen dieser Hiobdeutungen wird noch einmal das gesamte literarische Gattungsspektrum eingesetzt: Drama (von geistlichem Spiel und Tragödie bis zu Komödie und Farce)/Lyrik/Roman/Kurzgeschichte/Satire/Hörspiel/Essay.
Im Rückblick werden nun auch frappierende, in den einzelnen Kapiteln bereits angesprochene *Querverbindungen* innerhalb der verschiedenen literarischen Hiobbearbeitungen deutlich. Einige davon seien nun noch einmal kurz benannt: Susmans und Wolfskehls Hiobdeutungen entstanden zwar – trotz gemeinsamer Bezugspunkte am Anfang – weitgehend unabhängig voneinander, doch dann in verblüffend kongenialer, von beiden nachträglich erkannter Parallelität und gegenseitiger Ergänzung. Von Susman wurde zudem Blochs Hiobinterpretation maßgeblich beeinflußt – wenn auch eher im Sinne einer Kontrastvorlage –, während Bloch wiederum richtungweisend wurde für bei-

---

322 Vgl hierzu: *David Jasper*, The Study of Literature and Religion (London 1989), S. 135.

spielsweise Henischs Hiobgedichte. Eine weitere Zentralstellung kommt der Hiobdeutung Jungs zu. Von ihr maßgeblich geprägt sind die literarischen Hiobgestaltungen so verschiedener Autoren wie MacLeish (der zudem Elemente des Maskenspiels von Frost aufnahm), Wiesel oder Spark, und selbst Bloch bezieht sich indirekt auf sie. Über diese konkret benennbaren Verbindungen und direkten textlichen Abhängigkeiten hinaus sind vielfach auftauchende *gemeinsame Bezüge* aufzeigbar: zur Jedermann-Tradition (etwa bei Wells, Döblin, Roth, MacLeish, Frost, Claudel), zur Welttheater-Struktur (etwa bei Wiechert, Claudel, MacLeish), zu Goethes »Faust« (etwa bei Wells, Kokoschka) oder zu Bubers chassidischen Werken (etwa bei Goll, Sachs, Wolfskehl). Weitere eher analog-strukturelle Parallelen, deren tatsächlich textlicher Bezug im Einzelfall schwer nachweisbar ist, bestehen beispielsweise zwischen Polgar und Kokoschka, Nelly Sachs und Yvan Goll.

Keine Frage also: Das Hiobbuch begründet als Anfangsfaden ein eigenes, vielfach ineinander verwobenes und miteinander verknüpftes geistiges Gedankennetz, dessen Einzelfäden als tiefstmenschliche Urfragen aus den jeweils eigenen Lebens- und Erfahrungskontexten gesponnen sind. In diesen vielfältigen Hiobbearbeitungen verschiedenster Couleur werden nach 1945 schon zuvor aufgezeigte Tendenzen aufgenommen und deutlicher konturiert:

- Hiob wird – abgesehen von den Tradition des »Anti-Hiob« und der »Hiob-Satire« – bei allen Autoren »auf der Seite der Opfer zur Identifikationsfigur entwickelt«[323];
- Hiob wird unter dieser Vorgabe zur biographischen und dann auch literarischen Deutefigur der eigenen Existenz (Claudel, Zorn, Chanteur);
- Hiob versinnbildlicht aber auch symbolhaft die Situation des Menschen, des um Orientierung ringenden Jedermann in und nach dem Zweiten Weltkrieg allgemein (Jung, MacLeish);
- Hiob wird zum Ausgangspunkt von Diskussionen über das uralte Problem des Leidens, ein Problem, das als nach wie vor offen und ungelöst angesehen wird (Frost, Claudel, Jung, Spark);
- Hiob wird außerdem zum Ausgangspunkt philosophisch-theologischer Zeitdeutung (Bloch, Girard, Spark).

Immer deutlicher kristallisieren sich nach 1945 jedoch auch die *individuellen*, bewußt auch von der biblischen Vorlage abgesetzten *Lösungsansätze* der Hiob-Deuter heraus:

- Hiobs Problem löst sich letztlich erst in der Rettungstat Christi (Claudel und die christliche Literatur, Jung, Girard);
- Eine Lösung des Hiobproblems wird nicht mehr von Gott erwartet, sondern muß vom Menschen selbst gegeben werden (MacLeish);
- Gegen den Gott des Hiobbuches bleibt nur letzte, in sich selbst begründete Rebellion (Bloch, Zorn, Henisch);

323 So mit Recht *Ulrike Schrader*, Die Gestalt Hiobs in der deutschen Literatur, a.a.O., S. 199.

- Ausgehend von den Erkenntnissen des Hiobbuches bleibt dem Menschen nur die Einsicht in die Vergeblichkeit des Versuches, Gott und die letzten Fragen der menschlichen Existenz verstehen zu wollen (Frost, Spark).

# Schlußteil: Literarisch-theologischer Diskurs um Hiob

»Ihr Geknechteten,
Ihr Gefolterten,
Ins Vernichtungslager
Geschickten, ihr –
Hiobs, Hiobs«[1]
(*Karol Wojtyla*)

## I. Biblischer und literarischer Hiob – korrelative Zusammenführung

Ein langer Weg liegt hinter uns: Von den Anfängen der zeitgenössischen Hiobliteratur im Schatten des Ersten Weltkrieges über die speziell jüdische Hiobrezeption angesichts des Holocaust und die erneute Aktualität Hiobs in der Zeit nach dem Zweiten Weltkrieg bis hin zu jüngsten Hiobdeutungen aus persönlich-individueller Betroffenheit. »Es bleibt also eine offene Frage, ob eine erfolgreiche Übertragung der Hiobsgeschichte in unsere Zeit möglich ist«[2], so noch die Schlußfolgerung des jüdischen Literaturkritikers Jon D. Levenson im Jahre 1972 als Quintessenz seiner Auseinandersetzung mit dem Thema. – Eines dürfte nun deutlich geworden sein: Moderne literarische Transformationen der Hiobsgeschichte sind nicht nur möglich, sie sind darüber hinaus literarisch wertvoll und theologisch relevant und herausfordernd – auch wenn man ihre inhaltlichen Eigenakzente unterschiedlich bewerten mag. Die folgende – von Walter Groß und Karl-Josef Kuschel hinsichtlich anderer biblischer und literarischer Zeugnisse, die sich mit den Fragen von Leid und Übel befassen, konstatierte – Beobachtung, läßt sich von Hiob her nachdrücklich bekräftigen: Es gibt in der Tat »bemerkenswerte Konvergenzen von alttestamentlichen und modernen literarischen Texten«, zwischen »der radikal theozentrischen und anklagenden Rede vom Übel im Alten Testament und der radikal erfahrungsbezogenen protestierenden Rede vom Leiden in modernen literarischen Texten«.[3]
Mehr als irgendeine andere biblische Gestalt bündelt gerade Hiob die alttestamentliche und die modern-literarische Problematik des Leidens. Die Schluß-

[1] * *Karol Wojtyla*, The Collected Plays and Writings on Theater, hrsg. von *Boleslaw Taborski* (Berkeley/Los Angeles/London 1987), S. 29.
[2] * *Jon D. Levenson*, The Book of Job in its Time and in the Twentieth Century (Cambridge/Mass. 1972), S. 68.
[3] *Walter Groß/Karl-Josef Kuschel*, »Ich schaffe Finsternis und Unheil!« Ist Gott verantwortlich für das Übel? (Mainz 1992), S. 13.

bemerkung, mit welcher der jüdische Hiob-Forscher Nahum N. Glatzer seine Forschungen über die ebenfalls reiche Hiobrezeption speziell in der jüdischen-rabbinischen Tradition zusammenfaßt, läßt sich mühelos auch auf die literarische Hiobrezeption des 20. Jahrhunderts übertragen: »Die Dichter, Kommentatoren und Philosophen stellten Hiob so dar, daß er ihre eigenen Zweifel und Glaubensüberzeugungen, ihre Fragen und Hoffnungen wiedergab.«[4] Aber nachgefragt: Wie wird Hiob in der Literatur des 20. Jahrhunderts konkret dargestellt? Und was bedeutet diese literarische Hiobrezeption für die Theologie, speziell für christliche Auseinandersetzungen mit der Hiobsproblematik?

Im folgenden soll versucht werden, in einem *methodischen Doppelschritt* den Dialog von Theologie und Literatur anhand der Hiobgestalt konkret umzusetzen. In einer ersten Korrelation soll der Hiob der Literaten in eine produktive Konfrontation mit dem biblischen Hiob gebracht werden. Erst dann wird in einem zweiten Schritt der konkrete Dialog mit der christlichen Hiobdeutung und dem christlichen Umgang mit der Hiobsproblematik aufgenommen. Zunächst also zur gegenseitigen Herausforderung von alttestamentlicher Vorlage und modernen literarischen Bearbeitungen.

## 1. Hiob in der modernen Literatur – die Herausforderung

Erste Blickrichtung: Welche Herausforderung stellt die Hiob-Literatur für die Hiob-Theologie dar? Zur Formulierung dieser Herausforderung sollen zusammenfassend einige bemerkenswerte *Grundzüge* der literarischen Hiobrezeption herausgearbeitet werden.

### *Methoden und Formen der literarischen Hiobrezeption*

Welche literarischen Ausgestaltungstendenzen ergeben sich für die Hiobgeschichte im neuzeitlichen Rahmen? Welche literarischen Techniken und Methoden benutzen die auf Hiob zurückgreifenden Autoren?[5] Generell bieten sich einem Schriftsteller, der auf biblische Quellen und Vorbilder zurückgreift, vier mögliche methodische Ansätze, die bezüglich Hiobs allesamt ausgeschöpft werden.

*Erstes Verfahren*: Die Bibel liefert den literarischen Bearbeitungen ganze Erzählzusammenhänge, die in ein modernes Gewand gekleidet werden. Innerhalb dieses Verfahrens ist noch eine weitere zweifache Methodendifferenzierung anzuzeigen: Der vorgegebene Text kann zum einen als *Motiv* aufgegrif-

---

4 **Nahum N. Glatzer*, The Book of Job and its Interpreters, in: ders., Essays in Jewish Thought (Alabama 1978), S. 109–134, hier: S. 126.

5 Vgl. hierzu: *Karl-Josef Kuschel*, »Erzähle etwas anderes, deine Bibel ist kalt«, a.a.O., S. 17–36.

fen werden, also als eine eher allgemeine strukturelle Einheit, die ein spezifisches Grundthema oder einen paradigmatisch-typischen Grundkonflikt verkörpert. In einem konkreten *Stoff* hingegen erhält ein Motiv seine ganz spezifisch-einmalige, an Person, Ort und Zeit gebundene Ausprägung.[6] – Die biblische Hiobgeschichte präsentiert sich als sehr stark eigengeprägte Stoffvorgabe. Deshalb wird sie von den Literaten für ihre Neufassung häufig als unmittelbar der Erzählstruktur zugrundeliegende Folie aufgegriffen. Einige Schriftsteller rühmen sich sogar ob dieser strukturellen Treue zum Urbild (Wells). Gerade in den epischen und dramatischen Hiobwerken (MacLeish) wird das biblische Vorbild vielfach als Stoff rezipiert, als konkrete Vorgabe, die dann allerdings frei ausgestaltet wird. Es finden sich jedoch auch Bearbeitungen, die eher motivisch-allgemein auf Hiob zurückgreifen. Hierzu gehört etwa der Hiob-Roman von Roth oder der Einsatz des Hiobmotivs bei Döblin, die beide eher an einer hiobartigen Grundkonstellation interessiert sind.
*Zweite Rezeptionsmethodik*: Die Vorlage wird als Ganzes als bekannt vorausgesetzt. Die neue literarische Bearbeitung präsentiert sich als nachträglicher *Kommentar* zu dem biblisch Geschilderten aus heutiger Sicht. Viele der Hiobbearbeitungen wählen diese Rezeptionsform, weil sich so die inhaltlichen Auseinandersetzungen am deutlichsten akzentuieren lassen. Derartige philosophisch-religiöse Kommentare wählen entweder einen philologischen, eng dem Originaltext folgenden und ihn auslegenden Duktus (Susman, Claudel), oder aber greifen zum Distanz schaffenden Stilmittel der Satire (Shaw, Frost, Spark).
*Dritter Aspekt* eines literarischen Aufgreifens der Bibel: Weder der konkret-strukturelle Erzählzusammenhang noch der nachträgliche Kommentar, sondern die Konzentration auf die *biblischen Figuren* bietet Raum zur Auseinandersetzung. Was Karl-Josef Kuschel für die Bedeutung biblischer Figuren im Hinblick auf die Schriftsteller unserer Zeit allgemein ausführt, läßt sich vom Spezialfall Hiob nachdrücklich unterstreichen: Sie sind »Modellfiguren unserer Bewußtseinsgeschichte, Spiegelfiguren unseres Selbst, Archetypen unseres kollektiven Erinnerungsvermögens«[7]. Gerade anhand von biblischen Charakteren lassen sich literarische Selbst- und Zeitdeutung in einzigartiger Weise bündeln. Auch das Aufgreifen biblischer Figuren bedarf freilich der nochmaligen methodischen Differenzierung. Anhand des Spezialfalles Hiob lassen sich *drei unterschiedliche Rezeptionsformen* aufzeigen, die besonders in der Lyrik zur Anwendung gelangen. Ganz allgemein findet sich der Rückgriff auf Hiob als *Chiffre*, also als verknappte Restform eines kaum spezifisch ausgestalteten Zeichens, das im Interesse der Konzentration und Sinnpointierung von überflüssigen Assoziationsfeldern befreit ist. Derartige Rezeptionsformen finden sich besonders in solchen Werken, deren Bezug zur Hiobfigur oft vor allem durch den Titel angezeigt ist (Henisch). Eine literarisch ausge-

---

[6] Vgl. hierzu: *Elisabeth Frenzel*, Stoff- und Motivgeschichte (Berlin [2]1974).
[7] *Karl-Josef Kuschel*, »Erzähle etwas anderes«, a.a.O., S. 32.

staltetere Form findet sich im *Symbol*, einem bildhaften Zeichen, das über sich hinausweisend durch besondere Gefühlswirkung einen größeren assoziativen Bezugskreis erschließt. Golls Einsatz der Hiobfigur etwa dürfte in diesem Bereich anzusiedeln sein. Ein Symbol kann schließlich eine derartige Dichte, Geschlossenheit und Tiefe erreichen, daß man es als *Archetypus* bezeichnen kann, als ein bewußt-unbewußtes Urbild von Dichtung und Mythos. Spuren eines derartigen Hiob-Archetypus finden sich beispielsweise bei Wolfskehl oder Sachs.

*Vierte Bearbeitungsform*: Schriftsteller können schließlich weniger direkt auf inhaltlich-strukturelle Vorgaben der Bibel zurückgreifen, als vielmehr indirekt auf ihren *Sprachduktus* oder ihre spezifischen *Sprachformen*. Der Stil der Hiobklage etwa, die Form der Debatte zwischen den Freunden und Hiob, die scheinbar eher aneinander vorbeireden, aber auch die Gattung der Gottesreden sind als Sprachformen zweifellos bis heute als literarisch-produktive Vorbilder wirksam. Da sie jedoch ohne direkte inhaltliche Rückbindung an Hiob de facto auch auf verschiedene andere Vorbilder zurückgehen können, wurden solche – besonders wohl lyrische – Texte in dieser Arbeit nicht ausdrücklich mit in die Untersuchung einbezogen. Der auch solcherart erfolgende sprachliche Einfluß des Hiobbuchs darf aber nicht verschwiegen werden.

*Inhaltliche Tendenzen der literarischen Hiobrezeption*

Nun zu den *inhaltlichen Ausgestaltungstendenzen*, den stoffimmanenten Ausdeutungspotentialen und ihrer konkreten Realisierung! Zunächst ist hier – zumindest für die nicht lyrischen Werke – die *psychologische Feinzeichnung* der biblischen Charaktere von besonderem Interesse. Denn eines dürfte feststehen: Die zumeist schablonenhaft-unpsychologische Figurenkonzeption der Bibel kann in modernen Literaturwerken nicht ausreichen. Das betrifft in besonderem Maße den Protagonisten *Hiob*. So stehen die Schriftsteller fast immer vor dem schwerwiegenden Problem, ihn entweder kollektiv als Typus, als modernen Jedermann zu charakterisieren, oder aber ihm eine ganz spezifische Individualität zukommen zu lassen, die jedoch seine Repräsentativität einschränkt. Meistens schwanken die Charakterzeichnungen Hiobs unentschieden – im positiven Falle in lebendiger Spannung, im negativen Fall in schwammiger Unklarheit – zwischen diesen beiden Ansprüchen hin und her.

Hiob erscheint in diesem Spannungsrahmen im 20. Jahrhundert in *vielfacher Gestalt*, in unterschiedlichstem Gewand. Er ist, so der katholische Theologe Johannes B. Brantschen, in unserer Zeit »überall«[8]. Und so präsentieren sich die Hiob-Transfigurationen: Hiob immer wieder in auffallender Übereinstimmung als konkret gezeichneter »*einfacher Mann*« – als englischer Schullehrer im Ersten Weltkrieg (Wells), als ostjüdischer Dorfschullehrer auf dem

---

[8] Vgl. *Johannes B. Brantschen*, Warum läßt der gute Gott uns leiden? (Freiburg $^{2}$1992), S. 31: »Ijob ist überall«.

dornigen Weg in die Moderne (Roth), als kleiner Verbrecher im großstädtischen Berlin der Weimarer Republik (Döblin), als ausgebeuteter Industriearbeiter (Bauer) oder als erfolgreicher amerikanischer Banker (MacLeish). Hiob aber auch weniger individualisiert als *Typ*: als Typ des unter der Frau leidenden Mannes (Polgar, Kokoschka), als Typ des Deutschen in der Zeit zwischen den Weltkriegen (Wiechert), als Typ des exemplarischen Juden (Susman, Wolfskehl, Sachs). Hiob schießlich immer wieder als Verkörperung des *Jedermann*, des Menschen schlechtin: »Hiob, mit dem wir alle verwandt sind«[9], wie es der deutsche Lyriker Walter Helmut Fritz (*1929) in einem Gedicht so treffend sagt. Oder mit den Worten von MacLeish: »Einer ist immer da, der Hiob macht«. Noch umfassender mit den Worten von Wells: »Die ganze Erde ist jetzt Hiob«.[10]

Zweite Problemdimension der Charakterzeichnung Hiobs: Hiobs von der Bibel vorgegebene *charakteristische Doppelgesichtigkeit*, seine »Schizophrenie«, seine psychologisch unmotiviert-unverbundene Zeichnung sowohl als Dulder als auch als Rebell. Die Schriftsteller, wiederum vor der Wahl, entweder die eine oder die andere Seite zu betonen, stellen ihren Hiob in der Mehrzahl eher auf die Seite des Dulders (Kokoschka, Döblin, Wiechert, Roth, Goll, Sachs, Buber, Zorn, Spark). Doch auch die gegenteilige Betonung des primär rebellischen Charakters Hiobs findet sich in unterschiedlichster Feinzeichnung (Wells, Jung, Bloch, Claudel, Wiesel). Die hier vielleicht gelungenste Lösung bietet MacLeish, der als einziger den Spannungsbogen des biblischen Buches durch eine Zweiteilung der Figur des Protagonisten in die Rebellin Sarah und den Dulder J.B. wenigstens ansatzweise bewahrt.

Diese literarischen Hiob-Transfigurationen spiegeln sich auf einer völlig anderen Ebene in den *Hiob-Gestalten der Autoren*, die sich mit dieser Figur auseinandersetzen, weil sie ihr ureigenstes Problem verkörpert: Wolfskehl – ein Hiob im Exil, Goll – ein Hiob, der um sein baldiges Sterben weiß, Roth – ein Hiob der mit seinem Schicksal ringt, Sachs – die zur Schwester Hiobs wurde, Claudel und Spark – die die Hiobsfrage zeitlebens begleitete: Gerade in dieser einzigartig intensiven *Verbindung von biographischer Auseinandersetzung und literarischer Verarbeitung* liegt ohne Frage die *außerordentliche Besonderheit der Hiobfigur*. In seinen fiktiven wie historischen Reinkarnationen erweist sich Hiob als wahrer Zeitgenosse des Menschen des 20. Jahrhunderts.

Der rezeptionellen Vielgestaltigkeit der Zentralfigur Hiob steht eine auffallend *ähnlich gestaltete literarische Neukonzeption der Nebenfiguren* des Hiobbuches gegenüber. Zunächst zur *Frau Hiobs*: Gerade sie, die namenlose,

---

9 *Walter Helmut Fritz*, Sie alle lesen, in: ders., Mit einer Feder aus den Flügeln des Ikarus. Ausgewählte Gedichte (Frankfurt 1989), S. 52.

10 Vgl. auch schon die Worte des französischen Dichters Alphonse de Lamartine (1790–1869): »Hiob ist nicht nur *der* Mensch, sondern die Menschheit« – **Alphonse de Lamartine*, Cours familier de littérature (Paris 1856), Bd. II, S. 444.

in der Bibel auf einen einzigen Vers reduzierte Nebenfigur reizt zur Ausgestaltung. »Tritt hervor aus dem Schatten der Geschichte«, ruft ihr der evangelische Theologe Siegfried von Korzfleisch in einem fiktiven Brief zu: »Zeige dich. Sage, wer Du bist.«[11] In fast allen dramatischen und epischen Werken (Ausnahme: Wells) wird ihre Rolle denn auch radikal aufgewertet und positiver gezeichnet (Ausnahmen: Kokoschka, Spark), als dies in der christlichen Auslegungstradition üblich war. Sie ist diejenige, die – aus einer zum Teil bis in den Wortlaut hinein gleichen Trauer über den Verlust ihrer Kinder, oder genauer: Babys (als Symbol der absoluten Unschuld) heraus – den Protest gegen Gott am schärfsten artikuliert. – Die *Tröster* erscheinen hingegen sehr viel negativer als in der biblischen Vorlage. Unter Aufnahme der satirischen Tendenzen des Hiobbuches selber werden sie oftmals weniger als konkrete und komplexe Charaktere gezeichnet, denn als Karikaturen, als bloße gesichtslose Repräsentanten von Ideen und Meinungen. So werden ihre Argumente von vornherein geringer geachtet und eher lächerlich gemacht. Für Shaw, Frost, Wiechert oder andere sind ihre Positionen sogar obsolet geworden, so daß sie gar nicht mehr auftreten.
In bezug auf die in moderner Literatur hochproblematische, vom biblischen Buch jedoch vorgegebene *Darstellung von Gott und Satan* gehen die Schriftsteller sehr verschiedene Wege. Wenn sie überhaupt dargestellt werden, dann zumeist in einem Bereich, der von vornherein als *literarisch-gebrochene Phantasie* entlarvt wird: in parodistischer Karikatur (Shaw, Gernhardt), als Charaktere im phantastisch-grotesken Ideendrama (Frost), sie erscheinen indirekt als Traumvision (Wells), als »Stimme« (Döblin, MacLeish) oder als lediglich literarische Buchgestalten (Spark). Ansonsten werden diese direkten Darstellungen ausgespart (Roth), oder – wiederum überzeugend – von menschlichen Schauspielern zweifach gebrochen repräsentiert (MacLeish). Im Verzicht auf eine direkte Präsentation Gottes oder Satans können gerade die lyrischen Werke in der Aussparung des Direkt-Unmittelbaren, in den mitzulesenden Leerstellen oder in den indirekten Andeutungen – etwa durch die auf ein ungenannt bleibendes Du ausgerichtete Gebetsform – die Dimension des Transzendenten literarisch andeuten.
Soviel zur Figurenzeichnung. Welche inhaltlich-philosophisch-theologischen Tendenzen lassen sich aufzeigen? Besonders eine zeitbedingte *theologisch-inhaltliche Verschiebung* im Zusammenhang mit der Schuldproblematik fällt ins Auge: Im neuzeitlichen Kontext ist die fiktiv postulierte *Unschuld Hiobs* weder empirisch-realistisch darstellbar noch für das zentrale Hiobproblem von entscheidender Relevanz. Zwei verschiedene Strategien im Umgang mit dem Leid-Problem lassen sich erkennen: Erste Strategie: Viele moderne Hiobbearbeitungen betonen nicht so sehr die Unschuld Hiobs, sondern konzentrieren sich eher auf das – klassisch tragische – Mißverhältnis von Schuld

[11] *Siegfried von Korzfleisch*, An die Frau Hiobs, in: *Raul Niemann* (Hrsg.), Liebe Eva, lieber David. Briefe (Gütersloh 1989), S. 115–121, hier: S. 115.

und Strafe. Ein moderner Hiob kann für viele der Autoren (Roth, Döblin, Susman, Wolfskehl, Claudel) anscheinend nicht mehr völlig schuldlos gedacht werden. Durch verschiedene Strategien wird versucht, eine irgendwie geartete »Schuld« nachzuweisen: Hiobs Kinder seien etwa für sein Unglück verantwortlich, sein Aufbegehren als solches sei Hybris, irgend etwas in seinem bisherigen Leben könne ein Anlaß für sein Unglück sein, Menschen könnten aufgrund der »Ursünde« nie ganz schuldlos sein. Konsequenz all dieser Erklärungsstrategien: Im Rahmen dieser Deutungen läßt sich zumindest das Grundprinzip eines Tun-Ergehen-Zusammenhanges als Weltdeutungsmuster aufrechterhalten, dem biblischen Hiobbuch zum Trotz. Dadurch wird die Hiob-Frage theologisch gesehen verlagert und letztendlich entschärft. Zweite Strategie jedoch: Andere Autoren (Wells, Frost, MacLeish, Sachs) ziehen im Rahmen dieser Schuldproblematik freilich sehr bewußt entgegengesetzte Schlüsse: Gerade im Bild der die Unschuld verkörpernden »toten Babys« verbietet sich für sie – etwa vor dem Hintergrund der Millionen Getöteter im Holocaust – überhaupt schon die Frage nach einem möglichen Zusammenhang von Schuld und Ergehen. Diese Kategorien sind zur Problemanalyse untauglich geworden. Die Hiob-Frage nach einem Gott, der so etwas zuläßt – auch im Rahmen der ersten Strategie zwar abgeschwächt, aber dennoch unbeantwortet –, bleibt in dieser Tradition in aller Schärfe bestehen.

*Dialog von Literatur und Theologie – warum?*

Die kaum unter ein einheitliches Ordnungssystem zusammenfaßbare Hiobliteratur spannt sich aus zu einem bemerkenswert breit gefächerten und herausfordernden literarischen Interpretationsnetz, das die These des jüdischen Literaturkritikers Harold Fisch geradezu provoziert, daß »die Dichter und Dramatiker die besten Interpreten des Hiobbuches«[12] seien. In der Tat, die mit den Höhepunkten der literarischen Hiobrezeption gesetzte ästhetische und theologische Meßlatte könnte höher kaum gelegt werden: Roth im Bereich der Erzählkunst, Sachs im Bereich der Lyrik, MacLeish im Bereich des Dramas und Claudel und Bloch im Bereich der literarisch-philosophischen Essayistik – an diesen Textzeugen wird sich auch eine zeitgemäße Hiob-Theologie messen lassen müssen.

Müssen? – Die Frage stellt sich nun: Hat diese Erschließung, Dokumentation und Aufschlüsselung der Hiobliteratur nur einen geisteswissenschaftlich-kulturellen Eigenwert? Oder liegt in ihr zugleich eine besondere Herausforderung an die Theologie? Zunächst noch einmal allgemeiner gefragt: Warum überhaupt kann eine Auseinandersetzung mit Literatur für Theologen mehr sein als nur die Sammlung »für sie einschlägiger Lesefrüchte«[13], nicht nur ein

---

12 * *Harold Fisch*, Job as Modern Archetype, in: Hebrew University Studies in Literature and the Arts 1983(II,1), S. 110.

13 *Dietmar Mieth*, Braucht die Literatur(wissenschaft) das theologische Gespräch?, in : *Wal-*

nur wenig geistigen Gewinn bringendes Nebengeschäft, sondern zugleich Herausforderung und zentrales Hauptanliegen?

Daß ein Literat, der sich produktiv mit biblischen Figuren, Stoffen, Ideen oder Sprachformen auseinandersetzt, sein Vorbild intensiv studieren sollte, liegt ebenso auf der Hand wie die Tatsache, daß genau dieses in der wissenschaftlichen Theologie betrieben wird. Somit legt sich dem derart interessierten Dichter die Zurkenntnisnahme der theologischen Vorarbeit nahe. – Unser Hauptaugenmerk soll jedoch der umgekehrten Frage gelten, der Frage also, warum die Theologie die Literatur, und gerade die moderne Literatur, beachten sollte, ohne sie einfachhin für ihre vorgegebenen Zwecke zu vereinnahmen und ohne die berechtigten Eigenbereiche beider Phänomene zu verwischen oder zu vermischen. Gewiß ist *Dietmar Mieths* Warnung vor der Problematik einer schlichten religiösen »Motivsuche, die sich rein an thematischen Querverbindungen orientiert und etwa Themen der Theologie aus der Literatur rekonstruiert«[14], sehr ernstzunehmen. Aber gewinnt die Theologie durch die Beschäftigung und den Dialog mit der Literatur unverzichtbare Erkenntnisse? Warum der »Umweg« über die Literatur? Welcher geistige Erkenntnisgewinn wird erzielt durch das Vorschalten des Filters »Literatur des 20. Jahrhunderts«?

In ihrer themenbezogenen Habilitationsschrift von 1973 hatte *Dorothee Sölle* auf die Autonomie der modernen Dichtung hingewiesen. Folgerichtig forderte sie von einem Theologen, der sich mit Literatur beschäftigt, die Bereitschaft, sich auf Neues einzulassen: »Erst wenn der Theologe in der Dichtung nicht mehr das Schonbekannte wiederzufinden hofft, erst dann läßt er sich auf die Suche nach weltlicher Realisation ein«[15]. Nur ein genaues Hören auf die Stimmen der Literaten ermöglicht überhaupt jenes Prinzip des Anknüpfens *und* Widersprechens, mit dessen Hilfe sich der Theologe mit der Literatur auseinandersetzen kann. *Karl-Josef Kuschel* benennt drei wesentliche Vorteile, die dem Theologen zukommen, der sich solcherart auf die Auseinandersetzung mit moderner Literatur einläßt: »Erfahrungsgewinn«, »Wirklichkeitsgewinn«, »Sprachgewinn«[16].

*Erfahrungsgewinn* – Dichter schreiben häufig aus einer unmittelbar existentiellen Lebensbetroffenheit heraus. Ihr Schreiben fungiert oftmals aber auch überindividuell als Gradmesser für den Puls des Zeitgeschehens in ihrem soziokulturellen Umfeld. Als Erfahrungs-, aber nicht etwa als Offenbarungs-

---

*ter Jens/Hans Küng/Karl-Josef Kuschel* (Hrsg.), Literatur und Theologie. Zum Stand des Dialogs (München 1986), S. 164–177, hier: S.177.

14 A.a.O., S. 165. Vgl. *Dietmar Mieth*, Literarische Bildungsarbeit als Herausforderung für die Theologie, in: *Johann Holzner/Erika Schuster* (Hrsg.), Moderne Literatur, Herausforderung für Theologie und Kirche (Innsbruck/Wien 1992), S. 54–74.

15 *Dorothee Sölle*, Realisation. Studien zum Verhältnis von Theologie und Dichtung nach der Aufklärung (Darmstadt/Neuwied 1973), S. 105.

16 *Karl-Josef Kuschel*, Der andere Jesus. Ein Lesebuch moderner literarischer Texte (München/Zürich 1987), S. 12.

quelle ist Dichtung fundamentaler Bestandteil der zeitlich-menschlichen Lebenswirklichkeit, die für eine eher re-agierende Theologie notwendiger Horizont und immer wieder neu zu bestimmender Anknüpfungspunkt bleibt.
*Wirklichkeitsgewinn* – Dichter interpretieren ihre Erfahrungen, messen ihnen Bedeutungen bei, ordnen sie zu impliziten oder expliziten Welterklärungssystemen. Sie verlassen traditionelle Denkspuren, um neue Modelle von Wirklichkeitserschließung durchzuspielen. Dies mag auch der Anspruch von zeitgemäßer Theologie sein, dennoch gibt es eine »Verschiedenheit des ästhetischen Zugangs vom theologischen Zugang«[17], denn Dichtung gibt ja im Unterschied zur Theologie gerade nicht vor, Offenbarung erschließen zu wollen oder zu können. Diese divergierenden Modelle von Wirklichkeit sollten zu einer »produktiven Kollision«[18] führen, die dem Theologen und der Verstehbarkeit und Vermittelbarkeit seiner Modelle nur dienen kann.
*Sprachgewinn* – Dichtung realisiert sich im gleichen Medium wie Theologie, in Sprache. Sie zeichnet sich aus durch besonders sorgsame und überdachte Sprachverwendung und setzt damit Maßstäbe, die gerade in der theologischen Behandlung menschlicher Grundprobleme beachtet werden sollten. Ein sach-, zeit- und menschgemäßer Sprachgebrauch ist die notwendige Voraussetzung für eine ernstzunehmende Theologie überhaupt. So betont Jean-Claude Renard in seinem Beitrag zum Concilium-Heft zum Thema »Theologie und Literatur«, »daß die Theologie der Zukunft ... nur dann wirklich Leben und Wert gewinnen kann, wenn ihr Reden die Möglichkeiten beachtet, die ihr die Poesie liefert«[19].

### *Die theologische Herausforderung der Hiob-Literatur*

Gerade im Hinblick auf das Hiobbuch lassen sich nun die zuvor allgemein formulierten Dimensionen des literaturtheologischen Erkenntnisgewinns konkretisieren.
*Erfahrungsgewinn* – Wie bei kaum einer anderen biblischen Gestalt verbinden sich in der Hiobrezeption persönlich-individuelle Identifikation und literarische Produktion, am ausgeprägtesten bei Goll, Wolfskehl und Claudel: Die biographische Betroffenheit und oft lebenslange Auseinandersetzung mit diesem alttestamentlichen Vorfahren lassen die Dringlichkeit und Unbedingtheit seiner Fragen und Probleme offen zu Tage treten. Die literarischen Werke beziehen sich aber keineswegs nur auf diese individuelle Dimension. Vielmehr werden in ihnen archetypische Zeiterscheinungen und kollektive Strömungen gebündelt: An Hiob als Verkörperung der einzelmenschlichen *con-*

---

17 *Dietmar Mieth*, Braucht die Literatur(wissenschaft) das theologische Gespräch?, a.a.O., S. 170.
18 A.a.O., S. 175.
19 *Jean-Claude Renard*, Poesie, Glaube und Theologie, in: Concilium 12 (1976) Heft 5: Theologie und Literatur, S. 288.

*ditio personalis* (Goll), der *conditio judaica* (Susman, Wolfskehl) oder allgemeiner der *conditio humana* (Wells, MacLeish) überhaupt kann eine zeitgemäße Theologie nicht achtlos vorübergehen.
*Wirklichkeitsgewinn* – Vor dem Hintergrund der Erfahrungen des 20. Jahrhunderts erwiesen sich die traditionellen Antworten und Hiobinterpretationen als unzureichend. Bei fast allen Autoren wird neben der Teilidentifikation mit Hiob und Sympathie für Hiob die Unzufriedenheit mit den in diesem biblischen Buch gegebenen Antworten zum Ansatzpunkt der eigenen literarischen Produktion. Die Schriftsteller schreiben in der ungelösten Spannung einer »Hermeneutik des Einverständnisses« mit der Vorlage einerseits und einer »Hermeneutik des Zweifels und Protestes« andererseits. Diese Unzufriedenheit mit der Vorlage wird in der Rezeptionsform der Satire deutlich artikuliert (von Shaw bis Gernhardt), aber auch in der Tradition des »Anti-Hiob« (Brecht, Zorn). Gerade weil Hiobs Lösung nicht zufriedenstellend scheint, versuchen die Autoren neben der Ablehnung des Vorgefundenen eigene Antworten. Die Bandbreite dieser *eigenen Antwortversuche* reicht dabei vom Appell an die Selbsterkenntnis- und Selbstheilungskräfte des Menschen (Wells, Becher, Döblin, Bloch) bis zum Hinweis auf die Erlösungstat Christi (Claudel und die christliche Literatur, Jung, Girard), vom Glauben an Erneuerung in nationaler Sammlung (Wiechert) bis hin zur jüdisch geprägten messianischen Hoffnung (Wolfskehl), von der letzten Ablehnung Gottes und schärfster Rebellion als Selbstzweck (Brecht, Bloch, Zorn) bis hin zum Sich-Fügen in den schöpferischen Kreislauf der Natur unter Akzeptanz des eigenen Sterbens (Goll), von der Utopie einer letzten gottgewirkten Rettung (Roth, Sachs) bis hin zum verzweifelten Glauben an die menschliche Liebe als Urkraft des Lebens (MacLeish) und schließlich zur Einsicht in die letztendliche Vergeblichkeit des menschlichen Bemühens überhaupt, einen Sinn im Weltganzen erkennen zu können (Frost, Spark). In diesen Eigenpositionen liegt ein zusätzlicher *Erkenntnis– und Fragegewinn* für eine Theologie, die nicht schon von vornherein davon ausgeht, immer schon über alle Einsichten selbst zu verfügen. Beiden Herausforderungen – der postulierten Unzulänglichkeit der biblischen Antwort und der divergierenden Eigenantworten der Literaten – wird sich eine verantwortete Hiob-Theologie ebenfalls zu stellen haben.
*Sprachgewinn* – Gerade ein so sprachgewaltiger Höhepunkt der Weltliteratur wie das Hiobbuch gemahnt die Theologie zu einem sachgemäßen Sprachgebrauch. Ob eine sich sehr stark durch Leerstellen und Sprachdemut auszeichnende Lyrik Nelly Sachs', eine scheinbar im einfachen Duktus gehaltene, aber gerade so wesentliche Prosa Joseph Roths oder eine neubelebte Versdramatik MacLeishs: Die verschiedenen literarischen Hiob-Erben setzen in ihrem Versuch, auch sprachlich dem Vorbild nachzueifern, Wegmarken einer auch für die Theologie angemessenen Sprachverwendung.
Was also bleibt an *Fragen und Herausforderungen, an Möglichkeiten zur Anknüpfung und an Notwendigkeiten von Widerspruch, die sich aus der Hiob-Literatur heraus für die Theologie stellen*? Zwei Themenkomplexe kristallisieren sich heraus:

- Erstens: Wie lautet denn nun die Antwort des Hiobbuches selber? Trifft der traditionell oft erhobene Vorwurf der »Unzulänglichkeit« die Vielschichtigkeit des Buches, oder fällt er durch eine vorschnelle Verabschiedung seiner »Lösung« auf ein unzulängliches Textstudium der Interpreten selbst zurück? – Dieser Fragebereich wird nur in einem detaillierten Blick auf das Hiobbuch und seine Theologie zu beantworten sein. *Erste Konfrontationsebene* also: Der Hiob der Literaten und der Hiob der Bibel.
- Zweitens: Was hat speziell eine christliche Theologie zur Hiobsproblematik und seinen jüdischen Deutungen zu sagen? Löst sich das Problem und lösen sich die jüdischen Deutungen aus christlicher Perspektive tatsächlich »erst« in einer dezidiert christlichen Antwort auf? Berücksichtigen moderne systematische Antwortentwürfe den paradigmatischen Bruch, die Krise der fortschrittsorientierten aufgeklärt-naturwissenschaftlichen Weltsicht, für die Hiob als Kronzeuge in der Zeit nach dem Ersten und dann auch nach dem Zweiten Weltkrieg fungiert? – Dieser Fragekomplex wird in einem zweiten Schritt zu beantworten sein, in dem einige zentrale christliche Hiobdeutungen aufgezeigt werden, um sie ihrerseits mit der oben benannten doppelten Herausforderung zu konfrontieren. *Zweite Konfrontationsebene* also: Der literarisch-biblische Hiob (also das »Ergebnis« der ersten Korrelation) und der Hiob aus christlicher Sicht.

## 2. Der Hiob der Bibel – die Herausforderung

Zunächst also auf der ersten Konfrontationsebene zurück zum biblischen Hiobbuch selbst. Wie stellt sich die theologische Substanz des alttestamentlichen Buches angesichts der von den Literaten formulierten Herausforderungen dar? Aber die Frage wird auch zurückgespiegelt: Welche Herausforderung geht umgekehrt vom Hiobbuch selbst an die Darstellungen und geistigen Positionen der Literaten zurück? Nur in einem derartig gegenseitigen Befragen und Herausfordern realisiert sich ja das Korrelationsprinzip.[20]
*Zurück zu Hiob* sei also die Parole: Angestrebt wird im folgenden ein Abziehen der Interpretationsschalen, um zum Kern zu gelangen, ein Versuch, aus dem Text des Hiobbuches selbst einige grundlegende Schichten der in ihm enthaltenen Fragen und Antworten, Probleme und Lösungen, Erkenntnisse und Defizite zu erhalten. Dabei werden einige der bereits im Einleitungsteil dieser Untersuchung benannten exegetischen Grundeinsichten wieder aufge-

[20] So definiert sich zumindest der von Paul Tillich angeregte, aber weiter fortentwickelte *pragmatisch-religionspädagogische Korrelationsbegriff*, der hier zugrunde gelegt wird. Vgl. etwa den »Grundlagenplan für den katholischen Religionsunterricht im 5.–10. Schuljahr«, herausgegeben von der Zentralstelle Bildung der Deutschen Bischofskonferenz (München 1984), S. 243: Korrelation wird hier definiert als »Prozeß der wechselseitigen Durchdringung zwischen Glaubensüberzeugung und Lebenserfahrungen«.

nommen, vor dem Hintergrund der Rezeptionsgeschichte jedoch verschärft, systematisiert und in ihrer theologischen Tiefensubstanz neu reflektiert. Zurück zu Hiob, im Sinne der eingestandenen *Vorgabe*, daß die Aussagen dieses alten Buches *religiöses Urmaterial, philosophisch-theologisch tiefenrelevante Erkenntnisse* enthalten. – Diese Vorgabe muß sicherlich niemand blindlings akzeptieren. Im Gegenteil, man kann Hiobs Erkenntnisse für unwesentlich und überholt ansehen oder ablehnen. Doch sollte zunächst die Tiefe dieser Erkenntnisse überhaupt erst wahrgenommen werden.

### *Keine Theodizee, sondern Verzicht auf eine menschliche Rechtfertigung Gottes*

Das durch seinen jahrhundertelangen Entstehungsprozeß und seine literarische Vielschichtigkeit ungemein facettenreiche Hiobbuch auf *ein* Thema, eine durchgängige Aussage und einen einzigen Zentralaspekt festlegen zu wollen, ist ohne Zweifel unmöglich. Gerade deshalb waren ja an so unterschiedlichen Anknüpfungspunkten so vielfältige Ausdeutungen für Literaten, Philosophen und Theologen möglich und legitim. Dennoch lassen sich einige wichtige inhaltliche Schwerpunkte und theologisch brisante Hauptaussagen herausgreifen.

Das Hiobbuch ist – hierin hat Hans Urs von Balthasar in seiner Abhandlung über Hiob im Rahmen seiner theologischen Ästhetik »Herrlichkeit« zweifelsohne Recht – »eine Parabeldichtung«, und mithin »der hinprojizierte Entwurf einer unerreichbaren Totalität«[21]. Eine derartige »Parabeldichtung« aber verlangt mehr als nur die existentielle Antwort auf eine existentiell-individuelle Frage. Im Hiobbuch wird nicht nur das Problem einer individuellen Figur geschildert, das sich für diese zufriedenstellend löst, etwa in dem oft zu lesenden Sinn, Hiobs Aufbegehren werde individuell durch das »daß« des Erscheinens Jahwes, durch die somit erfolgte Wiederherstellung seiner persönlichen Beziehung zu Gott gestillt. Hiob ist vielmehr, so unter anderem der katholische Alttestamentler Othmar Keel, ein »Problemträger«[22]. Anhand der Gestalt Hiobs wird ein urmenschliches, ein theologisches Problem demonstriert, gewinnt eine tiefenreligiöse Erkenntnis literarische Gestalt. Somit richtet sich das Buch als solches an seine Leser, es will eine Erfahrung vermitteln, die nicht nur individuell auf der Erzählebene verbleibt, sondern im Sinne einer allgemeingültigen Einsicht weitergegeben werden soll.

Zur Verhandlung steht die Erfahrung, daß unverschuldetes menschliches Leiden Rückfragen an das traditionelle Gottesbild aufwirft. Die konkrete Erfahrung und der vorgegebene Erklärungsrahmen sind nicht mehr zur Deckung zu

---

21 *Hans Urs von Balthasar*, Herrlichkeit. Eine theologische Ästhetik Bd. III 2 (Einsiedeln 1967), S. 267.

22 *Othmar Keel*, Jahwes Entgegnung an Ijob. Eine Deutung von Ijob 38–41 vor dem Hintergrund der zeitgenössischen Bildkunst (Göttingen 1978), S. 15.

bringen. Ausgehend vom Problem des unschuldig Leidenden wird hier konkret die Vorstellung eines von Gott gewährten Tun-Ergehen-Zusammenhangs in Frage gestellt. Mit dieser Vorstellung aber steht und fällt das ganze Bild der weisheitlichen Weltordnung, steht und fällt die Vorstellung eines Gottes, der als allmächtig-guter Schöpfer und weiser Erhalter dieser Ordnung gilt. *Im Hiobbuch geht es somit zentral um die Grundvorstellung von Gott, um die Art der Beziehung von Gott und Mensch, und um die Möglichkeiten des Menschen, Gott und seinen Weltenplan erkennen* zu können.

An keiner Stelle verläßt das Hiobbuch den Glauben an Gott, es ist gerade kein »Auszug aus der Jahwevorstellung« (Bloch), sondern, so der katholische Alttestamentler Erich Zenger, eine »betende Revolte«[23], ein unnachgiebiges Ringen um die rechte Art der Gottesvorstellung und -beziehung. In all dem setzt sich der Dichter niemals auf einen neutralen Beobachterposten von außen: Der philosophische Versuch, Gott sozusagen autonom vor der menschlichen Vernunft zu rechtfertigen, die Theodizee[24] also, ist dem Hiobbuch selbst völlig fremd. Im Hiobbuch wird »von innen« ein existentielles Ringen *mit* Gott geschildert, keine Reflexion »von außen« *über* Gott. Deshalb klar formuliert: *Das Hiobbuch ist keine Theodizee*[25], kein Versuch, Gott vor dem menschlichen Verstand zu rechtfertigen.

Wie aber ist das *Verhältnis von Hiobbuch und Theodizeevorstellung* genau zu bestimmen?[26] Dem protestantischen Exegeten Hans-Peter Müller ist zunächst

---

23 *Erich Zenger*, Durchkreuztes Leben. Hiob. Hoffnung für die Leidenden (Freiburg/Berlin/Wien $^{2}$1981), S. 26.

24 Zum Thema »Theodizee« siehe: *Willi Oelmüller* (Hrsg.), Theodizee – Gott vor Gericht? (München 1990), Lit.! ; ders. (Hrsg.), Worüber man nicht schweigen kann. Neue Diskussionen zur Theodizeefrage (München 1992); *Carl-Friedrich Geyer*, Die Theodizee. Diskurs, Dokumentation, Transformation (Stuttgart 1992); *Hans-Gerd Janßen*, Gott – Freiheit – Leid. Das Theodizeeproblem in der Philosophie der Neuzeit (Darmstadt $^{2}$1993). Der Philosoph Carl-Friedrich Geyer weist darüber hinaus in seiner sorgfältigen Rezeptionsstudie zum Thema »Hiob in der Philosophie« die »Inkompatibilität von neuzeitlicher Theodizee und Hiobauslegung« überzeugend nach. Vgl. *Carl-Friedrich Geyer*, Das Hiobbuch im christlichen und nachchristlichen Kontext. Anmerkungen zur Rezeptionsgeschichte, in: Kairos 28 (1986), S. 174–195, hier: S. 184.

25 Hierin stimme ich völlig mit Regina Ammicht-Quinn überein, die in einer neuen Studie mit Recht darauf hinweist, daß das Hiobbuch als derjenige biblische Text gilt, »der die Fragen einer Theodizee am deutlichsten aufnimmt«. Dennoch fehlt ihm jedoch »die Grundstruktur einer rationalen Theodizee und kann somit nicht als »Modell oder sogar Ersatz für eine Theodizee« angeführt werden. Vgl. *Regina Ammicht-Quinn*, Von Lissabon bis Auschwitz (Freiburg/Wien 1992), S. 15f. So auch *Hans-Gerd Janßen*, a.a.O., S. 3f.: Das Hiobbuch könne »nicht im Sinne eines Theodizeeprozesses interpretiert werden«, da in ihm nicht »rationales Abwägen« vorgehe, sondern »reinigendes Sprachgeschehen«. Nicht primär Gott sei am Ende gerechtfertigt, sondern »Hiob und mit ihm das Recht zur Klage«. Vgl. zur Problematik: *Giovanni Moretto*, Teodicea, Storia e Jobismo, in: Teodicea Oggi? Archivo di Filosofia 56 (Padua 1988), S. 245–271; auch in: ders., Giustificazione e interrogazione. Giobbe nella filosofia (Neapel 1991), S. 93–127.

26 Unbefriedigend bleibt: *Morris Stockhammer*, Das Buch Hiob. Versuch einer Theodizee

darin recht zu geben, daß das Hiobbuch »an den Voraussetzungen zum Aufkommen des Theodizeeproblems einen besonderen Anteil«[27] hatte, da es die Rückfrage nach Gott im Leid ausdrücklich thematisierte. Insofern steht die philosophische Theodizee in einer chronologischen und logischen Traditionslinie des Hiobbuches, sie ist eine Entfaltung, Weiterentwicklung, Perspektivenausweitung. Auch dem katholischen Dogmatiker Hermann Häring ist zuzustimmen: Das Hiobproblem des im Leiden mit und um Gott Ringens liegt der aus rationaler Distanz betrachteten Theodizeefrage »voraus«[28] und wurde von der philosophischen Frage sogar lange Zeit überlagert und verschleiert. Deshalb Vorsicht: Der Blick von Hiob auf die Theodizee ist im Sinne einer problemgeschichtlichen Entfaltung und Umwertung legitim. Der umgekehrte Blick zurück von der Theodizee auf Hiob birgt jedoch die Gefahr in sich, verkürzende und verstellende Ergebnisse hervorzurufen. Von daher ist dem Philosophen Hermann Lübbe zuzustimmen: Hiob ist nicht einfach als bloßer »Vorläufer unserer Theodizee-Philosophen«[29] zu bestimmen, zumindest nicht direkt, unmittelbar oder ausschließlich. Im Gegenteil, Hiob ist oftmals im Gefolge Kants eher ein Modell zur expliziten Theodizeekritik und -zurückweisung. Lübbes Fachkollege Willi Oelmüller weist denn auch darauf hin, daß dort, wo es »im jüdischen und christlichen Denken zu Hiobdeutungen angesichts der individuellen und kollektiven Leidenserfahrungen kam«, Theodizeeprozesse signifikanterweise ausblieben, und umgekehrt: Wo es »Theodizeeprozesse gab, spielte Hiob keine Rolle.«[30] Carl-Friedrich Geyer spricht deshalb zugespitzt von einer »Inkompatibilität von Theodizee und Hiobexegese« und weist überzeugend die praktische »Theodizeeresistenz« des Hiobbuches nach.[31] Hiob erscheint so gesehen geradezu als Gegenfigur zur philosophischen Theodizee.

---

(Wien 1963), wo das Hiobbuch zu ausschließlich vom Motiv der Probe in der Rahmenerzählung bestimmt wird. Auch der Vorschlag von Gerd Theobald, im Hiobbuch – und seiner literarischen Rezeptionsgeschichte – eine »poetische Theodizee« zu sehen, bleibt aufgrund der ästhetiktheoretischen Begrifflichkeiten all zu abstrakt. Vgl. *Gerd Theobald*, Hiobs Prozeß und Gottes Gericht. Die poetische Theodizee des Welttheaters (Diss. Heidelberg 1991).

27 *Hans-Peter Müller*, Theodizee? Anschlußerörterungen zum Buch Hiob, in: Zeitschrift für Theologie und Kirche 89 (1992), S. 249–279, hier: S. 252.

28 *Hermann Häring*, Ijob in unserer Zeit. Zum Problem des Leidens in der Welt, in: *Theodor Schneider/Lothar Ullrich* (Hrsg.), Vorsehung und Handeln Gottes (Leipzig 1988), S. 168–191, hier: S. 170.

29 *Hermann Lübbe*, Theodizee und Lebenssinn, in: Teodicea Oggi?, a.a.O., S. 407–426, hier: S. 424.

30 *Willi Oelmüller*, Statt Theodizee: Philosophisches Orientierungswissen angesichts des Leidens, in: Teodicea Oggi?, a.a.O., S. 635–643, hier: S. 639. Ähnlich *Carl-Friedrch Geyer* in seinem Aufsatz: Das Theodizeeproblem – ein historischer und systematischer Überblick, in: *Willi Oelmüller* (Hrsg.), Theodizee, a.a.O., S. 9–32, hier S. 28: Von Leibniz an herrsche »zwischen Hiobtext und Theodizee ein Verhältnis krasser Nichtintegration«.

31 *Carl-Friedrich Geyer*, Die Theodizee, a.a.O., S. 115. Der Titel seines Exkurses zum Hiobbuch lautet programmatisch: »Theodizeeanspruch und Theodizeeresistenz«.

Die Philosophen gehen in diesen Urteilen freilich vom explizit philosophischen, mit Kant gesprochen, vom »doktrinalen« Theodizeebegriff aus. Kant selbst hatte jedoch diesen Versuch, Gott rational vom Menschen her und vor dem Menschen zu rechtfertigen, ad absurdum geführt. Es gibt, so auch Hans Küng lapidar und prägnant, keine »theoretische Antwort auf das Theodizeeproblem«[32]. Immanuel Kant hatte jedoch demonstriert, daß mit dem Scheitern einer solchen distanziert-rationalen, einer »doktrinalen« Theodizee, die Hiobsfrage, die Frage des Leidenden nach Gott, weder sinnlos noch unbeantwortbar ist. Gerade Hiob hatte ihm als Vorbild der *»authentischen Theodizee«* gegolten, als Vorbild dafür, wie Leid zwar nicht erklärbar, aber ertragbar werden kann, wie die Gottesfrage im Leid nicht absolut-abstrakt, aber im praktischen Vollzug beantwortbar wird. Im unumgänglichen Verzicht auf theoretische Antworten öffnet sich für Kant im Bilde Hiobs die Möglichkeit des praktischen Durchtragens von Leid als einzig gültiger existentieller Lebensantwort. In einer neuen Untersuchung sieht die katholische Theologin Regina Ammicht-Quinn ganz auf dieser Linie die Zukunft der Theodizee allein in einer »praktisch-authentischen Theodizee«, die einerseits die theoretisch-philosophische Frage offenhält, andererseits aber nach theologisch-ethischen Haltungen fragt, »die die Größe und Komplexität der Frage zulassen, aufnehmen und dieses Offenhalten praktizieren«[33]. Diese neue, oder besser: bei Kant wiederentdeckte und angesichts der Erfahrungen des Holocaust weiterentwickelte Haltung wird von ihr mit Recht als »Paradigmenwechsel in der Theodizeefrage« benannt. In diesem neuen Verständnis von Theodizee wird nun auch Hiob wieder als positives Vorbild und Modell, nicht nur als Gegenfigur, wichtig.

Wie das? Es gilt zunächst, durch den Panzer der Diskussion über die philosophische Theodizee wieder zur Hiobfrage, der Frage nach Gott im Leid durchzustoßen. Woher nimmt Hiob Kraft, Mut und Hoffnung, um seine »authentische Theodizee« unter Verzicht auf existentielle Antworten im Leben durchzutragen? Und welche »Botschaft« soll dieser »Problemträger« Hiob vermitteln? Etwa nur den Appell zum Durchhalten, zum geduldigen Ertragen des auferlegten Lebensschicksals? – Dann wäre schon mit dem demütigen Dulder des Hiobprologs und dem »Der Herr hat's genommen, der Herr hat's gegeben, der Name des Herrn sei gelobt« alles gesagt.[34] Nein, es ist davon auszugehen, daß die gerade auch theologisch *weiterführenden Aussagen des Hiobbuches* sich allein von den *Gottesreden* und ihrer Funktion im Buchganzen her aufschlüsseln lassen.

---

32 *Hans Küng*, Das Judentum (München 1991), S. 726.

33 *Regina Ammicht-Quinn*, Von Lissabon bis Auschwitz, a.a.O., S. 20. Diese Arbeit besticht durch ihre kenntnisreiche Darstellung der Theodizeeproblematik – auch in neueren Ansätzen – gerade auch in der Literatur nach 1945. Die Hiobsgestalt und ihr spezifischer Beitrag zur Problematik hätte freilich eine nähere Beachtung verdient.

34 Hiervon scheint beispielsweise – völlig zu Unrecht – Hermann Lübbe in seiner Diskussion Hiobs im Rahmen der Theodizeeproblematik auszugehen. Vgl. ders. a.a.O.

*Keine göttliche »Imponiergebärde«, sondern eine Antwort an Hiob*

Entgegen den Eindrücken ganzer Hioblesergenerationen erweisen sich diese Gottesreden bei näherem Hinschauen nicht als unangebrachte, nichts lösende »Imponiergebärde«[35], gegen die nur erbitterter Protest à la Brecht, Zorn und Wiesel oder ironisch-parodistische Lächerlichmachung à la Shaw, Kolakowski, Gernhardt oder Kunert möglich sind. Diese Gottesreden sind keineswegs, wie Jung oder Bloch und in erstaunlich unkritisch-unreflektiertem Anschluß daran eine Theologin wie Dorothee Sölle[36] meinten, ein unwiderbringlicher Beleg der moralischen Überlegenheit des Menschen über Gott. Umgekehrt erscheint es aber angesichts der konkreten Form dieser Gottesreden auch als problematisch, hier davon zu sprechen, Gott ehre hier den voll und ganz ernstgenommenen, »freien, der Antwort fähigen Menschen«[37]. Nein, weder findet sich hier eine demonstrative Machtgebärde noch ein Ernstnehmen des Menschen als gleichberechtigtes Gegenüber. Eines jedoch wird man im Anschluß an Othmar Keel, dessen entscheidende Untersuchung von 1978 den konkreten Inhalt der Gottesreden wieder neu ins Zentrum des Interesses der Hiobinterpreten rückte, sagen können: »Auf die von Hiob als Problemträger aufgeworfenen Fragen antworten die Gottesreden«[38]. – *Die Gottesreden enthalten* in der Binnenlogik des Buches *eine klare Antwort an Hiob*.

Warum aber ist diese Antwort für viele so schwer zu erkennen, geschweige denn existentiell nachzuvollziehen? Zur Beantwortung dieser schwierigen Frage mag man zunächst mit einer *Rückfrage* kontern: Welche Antwort hätten die Gottesredenkritiker denn gern? Gäbe es eine andere, bessere Antwort, die einerseits mit den realen Erfahrungen der Menschheit und andererseits mit den religiös-theologischen Uraussagen der biblischen Tradition zusammenzubringen wäre? Diese Gegenfrage erklärt noch nichts von der Antwort des Hiobbuches, stellt aber ihre Brisanz und Komplexität noch einmal nachdrücklich vor Augen.

Doch nun zur positiven Beantwortung der aufgeworfenen Frage! Hiob steht ja vor einem unlösbaren Dilemma: Wie seine Freunde und Tröster glaubt er fest an den geschichtsmächtigen Schöpfergott, wie sie sieht er in diesem *Gott den Garanten des Tun-Ergehen-Zusammenhangs*. Ohne Gott und seinen Schöpfungsplan ganz kennen zu müssen, gilt diese Grundannahme als selbstver-

---

[35] *Heinz Zahrnt*, Wie kann Gott das zulassen? Hiob – Der Mensch im Leid (München 1985), S. 54.

[36] Vgl. *Dorothee Sölle*, Leiden (Stuttgart 1973), S. 145: »Hiob ist stärker als Gott: Hiobs Denken muß zum Atheismus führen, aus moralischen Gründen.«

[37] So *Walter Strolz*, Schöpfungsweisheit im Buch Ijob, in: Diakonia 21 (1990), S. 314–322, hier: S. 318.

[38] *Othmar Keel*, a.a.O., S. 21. Im direkten Anschluß an Keel formuliert etwa *Jürgen Ebach*, Leviathan und Behemoth. Eine biblische Erinnerung wider die Kolonisierung der Lebenswelt durch das Prinzip der Zweckrationalität (Paderborn 1984), S. 32: »So sind die Reden Gottes tatsächlich Antwort auf Hiobs Angriffe.«

ständliche religiöse Basis: der gerechte Gott belohnt die Gerechten und straft die Ungerechten. In ein solches System paßt unschuldiges Leid nicht hinein. Hiob aber leidet als wahrhaft Unschuldiger. *Zwei Antworten sind innerhalb des vorgegebenen Gedankensystems* möglich. Die erste stammt von den Freunden: Da Hiob leidet, muß er eben doch, wie auch immer, schuldig sein. Ganz im Sinne der späteren philosophischen Theodizee wird die Alleinschuld auf das Opfer, den leidenden Menschen, übertragen. Die zweite Antwort stammt von Hiob, und auch sie denkt und argumentiert systemimmanent: Wenn die Unschuld vorausgesetzt wird – und nur so erweist sich diese »Parabeldichtung« als sinnvoll –, dann muß in seinem Fall ein einzelner Fehler im grundsätzlich gültigen System vorliegen, ein Versehen, das der Erhalter des Systems korrigieren wird, wenn er darauf aufmerksam gemacht wird. Deshalb ja Hiobs Prozeßbitte, die Bitte um eine Wiederherstellung des angenommenen Systems, die Bitte um die Wiederherstellung der glücklichen Beziehung von Hiob, dem Gottesknecht, zu seinem Gott.
Genau dies aber verweigert Jahwe im Hiobbuch. Die »Antwort an Hiob« muß auch formal so anders als erwartet ausfallen, weil der angenommene Kontext, der vorgegebene Verständnisrahmen, die als selbstverständlich geglaubten Prämissen destruiert werden sollen. *Sowohl die Freunde als auch Hiob erhalten unrecht.* Die beiden Antwortalternativen innerhalb des Gedankensystems werden zurückgewiesen, explizit bei den Freunden (42,8: »ihr habt nicht recht von mir geredet«), implizit bei Hiob, der göttlichen »Ratschluß verdunkelt« hat mit »Gerede ohne Einsicht« (38,2). Denn darum geht es gerade: um die *Aufsprengung des als selbstverständlich vorausgesetzten Systems*. Die derartig paradigmatische Ebenenverschiebung auf der Inhaltsseite aber bedient sich hier strukturell analog einer auch formalen Erwartungsdurchbrechung. Unterstützt wird diese grundsätzliche Neuperspektive durch einen Wechsel der Gottesbezeichnung. Wurde Gott im Hiobbuch zuvor »El« oder »Shaddai« genannt, so antwortet nun explizit »Jahwe«. Mit dieser programmatischen Namensänderung aber wird »die Erinnerung wachgerufen an diesen Gott, den Israel in seiner Geschichte erfahren hat als die tragende, fundamentale Wirklichkeit.«[39]
Die von Jahwe entgegengeschmetterten Rückfragen an Hiob scheinen zunächst den Tun-Ergehen-Zusammenhang erst einmal nicht zu widerlegen, schon deshalb, weil von ihm gar nicht direkt die Rede ist. Wovon *ist* in den Gottesreden des Hiobbuches die Rede, wenn man zu ihrer »Tiefengrammatik«[40] durchdringt? – Zwei neuere exegetische Studien[41] haben unter

---

[39] *Erich Zenger*, Durchkreuzte Weisheit, a.a.O., S. 42.
[40] *Johannes B. Brantschen*, Warum läßt der gute Gott uns leiden? (Freiburg $^{2}$1992), S. 41.
[41] An erster Stelle ist hier die in der Hiob-Fachliteratur vielzitierte Arbeit von Keel zu nennen, an die sich Ebach nachdrücklich anschließt. Außerdem die eher form- und textgeschichtlich orientierte Arbeit: *Veronika Kubina*, Die Gottesreden im Buche Hiob. Ein Beitrag zur Diskussion um die Einheit von Hiob 38,1–42,6 (Freiburg/Basel/Wien 1979).

Zuhilfenahme von zeitgenössischem religionsmythologischem Bildmaterial aus der Umwelt Israels die theologische Tiefenschärfe dieser vormals oft als obskur und rätselhaft geltenden Reden aufgeschlüsselt. Die erste Rede (Kap. 38 und 39) nimmt Stellung zu dem von Hiob provozierend formulierten Vorwurf, die Welt sei ein plan- und heilloses Chaos. Die Antwort hierauf verfolgt eine *dreifache Strategie*: Zunächst wird Hiob schlichtweg die Kompetenz für ein derartiges Urteil abgesprochen: »Wo warst du, als ich die Erde gegründet«(38,4). Eine derartige Kompetenz hatte Hiob jedoch nie in Anspruch nehmen wollen, seine Rede war eine provozierende Herausforderung, eine Bitte um Belehrung. Zweite Strategie: In den Versen 38,4–38 erfolgt eine Schöpfungsrevue, die im Gegensatz gerade zum priesterschriftlichen Schöpfungsbericht der Genesis das in der Umwelt Israels weitverbreitete mythologische *Chaoskampfmotiv*[42] aufgreift. Hiobs provokative Behauptung wird dabei jedoch nicht bestätigt, die Welt ist kein Chaos. Zugegeben wird: Sie enthält chaotische, dem Menschen unverständliche Urmächte, aber Jahwe ist der, der das »Chaos in Schranken weist«, der den Kosmos »immer wieder neu«[43] schafft. Dritte Strategie: In den Tierschilderungen (38,39–39,30) werden Tiere vorgeführt, die gerade als besonders wilde Tiere galten, dem Menschen bedrohlich und gefährlich erscheinend, ihm in keiner Weise nützlich. Jahwe aber erscheint als der »Herr der Tiere«[44], einer im syrisch-mesopotamischen Mythenkreis vielfach bezeugten Vorstellung. Wiederum wird eingeräumt, daß es nicht nur im Kosmos, sondern auch in der Natur chaotische, widermenschliche Kräfte gibt, die aber erneut von Jahwe sowohl geschaffen als auch kontrolliert werden. Im Rahmen dieser dreifach gestaffelten Strategie wird also nicht geleugnet, daß die Welt chaotische Elemente enthält, wohl aber wird geleugnet, daß sie als ganze chaotisch sei. Sie liegt im Gegenteil gerade auch in diesen Elementen in Jahwes Hand.
Eine ähnliche Strategie verfolgt die zweite Gottesrede (40,7–41,26), gerichtet speziell gegen die provokative Zuspitzung, ein all dies zulassender Gott sei ein Frevler (9,24). Sie hält dem entgegen: Selbst *Behemoth und Leviathan*, die mythischen Verkörperungen der widermenschlichen Chaosmächte schlechthin, werden im ständigen, immer wieder neu sich ereignenden Chaoskampf von Jahwe gebändigt. Jahwe ist alles andere als ein Frevler, er ist ein das Gute erstreitender Kämpfer gegen das vorhandene Böse. Über die Herkunft dieses chaotisch-widermenschlich-Bösen spekuliert das Hiobbuch nicht, es wird als gegeben vorausgesetzt.
Was ist durch diese Ausführungen gewonnen? Die Gottesreden verkörpern

42 Fridolin Stiers Deutung, hier und besonders in der Schilderung von Behemoth und Leviathan liege eine »Chaoskämpfer-Parodie« vor, darf wohl nicht so verstanden werden, als erhebe sich das Hiobbuch in Abgrenzung gegen diese Tradition. Vielmehr wird das Chaoskampf-Motiv ironisch eingesetzt, um Hiobs fehlerhafte Erwartung deutlich zu machen. Vgl. *Fridolin Stier*, Das Buch Ijjob (München 1954), S. 247.
43 *Othmar Keel*, a.a.O., S. 61.
44 Vgl. hierzu: A.a.O., S. 86–125.

zunächst ein innerbiblisches *Gegenbild zum Schöpfungsbericht der Priesterschrift*[45]. Im Rahmen der Vorstellung des Chaoskampfes kann keine Rede davon sein, daß die Welt mit geradezu spielerischer Leichtigkeit geschaffen wurde, oder daß alles »sehr gut« war. Eine derartige Schöpfungsvorstellung läßt sich in der Tat mit der Hiobserfahrung nicht mehr vereinbaren. Die Schöpfung ist dem Hiobbuch zufolge eben nicht einfachhin harmonisch, sondern enthält chaotisch-unverständliche Elemente, über deren Herkunft signifikanterweise nichts weiter ausgesagt werden kann, die als gegeben hinzunehmen sind. Und Gott ist »nicht der Garant der Harmonie dieser Welt«, aber sehr wohl der »Garant, daß sie nicht ins Chaos versinke«[46]. Der Gott des Hiobbuches ist der Mächtige, das Chaos der Welt immer neu zum Wohle des Menschen Bekämpfende, nicht aber der Garant und Bewahrer einer prästabilisierten und vom Menschen zu erkennenden Harmonie.

Eine solche Harmonievorstellung wird im Hiobbuch als menschliche Wunschvorstellung entlarvt. Hier erfolgt eine schonungslos deutliche *Absage an jegliche einlinige Anthropozentrik der Schöpfung*.[47] Weder funktioniert der Kosmos nach menschlichen Effizienzbestrebungen (man vergleiche die Schilderung des Regenfalls auf unbewohntes Land – 38,26), auch sind die wilden Tiere nicht auf menschliche Nutzerwägungen hingeordnet (man vergleiche die Schilderung der Straußenhenne – 39,13–16), noch ist es dem Menschen gegeben, den göttlichen Weltenplan im Letzten zu durchschauen und zu verstehen (man vergleiche die Chaoskampfschilderungen von Behemoth und Leviathan). Und genau an dieser Stelle erfolgt nun die eigentliche Antwort an Hiob, denn genau hier hatte er zusammen mit seinen Freunden falsch von Gott gesprochen. Gott läßt sich nicht mit vorgegebenen, menschenverständlichen Kategorien erfassen, auch nicht mit der Vorstellung eines

---

[45] Vgl. *Jürgen Ebach*, a.a.O., S. 39: »Die Schöpfungsgeschichte der Priesterschrift, Gen 1,1–2,4a, ist in mancher Hinsicht geradezu ein Gegenentwurf zu dem der Gottesreden des Hiobbuches.« Ähnlich der jüdische Essayist und Literaturkritiker *Harold Fisch*, Job as Modern Archetype, in: Hebrew University Studies in Literature and the Arts (1983) II,1, S. 102–114, hier: S. 102: »Job is not parallel to Genesis 1 and 2 but rather its visionary antithesis.« Eingeräumt werden muß freilich, daß auch Gen 1,1–2,4a nicht einfach voraussetzt, Jahwe habe alles Seiende sehr gut geschaffen. Der Tübinger katholische Alttestamentler Walter Groß weist in einem knappen Sinnsatz darauf hin: »Gott hat zwar alles gut, aber er hat nicht alles erschaffen.«(*Walter Groß*, in: ders./*Karl-Josef Kuschel*, »Ich schaffe Finsternis und Unheil!«, a.a.O., S. 36.) Der Schöpfungsbericht setze hier vielmehr die Existenz der Urerde, des Urwassers und der Urfinsternis voraus. Von hier her ermöglicht sich eine Parallele zu den Schöpfungsreden im Hiobbuch.

[46] *Jürgen Ebach*, a.a.O., S. 32.

[47] Für einen Fortschrittsoptimisten wie Bloch kann in dieser Vorstellung nur die Rückkehr zu einem »Natur-Baal« (*Ernst Bloch*, a.a.O., S. 154) aufscheinen. Auch der Exeget Hans-Peter Müller sieht hierin nur die »gebrochene Wiederherstellung eines mythischen Wirklichkeitsverständnisses in zweiter, nachkritischer Naivität« (*Hans-Peter Müller*, Theodizee, a.a.O., S. 276). Ob hier nicht die Tiefenerkenntnisse des Hiobbuches doch allzu leicht mit griffigen Kategorien beiseite geschoben werden?

Tun-Ergehen-Zusammenhangs. *Im Analogieschluß paßt Hiobs Schicksal widerspruchsfrei in den Kosmos*: »die Widersprüchlichkeit zwischen Hiobs Tun und seinem Ergehen« zeigt »ihre Analogie zur Widersprüchlichkeit der Welt im ganzen«[48], so Ebach.
Wenn aber die Prämisse als unbegründet zurückgewiesen wird, entfallen die auf sie aufbauenden Erklärungsversuche. Hiob legt völlig zu Recht die Hand auf seinen Mund und schweigt: die Voraussetzung seiner Klage hat in dem nun geschauten Weltbild keinen Platz mehr. Und sein »recht von Gott sprechen« überrascht ihn nun selbst: nicht nur in der Form hat er recht geredet, nicht nur seine an Gott gerichteten Fragen, Klagen, Anklagen und Zweifel werden gerechtfertigt, sondern auch inhaltlich behält er – gegen seine Sprechintention – zum Teil recht: Der Tun-Ergehen-Zusammenhang gilt tatsächlich nicht, wie von ihm provokativ formuliert. Gerechte können leiden und Ungerechte Glück erfahren. So ist die von Jahwe präsentierte Welt: Chaos und Unverständliches haben in ihr ihren Platz. Doch Unrecht hat er wiederum in bezug auf die von ihm postulierten Konsequenzen dieser Einsicht: Die Welt ist trotz ihrer chaotischen Elemente nicht als ganze ein Chaos, und Jahwe ist nicht selbst ein Frevler, sondern der Bekämpfer dieses Chaos.[49]

### *Kein Voraushinweis auf Christus, sondern ein Zeugnis für vertrauend-hoffenden Glauben*

Im Zusammenhang der Frage nach dem Grund des hoffnungsvollen Vertrauens Hiobs auf Gott muß ein Aspekt auf der Textebene des biblischen Buches selbst näher beleuchtet werden. Wie sind die vieldiskutierten *Verse 19,25f.*[50] zu verstehen, in der deutschen Einheitsübersetzung wiedergegeben als:

> »Doch ich, ich weiß: *mein Erlöser lebt*,
> als letzter erhebt er sich über dem Staub.
> Ohne meine Haut, die so zerfetzte,
> und ohne mein Fleisch werde ich Gott schauen«.

Nelly Sachs hatte diese Hoffnungsverse des Hiobbuches ja als Motto ihrem gesamten lyrischen Werk vorangestellt, Ernst Bloch oder René Girard hatten hier das Zentrum der Botschaft des alttestamentlichen Buches vermutet, und gerade in christologischen Abhandlungen sind diese Verse immer wieder als deutlicher Voraushinweis auf Christus gedeutet worden: der hier angekün-

---

48 *Jürgen Ebach*, a.a.O., S. 32.

49 Hier scheint mir Fridolin Stier völlig richtig interpretiert zu haben. Vgl. *Fridolin Stier*, Das Buch Ijjob, a.a.O., S. 252: »Ijjob hatte wahr geredet, als er behauptete, Gott halte sich nicht an das Gesetz der Vergeltung, töricht aber, da er forderte, daß Gott an dieses Gesetz sich halte und ihm gemäß mit ihm verfahre.«

50 Auch die Problematik von Vers 16,19 »seht, im Himmel ist mein Zeuge, / mein Bürge in den Höhen« läßt sich in diese Diskussion miteinschließen.

digte »goel«, sei niemand anderer als Christus selbst. Folgerichtig wird ja auch der *»goel«* in der Einheitsübersetzung eben mit dem christologisch besetzten Begriff »Erlöser« übersetzt. So schreibt – um nur ein Beispiel für eine solche Linienziehung vom alttestamentlichen Jahwe zum neutestamentlichen Christus zu nennen – Walter Kasper in seiner Studie »Jesus der Christus« von 1974: »Am ergreifendsten ist Gott als Erlöser bei Job beschrieben ... Hier wird Jahwe als Beschützer der Rechtlosen noch über den Tod hinaus bekannt.«[51]
Dieser christologisch-typologischen Deutung steht eine andere Auslegung und Übersetzung des »goel« gegenüber, die sich schon bei Margarete Susman, wirkmächtiger aber bei Ernst Bloch fand, und wiederum etwa von Dorothee Sölle[52] aufgegriffen wurde: Dieser goel sei alles andere als ein transzendenter Erlöser, vielmehr ein sehr irdischer »Bluträcher«. Was also gilt hinsichtlich dieses Abschnitts, dessen Deutungsvielfalt sich als »so mannigfaltig und verschiedenartig«[53] wie bei kaum einer anderen Stelle des Hiobbuches, ja des Alten Testamentes erweist? Wie ist die christologische Interpretation dieses Verses zu bewerten, wenn man berücksichtigt, daß dadurch implizit die gesamte Lösung des Hiobproblems auf Christus verlagert wird?
Zunächst wird darauf hinzuweisen sein, daß sich die christologischen Interpretationen dieser Verse in neueren Werken fast ausschließlich in grundsätzlich christologisch orientierten Arbeiten finden. Diese Hiobstelle illustriert dort neben anderen alttestamentlichen Belegen das vorgegebene christologisch-erfüllungstypologische Deutungsmuster, ohne daß eine wirklich intensive exegetische Untersuchung den Kontext und seine Aussagerichtung berücksichtigen würde. Studien, die umgekehrt aber vom Hiobbuch ausgehen und auf Christus hinzielen, sind hier sehr viel vorsichtiger und zurückhaltender. In einer neuesten Untersuchung widmet sich der evangelische Exeget Rainer Kessler[54] intensiv der Frage nach der kontextuell adäquaten Bedeutungsbestimmung dieser Verse. Er arbeitet *drei Grundtypen der Interpretation* heraus, von denen er zwei aus exegetisch glaubwürdigen Überlegungen heraus verwirft.
Erste Interpretation: Der »goel« ist ein von Gott unterschiedenes Individuum, sei es eine himmlische Gegenmacht, oder im blochschen Sinne ein irdischer Bluträcher. Da nun aber einerseits gleich im Folgevers davon die Rede ist, Hiob werde »Gott schauen« – und ein Objektwechsel ist sprachlich wie sachlich wenig wahrscheinlich –, und da andererseits Jahwe im Alten Testament verschiedenfach direkt als »goel« bezeichnet wird[55], ist die These, dieser

---

[51] *Walter Kasper*, Jesus der Christus (Mainz 1974), S. 243.
[52] Vgl. *Dorothee Sölle*, a.a.O., S. 148.
[53] *Georg Fohrer*, Das Buch Hiob $^{1}$1963 (Gütersloh $^{2}$1989), S. 317.
[54] *Rainer Kessler*, »Ich weiß, daß mein Erlöser lebet«. Sozialgeschichtlicher Hintergrund und theologische Bedeutung der Löser-Vorstellung von Hiob 19,25, in: Zeitschrift für Theologie und Kirche 89 (1992), S. 139–158.
[55] Belege bei *Kessler*, a.a.O., S. 140

»goel« sei jemand anderes als Gott, von der vorliegenden Textbasis her höchst unwahrscheinlich. Von einem auch nur annähernd gleichberechtigten oder gleichmächtigen himmlischen Gegenspieler Jahwes, von dem etwa Claudel ausgeht, ist darüber hinaus weder im Hiobbuch, noch sonst in der Bibel die Rede.

Zweite Interpretation: Wenn also mit diesem »goel« Gott gemeint ist, erwartet Hiob dann, ihn *nach dem Tod* zu schauen? Und nur im Kontext eines derartigen Auferstehungsglaubens wäre ja eine christologische Ausdeutung dieser Stelle sinnvoll! – Die Vorstellung eines wie immer auch gearteten Lebens nach dem Tode ist jedoch dem Hiobbuch und seiner Zeit völlig fremd. Im Rahmen eines weitgehenden exegetischen Konsenses stellt der protestantische Alttestamentler Horst Dietrich Preuß fest: »Hiob hoffte nicht auf seine Auferstehung«[56]. Hiobs Erwartung kann sich demzufolge nur auf sein irdisches Leben richten, hier ist nicht von einem *Er*löser die Rede, nicht von einem nach Hiobs Tod stattfindenden Geschehen.[57] Insofern scheidet auch diese Interpretationsmöglichkeit des »goel« aus.

Dritte Interpretation: »Goel« ist an dieser Stelle weder mit Susman oder Bloch als irdischer »Bluträcher« zu verstehen, noch mit der christlichen Deutung als »messianischer Erlöser«. Wie aber sonst? Wird hier an »Gott als Bluträcher«[58] appelliert, wie unter anderem Gerhard von Rad meinte? Kessler weist auch diese Version zurück und erklärt die Rede vom »goel« überzeugend als Rede von »Gott als Hiobs Löser noch vor seinem Tod«[59]. Nein, neben alttestamentlichen Belegstellen wie 2 Sam 14,11, in denen der »goel« in der Tat als irdischer Bluträcher verstanden wird, lassen sich andere alttesta-

---

56 *Horst Dietrich Preuß*, Theologie des Alten Testaments, Bd. II: Israels Weg mit JHWH (Stuttgart 1992), S. 162.

57 Exegetisch völlig verfehlt ist in diesem Zusammenhang die jüngste christlich-typologische Reinterpretation dieser Stelle der katholischen Alttestamentlerin (!) *Theresia Mende*. Nicht nur, daß sie go'el bewußt mit »Erlöser« wiedergibt: Wie sie eingesteht, gegen den ansonsten einhelligen Konsens der ernsthaften Exegeten sieht sie – unter Zurhilfenahme abenteuerlicher textentstehungsgeschichtlicher Hypothesen – diese Hiobstelle als Beleg der »Auferstehungshoffnung seiner Zeit«. Hiob, betrachtet aus der dem Buch völlig fernen Kategorie der Sündenfallerzählung aus Gen 3, symbolisiere hier »eine explizite Hoffnung des Leidenden über die Todesgrenze hinaus«. Von hierher rechtfertigt sie die erfüllungschristologische Interpretation der kirchenväterlichen Tradition dieser Stelle. Ein erstaunliches Beispiel interessengeleiteter Exegese! Vgl. *Theresia Mende*, »Ich weiß, daß mein Erlöser lebet« (Ijob 19,25). Ijobs Hoffnung und Vertrauen in der Prüfung des Leidens, in: Trierer Theologische Zeitschrift 99 (1990), S. 15–35. Dieser Artikel entfaltet Ideen aus ihrer Dissertation: dies., Durch Leiden zur Vollendung. Die Elihureden im Buche Ijob (Ijob 32–37) (Trier 1990). Neuerdings auch – ohne Auseinandersetzung mit den Ausführungen Kesslers: dies., Die Wurzel der Auferstehungshoffnung im Ijobbuch, in: Trierer Theologische Zeitschrift 102 (1993), S. 1–33.

58 Vgl.: *Gerhard von Rad*, Theologie des Alten Testamentes, Bd. I: Die Theologie der geschichtlichen Überlieferung Israels (München 1957), S. 413.

59 *Rainer Kessler*, a.a.O. Vgl. ganz in diesem Sinne: *Erich Zenger*, a.a.O., S. 80: Goel ist ein »familienrechtlicher Fachterminus«.

mentliche Belege für eine *soziale »goel«-Institution in Israel* finden, nach der ein naher Verwandter die Pflicht hat, in Not geratene Familienmitglieder »auszulösen«. Gerade diese soziale Institution wird nun hier kreativ auf das Verhältnis Hiob-Jahwe übertragen: Auch Hiob ist in der schlimmstmöglichen Notlage, auch Hiob appelliert an einen Mächtigeren, zu dem eine sehr enge »familiäre« Beziehung besteht, auch für Hiob löst diese »Auslösung« von seiten des mächtigen Verwandten das Problem insofern, als die Beziehung zu diesem von nun an solidarisch neu bestimmt werden kann. Der Appell an den Löser im Hiobbuch ist also die Bitte Hiobs an Gott, sich als der stärkere, der er ist, und als der ihm gewogene, der er war, neu zu erweisen, um ihn so aus der äußersten Notlage zu befreien. Für Hiob bleibt als letzte Hoffnung dieser Appell an Gott, wie er sein könnte, gegen Gott, wie er sich zu zeigen scheint.
Ob dieses Motiv, dieser Wunsch Hiobs, »Gott zu schauen«, am Ende des Hiobbuches mit den Gottesreden tatsächlich erfüllt wird, muß – unter besonderer Berücksichtigung des komplexen literarischen Entstehungsprozesses des Buches – offen bleiben. Zwar gibt Hiob ja am Ende zu, »jetzt aber hat mein Auge dich geschaut«(42,5), doch handelt es sich erstens bei den Gottes-Reden um genau das, um Reden nämlich, so daß man eher von Audition als von Vision sprechen muß. Und zudem ist es fraglich, ob sich Jahwe in diesen Reden als der erwartete Löser gezeigt hat. Eher wird hier doch Hiobs gesamte Erwartung, auch seine Lösererwartung, unterlaufen und in eine völlig neue Dimension gestellt. Jedenfalls: Eine christologisch-typologische Interpretation dieser Verse ist vom Text selbst her problematisch, weil sie unter Absehung der immanenten Bedeutung nur die vorhergehende Sinnerwartung von außen in den Text hineinträgt. Die Rede vom »goel« im Hiobbuch ist ein Beleg für den vertrauenden und hoffenden Glauben Hiobs an den helfenden Gott gerade in der Situation äußerster Leiderfahrung.

### *Kein Vorbote des Nihilismus, sondern eine Symbolfigur des Grundvertrauens*

Ist damit aber schon die zentrale Aussage des Hiobbuches erfaßt? Sind diese Korrekturen an Harmonie- und Weltordnungsvorstellungen verbunden mit der vertrauenden Hoffnung auf den »goel« bereits der vortreffliche Zielpunkt der Hiobproblematik? Ist der somit geforderte Verzicht auf menschlich faßbare Vorstellungen von Gott und Schöpfung nicht zumindest nahe an den Grundstrukturen der Erfahrung des Absurden (à la Camus)[60], wird hier nur eine menschliche »submission to unreason« (à la Frost) gefordert? – Das Hiobbuch mutet seinem damaligen wie heutigen Leser einen *vierfachen Verzicht* zu, verlangt es doch von ihm nicht nur, sich von der Vorstellung einer

---

60 Vgl. hierzu **Dermot Cox*, Man's Anger and God's Silence. The Book of Job (Middlegreen 1990), S. 30: »Jahwe stimmt mit Hiobs grundsätzlicher Annahme überein, daß die menschliche Grundsituation als absurd zu bezeichnen ist.«

anthropozentrischen Ausrichtung der Schöpfung zu verabschieden, sondern darüber hinaus drei wichtige menschliche Fragen[61] unbeantwortet zu lassen:
- Woher kommt das Leid (Ursache)?
- Warum gibt es das Leid (Grund)?
- Woraufhin zielt das Leid (Zweck)?

Ist ein solcher vierfacher Verzicht nicht aber eine unglaubliche Zumutung, oder – mit Hans-Peter Müller gesprochen – eine geradezu »unmögliche Forderung an die menschliche Vernunft«[62]? Im Gefolge des Hiobbuches wird man um diese Einsichten dennoch nicht herumkommen. Die oben benannten, gerade auch in der Pastoral immer wieder gestellten *Fragen* werden im Hiobbuch *programmatisch nicht beantwortet*, weil sie nicht zu beantworten sind.[63] Hiobs Leiden läßt sich weder kausal noch final erklären. Es gibt menschliches Leid, wie es auch sonst chaotisch-unerklärbare Elemente in der Welt gibt. Alle Versuche, diese tiefsten Fragen aus menschlicher Sicht zu beantworten, bleiben tröstendes Flickwerk. Gerade auch die systematischen Erklärungsversuche von jüdischer Seite sind – wie geschildert – spätestens im Holocaust zerbrochen, und dasselbe gilt gleichermaßen für christliche wie für humanistische Überlegungen. Daß von hier aus eine nihilistische Position möglich wird, ist nicht zu bestreiten.[64] Gerade in der Nachfolge Hiobs aber wird die vielleicht einzig denk- und tragbare Alternative hierzu eröffnet: Von Hiob aus wird der Mensch in den Spannungsrahmen gestellt, einerseits diese Fragen, Klagen und damit verbundenen Zweifel äußern zu dürfen, vielleicht zu sollen. Die Rebellion Hiobs wird so zum Symbol des *Offenhaltens der Theodizeefrage* (Wiesel, Zorn). In einer derartigen Notwendigeit des Offenhaltens der Theodizeefrage stimmen derzeit zahlreiche theologische Untersuchungen überein.[65]

Das spezifische Hiobprofil enthält jedoch einen zweiten und genau so wichtigen Aspekt: Hiob ist andererseits ein Vorbild dafür, jenseits dieser Fragen – im Verzicht auf dem Menschen nicht gegebene Antworten – eine neue Dimension der Lebensermöglichung zu entdecken. Hiobs Wiederaufnahme des Lebens wird hier zum Symbol des *Lebens unter Verzicht auf die Theodizeefrage*. Verzicht freilich nicht, ohne sich ihr existentiell gestellt zu haben, son-

---

61 Vgl. *Jürgen Ebach*, a.a.O., S. 33: Der Hiobschluß »stellt keine Antwort dar auf die Frage nach Grund, Zweck oder Notwendigkeit des Leidens *nach* Hiob.«

62 *Hans-Peter Müller*, a.a.O., S. 271.

63 Vgl. *Walter Groß/Karl-Josef Kuschel*, a.a.O., S. 208. Die beiden Autoren betonen hier nachdrücklich die »prinzipielle Unbeantwortbarkeit der Theodizeefrage«.

64 Vgl. hierzu neuerdings: *Gerhard Streminger*, Gottes Güte und die Übel der Welt. Das Theodizeeproblem (Tübingen 1992). Der Autor folgert in dieser umfangreichen, scharf antireligiösen, aber in sich selbst methodisch vielfach fragwürdigen Studie aus der Unlösbarkeit des Theodizeeproblems, daß die »Zuflucht zum traditionellen Glauben eines denkenden Wesens unwürdig« (S. 377) sei.

65 Vgl. z.B. *Regina Ammicht-Quinn*, Von Lissabon bis Auschwitz, a.a.O., S. 289; *Walter Groß/Karl-Josef Kuschel*, a.a.O., S. 209–211.

dern als mögliches Ergebnis eines Ringens mit dieser Frage (Frost, Sachs). Und vielleicht hat Yvan Goll daran anknüpfend und darüber hinausgehend richtungweisend eine weitere Dimension angedeutet, in der im Zeichen Hiobs selbst eine Annahme des eigenen Sterbens möglich wird. Diese beiden scheinbar einander gegenseitig ausschließenden Pole des Spannungsbogens – Offenhalten der Theodizeefrage und Verzicht auf sie – lösen sich im Bilde Hiobs gerade nicht auf.

Die zentrale Ausrichtung des Hiobbuches zielt denn auch nicht auf eine Erklärung des Leidens, sondern auf die *Hoffnung*, daß jener schöpfungsmächtige Gott, der immer wieder um das Gute ringt, letztlich das Leiden beenden wird. Das Hiobbuch ist so gesehen gerade nicht ein Beispiel für »skeptische Literatur«[66], sondern im Gegenteil, angesichts des drohenden Nihilismus, ein Zeugnis für größtmögliches menschliches Vertrauen. Es geht fundamental um die *Hoffnung auf den Abbruch der Leidensgeschichte*, nicht um deren rational faßbare Klärung. Es geht um die Umpolung der an Gott gerichteten Frage vom »warum?« zum »wie lange noch?« Die Gottesreden präsentieren eine von Gott gehaltene Welt, so wie sie ist, mit chaotisch-unerklärbaren Elementen, die aber nicht das Weltengeschehen letztlich bestimmen. Ob das, was somit als realistisches Bild vom Kosmos präsentiert wird, wie manchmal zu lesen, als »Schönheit jenseits von Vernunftkategorien«[67] zu bezeichnen ist, muß jedoch zumindest von der Textbasis her bezweifelt werden. Das Schöpfungsszenario wird gerade ästhetisch neutral geschildert, ohne menschliche Bewertungsvorgaben. Diese Schöpfung ist für den Menschen nicht als solche »gut« oder »schön«, sondern kann allein in dem vertrauenden Glauben daran, daß sie von Jahwe erschaffen und gehalten wird, »gut« und »schön« genannt werden. Hiobs Wiederzuwendung zum Leben ist Ausdruck eines letzten *Vertrauens*, daß sich der Mensch in diese Schöpfung einfügen kann, auch wenn und gerade weil er sie nicht durchschaut. Dabei gibt es keine Garantien auf Wohlergehen – in dieser Schöpfung geschieht Leid und unerklärliches Übel.

Von hier aus – aus biblisch-alttestamentarischer Sicht – relativieren sich auch die philosophischen Gottesattribute »gut«, »allmächtig« und »verstehbar«, die in der Theodizeediskussion noch bei Hans Jonas immer wieder zu philosophisch nicht aufzulösenden Aporien geführt hatten. Die Bibel selbst spricht anders von Gott, ohne derartige philosophische Klassifikationen, ohne derartig eindeutige, vorprägende Festlegungen. Vielleicht ist für die Sprache der Theologie von hier her eine neue Zurückhaltung zu lernen. Im Gefolge Hiobs gilt es hinsichtlich der Gottesvorstellungen wieder zu beachten, daß nicht die Attribute das Subjekt bestimmen, sondern umgekehrt das Subjekt die Attribute. Das Hiobbuch ermuntert zu einem solchen Perspektivenwechsel von der

---

[66] Von »skeptischer Literatur« kann man bestenfall hinsichtlich der Aussagen zur menschlichen Erkenntnisfähigkeit sprechen. Vgl. *Katherine J. Dell*, The Book of Job as Sceptical Literature (Berlin / New York 1991).

[67] Vgl. hierzu z.B. *Dermot Cox*, a.a.O., S. 104.

Anthropozentrik zur Theozentrik. Hiob wird somit in der Tat, wie es Robert Frost formulierte, zum »Emanzipator Gottes«, der Gott zu seiner Herrschaft befreit.

Eine solche, richtig verstandene, bescheidenere Selbsteinschätzung des Menschen hinsichtlich seiner Erkenntnis- und Handlungsfähigkeiten könnte gerade nicht lähmend wirken, sondern von Überforderungen freisprechen und sinnvolle Aktivität ermöglichen. Und warum sollte dies nicht im Vertrauen auf jenes tiefstmenschliche »unsterbliche Feuer« geschehen, von dem H.G. Wells spricht, warum nicht in einer Wiederentdeckung der begrenzten, aber eben doch vorhandenen Potentialität der menschlichen Liebe, in dem von MacLeish dramaturgisch geschilderten Sinne? Die Literaten haben hier zwar eigenständige, aber durchaus im Kontext des Hiobbuches sinnvolle Lösungsansätze vorgelegt. Von Hiob her wäre ein solcher Doppelweg von letzter Demut – in ständiger Spannung zum zweifelnden Protest zu denken – und sinnvoller Lebenszuwendung zu lernen. *Hiob steht als Zeuge einer letzten vertrauenden Hoffnung* darauf, daß auch wenn nicht alles »sehr gut« ist, auch wenn in dieser Welt Unschuldige sterben, auch wenn dem Menschen die letzten Fragen unbeantwortet bleiben, er dennoch hoffen kann und darf, daß Gott die Welt letztlich im Guten und zum Guten trägt.

### *Was von Hiob theologisch zu lernen wäre*

Immer wieder haben Schriftsteller, Philosophen oder Theologen unseres 20. Jahrhunderts – seien sie jüdischer, christlicher oder nicht religiöser Provenienz – Hiob als modernen Zeitgenossen entdeckt, haben sich selbst individuell oder kollektiv in seinem Schicksal wiedergefunden: »alle diejenigen (Frauen, Männer, Kinder, Gruppen und Völker), die schuldlos leiden und deshalb vor Gott klagen oder gegen ihn rebellieren«[68], seien Hiob genannt, so Hermann Häring. In dieser Vorgabe aber steckt bereits eine Einschränkung: Die Reden Hiobs und die Rede von neuen Hiobs ist eben nur dann sinnvoll, wenn »vor Gott« geklagt oder »gegen ihn« rebelliert wird. Ist diese Frage in der Gegenwart aber nicht vielfach verstummt, spielt nicht die Rückfrage an Gott gerade keine Rolle mehr, und ist nicht Hiob deshalb zu einem »anachronistischen Zeitgenossen« geworden, »der seinen Protest ins Leere ruft«[69], so Häring weiter?

Der Befund der bemerkenswert breit gefächerten, vielfarbigen und vielschichtigen Hiobrezeption in dieser Arbeit wird einen vorgeblichen Ana-

---

68 *Hermann Häring,* Ijob in unserer Zeit, a.a.O., S. 169.

69 A.a.O., S. 173. Häring führt aus: »Außerhalb der jüdischen Literatur aber ist Ijob weitgehend verschwunden, weil Gott als Adressat des Protestes verschwunden ist.« So sehr die implizite Aussage über die Präsenz Hiobs im Judentum stimmt, so wenig berücksichtigt Häring hier die ebenfalls beachtliche christliche Hiob-Rezeption sowie das – wenn auch nicht gerade umfangreiche, so doch nicht zu leugnende – Weiterwirken Hiobs auch in nicht explizit religiösen Kontexten.

chronismus Hiobs so nicht akzeptieren können. Zum einen ist die Frage nach Gott im Leid keineswegs verstummt, zum anderen hat Bloch ja darauf aufmerksam gemacht, daß Hiobs Fragen selbst »bei Wegfall eines thronenden Gottseins« eben doch noch »nicht ganz«[70] beantwortet sind. Und neben die zahlreichen sprachlichen Zeugnisse einer fruchtbaren Hiobrezeption tritt eine unüberschaubare Reihe von darstellerisch-zeichnerischen Hiobaktualisierungen, auf die im Rahmen dieser Arbeit leider nicht näher eingegangen werden konnte.[71]

Was aber hat uns dieser allzeit aktuelle Zeitgenosse zu sagen, wo liegen seine Herausforderungen für heute? Im Gegensatz zur geistigen Welt des Hiobbuches wird man heute an den messerscharf formulierten Rückfragen an Gott nicht mehr vorbeigehen können. *Hinter die Fragen der Theodizee kann man seit der Aufklärung nicht zurück*. Georg Büchners klassische, vielzitierte, einem Charakter aus dem 1835 geschriebenen Revolutionsdrama »Dantons Tod« in den Mund gelegte Formulierung: »Warum leide ich? Das ist der Fels des Atheismus«[72] schildert die realistische Alternative zum Glauben Hiobs: Gerade angesichts des Leidens verschließt sich für viele die Möglichkeit eines Glaubens an Gott, bleibt nur der Weg in den Atheismus oder Agnostizismus.

Nein, eine heutige Theologie im Gefolge Hiobs wird drei Vorgaben nicht ignorieren können. Es gibt kein zurück erstens hinter die Fragen der Theodizee. Es gibt aber zweitens auch kein zurück hinter die Einsicht der Unmöglichkeit, die Theodizee zufriedenstellend beantworten zu können. Beide genannten Einsichten zusammengenommen führen aber drittens in ein aporetisches Dilemma: Die somit unbeantwortbare und dennoch drängende Theodizeefrage ist ursächlich zumindest mitverantwortlich für den empirisch breit belegten Auszug aus der jüdisch-christlichen Religion. Das Modell Hiob bietet aus dieser scheinbar aussichtslosen Situation, aus dieser schwärenden Aporie der Moderne, einen – allerdings existentiell alles andere als einfach nachzuvollziehenden – Ausweg. Das Hiobbuch mutet uns nichts weniger zu, als schmerzhafte Abschiede von liebgewonnenen, jahrhundertelang dominierenden Vorstellungen:

– *Verzicht auf die Vorstellung eines von Gott gewährten Prinzips des »Tun-Ergehen-Zusammenhangs«*: Die in vielen Kulturen und Gesellschaften verbreitete Vorstellung einer letzten Gerechtigkeit, die jeden Menschen nach seinen Leistungen belohnt oder bestraft, mag sich in der alltäglichen

---

[70] *Ernst Bloch*, Atheismus im Christentum. Zur Religion des Exodus und des Reichs $^{1}$1968 (Frankfurt 1985), S. 164f.

[71] Vgl. hierzu besonders die ausgezeichnete, in Katalogform verbreitete Sammlung: Das Buch Hiob in der Kunst des 20. Jahrhunderts, Sammlung Ulrich von Kritter (Göttingen 1987). Weitere Nachweise, auch zur vorgängigen Hiobrezeption in Kunst und Musik, bei: *Ulrike Schrader*, Die Gestalt Hiobs in der deutschen Literatur seit der frühen Aufklärung (Frankfurt 1992), S. 240–254.

[72] *Georg Büchner*, Dantons Tod, in: ders., Werke und Briefe (München / Wien 1980), S. 7–68, hier: S. 44.

Erfahrungswelt oftmals durchaus bestätigen. Als grundlegendes Weltprinzip aber hat sie keine Gültigkeit. Gottesbilder, die Gott zum Erhalter derartiger menschlicher Wunschprojektionen funktionalisieren, führen in die Irre.

- *Verzicht auf die grundsätzliche Erklärung von Ursache, Zweck und Sinn des Leidens.* So berechtigt die Fragen nach Warum, Woher und Woraufhin des Leidens sind, so unverzichtbar die Theodizee thematisiert wird: irgendwann wird neben diese Fragen die Erkenntnis der Unmöglichkeit von menschenverstehbaren theoretischen Antworten treten. Philosophisch-theoretisch betrachtet bleiben Leid, Böses und Übel ein Rätsel.
- *Verzicht auf die Grundannahme der Anthropozentrik der Welt*: Weder ist die Schöpfung allein auf den Menschen, seine Funktionalitäten, Nöte und Ansprüche hin eingerichtet, noch kann er je wirklich hoffen, das, »was die Welt im Innersten zusammenhält«, voll und ganz zu durchschauen, geschweige denn zu lenken.

Diese Verzichtsforderungen sind aber nur die eine Seite der Medaille: Keinesfalls zielt das Hiobbuch, mit den Worten des Philosophen Karl Jaspers, auf ein »selber dogmatisch gewordenes Wissen des Nichtwissens«, das nur allzu leicht in einer »stumpfen Fraglosigkeit des Nichtdenkens«[73] münden kann. Im Gegenteil: Gerade aus diesem Verzicht erwachsen positive Möglichkeiten, denn schon im Hiobbuch zielt die Grundintention ja nicht auf Ausgrenzungen und Zurückweisungen, sondern auf Glaubensfestigung und Lebensermöglichung. Vorausgesetzt wird hier allerdings ein die oben benannten Verzichte aufnehmender Glaube an Gott, der jedoch niemals mehr sein kann als ein vernünftiges Angebot. Auch mit Hiob läßt sich Glaube nicht schlüssig erweisen, in seinen Fußstapfen aber wird die Möglichkeit eines zeitgemäßen und intellektuell redlichen Glaubens deutlich.

- Verzicht auf die Vorstellung eines »Tun-Ergehen-Zusammenhangs« ermöglicht ein *Freiwerden für das, was in christlicher Sprachtradition »Gnade«* genannt wird. Einem Gott, der nicht nach menschlichen Maßstäben berechnet werden kann, darf man auch dann noch etwas zutrauen, wenn menschliche Möglichkeiten und verstandesmäßige Plausibilitäten erschöpft sind. Von hierher wird einerseits die unaufgebbare Hiobhoffnung begründet und erhält andererseits das Hiobvertrauen seine Grundlage.
- Verzicht auf Erklärungen von Ursache, Sinn und Zweck des nicht menschengemachten Leidens ermöglicht vielleicht durch die Überwindung der zernagenden, aber eben doch oft völlig fruchlosen »Warum-Frage« ein *Bestehen im Leid*, ein Durchtragen und Durchstehen in den schwierigsten Lebensmomenten. Im Bilde Hiobs mag ein Vor-Bild der unaufgebbaren vertrauenden Hoffnung auf Gott im Leid zu entdecken sein.

---

[73] *Karl Jaspers*, Der philosophische Glaube angesichts der Offenbarung (München 1962), S. 351.

- Verzicht auf die Grundannahme der Anthropozentrik der Welt ermöglicht schließlich ein *Freiwerden für eine theozentrische Weltsicht*, ohne wiederum Gott, den je größeren, auf festgefügte Kategorien, sekundäre Attribute oder das Diktat der völligen menschlichen Erkennbarkeit festlegen zu können. Eine solche Theozentrik würde sich nach Hiob gerade durch bescheidene Zurückhaltung hinsichtlich der theologischen Festlegungen über Gott auszeichnen. Das impliziert für den Menschen eine bewußtere Wahrnehmung und einen verantwortungsvolleren Umgang mit der nichtmenschlichen Mitwelt genauso wie die tiefe Erkenntnis der menschlichen Selbstverantwortung für all das, was nun tatsächlich in seinem Eigenbereich liegt. Die »Verzichte« wollen den Menschen ja nicht von seinen eigenen Möglichkeiten und Fähigkeiten entlasten, sondern ihn – gerade im Gegenteil – dazu befreien. Eine realistische Sicht dessen, was dem Menschen obliegt, wird durch die Erkenntnis, wo seine Grenzen liegen, erst möglich.

Dies also wäre eine recht verstandene Haltung des gläubigen Menschen im Leid, die das Hiobbuch anbietend ermöglicht:

- zweifeln zu dürfen, ohne ver-zweifeln zu müssen;
- mit dem Verstand alles zu erdenken versuchen und dennoch um die vorgegebenen Grenzen des Verstehen-Könnens zu wissen;
- in der Lebenspraxis das Menschenmögliche für den Einsatz der Verbesserung der Lebenswelt zu leisten im Bewußtsein, daß menschliches Scheitern immer wieder von einer größeren Hoffnung auf Gott getragen werden kann;
- zu klagen über die Mißstände in der Welt und dennoch Vertrauen darauf zu haben, daß das letzte – und unfaßliche – Grundgeheimnis eben doch ein positives, göttliches ist, gerade wenn es nicht berechenbar oder einforderbar ist.

Eine Theologie im Zeichen Hiobs: Weit davon entfernt, hier auch nur den »Eindruck einer vorschnellen Beruhigung«[74] aufkommen lassen zu können, hält sie nicht nur die Theodizeefrage offen, sondern zeigt zugleich die Möglichkeit eines lebenspraktischen Umgangs mit der offengehaltenen Frage.

Von einer derartigen Theologie gehen nun aber umgekehrt die Fragen und Herausforderungen zurück an die Literaten: Wird die religiöse Tiefendimension des Hiobbuches reflektiert wahrgenommen, oder begnügen sich die Autoren mit einer oberflächlichen, womöglich bewußt naiven Auseinandersetzung, um so ihre Abgrenzung und Eigenprofilierung um so leichter betreiben zu können? Wird die differenzierte Wirklichkeit des Hiobbuches auf den Gesprächsfeldern zum Thema »Schuld« oder zum Spannungsbogen des menschlichen Umgangs mit Leid zwischen Demut und Rebellion aufgegriffen? Wird schließlich der vom Hiobbuch vorgegebene Grundpfeiler, nämlich

---

[74] *Walter Groß/Karl-Josef Kuschel*, a.a.O., S. 14. Diese Aussage trifft ohne Zweifel die theologische Rezeptionsgeschichte des Hiobbuches, nicht aber dessen eigentliche Theologie.

die Form der Auseinandersetzung als Ringen des Menschen über und mit Gott, literarisch ausgestaltet? In den jeweiligen Kapiteln wurden einige dieser Fragen bereits implizit oder explizit diskutiert. Vom Ende her wäre nun eine nochmalige *relecture* und Neudiskussion der Texte geboten.
Hiob als *Vorbild des Offenhaltens der Theodizeefrage und des gleichzeitigen lebenspraktischen Umgangs mit der offenbleibenden Frage* – Eine leichtere, spannungsfreiere »Lösung« ist in intellektueller Redlichkeit auch für uns heute nicht zu haben. Diese Spannung vorbildhaft geprägt zu haben, in dieser Spannung vorgängerhaft gelebt, sie ausgehalten und vor Gott bestanden zu haben: hierin erweist sich Hiob als bleibende Herausforderung für Schriftsteller, Philosophen oder Theologen, hierin erweist er sich wahrhaft als unser Zeitgenosse.

## II. Hiob aus christlich-theologischer Perspektive – Annäherungen

In einer ersten Korrelation wurden die Herausforderungen der modernen Hiobliteratur und die Herausforderungen des biblischen Hiobbuches miteinander konfrontiert. Die daraus gewonnenen Erkenntnisse sollen im folgenden ihrerseits in einer zweiten Korrelation mit spezifisch christlichen Entwürfen konfrontiert werden. Vom dialogischen Anspruch dieser Arbeit her können wir uns nicht damit begnügen, bloße Herausforderungen für eine christliche Theologie zu formulieren, sondern wollen diese *Herausforderung an- und aufnehmen* und versuchen, uns einer christlichen Position in bezug auf die von Literatur und Hiobbuch aufgeworfenen Probleme anzunähern. Für einen Christen kann Hiob – bei allem Ernstnehmen dieser Figur und ihrer religiösen Tiefenbedeutung – nicht der Endpunkt des eigenen Glaubens sein. Vielmehr ist vom christlichen Selbstverständnis her zu überlegen, welche Perspektiven sich für die Hiobfrage im Blick auf Jesus Christus ergeben.
Wie reagiert christliche Theologie auf die durch Hiob symbolisierte Herausforderung? Wird diese Herausforderung überhaupt wahrgenommen? Ist Hiob in systematischen theologischen Entwürfen als selbständiges Thema präsent? – *»Lassen wir Hiob«*, so der evangelische Theologe *Eberhard Jüngel* in einer 1968 veröffentlichten Predigt: »Lassen wir ihn!« Warum? – »Wer kann sich schon mit diesem Mann vergleichen? ... Irgendwo am Rande gleichen ihm wohl auch wir. Aber wirklich nur am Rande. Lassen wir Hiob!«[1] Hiob lassen, der sich doch allzu sehr in einer »Ausnahmesituation«[2] befindet? Hiob lassen, weil die »Hiobfrage für den Christen prinzipiell nicht mehr aktuell sein kann«, weil das Hiobbuch angesichts der paulinischen Rechtfertigungsbotschaft für Christen überholt sei und »in der Art, wie es seine Fragen stellt und zu beantworten versucht, keine Wegweisung für rechten christlichen Glauben geben«[3] könne, so der protestantische Exeget Franz Hesse?

### 1. Christliche Theologie in den Fußstapfen Hiobs

Ganz so leicht »lassen« sollten wir von Hiob wohl doch nicht, denn der Blick

---

[1] *Eberhard Jüngel*, Geistesgegenwart. Predigten I und II [1]1968 (München 1979), S. 20.
[2] *Hermann Häring*, Das Problem des Bösen in der Theologie (Darmstadt 1985), S. 29. Härings Konsequenz aus der Feststellung dieser »Ausnahmesituation« Hiobs ist freilich nicht, ihn »zu lassen«, sondern im Gegenteil, Hiobs »in unserer Zeit« zu nachzuspüren. Vgl. ders., Ijob in unserer Zeit. Zum Problem des Leidens in der Welt, in: *Theodor Schneider/Lothar Ullrich* (Hrsg.), Vorsehung und Handeln Gottes (Leipzig 1988), S. 169–191.
[3] *Franz Hesse*, Hiob (Zürich 1978), S. 20. Diese Position wird im folgenden energisch bestritten. Dabei weiß ich mich in Gesellschaft z.B. von *Friedrich Mildenberger*, Biblische Dogmatik. Eine biblische Theologie aus dogmatischer Perspektive, Bd. II: Ökonomie als Theologie (Stuttgart/Berlin/Köln 1992), S. 281.

auf die Literatur hat gezeigt, daß es gerade die Gestalt Hiobs ist, die für den Menschen im Leid immer wieder in aller Schärfe die Frage nach Gott verkörpert. Gerade weil sich Hiob in diesem Jahrhundert als unser Zeitgenosse[4] erwiesen hat, ist die Frage, was uns dieser Zeitgenosse in unsere Situation hinein zu sagen hat, alles andere als nebensächlich. Aber noch einmal nachgefragt: Ist denn nicht im christlichen Verständnis die Hiobsproblematik in Leid, Tod und Auferstehung Christi sozusagen aufgehoben? Können wir nicht deshalb von Hiob lassen, weil seine Fragen, Klagen und Zweifel in Christus aufgenommen, beantwortet, gestillt und ausgeräumt sind? Ist nicht in Jesus, dem »Bruder Hiobs am Kreuz«(Walter Jens)[5], die Hiobsproblematik erschöpft? Bekommen Christen nicht von dem »einen wirklichen theologischen Freund Hiobs«, dem »Gekreuzigten von Golgatha«(Jürgen Moltmann)[6] die letztgültige und völlig ausreichende Antwort?
Moltmann selbst gibt hinsichtlich einer vorschnellen christlich-theologischen Verabschiedung Hiobs mahnend zu bedenken: »Keine Theologie kann seitdem unter das Niveau Hiobs gehen.«[7] Bevor christliche Theologie also ihre eigenen Antworten formuliert, die ihrem Selbstverständnis gemäß von Person, Botschaft und Bedeutung Jesu Christi her zu bestimmen sind, ist sie gut beraten, das »Niveau Hiobs«, seine oben skizzierten Positionen und Einsichten aufzuarbeiten und ernstzunehmen. Nein, angesichts der Problematik, »nach Auschwitz« weiterhin vom biblisch bezeugten Gott zu sprechen, sind die Fragen Hiobs an Gott »zu Grundfragen jeder Theologie geworden«[8], so der katholische Exeget Franz Mußner, und der gleichfalls katholische Münsteraner Fundamentaltheologe Johann Baptist Metz gibt zu bedenken, ob nicht »in der Christologie die Hiobfrage ... häufig zu sehr verdrängt oder herabgesetzt«[9] wurde.
Denn eine weitere empirisch abgedeckte Beobachtung tritt hinzu: In interdisziplinären Diskussionen um den menschlichen Umgang mit Leid wird Hiob immer wieder, Jesus hingegen sehr viel seltener angeführt. Warum, so fragte

---

[4] Vgl. hierzu: *Kurt Seeberger*, in: ders. (Hrsg.), *Heinrich Fries/Peter Glockmann*, Ich sehe keinen Gott. Ein Dialog zwischen Naturwissenschaft und Theologie (München 1971), S. 38: »Ist es nicht so, daß dieses Jahrhundert, das zwanzigste, an sich ein Jahrhundert Hiobs ist, und daß Christen wie Nichtchristen alle Hiob sind?«

[5] *Walter Jens*, in: ders./*Hans Küng*, Dichtung und Religion $^{1}$1985 (München / Zürich 1988), S. 77. Vgl. etwa *Carlo M. Martini*, Wer in der Prüfung bei mir bleibt. Von Ijob zu Jesus (Freiburg 1991), S. 131: »Jesus; er ist das beste Vorbild, das den ganzen Kampf Ijobs in seiner Gewalt und in seinem Sieg zusammenfaßt, und der beste Ort, das Buch Ijob als ganzes neu zu lesen und seinen Ausgang im Plan Gottes zu erfassen.«

[6] *Jürgen Moltmann*, Trinität und Reich Gottes. Zur Gotteslehre (München 1980), S. 63.

[7] Ebd.

[8] *Franz Mußner*, Artikel »Judentum«, in: Neues Handbuch theologischer Grundbegriffe, hrsg. von *Peter Eicher*, Bd. III (München $^{2}$1991), S. 38–53, hier: S. 43.

[9] So Metz in seinem programmatischen Aufsatz über »Christen und Juden nach Auschwitz«, in: *Johann Baptist Metz*, Jenseits bürgerlicher Religion. Reden über die Zukunft des Christentums (München/Mainz 1980), S. 36.

etwa der Philosoph Rainer Piepmeier auf dem 1985 abgehaltenen »neunten Kolloquium zur Gegenwartsphilosophie« zum Thema »Leiden«, warum ist »so viel von Hiob die Rede«? Müsse man sich »nicht eigentlich auf Christus beziehen«?[10] In einem bemerkenswerten Antwortversuch spricht der Philosoph Carl-Friedrich Geyer von einer »*Vorzugsstellung des biblischen Hiobbuches*« hinsichtlich dieser Fragestellung des menschlichen Umgangs mit Leid. Denn während sich dieses durch seinen Reichtum und seine »Vielfalt der formulierten und reflektierten Möglichkeiten des Verhaltens zu eigenen Leiden wie zu den Leiden anderer« auszeichne, sei gerade diese Vielfalt in den neutestamentlichen Aussagen »eingeebnet« worden.[11] Hiob steht dem leidenden Menschen als Vorbild offensichtlich näher als Christus. Der Umgang Hiobs mit seinem Leiden und dem ihn leiden lassenden Gott scheint für den Menschen begreiflicher und tröstlicher zu sein als der entsprechende Umgang Jesu mit seinem Leiden und dem dieses Leiden zumindest zulassenden Gott.

Nein, so leicht »lassen« können wir von Hiob nicht, gerade auch hinsichtlich eines dezidiert christlichen Verständnisses. Aber ist nicht ein »christlicher Hiob« ein »Widerspruch in sich«, so der mahnende Vorbehalt von Heinz Flügel? Hat nicht schon der Versuch, »Hiob für das Christentum zu usurpieren,... spätestens nach Auschwitz jede Legitimation eingebüßt«[12]? Bei allem tiefen Respekt vor dem aufgezeigten Hiobverständnis jüdischer Dichter und Denker, die in Hiob das kollektive Schicksal des jüdischen Volkes vorgeprägt sehen: Fern von jedem Versuch der »Usurpation« ist ein christlicher Versuch, die Position des Menschen im Leid und das Verständnis Gottes angesichts des Leidens im Bilde Hiobs zu begreifen, kein unzulässiger Zugriff, sondern im Gegenteil die unumgängliche Klärung eines notwendigen Vorverständnisses für spätere christliche Aussagen. Gerade das christliche Verständnis einer »praktisch-authentischen Theodizee« im oben benannten Sinne darf in der Diskussion um Hiob nicht einfach entfallen, schon deshalb, weil – so Walter Kasper mit Recht – die reflektierte Antwort auf diese Frage zur »Nagelprobe für das Programm einer Theologie« wird, »die sich anschickt, die weltlichen Erfahrungen des Menschen ernst zu nehmen«[13].

Dies um so weniger, als sich die Traditionslinie einer *eigens christlichen Hiobrezeption* bis in die Anfänge des Christentums zurückverfolgen läßt.

---

10 *Rainer Piepmeier*, in: *Willi Oelmüller* (Hrsg.), Leiden. Kolloquium Religion und Philosophie Bd. 3 (Paderborn 1986), S. 207. Ganz ähnlich hier der Philosoph und Schriftsteller *Wolfgang Kraus*, a.a.O., S. 267: »Ich höre immer den Appell an das Alte Testament und Hiob im besonderen. Wo bleibt das Neue Testament?«

11 *Carl-Friedrich Geyer*, a.a.O., S. 282.

12 *Heinz Flügel*, Hiob in der Gegenwartsliteratur, in: *Hans Jürgen Schultz*, »Sie werden lachen, die Bibel«. Erfahrungen mit dem Buch der Bücher [1]1975 (München 1985), S. 204–217, hier: S. 205.

13 *Walter Kasper*, Negativität und Böses, in: Christlicher Glaube in moderner Gesellschaft Bd. IX (Freiburg/Basel/Wien 1981), S. 176–201, hier: S. 180.

Aufgrund einer sorgfältigen neueren Untersuchung der Bedeutung Hiobs im Neuen Testament, sei es durch direkte Bezugnahmen oder inhaltlich geprägte Parallelstellen, kommt die Exegetin Theresia Hainthaler zu dem Ergebnis, daß Hiob – fern davon, als Präfiguration Christi gedeutet zu werden – »als ein *Zeuge des Glaubens* verstanden wird, *der recht von Gott gesprochen hat*«[14]. Im Koran und in der sich anschließenden muslimischen Tradition, so das Ergebnis einer kleineren, allerdings polemisch-antiislamischen Studie von Hanna Kohlbrugge, wird diese Deutungslinie dahingehend ausgezogen, daß Hiob dort als »ein Zeuge des vollkommenen Menschen«[15] präsentiert wird. Im weiteren Verlauf der Christentumsgeschichte wurde Hiob einerseits als »St. Job« zu einem »nur vom Volk ›kanonisierten‹ alttestamentlichen ›Heiligen‹ des christlichen Himmels« stilisiert, dem »im Abendlande sogar ziemlich viele Patronate«[16] geweiht wurden. Einer weiteren Volkstradition entsprechend gilt Hiob jedoch andererseits bereits seit dem frühen 16. Jahrhundert als Schutzpatron der Musiker[17] – eine Tradition, die sich in zahlreichen hervorragenden Zeugnissen der Kunstgeschichte dokumentiert.
Wenn es also im folgenden darum geht, angesichts der Herausforderungen von Literatur, Philosophie und jüdischen Positionen ein eigenes christliches Hiob-Verständnis zu formulieren, so nicht im Sinne eines Besserwissens und letztlichen Darüberstehens. Vielmehr sollen diese Deutungen und Provokationen dialogisch aufgenommen werden, um – dem problemgeschichtlichen Ansatz dieser Arbeit entsprechend – ein eigenes *christlich-theologisches Verständnis der Hiobfrage* herauszuarbeiten. Dies ist freilich nur unter einem vorausgehenden Eingeständnis möglich: Der zur Zeit Luthers lehrende deutsche Religionsphilosoph Sebastian Franck (1499–1542) schrieb einmal: »Wer

---

14 *Theresia Hainthaler*, »Von der Ausdauer Ijobs habt ihr gehört« (Jak 5,11). Zur Bedeutung des Buches Ijob im Neuen Testament (Diss. Frankfurt 1988), S. 408.

15 *Hanna Kohlbrugge*, Hiob in der Bibel und im Koran (Wiesbaden o.J.), S. 13. Die Autorin wertet diese Deutung des Korans, in der Hiob »in der ägyptischen Finsternis« umherwandelt, »in der er auf die Kraft des eigenen Herzens und auf Selbsthilfe angewiesen ist«, als Zeugnis dafür, »wie der Koran systematisch das Zeugnis sowohl des Alten wie des Neuen Testamentes aushöhlt.« (S. 16) Von dieser Wertung ist schon angesichts des Textbefundes deutlich Abstand zu nehmen.

16 So *Leopold Kretzenbacher*, Hiobs-Erinnerungen zwischen Donau und Adria (München 1987), S. 7f. Hiob gilt demzufolge vielerorts als Krankheitspatron speziell bei Hautleiden, darüber hinaus beschützt St. Job »die Bienen bei Slowenen und Deutschen, die Seidenraupen der Friulaner« (S. 134). Vgl. auch die Aufnahme Hiobs in den Katalog der »heiligen Heiden« bei *Jean Daniélou*, Die heiligen Heiden des Alten Testaments (Stuttgart 1955), S. 91–106.

17 Siehe hierzu: *Valentin Denis*, Saint Job, patron des musiciens, in: Revue Belge d'Archéologie et d'Histoire de l'Art (RBAHA) 21 (1952), S. 253–298 – hier auch ausgezeichnetes Bildmaterial aus der Kunstgeschichte; *Kathi Meyer*, St. Job as a Patron of Music, in: Art Bulletin 36 (1954), S. 21–31; neuerdings: *Hans Seidel*, Hiob, der Patron der Musiker, in: *Jutta Hausmann/Hans-Jürgen Zobel* (Hrsg.), Alttestamentlicher Glaube und biblische Theologie, FS Horst Dietrich Preuß (Stuttgart/Berlin/Köln 1992), S. 225–232.

Hiob verstehen will, der werde Hiob.«[18] Eine theologische Auseinandersetzung mit Hiob wird genau das *nicht* zwangsläufig leisten müssen. Ohne Zweifel spricht auch die christliche Theologie oft genug aus der subjektiv-erfahrungsbezogenen Position Hiobs heraus und folgt gerade so seinen Fußstapfen. Aber: »Wir sind nicht Hiob«, so der evangelische Theologe Werner Reiser in seinen Meditationen über das Hiobbuch mit Recht: »Wir sind im besten Fall Mithörer, die die Antwort mitbedenken, aber darin unsere eigene finden müssen.«[19] Nein, man muß nicht selbst ein Hiob sein oder werden, um Hiob zu verstehen, um über Hiob nachzudenken. Theologie zeichnet sich als Wissenschaft dadurch aus, daß sie im Horizont des christlichen Glaubens versucht, *über* – eigene oder fremde – Erfahrungen und Erkenntnisse zu reflektieren. Das aber setzt immer auch Distanz voraus, eine Distanz, aus der heraus zum Beispiel die Freunde Hiobs sprechen. Die Reflexion *über* Hiob birgt aber immer wieder die – symbolisch im Bilde dieser Freunde Hiobs gebündelte – Gefahr in sich, nur theoretische Satzwahrheiten hervorzubringen, die in der konkreten Situation weder letztendlich zutreffen noch weiterhelfen. Und doch ist sie die einzige Alternative zu einem verstummenden Schweigen.
Wäre *Schweigen als Reaktion auf das Hiobgeschehen*, auf die vielen immer wieder erfolgenden Hiobereignisse der menschlichen Geschichte nicht in der Tat angemessener? Viele Hiobausleger haben dies als eigentlich folgerichtige Haltung des Menschen aus den Erkenntnissen des Hiobbuches herauslesen wollen, und ohne Frage wirken einige Argumente dieser Befürworter eines Schweigens als einzig angemessene – nicht Antwort, sondern – Reaktion auf Hiob durchaus überzeugend. Denn Hiobs Position war ja gerade diejenige des subjektiv Betroffenen, der von den für ihn fruchtlosen Reflexionen der Außenstehenden völlig unberührt blieb. Wir haben in diesem Zusammenhang die jüdische Position Elie Wiesels angeführt und diskutiert, und der katholische Theologe Heinrich Fries sekundiert ihm aus christlicher Sicht: »Mir ist die Sprachlosigkeit Hiobs viel lieber«, so Fries in einem Rundfunkdialog von 1971, »als die billigen Antworten jener Theologen, die versuchten Hiob dadurch zu trösten, daß sie eine billige Rechnung aufmachten.«[20] Doch auch hier nachgefragt: Sprachlosigkeit, Schweigen angesichts so vielfach bezeugter Hiobsschicksale – was ist der Preis? Schon bei Wiesel selbst stand ja die Forderung nach Schweigen in unaufgelöst bleibender Spannung zur sprachlichen Bezeugung des Erlebten, zum Wachhalten der Erinnerung. Schweigen kann allzu leicht dazu führen, den Wortführern der Unwahrheit, Lüge und Verführung kampflos das Feld der Auseinandersetzung zu überlassen. Und ein formallogisches Problem kommt noch hinzu: Gerade die Befürworter des Schweigens betonen ja ihre Position, indem sie sie wortreich beschwören.

[18] Zitiert nach: *Alfred Hegler*, Geist und Schrift bei Sebastian Franck. Eine Studie zur Geschichte des Spiritualismus in der Reformationszeit (Freiburg 1892), S. 114.
[19] *Werner Reiser*, Hiob. Ein Rebell bekommt recht (Stuttgart 1991), S. 182.
[20] *Heinrich Fries*, in: ders./*Peter Glockmann*, Ich sehe keinen Gott, a.a.O., S. 48.

Schweigen sprachlich einzufordern widerspricht sich immanent. Und hat nicht Hiob selbst von Gott gerade »recht gesprochen«, nicht aber »recht geschwiegen«?

Nein, obwohl es vielleicht angemessener, möglicherweise aber auch einfacher wäre: Um einen Antwortversuch, um eine Durchbrechung des Schweigens um Gott und der Menschen willen wird gerade die christliche Theologie nicht herumkommen. Kein letztlich unzureichendes Schweigen also, sondern der demütige Versuch, aus einer Position zu reden, die sich ihrer Unangemessenheit und Gefährdungen bewußt zu bleiben versucht: Eine jegliche Theologie zum Hiobthema – ob jüdischer oder christlicher Ausprägung – kann nur versuchen, in den Fußstapfen des alttestamentlichen Hiobs und der Hiobs aller Zeiten angemessener zu denken und zu sprechen als Hiobs Tröster. Kaum eine andere biblische Passage mahnt die Theologie so zu einer ständigen kritischen Selbstreflexion wie das göttliche Urteil im Hiobbuch: »Ihr habt nicht recht geredet von mir«[21]. Was also, davon sollen die folgenden Überlegungen ausgehen, könnte *ein fünfter, ein christlicher Freund und Tröster* einerseits zu Hiob, andererseits aber auch über Hiob sagen?

Aus der Beachtung der literarischen Hiobdeutungen heraus soll den theologischen Deutungen ein weiterer Grenzpfosten gesetzt werden: »Antworten auf Hiob« müssen immer Antworten im *Eingedenk des Schicksals von Hiobs Kindern* sein. Hiobs Schicksalsumschwung am Ende des Buches macht ja den Tod seiner Kinder nicht ungeschehen.[22] Und gerade im 20. Jahrhundert, in dem sich viele Menschen als derartige Hiobskinder sehen, in dem viele ein Schicksal wie Hiobs Kinder erleiden, wird man eine Antwort nicht nur Hiob selbst geben müssen, sondern auch den nicht mehr fragenden, nicht mehr klagenden, nicht mehr rebellierenden Toten.

*Christliche Theologie in den Fußstapfen Hiobs und angesichts der Kinder Hiobs*: Welche Entwürfe liegen vor, wie sind sie angesichts der formulierten Vorgaben zu bewerten? – Wenn man die christlich-theologische Hiobrezeption überblickt, steht man unwillkürlich vor einem Dilemma: Auf der einen Seite ist es völlig unbestreitbar, daß die »Wirkung der Hiob-Dichtung auf die Kirche zu allen Zeiten gering«[23] gewesen ist. Die theologischen Anregungen

[21] Zur Problematik dieser Verse vgl. neuerdings: *Siegfried Wagner*, Theologischer Versuch über Ijob 42,7–9(10a), in: *Jutta Hausmann/Hans-Jürgen Zobel* (Hrsg.), Alttestamentlicher Glaube und biblische Theologie, FS Horst Dietrich Preuß (Stuttgart/Berlin/Köln 1992), S. 216–224.

[22] Hierauf weist nachdrücklich hin der sich selbst als ungläubig bezeichnende jüdische Politologe *Alfred Grosser*, Ethik und Politik in und für Europa heute, in: *Hermann Häring/Karl-Josef Kuschel* (Hrsg.), Hans Küng. Neue Horizonte des Denkens und Glaubens (München/Zürich 1993), S. 387–400, hier S. 396: Schon als junger Mann habe er sich »am Ende des vielleicht schönsten Textes des Alten Testaments gestoßen«: »Ijob bekommt am Schluß Reichtum, Frau und Kinder. Aber nicht dieselben: die, die sterben mußten, um ihn zu proben, bleiben tot!«

[23] *Walter Nigg*, Drei große Zeichen. Elias, Hiob, Sophia (Olten / Freiburg 1972), S. 96.

und Provokationen dieses alttestamentlichen Buches wurden nur selten aufgenommen und aus christlicher Perspektive reflektiert. Dem steht aber eine umfangreiche theologisch-exegetische Hiob-Fachliteratur gegenüber, die gar nicht mehr zu übersehen ist. Gerade das Hiobbuch dürfte zu den meistuntersuchten und bestbeschriebenen Texten der Bibel zählen. Schon hinsichtlich des Erfassungszeitraumes dieser Arbeit läßt sich die direkt exegetische und den biblischen Befund ausdeutende Sekundärliteratur höchstens ansatzweise überblicken.
Trotz dieses großen exegetischen Interesses bilden intensive und tiefprägende *Beschäftigungen mit Hiob in der systematischen Theologie*, die hier zu Wort kommen soll, eher die Ausnahme. Jedenfalls können im vorgegebenen Rahmen nur Hauptströmungen wiedergegeben, nur exemplarische Leitlinien aufgezeigt werden. Anhand von drei zugleich paradigmatisch-stellvertretenden und wirkungsgeschichtlich herausragenden Entwürfen sollen zunächst zentrale Stationen des christlich-theologischen Hiobverständnisses nachgezeichnet werden. Dabei wird eine grundsätzliche Auseinandersetzung mit den Zentralanliegen der jeweiligen Theologen genausowenig möglich sein, wie schon zuvor bei den jüdischen Theologen und den Philosophen. Allein die konkrete Deutung Hiobs und deren Einsatz im Argumentationsduktus sind für unsere Fragestellung von Interesse. Diese Deutungen werden mit den benannten Herausforderungen der Literatur und der Bibeltheologie konfrontiert im Bewußtsein, daß diese Herausforderungen oder zum Teil neuen exegetischen Erkenntnisse den christlichen Theologen zum Teil gar nicht bewußt sein konnten. Ziel dieser »produktiven Kollision«[24] ist es daher nicht, mögliche »Unterlassungen« oder »Fehldeutungen« der Theologen einzuklagen oder anzuprangern, sondern die problemgeschichtlichen Fragen im Hinblick auf eine differenzierte Antwort, auf eine christliche Perspektive deutlich werden zu lassen.

## 2. Hiobs Hinordnung auf Christus – *Karl Barth*

Als repräsentatives Beispiel für jenen breiten christlichen Traditionsstrom, der Hiob als Vorboten, Wegbereiter oder Vorläufer Christi sieht und folgerichtig das Hiobbuch völlig von der christlich-österlichen Perspektive aus betrachtet, soll die Hiobdeutung Karl Barths (1886–1968) stehen, des Begründers der »Dialektischen Theologie«.[25] Daß und wie Barth auf Hiob zurückgreift, ge-

[24] *Dietmar Mieth*, Braucht die Literatur(wissenschaft) das theologische Gespräch?, a.a.O., S. 175.

[25] Zu *Karl Barth*, auf dessen imponierendes theologisches Gesamtwerk hier nicht eingegangen werden kann, siehe z.B.: *Eberhard Busch*, Karl Barths Lebenslauf. Nach seinen Briefen und autobiographischen Texten (München 1976); *Christopher Frey*, Die Theologie Karl Barths. Eine Einführung (Frankfurt 1988).

schieht – mit den Worten von Helmut Gollwitzer – »reichlich unerwartet«[26]. Schon in seiner ersten aufsehenerregenden Veröffentlichung, dem epochalen »Römerbrief«-Kommentar von 1919, hatte Barth sich mehrfach auf Hiob bezogen, fand er doch dort ein für ihn zentrales Gottesverständnis und Gottesverhältnis vorgeprägt: »Eine andere Beziehung zu dem wahren Gott als die, die auf dem Wege Hiobs zustande kommt, gibt es nicht.«[27] Immer wieder wird man fortan bei Barth auf Hiobanspielungen stoßen: »die Hiobfrage«, so in einem Brief an den theologischen Lebensfreund Eduard Thurneysen aus dem Jahre 1921, »ist doch schauerlich deutlich auch in dem *menschlichen* zoologischen Garten«.[28]

*Hiob im Kontext christlicher Versöhnungslehre*

Barths gründlichste und grundsätzlichste Auseinandersetzung mit Hiob findet sich aber *in Form von vier längeren Exkursen* in einem 1959 erschienenen Teilband seiner monumentalen »Kirchlichen Dogmatik«, der sich dem für ihn so zentralen Thema der »Versöhnung« widmet.[29] Für den Schweizer Theologen erschließt sich diese Versöhnung des Menschen mit Gott durch Christus als ein gleichzeitig drei unterscheidbare Dimensionen oder Aspekte realisierendes Geschehen. Jedem dieser drei hier nur in aller Kürze zu skizzierenden Aspekte widmet er einen eigenen umfangreichen Teilband. Der besonders aus der paulinischen Theologie hergeleitete erste Aspekt des Versöhnungsgeschehens konzentriert sich auf die Zuwendung Gottes zu den Menschen, auf die innertrinitarischen Grundlegungen der Deszendenz des Gottessohnes. Der zweite Aspekt, zuvörderst aus den Schriften der Synoptiker hergeleitet, betont hingegen die Antwort des Menschen auf die vorausgegangene Zuwendung Gottes in Christus, also den Glauben, die Zuwendung des Menschen zu Gott. Hier zielt die Bewegung umgekehrt nicht von »oben« nach »unten«, sondern – im Sinne einer durch das Christusgeschehen für alle Menschen ermöglich-

[26] So *Gollwitzer* in seiner Auskoppelung und Kommentierung der Hiobpassagen aus der »Kirchlichen Dogmatik«: *Karl Barth / Helmut Gollwitzer*, Hiob (Neukirchen-Vluyn 1966) Biblische Studien Heft 49, S. 20.

[27] *Karl Barth*, Der Römerbrief. Zweite Fassung von 1922 (Zürich 1989), S. 25. Andere relevante Aussagen zu Hiob besonders auf S. 68ff, 310ff, 330f.

[28] *Karl Barth*, Brief an Eduard Thurneysen vom 8.3.1921, in: *Karl Barth – Eduard Thurneysen*, Briefwechsel Bd. I 1913–1921 (Zürich 1973), S. 474. Ganz sicher aber geht es zu weit zu behaupten, Hiob habe für Barth eine grundsätzlich-zentrale Bedeutung, oder gar die ganze »Kirchliche Dogmatik« als »wegweisende Antwort auf Hiob« anzusehen, so *Ulrich Hedinger*, Chinnam oder die Infragestellung Hiobs. Dogmatische Studie und Meditation zum Zweifrontenkampf Hiobs, in: Parrhaesia. Karl Barth zum achtzigsten Geburtstag (Zürich 1963), S. 192–212, hier: S. 205.

[29] *Karl Barth*, Die Kirchliche Dogmatik. Bd. IV/3: Die Lehre von der Versöhnung (Zollikon/Zürich 1959). Die Exkurse zu Hiob, aus denen im folgenden gemäß dieser Ausgabe im Text zitiert wird, stehen auf den Seiten 443–448; 459–470; 486–499; 522–531.

ten »Erhöhung zur Rechten Gottes«[30] – von »unten« nach »oben«. Doch eine dritte und letzte Dimension des Versöhnungsgeschehens bleibt bei Barth noch eigens zu benennen: Es geht ihm hier um die vor allem von Johannes her beantwortete Frage, *wie* der einzelne Mensch an dem von Jesus Christus geschaffenen Versöhnungsgeschehen teilhaben kann, wie sich also das »für alle« des offenbarten Christusgeschehens realisiert.
Im Rahmen dieses letztgenannten Fragekreises des Formalproblems der Versöhnung als Offenbarungsgeschehen widmet sich Barth nun auch Hiob. Wie sehr der Mensch einer solchen Versöhnung bedarf, zeigt sich für Barth in der Sünde. Während Gott Träger und Offenbarer der »Wahrheit« ist, wählt der freie Mensch in seiner Verblendung immer wieder das genaue und absolute Gegenteil davon: die *Lüge*. Jesus Christus hingegen, von dem her allein sich dem Menschen die Möglichkeit zur Versöhnung öffnet, ist *»der wahrhaftige Zeuge« der göttlichen Wahrheit.* Und genau an dieser Stelle nun, im christologischen Herzstück der auf göttlicher Ungeschuldetheit und absoluter Freiheit basierenden Versöhnungslehre, rekurriert Barth auf Hiob – ein typisches Beispiel seiner assoziativ-typologischen Hermeneutik des »Konkordanzhörens«[31]. Über Hiob will Barth seine christologischen Grundgedanken strukturell verdeutlichen, ja, eigenem Eingeständnis zufolge hat für ihn das Nachdenken über Hiob den christologischen Duktus erst eröffnet.
Zwei hermeneutische Grundvoraussetzungen prägen nun Barths Hiobdeutung. Erstens: Allein der christlich-nachösterliche Blick auf das Hiobbuch erschließt dessen Sinntiefe adäquat. Wie könne man denn das Hiobbuch aufgeschlossen und aufmerksam lesen, so fragt er, »ohne der – freilich fernen, blassen, fragmentarischen, auch fremdartigen, aber deutlichen – Umrisse gewahr zu werden, in denen sich die Gestalt *Jesu Christi* ... in ihm abzeichnet« (S. 443)? Zweite Grundvoraussetzung, logisch auf der ersten aufbauend: Hiob verkörpert für Barth die *Gestalt des freien Knechts eines freien Gottes*, und gerade so sei er »von Anfang an ein Typus des wahrhaftigen Zeugen« (S. 448). Dieser wahrhaftige Zeuge ist aber niemand anders als Jesus Christus selbst, so daß man »bei aller gebotenen Zurückhaltung« im Sinne einer Analogie von Hiob als »von einem *Typus Jesu Christi*, einem *Zeugen des wahrhaftigen Zeugen*« (S. 448) reden dürfe.
Was folgt aus diesen typologischen Vorgaben für Barths Hiobinterpretation? Barths narrativ-interpretierende Nacherzählung und Kommentierung des Hiobgeschehens kreist um zwei Zentralbegriffe: den der gegenseitigen *Freiheit* Gottes und des Menschen/Hiob und den der unzerstörbaren *Beziehung*

---

30 *Helmut Gollwitzer*, in ders. und *Karl Barth*, Hiob, a.a.O., S. 12. Die Zusammenfassung des grundsätzlichen Duktus der Versöhnungslehre Barths orientiert sich unter anderem an diesen Ausführungen.

31 A.a.O., S. 21. Zur allgemeinen Rolle des Alten Testaments für Barths Theologie vgl. *Otto Bächli*, Das Alte Testament in der Kirchlichen Dogmatik von Karl Barth (Neukirchen-Vluyn 1987), speziell zu Hiob S. 210–224.

Gottes zu dem Menschen/Hiob. Zunächst zu letzterem: Genau das mache ja Hiobs Gottesbeziehung so einmalig, daß sie von einer »diamantharten Gewißheit seiner praktischen Gebundenheit an Gott« (S. 446) geprägt sei. Gerade in seiner »für ihn so belastenden Distanzlosigkeit Gott gegenüber« sei er »im Guten wie im Bösen ein Gottstreiter« (S. 467). Denn das eine könne ja nicht übersehen werden: Die »reine Gestalt dieses typischen Wahrheitszeugen« (S. 459) verkörperte Hiob nur am Anfang und Ende des Buches, während sie in der Mitte, im aufbegehrenden Dialog mit den Freunden, gründlich verdeckt werde. Seine von »Plötzlichkeit«, »Radikalität« und »Intensität« (S. 460) geprägte Klage im dritten Kapitel des Buches kreise im Tiefsten um »sein eigentümliches Zusammensein mit Gott« (S. 466), darum, *daß* er weiß, »es in dem, was ihm widerfahren ist und aufliegt, mit Gott zu tun zu haben«, aber eben nicht zu wissen, »*inwiefern* er es darin mit Gott zu tun hat« (S. 463). Hiob lehnt sich – paradox genug – auf »im Namen Gottes gegen Gott« (S. 468)[32], und in dieser Klage hat er gleichzeitig »Recht *und* Unrecht, Unrecht *und* Recht« (S. 468) gehabt.

Dieses unzerstörbare Dilemma kann nicht von ihm selbst aufgelöst werden, sondern nur dadurch, daß Gott es freiwillig und ungeschuldet von sich aus auflöst. Hiob ist »Empfänger von Jahves Selbstzeugnis« (S. 488) und wird dadurch ins Recht gesetzt, wird dadurch »sein wahrhaftiger Zeuge« (S. 488). Entscheidend dafür ist aber primär das »*daß*« – daß Jahve zu ihm spricht. Der konkrete Inhalt dieses Sprechens bestätigt dies nur noch einmal: In den Gottesreden »bekräftigt Jahve Hiob gegenüber seine *Freiheit*« (S. 496). Der aufgezeigte Kosmos offenbare primär Gottes »Eigenmacht«, seinen »Eigensinn«, seine »Eigenwilligkeit« (S. 497). Gerade so werde seine unumschränkte Freiheit deutlich, eine Freiheit »in der ganzen Rätselhaftigkeit seines Hoheits- und Allmachtswaltens« (S. 493). Im Rahmen einer früheren Debatte in der Kirchlichen Dogmatik um die »Erkennbarkeit Gottes« hatte Barth zu diesen Gottesreden bereits ausgeführt, daß die Werke Gottes diesen Texten zufolge »dem Menschen nicht verständlich, sondern unverständlich, unbegreiflich, ja in ihrem Dasein und Sosein geradezu unheimlich und finster«[33] sind. Das Neue, Hiob-Tröstende und -Antwortende aber bestehe nun darin, daß »Gott selbst über seine Werke mit ihm redet«, denn so werde deutlich, daß Gott »gerade in seinem Wort der Herr ist über Alles«[34], Herr ist auch darüber, was der Mensch nicht wissen kann.

Gott herrscht in einer dem Menschen unbegreiflichen Freiheit, in jener Freiheit, in der er Hiob erwählt habe, wie auch in der Freiheit, in der er ihn habe prüfen lassen, und schließlich gerade in der Freiheit, die der Mensch ihm zu-

---

32 In aller Deutlichkeit und Breite legt Barth dar, daß sich dieser Konflikt für Hiob zwischen »Jahwe« (so ja die Gottesbezeichnungen im Rahmenteil und in den Gottesreden) und »Elohim/Shaddai« (so ja die Gottesbezeichnungen im Dialogteil) vollzieht.

33 *Karl Barth*, Kirchliche Dogmatik Bd. II/1: Die Lehre von Gott (Zollikon 1958), S. 127.

34 Ebd.

gestehen müsse, und sei es auch, wie bei Hiob, in »böser Resignation« (S. 469). Das sei ja die Botschaft dieser Gottesreden gewesen, von der Hiob selbst »offenbar sehr wohl realisiert hat, was das soll und was das gerade für ihn höchstpraktisch bedeutet« (S. 494): Sie seien »Jahves Appell an Hiobs Freiheit, seine, Jahves Freiheit ihm gegenüber zu erkennen, ihn in dieser seiner Freiheit ... zu lieben und zu loben.« (S. 498) Und genau hierin liege schließlich die strukturelle Parallele, der Analogiepunkt zum Christusgeschehen: Hiob ist Beispiel für »des Menschen Befreiung durch und für den freien Gott« (S. 499).

In der Verkennung dieser Freiheit liegt denn auch für Barth der Hauptfehler der drei Freunde Hiobs, die bei ihm zu »*Repräsentanten der frommen Lüge*«[35] werden. Zwar ließe sich all das, was »die Freunde Hiobs, um ihn zu belehren und zu bekehren, vortragen, an sich sehr wohl hören« (S. 523), aber der Ort, von dem aus sie zu sprechen glauben, setzt sie ins Unrecht: »wer vom Standpunkt Gottes her denken und reden zu können meint, der hat, indem er Recht hat, (und Hiobs Freunde haben schon Recht) schwerstes Unrecht« (S. 526). Ihr geschichts- und situationsloses, eher grundsätzliches Reden in der vorgängigen Annahme eines Ordnungsgefüges aber lasse weder dem freien Gott, noch den befreiten Menschen ihren zuständigen Raum. Zentrale Einsicht des Hiobbuches sei es jedoch, daß »es zwischen Gott und Hiob nur dieses ›umsonst‹ geben kann« (S. 447) – gerade hierin sei Hiob ein »theologisch aufs gründlichste *Belehrter* und *Bekehrter* geworden« (S. 499). – Angesichts dieser grundlegenden rettenden Freiheit Gottes aber sieht Barth im Hiobbuch ein »Zeugnis von der den radikalsten Gegensatz und die tiefste Verborgenheit durchhaltenden und schließlich überwindenden *Versöhnung* zwischen Gott und Mensch«[36], so Helmut Gollwitzer, einer Versöhnung aus Freiheit.

### *Hiob als »Zeuge Christi« – Wilhelm Vischer*

All diese Hiobdeutungen sind barthsche Weiterführungen von Grundgedanken eines seiner Freunde, des ebenfalls aus der Schweiz stammenden Alttestamentlers Wilhelm Vischer, auf den sich Barth explizit beruft (S. 443). Vischer[37] hatte in den Jahren 1928 – 1933 als Professor der Theologischen Hochschule in Bethel vehement dafür gestritten, das »Alte Testament«, die »jüdische Bibel« als Gottes gültige Offenbarung ernstzunehmen und war prompt als einer der ersten Professoren überhaupt von den Nationalsozialisten von der Hochschule entfernt worden. Seine gerade zeitgeschichtlich und kir-

---

35 *Helmut Gollwitzer*, a.a.O., S. 94.

36 A.a.O., S. 22f.

37 Zu *Vischer* siehe: La Branche D'Amandier. Hommage a Wilhelm Vischer (Montpellier 1960); *Wilhelm Vischer*, Das Christuszeugnis des Propheten Jeremia. Anhang: Dokumente und Würdigungen zum Fall Vischer 1933, hrsg. von *Frank Crüsemann* (Bielefeld/Bethel 1985), Beiträge aus der Arbeit der v. Bodelschwinghschen Anstalten in Bielefeld-Bethel, Bd. 30.

chenpolitisch wichtige Wiederentdeckung des Alten Testamentes fand Ausdruck vor allem in seinem unvollendet gebliebenen Hauptwerk, in den programmatisch »Das Christuszeugnis des Alten Testamentes«[38] titulierten Bänden. Diese *Grundschriften einer typologischen Erfüllungschristologie*, in denen das gesamte Alte Testament nicht so sehr linear auf Christus hin, als vielmehr von Christus her auf ihn hin interpretiert wird, sind nur in ihrem Zeitkontext letztlich verstehbar und in ihrer mutigen Konzeption zu würdigen. Schon 1933 – also im Jahr von Wiecherts oder Eggers' Hiobdramen und kurz nach Döblins und Roths Hiobromanen – hatte Vischer eine Art konzeptioneller Vorarbeit abgeliefert, die vielübersetzte und vieldiskutierte Studie »Hiob ein Zeuge Jesu Christi«[39], auf die sich Barth insbesondere wiederholt beruft. Dabei betrachtet der Alttestamentler das Hiobbuch zunächst durchaus in sich. Zentrale Ausgangspunkte seiner Analyse sind dabei das »umsonst« (S. 4)[40] der Beziehung Gott/Hiob und daran anschließend der Begriff der göttlichen »Gerechtigkeit« (S. 11). Im Hiobbuch werde letztlich deutlich, wie sehr Gottes Gerechtigkeit eben »jenseits von Gesetz und Berechnung«, »wirklich ganz umsonst« sei: »Nicht Zweck, nicht Nutzen – Gottes freie Güte ist der Sinn und Grund der Welt« (S. 32). In diesem Geschehen um Hiob, so schon Vischer, gehe es um eine doppelte »Rechtfertigung« (S. 33): die des Menschen und die Gottes. Schon das Hiobbuch weist beide als gerechtfertigt aus! Gerade angesichts seines Endes wirke Hiobs Leben somit »wie ein Vorbild oder eine Abschattung der Auferstehung des Gekreuzigten ... So weist das Hiobbuch über sich selbst hinaus auf das Evangelium von Christus Jesus« (S. 34), auf jenen Jesus, der mit »der Hiobsfrage auf den Lippen: ›Mein Gott, mein Gott, warum hast du mich verlassen‹« (S. 35) starb. Vom Kreuzigungs- und Auferstehungsgeschehen lösen sich die Hiobfragen, ohne freilich dem Christen der Gegenwart die »Illusion« zu geben, er sei »schon jetzt vom Glauben zum Schauen hindurchgedrungen«. Im Gegenteil: Der »Kampf des Glaubens, in Angst und Dunkelheit, in Anfechtung und Leiden« (S. 36) stellt sich dem Christen wie zuvor dem Juden, denn – so die bemerkenswert nüchterne Aussage Vischers: Diese Antwort des Glaubens diene zwar »zur Erlösung für alle«, aber die Christen »glauben, nun erst recht ... wie Hiob geglaubt hat« (S. 35). »Wie Hiob geglaubt hat« – Hiob wird hier zum *Glaubens- und Rechtfertigungsmodell*, das von Christus her »erst recht« bestätigt wird.

---

[38] *Wilhelm Vischer*, Das Christuszeugnis des Alten Testamentes, Bd. I: Das Gesetz (München 1934); Bd. II: Die frühen Propheten (Zollikon-Zürich 1942).

[39] *Wilhelm Vischer*, Hiob ein Zeuge Jesu Christi [1]1933, in: Bekennende Kirche. Schriftenreihe hrsg. von *Theodor Ellwein* und *Christian Scholl*, Heft 8 (München 1934). Die folgenden Textzitate entstammen dieser Ausgabe.

[40] Zur zentralen Bedeutung dieses »umsonst« siehe neuestens: *Jürgen Ebach*, Ist es »umsonst«, daß Hiob gottesfürchtig ist? Lexikographische und methodologische Marginalien zu *chinnam* in Hi 1,9, in: *E. Blum* u.a. (Hrsg.), Die Hebräische Bibel und ihre zweifache Nachgeschichte. FS R. Rendtorff (Neukirchen-Vluyn 1990), S. 319–335.

*Zustimmung und Rückfragen*

Was kennzeichnet zusammenfassend die – notwendig nur knapp skizzierte – Barthsche Hiobauslegung:

- Barth blickt auf Hiob unter strikt *christologisch-soteriologischem Interesse*. Fragestellung und Perspektive sind damit vorgegeben, das Hiobbuch selbst wird ihm nur insofern wichtig, als es in diesen Duktus hineinpaßt.
- Mit auffallender und exegetisch gebotener Zurückhaltung interpretiert Barth jedoch Hiob 19,25: »Doch ich, ich weiß: mein Erlöser lebt« – so ja die Textform der deutschen Einheitsübersetzung. In diesem – so Barth bewußt offenlassend – »Anwalt? Rächer? Erlöser?« (S. 488) einen eindeutigen Voraushinweis auf Christus zu sehen und darauf eine christologische Hiobinterpretation aufzubauen, erscheint ihm weder möglich noch sinnvoll. »Von mehr als von Gott als des Menschen Anwalt und Vertreter ›über dem Staube‹ ist doch auch hier nicht die Rede«[41], so Barth in aller Deutlichkeit an einer anderen Stelle seiner Kirchlichen Dogmatik.
- Hiob erscheint vielmehr aus dem grundgelegten Blickwinkel *indirekt-analog als »Typus Jesu Christi«*, als »Zeuge des wahrhaftigen Zeugen«. Denn schon im Hiobbuch findet Barth das Gottesbild eines freien, rätselhaften, allmächtigen, aus reiner Gnade versöhnenden Gottes vor, das später seine christliche Versöhnungslehre bestimmen sollte.
- Die Freunde Hiobs erscheinen hingegen als typische Vertreter der »frommen Lüge«, als Repräsentanten der Religion, die glauben, Gott durch ein festgefügtes System und verstehbares Ordnungsschema erfassen zu können, gerade so aber scheitern müssen.

Wie ist eine solche christliche Hiobdeutung vor dem Hintergrund der gesamten zeitgenössischen Hiobrezeption einzuordnen und was leistet sie für heutige christliche Perspektiven? – Wie so viele literarische Texte, so kann auch Barths gesamte Theologie nur recht verstanden werden unter Berücksichtigung ihres biographischen und allgemeingesellschaftlichen Kontextes[42]: Sie ist ihrerseits ein Versuch, die paradigmatische Krise, den Zusammenbruch der Moderne im Ersten Weltkrieg geistig zu verarbeiten. Hierin geht sie etwa mit der Literatur, mit dem Hiobroman eines H.G. Wells, Hand in Hand. Aber Barth geht in der Entwicklung der »Dialektischen Theologie«, im Perspektivenwechsel von der Sicht der Menschen zur Sicht Gottes, völlig eigene geistige Wege zur Bewältigung dieser Krise.

Wie präsentiert sich in diesem Zusammenhang speziell die Hiobauslegung? – Zunächst steht es außer Frage, daß Barths von ihm selbst ganz eindeutig benannte hermeneutische Vorentscheidung, Hiob unter christologisch-soterio-

---

41 *Karl Barth*, Die Kirchliche Dogmatik Bd. III/2: Die Lehre von der Schöpfung (Zollikon-Zürich 1959), S. 753. Hiob 19,25f erscheint ihm unter dieser Vorgabe als eine »im Einzelnen dunkle, im Ganzen und Entscheidenden doch klare Stelle«.

42 Siehe hierzu: *Karl-Josef Kuschel*, Geboren vor aller Zeit? Der Streit um Christi Ursprung (München 1990), bes. S. 71–153.

logischer Perspektive zu betrachten, in jedem Falle eine legitime und neue Gesichtspunkte erschließende Interpretationsmethodik darstellt. Gerade die nachdrückliche Betonung der unbedingten, unverfügten, unbeliebigen und unerschließbaren Freiheit Gottes wird ohne Zweifel auch dem Hiobbuch selbst gerecht. Im Zentrum des Barthschen Interesses steht Gott in seiner Freiheit als Subjekt, denn – gegen die von festen Gottesprädikationen ausgehenden Theologenfreunde Hiobs formuliert – »nur das Subjekt bestimmt die Prädikate«[43]. Hiob wird so zum Kronzeugen einiger Zentralaspekte der »Dialektischen Theologie«.

Dennoch bleibt aus heutiger Sicht anzufragen, ob Barth tatsächlich die »Vielstimmigkeit innerhalb des kanonischen Chors voll und ganz zu Gehör bringt«[44], ja ob nicht einige wichtige Aspekte des biblischen Hiobbuches und seiner inneren Geschlossenheit von vornherein völlig ausklammert werden. So wird die Rebellion Hiobs, sein Aufbegehren, sein Protestieren deutlich abgeschwächt und zudem einseitig ausgelegt. Diesen Verhaltensweisen Hiobs kommt Barth zufolge die Rolle einer vorübergehenden »Verdeckung« (S. 459) seiner Funktion als reiner Wahrheitszeuge zu. Den zentralen theologisch-anthropologischen Konflikt um die Annahme der Gültigkeit eines Tun-Ergehen-Zusammenhangs bekommt Barth nicht in den Blick. So hält er zwar daran fest, Hiob habe Recht *und* Unrecht, was das aber letztlich konkret heißen soll, bleibt unklar. Dieses Paradoxon löst sich für ihn rein durch den Schiedsspruch Gottes, der hinzunehmen, aber nicht nachzuvollziehen sei. Genau dasselbe gilt für seine Einschätzung der Freunde: Da sei ja »kaum ein Satz, der nicht in seiner Weise sinnvoll wäre« (S. 524). Konsequente Weiterdeutung: Hiob wende sich in den Dialogen gerade »nicht gegen den *Inhalt* ihrer Sätze und Gedankengänge« (S. 525). Diese Ausführungen sind vom Text des biblischen Buches her nicht gedeckt. Es geht dort sehr wohl um konkrete Inhalte, um die Gültigkeit des vorgeblich von Gott garantierten Tun-Ergehen-Prinzips. Die im Buch enthaltene schlußgültige Zurückweisung der Position der Freunde bezieht sich keineswegs nur auf das »wie« ihrer Aussagen, sondern auch auf das »was«.

Grundsätzlich läßt sich festhalten: Die *perspektivische Konzentration* auf die *absolute Freiheit des souveränen Gottes* verstellt den Blick auf das Problem des Menschen im Leid und seiner Frage nach Gott, ja neigt sogar dahin, »den Menschen zu depersonalisieren«[45]. Der Blick konzentriert sich in einem Maße auf Gott, daß die zentrale Problemstellung des *Menschen* aus den Augen gerät. Dies entspricht durchaus dem durchgängigen Duktus des barth-

---

43 **Harold M. Schulweis*, Karl Barth's Job. Morality and Theodicy, in: The Jewish Quarterly Journal 65 (1974/75), S. 156–167, hier: S. 159.

44 So sehr vorsichtig **Daniel L. Migliore*, Barth and Bloch on Job: A Conflict of Interpretations, in: *James T. Butler* u.a. (Hrsg.), Understanding the Word. Essays in Honour of Bernhard W. Anderson (Sheffield 1985), S. 265–279, hier: S. 266.

45 **Harold M. Schulweis*, a.a.O., S. 164.

schen theologischen Ansatzes. Weder interessiert ihn eine – folglich bei ihm nicht zu findende – »selbständige Lehre vom Menschen«, noch reflektiert er über die Theodizee als »selbständig verhandeltes Thema«[46]. So bleibt denn auch für Hiob nur – rein passiv – die freie Anerkennung des freien Gottes. Nicht zufällig spricht Barth hier von einer »bösen Resignation«, oder von einer »Beugung vor Gott«, schlichtweg »weil er der ist, der Recht *hat*«[47]. Nein, nicht zufällig bleiben für Barth selbst viele Aussagen rätselhaft und schwer durchschaubar. Denn daß dieser freie Gott ein guter, rettender, versöhnender ist, wird ja erst durch das vorausgesetzte vollentwickelte christliche Versöhnungsverständnis deutlich. Gollwitzer etwa geht hier in weiterführender Zuspitzung der Position Barths so weit, zu formulieren: »Was Hiob am Ende widerfährt, ist Auferstehungserscheinung.«[48]

Barth selbst formuliert vorsichtiger: Das Hiob »zur Buße führende Geheimnis« sei »sachlich identisch mit dem Geheimnis der Offenbarung«. Er sieht in der Tat »die Hiobfrage schon durch die Versöhnung beantwortet«[49] – schon, aber auch erst. Denn wie anders? »Sähe Hiob nicht durch die Werke Gottes hindurch und hinein in *das* Werk Gottes«, sähe er nicht letztlich »auf Jesus Christus als seine Zukunft«[50], so bliebe für Barth das Hiobbuch selbst völlig rätselhaft und unverständlich. – Die vorgängige Annahme einer letzten Lösung in Christus macht ein genaues Textstudium einer innerhiobischen Antwort redundant. Ob und wie hier im Buch Hiob selbst ein tieferer Lösungsansatz liegen könnte, gerät Barth nicht in den Blick. Das vorherrschende Betonen des »daß«[51] des göttlichen Eingriffs läßt ein intensives Nachspüren des »wie« und einer möglichen Tiefenrelevanz dieses »wie« nicht zu. Im Rahmen des barthschen hermeneutischen Grundansatzes spielten diese Überlegungen offensichtlich keine Rolle, weil sein Zielpunkt auf das Christusereignis ausgerichtet war, weil die Blickrichtung sich auf die Perspektive von Christus auf Hiob konzentrierte. Für eine heutige kritische Auseinandersetzung mit der Hiobsproblematik aus christlicher Sicht stellt sich aber die Frage, ob nicht der umgekehrte Weg – von Hiob zu Christus – angemessener wäre.

### 3. Hiob im Kontext der Befreiungstheologie – *Gustavo Gutiérrez*

Vom reformierten Schweizer Pfarrer, dem Begründer der »dialektischen Theologie« Karl Barth zum katholischen Priester aus Peru, dem Mitbegründer

---

46 So *Hendrik Johan Adriaanse*, Menschliches Leiden nach Karl Barth, in: Teodicea Oggi? Archivo di Filosofia 56 (Padua 1988), S. 147–161, hier: S. 151; 150.

47 *Karl Barth*, Kirchliche Dogmatik II/1, a.a.O., S. 127.

48 *Helmut Gollwitzer*, Krummes Holz – aufrechter Gang (München 1970), S. 238.

49 *Ulrich Hedinger*, a.a.O., S. 208.

50 *Karl Barth*, Kirchliche Dogmatik II/1, a.a.O., S. 128.

51 Wiederum sehr deutlich ausgeprägt bei *Gollwitzer*, a.a.O., S. 237: »Diese Antwort aber geschieht … einfach dadurch, *daß* er nicht stumm bleibt, *daß* er, Gott, mit Hiob redet«.

der »Befreiungstheologie« Gustavo Gutiérrez; vom entscheidend durch den Ersten Weltkrieg geprägten westeuropäischen Theologieprofessor des Jahrgangs 1886 zum völlig von der Notsituation der lateinamerikanischen Armen geprägten Theologen des Jahrgangs 1928 – biographische, politische, religiöse und geistige Welten liegen zwischen den zwei theologischen Ansätzen dieser beiden epochalen Denker, die sich aber zumindest in einem treffen: in einer speziellen Vorliebe für den biblischen Hiob.[52] Und wenn Barths Hiobauslegung eine ganz bestimmte Interpretationslinie paradigmatisch verkörperte, so ist dasselbe von Gutiérrez zu sagen, ist doch seine erst 1986 erschienene *Studie »Von Gott sprechen in Unrecht und Leid – Ijob«* in den wenigen Jahren schon zu »einem Klassiker«[53] geworden, so ein bedeutender Repräsentant der lateinamerikanischen Befreiungstheologie, der Brasilianer Leonardo Boff.

### *Hiob als Vorbild der unschuldig leidenden Armen*

Schon in seinem 1982 erschienenen, noch nicht ins Deutsche übersetzten Bändchen mit Bibelstudien »El Dios de la Vida«[54] hatte sich Gutiérrez ausführlich mit Hiob befaßt. Seine dort geäußerten Überlegungen gingen jedoch völlig in das spätere Hiob-Buch auf, so daß eine Konzentration hierauf statthaft erscheint. Ein Teil der Widmung des Buches verrät bereits viel über seine impliziten wie expliziten *methodologischen Vorgaben*: »Dem Volk von Ayacucho, das / wie Ijob / ungerechterweise zu leiden hat und / zum Gott des Lebens ruft.« (S. 5) – Hiob wird zum *Kollektivsymbol* einer sich mit ihm und seinem Schicksal identifizierenden Gruppe.

Vor Gutiérrez hatten bereits einige andere Befreiungstheologen Lateinamerikas einen derartigen Vergleich ausgeführt: So schrieb die Costaricanerin Elsa Tamez 1983 einen »Brief an den Bruder Hiob«, in dem dieser – genau wie in einem 1982 erschienenen ersten befreiungstheologischen Hiobkommentar des

---

52 Bemerkenswert, daß *Gutiérrez* – der eine äußerst präzise Aufarbeitung der Hiob-Sekundärliteratur in seinen Anmerkungen erkennen läßt – Barth sehr positiv aufgreift: Dieser beziehe sich »in einem ausgezeichneten Paragraphen« auf Hiobs Vorläuferrolle auf Christus hin. »Ähnliches können wir auch im Blick auf unsere lateinamerikanische Erfahrung sagen«. Vgl. *Gustavo Gutiérrez*, Von Gott sprechen in Unrecht und Leid – Ijob [1]1986 (München/Mainz 1988), S. 21. Die folgenden Textzitate sind dieser Ausgabe entnommen.

53 **Leonardo Boff*, The Originality of the Theology of Liberation, in: *Marc H. Ellis / Otto Maduro* (Hrsg.), The Future of Liberation Theology. Essays in Honour of Gustavo Gutiérrez (New York 1989), S. 38–48, hier: S. 41. Ein Teil der in dieser Festschrift zum sechzigsten Geburtstag von Gutiérrez abgedruckten Aufsätze findet sich wieder in: *Marc H. Ellis/Otto Maduro* (Hrsg.), Expanding the View. Gustavo Gutiérrez and the Future of Liberation Theology (New York 1990), Boffs Beitrag etwa auf S. 47–59. Die meisten der im ersten Buch abgedruckten, aber auch einige weitere Aufsätze finden sich darüber hinaus in spanischer Sprache in: Teología y Liberación. Perspectivas y Desafíos. Ensayos en torno a la obra de Gustavo Gutiérrez, 2 Bde (Lima 1989/1990).

54 *Gustavo Gutiérrez*, El Dios de la vida [1]1982 (Lima 1989), zu Hiob bes. S. 279–307.

Nicaraguaners Jorge Pixley – gerade deshalb als Bruder der unterdrückten lateinamerikanischen Völker entdeckt wird, weil sich sein Blick von seinem eigenen persönlichen Leiden auf das Schicksal aller leidenden Menschen ausweitet.[55] Ähnlich argumentiert der in Argentinien geborene und in Mexico lebende Befreiungstheologe Enrique Dussel in einem 1983 erschienenen Aufsatz »Das Volk von El Salvador: ein kollektiver Ijob«[56], der jedoch über oberflächlich bleibende Analogiepunkte (Leid und Unschuld) nicht hinausgreift.

Bei Gutiérrez wird *Hiob* nun – wie zuvor von den Juden – im Namen der *Basisgemeinden Lateinamerikas als kollektive Vorbildgestalt* entdeckt. Von daher ist es nur wenig erstaunlich, wenn sich Elie Wiesel – führender Vertreter der kollektiv-jüdischen Hiobdeutung und Jahrgangsgenosse von Gutiérrez – diesem »sehr nahe« fühlt, und dies vor allem wegen ihrer »gemeinsamen Leidenschaft für Hiob«[57]. Doch wo sich für die Juden und viele europäische und nordamerikanische christliche Theologen das Hiobproblem in der Frage bündelt, wie man *nach* Auschwitz von Gott reden könne, wie »Gott« zu denken sei, stellt sich im lateinamerikanischen Kontext der Gegenwart primär eine andere Frage. Es gilt nämlich, so Gutiérrez, »eine Sprache zu finden, in der wir angemessen über Gott sprechen können« (S. 151) *während* Völkermord, Unterdrückung, Folter und Hungertod den Alltag bestimmen.[58]

---

55 Literaturangaben und Hintergrundinformationen bei *Harvey Cox*, Complaining to God. Theodicy and the Critique of Modernity in the Resurgence of Traditional Religion. The Example of Latin American Liberation Theology, in: Teodicea Oggi? a.a.O., S. 311–325. Zum Brief von *Elsa Tamez* vgl.: Carta al hermano Job, in: Páginas 53 (Juni 1983), S. 2. Der erste befreiungstheologische Hiobkommentar: *Jorge Pixley*, El Libro de Job. Un Comentario latino-americano (San José 1982). Vgl. zum gesamten Kontext: *Georges de Schrijver*, Theodicy, Justification, and Justice. A Critique of Leibniz from the Perspective of Latin American Liberation Theology, in: Teodicea Oggi?, a.a.O., S. 291–310.

56 *Enrique Dussel*, Das Volk von El Salvador: ein kollektiver Ijob. Von persönlichen Zeugnissen ausgehende theologische Reflexion, in: Concilium 19 (1983), S. 716–722. Wieder abgedruckt in: ders., Herrschaft und Befreiung. Ansatz, Stationen und Themen einer lateinamerikanischen Theologie der Befreiung (Fribourg 1985), S. 183–195.

57 *Elie Wiesel*, in: *Marc H. Ellis / Otto Maduro* (Hrsg.), The Future of Liberation Theology, a.a.O., S. 27. Es ist darüber hinaus sicherlich kein Zufall, daß der nordamerikanische Theologe *Robert McAfee Brown* neben Wiesel gerade auch Gutiérrez eine biographisch-werkgeschichtliche Studie widmet. Vgl. *Robert McAfee Brown*, Gustavo Gutiérrez (Atlanta 1980). Eine beträchtliche Erweiterung und Überarbeitung dieser kleinen vorläufigen Einführung liegt seit neuestem vor: ders., Gustavo Gutiérrez. An Introduction to Liberation Theology (New York 1990). Zur Theologie von Gutiérrez vgl. die Einführung: *Curt Cadorette*, From the Heart of the People. The Theology of Gustavo Gutiérrez (South Humphrey 1988).

58 *Gutiérrez* ganz deutlich auf S. 151: »Allerdings gilt, daß vor unserem lateinamerikanischen Hintergrund die Frage nicht eigentlich lautet, wie nach Auschwitz Theologie zu treiben sei.« Dabei ist ihm Auschwitz als Glaubensanfrage jedoch sehr wohl in aller Schärfe bewußt. Eine derartige de facto Relativierung – bei aller ernsthaften Zurkenntnisnahme – von »Auschwitz« aus lateinamerikanischer Perspektive berichtet u. a. auch Dorothee Sölle. Bei Gesprächen mit lateinamerikanischen Theologen bekomme sie zu hören: »Ach, ihr Deutschen mit eurem

Eine Theologie im Gefolge Hiobs nicht nach, sondern während unvorstellbarer Grauen: Diese Grundbedingung bestimmt einige *inhaltliche wie methodologische Vorgaben von befreiungstheologischer Hermeneutik* im allgemeinen und von Gutiérrez' Hiobinterpretation im Speziellen, die er selbst in aller wünschenswerten Offenheit darlegt:

– Gutiérrez betrachtet zunächst das Verhältnis zwischen Offenbarung und Ungeschuldetheit: Gottes Offenbarung realisiert sich als sich selbst grundlos schenkende Liebe. Konkretes Objekt dieser Liebe sind »vorrangig ... die Kleinen und Verachteten« (S. 11). Diese *vorrangige Option Gottes für die Armen* aber wird hier aus Jesu Botschaft, ausschließlich aus dem Neuen Testament hergeleitet. Sie bestimmt das Verhältnis Gott/Mensch.
– Was folgt daraus für Gutiérrez hinsichtlich der Methode von Gott zu reden, also Theo-Logie zu betreiben? Dem Gesetz des *Primat der Praxis* zufolge zerfällt Reden von Gott in zwei Teile: »Betrachten und Praktizieren sind eine Einheit, die wir den *ersten Akt* nennen, während Theologie der *zweite Akt* ist.« (S. 13) Keine reflektierende Theologie also ohne vorherige erlebte und betrachtete Praxis. Und kein Reden über Hiob, ohne die unmittelbare Erfahrung, sich selbst in einer Hiobsituation zu befinden.
– Konkreter Ort, situative Verankerung seiner Ausführungen ist dabei sehr bewußt und zunächst ausschließlich Lateinamerika, ist lateinamerikanische Glaubenspraxis, sind die lateinamerikanischen Armen. Es ist das unschuldige, verarmte, entrechtete »gekreuzigte Volk«[59] Lateinamerikas, dem Befreiungstheologie »Sinn zu geben« (S. 15) hat. Von hier aus mögen Übertragungen der so gewonnenen paradigmatischen Grundaussagen auf Völker und Menschen in ähnlichen Situationen möglich sein.
– Die Wahl Hiobs als Thema einer großen befreiungstheologischen Abhandlung kam für viele überraschend, sind es doch vor allem *historisch* wirkmächtige Einsätze Jahwes in der Geschichte des Volkes Israel – vor allem das zentrale Exodusgeschehen –, die normalhin im Zentrum befreiungstheologischer Auslegung des Alten Testamentes stehen. Dennoch wäre es verfehlt, hier von einem Versuch von seiten Gutiérrez' zu sprechen, die Anschuldigungen eines platten Horizontalismus seiner Theologie zugunsten einer hiermit sozusagen nachgeschobenen Transzendenz und Theozentrik[60] zu korrigieren. Gerade die Unschuld des klagenden, aufbegehrenden Hiob helfe vielmehr genuin, »die Schuldlosigkeit eines unterdrückten und gläubigen Volkes an der Situation von Schmerz und Tod zu verstehen« (S. 21).

---

Auschwitz, bei uns passiert das jeden Tag.« In: Welches Christentum hat Zukunft? *Dorothee Sölle* und *Johann Baptist Metz* im Gespräch mit *Karl-Josef Kuschel* (Stuttgart 1990), S. 19.

59 So Gutiérrez in Anlehnung an *Ignacio Ellacuría*, El Pueblo Crucificado. Cruz y Resurrección (Mexico 1978).

60 Hierauf weist mit Recht hin: *Robert McAfee Brown*, Gustavo Gutiérrez (1990), a.a.O., S. 188.

- All dies zusammen führt zu dem *Grundanliegen* dieses Buches. Es stellt, wie schon im Titel sehr genau angegeben, »die Frage der *Sprache über Gott*, genauer: von der Sprache über Gott in einer Grenzsituation, im Leiden des Unschuldigen.« (S. 20) Grundsätzlich geht es der Befreiungstheologie im Kontext Lateinamerikas eher um verschuldetes, konkret zu benennendes und auch strukturell zu bekämpfendes Leid. Hier jedoch konzentriert sich Gutiérrez speziell auf den sehr genau bestimmten *gläubigen lateinamerikanischen Menschen im Leid*, um seine Möglichkeiten, im Bilde Hiobs Gott zu denken und auszusprechen. – *Alles andere* also *als eine Theodizee* beabsichtigt Gutiérrez. Die Fragen danach, wie Gott all das zulassen konnte, wie Gott denkerisch gerechtfertigt werden könne angesichts des Elends, die Frage der Flucht in den Atheismus angesichts des Leidens Unschuldiger: diese Fragen kann man zwar im Namen Hiobs stellen, aber es sind nicht die, die – laut Gutiérrez – im lateinamerikanischen Kontext gestellt werden. Sie von ihm einzufordern hieße ihm zufolge, Fragen der europäisch-nordamerikanischen Perspektive ein durch nichts begründetes Vor-Recht einzuräumen. Seine Hiobinterpretation aber will im angegebenen Rahmen aus sich heraus verstanden werden.

*Prophetie und Betrachtung: Die Sprache des Leidenden*

Gutiérrez behandelt die ihm gestellten theologischen Fragepunkte stets in einem methodologischen Dreischritt[61], so auch hier. Zunächst widmet er sich ausschließlich der Rahmenerzählung des biblischen Hiobbuches, um dessen Thema herauszukristallisieren. Grundlage der Exposition sei eindeutig eine »Wette um das Reden über Gott« (S. 22), eine Wette, die »um das Reden über Gott in und aus ungerechtem Leiden« kreist, das die Liebe Gottes ja »zu negieren scheint« (S. 27). Die sich aus dieser Wette ableitende, von Anfang an zentrale Themenstellung ist demnach klar: »Es geht um den Sinn von *Lohn* und *Absichtslosigkeit* im Glauben an Gott und um das sich daraus ergebende Handeln« (S. 26), ein Handeln, das sich primär in Sprache realisiert. *Thema des Buches* ist also »nicht eigentlich das Leiden«, sondern *»die Frage, wie man im Leiden von Gott sprechen könne«* (S. 39). Bleibt dem Leidenden nur der Fluch, die sich selbst erschöpfende Klage, das Sichabwenden von Gott? Genau diese ureigentlichste Hiobfrage »stellen wir uns auch in unserem entbehrungs- und zugleich hoffnungsvollen Lateinamerika« (S. 38), so Gustavo Gutiérrez.
Nun wird im biblischen Buch aber schlußendlich eindeutig festgestellt, daß Hiob *recht geredet*, im Leiden von Gott recht gesprochen habe. Hiob steht somit unzweifelhaft als Vorbild des im Leiden Von-Gott-recht-Sprechens. Was aber zeichnet dieses sein Recht-Sprechen aus? Gutiérrez erkennt *zwei große Veränderungen* in Hiobs Sprechen von Gott im Laufe des Hiobbuches,

---

61 Vgl. a.a.O., S. 48: »There are always three points.«

und an ihnen macht er Hiobs modellhaftes Recht-Sprechen fest: Einerseits geht es um die Erkenntnis Hiobs, daß es bei ihm nicht »um einen Fall von individuellem Leiden geht« (S. 44), sondern um die Frage aller Armen und Entrechteten schlechthin und um den vorbehaltlosen gottgewollten Einsatz für diese Gruppe. Gutiérrez nennt dies die Entdeckung der *prophetischen Sprache*. Andererseits erkennt Hiob, daß »die Welt der Gerechtigkeit im weiten, fordernden und freien Horizont der Ungeschuldetheit der göttlichen Liebe ihren Ort hat« (S. 44), hierin liegt Hiobs Entdeckung der *betrachtenden Sprache*. In der Kombination dieser beider Sprachformen der Prophetie und der Betrachtung sieht Gutiérrez zum einen speziell Hiobs Art des Recht-Sprechens von Gott im Leiden, zum anderen allgemein die von Hiob zu lernende religiöse Sprachform für die Hiobs des 20. Jahrhunderts.
Zunächst zur *Sprache der Prophetie*: Was versteht Gutiérrez darunter im Rahmen des Hiobbuches? Im Gespräch Hiobs mit seinen Tröstern erkennt der lateinamerikanische Befreiungstheologe zwei grundsätzlich verschiedene Arten des Theologietreibens: Die der Freunde, die ein a priori feststehendes Glaubenssystem, eine Lehre haben und diese auf den Einzelfall Hiobs übertragen wollen, und die Hiobs, die völlig vom Primat der Praxis, der eigenen Erfahrung geprägt ist. Die »Grenzlinie zwischen ihm und seinen Gesprächspartnern« liege »auf dem Gebiet der persönlichen Erfahrung und der Reflexion darüber« (S. 53). Hiob – und mit ihm Gutiérrez – wendet sich gegen eine Art des Theologietreibens, »das über die konkrete Lebenssituation, das Leid und die Hoffnung der Menschen hinweggeht« (S. 56), denn: »Die Freunde glauben mehr an ihre Theologie als an Gott« (S. 57).
Wenn also die Ratschläge der wohlmeinenden Tröster Hiobs nicht weiterhelfen auf der Suche nach einer angemessenen Sprache von Gott, was denn dann? Ein erster Fortschritt auf Hiobs Erkenntnisweg beruht auf seiner der Reflexion über die eigene Situation entsprungenen *Erkenntnis, kein Einzelfall zu sein*. Das von den Freunden vertretene Prinzip des Tun-Ergehen-Zusammenhangs drängt ja kollektiv und eben völlig zu Unrecht alle Armen und Entrechteten in die Rolle der zurecht Bestraften. Erste Erkenntnis Hiobs also: Wie sein eigener Fall, so widerlegt das Gesamtschicksal aller Armen in Verbindung mit dem oft blühenden Schicksal der Frevler das postulierte, vorgeblich von Gott garantierte Vergeltungsprinzip. Zweite Erkenntnis: In den Kapiteln 29–31 des Hiobbuches finden sich einige bemerkenswerte Aussagen Hiobs über sein Vorleben aus der Zeit seiner glücklichen und erfolgreichen Jahre. Denn dort, als »Knecht Gottes«, hatte er wahrhaft vorgelebt, wie ein gottgewolltes Leben des Reichen, der er ja war, mit den Armen und für sie aussehen soll. In der Rückschau sieht er sein Leben als »Zeugnis für seine Solidarität mit den Armen und Schutzlosen« (S. 71), sich selbst als »Vater der Armen und Feind aller, die ihnen etwas antun wollen« (S. 74).
Was ist mit all dem für das rechte prophetische Sprechen von Gott gewonnen? – Dieses »Eintreten an der Seite der Armen schafft eine feste Grundlage für die prophetische Sprache über Gott« (S. 82), so Gutiérrez. Richtiges Sprechen zeichnet sich einmal durch eine Überwindung des Egozentrismus aus,

und ferner durch eine eindeutige praktische Solidarität mit den anderen Benachteiligten. Die Suche nach einer Antwort auf die Warum-Frage darf »kein Hindernis sein ..., sich unmittelbar für die Armen einzusetzen« (S. 82), im Gegenteil, sie muß von wirkkräftigem Engagement begleitet sein, um glaubwürdig zu sein.

Diese prophetische Sprache allein reicht freilich nicht aus, sie ist zwar unverzichtbare Voraussetzung oder Teilmenge des rechten Von-Gott-Sprechens, aber keineswegs schon zureichend. Sie muß ergänzt werden durch die rechte Sprache der Betrachtung: Aktion und Kontemplation ergänzen sich wechselseitig. Wie also präsentiert sich diese *Sprache der Betrachtung* im Hiobbuch? Gutiérrez meint hiermit eine »mystische Sprache« (S. 84), die sich auf zwei Ebenen festmachen läßt: zum einen im einfachen Volksglauben, zum anderen in einem reflektierten, hoffnungsvollen Kampf mit Gott um Gott. Dieser Kampf in Form eines Rechtsstreits verdichtet sich für ihn in drei sich zuspitzenden Schlüsseltexten: 9,33 – hier geht es um die eingeforderte Notwendigkeit eines Schiedsmanns; 16,19 – in dem das Vorhandenseins eines Zeugen beschworen wird; und 19,25 – wo die Hoffnung auf einen Befreier, auf ein letztlich befreiendes Gesicht Gottes gegen das bedrohliche Gesicht Gottes aufscheint. Und genau diese Hoffnung erfüllt sich in den Gottesreden, in denen Gott den Mensch Hiob – Gutiérrez zufolge – nicht, wie so viele Hiobleser meinten und meinen, »mit seiner Macht« erdrückt, sondern ihm mit »schöpferischer Freiheit« und mit »vertrauensvoller Hochachtung vor seiner menschlichen Freiheit« (S. 102) begegnet. Wie Barth geht Gutiérrez davon aus, daß Hiob diese Antwort Gottes sehr wohl versteht, aber er konzentriert sich noch deutlicher auf den »Inhalt« (S. 104) dieser Gottesreden, um zu begreifen, was gemeint sei. Diese Reden betonen den »*Ratschluß* Gottes, der sein ganzes Schöpfungswerk umgreift und es mit Sinn erfüllt«, sie bewerten diesen Ratschluß als »*gerechte Regierung*« (S. 104). In den Naturschilderungen offenbart sich primär die »Ungeschuldetheit seines Handelns« (S. 108). Gottes Plan ist nicht so geartet, daß »der Mensch ihn mit seinem Verstand begreifen und berechnen« (S. 109) kann, sondern im Gegenteil: Diese Gottesreden sind »ein entschiedenes Nein zu einer rein anthropozentrischen Konzeption der Schöpfung« (S. 110), ein Nein, das auch und gerade einem menschenerkennbaren Tun-Ergehen-Zusammenhang gilt. Hiobs demütiger Erkenntnis seiner Grenzen enspricht nun – laut Gutiérrez – Gottes »Wertschätzung für die menschliche Freiheit« (S. 116), denn auch in diesen Gottesreden habe Gottes Macht »dort ihre Grenzen, wo die Freiheit des Menschen beginnt« (S. 115).

Was aber widerruft der recht sprechende Hiob? Mit einigen Exegeten entscheidet sich Gutiérrez auf die vom Hebräischen her mögliche, aber ungewöhnliche Übersetzung von Hiob 42,6: »Ich bereue Staub und Asche« anstelle des üblichen »Ich bereue *in* Staub und Asche«. Er widerruft also nichts, sondern wendet sich ab von Klage und Schmerz. Er bringt hier »weniger Reue zum Ausdruck als vielmehr einen *Verzicht auf seine Haltung der Klage und Traurigkeit*« (S. 128).

Was hat sich schließlich durch diese Gottesreden für Hiob verändert, was führt Hiob zu diesem Klageverzicht? Antwort von Gutiérrez: »Das, was der Herr gesagt hat, hat ihn aus der Gefängniszelle des Widerspruchs zwischen der Erfahrung seiner Unschuld und der Lehre von der Vergeltung herausgeholt.« (S. 121) Ja, Hiob war und ist unschuldig, aber daraus kann er keinen Anspruch auf Wohlergehen herleiten. Das aber bedeutet auch nicht, daß der göttliche Plan ein absurdes Chaos ist, sondern von Gottes »Freiheit und Liebe« getränkt. Jenseits von menschlicher Verstehbarkeit zielt er auf menschliche Lebensermöglichung. Diese Lebensermöglichung aber läßt sich letztlich nicht mehr mit der Kategorie »Gerechtigkeit« fassen – obwohl diese nicht aufgehoben wird – sondern allein mit dem Begriff der »*Gnade*«, einer Gnade, die der Gerechtigkeit und dem Engagement für sie erst »ihren vollen Sinn« (S. 129) gibt. All dies heißt zusammengefaßt: Die Gottesreden erklären das Weltregime Gottes nicht mit einer Gerechtigkeit, die dem Menschen in der Tat nur rätselhaft bleiben müßte, sondern mit dem Prinzip der göttlichen Gnade. Diese ungeschuldete Gnade wiederum erklärt auch die sonst nicht begründbare Vorliebe Gottes für die Armen und die daraus entspringende Forderung des Glaubens für die »Solidarität mit den Armen« (S. 130).
Letzte Frage von Gutiérrez: Was hat sich für den *Christen* über das Hiobbuch hinausgehend verändert hinsichtlich des rechten Sprechens von Gott im Leid? Nüchterne Antwort: »Auch die christliche Feststellung eines zukünftigen Lebens verändert – im wesentlichen – nichts von dem, was der Dichter sagen möchte« (S. 132). Es bleibt für Hiob wie für den Christen heute »ein hartnäckiger Rest unbekannter Dinge in der Welt« (S. 135), ein unerklärbarer Wissensrest, der gerade Gottes Plan mit einschließt. Doch ein Doppeltes ist im Hiobbuch und erst recht im Christusgeschehen sicher: Gnade bestimmt diesen Plan, eine Gnade, die sich vorrangig den Armen und Unterprivilegierten zusagt und die die Pflicht zu Gerechtigkeit und Solidarität impliziert. Denn: »Für den Gott der christlichen Offenbarung gehen ungeschuldete Verdanktheit und Bevorzugung der Armen Hand in Hand« (S. 140). Insofern kann auch Gutiérrez davon sprechen, daß Hiob für Jesus ein »Vorbild« ist, denn der »Verfasser des Ijob-Buches stammelt, was Jesus sicher ausspricht« (S. 144). Im Jesusgeschehen bekommt das Hiobgeschehen seine Bestätigung und Zusicherung.
In dieser Botschaft der den Armen zugesagten, der zur Gerechtigkeit verpflichtenden Gnade liegt für den Menschen die Möglichkeit, sich wie Hiob Gott zuzuwenden, in prophetisch-protestierender und betrachtend-zuneigender Sprache auch und gerade im Leid über Gott zu sprechen. Denn wesentlich zum Positiven verändert hat sich die Weltlage ja nicht seit den Tagen Hiobs. Im Gegenteil: Hiobs Schrei, aufgenommen im Schrei Jesu am Kreuz, ertönt heute als »Schreien aller – individueller wie kollektiver – Ijobs in der Geschichte der Menschen nur noch stärker und nachhaltiger« (S. 149). Und so schließt sich der Fragekreis, wie von Gott zu sprechen sei *während* des Leidens: *Hiobs* vorbildhafte *Antwort* besteht darin, daß er zum einen »heftig protestiert«, daß er des weiteren »das konkrete Engagement mit den Armen

und allen ungerecht Leidenden entdeckt«, und daß er schließlich »sich mit Gott auseinandersetzt und anerkennt, daß das, was Gott mit der menschlichen Geschichte vorhat, ungeschuldet ist« (S. 152). Und in den Fußstapfen Hiobs, in der »Nachfolge Jesu«, folgt aus dieser Ungeschuldetheit und ihrer Vorliebe für die Armen die Verpflichtung zum Einsatz für mehr irdische Gerechtigkeit, denn nur so können die Menschen sicherstellen, »daß der Herr seine Wette« (S. 154) letztlich gewinnt.

*Zustimmung und Rückfragen*

Hiob als Vorbild des rechten Sprechens von Gott in Unglück und Leid, Hiob als Prototyp der gelungenen Verbindung von prophetischer und betrachtender Sprache, Hiob gerade so als Urvater der lateinamerikanischen Befreiungstheologie – wie stellt sich Gutiérrez' Hiobdeutung im Kontext heutiger theologischer Betrachtungen dar?

- Durch seine Konzentration oder Reduktion der Hiobsproblematik auf die Grundfrage des menschlichen Sprechens von Gott im Leiden wird der Bereich des In-Frage-Stellens Gottes, des Ringens um das richtige Gottesbild, zurückgedrängt. Dies kann man zwar bedauern oder als Versäumnis einfordern, ist aber als klar formulierte Einschränkung und Vorgabe im Rahmen des Erfahrungskontextes Lateinamerikas zu akzeptieren.
- Gutiérrez' in diesem Rahmen erfolgende Interpretation zeichnet sich zweifelsohne durch eine einerseits wohldokumentierte und belesene Kenntnis der Auslegungstradition aus, andererseits aber gegenüber dieser Tradition durch erstaunliche Eigenständigkeit, aus unmittelbarer Erfahrung resultierender Vitalität und eigenmächtiger, oft poetischer Sprachkraft. Als fruchtbare Aufschlüsselung des Hiobtextes sind die von ihm in diesem Kontext eingebrachten Begriffe der »Prophetie« und der »Betrachtung« in ihrer wechselseitigen Bezogenheit äußerst hilfreich. Die Betrachtung der Situation der »Armen« und ihrer oft völlig vernachlässigten Bedeutung im Hiobbuch ist ein weiterer origineller Beitrag zur Diskussion um Hiob.

Dennoch, völlig unabhängig von grundsätzlichen Sympathien für Anliegen und Ansatz der Befreiungstheologie, auch Rückfragen und Kritikpunkte können nicht verschwiegen werden:

- Gerade angesichts der einfühlsamen Einzelexegesen und der fundierten Aufarbeitung der Sekundärliteratur überraschen manche eindeutige Fehlaussagen. Erstes Beispiel: »Der neuralgische Punkt ist für Ijob nicht, ob er Sünder ist oder nicht. Für ihn ist klar, daß er als menschliches Wesen Sünder ist. Die Frage ist nur, ob er die Strafe verdient, an der er zu leiden hat.« (S. 51) – Der biblische Hiob ist demgegenüber gerade doch eindeutig unschuldig, kein »Sünder«, von Gott im Prolog bestätigt und von ihm selbst immer wieder betont. Das Verständnis der ursündigen Menschheit ist dem Hiobbuch völlig fremd. Zweites Beispiel: Hinsichtlich der Gottesreden spricht Gutiérrez von dessen »Wertschätzung für die menschliche Freiheit« (S. 116): Gottes Macht »habe dort ihre Grenzen, wo die Freiheit des Menschen beginnt« (S. 115). So sympathisch dem zeitgenössischen Leser diese Aussagen sein mögen: im Kontext des Hiobbuches und speziell der Gottesreden haben diese ausgesprochen modern klingenden Sätze keinerlei Rückhalt. Hier gelingt Gutiérrez der Absprung vom christlich-gegenwärtigen Weltverständnis in den alttestamentlichen Kontext Hiobs nicht. An solchen – seltenen – Stellen wird die Aussagerichtung des christlichen Theologen in sein Gegenwartsparadigma hinein deutlich, auf Kosten der notwendigen, vom Text vorgegebenen Differenzierung.

– Von Phänomenen einer derartigen *adressatenbezogenen Voreingenommenheit*, von methodologischen Vorentscheidungen, die den Wortlaut des Buches selbst zum Teil nicht ernst nehmen, muß auch im weiteren gesprochen werden. Dies gilt zunächst hinsichtlich der für den Befreiungstheologen notwendig zentralen *Stellung der Armen*. So wichtig Gutiérrez' Entdeckung der Armen im Hiobbuch auch ist, so wird deren Bedeutung doch überstrapaziert. Zweifelsohne entdeckt Hiob in »prophetischer Sprache«, daß sein Schicksal kein Einzelschicksal ist, vielmehr von vielen anderen ungerecht Leidenden geteilt wird. Aber: Sind diese nicht eher eben dieses, nämlich *Leidende*, und nicht primär soziologisch bestimmte, sozial benachteiligte Arme? Trifft diese Identifikation tatsächlich den vollen Buchsinn? Geht es im Hiobbuch nicht einerseits genereller, andererseits spezifischer um unschuldig leidende Gottgläubige und ihr Ringen um ihre Lebenssituation und ihr Gottesverständnis? Ein weiterer Aspekt: Wenn Hiob erklärt, in seinen guten Tagen als Gerechter vollendete Solidarität geübt zu haben, so erfolgt dies im Sinne der Sprachform eines rückwärts gerichteten Reinigungseides, eines nachträglichen Belegs seiner Unschuld. Das widerlegt nicht die Richtigkeit dieser Aussage, auch nicht die Wichtigkeit der geschilderten Praxis des sozialen Handelns, drängt aber ihren Stellenwert zurück, da ihre Sinnspitze Hiobs Unschuldsbezeugung ist. Das Problem der Armen und der gerechten sozialen Praxis ist und bleibt im Hiobbuch lediglich ein Randthema. Und schließlich Hiob selbst: Er spricht als hochgebildeter »Reicher«, der arm und leidend geworden ist, am Ende aber wieder reich sein wird. Hiob ist hier eher der Mit-den-Armen-Sympathisierende, als tatsächlich selbst ein Armer. Er ist – wie wohl die Mehrzahl der heutigen Theologen verschiedenster Couleur – ein Einforderer und Praktizierender der Solidarität von außen, nicht eigentlich von innen. Hiob mag ein Urvater der Befreiungstheologen sein, ein Wegweiser zum Recht-von-Gott-Sprechen im Leid: Als ein Vorgänger der Armen selbst aber kann er weder in seiner Lebens- noch in seiner Geistesgeschichte gesehen werden.

Diese kritischen Rückfragen und Einwände sollen Gutiérrez nicht grundsätzlich widerlegen, dazu besteht kein Anlaß, wollen aber den Stellenwert seiner Perspektiven am Hiobbuch selbst überprüfen. Und von dorther wird ein *Haupteinwand* zu seiner Hiobauslegung als *Hiob*auslegung nicht zu verschweigen sein: Mit aller wünschenswerten Klarheit legt Gutiérrez am Anfang seines Buches seine hermeneutischen Prämissen, seine letztlich vorausgesetzten, nicht mehr belegten Interpretationsvorgaben dar. Gerade die befreiungstheologisch zentrale Kategorie der »vorrangigen Option Gottes für die Armen« läßt sich aber primär aus dem Neuen Testaments belegen, wird von Gutiérrez auch allein von dort hergeleitet. Dieses so bestimmte Gottesverständnis des Neuen Testaments wird nun aber zum Schlüssel der Auslegung auch des Alten Testamentes. Gerade die Kategorie und Gottesprädikation der »Liebe« (S. 124) – für Gutiérrez entscheidende Aussage der Gottesreden im Hiobbuch – ist dem Text selbst völlig fremd. Göttliche »Liebe« wird zur von außen herangetragenen Interpretationskategorie, zur aus späteren Texten gewonnenen Voraussetzung, die sich nur durch ihr Hereintragen wiederfinden läßt. Der Gott des Hiobbuches wird dort *nicht* bestimmt als ein liebender, sondern als ein rätselhaft mächtiger. Gutiérrez selbst erkennt mit Recht diesen Aspekt von Gottes »ungeschuldeter Absichtslosigkeit« (S. 124), von seiner bleibenden Undurchschaubarkeit. Doch diese Aussagen werden unterlaufen von der vorgängigen Entscheidung des christlichen Theologen, Gott als Liebenden zu sehen, genauer: als vorrangig die Armen Liebenden. Die Absichtslosigkeit Gottes, die Absage an eine klar erkennbare Anthropozentrik seiner Schöpfung, der bleibende Rest seiner Undurchschaubarkeit aber stehen bei Gutiérrez in einer *ungelösten denkerischen Spannung* zur eben doch klar erkannten und formulierten Wesensbestimmung Gottes als eines zwar ungeschuldet, aber vorranging die Armen Liebenden. Hier dringt der christliche Theologe wiederum nicht in das alttestamentliche Buch und seine Welt vor, sondern bestätigt sich seine eigene, von vornherein feststehende Weltsicht, seine vom Neuen Testament eingebrachten Kategorien der »Option für die Armen« und der »Liebe« Gottes. In der grundsätzlichen Auslegung des Hiobbuches selbst sagt Gutiérrez sehr viel Hörenswertes. Die ihm zentrale interpretative *Verbindung vom alttestamentlichen Hiobbuch zur Befreiungstheologie* aber, die gerade an diesem Punkt ihr Stützgelenk hat, wirkt bei genauem Hinschauen *brüchig*.

## 4. Hiob als Vorbild des Bestehens im Leid – *Hans Küng*

Eine dritte und letzte theologisch-systematische Hiobdeutung soll im folgenden dargestellt werden, die des ökumenischen Theologen Hans Küng[62], wie Barth Schweizer und wie Gutiérrez 1928 geboren. Küngs im Rahmen seines weitverzweigten Gesamtwerks kontinuierlich wiederkehrende Beschäftigung mit Hiob zeichnet sich durch eine vom alttestamentlichen Buch hergeleitete

62 Zu Küng vgl. die immer noch lesenswerte Hinführung: *Hermann Häring/Karl-Josef Kuschel* (Hrsg.), Hans Küng. Weg und Werk. Chronik, Essays, Bibliographie (München ²1981); Zur Auseinandersetzung mit seinem Gesamtwerk: *Hermann Häring/Karl-Josef Kuschel* (Hrsg.), Hans Küng. Neue Horizonte des Denkens und Glaubens (München/Zürich 1993). Außerdem: *John Kiwiet*, Hans Küng. Makers of the Modern Theological Mind (Waco 1985).

Fragestellung aus, die weder bei Barth noch bei Gutiérrez gebührende Beachtung findet, die der *Rechtfertigung Gottes* angesichts des Leids. Bildete bei Barth gut protestantisch die Rechtfertigung des Menschen den unmittelbaren Kontext der Deutung Hiobs, widmete sich Gutiérrez primär der Frage des rechten menschlichen Sprechens von Gott im Leid, so erfolgt bei Küng in Aufnahme einer wichtigen, reichen Tradition, die bis zu Immanuel Kant zurückzuverfolgen ist, eine *Umkehrung der Perspektive*: Programmatisch erfolgt hier die Gedankenentwicklung *von Hiob zu Jesus*, nicht umgekehrt. Von Hiob aus wird die vielgestellte Frage der Rechtfertigung *Gottes* angesichts des Leids und Übels in der Schöpfung neu artikuliert, gerät das alte Problem der *Theodizee* im Rahmen christlicher Weltdeutung neu in den Blick.

*Hiob und die Rechtfertigung Gottes: »Gott und das Leid«*

Küngs erste intensive Beschäftigung mit Hiob im Rahmen der Theodizeeproblematik findet sich in der 1967 erschienenen theologischen Meditation »Gott und das Leid«[63]. Dieses vor allem *pastoralem Interesse* verpflichtete schmale Bändchen gehört als »theologische Meditation« einer grundlegend anderen theologisch-literarischen Gattung an, als Gutiérrez' umfangreiche, wenngleich ebenfalls unter pastoraler Perspektive verfaßte Studie oder gar Barths Ausführungen zu Hiob in seiner dogmatischen Entfaltung des christlichen Glaubens. Gerade als wissenschaftlich verantwortete problemgeschichtliche Orientierungshilfe zum christlichen Umgang mit Leid markiert es jedoch eine auch formgeschichtlich wichtige, später häufig zu findende[64] Station der theologischen Hiobrezeption.
Auch hier kann nicht so sehr der Grundansatz des Autors bedacht und gewürdigt werden, vielmehr konzentrieren wir uns auf die Darstellung und Deutung Hiobs unter Berücksichtigung des Gesamtduktus der Meditation. Küng setzt im Gegensatz zu Barth – aber wie nach ihm auch Gutiérrez – *»von unten«* an, bei den menschlichen Fragen nach Gott im Leid. Seine Ausführungen nehmen die immer wieder gestellte »Warum«–Frage der Zeitgenossen auf und versuchen in einem gedanklichen Fünferschritt eine christliche Antwort darauf zu formulieren. In einem ersten Schritt blickt Küng zurück auf die traditionellen Antworten der Philosophie, vor allem auf den klassischen Entwurf der Theodizee bei Leibniz. Ausgehend von der kantschen Leibnizkritik gesteht Küng diesen Überlegungen zwar ihre »scharfe Logik« zu, aber vermögen sie auch »existentiell« (S. 17) zu überzeugen angesichts der empirischen Fragestellung, können sie lebenspraktische Hilfe bieten?

---

[63] *Hans Küng*, Gott und das Leid (Einsiedeln 1967). Alle im Text markierten Zitate sind dieser Ausgabe entnommen.
[64] Vgl. die ähnlich konzipierten pastoral ausgerichteten Bändchen: *Heinz Zahrnt*, Wie kann Gott das zulassen? Hiob – Der Mensch im Leid (München/Zürich 1985); *Johannes B. Brantschen,* Warum läßt der gute Gott uns leiden? (Freiburg $^{2}$1992).

Unter dieser Frageausrichtung stehen die folgenden Ausführungen. In einem zweiten Schritt schildert Küng anhand von Dostojewskis »Die Brüder Karamasoff« die »Empörung« (S. 19) gegen jedwelchen Versuch, Gott angesichts des Leidens zu rechtfertigen. Bei Dostojewski wird jegliche Theodizee scharf zurückgewiesen, hier steht vor allem die entschiedene Auflehnung gegen Gott im Vordergrund. Dies also ist die Vorgabe des Spannungspols zur Frage von Gott und dem Leid: Philosophische Rechtfertigung Gottes einerseits – existentielle Empörung gegen Gott andererseits. Wo siedelt sich die Antwort für den Christen an? Im folgenden dritten Schritt widmet sich Küng unter dem Titel »Glauben« einer eingehenden – später noch genauer zu analysierenden – Betrachtung Hiobs. Anhand der Hiobsgeschichte wird die leibnizsche Theodizee relativiert, denn, so Küng gleich zu Beginn dieses Kapitels: »Ob der Mensch Gott rechtfertigen kann? Ist denn die Frage richtig gestellt?« (S. 27) Von Hiob her lasse sich vielmehr erkennen, wie der Mensch – im Verzicht auf theoretische Antworten auf die »warum«–Frage – durch das »ungesicherte und doch befreiende Wagnis des Glaubens« (S. 42) im Leiden bestehen könne.

Im vierten Schritt kommt der *spezifisch christliche Aspekt* der Frage nach Gott im Leid zur Sprache. Hier – deutlich von Barth beeinflußt – geht es um die in Christus erfolgte »Rechtfertigung des Menschen« (S. 44). Was bringt die Blickausweitung von Hiob auf Jesus Christus Neues? Zunächst: »*Jesus* hat das menschliche Leid *nicht erklärt*«, aber »als der Schuldlose bis zum Ende *durchgelitten*« (S. 47). Dieses Ereignis hat aber für alle Menschen entscheidende Konsequenzen, denn: »Von der Passion Jesu her erhält die Passion eines jeden Menschen einen Sinn, welchen die einfach zum unbedingten Glauben und Vertrauen aufrufende Hiobserzählung nicht vermitteln kann.« (S. 47) Dieser Sinn liegt – so Küng unter Aufnahme der paulinischen Theologie – in der im Auferweckungsgeschehen vollzogenen großen »Umwertung der Werte« (S. 51): in Kreuz und Auferweckung habe Gott »*Leid zum Leben gewandelt*« (S. 51).

Und von hierher ergeben sich für Küng die grundsätzlichen Bestimmungen hinsichtlich der Beziehung von Hiob zu Jesus: »Wo die Hiob-Erzählung endet, da fängt das Evangelium Jesu Christi an«; »Was in der Hiob-Erzählung nur am Ende als Möglichkeit aufscheint, … das wird durch Christi Leiden und neues Leben Wirklichkeit« (S. 52). Wo für Hiob letztendlich Gottes Unbegreiflichkeit stand, vermittelt Christus über diese hinausgehend die »*Gnade*«, die den Menschen ein voraussetzungsloses und vertrauensvolles Sicheinfügen in Gottes Willen ermöglicht und darüber hinaus alle, auch die gottfernen Menschen, rechtfertigt. Und das ist dann die »eigentliche, die einzig wahre Theodizee« (S. 54), nicht eine menschlich-philosophische, die ja als unmöglich entlarvt wurde, sondern eine *göttliche Theodizee*: »*die Rechtfertigung Gottes durch Gott selbst in der Rechtfertigung des gottfernen Menschen*« (S. 55).

Was ergibt sich aus all dem für den christlichen Umgang mit Leid? Das abschließende fünfte Kapitel des Büchleins faßt die Ergebnisse des somit ent-

wickelten Gedankengangs hinsichtlich des menschlichen Umgangs mit Not und Unglück, hinsichtlich der in Christus gewonnenen »Freiheit im Leiden« (S. 58) zusammen: »Gottes Liebe bewahrt nicht *vor* allem Leid, sie bewahrt aber *in* allem Leid« (S. 58). Die folgenden, hier nur knapp skizzierten Leitsätze markieren die Orientierungspunkte der küngschen Schlußausführungen, die die christliche Eigenposition jenseits der philosophischen Rechtfertigung Gottes à la Leibniz und der Rebellion gegen Gott à la Dostojewski profiliert: Von den Uranfängen des Christentums an läßt sich das Eine nicht übersehen: »*Zur christlichen Existenz gehört das Leid*« (S. 59). Die Wirklichkeit der Kreuzesnachfolge gehört – ganz realistisch und historisch-faktisch gedacht – zur urchristlichen Glaubenserfahrung hinzu. Zweierlei wäre jedoch eine falsch verstandene *Kreuzesnachfolge*: Weder sollte ein Christ unnötig und künstlich Leid anstreben – »Kreuzesnachfolge heißt *nicht*, das Leid suchen« (S. 60) – noch solle er einfach »das *Leid* stoisch *hinnehmen*« (S. 61). Im Gegenteil, der menschliche Kampf gegen das Leid ist von Jesus her gerade eine zentrale moralische Sinnspitze seiner Verkündigung. Doch gerade im unnachgiebigen Einsatz gegen das Leiden bleibe man »realistisch« (S. 62) hinsichtlich der Grenzen des menschlich Machbaren. Die endgültige Leidüberwindung ist den Menschen nicht gegeben. Diese letzte Überwindung bleibt »der eschatologischen Vollendung vorbehalten« (S. 64), gerade so ist die christliche Existenz im Horizont der Auferweckung in das Zeichen der »*Hoffnung*« (S. 65) gestellt. So bleibt für Christen die grundlegende Perspektive: »Der Christ weiß keinen Weg am Leid vorbei, aber er weiß einen Weg hindurch! Im glaubenden Vertrauen auf den, der, auch und gerade im Leid, verborgen anwesend ist und ihn hindurchträgt.« (S. 69)
Wie deutet Küng nun im Rahmen dieses Fünferschritts die *Hiobsgeschichte*? Mit Hiob, dessen Geschichte knapp skizziert wird, war »die Frage der Theodizee ... gestellt« (S. 27), hier wird existentiell im Alten Testament sowohl Leibniz als auch Dostojewski auf- und vorweggenommen. Welche Antwort gibt das Hiobbuch auf diese Frage? Zunächst schildert es, so Küng, zwei verschiedene menschliche Antwortversuche: Einerseits die *Theodizee der Freunde*, die – durchaus mit Leibniz vergleichbar – mit den »Mitteln einer rationalen Theologie und Ethik« (S. 28) die Situation erklären und Gott entschuldigen wollen. Doch was hilft Hiob, dem Leidenden, »rationale Theorie und Deduktion« (S. 30)? Er selbst, zwischen »Resignation und Lästerung« (S. 29) hin und her gerissen, versucht als letzten Appell an Gott, sich selbst in einem Reinigungseid als Unschuldigen darzustellen. Unter Berufung auf seine tadellosen Taten verlangt er im Sinne einer *Werkgerechtigkeit*, daß Gott ihm Recht erweise. Und, so Küng, stehe er am Ende seiner Rede nicht wahrhaftig »als voll gerechtfertigt« (S. 33) da?
Diese beiden menschlichen Reaktionen, die Theorien der Freunde und die Selbstrechtfertigung Hiobs, diese beiden *Theodizeeversuche* also werden – so Küng – vom Verfasser des Hiobbuches im Namen und mit der Autorität Gottes selbst *in ihre Schranken gewiesen*. Vor allem aber werde Hiob zurechtgewiesen, ein Tadel, den Küng aufgreift und aus seiner Sicht entschieden ver-

schärft: »Die Selbstrechtfertigung des Menschen, durch die der Mensch mit Berufung auf seine Taten und seine moralische Rechtschaffenheit sich selbst vor Gott ins Recht zu setzen sucht, erscheint als grundlegender Irrtum. Gerade durch des Menschen Rechthaberei wird Gottes Ratschluß verdunkelt« (S. 34). Mehr noch, wenn Hiob so rede, dann sei das »mehr als Irrtum«, das sei »Sünde« (S. 36). Die Konsequenz für den Menschen? Wenn er sich auf seine guten Werke beruft und aufgrund seiner selbsterklärten Werkgerechtigkeit von Gott »sein Recht« einfordert, hat er es sich, so Küng hier, »selbst zu verdanken, wenn ihm Gottes Handeln willkürlich, gewalttätig vorkommt.« (S. 34) Nein, im Zeichen Hiobs ist vom Menschen der »Verzicht auf jegliche Selbstrechtfertigung« (S. 36) gefordert, nur so kann er frei werden für die Weisheit und Güte Gottes.

Dieser lebendige, sich nicht vom Menschen zur Rechenschaft ziehen lassende Gott präsentiert sich im Hiobbuch als »Schöpfer, dessen Herrlichkeit reine Weisheit und Güte ist« (S. 34). Zwar zeichnet sich diese göttliche Schöpfung durch ihre *»freie Unbegreiflichkeit«* (S. 35) aus – gegen die alles berechnenden und vorauswissenden Freunde –, zwar ist uns Zeitgenossen des 20. Jahrhunderts jene »naive Unmittelbarkeit des Naturverständnisses« (S. 39) der Gottesreden nicht mehr möglich, aber dennoch behält diese *Güte Gottes* das letzte Wort, eine Güte, die sich in der Ermöglichung der Gottesbegegnung realisiert: »Die Begegnung mit dem lebendigen Gott ist es, die alle menschliche Kritik und Vernünftelei verstummen läßt« (S. 38). Denn weise nicht die recht betrachtete Schöpfung darauf hin, daß »alles ›sehr gut‹« (S. 35) ist?

Worauf also kommt es der Hiobgeschichte an, wenn die menschlich-philosophischen Theodizeeversuche – sei es durch abstrakt deduktive Erklärungssysteme, sei es durch eine menschliche Selbstrechtfertigung durch Werke – als existentiell gescheitert entlarvt werden? Drei fundamentale Grund-Sätze, die sich fortan immer wieder in Küngs Werken finden werden, kristallisieren sich als Antworten auf Hiob, als Antwort auf die Frage des Menschen im Leid allgemein heraus. Worauf also kommt es an?

1. »Die Unfähigkeit, hinter das Rätsel des Leids und des Bösen zu kommen, nüchtern und ruhig eingestehen.« (S. 40)
2. »Daß wir Gott von vorneherein ein letztes, ein bedingungsloses und restloses *Vertrauen* entgegenbringen« (S. 41), ohne vor ihm und gegen ihn aufzubegehren. Und zusammengefaßt bedeutet dies:
3. »Im vertrauenden Glauben läßt sich das Leid nicht ›erklären‹, wohl aber – und darauf kommt es an – *bestehen*.« (S. 42)

Gerade in diesen Einsichten zeigt sich der Brückenschlag von Hiob zu Jesus und die bleibende Bedeutung Hiobs auch für Christen.

*Weiterentwicklung und Verschärfung der Position:*
*Von »Christ sein« zu »Credo«*

Diese Kerngedanken und hermeneutischen Grundprinzipien Küngs zum Thema »Gott und das Leid« halten sich von dieser Meditation aus in seinem gesamten Werk konstant durch: Einsatz bei den Fragen des konkreten Menschen, Absage an die Vorstellung eines Tun-Ergehen-Zusammenhanges[65] und an jegliche theoretische Theodizee oder Selbstrechtfertigung des Menschen, Aufzeigen einer christlichen Perspektive des existentiellen Bestehens im Leid im Sinne einer richtig verstandenen »Kreuzesnachfolge«[66]. Die Positionen werden im Laufe der Zeit allerdings verschärft und weiter konkretisiert. Das betrifft zum einen die *Absage an eine jegliche theoretische Theodizee*. Schon in »Gott und das Leid« wurden die menschlich-philosophischen Theodizeeversuche als unzureichend und von geringer existentieller Wirkkraft zurückgewiesen. Zum einen wurde aber einer Argumentation im Sinne von Leibniz durchaus noch ihre richtig verstandene »Wahrheit« (S. 40) zugestanden, zum anderen in der Rechtfertigung des Menschen durch Gott dessen Selbstrechtfertigung im Sinne einer »wahren Theodizee« (S. 55) anerkannt. Beide Positionen werden nicht explizit widerrufen, sicherlich sind sie auch nicht einfach »erledigt« oder »überwunden«. Aber sie werden von Küng auch nicht wieder aufgenommen: vielleicht deshalb, weil ihre existentielle Überzeugungskraft im Umgang mit Leid heute weniger denn je einleuchtet? In »Das Judentum« (1991) etwa heißt es eindeutig: »*Eine theoretische Antwort auf das Theodizee-Problem*, scheint mir, *gibt es nicht*!«[67] Da schon die erkenntnistheoretischen Prämissen der leibnizschen Theodizee heute vielfach nicht mehr geteilt werden, verlieren auch viele seiner Argumente an Überzeugungskraft. Und der von Barth aufgenommene spekulative Gedanke einer im Christusgeschehen bereits erfolgten »göttlichen Theodizee« beantwortet letztlich die menschliche Frage nach Gott und dem Leid auch nicht. Es bleibt dabei: Der Mensch muß mit dem Verzicht auf eine Antwort auf diese Frage leben.[68]

*Wie* er damit leben kann, das betont zuletzt die mit den Jahren immer deutli-

---

[65] Vgl. *Hans Küng*, in: ders./*Julia Ching*, Christentum und Chinesische Religion (München/Zürich 1988), S. 196: »Als ob es einen von Gott garantierten Zusammenhang zwischen Frömmigkeit und Glück, Unrecht und Leid gäbe!«

[66] Vgl. hierzu die ausführliche Konkretisierung »Die Bewältigung des Negativen« in: *Hans Küng*, Christ sein [1]1974 (München 1987), S. 697–710. Diese Überlegungen erfolgen jedoch programmatisch erst *nach* einer Diskussion über »Die gesellschaftliche Relevanz« des Christseins, in der in kritischer Sympathie die damals neu ins Bewußtsein tretenden *befreiungstheologischen Ansätze* – beispielsweise von Gutiérrez – aufgenommen werden. Gerade die politisch-soziale Dimension der Leid- und Armutsbekämpfung nimmt einen neuen, in »Gott und das Leid« noch wenig entwickelten Aspekt auf.

[67] *Hans Küng*, Das Judentum (München 1991), S. 726.

[68] Anzufragen bleibt aber, ob Küngs Schlußfolgerungen aus der Notwendigkeit dieses Verzichts bezüglich der Gottesattribute »gut«, »gerecht«, und »mächtig« letztlich überzeugen. Küng schreibt in »Credo« (a.a.O., S. 122): »alle diese Attribute kann man schließlich und endlich doch nicht aufgeben, wenn es noch um *Gott* gehen soll«. Tatsächlich, »aufgeben« kann man diese Attribute wohl nicht, aber vielleicht – im Anschluß an Barth – relativieren. Nicht die Attribute bestimmen das Subjekt, sondern das Subjekt die Attribute. Küngs eigene Überlegungen zum Begriff der »Allmacht« (a.a.O., S. 42ff.) könnten hier wegweisend sein.

cher profilierte, im Kern aber wiederum in »Gott und das Leid« bereits formulierte Grundposition Küngs zur Frage des Umgangs mit dem Leid. Gerade die Hiobsproblematik wird, so Küng in »Christ sein« von 1974 und wieder in »Existiert Gott?« von 1978, zum »Testfall für Gottvertrauen und Grundvertrauen«[69]. Zwar gebe es einen entscheidenden Unterschied zwischen Hiob und dem zeitgenössischen Menschen: Ein heute lebender, emanzipierter Mensch könne seine Mitverantwortung für die Übel in der Welt und seine grundsätzliche Schuldmitverstrickung nicht mehr leugnen. »Und von daher ist ihm die Selbsteinsicht heute vielleicht leichter gemacht als dem nicht emanzipierten Hiob, der sich, wie es scheint, nichts vorzuwerfen hatte.« Jedoch: »in einer grundsätzlich anderen Situation als Hiob wird er mit seiner Leidensgeschichte Gott gegenüber nie sein.«[70] Gerade Hiob wird zum Vorbild für die Einsicht, daß sich sinnloses Leiden eben »*nicht theoretisch verstehen*« läßt, sondern »*nur praktisch bestehen*«[71]. Zentral für Küngs Hiobdeutung: *Juden wie Christen können vom Vorbild Hiob her zwei grundlegende Einsichten gewinnen*. Erstens: »Gott ist und bleibt den Menschen letztlich unbegreiflich« – eine sanfte Korrektur an dem zuvor noch optimistisch zitierten, nun verschwiegenen »alles ist sehr gut«? Und zweitens: Es bleibt dennoch die Einsicht in die Möglichkeit, »diesem unbegreiflichen Gott statt Resignation und Verzweiflung ein unerschütterliches, unbedingtes Vertrauen entgegenzubringen«[72]. Es geht also um eine realistisch-nüchterne Einschätzung: es ist ein Gottvertrauen »trotz allem«[73], und es beruht nicht auf der »Erwartung eines Happy Ends auf Erden wie in der Rahmengeschichte des Ijob«[74], sondern bleibt ein ausharrendes, ein hoffendes Gottvertrauen auf einen verborgenen Sinn.

Speziell für den *Christen*, so Küng ebenfalls in einer linearen gedanklichen Fortentwicklung von »Gott und das Leid« bis zu »Credo« (1992), beruht dieses Vertrauen über Hiob hinausgehend nicht auf der Erfahrung Hiobs allein, sondern zentral auf dem Leben, Sterben und der Auferweckung von Jesus. Für Christen »scheint im äußersten Leid über die (letztlich doch fiktive Gestalt des Ijob hinaus) die wahrhaft historische Gestalt des leidenden und sterbenden … Schmerzensmannes aus Nazaret«[75] auf. Was »dem Hiob bestätigt« wurde, wird »vom auferweckten Gekreuzigten her definitiv offenbar und gewiß: Auch das Leiden ist von *Gott* umfangen, auch das Leid kann bei aller

69 *Hans Küng*, Christ sein a.a.O., S. 524; ders., Existiert Gott [1]1978 (München 1983), S. 757.
70 *Hans Küng*, Christ sein, a.a.O., S. 524.
71 *Hans Küng*, Das Judentum, a.a.O., S. 729.
72 Ebd.
73 A.a.O., S. 732. Vgl. schon in »Christ sein«, a.a.O., S. 699: Hiob ermuntere den Menschen »trotz allem« »Ja zum unbegreiflichen Gott« zu sagen, »gegen alle Versuchung der Empörung, Revolte, Resignation und des Zynismus«.
74 *Hans Küng*, Das Judentum, a.a.O., S. 730.
75 A.a.O., S. 729.

Gottverlassenheit Ort der Gottesbegegnung *werden*«[76], zur Begegnung mit dem mitleidenden Gott.

Eine wichtige Nuancierungsverschiebung in der Hiobdeutung Küngs betrifft jedoch die Frage nach dem »recht Sprechen« Hiobs. Zugestanden wird in »Gott und das Leid«, daß niemand seine Fragen an Gott »unterdrücken« (S. 7), müsse und gerade anhand von Dostojewski wird die »Empörung« und Klage thematisiert. Speziell in bezug auf Hiob aber wird hier nirgendwo deutlich, wie oder warum der so scharf getadelte Hiob recht von Gott gesprochen habe. Allein Hiobs Einlenken und schlußendliches Schweigen wird hier lobend hervorgehoben und als vorbildhafte Haltung betont. Als menschlich angemessene Sprachform im Leiden bleibt hier »vielleicht« in letzten Extremsituationen nur das von Hiob erlernbare »wortlose Sich-Hinhalten« (S. 41) in Gottes Weisheit und Güte. Eine klagende Empörung, ein energisches Protestieren, eine aufbegehrende Revolte aber haben in »Gott und das Leid« von Hiob her gerade keinen dem Menschen wirklich zustehenden Raum. Im Gegenteil: Gerade vom Neuen Testament her, von der »in Christus offenbar gewordenen Liebe Gottes« (S. 57), werde für den Gläubigen eine derartige menschliche Protesthaltung überwunden. Gegen einen mitleidenden, liebenden Gott sei eine Revolte schlichtweg unsinnig, könne man nicht protestieren.[77]

Diese Position wird in den späteren Werken Küngs modifiziert und weiterentwickelt. Zwar wird in »Das Judentum« von 1991 die aufgezeigte Traditionslinie durchaus in aller Kontinuität fortgeführt, indem eine »Theologie des Schweigens«[78] als möglicherweise einzig adäquate Antwort auf das Theodizeeproblem angeführt wird. Daneben tritt aber nun – gerade im Zeichen Hiobs – ein zweiter Spannungspol. So wird das »recht Sprechen« Hiobs nun eindeutig auf die Form (nicht auf den Inhalt!) seiner Reden bezogen, denn »daß wir Menschen das Recht haben, zu fragen und anzufragen, ja, aufzubegehren und anzuklagen, das haben wir nicht zuletzt vom biblischen Ijob gelernt«[79]. Also nicht mehr der Versuch, dem menschlichen Protest durch die Vorstellung des liebenden und mit-leidenden Gottes die Basis zu entziehen! Und wie anders klingen diese Ausführungen im Vergleich zu der vormaligen Aussage, die Menschen hätten es allein »sich selbst zu verdanken« (S. 34), wenn Gottes Handeln ihnen manchmal grausam erschiene oder unverständlich bliebe. *Hiob* wird bei Küng später ausdrücklich auch zum *Vorbild einer Rückfrage an Gott* selbst.

---

[76] *Hans Küng*, Christ sein, a.a.O., S. 528. Ähnlich in: ders., Existiert Gott?, a.a.O., S. 759.

[77] Vgl. *Hans Küng*, Gott und das Leid, a.a.O., S. 57: »Gegen eine abstrakt betrachtete Gerechtigkeit Gottes (...) kann ich revoltieren. Nicht aber gegen die in Christus offenbar gewordene Liebe Gottes, die in ihrer Voraussetzungslosigkeit und in ihrer Grenzenlosigkeit all mein Leid umfaßt, die meine Empörung zum Schweigen bringt.« Ähnliche Positionen finden sich auch in »Christ sein« und »Existiert Gott?«.

[78] *Hans Küng*, Das Judentum, a.a.O., S. 727.

[79] A.a.O., S. 720.

Diese von Hiob her begründete Form des protestierenden Redens, des Haderns mit Gott schließt freilich die Möglichkeit eines letzten vertrauensvollen, auch wortlosen Sichfügens in Gottes Güte gerade nicht aus. Hiob vereinigt den von Rebellion zu Demut reichenden Spannungsbogen des rechten Sprechens von Gott: »Von Ijob her können Menschen darauf vertrauen, daß Gott auch des Menschen *Protest* gegen das Leid respektiert und sich schließlich doch als sein Schöpfer manifestiert, der ihn vom Leiden erlöst.«[80]

*Zustimmung und Rückfragen*

Die grundsätzlichen Ausführungen von Küng zur Frage »Gott und das Leid« spiegeln sich im Grundduktus dieser Arbeit, und zwar zunächst hinsichtlich des Ansatzes »von unten«, von den konkreten Fragen und Problemen der Menschen, hier repräsentiert durch die Schriftstellerinnen und Schriftsteller. Daneben aber wird hier auch die Gedankenentwicklung von Hiob zu Jesus aufgenommen und weiterentwickelt. Küngs christliche Hiobdeutung zeichnet sich ja – im Gegensatz zu Barth – dadurch aus, daß das Hiobbuch so unvoreingenommen wie möglich aus sich selbst heraus verstanden wird. Dabei wird versucht, – im Gegensatz zu Gutiérrez – möglichst dem Hiobbuch selbst zugehörige Interpretationskategorien zu verwenden. Auf Ausnahmen von diesem Prinzip wird noch einzugehen sein. Erst *nach* dieser Betrachtung wird die spezifisch christliche Perspektive, die Einmündung der Hiobsfrage in die Frage nach Christus, ins Spiel gebracht und als bewußt *christlich profilierte Position* deutlich gekennzeichnet. Auch in den wesentlichen existentiellen Positionen werden die benannten Ausführungen aufgenommen. Die folgenden Rückfragen aufgrund der in dieser Arbeit formulierten Herausforderungen beziehen sich somit auf zwei Punkte, die unmittelbar die Hiobinterpretation Küngs speziell in »Gott und das Leid« betreffen.
Erste Fragedimension: »Gott und das Leid«[81] ist als pastorale Meditation, als Antwort für den Menschen in der heutigen Zeit konzipiert. Hiob wird mit Recht als Modellfall eines Zeitgenossen geschildert, denn in ihm »erkennen wir uns selbst« (S. 42). Diese Gleichsetzung wird freilich der textlichen Vorlage des alttestamentlichen Buches nicht in allen Punkten gerecht. So wird Hiob besonders in der *Frage der »Schuld« oder »Unschuld«* zu undifferenziert mit dem heutigen, christlichen Leser gleichgesetzt. Die ganze Brisanz der biblischen Hiobgeschichte beruht ja darauf, daß Hiob tatsächlich als unschuldig bezeichnet wird, nicht nur von sich selbst, sondern von Gott. Eben darum kann an ihm und seiner »Sonderstellung«[82] beispielhaft eine theologi-

---

[80] A.a.O., S. 729. So auch in: ders., Credo. Das apostolische Glaubensbekenntnis – Zeitgenossen erklärt (München /Zürich 1992), S., 124f.
[81] Die folgenden im Text markierten Zitate beziehen sich wieder auf *Hans Küng*, »Gott und das Leid«, a.a.O.
[82] *Hermann Häring*, Das Problem des Bösen in der Theologie (Darmstadt 1985), S. 22.

sche Tiefenerkenntnis demonstriert werden. Insofern handelt es sich bei ihm nicht um eine vorgebliche »Selbstrechtfertigung« durch Werke – einem spezifisch christlich gefärbten Begriff aus der reformatorischen Theologie, der dem Hiobbuch selbst als Kategorie fremd bleiben muß[83]. Nein, Hiob geht es im alttestamentlichen Kontext weder darum, sich selbst mit Hinweis auf seine guten Taten zu rechtfertigen, ihm geht es nicht um »Vernünftelei«, die gar als »Sünde« zu bezeichnen wäre. Hier geht es keineswegs um »ein geheimes Mißtrauen« (S. 37) Gott gegenüber, im Gegenteil: Hiob fordert ein ihm im Rahmen seiner Vorstellungswelt zustehendes Recht ein. Hier kann gerade nicht davon die Rede sein, daß Hiob sich »als der Unschuldige aufspielen will« (S. 36). Er ist es! Die genannten Begriffe zielen im Rahmen der Ausführungen auf heutiges menschliches Verhalten. Aber wird Hiob hier nicht zu einem »Vorbild« für Verhaltensweisen, die ihm selbst unangemessen und fremd sind?
Die zweite Nachfrage bezieht sich auf eine Perspektive der Hiobbetrachtung, die für Küng in »Gott und das Leid« nicht im Zentrum steht, sicherlich auch deshalb, weil sie von der Exegese erst lange nach Erscheinen dieser Meditation ausdrücklich in den Blickpunkt der Überlegungen gerückt worden ist. Hinsichtlich der *Gottesreden* und ihrer Botschaft sprach Küng dort über eine »naive Unmittelbarkeit des Naturverständnisses«, die »uns heute nicht mehr möglich« (S. 39) sei. Er bedachte später – wie gesehen – das formale recht Sprechen Hiobs, nicht aber die Möglichkeit eines inhaltlichen recht Sprechens, das ja mit dem konkreten Inhalt dieser Gottesreden eng verbunden ist. Sind sie wirklich nur »naive« Naturschilderungen oder nicht doch tiefe mythologische Aussagen über das Wesen der Schöpfung und des Schöpfers? Ist nicht in ihnen doch auch eine eigene »Antwort« an Hiob gegeben, die dieser sehr wohl verstanden hat und die von heutigen Lesern immer noch entschlüsselt und verstanden werden will? Könnte nicht in einer – erst durch die Ergebnisse der neuesten Exegese möglich gewordenen – inhaltlichen Betrachtung der Gottesreden und ihrer Funktion im Gesamtduktus des Hiobbuches und im Anschluß daran in einer Reflexion darüber, worin Hiob inhaltlich recht geredet haben könnte, der originäre Beitrag dieses alttestamentlichen Buches interpretatorisch noch tiefer ausgeschöpft werden? Die letztlich eigenständige Hiobantwort könnte so in Weiterführung der küngschen Gedanken ihre eigentliche Schärfe und ihr immanentes Profil erhalten.

[83] Die zweite dem Hiobbuch selbst nur bedingt zugehörige Interpretationskategorie Küngs ist die der »Theodizee«, vgl. die Diskussion in dieser Arbeit.

## III. Umrisse einer Hiobdeutung aus christlicher Perspektive

Hiob als Zeuge des wahrhaftigen Zeugen Jesus Christus im Kontext der christlichen Versöhnungslehre bei Barth; als in Betrachtung und Prophetie für die Armen vorbildhaft von und mit Gott Sprechender aus Sicht der lateinamerikanischen Befreiungstheologie bei Gutiérrez; als Vorbild des »Warum« fragenden und dennoch sein Vertrauen auf Gott setzenden Zeitgenossen im Zusammenhang der Theodizeeproblematik bei Küng; eine Hiobbetrachtung im dogmatisch-systematischen Diskurs, ein Hiobkommentar als Auslegung in eine ganz bestimmte gesellschaftspolitische und soziologische Situation hinein, eine theologische Meditation als Orientierung für Zeitgenossen hinsichtlich der Frage nach Gott und dem Leid: Wir haben drei in Form und Inhalt sehr verschiedenartige, eigengeprägte und gerade so in ihrem Zugang und Umgang paradigmatische Hiobdeutungen aus dezidiert christlicher Sicht kennengelernt.
Vor allem bei Barth und Gutiérrez ist dabei ein hermeneutisches Grundprinzip deutlich geworden: Wie bei den bereits behandelten philosophischen, den jüdisch-theologischen und allen literarischen Hiobinterpretationen, so bestimmen auch bei diesen christlichen Theologen die impliziten Interpretationsvorgaben, die Deutungsprämissen, die vorgegebenen hermeneutischen Voraussetzungen ganz entscheidend die letztlich erfolgende Hiobdeutung. *Hiob dient* – hier wie dort – *primär zur Illustration der schon vorgängig vorausgesetzten Grundthese und Grundanschauung* der jeweiligen Autoren. Was der fiktiv schaffenden Literatur selbstverständlich ist, spiegelt sich also auch in den – freilich sehr viel enger am Hiobtext orientierten – theologisch-systematischen Auslegungen. Die eben nicht rein textwissenschaftlich zurückblikkenden, sondern in ihre Gegenwart hineinsprechenden Theologen benennen dieses ihr Interpretationsverfahren ganz offen: Barth blickt vom versöhnenden Christusereignis auf Hiob zurück und ordnet das Hiobgeschehen in den christologischen Grundduktus seiner Ausführungen ein; Gutiérrez stellt seinen Betrachtungen zu Hiob ein Kapitel über »Offenbarung und theologische Methode« voraus und interpretiert das Hiobbuch im folgenden unter der hermeneutischen Maßgabe der Befreiungstheologie; und auch Küng betrachtet das Hiobbuch aus einer Perspektive, die primär auf den heutigen Zeitgenossen und seine Situation ausgerichtet ist. Hiob interessiert als unser Zeitgenosse, Hiob wird dort wichtig, wo er in die Gegenwart, in konkret bestimmbare gesellschaftliche oder individuelle Situationen hinein ausdeutbar wird.
Hierin unterscheiden sie sich also grundsätzlich nicht, die Deutungen eines C.G. Jung oder Martin Buber, eines Ernst Bloch oder Archibald MacLeish, eines René Girard oder Gustavo Gutiérrez, eines Paul Claudel oder einer Margarete Susman, eines Elie Wiesel oder Karl Barth. Diese *grundsätzliche Parallelität der hermeneutischen Vorgehensweise* läßt aber sehr wohl graduelle Unterschiede in der Plausibilität der Auslegung und in der Kohärenz der Deutung mit dem Text zu – darauf wurde in den jeweiligen Kapiteln

verwiesen. Es relativiert sich jedoch eine – im Rahmen dieser Arbeit oftmals zitierte – vorschnelle Kritik von seiten einzelner Theologen an den freier mit ihrer Quelle umgehenden nicht-theologischen Interpreten, etwa an MacLeishs Hiobdrama, an den Hiobromanen von H.G. Wells oder Joseph Roth, an den Hiobdeutungen Jungs oder Blochs. Die immanente Grundvorgabe derartiger theologischer Literatur-Kritik, ihrerseits einen objektiv adäquaten Umgang mit den zur Debatte stehenden Texten zu praktizieren, ihrerseits das Hiobbuch richtig und erschöpfend auszulegen, ist angesichts des Befundes zu hinterfragen.
Die Faszination Hiobs liegt gerade darin, daß unterschiedlichste Menschen mit unterschiedlichsten Grundanschauungen sich in ihm spiegeln, an ihm reiben, mit ihm auseinandersetzen. Die auf den eigentlichen alttestamentlichen Text in seinem Kontext hinzielenden exegetischen Ergebnisse dienen – sofern sie überhaupt zur Kenntnis genommen werden – derartigen Auslegungen dabei fast durchgängig primär als kritisches Korrektiv. Die eine, richtige, endgültige und abschließende Hiobauslegung gibt es nicht, kann es nicht geben, weil Auslegung immer vom jeweiligen Kontext der Rezeption mitbestimmt wird. Allein der wiedergegebene Chor der Interpretationsstimmen bringt gerade in seiner Vielfalt literarischer, philosophischer oder theologischer Auslegungen – jeweils vom Rahmen des Vorverständnisses entscheidend geprägt – die ganze Deutungsvielfalt und das legitime Verstehensspektrum des Hiobbuches zu Gehör.
Die genannte hermeneutische Vorgabe bezieht sich denn auch auf die folgenden Ausführungen, in denen viele der skizzierten Positionen aufgenommen, gebündelt und weitergeführt werden. Wenn also der Versuch unternommen wird, *Umrisse einer Hiobdeutung aus christlicher Perspektive* anzudeuten, dann in dem Bewußtsein, als christlicher Theologe eine eigene, christliche Position zur Hiobsproblematik zu beziehen, die nolens volens vom eigenen biographischen, soziokulturellen und theologischen Standpunkt geprägt ist. Die christlich-systematischen Überlegungen von Barth, Gutiérrez und Küng werden dabei genauso ihre – im einzelnen nicht stets noch einmal benannten – Spuren hinterlassen wie exegetische Studien. Es kann hier freilich lediglich um einen stets eng an Hiob orientierten Schattenriß gehen, um nicht mehr als Andeutungen und Hinweise, weil eine grundsätzliche theologisch-systematische »Antwort an Hiob« umfangreiche exegetisch wie dogmatisch begründete Ausführungen zu den zentralen christlichen Fragen von Christologie, Soteriologie und Gotteslehre erforderten, die den Rahmen dieser Arbeit sprengen würden.

## 1. Von Hiob zu Jesus

Ohne jeden Zweifel ist es für einen explizit christlichen Deutungsansatz legitim, vom Christusgeschehen – dem Zentrum jeder christlichen Theologie – ausgehend auf das Alte Testament zurückzublicken. Ein derartiges Verfahren haben wir in unterschiedlicher Eigenprägung bei Barth und Gutiérrez kennengelernt. Aber: Mit den Worten von Johann Baptist Metz stellt sich die Frage, ob »in der Christologie die Hiobfrage nicht häufig zu sehr verdrängt«[1] wurde. In unserem Ansatz soll deshalb das von Küng her vertraute, auch von anderen – nur am Rande – erwähnten Autoren wie Heinz Zahrnt oder Johannes B. Brantschen[2] verwendete umgekehrte Verfahren übernommen und erweitert werden: Was verändert sich, wenn man *von Hiob auf Jesus* blickt, und nicht umgekehrt versucht, Hiob in einen feststehenden christlichen Vorstellungsrahmen rückwirkend einzuordnen. Im Durchbuchstabieren eines solchen Verfahrens soll der Versuch unternommen werden, *innerhalb der christlichen Grundschrift selbst indirekte, analoge Aussagen* ausfindig zu machen, von denen her eine verantwortbare biblisch-christliche Position in Auseinandersetzung mit Hiob zu formulieren wäre.

Ein solcher Blick aus christlicher Perspektive von Hiob auf Jesus erfolgt im Sinne der Einlösung einer versuchten »praktisch-authentischen Theodizee«, die im konkreten christlichen Bekenntnis ihre spezifische Form erhält.[3] Den drei genannten christlich-theologischen Hiobauslegungen von Barth, Gutiérrez und Küng folgend, wird in einer solchen Perspektive der Abschnitt Hiob 19,25f. gerade nicht im Zentrum der Auslegung stehen. Keine blickverengende Rückschau, sondern der Versuch einer perspektivenöffnenden Blickausweitung! Kein Überstülpen von hiobfremden Kategorien, sondern der Versuch, von den Kategorien Hiobs her und in seinen Fußstapfen das Christusgeschehen zu deuten – im Bewußtsein, hier nicht das christliche Grundbekenntnis als Ganzes darstellen zu können, sondern lediglich einen Aspekt, den Aspekt des Hiobproblems, zu beleuchten.

In einem derartigen Zugang soll der wohlbegründete Appell des katholischen Alttestamentlers *Erich Zenger* aufgenommen werden, der in seinem Buch »Das Erste Testament« von 1991 einige grundlegende hermeneutische Klärungen für den Umgang des Christen mit dem – eben nicht im pejorativen Sinne gemeinten »Alten«, sondern mit dem weiterhin auch für Christen eigengültigen – »Ersten Testament« vorgelegt hat. Zu Hiob schreibt er in diesem Sinne: »Wer beispielsweise die unterschiedliche Art und Weise, in der das Ijob-Buch, das Buch Kohelet und die neutestamentliche Passionsgeschichte über das Leid und den Tod reden, aus einem theologischen oder christologischen Systemzwang heraus nivelliert, verweigert den leidenden und sterbenden Menschen die ihnen biblisch angebotenen Möglichkeiten, ihre

---

[1] *Johann Baptist Metz*, Jenseits bürgerlicher Religion. Reden über die Zukunft des Christentums (München/Mainz 1980), S. 36.

[2] Vgl. *Heinz Zahrnt*, Wie kann Gott das zulassen. Hiob – der Mensch im Leid, a.a.O.; *Johannes B. Brantschen*, Warum läßt der gute Gott uns leiden?, a.a.O.

[3] Hierin folge ich der im Kapitel »Vom Diskurs zum Bekenntnis«(284–292) skizzierten Vorgabe von *Regina Ammicht-Quinn*, Von Lissabon bis Auschwitz, a.a.O., ohne freilich mit ihr davon auszugehen, daß sich damit das Problem der Theodizee ausschließlich »in den Bereich der theologischen Ethik« (S. 20) verlagere.

so unterschiedlichen Ängste und Erfahrungen vor Gott auszusprechen und anzunehmen.«[4] Wie es auch der protestantische Systematiker Friedrich Mildenberger ganz in diesem Sinne formuliert, sollte man erst nach gründlicher Beachtung des alttestamentlichen Buches in und für sich »vom Neuen Testament her *mit* Hiob«[5] nach einer spezifisch christlichen Perspektive fragen: Sind die durch Hiob gewonnenen Einsichten und Erkenntnisse qualitativ aus christlicher Sicht entscheidend zu modifizieren? Welche Bedeutung kommt den immer wieder – sei es bei Jung oder Girárd, bei Claudel oder Barth – zu lesenden Aussagen zu, die Hiobsproblematik löse sich letztlich doch erst im Christusgeschehen auf? Was genau ist darunter zu verstehen, wenn – stellvertretend für viele – Dorothee Sölle schreibt, im Hiobbuch bündele sich »der unbeantwortete Schrei der vorchristlichen Welt, die ihre *Antwort findet* in Christus«[6]? Oder wenn Hans Küng ausführt: »Wo die Hiob-Erzählung endet, da fängt das Evangelium Jesu Christi an«[7]?
Von Hiob zu Jesus in einem strukturell-problemgeschichtlichen Vergleich – ist ein solcher Vergleich überhaupt möglich oder sinnvoll?[8] Sind Hiob und Jesus zwei auf einer Ebene vergleichbare Gestalten? *Zwei hermeneutische Grundvoraussetzungen* müssen einer derartigen Linienziehung von Hiob zu Jesus als Vorbedingung vorausgeschickt werden.

1. Der im alttestamentlichen Buch vorgestellte Hiob hat als solcher nicht gelebt. Selbst wenn das Hiobbuch auf historische Vorbilder zurückgeht, selbst wenn sich bis in die Gegenwart hinein eine unendliche Anzahl von Hiobsschicksalen finden läßt, so ist das Hiobbuch in seinen sämtlichen Elementen nicht die Wiedergabe historischer Geschichtsschreibung, sondern Bündelung von religiösen Tiefenerfahrungen. Gerade als solches verbürgt es jedoch kanonisierte Wahrheit, gerade so bietet es religiöse Orientierung über mindestens 2500 Jahre bis in unsere Gegenwart.
   Auch im Neuen Testament finden sich vergleichbare Bündelungen religiöser Tiefenerfahrung, aber es gibt einen entscheidenden, den Vergleich von Hiob und Jesus von vornherein auszeichnenden Unterschied: Jesus von

---

[4] *Erich Zenger*, Das Erste Testament. Die jüdische Bibel und die Christen (Düsseldorf 1991), S. 125.

[5] So *Friedrich Mildenberger*, Biblische Dogmatik, Bd. II, a.a.O., S. 286 (meine Hervorhebung im Sinne Mildenbergers). Man dürfe auch und gerade aus christlicher Perspektive »nicht zurücklassen, was Hiob im Formular und auch gegen das Formular sagt«.

[6] *Dorothee Sölle*, Leiden, a.a.O., S. 148. Hervorhebung von mir.

[7] *Hans Küng*, Gott und das Leid, a.a.O., S. 52. Vgl. dazu: *Hugo Sonderegger*, Hat Hiob recht? (Zürich/Stuttgart 1968), S. 55: »Die Antwort auf die Hiob*frage* ist die Christus*person*.« Einen trinitarisch begründeten Trost findet Hiob, der zuvor alle anderen »Geschichten an seinem Leiden« ergebnislos ausprobiert hatte, in dem narrativen Essay »Wähle, Hiob!« des österreichischen Dogmatikers *Gottfried Bachl*, in: ders., Gottesbeschreibung (Innsbruck/Wien 1990), S. 152–158.

[8] Wilhelm Bruners erkennt in seinem Buch »Wie Jesus glauben lernte«: Jesus »ist Hiob ähnlich«, es »gibt Parallelen zwischen« ihnen, auch wenn klare Unterschiede zu benennen bleiben. Vgl. *Wilhelm Bruners*, , Wie Jesus glauben lernte [1]1988 (Freiburg 1993), S. 117f.

Nazareth ist eine historische Gestalt, ein Mensch, der real gelebt und gelitten hat. Schon von hierher ist das Geschehen um Jesus als *Konkretisierung, Verschärfung und Radikalisierung der Hiobsproblematik* zu betrachten: Von der – wenn auch archetypischen, so doch eben nur – literarischen Gestalt zur historisch realen Figur, vom imaginären »Problemträger« Hiob zum konkreten Menschen Jesus.

2. Die zweite hermeneutische Vorbedingung knüpft an den ersten Punkt an. Im Blick auf Hiob erschließt sich der Glaube an Gott, nicht aber an Hiob selber. Im Blick auf Jesus Christus aber erschließt sich für Christen konkret der Glaube an Jesus und an den von ihm verkündigten Gott. Die Gattung der Evangelien ist die des Glaubenszeugnisses *an* Jesus Christus, das Hiobbuch ist hingegen der Bericht *über* Hiob und seinen Glauben an Gott. Von hierher ist die konkrete Redeweise der Evangelien noch einmal zu spezifizieren: Wovon spricht man, wenn man von »Jesus« spricht? Ein allgemein anerkanntes Ergebnis der kritischen Exegese ist die Feststellung der Unmöglichkeit, eine Biographie Jesu zu verfassen. Das heißt freilich nicht, daß man nicht doch auf wissenschaftlich verantwortbare Weise von Jesus sprechen könnte. Zum einen ist es sehr wohl möglich, biographisch zuverlässige Rahmendaten über Leben und Botschaft dieses historischen Jesus[9] herauszukristallisieren, und zum anderen finden sich in den Glaubensverkündigungen der Evangelien und den Schriften des Paulus zulässige Transformationen des Anliegens Jesu im Blick auf das Kreuzigungs- und Ostergeschehen. In diesem Sinne spricht das Neue Testament authentisch von Jesus, in dem Sinne wird auch im folgenden versucht, von Jesus zu sprechen.

Wenn also Hiob und Jesus[10] im folgenden einander gegenübergestellt werden, dann nicht mit dem Ziel einer Nivellierung der unübersehbaren Unterschiede, sondern in dem Bewußtsein, zwei sehr unterschiedliche Größen miteinander zu vergleichen. In einem methodologischen Dreischritt soll ein Vergleich von Hiob und Jesus Christus durchgeführt werden. Erste Frage: Was verbindet, trennt und kennzeichnet sie *als* selbst Leidende? Zweite Frage: Wie präsentiert sich ihr jeweiliger Umgang *mit* Leidenden? Und dritte Frage: Welche Perspektiven ergeben sich von dem von ihnen bezeugten Ende her, also von Hiobs Gottesbegegnung und Wiederherstellung beziehungsweise von Jesu Auferweckung?

---

[9] Zu allen Ausführungen über Jesus vgl. die Literaturübersicht zu den neuen, so oder so einflußreichen Jesusbüchern: *Heinz Giesen*, Der irdische Jesus – Ursprung der neutestamentlichen Christologie. Neue Literatur über Jesus und die Christologie des Neuen Testaments, in: Theologische Revue 87 (1991), S. 440–460. Dort auch weitere Hinweise zur Diskussion über den »historischen Jesus«.

[10] Zur neuesten literarischen Jesusrezeption vgl. *Georg Langenhorst*, Die literarische Wiederentdeckung Jesu in Romanen der achtziger Jahre; Jesus im modernen Roman. Schriftsteller auf den Spuren seiner Zeitgenossen, in: Stimmen der Zeit 210 (1992), S. 751–760; 819–830.

## 2. Zwei unschuldig leidende »Schmerzensbrüder«

Was verbindet sie, diese zwei scheinbar so unvergleichbaren Gestalten, den legendären Nichtjuden Hiob aus der Väterzeit und den geschichtlichen Juden Jesus von Nazareth? Den unermeßlich reichen, weisen und hochangesehenen Fürsten und den aus einfachem Hause stammenden Mann des Volkes? Ein doppelgesichtiges Motiv ist es vor allem, das einen Vergleich nahelegt, das des »*leidenden Gerechten*«.

Erster Aspekt dieses Motivs: Die Rechtschaffenheit, die *Schuldlosigkeit*[11]. Die Hiobgeschichte erhält ihre ganze Brisanz von der Vorgabe, daß Hiob »untadelig und rechtschaffen« war, so gleich im ersten Vers des Buches behauptet und später noch zweimal mit göttlicher Autorität bestätigt (1,8; 2,3). Hiob besteht deshalb völlig zu Recht auf seiner Schuldlosigkeit (»schuldlos bin ich« – 9,21). Er ist als Rechtschaffener der »Knecht« Gottes (1,8). Im Neuen Testament finden sich analog hierzu einige direkte Aussagen über die Unschuld Jesu. Zwei derartige Belegstellen seien hier kurz benannt: Zunächst die klassische Aussage zur *Sündlosigkeit Jesu* im – hinsichtlich der Verfasser- und Entstehungsfrage so umstrittenen – Hebräerbrief[12], wo von Jesus die Rede ist als von dem »erhabenen Hohenpriester«, »der in allem wie wir in Versuchung geführt worden ist, aber nicht gesündigt hat« (Hebr. 4,14f.). Auch wenn man dieses »wirkungsgeschichtlich so außerordentlich bedeutsame Sätzchen« vom Text her nicht schon »im Sinne einer dogmatisch gesteuerten Lehre von der Sündlosigkeit Jesu«[13] verstehen muß, so ist doch die Grundaussage deutlich: Jesus hat als Sündloser der Versuchung zum Bösen widerstanden. Zweite Belegstelle: Im ersten Petrusbrief[14], von einem unbekannten Verfasser gegen Ende des ersten Jahrhunderts der christlichen Zeitrechnung verfaßt, heißt es über Christus: »Denn auch Christus hat für euch gelitten und euch ein Beispiel gegeben, damit ihr seinen Spuren folgt. Er hat keine Sünde begangen, und in seinem Mund war kein trügerisches Wort.« (1 Petr 2,21f.). Der letzte Teil dieser Verse ist ein direktes Zitat aus dem Alten Testament und entstammt den wirkungsgeschichtlich-christologisch bedeutsamen Passagen aus Deuterojesaja über den »Gottesknecht«[15]. In dieser die Rechtschaf-

---

[11] Vgl. hierzu die Diskussion: *Theodor Lorenzmeier*, Wider das Dogma von der Sündlosigkeit Jesu, in: Evangelische Kommentare 31 (1971), S. 452–471 und die Replik von *Helmut Gollwitzer*, Zur Frage der Sündlosigkeit Jesu, in: a.a.O., S. 496–507. Dort auch die Diskussion weiterer neutestamentlicher Stellen zum Thema wie 2 Kor 5,21; Joh 8,46; 1 Joh 3,5.

[12] Vgl. hierzu: *Helmut Feld*, Der Hebräerbrief (Darmstadt 1985), Lit!; *Erich Grässer*, An die Hebräer, Bd. I: Hebr 1–6 (Zürich/Braunschweig/Neukirchen-Vluyn 1990); *August Strobel*, Der Brief an die Hebräer (Göttingen/Zürich 1991).

[13] *Erich Grässer*, An die Hebräer, a.a.O., S. 256.

[14] Zum ersten Petrusbrief siehe: *Leonhard Goppelt*, Der Erste Petrusbrief (Göttingen 1978); *Norbert Brox*, Der erste Petrusbrief (Zürich/Neukirchen-Vluyn 1979) Lit!.

[15] Zum »Gottesknecht« siehe: *Herbert Haag*, Der Gottesknecht bei Deuterojesaja (Darmstadt 1985). Typologische Ausdeutungen dieser Gottesknechtstradition finden sich im Neuen Te-

fenheit und Unschuld bündelnden Bezeichnung des »*Gottesknechts*«, im Hiobbuch als göttliche Bezeichnung für dessen Held gebraucht und hier typologisch auch auf Christus[16] übertragen, treffen sich Hiob und Jesus. Sie sind die zwei großen symbolischen *Unschuldsgestalten* der Bibel.
Zweiter und ebenfalls im Bild des »Gottesknechts« bereits implizierter Aspekt des Motivs des »leidenden Gerechten«: Gerade als Unschuldsgestalten sind Hiob und Jesus die beiden großen *Leidensgestalten* der Bibel, die in der späteren Rezeption in der darstellenden Kunst sogar zu »hiobartigen Christusdarstellungen«[17] ineinander übergehen können. Was kennzeichnet sie beide als Leidende? Völlig unterschiedlich ist zunächst der Stellenwert des Leidens: Die Hiobgeschichte konzentriert sich völlig auf die Leiderfahrung, sie ist auf diese Erfahrung und den Umgang mit ihr hin konzipiert. Leiden und die Rückfragen an Gott angesichts dieses Leidens stehen im Zentrum. Ganz anders bei Jesus. Im Zentrum seiner Geschichte steht die von ihm gleichermaßen verkündete und bis in Tod und Auferweckung hinein verkörperte »Gute Botschaft« vom Reich Gottes. Selbst wenn die Evangelien konkret auf seine Passion hin konzipiert sind, also auf seine letzten Tage in Jerusalem, seinen Tod und seine Auferweckung: Er selbst ist zunächst in seinem Lebenslauf nicht mehr und nicht weniger eine Leidensgestalt als alle anderen Menschen auch.
Die Perspektive verschiebt sich freilich, wenn man das Ende der beiden Lebenswege Hiobs und Jesu miteinander vergleicht. Hiob starb gemäß dem Epilog des gleichnamigen Buches reich, geachtet, im Kreis seiner Familie, »hochbetagt und satt an Lebenstagen« (Hi 42,17). Während Hiobs Leben also gerade nicht in einen leidenden und gequälten Tod mündet, endet das nur etwa dreißigjährige Leben Jesu als qualvoller, schändlicher Martertod am Kreuz. Eine irdische Wiederherstellung Jesu erfolgt gerade nicht. In seinem Tod – Konsequenz seiner radikalen Botschaft und seines kompromißlosen Lebens – scheinen Absurdität und Sinnlosigkeit ohne »happy end« das letzte Wort zu haben. Hiob und Jesus als »Schmerzensbrüder«, als Leidende – sie lassen sich nur schwer miteinander vergleichen. Ihr Leid läßt sich nicht gegeneinander aufrechnen. Es ist genau so wenig sinnvoll, davon zu sprechen,

---

stament auch in vielen anderen Zusammenhängen. Nur verwiesen sei hier etwa auf Mt 3,17; Mt 12,18; Lk 2,32; Lk 22,37; Joh 1,29; Röm 5,19. Im Motiv des Gottesknechtes bündelt sich auch die Frage des »*stellvertretenden Leidens*«, die für Jesus Christus eigens ausgeführt werden müßte. Da diese Dimension jedoch von Hiob gesehen gerade nicht in den Blick gerät, wird dieser Aspekt hier nicht eigens thematisiert.

16 Zur grundsätzlichen neutestamentlichen typologischen Ausdeutung des »leidenden Gerechten« vgl.: *Karl Theodor Kleinknecht*, Der leidende Gerechtfertigte. Die alttestamentlich-jüdische Tradition vom »leidenden Gerechten« und ihre Rezeption bei Paulus (Tübingen 1984).

17 Vgl. hierzu das vom katholischen Religionspädagogen Günter Lange zusammengetragene und kommentierte Material: *Günter Lange*, Gottes Not mit dem Leid, in: Katechetische Blätter 117(1992), S. 774–782.

Hiob habe wahrscheinlich »viel Schlimmeres als Jesus ertragen«[18], wie umgekehrt zu behaupten, Jesus habe auch das Hiobleid einfach in sich aufgenommen und überwunden.

Der *unterschiedliche Stellenwert des eigenen Leidens* für Hiob und Jesus erklärt jedoch ihren *unterschiedlichen Umgang* mit diesem Problem. Für Hiob wird seine eigene Leiderfahrung – erst sekundär gerät ihm auch das Leiden anderer in den Blick – zum Anlaß eines radikalen Ringens um sein Gottesbild mit den Freunden, und schließlich eines existentiellen Ringens mit Gott selbst. Gerade im Leiden wird er Symbolfigur der an Gott gerichteten »Warum«–Frage der leidenden Menschheit. Diese Dimension der *Rückfragen nach Grund, Sinn und Ziel des Leidens* fehlt nun aber auffälligerweise in den Überlieferungen von Jesus völlig. Derartige Rückfragen werden freilich von Jesus auch nicht verboten oder als menschlicher Irrtum verworfen: Hiobs Rechten mit Gott wird weder aufgenommen noch getadelt. An diesem Punkt zeigt sich somit der von Erich Zenger herausgestellte legitime Reichtum der Bibel, die verschiedene Verhaltensweisen im Umgang mit Leid- und Todeserfahrung aufzeigt und ermöglicht. Gerade hier wird jedenfalls die Hiobfrage durch Christus nicht beantwortet, schlichtweg schon deshalb, weil sie als Rückfrage an Gott gar nicht gestellt wird.

Aber nachgefragt: Stellt Jesus selbst als Leidender den biblischen Quellen zufolge tatsächlich keine Rückfrage an den von ihm »Abba« (z.B. Mk 14,16) genannten Gott? An einer – allerdings entscheidenden – Stelle bricht auch bei ihm eine solche Rückfrage durch. Seine Sterbensworte am Kreuz werden von Markus wiedergegeben als »Mein Gott, mein Gott, warum hast du mich verlassen?« (Mk 15,34). Gerade in diesem »Warum« sehen viele Ausleger, Literaten wie Theologen, die entscheidende Verbindungslinie von Hiob zu Jesus. Walter Jens etwa spricht von Jesus als dem »Bruder Hiobs am Kreuz«[19]. Doch Vorsicht: Was verbindet Hiob und Jesus tatsächlich in ihrer Haltung zum eigenen Leiden? Sind sie brüderlich verbunden über das Leid hinaus in der Warum-Frage, der Warum-Klage, dem Warum-Protest, gar der Warum-Rebellion?

Zieht man die kritische neutestamentliche Exegese heran[20], so fällt auf, daß über die Deutung dieses markinischen Verses alles andere als Einigkeit besteht. Jedenfalls darf es als wenig wahrscheinlich gelten, daß der konkret im

---

[18] So *Gerhard Streminger*, Gottes Güte und die Übel der Welt. Das Theodizeeproblem, a.a.O., S. 213.

[19] *Walter Jens*, in: ders./*Hans Küng*, Dichtung und Religion, a.a.O., S. 77.

[20] Vgl. *Gérard Rossé*, Il grido di Gesú in croce. Una panoramica esegetica e teologica (Rom 1984). Nur zwei Beispiele der Deutung: *Joachim Gnilka*, Das Evangelium nach Markus, II. Teilband 8,27–16,20 (Zürich/Neukirchen-Vluyn 1979), S. 322, schreibt: Hier liege eine christlich-gemeindliche Prägung vor, für die »die Auferstehung die Voraussetzung ist«. Für *Walter Schmithals* ist »Jesu Gebetsschrei« »kein Ausdruck der Anfechtung ... sondern des Gehorsams«; vgl. ders., Das Evangelium nach Markus. Kapitel 9,2–16 (Gütersloh/Würzburg 1979), S. 696.

Markusevangelium überlieferte Wortlaut als historisch gelten kann. Gute exegetische Gründe sprechen dafür, die markinische Version für eine – das historische Geschehen deutende und in seiner theologischen Brisanz bündelnde – Gemeindeinterpretation zu halten. Lukas und Johannes haben denn auch – ihrem jeweiligen theologischen Programm entsprechend – andere, theologisch entschärfende Traditionen aufgegriffen oder gestaltet. Sehr wahrscheinlich liegt dagegen in Mk 15,37 (»Da stieß Jesus einen lauten Schrei aus und verschied«) die älteste Überlieferungsschicht vor: Jesu letzte Äußerung also nicht als Aussage oder Frage, sondern als nicht entzifferbarer, letzter Qual entrungener Todesschrei in Menschen- und Gottverlassenheit. Selbst wenn die Markusversion jedoch authentisch sein sollte, dann ist ihre Bedeutung noch einmal umstritten. Liegt hier tatsächlich eine hiobartige Warum-Frage, eine Klage, ein Zweifel vor? Die überlieferten Worte des Ausrufs geben bekanntlich den Anfangsvers von Psalm 22[21] wieder: gerade eines *Vertrauens*psalms in der Situation der Gottesverlassenheit. Unabhängig davon, ob das Psalmwort auf den geschichtlichen Jesus selbst zurückgeht oder aber als authentische Ausdeutung der markinischen Gemeinde zu gelten hat, ist es also – ohne den Aspekt der radikalen Gottverlassenheit Jesu im Kreuzestod abzuschwächen – kein Ausdruck von letzter Verzweiflung, sondern als an Gott gerichteter Schrei eine Vertrauensaussage trotz aller Qual.
Warum diese spitzfindigen, fast schon pietätlosen Differenzierungen? Sie sind entscheidend, um den Unterschied von Hiob und Jesus im Umgang mit ihrem eigenen Leid aufzuzeigen. So wichtig diese markinische Tradition gerade auch für die Spiritualität vieler Christen ist: Wenn man den exegetischen Untersuchungen glauben darf, ist Jesus – hierin über Hiob hinausgehend – am Kreuz der bis in den Martertod hinein Leidende, der seine Qual wort- und sprachlos Hinausschreiende, der Gottverlassene, aber nicht wie der leidende, aber stets noch sprachmächtige Hiob der Gottzweifler, nicht der Gotthinterfrager, schon gar nicht der Gottankläger. Eine weitere Stelle belegt eine derartige Differenzierung: Wo Hiob selbstbewußt aufbegehrt: »Seht, ich bringe den Rechtsfall vor; / ich weiß, ich bin im Recht« (Hiob 13,18) sind die Worte Jesu auf dem Ölberg, also im Garten Getsemani überliefert als: »Nimm diesen Kelch von mir! Aber nicht, was ich will, sondern was du willst.« (Mk 14,36f.) Der katholische Neutestamentler Joachim Gnilka führt überzeugend aus: »Könnte die Bitte Unsicherheit in der Leidenshaltung Jesu aufkommen lassen, so klingt das Gebet in völliger Unterordnung seines Willens unter den göttlichen aus.«[22] Der Unterschied der Sprecherhaltungen, einmal Klage – die

---

21 Zu Psalm 22 siehe: *Ottmar Fuchs*, Die Klage als Gebet. Eine theologische Besinnung am Beispiel des Psalms 22 (München 1982); *Jochen Becker-Ebel*, Psalm 22: Rettungs- und Loblied eines »Gottverlassenen« (Freiburg 1989).

22 *Joachim Gnilka*, a.a.O., S. 260. All zu harmonisierend schreibt hier *Walter Schmithals*, a.a.O., S. 641, dies sei »kein Zeichen der menschlichen Schwäche, sondern das Gebet des Siegers und Überwinders inmitten der Todesbedrohung«.

sich an anderen Stellen bis zur Anklage steigern kann – einmal Ergebung, ist eindeutig. Hierin zeigt sich ein grundlegender Zug des Neuen im Gegensatz zum Alten Testament. Walter Groß erkennt, daß im Neuen Testament, bei Jesus und von Jesus ausgehend, »die Klage, gar die Anklage Gottes als Gebetsform vollständig« verschwindet.[23]
Hiob und Jesus als Leidende: *Jesus ist der Schmerzens- und Leidensbruder Hiobs, nicht aber sein Zweifels-, Fragen- und Rebellionsbruder.* So gesehen steht »Hiobs Vier-Winde-Schrei« zwar tatsächlich in einer weltumspannenden »Landschaft aus Schreien« gleich neben dem »Schrei verborgen im Ölberg« – wie es Nelly Sachs meisterhaft formulierte, aber keineswegs hat dieser Schrei die gleiche Zielrichtung. Vielleicht ist Hiob gerade in seinem – eben auch zweifelnden, auch fragenden, auch klagenden – Leid für viele Menschen eher ein zur konkreten Identifikation geeignetes Vorbild als Jesus. Nur in einer derartigen Differenzierung rechtfertigt sich also die oftmals zu findende Parallelziehung: »Jesus als der neue Ijob«[24].

### 3. Zwei unterschiedliche Wege des Umgangs mit Leid

Der benannte Unterschied im Umgang mit dem – seinem Stellenwert nach jedoch völlig verschiedenen – eigenen Leid erklärt auch den grundsätzlich völlig verschiedenen Umgang mit dem Leid anderer Menschen, mit dem Phänomen »Leiden« schlechthin. Wie gesehen, weitet sich Hiobs Blick von seiner individuellen Situation zur Perspektive der gesamten Menschheit, der ganzen Schöpfung. Gerade diese für Hiob so zentrale »Warum«-Frage des Leidens aber gerät im Neuen Testament selbst von Jesus her nicht in den Blick. Daß sie in der Verkündigung Jesu aber signifikanterweise nicht auftaucht, verschärft die Situation für die Fragestellung *heute* um so mehr. Verschärft dadurch, daß sich in Jesu Verkündigung selbst kein neuer wesentlicher Aspekt zur Erklärung des Leidens findet. Die für die jesuanische Botschaft so zentralen Seligpreisungen (Mt 5,3–12; Lk 6,20–23) etwa setzen ja sehr realistisch die Existenz von Armen und Leidenden voraus, ohne jedoch nach den Ursachen zu fragen, warum sie arm und leidend sind. Nein: Über die *Ursache*, das Woher des Leids, das nicht auf den Menschen selbst zurückzuführen ist, erfahren wir – wie bei Hiob – nichts. Auch über den *Grund*, das Warum, wird nichts Neues ausgesagt. Und der *Zweck* von Leiden, das Woraufhin, bleibt genauso rätselhaft.
Hans Küng hat deshalb recht mit der Feststellung: »Weder die Hebräische Bibel noch das Neue Testament erklären uns, (...) wie Gott in dieser seiner Welt solch *unermeßliches Leid* hat geschehen lassen können«[25]. Nein, in der gan-

---

[23] *Walter Groß*, in: ders./ *Karl-Josef Kuschel*, a.a.O., S. 58.
[24] *Hermann Häring*, Ijob in unserer Zeit, a.a.O., S. 182.
[25] *Hans Küng*, Credo, a.a.O., S. 122.

zen Bibel »gibt es solche Antworten« nach dem Sinn des Leidens »nicht«[26], so auch Erich Zenger. Alle aposteriorischen, christlich-systematischen, von Gerhard Streminger polemisch »Umgehungsversuche«[27] benannten Überlegungen dahingehend, die Theodizeeproblematik aus christlicher Sicht durch Kategorien wie den »leidenden Gott«[28], »die göttliche Liebe«, »die dem Menschen gewährte Freiheit«, die »im Christusereignis bereits ereignete göttliche Selbstrechtfertigung als wahre Theodizee« oder die irgendwann in Zukunft erhoffte »Selbstrechtfertigung Gottes« letztlich zu lösen, beruhen somit eher auf – zweifelsohne legitimer – philosophisch-theologischer Spekulation und Auslegung, als auf einer soliden neutestamentlichen Basis, wenn es um die Rückfrage nach dem »warum« des Leidens geht. Eine Diskussion dieser einzelnen Ansätze würden eine eigene detaillierte Untersuchung erfordern, die jedoch hier nicht zu leisten ist, weil sie erstens von der Hiobthematik fortführen würde und zweitens im Kontext der Frage nach dem Grund des Leidens vom Grundansatz des Neuen Testamentes her nicht abgedeckt ist.

Festzuhalten bleibt: Die nüchtern einzugestehende Aussage von Hiob bis Jesus ist: Leiden ist als gegeben vorauszusetzen, es existiert. Die grundsätzliche Leidenssituation der Menschheit hat sich von Hiob bis Jesus und in unsere Gegenwart hinein nicht wesentlich verändert. Die bei Hiob explizit gestellten Rückfragen nach Warum, Woher und Woraufhin des Leidens werden von Jesus gerade nicht wiederholt – oder sind zumindest nicht überliefert – und somit schon gar nicht beantwortet. Es gibt *keine theoretische jesuanische Antwort an Hiob*, keine Antwort auf die Frage des unschuldigen Leidens. Was aber ist mit dem Antwortversuch, den das Hiobbuch zumindest explizit zurückweist? Wie also verhält sich Jesus hinsichtlich des von Hiob her geforderten Verzichts auf die Vorstellung des »*Tun-Ergehen-Zusammenhangs*« und die dadurch gewonnene Ermöglichung des freien gnadenhaften Handelns Gottes?

Die im Hiobbuch kritisierte, danach in Israel aber weiterhin verbreitete[29] Vorstellung des direkt erkennbaren Zusammenhanges von Tun und Ergehen eines Menschen wird *von Jesus* im Gefolge Hiobs *entschieden zurückgewie-*

---

26 *Erich Zenger*, Durchkreuztes Leben, a.a.O, S. 57.

27 So *Gerhard Streminger*, a.a.O., S. 178 zu den christlichen Modellen des Umgangs mit der Theodizeeproblematik.

28 Hier kann man sich unbedenklich an Johann Baptist Metz anschließen: »Ich glaube nicht, daß uns die Christologie nötigt oder auch nur legitimiert, vom leidenden Gott bzw. vom Leiden in Gott zu sprechen.« Vgl. *Johann Baptist Metz*, Theologie als Theodizee?, in: *Willi Oelmüller* (Hrsg.), Theodizee – Gott vor Gericht? (München 1990), S. 103–118, hier: S. 117. Vgl. zum gesamten Kontext die genannte Arbeit von Groß/Kuschel.

29 Vgl. *Horst Dietrich Preuß*, Einführung in die alttestamentliche Weisheitsliteratur (Stuttgart 1987): Zur Weisheitstheologie etwa eines Jesus Sirach, speziell zum Tun-Ergehen-Zusammenhang wird hier ausgeführt, dieser würde hier konstatiert, »als ob es Hiobs Geschick und Anklagen oder Qohelets Fragen nicht gegeben hätte«. (S. 144)

*sen*.[30] Die deutlichste Belegstelle[31] hierfür findet sich im Johannesevangelium im Rahmen der Schilderung einer Blindenheilung (Joh 9,1–3). Jesus trifft mit seinen Jüngern auf einen Mann, der »seit seiner Geburt blind war«. Wie kommt es zu dessen Blindheit? Zwei gängige Erklärungsmodelle boten sich im Rahmen der Vorstellungswelt des »Tun-Ergehen-Zusammenhangs« an. Erstens: Er selbst habe bereits – wie immer auch – vor seiner Geburt gesündigt, verdiene also sein Schicksal. Zweitens, und hierin über die Vorstellung im Hiobbuch hinausgehend: Seine Vorfahren hätten gesündigt, ihr Tun spiegele sich in seinem Ergehen. Dieses Erklärungsmodell geht auf Ex 20,5 zurück, wo Jahwe im Rahmen der Darlegung des Dekalogs erklärt, er sei »ein eifersüchtiger Gott: Bei denen, die mir feind sind, verfolge ich die Schuld der Väter an den Söhnen, an der dritten und vierten Generation«.
Folgerichtig wird Jesus von seinen Jüngern gefragt: »Rabbi, wer hat gesündigt? Er selbst? Oder haben seine Eltern gesündigt, so daß er blind geboren wurde?« Jesus antwortet ihnen: »Weder er noch seine Eltern haben gesündigt, sondern das Wirken Gottes soll an ihm offenbar werden.« Zwar ist im Rahmen unserer Argumentationslogik zuzugeben: Ziel dieser Erzählung ist die schlußendliche »christologische Fragestellung«[32] dieser Perikope, die freilich hier nicht zur Debatte steht. Neben dieser eigentlichen Sinnspitze behält aber auch die anthropologische Fragestellung ihre Aussagegültigkeit. Rudolf Schnackenburg hält fest: Jesus »widerspricht der im Judentum verbreiteten Anschauung, zwischen Krankheit und Sünde müßte ein Zusammenhang bestehen.«[33] Die üblichen Erklärungen innerhalb des Prinzips des »Tun-Ergehen-Zusammenhangs« werden damit klar und eindeutig zurückgewiesen, ja, schon das »Fragen nach solchem Zusammenhang« wird aufgehoben, indem statt »ausgerichtet auf die Vergangenheitsbewältigung«[34] im Hinblick auf Jesus zukunftsorientiert gefragt wird. Nein, von Jesus her wird das Erklärungsmodell des Tun-Ergehen-Zusammenhangs im Gefolge Hiobs genauso zurückgewiesen wie alle anderen Erklärungsmodelle menschlichen Leids überhaupt.

---

[30] Einzuräumen ist, daß beispielsweise in der Tradition der Heilung des Gelähmten am Sabbat (Joh 5,1–18) die Tradition des Tun-Ergehen-Zusammenhangs zumindest implizit weiterhin aufrechterhalten bleibt, wenn Jesus den Geheilten ermahnt: »Sündige nicht mehr, damit dir nicht noch Schlimmeres zustößt.«(Joh 5,14) Ähnlich auch Lk 13,1–5.

[31] Auf diese Stelle gehen denn auch mehrere Theologen im Rahmen der Auseinandersetzung um die Hiobfrage ein. Vgl. z.B. *Hans Küng*, Gott und das Leid, a.a.O., S. 47; *Johannes B. Brantschen*, a.a.O., S. 32.

[32] So mit Recht *Joachim Gnilka*, Johannesevangelium (Würzburg 1983), S. 75: »Allerdings interessiert nicht die anthropologische, sondern die christologische Fragestellung.«

[33] *Rudolf Schnackenburg*, Das Johannesevangelium, Bd. II (Freiburg/Basel/Wien ²1977), S. 305. Dies sei, so Schnackenburg weiter, eine »Auskunft, die zwar nicht alles Dunkel irdischen Leids bannt, aber im Zeichen dieser Blindenheilung neue Hoffnung auf Jesus als das ›Licht der Welt‹ schenkt« (S. 306).

[34] So zu dieser Perikope *Jürgen Becker*, Das Evangelium nach Johannes, Kapitel 1–10 (Gütersloh/Würzburg ³1991), S. 372f.

Keine theoretische Antwort auf die Leidfrage von Jesus, wie aber sieht sein *praktischer Umgang mit den Leidenden* aus? Wie gezeigt, spielt die Frage, die Klage, die Rebellion im Namen aller Leidenden bei Jesus im Gegensatz zu Hiob keine Rolle. Auch Hiobs Umgang mit Leidenden beschränkte sich freilich nicht hierauf: Speziell Gutiérrez hat – wie bereits geschildert – darauf aufmerksam gemacht, daß Hiob in dem Rückblick auf sein vorheriges untadeliges Leben den *Idealtypus des mit den Leidenden solidarischen Menschen* schildert. In Hiob 29 findet sich in der Tat eine Schilderung des rechten Verhaltens zu den Leidenden: Hiob »rettete den Armen, der schrie / die Waise, die ohne Hilfe war« (29,12), wurde »Auge für den Blinden / dem Lahmen zum Fuß« (29,15).

Die somit bei Hiob bereits vollzogene Wende zum konkreten Einsatz für die Armen und Leidenden wird bei Jesus vollends zum Programm. Aus heutiger Sicht kann man geradezu von einem *programmatischen Umschwung* im Umgang mit Leid sprechen. Jesu Umgang mit dem Leid der Menschen ist nicht theoretisch, rückblickend, nach Ursachen forschend, sondern zukunftsorientiert, praktisch, tatkräftig, unmittelbar. Dies spiegelt sich sowohl im grundsätzlichen *Verhalten Jesu* als auch in seiner *Verkündigung*. In seinem vorbildhaften Umgang mit den Armen und Leidenden zeigt sich eine vierfache, hier nur grundsätzlich nachzuzeichnende Strategie.

1. Seine Botschaft richtet sich vor allem an die Armen, die Kranken, die Hungernden, die Außenstehenden: »Selig ihr Armen«, »Selig, die ihr jetzt hungert«, »Selig, die ihr jetzt weint«, »Selig seid ihr, wenn euch die Menschen hassen« heißt es in der lukanischen Feldrede (Lk 6,20–22) und ähnlich in der parallelen matthäischen Bergpredigt (Mt 5,3–12). Damit wendet sich Jesus aber an jene, die gemäß der Vorstellung des »Tun-Ergehen-Zusammenhangs« *von Gott* für ihre Vergehen bestraft wurden. Jesus rehabilitiert gerade diese Marginalisierten in aller Deutlichkeit, und zwar nicht – wie denn auch? – gegen Gott, sondern im Namen Gottes und mit göttlicher Autorität. Mit Recht kann man hier mit den Befreiungstheologen von einer expliziten »Option für die Armen« sprechen.
2. Jesus rehabilitiert diese Gruppen aber nicht nur in seiner verbalen Verkündigung, sondern – in bewußtem Ignorieren der geltenden Regeln des Umgangs seiner Umwelt – zugleich in seinem praktischen Verhalten. Wort und Tat ergänzen sich wechselseitig, bilden eine untrennbar zusammengeschweißte Sinneinheit. Er wendet sich an die Benachteiligten der Gesellschaft, an Frauen, Kinder und das einfache Volk. Er, von seinen Gegnern polemisch als »Freund von Zöllnern und Sündern« bezeichnet (Mt 11,19), hält Mahlgemeinschaft mit den Verstoßenen (Mk 2,13–17), und speist die Hungrigen (Mk 6,32–44). Seine bedingungslose und vorbehaltsfreie Parteinahme gilt den Armen, Leidenden, Ausgestoßenen und Bedeutungslosen.
3. Doch mehr noch: Zu den ältesten Bestandteilen der Evangelien gehören nicht nur diese Berichte von der geschilderten Parteinahme Jesu in Wort und Tat, sondern – stets in untrennbarer Verzahnung hiermit – auch viel-

fach bezeugte Berichte über seinen konkreten Einsatz für Kranke und Leidende. Ohne die vieldiskutierte Frage der Wunder im Sinne einer Durchbrechung von Naturgesetzen[35] entscheiden zu müssen, steht doch wohl fest, daß Jesus als *charismatischer Therapeut und Heiler*[36] gewirkt hat, der »Besessene« und Kranke heilte – so zum Beispiel in einem Sammelbericht gleich am Anfang des Markusevangeliums (Mk 1,32–34). Er heilte nach markinischem Zeugnis auch Fiebrige (Mk 1,29–31), Aussätzige (Mk 1,40–45), Gelähmte (Mk 2,1–12), Blutflüssige (Mk 5,25–34), Taubstumme (Mk 7,31–37) und Blinde (Mk 8,22–26/10,46–52). Jesus steht also nicht nur auf der Seite der Armen, Kranken, Leidenden und Ausgestoßenen, er integriert vielmehr aktiv die Marginalisierten, er bekämpft das Leid und überwindet heilend die Krankheit.

4. Doch auch damit noch nicht genug: Jesus selbst – im Rahmen einer Vision des kommenden Menschensohnes – *identifiziert* sich mit all diesen. Er selbst *ist* der Hungrige, *ist* der Durstige, *ist* der Fremde und Obdachlose, *ist* der Nackte, *ist* der Kranke, der im Gefängnis Einsitzende. Hier wird nicht metaphorisch, nicht symbolisch gesprochen, hier sind wir – selbst wenn die konkrete Gestaltung dieser Perikope auf die matthäische Redaktion zurückzuführen ist[37] – an einem Kernpunkt der jesuanischen Botschaft: »Was ihr für einen meiner geringsten Brüder getan habt, das habt ihr mir getan.«(Mt 25,40). Diese direkte Identifikation kann gar nicht konkret genug gedacht werden, diese »Redeweise von seinen geringsten Brüdern ist in ihrer Einmaligkeit ernst zu nehmen«[38]. Eine derartige Identifikation Jesu wurzelt in seiner uneingeschränkten Zuwendung zu den Menschen, gerade zu den Marginalisierten und Leidenden.

Durch Jesus wird also die Vorstellung des »Tun-Ergehen-Zusammenhangs« im Rahmen der menschlichen Erdenexistenz nicht nur – wie schon im Hiobbuch – zurückgewiesen, sondern theologisch geradezu umgekehrt. Zur Erklärung des Schicksals der Armen, Entrechteten, Geknechteten werden keine Prinzipien von persönlicher oder familiärer Schuld angeführt. Nein, in keiner Weise darf man Jesus zufolge davon sprechen, diese seien von Gott Bestrafte und somit zu Recht Leidende, sondern im Gegenteil: Sie sind besonders hervorgehoben als vorrangige Adressaten der jesuanischen frohen Botschaft des Gottesreiches. Im ethisch konkreten Verhalten zu ihnen erweist sich die Umsetzung des Christlichen. Leid ist – im Gefolge Jesu – soweit wie menschen-

---

[35] Vgl. die Übersicht zum Gang der Diskussion bei *Alfred Sull* (Hrsg.), Der Wunderbegriff im Neuen Testament (Darmstadt 1980); die systematische Abhandlung von *Gerd Theißen*, Urchristliche Wundergeschichten. Ein Beitrag zur formgeschichtlichen Erforschung der synoptischen Evangelien (Gütersloh [4]1987); und *Friedrich F. Fiederlein*, Die Wunder Jesu und die Wundererzählungen der Urkirche (München 1988).

[36] Vgl. *Peter Trummer*, Die blutflüssige Frau. Wunderheilung im Neuen Testament (Freiburg/Basel/Wien 1991).

[37] *Joachim Gnilka*, Das Matthäusevangelium, II. Teil (Freiburg/Basel/Wien 1988), S. 370.

[38] A.a.O., S. 375.

möglich zu bekämpfen. Leid ist aber darüber hinaus – diese Doppelspannung ist nicht aufzulösen – in den unumgänglichen Extremsituationen menschlicher Existenz (Krankheit, Tod) letztlich zu tragen (»Jeder nehme sein Kreuz auf sich«, Mk 8,34). Doch Vorsicht: Gegen die unselige Mißbrauchstradition gerade dieses Bibelverses muß energisch betont werden: Leid ist für Jesus gerade nicht final. Daß Jesus die Leidenden ganz speziell als Adressaten seiner Frohbotschaft heraushebt, heißt bei ihm nicht – gegen jegliche falsche Mystifizierung von »Kreuzesnachfolge« nachdrücklich herausgestellt – dieses Leiden in irgendeiner Weise zu funktionalisieren.
Von hierher darf man aber vielleicht den Gedanken wagen: *Jesus* wäre ein wahrer *Freund Hiobs*. Denn er hätte mit ihm nicht über sein Leiden theoretisiert, ihn nicht belehrt oder versuchen wollen, ihn von eigenem schuldhaften Verhalten zu überzeugen. Nein, Jesus wäre vorbehaltlos auf seiner Seite und würde seine Not teilen. Er würde Hiob nicht in seinen fruchtlosen Grübeleien, dem quälenden Blick zurück unterstützen, sondern versuchen, mit ihm gemeinsam den Blick hoffnungsvoll nach vorn zu richten.

**4. Zwei von Gott Bestätigte**

Doch in dem somit Gesagten erschöpft sich der Vergleich Hiob/Jesus noch keineswegs. Sie sind nämlich nicht nur Schmerzensbrüder, also unschuldig Leidende, und zudem den rechten Umgang mit Leidenden Vorlebende, sondern außerdem gleichermaßen in ihrem Leiden, Sprechen und Verhalten letztlich von Gott Bestätigte. Von diesen beiden Unschuldigen wird eine besondere, in ihrem Kontext jeweils einzigartige Gottesbeziehung bezeugt. Diese stammt jeweils von Gott selbst und erfolgt gleich zu Anfang der jeweiligen Schrift: dem »Knecht« Hiob (1,8) entspricht das »Du bist mein geliebter Sohn« aus Mk 1,11. Diese herausragende Gottesbeziehung bestimmt von Anfang an das ganze Leben der beiden so Ausgezeichneten und prägt auch ihr jeweiliges Ende entscheidend. Beide, Hiob und Jesus, werden durch einen außerordentlichen, alle Erwartungen sprengenden Eingriff Gottes bestätigt. Hiob hat »recht geredet«(Hi 42,7), so Jahwe in seiner Rede aus dem Wettersturm. Und Jesus, der so qualvoll und scheinbar so jämmerlich am Kreuz Gescheiterte, wird als Person und mit seiner Botschaft von Gott letztgültig bestätigt im Akt der *Auferweckung*.
Ohne Frage lassen sich diese beiden göttlichen »Eingriffe«, besser: Bestätigungen durch Gott nur zum Teil miteinander vergleichen. Hiobs Bestätigung im Sinne einer irdischen Wiederherstellung hat keinen Glauben an ihn, den eben doch nur fiktiven Charakter, begründet. In der Verkündigung der das irdische Dasein transzendierenden, vom Gläubigen als Realität bekannten Auferweckung Jesu aber begründet sich das Zentrum des christlichen Glaubens. Trotz dieses grundlegenden kategorialen Unterschieds fallen die strukturellen Parallelen dieser Bestätigungen ins Auge: Gemeinsam ist im Hiobbuch und im Jesusgeschehen zunächst die *Zielperspektive*: Unter Absehung von Beant-

wortung all der Rückfragen nach dem Leid ein Leben mit Leid zu ermöglichen – mit der Hoffnungsausrichtung, daß das Leid von Gott her beendet werden kann. Für Hiob wie für Jesus, und allgemeiner gesprochen, für Juden wie für Christen gilt die Überzeugung, daß Gott zwar »das Übel nicht verhindert« hat, daß dieses Übel aber »keine alles beherrschende Schicksalsmacht« ist, weil Gott sich als »dem Übel überlegen«[39] erweist. Und weiter: Wie Hiob, so wird Jesus durch *göttliche Initiative* ins Recht gesetzt. Wo Hiob »recht geredet« hat, wird der gesamte Lebensweg und Anspruch Jesu bestätigt. Und auch die Art und Weise dieser Bestätigung läßt sich zumindest strukturell noch einmal vergleichen: Hiobs »Antwort« erfolgte *völlig unerwartet* und unter Aufbrechung sämtlicher Erwartungsstrukturen. Keine direkte inhaltliche »Antwort«, sondern eine grundlegend neue Perspektive. Etwas Vergleichbares erfolgt bei Jesus. Auch hier werden ja nicht einfach die in der damaligen Zeit virulenten Messiaserwartungen direkt erfüllt. Jesus ist als Christus anders. Auch hier erfolgt keine einfache »Antwort« – etwa auf die Theodizeefrage – sondern wiederum eine neue von Gott gewährte Perspektive, die ein völlig neues Leben ermöglicht, die ein völlig neues Licht auf die menschliche Existenz wirft. Und noch eine letzte Parallele läßt sich aufzeigen: So wie das Hiobbuch auf die Bestätigung Hiobs in den Gottesreden (oder auf ein strukturell vergleichbares Element) hin konzipiert wurde, oder besser, von rückwärts auf dieses Ende hin verfaßt wurde, so wurden ja auch die Evangelien vom Karfreitags- und Ostergeschehen her, vom Wissen um Kreuz und Auferweckung her geschrieben.

## 5. Der Glaube an Christus und die Hiobsfrage

Hiob und Jesus, die zwei unschuldig leidenden Gottesknechte, die das rechte Verhalten zu Leidenden Vorlebenden, die letztlich von Gott Bestätigten: verblüffende Parallelen und Bezüge, aber in diesen Gemeinsamkeiten auch unterschiedliche Gewichtungen, Eigenprofile und Abweichungen. In vielem erweist sich die Blickausweitung von Hiob auf Jesus als zuspitzende *Verschärfung*, nicht aber als Verwerfung der Fragen und Erkenntnisse, als vergeschichtlichende *Konkretisierung*, nicht aber als grundsätzliche Umorientierung. Auch im Blick auf Jesus bleibt es dabei: *Kein zurück hinter Hiob!* Mit der zuletzt aufgezeigten Parallele enden allerdings nun die strukturellen Ähnlichkeiten. *Worin* das im Auferweckungsgeschehen für den Christen inhaltlich Neue besteht, das ist im Hiobbuch überhaupt kein Thema. Es kann dort gar nicht in den Blick treten, weil das Neue und für Christen Maßgebende im Christentum *Person und Botschaft Jesu Christi* ist, die eine unlösbare Einheit bilden. Was heißt das konkret für unsere Problematik?
Wenn es einen Theologen gibt, der genau dieses aus christlicher Perspektive

---

[39] So völlig zu Recht *Walter Groß/Karl-Josef Kuschel*, a.a.O., S. 206.

betrachtete fundamentale Geschehen von Kreuz und Auferweckung entscheidend reflektiert und in seiner Tiefenbedeutung durchdacht hat, dann *Paulus*[40] aus Tarsos. Und wie Hiob oder Jesus ist dieser Paulus selbst eine Leidensgestalt, ein vielfach Leidgeprüfter, der weiß, wovon er spricht, wenn er sich in der sogenannten »Narrenrede« aus dem zweiten Brief an die Gemeinde in Korinth mit seinen dortigen Gegnern vergleicht: »Ich ertrug mehr Mühsal, war häufiger im Gefängnis, wurde mehr geschlagen, war oft in Todesgefahr.« (2 Kor 11,23)[41]. Paulus – dem zudem »ein Stachel ins Fleisch gestoßen« wurde, »damit ich mich nicht überhebe« (2 Kor 12,7), so sein bis heute letztlich nicht voll und ganz geklärter Hinweis auf eine tückische Krankheit – wußte aber nicht nur um sein eigenes Leid. Gerade er gibt sich keinerlei Illusionen über den Zustand der Welt als ganzer hin. »Wir wissen, daß die gesamte Schöpfung bis zum heutigen Tag seufzt und in Geburtswehen liegt« (Röm 8,23), schreibt er in seinem Brief an die Römer.

Wie also deutet dieser leidgeprüfte, um eigenes wie allgemeines Leid in der Welt auch *nach* dem Christusereignis wissende Paulus Kreuz und Auferweckung Jesu? Er schreibt programmatisch für seine ganze Verkündigung im ersten Kapitel seines ersten Briefes an die Gemeinde in Korinth[42]: »Wir verkündigen Christus als den Gekreuzigten« (1 Kor 1,23). Mit anderen Worten: Paulus verkündet den Erlöser, den für alle Menschen Maßgebenden, als den irdisch Gescheiterten und bis in den Tod hinein Leidenden, als den bis zur Sprachlosigkeit Gemarterten, als den scheinbar Gottverlassenen. Gerade dieser ist der Christus! Das in der Auferweckung realisierte Bekenntnis gerade zu diesem leidenden Gekreuzigten qualifiziert nun aber das Leiden neu. Gerade in diesem Leidenden hat sich Gott geoffenbart! Wo, wenn nicht hier, vollzieht sich die christliche »Umwertung aller Werte«[43]? Eine solche Verkündigung ist freilich in der Tat »für Juden ein empörendes Ärgernis, für Heiden eine Torheit«, so Paulus weiter. Gerade diese vermeintliche »Torheit« aber verkünden die Christen im Herzstück ihres Bekenntnisses als »Gottes Weisheit«.

»Torheit« und »Weisheit« – um diese zentralen Begriffe kreist die paulinische

---

[40] Zu Paulus vgl. *Karl-Hermann Schelkle*, Paulus. Leben – Briefe – Theologie (Darmstadt 1981), Lit!; *Josef Blank*, Paulus. Von Jesus zum Christentum (München 1982); *Jürgen Becker*, Paulus, der Apostel der Völker (Tübingen 1989). Vgl. auch die grundsätzlich genannten Werke zum Thema »Gott und das Leid«. Zur neuesten literarischen Paulus-Rezeption vgl. *Georg Langenhorst*, Neues und Altes vom »selbsternannten Apostel«. Paulus als literarische Figur, in: Orientierung 56 (1992), S. 247–250.

[41] Vgl. außerdem 2 Kor 4,7–18, einen Abschnitt über die Leidensgemeinschaft des Apostels Paulus mit Jesus, bes. Vers 10: »Wohin wir auch kommen, immer tragen wir das Todesleiden Jesu an unserem Leib, damit auch das Leben Jesu an unserem Leib sichtbar wird.«

[42] Vgl. zu 1 Kor 1: *Ulrich Wilckens*, Weisheit und Torheit. Eine exegetisch-religionsgeschichtliche Untersuchung zu 1 Kor 1 und 2 (Tübingen 1959); *Joachim Theis*, Paulus als Weisheitslehrer. Der Gekreuzigte und die Weisheit Gottes in 1 Kor 1–4 (Regensburg 1991) Lit!.

[43] *Hans Küng*, Gott und das Leid, a.a.O., S. 51.

Argumentation in diesem Kapitel aus dem Korintherbrief. Denn gegen wen richten sich diese leidenschaftlichen, rhetorisch geschliffenen Aussagen? Sie richten sich gegen *Gegner*, die Hiobs Freunden überraschend ähnlich sind, nämlich gegen Vertreter einer – freilich nur schwer genau bestimmbaren – *Weisheits-Christologie*[44]. Weisheitliche Spekulationen über Gott, und die Möglichkeiten des Menschen, Gott zu erkennen und ihm wohlgefällig zu leben, hatte schon Hiob im Disput mit seinen Freunden zurückgewiesen, sie in ihrer Begrenztheit entlarvt. Diese Zurückweisung der »Weisheit der Welt« wird nun von Paulus angesichts von Kreuz und Auferweckung Jesu aufgegriffen[45] und vollends weitergetrieben. Denn: »Hat nicht Gott die Weisheit der Welt als Torheit entlarvt?« (1 Kor 1,20) Nein, die Botschaft der Auferwekkung des Gekreuzigten sprengt endgültig das, was dem Menschen als Weisheit schien.

Was ist mit diesen Erkenntnissen für die Hiobsproblematik gewonnen? So sehr die Weisheitskritik des Hiobbuches in den paulinischen Reflexionen über das Christusgeschehen aufgenommen und radikalisiert wird, so sehr verschiebt sich auf der anderen Seite die grundsätzliche Perspektive. Die vom Hiobbuch her vertrauten Kategorien von Schuld und Unschuld – nur im Kontext eines spezifisch weisheitlichen Verständnisses denkbar – haben für Paulus vom Christusgeschehen her ihre prinzipielle Berechtigung verloren. Die genannte Weisheitskritik des Paulus ist nämlich Teil seiner grundsätzlichen, vielbeschriebenen und für seine Theologie zentralen *Gesetzeskritik*[46]. Speziell im frühjüdischen Buch Jesus Sirach aus dem zweiten vorchristlichen Jahrhundert wurden die Vorstellungen von Gesetz und Weisheit explizit miteinander verbunden, mit der Zielrichtung, die »Tora der Weisheit zu integrieren«[47]. So heißt es in Sir 15,1: »wer am Gesetz festhält, erlangt die Weisheit«.

Gegen derartige Vorstellungen argumentiert Paulus bekanntermaßen: Hätte es ein Gesetz gegeben, das »die Kraft hat, lebendig zu machen« – hätte es also beispielsweise eine hiobartige Existenz in unschuldiger Harmonie mit der Schöpfung jemals gegeben – »dann käme in der Tat die Gerechtigkeit aus dem Gesetz« (Gal 3,21), so Paulus in seinem Brief an die Gemeinde in Galatien. Hätte es eine menschliche Weisheit, die dem Menschen wahre Erkenntnis über ein gottgefälliges Leben gegeben – so darf man vielleicht im Sinne des Paulus ergänzen –, dann hätten die Freunde Hiobs mit ihrer Weisheits-

---

[44] Vgl. hierzu: *Karl-Josef Kuschel*, Geboren vor aller Zeit?, a.a.O., bes. S. 354–356; Lit!

[45] Hiermit soll kein direkter Bezug Paulus' auf die Theologie Hiobs angedeutet werden. Für einen derartigen Einfluß liegt keinerlei Hinweis vor. Um so interessanter die motivisch-theologischen Parallelen!

[46] Vgl. hierzu etwa: *Hans Hübner*, Das Gesetz bei Paulus. Ein Beitrag zum Werden der paulinischen Theologie (Göttingen 1980); *Peter von der Osten-Sacken*, Die Heiligkeit der Tora. Studien zum Gesetz bei Paulus (München 1989); *Peter J. Tomson*, Paul and the Jewish Law. Halakha in the Letters of the Apostle to the Gentiles (Assen 1990).

[47] *Horst Dietrich Preuß*, a.a.O., S. 142.

theologie möglicherweise Recht gehabt. Genau dies aber trifft ja Paulus zufolge gerade nicht zu, und hat auch nie gegolten. In Kreuz und Auferweckung wurde die Weisheit »buchstäblich durchkreuzt«[48]. So sehr das Gesetz notwendig war, um »uns in Zucht« zu halten »bis zum Kommen Christi« (Gal 3,24), so vermag es doch »in Wirklichkeit nicht das Heil zu bringen«[49]. Nein, weder das Gesetz noch die Weisheit bringen das Heil, sondern allein das scheinbar so törichte »Wort vom Kreuz« (1 Kor 1,18). Das heißt aber: Unschuld im weisheitlichen und auch von Hiob vorausgesetzten Sinn kann es für Paulus im Lichte des Christusereignisses nicht geben, denn: »Alle haben gesündigt und die Herrlichkeit Gottes verloren« (Röm 3,23). Damit ist aber die Unterscheidung von »schuldig« und »unschuldig« hinfällig geworden und somit einem jeglichen »Tun-Ergehen-Zusammenhang« von vornherein die Basis entzogen.

Nicht das weisheitliche Prinzip von »Tun und Ergehen« bestimmt also das menschliche Leben, sondern von Christus her allein die göttliche »Gnade«. Denn Paulus führt in seinem Schreiben an die Römer die gerade zitierte Aussage weiter: Alle werden gerecht »dank seiner Gnade, durch die Erlösung in Christus Jesus« (Röm 3,24). Hierin aber geht das christliche Bekenntnis nun weit über das Hiobbuch hinaus: Dort blieb ja unklar, was positiv an die Stelle der zurückgewiesenen weisheitlichen Erwartung trat. Das Hiobbuch – in dem die Dimension der Überwindung des Todes noch nicht thematisiert wurde – endete mit der Einsicht in das Wesen des rätselhaft-machtvollen Schöpfergottes, den Hiob als letztlich wohlwollenden, die Chaosmächte zugunsten einer guten Weltordnung bekämpfenden Gott er- und bekannte. Die Basis der daraus erwachsenden Hoffnung, der wirkmächtige Grund des erneuerten Lebensvertrauens Hiobs blieb aber letztlich unklar.

In der von Christus her begründeten und ermöglichten, Gesetz und menschliche Weisheit aufhebenden und überwindenden Gnade erhält die Basis eines derartigen Lebensvertrauens, einer Zuwendung zum Leben selbst in bitterstem Leid, nun ein deutliches Antlitz. Zum einen, theologisch betrachtet, dadurch, daß der rätselhaft machtvolle Gott Hiobs nun ein deutlicheres Gesicht bekommt, dasjenige Jesu Christi nämlich, der – so Paulus in seinem zweiten Brief an die Korinther – »Gottes Ebenbild ist« (2 Kor 4,4). Im Blick auf Jesus Christus wird der ihn bestätigende Gott selbst sichtbar. Vom Christusereignis aus eröffnet sich für Paulus aber zum anderen, anthropologisch betrachtet, die Vision des »neuen Menschen«. So heißt es ganz konsequent weiter im Galaterbrief: »Es gibt nicht mehr Juden und Griechen, nicht Sklaven und Freie, nicht Mann und Frau«(Gal 3,28). Und zum Teil korrigierend, zum Teil weiter ausfaltend nimmt der deuteropaulinische Kolosserbrief diese urpaulinischen Gedanken auf. Nein, nun gibt es »nicht mehr Griechen oder Juden, Beschnittene oder Unbeschnittene, Fremde, Skythen, Sklaven oder Freie, sondern

---

48 *Hans Küng*, in: ders/*Julia Ching*, Christentum und chinesische Religion, a.a.O., S. 219.

49 *Franz Mußner*, Der Galaterbrief (Freiburg/Basel/Wien 1974), S. 251.

Christus ist alles und in allen« (Kol 3,11). Wiederum die konkrete Identifikation: Christus *ist* alles! Hier wird, so der Exeget Hans Dieter Betz, gerade »nicht von utopischen Idealen« gesprochen, »sondern von vollendeten Tatsachen«[50]. Die vorherigen Unterschiede, so der katholische Neutestamentler Franz Mußner, »haben ihre Heilsbedeutung vor Gott verloren«[51]. Es gibt nicht mehr – so wird man deshalb interpretierend ergänzen dürfen – Schuldige und Unschuldige, denen es je nach Verdienst ergeht, sondern im Bilde Christi den gnadenhaft ermöglichten »*neuen Menschen*« (Kol 3,10). Und von hierher ergeht – analog zur Predigt und zum Verhalten Jesu selbst – die Aufforderung, die gleichzeitig Ermunterung und Befähigung sein will: »Darum bekleidet euch mit aufrichtigem Erbarmen, mit Güte, Demut, Milde, Geduld! Ertragt euch gegenseitig, und vergebt einander, wenn einer dem anderen etwas vorzuwerfen hat.« (Kol 3,12f.) Im christlichen Bekenntnis bekommt das Verhalten Jesu im Umgang mit den Leidenden konkrete Gestalt. Von Christus her sind die Menschen in die Nachfolge der von Jesus praktizierten Ethik gerufen. Mit Recht betont Joachim Gnilka hier wie schon im Hinblick auf den geschichtlichen Jesus die »starke Ethisierung des Konzepts«[52]. Hiermit findet sich ein grundlegend neues Bild des Menschen und seiner Möglichkeit, das Leben zu gestalten.
Doch von Hiobs Realismus geschult, noch einmal nachgefragt: Wie stimmen die Leiderfahrungen und das Leidensbewußtsein des Paulus mit diesen optimistisch-euphorischen Visionen überein? Verliert er hier den Boden seiner empirischen Realität? Überspielt er hier die Tatsachen zugunsten einer phantastischen Utopie? Eine wichtige, bereits ansatzhaft zitierte Stelle aus den Briefen des Paulus mahnt zu einer nochmaligen *Blickverschärfung*. Im Römerbrief hatte Paulus ja sein Bewußtsein geschildert, daß »die gesamte Schöpfung bis zum heutigen Tag seufzt« (Röm 8,22). Was aber heißt dies für die Aussagen über Kreuz und Auferstehung, über die Überwindung von Weisheit und Gesetz, über den »neuen Menschen«? Entscheidender hermeneutischer Schlüssel zum Verständnis der paulinischen Theologie: *Paulus spricht im Modus der begründeten Hoffnung*. Er führt die Aussage im Römerbrief aus: »Denn wir sind gerettet, doch in der Hoffnung. Hoffnung aber, die man schon erfüllt sieht, ist keine Hoffnung. Wie kann man auf etwas hoffen, das man sieht?« (Röm 8,24) Die theologischen Aussagen des Paulus erfolgen weder im grammatikalischen Konjunktiv des Wunsches oder der Ungewißheit, noch im Indikativ der bereits vollendeten Faktizität, sondern im grammatikalische Kategorien sprengenden Modus der bereits begründeten,

---

50 *Hans Dieter Betz*, Der Galaterbrief. Ein Kommentar zum Brief des Apostels Paulus an die Gemeinden in Galatien (München 1988), S. 333.

51 *Franz Mußner*, a.a.O., S. 264.

52 *Joachim Gnilka*, Der Kolosserbrief (Freiburg/Basel/Wien 1980), S. 187. Ähnlich *Eduard Schweizer*, Der Brief an die Kolosser (Zürich 1976), S. 147: Hier werde das Konzept »völlig ethisiert«.

hoffenden, angebrochenen Gewißheit. Ulrich Wilckens spricht hier von einer »aus- und durchzuhaltenden Spannung«, denn: »Die Christen *sind* gerettet durch die Wirkung des Todes Christi und aufgrund ihrer Verbindung mit dem Auferstandenen, schon Verherrlichten. Aber die leibhaftige Verwirklichung ihrer Rettung steht noch aus; sie dürfen und müssen auf sie hoffen.«[53] Das christliche Konzept des neuen Menschen beruht also auf dem Vertrauen auf einer jetzt schon begründeten, aber als Erfüllung noch ausstehenden letzten Hoffnung.

Ist aber mit dem von Paulus her geschilderten *Glauben an die Auferweckung* nicht nun doch das Hiobbuch aus christlicher Sicht endgültig voll und ganz aufgehoben? Gutiérrez bremst alle überzogenen Erwartungen an eine christliche Antwort auf Hiob: Nein, »auch die christliche Feststellung eines zukünftigen Lebens verändert – im wesentlichen – nichts von dem, was der (Hiob-) Dichter sagen möchte«[54]. Insofern ist die Rede davon, daß sich die gesamte Hiobsproblematik aus christlicher Perspektive in Christus auflöst oder dort im hegelschen Sinne aufgehoben ist, daß Hiobs Fragen im Christusgeschehen letztgültig beantwortet werden, in sich fragwürdig. Die von Hiob symbolhaft verkörperten »Bedrohungen und Katastrophen« sind auch durch das »*erlösende* Christusgeheimnis nicht aufgehoben«[55]. Hiobs Fragen als solche bleiben unbeantwortet bestehen. Wie man freilich mit diesen offenbleibenden Fragen leben kann, als Leidender oder als Leiden Bezeugender und Tröstender, das wird für Christen im vertrauensvoll hoffenden Blick auf Christus deutlich. Die Symbolgestalt des Leids und der »Warum«-Frage, Hiob, wird – so, aber auch nur so, gesehen – für Christen von der Symbolgestalt des Karfreitagskreuzes überstrahlt. Beide »Symbole« mahnen zu einem menschlichen Verzicht auf eine grundsätzlich-theoretische Erklärung von Ursache, Zweck und Sinn des Leids und ermöglichen gleichzeitig in diesem Verzicht und der begründeten Hoffnung auf die Überwindung der Leidensgeschichte durch Gott ein praktisch-existentielles Bestehen im Leid.

## 6. Ausblick

Von Hiob zu Jesus Christus: Welche grundlegend-neuen Aspekte und existentiell-tragfähigen Überzeugungen ergeben sich für den gläubigen Christen? Zunächst negativ formuliert: Auch Jesus hat das Leid nicht abgeschafft. Er hat es weder theoretisch hinterfragt noch prinzipiell erklärt, weder instrumen-

---

53 *Ulrich Wilckens*, Der Brief an die Römer, Bd. II Röm 6–11 (Zürich/Neukirchen-Vluyn 1980), S. 158. Vgl. *Heinrich Schlier*, Der Römerbrief (Freiburg/Basel/Wien 1977), S. 267: »Paulus will offenbar so argumentieren: Auch wir, die den Geist haben, seufzen und warten. Doch wir sind als Hoffende auf das Hoffnungsgut hin gerettet.«

54 *Gustavo Gutiérrez*, a.a.O., S. 132.

55 *Walter Strolz*, Schöpfungsweisheit im Buch Ijob, in: Diakonia 21 (1990), S. 314–322, hier: S. 319.

talisiert noch funktionalisiert. Nein, positiv gesprochen ist durch ihn in der Frage des Umgangs mit Leid eine neue Perspektive über Hiob hinaus eröffnet worden. Aber was kennzeichnet diese Perspektive? Jesus selbst hat sich mit seiner Botschaft und seinem Handeln rückhaltlos mit den Leidenden, denen seine Botschaft vor allem galt und gilt, solidarisiert und identifiziert. Er hat ihr Leid bekämpft, gelindert und geheilt. Und er hat es selbst durchlitten bis zum grausamen Tod in Menschen- und Gottverlassenheit. Er ist schließlich – so das Bekenntnis und das Zentrum des Glaubens schon der ersten Christengeneration – durch sein Leiden und Sterben hindurch aufgenommen worden in Gottes ewiges, von Leiden freies Leben. Der in Christus gnadenhaft ermöglichte »neue Mensch« darf deshalb in dem hoffenden Vertrauen leben, daß nicht nur das Leiden, sondern selbst der Tod überwunden werden kann. In dieser vertrauenden Hoffnung auf den von Jesus verkündeten Gott, der Leid zu Heil wenden kann, erschließt sich das Angebot der Möglichkeit eines existentiellen Durchtragens von für Menschen unabänderlichem Leid.

## Schlußwort

Das Manuskript zu der vorliegenden Untersuchung wurde im wesentlichen im Februar 1993 abgeschlossen und stimmt bis auf leichte Überarbeitungen und Ergänzungen mit der 1993 von der Katholisch-Theologischen Fakultät der Eberhard-Karls-Universität Tübingen angenommenen Dissertation gleichen Titels überein. Die meisten der wichtigen und zum Teil nur schwer zugänglichen Texte, die in dieser Arbeit erwähnt oder besprochen wurden, werden in einer separaten kommentierten *Anthologie* publiziert, die ich in Zusammenarbeit mit dem Matthias-Grünewald-Verlag voraussichtlich 1995 herausgeben werde.

Im Rückblick auf die entscheidenden Jahre des Studiums und der Arbeit an meiner Dissertation wird mir überdeutlich, wie vielen »Wegbereitern und Wegbegleitern« ich zu danken habe. Nur wenige davon kann und möchte ich hier eigens herausheben: Zunächst danke ich der katholisch-theologischen Fakultät der Universität Tübingen für die Annahme dieser Arbeit als Dissertation. Besonderer Dank gebührt aber vor allem den Kolleginnen und Kollegen vom Tübinger Institut für ökumenische Forschung, in dem ich in anregend-freundschaftlicher Atmosphäre Geschmack am geistigen Freiraum theologischen Forschens erleben durfte. Professor Hans Küng, Direktor des Instituts, hat diese Arbeit mit Rat, Tat und Weitblick gefördert. Mehr als jedem anderen weiß ich mich jedoch Herrn Privatdozent Karl-Josef Kuschel verpflichtet, dessen regem Interesse und konstruktiver Kritik diese Arbeit fruchtbare Impulse verdankt. Als sein Mitarbeiter vor allem im Forschungsbereich von »Theologie und Literatur« habe ich seine wissenschaftliche Präzision und rhetorische Leidenschaft kennen- und schätzengelernt. Daß ich darüber hinaus mit meiner Untersuchung die von ihm betreute wissenschaftliche Reihe »Theologie und Literatur« eröffnen darf, macht mich zugleich froh und stolz.

Von den vielen privaten Weggefährten möchte ich hier nur drei eigens dankend hervorheben: meine Eltern, die mir in partnerschaftlicher Nähe den eigenen Weg ermöglicht haben, und vor allem: meine Frau Annegret, die mir mit stetigem Interesse und wohlwollender fachlicher Kritik in liebevoller Geborgenheit zur Seite steht.

*Koblenz, den 18.1.1993* — *Georg Langenhorst*

# Literaturverzeichnis

## I. »Hiob in der Literatur« – Spezialbibliographie

Angegeben werden alle Werke jeweils in chronologischer Reihenfolge hinsichtlich des Jahres ihrer Ersterscheinung, Entstehung oder Druckfassung. Sofern vorhanden, wird die deutsche Ausgabe angeführt. Zusätzlich wird die Originalsprache angegeben, falls diese dem Titel selbst nicht unmittelbar zu entnehmen ist.

### 1. Hiobdramen des 20. Jahrhunderts


1904 *A.C. Mereschkowskij*, Hiob, in: ders., Sobraine stichov 1883–1910 (Letchworth 1969), S. 87–96. Russisch.

1907 *Frederick Shepherd Converse*, Job. Dramatic Poem for two solo Voices, Chorus and Orchestra op. 24 (New York/London 1907).

1907 *Harris Grafton Hale*, The Story of Job. Biblical Drama (Boston 1907).

1909 *Leonid Andreev*, Anathema. Ein tragisches Spiel in sieben Bildern (Berlin 1911). Russisch.

1914 *L. Arnaudet*, Job ou le drame de l'homme dans ses rapports avec Dieu et avec Satan. Tragédie en quatres actes, un prologue, un intermède et l'épilogue (Paris 1914).

1914 *Reinhard Johannes Sorge*, Hiob, in: ders., Werke. Dritter Band (Nürnberg 1967), S. 178–182.

1917 *Oskar Kokoschka*, Hiob, in: ders., Vier Dramen (Berlin 1919), S. 137–174.

1917 *James Stacey Stevens*, A Dramatization of the Book of Job. The Problem of Human Suffering (Boston 1917).

1918 *Horace M. Kallen*, The Book of Job as a Greek Tragedy (New York 1959).

1918 *Richard Green Moulton*, The Book of Job, Arranged in Verse (New York 1918).

1923 *Colin Campbell Clements*, Job. A Play in one Act (New York/London 1923).

1923 *Andrew John Young*, The Adversary (London 1923).

1925 *Oskar Maurus Fontana*, Hiob der Verschwender. Komödie (Leipzig 1925).

1925 *Alois Lanner*, Job. Ein biblisches Drama (Innsbruck 1925).

1926 *Alexander Faure*, Hiob. Ein biblisches Spiel (München 1936).

1927 *Fritz Weege*, Das Spiel Hiob (München 1927).

1928 *Willy Vettermann*, Hiob. Filmdichtung, (Chemnitz/Leipzig 1928).

1928 *Alfred Dunning*, Job, a Dramatic Version (London 1928).

1928 *Thornton Wilder*, »Hast du nicht achtgehabt auf meinen Knecht Hiob«, in: ders., Einakter und Dreiminutenspiele (Frankfurt 1954), S. 59–61. Englisch.

1928 *Paul Zech*, Zuletzt bleibt Hiob (Bühnenmanuskript verschollen 1928).

1928 *Franz Rothenfelder*, Der Mann, den Gott schlug. Verse zum Buche Hiob (Berlin 1928).

1928 *Jaroslav Hilbert*, Job (Prag 1928). Tschechisch.

1930 *Alfred Döblin*, Die Geschichte von Franz Biberkopf. Hörspiel, in: ders. Ausgewählte Werke in Einzelbänden, Bd. 23, Drama Hörspiel Film, hrsg. von *Erich Kleinschmidt* (Olten/Freiburg 1983), S. 273–317.

1932 *J. Debout*, Job, maître d'école libre. Comédie dramatique en trois actes (Paris 1932).

1933 *Ernst Wiechert*, Das Spiel vom deutschen Bettelmann, in: Sämtliche Werke, Bd. 10 (Wien/München/Basel 1957), S. 7–33.

1933 *Henri Ghéon*, Job. Tragédie biblique en trois actes, in: La vie intellectuelle 5–19

(1933), S. 38–67; 318–337.

1933 *Kurt Eggers*, Das Spiel von Job dem Deutschen. Ein Mysterium (Berlin 1933).

1933 *Charles H. Meigs*, The Man of Uz. A drama in three acts (London 1933).

1934 *Curt Goetz*, Dr. med. Hiob Praetorius. Eine Geschichte ohne Politik nach alten aber guten Motiven neu erzählt, in: ders., Gesammelte Werke Bd. 3 (Berlin-Merligen 1937), S. 131–252.

1934 *Ralph Vaughn Williams*, Job. A Masque for Dancing (London 1934).

1935 *J.D. van Calcar*, Job. Bijbels Lekespel van Strijd en Gerrijding (1935). Flämisch.

1936 *Margit Petermann*, Job, ein Opfer, in: dies., Zwei Spiele (Freiburg 1936), S. 37–96.

1937 *Hans Joachim Haecker*, Hiob. Ein Spiel von Adams und Evas Schuld, von Hiobs Heimsuchung und der Auferstehung des Herrn (Berlin 1937).

1939 *Theodor Haerten*, Die Hochzeit von Dobesti. Ein Drama (Berlin 1939).

1940 *Karol Wojtyla*, Job. Ein Drama aus dem Alten Testament, in: The Collected Plays and Writings on Theater, hrsg. von *Boleslaw Taborski* (Berkeley/Los Angeles/London 1987), S. 19–74. Polnisch.

1941 *Renaud Icard*, Job. Théâtre inédit (Marseille 1941).

1941 *Léon Chancerel*, Job 1941. Méditation chorale d'après la Bible, in: Repertoire des comédiens routiers (Lyon 1941).

1944 *Hein de Bruin*, Job (1944). Flämisch.

1945 *Robert Frost*, A Masque of Reason, in: *Edward Connery Lathem* (Hrsg.), The Poetry of Robert Frost (New York 1969), S. 473–490.

1945 *Jerzy Zawieyski*, Maz doskonaty/»Der vollkommene Mann« (1945). Polnisch.

1946 *Max Rößler*, Job. Ein Spiel von der geprüften Liebe (Würzburg 1946).

1947 *Fritz Riebold*, Hiob. Ein biblisches Verkündigungsspiel (Stuttgart 1947).

1947 *Peter A. Steinhoff*, Der arme Hiob (Berlin 1947).

1948 *Franz Johannes Weinrich*, Das Gastmahl des Job (Bühnenmanuskript verschollen 1948).

1949 *Willy Grüb*, Ich heiße Hiob. Eine Komödie in drei Akten (Donaueschingen 1949).

1949 *Rolf Lauckner*, Hiob, in: ders., Gesammelte Werke Bd. 4 (Darmstadt 1952), S. 303–362.

1950 *Ruth Roberta Stalberg*, Hiob. Ein Spiel (München 1950).

1952 *Hans Ehrenberg*, Hiob der Existentialist (Heidelberg 1952).

1953 *Horst Mönnich*, Hiob im Moor (Hamburg 1953).

1953 *Charlotte Sauer*, Hiob (Berlin 1953).

1953 *René Morax*, Job le vigneron. Mystère en trois actes (Sievre 1953).

1953 *Halper Leivick*, In die Teg fun Hiob (1953). Jiddisch.

1954 *Albert Jakob Welti*, Hiob der Sieger (Zürich/München 1954).

1955 *Gian Battista Angioletti*, Giobbe uomo solo (Mailand 1955). Italienisch.

1957 *Archibald MacLeish*, »J.B.«/Spiel um Job (Frankfurt 1977).

1960 *Hannsludwig Geiger*, Ein Mensch wie Hiob (München 1960).

1963 *Robert Heinrich Oehinger*, Hiob geht es gut. Die Karriere des Willi Wolleb. Hörspiel (Radiostudio Zürich 1963).

1963 *François Billetdoux*, Comment va le monde, mossieu? Il tourne, mossieu./ Was macht die Welt, mein Herr? Sie dreht sich, mein Herr? (Paris 1963).

1969 *Rudolf Henz*, Herr Job, in: ders., Tollhaus Welt. Fünf neue Dramen (Wien 1970), S. 9–41.

1971 *Ivor A. Richards*, Job's Comforting, in: ders., Internal Colloquies (London 1971), S. 301–326.

1971 *Berthold Wulf*, Hiob der Wanderer. Szenische Dichtung in 7 Bildern (St. Blasius 1971).

1972 *Luis Haranburu Altuna*, Job (1972). Spanisch.

1974 *Neil Simon*, God's Favourite. A New Comedy (New York 1974/75).

1975 *Sholome Michael Gelber*, Job Stands Up. The biblical text of the Book of Job arranged for the Theatre (New York 1975).
1987 *Jürgen Seidel*, Zum Teufel mit Hiob. Kriminalhörspiel (WDR 1987).
1992 *Walter J. Hollenweger*, Hiob – Im Kreuzfeuer der Religionen (Manuskript 1992).

**2. Hiobromane, -erzählungen, -essays, -prosasammlungen des 20. Jahrhunderts**

1905 *Hans Kyser*, Der Blumenhiob (Berlin 1909).
1905 *Rudolf Borchardt*, Das Buch Joram (Leipzig 1945).
1905 *M. Du Campfranc*, Pauvre Job (Paris 1905).
1912 *Karl-Emil Franzos*, Der Hiob von Unterach, in: ders., Der Hiob von Unterach und andere Geschichten (Stuttgart/Berlin 1912), S. 7–26.
1912 *Alfred Polgar*, Hiob, in: ders., Hiob. Ein Novellenband (München 1912), S. 7–21.
1916 *Gilbert Keith Chesterton*, The Book of Job (London 1916).
1916 *José María Vargas Vila*, La demencia de Job (1916). Spanisch.
1919 *Herbert George Wells*, Unsterbliches Feuer/The Undying Fire (Frankfurt/Berlin/Wien 1985).
1921 *Georg Britting*, Der verlachte Hiob, in: ders., Frühe Werke. Prosa – Drama – Gedichte 1920–1930, hrsg. von *Walter Schmitz* (München 1987), S. 117–119.
1921 *Bertolt Brecht*, Der Blinde, in: ders., Gesammelte Werke. Prosa I (Frankfurt 1967), S. 52–56.
1922 *Emile Baumann*, Job le Prédestiné (Paris 1922).
1922 *Siegfried Reinke*, Hiob (München 1922).
1926 *Grace Livingstone Hill*, Job's Niece (Mattituck/New York 1976).
1928 *Bernard Lazare*, Le Fumier de Job (Paris 1928).
1929 *Alfred Döblin*, Berlin Alexanderplatz (München 1975).
1930 *Gerhart Hauptmann*, Das Buch der Leidenschaft (Berlin 1930).
1930 *Joseph Roth*, Hiob. Roman eines einfachen Mannes, in: ders., Werke 5: Erzählungen und Romane 1930–1936, hrsg. von *Fritz Hackert* (Köln 1989), S. 1–136.
1930 *Walter Bauer*, Stimme aus dem Leunawerk. Verse und Prosa (Berlin 1930).
1933 *Edouard Ned*, Job le Glorieux. Roman (Paris 1933).
1934 *George Bernard Shaw*, Ein Negermädchen sucht Gott. Eine Legende/A Black Girl in Search of God (Frankfurt 1954).
1935 *Mynona/Salomo Friedlaender*, Der lachende Hiob, in: ders., Der lachende Hiob und andere Grotesken (Paris 1935), S. 51–64.
1938 *Franz Werfel*, Die arge Legende vom gerissenen Galgenstrick, in: ders., Erzählungen aus zwei Welten, Bd. 3 (Frankfurt 1954), S. 7–27.
1938 *Albert de La Touche Espé*, Job. Roman, in: Messager ou Mercure universel, revue mensuelle 17(1938).
1941 *Thomas C. Wolfe*, Der einsame Gottes/God's Lonely Man, in: Hinter jenen Bergen. Erzählungen (Hamburg 1956), S. 135–143.
1942 *Alfred Mombert*, Sfaira der Alte (Darmstadt 1958).
1943 *Pierre Montmajour*, Un Homme appelé Job (Pont-Anthon 1943).
1946 *Paul Vialar*, Job (1946). Französisch.
1946 *Margarete Susman*, Das Buch Hiob und das Schicksal des jüdischen Volkes (Freiburg 1968).
1946 *Paul Claudel*, Das Buch Job/Le Livre de Job, in: ders., Gesammelte Werke, Bd. 6: Religion (Einsiedeln/Zürich/Köln 1962), S. 437–466.
1948 *Rudolf Alexander Schröder*, Marginalien zum Buch Hiob, in: ders., Gesammelte Werke, Bd. 3: Die Aufsätze und Reden (Frankfurt 1952), S. 439–478.
1948 *Leon W. Wells*, Ein Sohn Hiobs/Pour que la terre se souvienne (München 1979).

1949 *Claude Ferrère*, Job Siecle XX, Roman (Paris 1949).
1949 *Ludwig Marcuse*, Hiobs Recht auf Glück, in: ders., Philosophie des Glücks. Von Hiob bis Freud (Zürich 1972), S. 24–41.
1949 *Ilse Molzahn*, Hiobs Versuchung, in: Das goldene Tor 4 (1949), S. 194–201.
1950 *Michael Fehrbrügge*, Die Geige des Hiob. Ein Märchen, in: Das goldene Tor 5 (1950), S. 53–62.
1951 *David Maria Turoldo*, Da una casa di fango (Brescia 1951). Italienisch.
1952 *Carl Gustav Jung*, Antwort auf Hiob, in: ders., Gesammelte Werke Bd XI (Olten [2]1973), S. 385–506.
1953 *Heinz Risse*, Dein Bruder Hiob, in: ders., Die Grille. Erzählungen (Bremen 1953), S. 27–83.
1956 *Zwi Kolitz*, Jossel Rackower rechtet mit Gott, in: Stimmen der Zeit 159 (1956/57), S. 161–168.
1960 *Mario Franco Ruiz*, Los hijos de Job (Bogotá 1960). Spanisch.
1961 *Lorenz Mack*, Hiob und die Ratten. Roman (Zürich/Stuttgart 1961.
1962 *Edzard Schaper*, Die Söhne Hiobs (Köln/Olten 1962).
1962 *Erich Landgrebe*, Narr des Glücks. Roman (Hamburg 1962).
1962 *Wolfgang Altendorf*, Hiob im Weinberg. Erzählung (Freudenstadt-Wittlensweiler 1962).
1962 *Karl Jaspers*, Der persönliche Gott unter Anklage, in: ders., Der philosophische Glaube angesichts der Offenbarung (München 1962), S. 331–351.
1963 *Emiliano Aguado*, Job estaba solo (1963). Spanisch.
1963 *Gussla Bayer-Fichtner*, Die Flöte Hiobs. Roman (Stuttgart 1963).
1964 *Martin Gregor-Dellin*, Begräbnisse, in: ders., Möglichkeiten einer Fahrt. Erzählungen (München 1964), S. 65–69.
1964 *Eckart Kroneberg*, Keine Scherbe für Hiob. Roman (München 1964).
1964 *Leszek Kolakowski*, Hiob – oder die Widersprüche der Tugend, in: ders., Der Himmelsschlüssel. Erbauliche Geschichten (München 1985), S. 52–62.
1964 *Helmut Heissenbüttel*, Hiobsbotschaft, in: ders., Das Textbuch (Neuwied/Berlin 1970), S. 143–145.
1967 *Jorge Luis Borges*, El Libro de Job, in: Conferencias (Buenos Aires 1967). Spanisch.
1967 *Jorge Guzmán*, Job – Boj. Novela (Barcelona 1967). Spanisch.
1968 *William Humphrey*, Hiob in Oaklahoma, in: ders., Zur Zeit von Bonnie und Clyde. Geschichten aus Texas (Frankfurt 1970), S. 61–88. Englisch.
1968 *Ernst Bloch*, Grenze der Geduld, Hiob oder Exodus nicht in, sondern aus der Jachwevorstellung selber, Schärfe des Messianismus, in: ders., Atheismus im Christentum (Frankfurt 1985), S. 148–166.
1971 *Günter Kunert*, Hiob gut bürgerlich, in: Akzente 18 (1971),S. 69–70.
1971 *Jacques Doyon*, Hiob oder der Tod Hiobs. Erzählung (Berlin 1973). Französisch.
1973 *Robert Wolfgang Schnell*, Hiob bekommt Bohnen, in: ders., Das verwandelte Testament (Wuppertal 1973), S. 7–33.
1974 *Inge Meidinger-Geise/Stephan Reimund Senge* (Hrsg.), Hiob kommt nach Himmerod. Ein Lesebuch (1974).
1975 *Elie Wiesel*, Hiob oder das revolutionäre Schweigen, in: ders., Adam oder das Geheimnis des Anfangs. Brüderliche Urgestalten (Freiburg/Basel/Wien 1987), S. 207–232.
1975 *Luise Rinser*, Leiden Sterben Auferstehen (Würzburg 1975).
1976 *Rolf Schneider*, Das Glück. Roman (Darmstadt/Neuwied 1976).
1977 *Fritz Zorn*, Mars (Frankfurt 1988).
1982 *Günther Lange*, Grenzgänger wie Hiob. Unwirkliche Tatsachenberichte (Stuttgart 1982).
1983 *Karin Wolff* (Hrsg.), Hiob 1943. Ein Requiem für das Warschauer Getto (Neukirchen-

Vluyn 1983).

1983 *Joseph Hansen*, Job's Year (New York/Scarborough 1985).

1983 *Christian Weyer*, HiobsBotschaft (Stuttgart 1983).

1983 *Robert Gernhardt*, Das Buch Ewald, in: ders., Kippfigur. Erzählungen (Zürich 1989), S. 9–27.

1984 *Robert A. Heinlein*, Das neue Buch Hiob/The Comedy of Job (Bergisch Gladbach 1985).

1984 *Muriel Spark*, Das einzige Problem. Roman/The Only Problem (Zürich 1985).

1985 *René Girard*, Hiob – ein Weg aus der Gewalt/La route antique des hommes pervers (Zürich 1990).

1988 *Herbert W. Franke*, Hiobs Stern. Science-Fiction-Roman (Frankfurt 1988).

1989 *Günter Posch*, Hiobs chaotisches Lesebuch (Konstanz 1989).

1990 *Janine Chanteur*, Les petits-enfants de Job. Chronique d'une enfance meurtrie (Paris 1990).

1991 *Ulrich Kägi*, Am Anfang – am Ende. Gespräche mit Hiob (Stäfa 1991).

1993 *Jürg Laederach*, Passion. Ein Geständnis. Roman (Frankfurt 1993)

### 3. Hiobgedichte oder -gedichtsammlungen des 20. Jahrhunderts

1908 *Julius Jakob David*, »Hiob«, in: ders., Gesammelte Werke, Bd. I: Gedichte/Das Höferecht (München /Leipzig 1908), S. 68–71.

1920 *Léon Cathlin*, Les treize paroles du pauvre Job (Paris 1920).

1927 *Franz Werfel*, »Verwundeter Storch«, in: ders., Das lyrische Werk (Stuttgart/Hamburg 1967), S. 234.

1930 *Klabund*, »Hiob«, in: ders., Gesammelte Werke in Einzelausgaben, Bd. I: Gesammelte Gedichte. Lyrik – Balladen – Chansons (Wien 1930), S. 134f.

1934 *Fritz Rosenthal/Schalom Ben-Corin*, »Hiob redet mit Gott«, in: ders., Die Lieder des ewigen Brunnens (Wien/Leipzig 1934), S. 10.

1936 *Miguel Torga*, O Outro Livro de Job (1936). Portugiesisch.

1940 *Mascha Kaléko*, »Enkel Hiobs«, in: Aufbau 6 (1940), Nr. 1, S.1.

1944 *Paul Claudel*, »Antwort an Job«, in: ders., Gesammelte Werke. Bd. I: Gedichte (Zürich/Köln 1963),S. 510f.

1944 *Nelly Sachs*, »O die Schornsteine«, »Hiob«, »Landschaft aus Schreien«, »Vertriebene«, in: dies., Fahrt ins Staublose. Gedichte (Frankfurt 1988), S. 8; 95; 221–223; 282f.

1946 *Hermann Adler*, Balladen der Gekreuzigten, der Auferstandenen, Verachteten (Zürich/New York 1946).

1947 *Rudolf Leonhard*, »Furunkulose«, in: ders., Ausgewählte Werke in Einzelausgaben, Band 1: La Vernet. Gedichte (Berlin 1961), S., 191.

1948 *Hermann Lienhard*, »Hiob«, in: ders., Die Verwandlung. Gedichte (Klagenfurt 1948).

1949 *Johannes R. Becher*, »Hiob«, in: ders., Gesammelte Werke, Bd VI: Gedichte 1949–1958 (Berlin/Weimar 1973), S. 43

1949 *Yvan Goll*, Hiobgedichte, in: ders., Dichtungen. Lyrik – Prosa – Drama, hrsg. von *Claire Goll* (Darmstadt/Berlin/Neuwied 1960), S. 372–379; 452–453; 588.

1950 *Karl Wolfskehl*, Hiob oder Die vier Spiegel, in: ders., Gesammelte Werke, Bd. I: Gedichte, hrsg. von *Margot Ruben/Claus Victor Bock* (Hamburg 1960), S. 203–215.

1954 *Margarete Susman*, »Zorn Gottes«, »Gerechtigkeit«, in: dies., Aus sich wandelnder Zeit. Gedichte (Zürich/Stuttgart 1953), S. 125–129; 130.

1957 *Albert Paris Gütersloh*, »Spruch des Hiob«, »Des neuen Hiob Klage«, in: ders., Musik zu einem Lebenslauf. Gedichte (Wien 1957), S. 68.

1959 *Traugott Ohse*, Hiob. Gedichtzyklus (1959).

1960 *Hilde Domin*, »Lieder zur Ermutigung III«, in: dies., Gesammelte Gedichte (Frankfurt 1987), S. 223.
1962 *Gerhard Glawischnig*, Und morgen wird Hiob anders heißen. Gedichte (Wien 1963).
1967 *Jean Starr Untermeyer*, Job's Daughter. New Poems and Old Favourites (New York 1967).
1969 *Kurt Marti*, »ich habe die guten tage genossen...«. in: ders., Leichenreden [1]1969 (Frankfurt 1989), S. 37.
1971 *Eva Zeller*, »Hiob«, in: dies., Sage und schreibe. Gedichte (Stuttgart 1971), S. 65–67.
1972 *Eugenio Montale*, »Per un nuovo Giobbe«, in: La Stampa 31.12.1988.
1975 *Martin Gutl*, Der tanzende Hiob (Graz/Wien/Köln 1986).
1977 *Günter Kunert*, Biblische Geschichte II, in: ders., Unterwegs nach Utopia. Gedichte (München/Wien 1977), S. 58.
1977 *Fernando Centeno*, Las danzas de Job: poema coreográfico, en un prólogo, tres movimientos y un epílogo (1977). Spanisch.
1978 *Gábor Hajnal*, »Job bin ich«, in: *Franz Fühmann*, Gedichte und Nachdichtungen (Rostock 1978), S. 261.
1983 *Ulrich Schacht*, »Die Brennenden«, »Hat Hiob an einem bewölkten Nachmittag«, in: ders., Scherbenspur. Gedichte (Zürich 1983), S. 70f.
1983 *Renold J. Blank*, »Hiob, und keine Frage mehr«, in: Heller kann kein Himmel sein. Ausgewählte Gedichte aus dem Wettbewerb für christliche Literatur (Graz/Köln 1984), S. 19.
1984 *Jürgen Rennert*, »Hiobs Botschaft«, in: ders., Dialog mit der Bibel. Malerei und Grafik aus der DDR zu biblischen Themen (Berlin/Altenberge 1984), S. 94.
1984 *Drutmar Cremer*, »Tränen aus Herzmitte«, in: ders., Dein Atemzug holt Zeiten heim. Gedichte zu den Bildern von Marc Chagall (Limburg 1984), S. 69–72.
1986 *Tilo Trebosch*, Fragen an Hiob: Das Gottesbild in uns (München 1986).
1989 *Walter Helmut Fritz*, »Sie alle lesen«, in: ders., Mit einer Feder aus den Flügeln des Ikarus. Ausgewählte Gedichte und Prosagedichte (Frankfurt 1989).
1989 *Peter Henisch*, Hamlet, Hiob, Heine. Gedichte (Salzburg/Wien 1989). Zum Teil übernommen und überarbeitet aus: ders., Mir selbst auf der Spur/Hiob (Baden b., Wien 1977).
1989 *Hans-Jörg Modlmayr*, Gedichtzyklus »Hiob« (Manuskript 1989).
1990 *Ursula Koch*, »Hiob«, in: dies., Hiob, mein Bruder. Begegnungen (Gießen 1990), S. 92.
1992 *Eberhard Gilbert Bethge*, Hiob Christ. Dichtung in drei Teilen (Frankfurt 1992).

**4. Sekundärliteratur**


1930 *Hügelsberger, Josef*: Der Dulder Hiob in der deutschen Literatur. Ein Beitrag zur Geschichte der biblischen Stoffe in Deutschland (Diss. Graz 1930).
1954 *MacLean, Hector*: The Job Drama in Modern Germany, in: Journal of the Australasian Universities Modern Language Association 2 (1954), S. 13–20.
1963 *Friedman, Maurice*: Problematic Rebel. Melville, Dostoievsky, Kafka, Camus (Chicago/London [2]1970).
1965 *Beckmann, Heinz*: Godot oder Hiob. Glaubensfragen in der modernen Literatur (Hamburg 1965).
1967 *Goldschmidt, Hermann Levin*: Hiob im neuzeitlichen Judentum, in: Weltgespräche 2 – Weltliche Vergegenwärtigungen Gottes (Freiburg 1967), S.41–55.
1967 *Eltz-Hoffmann, Lieselotte von*: Hiob in der modernen Dichtung, in: Wege zum Menschen 19 (1967), S. 184–194.
1968 *Goodheart, Eugene*: Job and the Modern World, in: *Paul S. Sanders* (Hrsg.), Twen-

tieth Century Interpretations of the Book of Job (Englewood Cliffs/New Jersey 1968), S. 99–106.
1970 *Wielandt, Ulf*: Hiob in der alt- und mittelhochdeutschen Literatur (Diss. Freiburg 1970).
1971 *Francisco, Nancy A.*: Job in World Literature, in: Review and Expositor LXVIII/4 (1971), S. 521–533.
1972 *Hausen, Adelheid*: Hiob in der französischen Literatur. Zur Rezeption eines alttestamentlichen Buches (Frankfurt/Bern 1972).
1972 *Levenson, Jon Douglas*: The Book of Job in its Time and in the Twentieth Century (Cambridge/Massachusetts 1972).
1972 *Glutsch, Karl-Heinz*: Die Gestalt Hiobs in der deutschen Literatur des Mittelalters (Diss. Karlsruhe 1972).
1973 *Datz, Günther*: Die Gestalt Hiobs in der kirchlichen Exegese und der »arme Heinrich« *Hartmanns von Aue* (Diss. Göppingen 1973).
1975 *Flügel, Heinz*: Hiob in der Gegenwartsliteratur; in: *Hans Jürgen Schultz* (Hrsg.), »Sie werden lachen – die Bibel«. Erfahrungen mit dem Buch der Bücher (München $^{2}$1985), S. 204–217.
1976 *Böswald, Rupert*: Hiob in moderner Dichtung, in: ders. und *Erich Zenger* (Hrsg.), Durchkreuztes Leben (Freiburg/Basel/Wien 1976), S. 89–129.
1976 *Neher, André*: Hiob als Thema der modernen jüdischen und der Welt-Literatur, in: Ariel 42 (1976), S. 65–77.
1978 *Goldschmidt, Hermann Levin*: Hiob einst und immer, in: *Gotthold Müller* (Hrsg.), Israel hat dennoch Gott zum Trost. FS für Schalom Ben-Chorin (Trier 1978), S. 20–30.
1979 *Bessermann, Laurence L.*: The Legend of Job in the Middle Ages (Cambridge/London 1979).
1979 *Kulin, Katalin*: The Myth of Job in the Works of Juan Carlos Onetti and Salvadore Espiritu, in: Proceedings of the IX$^{th}$ Congress of the International Comparative Literature Association – Innsbruck 1979 (Innsbruck 1982), S. S. 397–403.
1980 *Bauschinger, Sigrid*: Hiob und Jeremias. Biblische Themen in der deutschen Literatur des 20. Jahrhunderts, in: Akten des IV. Internationalen Germanisten-Kongresses Basel 1980 (Bern/Frankfurt/Las Vegas 1980), Bd.III, S. 466–472.
1983 *Schorlemmer, Helmut*: Hiob auf der Bühne. Die dramatischen und theatralen Elemente des alttetstamentlichen Buches Hiob (Diss. München 1983).
1983 *Fisch, Harold*: Job as Modern Archetype, in: Hebrew University Studies in Literature and the Arts II,1 (1983), S. 102–114.
1983 *Frenzel, Elisabeth*: Hiob, in: dies., Stoffe der Weltliteratur (Stuttgart $^{6}$1983), S. 323–326.
1983 *Bochet, Marc*: Das Buch Ijob in der Literatur, in: Concilium 19(1983), S. 727–731.
1984 *Schubert, Beatrix*: Vom Umgang mit dem menschlichen Leiden. Ein Versuch über Ijob in der modernen Literatur, in: Erbe und Auftrag 60 (Beuron 1984), S. 356–375.
1984 *Simon, Ulrich*: Job and Sophocles, in: *David Jasper* (Hrsg.), Images of Belief in Literature (London /Basingstoke 1984), S. 42–51.
1985 *Grimm, Gunter E./Hans-Peter Bayerdörfer* (Hrsg.), Im Zeichen Hiobs. Jüdische Schriftsteller und deutsche Literatur im 20. Jahrhundert (Königstein $^{2}$1986).
1986 *Geyer, Carl-Friedrich*: Das Hiobbuch im christlichen und nachchristlichen Kontext. Anmerkungen zur Rezeptionsgeschichte, in: Kairos 28 (1986), S. 174–195.
1987 *Daemmrich, Horst S.* und *Ingrid*: Hiob, in: dies., Themen und Motive in der Literatur (Tübingen 1987), S. 175.
1988 *Bochet, Marc*: Présence de Job dans le théâtre d'après-guerre II en France (Bern 1988).
1989 *Krieg, Matthias*: Das wandernde Hiobsmotiv. Ein Kapitel Literaturgeschichte, in: Hiob. Bibelarbeit in der Gemeinde Bd. 7 (Basel/Zürich 1989), S. 63–86.

1989 *Bocian, Martin* unter Mitarbeit von *Ursula Kraut/Iris Lenz*: Hiob, in: dies., Lexikon der biblischen Personen. Mit ihrem Fortleben in Judentum, Christentum, Islam, Dichtung, Musik und Kunst (Stuttgart 1989), S. 159–169.
1989 *Kleinschmidt, Erich*: Poetik der Auflösung. Zur Funktion der Hiob-Mythe in Texten Oskar Kokoschkas, Joseph Roths und Karl Wolfskehls, in: *Franz Link* (Hrsg.), Paradeigmata. Literarische Typologie des Alten Testaments (Berlin 1989), S. 511–526.
1990 *Steinwendtner, Brita*: Hiobs Klage heute. Die biblische Gestalt in der Literatur des 20. Jahrhunderts (Innsbruck-Wien 1990).
1991 *Theobald, Gerd*: Hiobs Prozeß und Gottes Gericht. Die poetische Theodizee des Welttheaters (Diss. Heidelberg 1991).
1991 *Link, Franz*: The Bible in Twentieth-Century Jewish Literature (German, English, and French), in: Literatur in Wissenschaft und Unterricht XXIV (1991), S. 321–338.
1991 *Moretto, Giovanni*: Giustificazione e interrogazione. Giobbe nella filosofia (Neapel 1991)
1992 *Schrader, Ulrike*: Die Gestalt Hiobs in der deutschen Literatur seit der frühen Aufklärung (Frankfurt 1992).

## II. Weitere verwendete Literatur

### 1. Literatur zu den einzelnen Kapiteln und den behandelten Autoren

Aufgeführt werden Autoren und Autorinnen (Schriftsteller/Philosophen/Theologen), denen ein eigenes Kapitel oder zumindest ein längerer Abschnitt dieser Untersuchung gewidmet ist. Genannt wird die jeweils benützte Primär- sowie Sekundärliteratur. Die Reihenfolge schließt sich an die Reihenfolge der Erwähnung dieser Autoren in der Arbeit an. Aufsätze werden nur dann eigens aufgeführt, wenn sie nicht in den genannten Überblicks- oder Sammelbänden abgedruckt sind.

*1. Johann Gottfried Herder*

*Herder, Johann Gottfried*: Älteste Urkunde des Menschengeschlechts $^{1}$1744, in: Herders sämtliche Werke, hrsg. von *Bernhard Suphan*, Bd. 6 (Berlin 1883), S. 193–511 und Bd. 7 (Berlin 1883), S. 1–171
*Herder, Johann Gottfried*: Briefe das Studium der Theologie betreffend $^{1}$1780, in: Herders sämtliche Werke, a.a.O., Bd. 10 (Berlin 1879)
*Herder, Johann Gottfried*: Vom Geist der ebräischen Poesie $^{1}$1782/83, in: Herders sämtliche Werke, a.a.O., Bd. 11 (Berlin 1879), S. 213–466 und Bd. 12 (Berlin 1880), S. 1–309
*Kantzenbach, Friedrich Wilhelm*: Herder (Reinbek 1970)
*Robscheit, Hellmuth*: Herder als Ausleger des Alten Testamentes, dargestellt an seiner Schrift »Vom Geiste der Ebräischen Poesie«, in: *Eva Schmidt* (Hrsg.), Herder im geistlichen Amt. Untersuchungen/ Quellen/Dokumente (Leipzig 1956)
*Sauder, Gerhard* (Hrsg.): Johann Gottfried Herder 1744–1803 (Hamburg 1987)
*Willi, Thomas*: Herders Beitrag zum Verstehen des Alten Testaments (Diss. Tübingen 1971)

*2. Immanuel Kant*

*Kant, Immanuel*: Über das Mißlingen aller philosophischen Versuche in der Theodizee $^{1}$1791, in: ders., Werke in sechs Bänden, hrsg. von *Wilhelm Weischedel*, Bd VI (Darmstadt 1964), S. 103–124
*Kant, Immanuel*: Briefe, hrsg. von *Jürgen Zehbe* (Göttingen 1970)
*Loades, A. L.*: Kant and Job's Comforters (Newcastle 1985)

*Ritzel, Wolfgamg*: Immanuel Kant. Eine Biographie (Berlin/New York 1985)
*Schultz, Uwe*: Kant (Reinbek 1965)
*Strolz, Walter*: Die Hiobinterpretation bei Kant, Kierkegaard und Bloch, in: Kairos XXIII (1989), S. 75–87

### *3. Johann Wolfgang von Goethe*

*Goethe, Johann Wolfgang von*: Werke, hrsg. im Auftrag der Großherzogin Sophie von Sachsen
*Carrière, Ludwig:* Satan, Mephisto und die »Wetten« bei Hiob und »Faust«, in: Neue Folge des Jahrbuchs der Goethe-Gesellschaft Bd. 20 (Weimar 1958), S. 285–287
*Durrani, Osman*: Faust and the Bible (Frankfurt 1977)
*Houben, H. H.* (Hrsg.): Johann Peter Eckermann: Gespräche mit Goethe in den letzten Jahren seines Lebens (Wiesbaden 1959)
*Grumbach, Renate* (Hrsg.): Kanzler Friedrich von Müller: Unterhaltungen mit Goethe (München 1982)
*Minor, Jakob*: Goethes Faust (Stuttgart 1901)
*Pniower, Otto*: Pfitzers Faustbuch als Quelle Goethes, in: Zeitschrift für deutsches Altertum und deutsche Literatur 57 (1920), S. 240–266
*Tokuzawa, Tokuji*: Der Prolog in Goethes Faust, in: *Günther Mahal* (Hrsg.), Ansichten zu Faust (Stuttgart 1973), S. 35–48

### *4. Sören Kierkegaard*

*Kierkegaard, Sören*: Die Wiederholung $^{1}$1843, in: ders., Gesammelte Werke Bd. 5/6, hrsg. von *Emanuel Hirsch / Hayo Gerdes* (Düsseldorf /Köln), S. 1–97
*Kiekegaard, Sören*: Drei Erbauliche Reden, in: Gesammelte Werke, a.a.O., Bd. 7/8/9 (Düsseldorf/Köln 1956), S. 5–21
*Gardiner, Patrick*: Kierkegaard (Oxford 1988)
*Müller, Hans-Peter*: Welt als »Wiederholung«. Sören Kierkegaards Novelle als Beitrag zur Hiob-Interpretation, in: *Rainer Albertz* (Hrsg.), Werden und Wirken des Alten Testaments. FS für Claus Westermann (Göttigen/Neukirchen-Vluyn 1980), S. 355–372
*Reimer, Louis*: Die Wiederholung als Problem der Erlösung bei Kierkegaard, in: *Michael Theunissen/Wilfried Greve* (Hrsg.), Materialien zur Philosophie Sören Kierkegaards (Frankfurt 1979). S. 302–346
*Rohde, Peter P.*: Kierkegaard (Reinbek 1959)
*Strolz, Walter*: Die Hiobinterpretation bei Kant, Kierkegaard und Bloch, in: Kairos XXIII (1989), S. 75–87
*Wahl, Jean*: Soren Kierkegaard et le Livre de Job, in: Etre et Penser, cahier de philosophie, n. 27: L'homme – Métaphysique et conscience de soi (Neuchatel 1948), S. 147–166

### *5. George Bernard Shaw*

*Shaw, George Bernard*: The Black Girl in Search od God and Some Lesser Tales (London 1934); dt. Ein Negermädchen sucht Gott. Eine Legende (Frankfurt 1962)
*Bowman, Sylvia E.*: George Bernard Shaw (Boston 1978)
*Dutli, Alfred*: Kosmos eines Ketzers. Die religiöse Bedeutung des Evolutionsgedankens bei George Bernard Shaw (Zürich 1950)

### *6. Herbert George Wells*

*Wells, Herbert George*: Mr. Britling Sees it Through (London 1916)

*Wells, Herbert George*: God the Invisible King (London 1917)
*Wells, Herbert George*: The Undying Fire (London 1919); dt. Unsterbliches Feuer (Frankfurt/Berlin/Wien 1985)
*Wells, Herbert George*: Experiment in Autobiography (London 1934)
*Archer, William*: God and Mr.Wells (London 1917)
*Batchelor, John*: H.G. Wells (Cambridge 1985)
*Binns, L.E.*: Mr.Wells' Invisible King (London 1919)
*Costa, R.H.*: Edwardian Intimations of the Shape of Fiction to Come: Mr. Britling/Job Huss as Wellsian Central Intelligences, in: English Literature in Transition 18 (1975)
*Dickson, Lovat*: H.G. Wells. His Turbulent Life and Time (London 1969)
*Draper, Michael*: H.G. Wells (London 1987)
*Hammond, J.R.*: An H.G. Wells Companion (London/Basingstoke 1979)
*Hammond, J.R.*: H.G. Wells and the Modern Novel (London 1988)
*Lacey, T.A.*: Mr. Britlings Finite God (London 1917)
*Parrinder, Patrick*: H.G. Wells – The Critical Heritage (London/Boston 1972)
*Schultze, Bruno*: H.G. Wells und der erste Weltkrieg (Berlin 1971)
*Smith, David C.*: H.G. Wells. Desperately Mortal (New Haven/London 1986)

*7. Georg Britting*

*Britting, Georg*: Der verlachte Hiob, in: ders., Frühe Werke Bd. 1: Prosa – Dramen – Gedichte 1920–1930, hrsg. von *Walter Schmitz* (München 1987), S. 117–119
*Bode, Dietrich*: Georg Britting. Geschichte seines Werkes (Stuttgart 1962)
*Hohoff, Curt* (Hrsg.): Georg Britting. Der Dichter und sein Werk (München 1967)

*8. Alfred Polgar*

*Polgar, Alfred*: Hiob. Ein Novellenband (München 1912)
*Albertzen, Elisabeth*: Ea oder die Freundin bedeutender Männer. Portrait einer Wiener Kaffehausmuse, in: Musil-Forum V (1/2), S. 21–37; 135–153
*Weinzierl, Ulrich*: Alfred Polgar. Eine Biographie (Wien/München 1985)

*9. Oskar Kokoschka*

*Kokoschka, Oskar*: Hiob, in: ders., Vier Dramen (Berlin 1919), S. 137–174
*Kokoschka, Oskar*: Briefe I. 1905–1919, hrsg. von *Olga Kokoschka/Hans Spielmann* (Düsseldorf 1984)
*Denkler, Horst*: Textvarianten zwischen der Erstausgabe und der Ausgabe letzter Hand des Dramas »Hiob« von Oskar Kokoschka – ein Nachtrag, in: Deutsche Vierteljahresschrift für Literaturwissenschaft und Geistesgeschichte 42 (1968), S. 303–305
*Kerr, Alfred*: Oskar Kokoschka: »Der brennende Dornbusch« – »Hiob«, in: ders., Mit Schleuder und Harfe. Theaterkritiken aus drei Jahrzehnten (Berlin 1981), S. 154–159
*Mahler-Werfel, Alma*: Mein Leben (Hamburg 1960)
*Rose, Jacques-Léon*: Oskar Kokoschka's Phantasmagorical Vision: The Book of Job Transmogrified, in: Comparative Drama 2 (1971), S. 91–100
*Schuhmacher, Hans*: Oskar Kokoschka, in: *Wolfgang Rothe* (Hrsg.), Expressionismus als Literatur. Gesammelte Studien (Bern/München 1969), S. 506–518
*Schwerte, Hans*: Anfang des expressionistischen Dramas: Oskar Kokoschka, in: Zeitschrift für deutsche Philologie 83 (1964), S. 171–191
*Werner, Norbert*: Oskar Kokoschka – Leben und Werk in Daten und Bildern (Frankfurt 1986)
*Whitford, Frank*: Oskar Kokoschka. A Life (London 1986)

*10. Alfred Döblin*

*Döblin, Alfred*: Berlin Alexanderplatz. Die Geschichte des Franz Biberkopf [1]1929 (München 1965)

*Döblin, Alfred*: Die Geschichte des Franz Biberkopf. Hörspiel, in: ders., Ausgewählte Werke in Einzelbänden. Drama Hörspiel Film, hrsg. von *Erich Kleinschmidt* (Freiburg/Olten 1983), S. 273–317

*Casey, Timothy Joseph*: Alfred Döblin, in: *Wolfgang Rothe* (Hrsg.), Expressionismus als Literatur (Bern/München 1969), S. 637–655

*Casey, Timothy Joseph*: Alttestamentliche Motive in Döblins »Berlin Alexanderplatz«. Die Rezeption des Romans und der Streit um sein Schlußbild, in: *Franz Link* (Hrsg.), Paradeigmata. Literarische Typologie des Alten Testaments (Berlin 1989), S. 527–542

*Jähner, Harald*: Erzählter, montierter, soufflierter Text. Zur Konstruktion des Romans »Berlin Alexanderplatz« von Alfred Döblin (Frankfurt 1984)

*Links, Roland*: Alfred Döblin (München 1981)

*Muschg, Walter*: Von Trakl zu Brecht. Dichter des Expressionismus (München 1961)

*Prangel, Matthias* (Hrsg.): Materialien zu Alfred Döblins »Berlin Alexanderplatz« (Frankfurt 1975)

*Schröter, Klaus*: Döblin (Reinbek 1978)

*11. Bertolt Brecht*

*Brecht, Bertolt*: Der Blinde, in: ders., Gesammelte Werke. Prosa I (Frankfurt 1967), S. 52–56

*Boie-Grotz, Kirsten*: Brecht – der unbekannte Erzähler. Die Prosa 1913–1934 (München 1978)

*Joost, Jörg-Wilhelm/Klaus-Detlev Müller/Michael Voges* (Hrsg.), Bertolt Brecht: Epoche – Werk – Wirkung (München 1978)

*Kersting, Marianne*: Bertolt Brecht (Hamburg 1959)

*Kienzler, Klaus*: B. Brecht – ein Gegenstand der Theologie?, in: *Helmut Koopmann/Theo Stammen* (Hrsg.), Bertolt Brecht – Aspekte seines Werkes, Spuren seiner Wirkung (München 1983), S. 85–110

*Melchinger, Wilhelm*: Brecht und die Bibel: in: *Hans Jürgen Schultz* (Hrsg.), »Sie werden lachen – die Bibel«. Erfahrungen mit dem Buch der Bücher (München [2]1985), S. 227–238

*Müller, Klaus-Detlev*: Brecht-Kommentar zur erzählenden Prosa (München 1980)

*Pabst, Hans*: Brecht und die Religion (Graz/Wien/Köln 1977)

*Rohse, Eberhard*: Der frühe Brecht und die Bibel (Göttingen 1983)

*Unseld, Siegfried* (Hrsg.): Bertolt Brechts Dreigroschenbuch (Frankfurt 1960)

*12. Ernst Wiechert*

*Wiechert, Ernst*: Sämtliche Werke in 10 Bänden (Wien/München/Basel 1957)

Bekenntnis zu Ernst Wiechert, Verlag Kurt Desch (München 1947)

*Denkler, Horst/Karl Prümm* (Hrsg.): Die deutsche Literatur im Dritten Reich (Stuttgart 1976)

*Ebeling, Hans*: Ernst Wiechert. Das Werk des Dichters (Wiesbaden 1947)

*Euringer, Richard*: Deutsche Passion 1933. Hörwerk in sechs Gängen (Berlin 1933)

*Fangmeier, Jürgen*: Ernst Wiechert. Ein theologisches Gespräch mit dem Dichter (Zürich 1976)

*Fries, Heinrich*: Ernst Wiechert. Eine theologische Besinnung (Speyer 1949)

*Frisch, Max*: Stimme eines anderen Deutschland? Zu den Zeugnissen von Wiechert und Bergengruen, [1]1946, in: ders., Gesammelte Werke in zeitlicher Folge, Bd. II (Frankfurt 1976), S, 303–304.

*Hattwig, Jörg*: Das Dritte Reich im Werk Ernst Wiecherts. Geschichtsdenken, Selbstver-

ständnis und literarische Praxis (Frankfurt 1984)
*Messing, Axel Sanjosé*: Untersuchungen zum Werk Ernst Wiecherts (München 1987)
*Reiner, Guido*: Ernst-Wiechert-Bibliographie, 4 Bde. (Paris 1978–82)
*Schonauer, Franz*: Deutsche Literatur im Dritten Reich (Olten/Freiburg 1961)
*Weigelt, Klaus* (Hrsg.): Der Dichter und die Zeit. Verantwortete Zeitgenossenschaft. Ernst Wiechert 1887–1950–1987 (Alfter-Oedekoven 1987)

*13. Margarete Susman*

*Susman, Margarete*: Ich habe viele Leben gelebt. Erinnerungen (Stuttgart 1964)
*Susman, Margarete*: Das Hiob-Problem bei Franz Kafka [1]1929, in: *Margarete Susman*, »Das Nah-und Fernsein des Fremden«. Essays und Briefe, hrsg. von *Ingeborg Nordmann* (Frankfurt 1992), S. 183–203
*Susman, Margarete*: Das Buch Hiob und das Schicksal des jüdischen Volkes [1]1946 (Freiburg 1968)
*Susman, Margarete*: Aus sich wandelnder Zeit. Gedichte (Zürich/Stuttgart 1953)
*Ben-Chorin, Schalom/Verena Lentzen* (Hrsg.): Lust an der Erkenntnis. Jüdische Theologie im 20. Jahrhundert (München 1988)
*Schlösser, Manfred* (Hrsg.) : Auf gespaltenem Pfad. Für Margarete Susman (Darmstadt 1964)

*14. Joseph Roth*

*Roth, Joseph*: Werke 6 Bde., hrsg. von *Fritz Hackert /Klaus Westermann* (Köln 1989–1990)
*Roth, Joseph*: Briefe 1911–1939, hrsg. von *Hermann Kesten* (Köln/Berlin 1970)
*Arnold, Heinz Ludwig* (Hrsg.): Joseph Roth (München 1974)
*Böll, Heinrich*: Ein Denkmal für Joseph Roth [1]1956, in: ders., Werke. Essayistische Schriften und Reden I 1952–1963 (Köln 1979), S. 197–199
*Bronsen, David*: Joseph Roth. Eine Biographie (Köln 1974)
*Bronsen, David* (Hrsg.): Joseph Roth und die Tradition. Aufsatz- und Materialsammlung (Darmstadt 1975)
*Hartung, Harald*: Ein epischer Gottesbeweis, in: FAZ 17.9.1985, S. 25.
*Hildebrandt, Dieter*: Hiob im Kaffeehaus. Romancier, Reporter, Sterbenskünstler: Joseph Roth in seinen Briefen, in: Publik 20.08.1971, S. 27
*Horch, Hans-Otto*: Zeitroman, Legende, Palimpsest. Zu Joseph Roths »Hiob«-Roman im Kontext deutsch-jüdischer Literaturgeschichte, in: Germanisch-Romanische Monatsschrift 39(1989), S. 210–226
*Horch, Hans-Otto*: »Im Grunde ist er sehr jüdisch geblieben...«. Zum Verhältnis von »Katholizismus« und »Judentum« bei Joseph Roth, in: Literatur in der Gesellschaft, FS für Theo Buck (Tübingen 1990), S. 211–224
*Kehlmann, Michael*: Einiges zu Hiob, in: ARD-Fernsehspiel April–Mai–Juni 1979, S. 97–99
*Kessler, Michael/Fritz Hackert* (Hrsg.): Joseph Roth. Interpretation – Kritik – Rezeption. Akten des internationalen, interdisziplinären Symposions 1989, Akademie der Diözese Rottenburg-Stuttgart (Tübingen 1990)
*Kuschel, Karl-Josef*: Joseph Roth und der Glaube an Gottes »Wunder«, in: ders., »Vielleicht hält Gott sich einige Dichter...«. Literarisch-theologische Porträts (Mainz 1991), S. 164–202.
*Lützeler, Heinrich*: Neue Romane, in: Hochland 29 (1931/32), S. 267
*Magris, Claudio*: Weit von wo. Verlorene Welt des Ostjudentums (Wien 1974)
*Marcuse, Ludwig*: Eine neue Hiob-Legende, in: Das Tagebuch 11/44(1930), S. 1772f.
*Marcuse, Ludwig*: Die Neue Unsachlichkeit. Joseph Roth wäre am zweiten September siebzig Jahre alt geworden, in: Die Zeit 3.9.1965, S. 15
*Müller-Funk, Ludwig*: Joseph Roth (München 1989)

*Nürnberger, Helmuth*: Joseph Roth mit Selbstzeugnissen und Bilddokumenten (Reinbek 1981)
*Pflug, Günther* (Hrsg.): Joseph Roth 1894–1939. Eine Ausstellung der Deutschen Bibliothek Frankfurt am Main (Frankfurt 1979)
*Pöthe, Angelika*: Das Hiobsmotiv im epischen Werk Joseph Roths. Zum Verhältnis von mythologischer »Vorlage« und sozialgeschichtlicher Darstellung (Jena 1980)
*Polcuch, Valentin*: Ein Hiob, wie er im Buche steht, in: Die Welt 19.4.1979
*Reich-Ranicki, Marcel*: Joseph Roths Flucht ins Märchen, in: ders., Nachprüfung. Aufsätze über deutsche Schriftsteller von gestern (München/Zürich 1977), S. 202–228
*Rosenfeld, Sidney*: Joseph Roths »Hiob« and the Question of German-Jewish Symbiosis, in: Austraica 30 (Rouen 1990), S. 22–32
*Scheible, Hartmut*: Joseph Roth. Mit einem Essay über Gustave Flaubert (Stuttgart 1971)
*Shaked, Gershon*: Wie jüdisch ist ein deutsch-jüdischer Roman? Über Joseph Roths »Hiob. Roman eines einfachen Mannes«, in: *Stéphane Moses/Albrecht Schöne* (Hrsg.), Juden in der deutschen Literatur (Frankfurt 1986), S. 281–292
*Sieg, Werner*: Zwischen Anarchismus und Fiktion. Eine Untersuchung zum Werk von Joseph Roth (Bonn 1974)
*Steinmann, Esther*: Von der Würde des Unscheinbaren. Sinnerfahrung bei Joseph Roth (Tübingen 1984)
*Voß, Otto*: »Hiob« – Joseph Roth und das Ostjudentum, in: Exil 9 (1989), S. 97–106
*Wapnewski, Peter*: Hiob. Leben und Werk Joseph Roths, in: ders., Zumutungen. Essays zur Literatur des 20. Jahrhunderts (Düsseldorf 1979), S. 140–162
*Willerich-Tocha, Margarete*: Rezeption als Gedächtnis. Studien zur Wirkungsgeschichte Joseph Roths (Frankfurt/Bern/New York 1984)
*Zweig, Arnold*: Die große Legende, in: Die literarische Welt 7 (1931) Nr.2, S. 9
*Zweig, Stefan*: Der Roman »Hiob« von Joseph Roth [1]1930, in: ders., Begegnungen mit Büchern. Aufsätze und Einleitungen aus den Jahren 1902–1939 (Frankfurt 1983), S. 109–114

*15. Salomo Friedlaender/Mynona*

*Friedlaender, Salomo*: Schöpferische Indifferenz (München 1918)
*Mynona*: Der lachende Hiob und andere Grotesken (Paris 1935)
*Friedlaender, Salomo/Mynona*: Briefe aus dem Exil, hrsg. von *Hartmut Geerken* (Mainz 1982)
*Dimic, Colette*: Das Groteske in der Erzählung des Expressionismus. Scheerbart, Mynona, Ehrenstein und Heym (Freiburg 1960)
*Kiefer, Klaus H.*: Avantgarde – Weltkrieg – Exil. Materialien zu Carl Einstein und Salomo Friedlaender/Mynona (Frankfurt 1986)
*Strelka, Joseph*: Mynona, in: *Wolfgang Rothe* (Hrsg.), Expressionismus als Literatur (Bern/München 1969), S. 623–635
*Strelka, Joseph*: Das Selbst ist innen oder Der Grotesken-Erzähler Mynona, in: ders., Auf der Suche nach dem verlorenen Selbst. Zu deutscher Erzählprosa des 20. Jahrhunderts (Bern/München 1977), S. 38–53

*16. Karl Wolfskehl*

*Wolfskehl, Karl*: Hiob oder Die vier Spiegel (Hamburg 1950)
*Wolfskehl, Karl*: Gesammelte Werke, hrsg. von *Margot Ruben/Claus Viktor Bock*, 2 Bde. (Hamburg 1960)
*Wolfskehl, Karl*: Zehn Jahre Exil. Briefe aus Neuseeland 1938–1948, hrsg. von *Margot Ruben* (Heidelberg/Darmstadt 1959)

*Wolfskehl, Karl*: Briefwechsel aus Neuseeland 1938–19482 Bde., hrsg., von *Cornelia Blasberg* (Darmstadt 1988)
*Grimm, Gunter*: Karl Wolfskehl. Die Hiob-Dichtung (Bonn 1972)
*Klussmann, Paul Gerhard*: Karl Wolfskehl Kolloquium. Vorträge – Berichte – Dokumente (Amsterdam 1983)
*Ruben, Margot* (Hrsg.): Karl Wolfskehl – Margarete Susman. Briefwechsel, in: Castrum Peregrini 102–103 (Amsterdam 1972), S. 20–72
*Schlösser, Manfred*: Karl Wolfskehl. Eine Bibliographie (Darmstadt 1971)
*Simon, Ernst*: Priester, Opfer und Arzt. Zu den Briefen Wolfskehls, Kafkas und Freuds, in: *Hans Tramer* (Hrsg.), In zwei Welten. FS für Siegfried Moses (Tel Aviv 1962), S. 414–469
*Susman, Margarete*: Karl Wolfskehl, in: dies., Gestalten und Kreise (Stuttgart/Konstanz 1954), S. 220–238

*17. Yvan Goll*

*Goll, Yvan*: Dichtungen. Lyrik Prosa Drama, hrsg. von *Claire Goll* (Darmstadt 1960)
*Goll, Yvan*: Gedichte. Eine Auswahl, hrsg. von *René A. Strasser* (Meilen 1968)
*Goll, Yvan/Claire Goll*: Traumkraut. Die Antirose. Gedichte (Frankfurt 1990)
Ausstellung Mai–Juni 1973 Gutenberg Museum: Yvan Goll und Claire Goll, Bücher und Bilder
*Berg, Phyllis*: Jüdische Themen und das Hiob-Schicksal im Werke Yvan Golls (Ann Arbor 1977)
*Döhl, Reinhard*: Geschichte und Kritik eines Angriffs. Zu den Behauptungen gegen Paul Celan, in: Jahrbuch der deutschen Akademie für Sprache und Dichtung 1960 (Heidelberg/Darmstadt 1961), S. 101–132
*Domin, Hilde*: Plädoyer gegen die Verniemandung von Yvan Goll [1]1973, in: dies., Gesammelte Essays. Heimat in der Sprache (München/Zürich 1992), S. 121–123
*Goll, Claire*: Ich verzeihe keinem. Eine literarische Chronique scandaleuse unserer Zeit (Bern/München 1978)
*Hauck, Winfried*: Die Bildwelt bei Iwan Goll (München 1965)
*Müller, Joachim*: Yvan Goll im deutschen Expressionismus (Berlin 1962)
*Perkins, Vivian*: Yvan Goll. An Iconographical Study of His Poetry (Bonn 1970)
*Phillips, James*: Yvan Goll and Bilingual Poetry (Stuttgart 1984)
*Schwandt, Erhard*: Korrekturen zum Bericht von Reinhard Döhl, in: Jahrbuch der deutschen Akademie für Sprache und Dichtung 1966 (Heidelberg/Darmstadt 1967), S. 191–206
*Schwandt, Erhard*: Das poetische Verfahren in der späten Lyrik Yvan Golls. Untersuchungen zur Genesis und Poetik (Berlin 1968)
*Schwandt, Erhard*: Mythische Selbstdarstellung in der Lyrik Yvan Golls. Der neue Orpheus, Jean sans Terre, Hiob, in: Colloquia Germanica 4(1970), S. 232–247

*18. Nelly Sachs*

*Sachs, Nelly*: Fahrt ins Staublose. Gedichte [1]1961 (Frankfurt 1988)
*Sachs, Nelly*: Zeichen im Sand. Die szenischen Dichtungen (Frankfurt 1962)
*Sachs, Nelly*: Suche nach Lebenden, hrsg. von *Margareta* und *Bengt Holmqvist* (Frankfurt 1971)
*Sachs, Nelly*: Gedichte, hrsg. von *Hilde Domin* (Frankfurt 1977)
*Sachs, Nelly*: Briefe, hrsg. von *Ruth Dinesen/Helmut Müssener* (Frankfurt 1984)
*Arnold, Heinz Ludwig* (Hrsg.), Nelly Sachs. Text und Kritik (München 1969)
*Bahr, Ehrhard*: Nelly Sachs (München 1980)
*Berendsohn, Walter A.*: Nelly Sachs. Einführung in das Werk der Dichterin jüdischen Schick-

sals (Darmstadt 1974)
*Bezzel-Dischner, Gisela*: Poetik des modernen Gedichts. Zur Lyrik der Nelly Sachs (Bad Homburg 1970)
*Dinesen, Ruth*: »Und Leben hat immer wieder wie Abschied geschmeckt«. Frühe Prosa und Gedichte der Nelly Sachs (Stuttgart 1987)
*Dinesen, Ruth*: Nelly Sachs. Eine Biographie (Frankfurt 1992)
*Domin, Hilde*: »Daß nicht einer Tod meine, wenn er Leben sagt«. Die Dichtung der Nelly Sachs [1]1977/79, in: dies., Gesammelte Essays. Heimat in der Sprache (München/Zürich 1992), S. 100–118
*Falkenstein, Henning*: Nelly Sachs (Berlin 1984)
*Fritsch-Vivié, Gabriele*: Nelly Sachs (Reinbek 1993)
*Füglister, Notker*: Die Wirkungsgeschichte biblischer Motive in den Dichtungen von Nelly Sachs, in: *Johann Holzner/Udo Zeilinger* (Hrsg.), Die Bibel im Verständnis der Gegenwartsliteratur (St. Pölten/Wien 1988), S. 47–60
*Holmqvist, Bengt* (Hrsg.): Das Buch der Nelly Sachs [1]1968 (Frankfurt 1991)
*Keller-Stocker, Birgit*: Die Lyrik von Nelly Sachs. Entwicklung und Grundstruktur anhand von Interpretationen (Zürich 1973)
*Kersten, Paul*: Die Metaphorik in der Lyrik von Nelly Sachs. Mit einer Wort-Konkordanz und einer Nelly-Sachs-Bibliographie (Hamburg 1970)
*Klingmann, Ulrich*: Religion und Religiosität in der Lyrik von Nelly Sachs (Frankfurt 1980)
*Kurz, Paul Konrad*: »Fahrt ins Staublose«. Die Lyrik der Nelly Sachs, in: Stimmen der Zeit 178 (1966), S. 421–437
*Kuschel, Karl-Josef*: Paul Celan, Nelly Sachs und ein Gespräch über Gott, in: ders., »Vielleicht hält Gott sich einige Dichter...«. Literarisch-theologische Porträts (Mainz 1991), S. 285–306
*Lagerkrantz, Olof*: Versuch über die Lyrik der Nelly Sachs (Frankfurt 1967)
*Langer, Michael*: Stern in der Nacht der Gottesfinsternis. Zu: N. Sachs, »O die Schornsteine«, in: *Klaus Hurtz* (Hrsg.), Verdichteter Glaube. Prominente interpretieren Gedichte (Regensburg 1993), S. 43–51
*Lermen, Birgit*: Biblische Texte in der deutschsprachigen Gegenwartsliteratur, in: Stimmen der Zeit 210 (1992), S. 529–542
*Michel, Peter*: Mystische und literarische Quellen in der Dichtung der Nelly Sachs (Freiburg 1981)
Nelly Sachs zu Ehren. Gedichte Prosa Beiträge (Frankfurt 1961)
Nelly Sachs zu Ehren. Zum 75. Geburtstag am 10. Dezember 1966. Gedichte Beiträge Bibliographie (Frankfurt 1966)
*Raddatz, Fritz J.*: Welt als biblische Saat: Nelly Sachs, in: ders., Verwerfungen. Sechs literarische Essays (Frankfurt 1972)
*Sager, Peter*: Nelly Sachs. Untersuchungen zu Stil und Motivik ihrer Lyrik (Bonn 1970)
*Shoham, Chaim/Bernd Witte* (Hrsg.): Datum und Zitat bei Paul Celan. Akten des Internationalen Paul-Celan-Kolloquiums Haifa 1986 (Bern 1987)

*19. Elie Wiesel*

*Wiesel, Elie*: Nacht [1]1958, in: ders., Die Nacht zu begraben, Elischa (Frankfurt/Berlin 1988)
*Wiesel, Elie*: Legends of Our Time (New York 1968)
*Wiesel, Elie*: Adam oder das Geheimnis des Anfangs. Brüderliche Urgestalten [1]1975 (Freiburg/Basel/Wien 1987)
*Wiesel, Elie/Josy Eisenberg*: Job ou Dieu dans la tempête (Paris 1986)
*Fine, Ellen S.*: Legacy of Night. The Literary Universe of Elie Wiesel (Albany 1982)
*Friedman, Maurice*: Abraham Joshua Heschel & Elie Wiesel. You Are My Witnesses (New York 1987)

*McAfee Brown, Robert*: Elie Wiesel. Zeuge für die Menschheit (Freiburg/Basel/Wien 1990)
*Rosenfeld, Alvin H./Irving Greenberg* (Hrsg.): Confronting the Holocaust. The Impact of Elie Wiesel (Bloomington/London 1978)
*Roth, John K./Michael Berenbaum* (Hrsg.): Holocaust. Religious and Philosophical Implications (New York 1989)
*Schwenke, Olaf* (Hrsg.): Erinnerung als Gegenwart. Elie Wiesel in Loccum (Loccum 1987)
*Stern, Ellen Norman*: Wo Engel sich verstecken. Das Leben des Elie Wiesel (Freiburg/Basel/Wien 1986)

*20. Richard Rubenstein*

*Rubenstein, Richard L.*: After Auschwitz. Radical Theology and Contemporary Judaism (Indianapolis/New York/Kansas City 1966)
*Rubenstein, Richard L.*: The Religious Imagination. A Study in Psychoanalysis and Jewish Theology (Boston 1968)
*Rubenstein, Richard L.*: Job and Auschwitz, in: Union Seminary Quarterly Review 25 (1970), S. 421–437
*Rubenstein, Richard L./John K. Roth*: Approaches to Auschwitz. The Lagacy of the Holocaust (New York 1987)
*Watté, Pierre*: Job à Auschwitz, in: Revue Théologique de Louvain 4 (1973), S. 173–190

*21. Hans Jonas*

*Jonas, Hans*: Der Gottesbegriff nach Auschwitz. Eine jüdische Stimme [1]1984 (Frankfurt 1987)
*Jüngel, Eberhard*: Gottes ursprüngliches Anfangen als schöpferische Selbstbegrenzung. Ein Beitrag zum Gespräch mit Hans Jonas über den »Gottesbegriff nach Auschwitz«, in: *Hermann Deuser* et al. (Hrsg.), Gottes Zukunft – Zukunft der Welt. FS für Jürgen Moltmann (München 1986), S. 265–275

*22. Martin Buber*

*Buber, Martin*: Der Jude und sein Judentum. Gesammelte Aufsätze und Reden (Köln 1963)
*Buber, Martin*: Werke Bd. I: Schriften zur Philosophie (München/Heidelberg 1962)
*Buber, Martin*: Werke Bd. 2: Schriften zur Bibel (München/Heidelberg 1964)
*Buber, Martin*: Briefwechsel aus sieben Jahrzehnten, 3 Bde. (Heidelberg 1972–1975)
*Friedman, Maurice*: Martin Buber's Life and Work, 3 Bde (New York 1981–1983)
*Glatzer, Nathan N.*: Baeck – Buber – Rosenzweig Reading the Book of Job, in: ders., Essays in Jewish Thought (Alabama 1978), S. 209–221
*Wehr, Gerhard*: Martin Buber (Reinbek 1968)
*Wehr, Gerhard*: Martin Buber. Leben, Werk, Wirkung (Zürich 1991)

*23. Paul Claudel*

*Claudel, Paul*: Lettres de P. Claudel sur La Bible. Au R.P. Paroissin, 17 Août 1949 – 11 Octobre 1954 (Paris 1955)
*Claudel, Paul*: Gesammelte Werke, Bd. 1: Gedichte (Zürich/Köln 1963)
*Claudel, Paul*: Gesammelte Werke, Bd. 6: Religion (Einsiedeln(Köln/Zürich 1962)
*Cattani, Georges/Jacques Madaule* (Hrsg.): Entretiens sur Paul Claudel (Paris/Le Haye 1968)
*Chaigne, Louis*: Paul Claudel. Leben und Werk (Heidelberg 1963)
*Espiau de La Maëstre, André*: Der Sinn und das Absurde. Malraux – Camus – Sartre – Péguy (Salzburg 1961)

*Espiau de La Maëstre, André*: Das göttliche Abenteuer. Paul Claudel und sein Werk (Salzburg 1968)
*Fuß, Albert*: Paul Claudel (Darmstadt 1980)
*Grelot, Pierre*: Les Commentaires bibliques de Claudel, in: La Pensée religieuse de Claudel (Paris 1969)
*Lesort, Paul-André*: Paul Claudel in Selbstzeugnissen und Dokumenten (Reinbek 1964)
*Petit, Jacques* (Hrsg.): Claudel, Lecteur de la Bible (Paris 1981)
*Petit, Jacques*: Claudel et la Bible. Inventaire de l'Oeuvre exégétique (Paris 1981)
*Theisen, Josef*: Paul Claudel (Berlin 1973)
*Waters, Harold A.*: Paul Claudel (New York 1970)

*24. Robert Frost*

*Frost, Robert*: The Poetry, hrsg. von *Edward Connery Latham* (New York 1969)
*Frost, Robert*: Selected Letters, hrsg. von *Lawrance Thompson* (New York/Chicago/San Francisco 1964)
*Brower, Ruben A.*: The Poetry of Robert Frost (New York 1963)
*Cox, James M.* (Hrsg.): Robert Frost. A Collection of Critical Essays, (Englewood Cliffs 1962)
*Crook, Reginald L.*: Robert Frost's Asides on Poetry, in: American Literature 19(1948)
*Doyle, John Robert*: The Poetry of Robert Frost (New York 1965)
*Harris, Kathryn Gibbs* (Hrsg.): Robert Frost. Studies of the Poetry (Boston 1979)
*Irwin, W.R.*: The Unity of Frost's Masques, in: American Literature 32 (1960–61), S. 302.
*Jennings, Elizabeth*: Frost (Edinburgh/London)
*Johnson McGregor, Elisabeth*: The Poet's Bible: Biblical Elements in the Poetry of Emily Dickinson, Stephen Crane, Edwin Arlington Robinson, and Robert Frost (Ann Arbor 1979)
*Lynen, John F.*: The Pastoral Art of Robert Frost (New Haven/London 1960)
*Potter, James L.*: Robert Frost Handbook (London 1980)
*Pritchard, William H.*: Frost. A Literary Life Reconsidered (New York/Oxford 1984)
*Schürmanns, Hans Otto*: Geschichte der kritischen Aufnahme des dichterischen Werkes von Robert Frost 1874–1963 (Freiburg 1968)
*Stanlis, Peter J.*: Robert Frost's Masques and the Classical American Tradition, in: Frost. Centennial Essays (Jackson 1974), S. 441–468
*Stock, Ely*: »A Masque of Reason« and »J.B.«: Two Treatments of the Book of Job, in: Modern Drama 3 (Februar 1961), S. 378–386
*Swank Matthews, Marjorie*: Issues and Answers in the Book of Job and Joban Issues and Answers in Three Twentieth Century Writers: Carl Jung, Robert Frost, and Archibald MacLeish (Ann Arbor 1976)
*Tharpe, Jac* (Hrsg.): Frost. Centennial Essays II (Jackson 1976)
*Thompson, Lawrance*: Robert Frost (Minneapolis 1959)
*Thompson, Lawrance*: Robert Frost. The Early Years 1874–1915 (New York/Chicago/San Francisco 1966)
*Thompson, Lawrance*: Robert Frost. The Years of Triumph 1915–1938 (London 1970)
*Thompson, Lawrance/R.H. Winnick*: Robert Frost. The Later Years 1938–1963 (New York 1976)
*Wagner, Linda W.* (Hrsg.): Robert Frost. The Critical Heritage (B.Franklin 1977)
*Squires, Radcliffe*: The Major Themes of Robert Frost (Michigan 1969)

*25. Carl Gustav Jung*

*Jung, C.G.*: Briefe, hrsg. von *Aniela Jaffé/Gerhard Adler*, 3 Bde (Olten/Freiburg 1971–1973)

*Jung, C.G.*: Gesammelte Werke, Bd. XI: Zur Psychologie westlicher und östlicher Religionen (Olten [2]1973)

*Brunner, August*: Theologie oder Tiefenpsychologie?, in: Stimmen der Zeit 152 (1952/53), S. 401–415

*Hedinger, Ulrich*: Reflexion über C.G. Jungs Hiobinterpretation, in: Theologische Zeitschrift 23 (1967), S. 340–352

*Keintzel, Raimar*: C.G. Jung. Retter der Religion? Auseinandersetzung mit Werk und Wirkung (Mainz/Stuttgart 1991)

*Levy-Valenski, Éliane Amado*: Job: Réponse a Jung (Paris 1991)

*Rollins, Wayne G.*: Jung and the Bible (Atlanta 1983)

*Schmidt, E.W.*: Hiob, Jung und Bultmann, in: Neue Deutsche Hefte 1 (1954), S. 699–705

*Wehr, Gerhard*: C.G. Jung (Reinbek 1969)

*Wehr, Gerhard*: Carl Gustav Jung. Leben, Werk, Wirkung (München 1985)

*Wildenberger, Hans*: Das Hiobproblem und seine neueste Deutung, in: Reformatio 3 (1954), S. 355–363; 439–448

*Wolff, Otto*: C.G. Jungs »Antwort auf Hiob«, in: *Gerhard Zacharias* (Hrsg.), Dialog über den Menschen. FS Wilhelm Bitter (Stuttgart 1968), S. 153–168

*26. Ernst Bloch*

*Bloch, Ernst*: Studien zum Buch Hiob, in: *Manfred Schlösser* (Hrsg.), Auf gespaltenem Pfad. Für Margarete Susman (Darmstadt 1964), S. 85–101

*Bloch, Ernst*: Das Prinzip Hoffnung, Gesamtausgabe Bd. V (Frankfurt 1959)

*Bloch, Ernst*: Atheismus im Christentum. Zur Religion des Exodus und des Reichs [1]1968 (Frankfurt 1985)

*Bloch, Ernst*: Vom Sinn der Bibelkritik, in: *Hans Jürgen Schultz* (Hrsg.), »Sie werden lachen, die Bibel«. Erfahrungen mit dem Buch der Bücher (München [2]1985), S. 45–58

*Bloch, Ernst*: Briefe, Bd. II 1903–1975, hrsg. von *Karola Bloch* u.a. (Frankfurt 1985)

*Arnold, Heinz Ludwig* (Hrsg.): Ernst Bloch (München 1985)

*Bahr, Erhard*: Ernst Boch (Berlin 1974)

*Bodenstein, Walter*: Die Deutung Hiobs bei Bloch und Kafka, in: Die Spur 11 (1971), S. 89–96

*Chirpaz, François*: Ernst Bloch und die Rebellion Ijobs, in: Concilium 19 (1983), S. 686–692

*Deuser, Hermann/Peter Steinacker* (Hrsg): Ernst Blochs Vermittlung zur Theologie (München/Mainz 1983)

*Gebracht, Dieter*: Aufbruch zu sittlichem Atheismus. Die Hiob-Deutung Ernst Blochs, in: Evangelische Theologie 35 (1975), S. 223–237

*Gradl, Felix*: Ein Atheist liest die Bibel. Ernst Bloch und das Alte Testament (Göttingen 1968)

*Lang, Bernhard*: Ernst Bloch als Leser des Alten Testaments, in: Theologische Quartalsschrift 158 (1978), S. 110–120

*Markun, Silvia*: Ernst Bloch (Reinbek 1977)

*Migliore, Daniel L.*: Barth and Bloch on Job: A Conflict of Interpretations, in: *James T. Butler* u.a. (Hrsg.), Understanding the Word. Essays in Honour of Bernhard W. Anderson (Sheffield 1985), S. 265–279

*Mottu, Henry*: La Figure de Job chez Bloch, in: Revue de Théologie et de Philosophie III 27 (1977), S. 307–320

*Ratschow, Karl Heinz*: Atheismus im Christentum? Eine Auseinandersetzung mit Ernst Bloch (Gütersloh 1970)

*Raulet, Gérard* (Hsrg.): Utopie – Marxisme selon Ernst Bloch (Paris 1976)

*Schmidt, Burghard* (Hrsg.): Materialien zu Ernst Blochs »Prinzip Hoffnung« (Frankfurt 1978)

*Schmidt, Burghard*: Ernst Bloch (Stuttgart 1985)
*Strolz, Walter*: Die Hiobinterpretation bei Kant, Kierkegaard und Bloch, in: Kairos XXIII (1989), S. 75–87
*Ueding, Gert*: Bloch in Tübingen, in: *Eckhard Nordhofen* (Hrsg.): Physiognomien. Philosophen des 20. Jahrhunderts in Portraits (Königstein 1980), S. 159–177
*West, Thomas H.*: Ultimate Hope without God. The Atheistic Eschatology of Ernst Bloch (Bern/Frankfurt/New York 1991)
*Zudeick, Peter*: Der Hintern des Teufels. Ernst Bloch – Leben und Werk (Bühl-Moos 1985)

*27. René Girard*

*Girard, René*: Hiob – ein Weg aus der Gewalt (Zürich 1990)
*Girard, René*: Job, bouc émissaire. George Suffert fait le point avec René Girard, in: Le point 19.5.1985, S. 72–80
To Honour René Girard. Presented on the Occasion of his Sixtieth Birthday by Colleagues, Students, Friends (Stanford 1986)
*McKenna, Andrew J.* (Hrsg.): René Girard and Biblical Studies, Semeia 33 (1985)
*Schwager, Raymund*: Brauchen wir einen Sündenbock? Gewalt und Erlösung in den biblischen Texten (München 1978)
*Webb, Eugene*: Philosophers of Consciousness. Polanyi, Lonergan, Voegelin, Ricoeur, Girard, Kierkegaard (Seattle/London 1988)
*Williams, James G.*: Job and the God of Victims, in: *Leo G. Perdue/W. Clark Gilpin* (Hrsg.), The Voice from the Whirlwind. Interpreting the Book of Job (Nashville 1992), S. 208–231

*28. Archibald MacLeish*

*MacLeish, Archibald*: J.B. A Play in Verse (Boston 1958). Dt. von Eva Hesse, Spiel um Job (Frankfurt 1977). Die stark umgearbeitete Broadway-Fassung des Stücks ist abgedruckt in: Theatre Arts 44 (Februar 1960), S. 33–64
*MacLeish, Archibald*: About a Trespass on a Monument, in: The New York Times (7.12.1958), S. 5; 7
*MacLeish, Archibald*: The Men Behind »J.B.«, in: Theatre Arts 43 (April 1959), S. 60–63
*MacLeish, Archibald*: Letters 1907–1982, hrsg. von *R.H. Winnick*, (Boston 1983)
*MacLeish, Archibald:* Reflections, hrsg. von *Bernard A. Drabeck/Helen S. Ellis* (Amherst 1986)
*Bond, Charles M.*: J.B. is not Job, in: Bucknell Review 9 (1961), S. 272–280
*Bush, Warren V.* (Hrsg.): The Dialogues of Archibald MacLeish and Mark van Doren (New York 1964)
*Campbell, Shannon O.*: »The Book of Job« and Mac Leish's »J.B.«: A Cultural Comparison, in: Englisch Journal 61 (Mai 1972), S. 653–657
*Christensen, Parley A.*: J.B., the Critics and Me, in: Western Humanities Review 15 (Spring 1961), S. 111–126
*Ciardi, John*: The Birth of a Classic, in: The Saturday Review 8.3.1958, S. 11f; 48
*Ciardi, John*: »J.B.« Revisited, in: Saturday Review 43 (Januar 1962), S. 39; 55
*D'Arcy, Martin C.*: J.B. Wrong Answer to the Problem of Evil, in: The Catholic World 190 (November 1959), S.81–85
*Downing, Robert*: J.B.'s Journeys, in: Theatre Arts 44 (Februar 1960), S. 29–32
*Dusen, Henry P. van*: Third Thoughts on J.B., in: The Christian Century 76(1959), S. 106–107
*Falk, Signi Lenea*: Archibald MacLeish (New York 1965)
*Hallmann, Ruth D.*: Teaching »Job« and »J.B.«, in: English Journal 61 (5/1972), S. 658–662

*Hamilton, Kenneth*: The Patience of J.B., in: Dalhousie Review 41 (Spring 1961), S. 32–39
*Hewes, Henry*: A Minority Report on »J.B.«, in: The Saturday Review 42 (Januar 1959), S. 22–23
*MacLeish, Andrew*: The Poet's Three Comforters: »J.B.« and the Critics, in: Modern Drama 2 (Dezember 1959), S. 224–230
*Montgomery, Marion*: On First Looking Into Archibald MacLeish's Play in Verse »J.B.«, in: Modern Drama 2 (December1959), S. 231–242
*Mullaly, Edward J.*: Archibald MacLeish. A Checklist (Kent State University Press 1973)
*O'Campbell, Shannon*: »The Book of Job« and MacLeish's »J.B«. A Cultural Comparison, in: English Journal 61 (May 1972), S. 653–657
*Siebald, Manfred*: Archibald MacLeishs »J.B.« und das Buch Hiob, in: *Franz Link* (Hrsg.), Paradeigmata, Bd. I (Berlin 1990), S. 759–774
*Smith, Grover*: Archibald MacLeish (Minneapolis 1959)
*Stock, Ely*: »A Masque of Reason« and »J.B.«: Two Treatments of the Book of Job, in: Modern Drama 3 (Februar 1961), S. 378–386
*Stout, Janis P.*: Re-Visions of Job: »J.B.« and »A Masque of Reason«, in: Essays in Literature 14 (1987), S. 225–239
*Terrien, Samuel*: J.B. and Job, in: The Christian Century 76 (1959), S. 9–11
»Three Opinions on ›J.B.‹«: *Reinhold Niebuhr, Louis Finkelstein, Thurston N. Davis*, in: Life 18.5.1959, S. 135–138
*Weiand, Hermann J.*: Insight IV. Analyses of Modern British and American Drama (Frankfurt 1975), S. 216–224
*Weiner, Herbert:* Job on Broadway. MacLeish's Man and the Bible, in: Commentary 27 (February 1959), S. 153–158
*White, W.D.*: MacLeish's »J.B.« – Is It a Modern »Job«?, in: Mosaic: A Journal for the Comparative Study of Literature and Ideas 4 (1970), S. 13–20

*29. Fritz Zorn*

*Zorn, Fritz*: Mars. Mit einem Vorwort von *Adolf Muschg* (Frankfurt 1979)
*Basler, David/Walter Baumgärtner* (Hrsg.): Angst und Zorn. »Mars« – zehn Jahre danach (Zürich 1986)
*Eicher, Peter*: Der Krokodilgott, in: Christ in der Gegenwart 44(1992), S. 305–306
*Feininger, Bernd*: Anders als christlich sterben. Zum Buch »Mars« von Fritz Zorn: in: Orientierung 16(1977), S. 174–175
*Lenker, Christiane*: Krebs kann auch eine Chance sein. Zwischenbilanz oder Antwort an Fritz Zorn (Frankfurt 1984)
*Verrey, Monique*: Lettre a Fritz Zorn. Suivie du premier Puzzle de Zurich récit de Fritz Zorn (Lausanne 1980)

*30. Muriel Spark*

*Spark, Muriel*: The Mystery of Job's Suffering, in: Church of England Newspaper, 15.04.1955, S. 7
*Spark, Muriel*: The Comforters (London 1957)
*Spark, Muriel*: My Conversion, in: Twentieth Century 170(1961), S. 58–63
*Spark, Muriel*: The Only Problem, dt.: Das einzige Problem (Zürich 1985)
*Bold, Alan* (Hrsg.): Muriel Spark: An Odd Capacity for Vision (London 1984)
*Hynes, Joseph*: The Art of the Real. Muriel Spark's Novels (London/Toronto 1988)
*Page, Norman*: Muriel Spark (Houndsmill/London 1990)
*Parnell, Joanne Catherine*: A Theology of Juxtaposition: Muriel Spark as a Catholic Comic Novelist (University of Rhode Island 1977)

*Whittaker, Ruth*: The Faith and Fiction of Muriel Spark (London/Basingstoke 1982)

*31. Karl Barth*

*Barth, Karl*: Der Römerbrief. Zweite Fassung von 1922 (Zürich 1989)
*Barth, Karl*: Die Kirchliche Dogmatik Bd. II/1: Die Lehre von Gott (Zollikon 1958)
*Barth, Karl*: Die Kirchliche Dogmatik, Bd. III/2: Die Lehre von der Schöpfung (Zollikon/Zürich 1959)
*Barth, Karl*: Die Kirchliche Dogmatik, Bd. IV/3: Die Lehre von der Versöhnung (Zollikon/Zürich 1959)
*Barth, Karl/Helmut Gollwitzer*: Hiob (Neukirchen-Vluyn 1966)
*Barth, Karl/Eduard Thurneysen*: Briefwechsel Bd. I 1913–1921 (Zürich 1973)
*Bächli, Otto*: Das Alte Testament in der Kirchlichen Dogmatik von Karl Barth (Neukirchen-Vluyn 1987)
*Busch, Eberhard*: Karl Barths Lebenslauf. Nach seinen Briefen und autobiogaphischen Texten (München 1976)
*Frey, Christopher*: Die Theologie Karl Barths. Eine Einführung (Frankfurt 1988)
*Hedinger, Ulrich*: Chinnam oder die Infragestellung Hiobs. Dogmatische Studie und Meditation zum Zweifrontenkampf Hiobs, in: Parrhaesia. Karl Barth zum achtzigsten Geburtstag (Zürich 1963), S. 192–212
*Migliore, Daniel L.*: Barth and Bloch on Job: A Conflict of Interpretation, in: *James T. Butler* u.a. (Hrsg.), Understanding the Word. Essays in Honour of Berhard W. Anderson (Sheffield 1985), S. 265–279
*Schulweis, Harold M.*: Karl Barth's Job. Morality and Theodicy, in: the Jewish Quarterly Journal 65 (1974/75), S. 156–167
*Vischer, Wilhelm*: Hiob ein Zeuge Christi [1]1933, in: Bekennende Kirche. Schriftenreihe, hrsg. von *Theodor Ellwein/Christian Scholl*, Heft 8 (München 1934)

*32. Gustavo Gutiérrez*

*Gutiérrez, Gustavo*: Von Gott sprechen in Unrecht und Leid – Ijob (München/Mainz 1988)
*Gutiérrez, Gustavo*: El Dios de la vida (Lima 1989)
*Cadorette, Curt*: From the Heart of the People. The Theology of Gustavo Gutiérrez (South Humphrey 1988)
*Ellis, Marc H./Otto Maduro* (Hrsg.): The Future of Liberation Theology. Essays in Honour of Gustavo Gutiérrez (New York 1989)
*Ellis, Marc H./Otto Maduro* (Hrsg.): Expanding the View. Gustavo Gutiérrez and the Future of Liberation Theology (New York 1990)
*McAfee Brown, Robert*: Gustavo Gutiérrez (Atlanta 1980)
*McAfee Brown, Robert*: Gustavo Gutiérrez. An Introduction to Liberation Theology (New York 1990)

*33. Hans Küng*

*Küng, Hans*: Gott und das Leid (Einsiedeln 1967)
*Küng, Hans*: Christ sein [1]1974 (München 1987)
*Küng, Hans*: Existiert Gott? Antwort auf die Gottesfrage der Neuzeit [1]1978 (München 1983)
*Küng, Hans/Julia Ching*: Christentum und chinesische Religion (München 1988)
*Küng, Hans*: Das Judentum (München 1991)
*Küng, Hans*: Credo (München 1992)
*Häring, Hermann/Karl-Josef Kuschel* (Hrsg.): Hans Küng. Weg und Werk. Chronik, Essays, Bibliographie (München 1981)

*Häring, Hermann/Karl-Josef Kuschel* (Hrsg.): Hans Küng. Neue Horizonte des Denkens und Glaubens (München 1993)
*Kiwiet, John*: Hans Küng (Waco 1985)

**2. Weitere literarische Werke**

*Bellow, Saul*: The Victim (New York 1947)
*Bernanos, Georges*: Die Sonne Satans $^{1}$1926 (Frankfurt 1985)
*Bernanos, Georges*: Die Freude $^{1}$1928 (Zürich 1982)
*Büchner, Georg*: Werke und Briefe (München/Wien 1980)
*Burte, Hermann*: Simson. Ein Schauspiel (Leipzig 1917)
*Calderón de la Barca, Pedro*: Das große Welttheater $^{1}$1635–1645, in der Nachdichtung von *Joseph von Eichendorff* (Stuttgart 1971)
*Camus, Albert*: Der Mythos des Sisyphos $^{1}$1942 (Hamburg 1985)
*Edvardson, Cordelia*: Gebranntes Kind sucht das Feuer (München/Wien 1986)
*Grass, Günter*: Das Treffen in Telgte (Darmstadt/Neuwied 1979)
*Green, Julien*: Leviathan $^{1}$1929(München 1989)
*Gryphius, Andreas*: Vermischte Gedichte, hrsg. von *Marian Szyrocki* (Tübingen 1964)
*Hagerfors, Lennart*: Der lachende Kongolese. Roman (Reinbek 1991)
*Hauptmann, Gerhart*: Der arme Heinrich. Eine deutsche Sage $^{1}$1902, in: ders., Gesammelte Werke I Bd. 4 (Berlin 1942), S. 83–192
*Heine, Heinrich*: »Späte Note« im Anschluß an die »Denkworte an Ludwig Marcus« (März 1854), in: ders., Werke und Briefe, hrsg. von *Hans Kaufmann*, Bd. 7 (Berlin 1962)
*Heller, Joseph*: Weiß Gott. Roman (München 1985)
*Heym, Stefan*: Ahasver. Roman $^{1}$1981 (Frankfurt 1983)
*Heym, Stefan*: Schwarzenberg. Roman (München 1984)
*Hilsenrath, Edgar*: Nacht. Roman $^{1}$1978 (München 1990)
*Hofmannsthal, Hugo von*: Jedermann. Das Spiel vom Sterben des reichen Mannes $^{1}$1911 (Frankfurt 1957)
*Holz, Arno*: Werke, Bd. 5, hrsg., von *Wilhelm Emrich/Anita Holz* (Neuwied/Berlin 1962)
*Jens, Walter*: Der Fall Judas (Stuttgart 1975)
*Klopstock, Friedrich Gottlieb*: Der Messias, Gesang I–III, hrsg. von *Elisabeth Höpker-Herberg* $^{1}$1748 (Stuttgart 1986)
*Koeppen, Wolfgang*: Jugend (Frankfurt 1976)
*Lodge, David*: How Far Can You Go? (London 1986)
*Malamud, Bernard*: Ein Engel namens Levine, in: ders., Das Zauberfaß und andere Geschichten $^{1}$1958 (München 1982), S. 28–39
*Malamud, Bernard*: God's Grace (New York 1982)
*Mann, Thomas*: Buddenbrooks. Verfall einer Familie $^{1}$1901 (Frankfurt 1988)
*Milton, John*: Complete Prose Works I, hrsg. von *Don M. Wolfe* (New Haven/London $^{2}$1970)
*Rinser, Luise*: Mirjam $^{1}$1983 (Frankfurt 1987)
*Sartre, Jean-Paul*: Die Fliegen $^{1}$1943, in: ders., Gesammelte Werke in Einzelausgaben, Bd. 1/2: Bariona oder Der Sohn des Donners/Die Fliegen (Reinbek 1991)
*Singer, Isaac B.*: Verloren in Amerika. Vom Schtetl in die Neue Welt $^{1}$1976–1981 (München 1985)
*Sperber, Manès*: Wie eine Träne im Ozean (Köln/Berlin 1961)
*Strindberg, Alfred*: Inferno – Legenden (München 1920)
*Stryjkowski, Julien:* Stimmen der Finsternis (Berlin 1963)
*Ury, Peter*: The Kiss of Judas. A Miracle Play with Music, Rehabilitating the 12$^{th}$ Apostle (New York 1976)
*Zweig, Stefan*: Tersites. Jeremias. Zwei Dramen (Frankfurt 1982)

*Zweig, Stefan*: Die Welt von Gestern. Erinnerungen eines Europäers [1]1944, in: ders., Gesammelte Werke in Einzelbänden, Bd. 6 (Hamburg 1981)

**3. Literaturwissenschaftliche Werke**

*Aizenberg, Edna*: Borges and the Book of Job, in: Kentucky Romance Quarterly 31 (1984), S. 89–96
*Aristoteles*, Poetik, hrsg. von *Manfred Fuhrmann* (Stuttgart 1984)
*Benn, Gottfried*: Altern als Problem für Künstler (Wiesbaden 1954)
*Berger, Alan L.*: Crisis and Covenant. The Holocaust in American Jewish Fiction (New York 1985)
*Bloching, Karl Heinz*: Die Autoren des literarischen »renouveau catholique« Frankreichs (Bonn 1966)
*Brinker, Menachem*: On the Ironic Use of the Myth of Job in Y.H. Brenner's »Breakdown and Bereavement«, in: *David H.Hirsch/Nehama Aschkenasy* (Hrsg.), Biblical Patterns in Modern Literature (Chico 1984), S. 115–126
*Brochet, Henri*: Henri Ghéon (Paris 1946)
*Carlyle, Thomas*: On Heroes (London 1843)
*Corrigan, R.W.* (Hrsg.): Comedy: Meaning and Form (San Francisco 1965)
*Colie, Rosalie L.*: The Energies of Endurance. Biblical Echo in »King Lear«, in: dies. / *F.T. Flathiff* (Hrsg.), Some Facets of King Lear
*Cowen, Roy C.*: Hauptmann-Kommentar zum nichtdramatischen Werk (München 1981)
*Dinse, Helmut/Sol Liptzin* (Hrsg.): Einführung in die jiddische Literatur (Stuttgart 1978)
*Dürrenmatt, Friedrich*: Theaterprobleme [1]1955, in: ders., Theater. Essays, Gedichte und Reden (Zürich 1980)
*Eichert, Ellynor*: Das geistliche Spiel der Gegenwart in Frankreich und Deutschland (Berlin 1941)
*Esslin, Martin*: Das Theater des Absurden (Frankfurt/Bonn 1964)
*Eykmann, Christoph*: Denk- und Stilformen des Expressionismus (München 1974)
*Fisch, Harold*: Poetry with a Purpose (Bloomington/Indianapolis 1988)
*Frenzel, Elisabeth*: Stoff- und Motivgeschichte (Berlin [2]1974)
*Frye, Northrop*: Anatomy of Criticism (New York 1967)
*Frye, Northrop*: The Great Code (London/Melbourne 1982)
*Ghéon, Henri*: L'homme né de la guerre. Temoignagne d'un convert, in: La nouvelle revue française (1919)
*Hartberger, Birgit*: Das biblische Ruth-Motiv in deutschen lyrischen Gedichten des 20. Jahrhunderts (Altenberge 1992)
*Henneke, Hans*: Alfred Mombert. Eine Einführung in sein Werk und eine Auswahl (Wiesbaden 1952)
*Hessing, Jakob*: Else Lasker-Schüler. »...die größte Lyrikerin, die Deutschland je hatte...« [1]1985 (Münchewn 1992)
*Hobbes, Thomas*: Vom Menschen/Vom Bürger, [1]1642, hrsg. von *Günter Gawlick* (Hamburg 1959)
*Hobbes, Thomas*: Leviathan. Oder Stoff, Form und Gewalt eines bürgerlichen Staates [1]1651, hrsg. von *Iring Fetscher* (Neuwied/Berlin 1966)
*Hübner, Alfred*: Das Weltbild im Drama Paul Zechs (Frankfurt/Bern 1975).
*Hüppauf, Bernd* (Hrsg.): Expressionismus und Kulturkrise (Heidelberg 1983)
*Ionesco, Eugène*: Lorsque J'ecris, in: ders., Notes et Contre-Notes (Paris 1966)
*Jasper, David*: The Study of Literature and Religion (London 1989)
*Jentzsch, Bernd*: Rudolf Leonhard »Gedichteträumer«. Ein biographischer Essay, Dokumente und Bibliographie (München/Wien 1984)

*Johnson, Robert K.*: Neil Simon (Boston 1983)
*Kennedy, Michael*: The Works of Ralph Vaughn Williams (London 1964)
*Killinger, John*: The Failure of Theology in Modern Literature (New York/Nashville 1963)
*Knapp, Gerhard P.*: Die Literatur des deutschen Expressionismus (München 1979)
*Köhler, Karl Heinz* (Hrsg.): Reduktion als Erzählverfahren in Heißenbüttels Textbüchern. Anspruch, theoretische Begründung und erzählerische Leistung von Heißenbüttels Reduktionsformen (Frankfurt 1978)
*Kott, Jan*: Shakespeare Heute (München ²1970)
*Krook, Dorothea*: Elements of Tragedy (New Haven/London 1969)
*Krüger, Manfred*: Wandlungen des Tragischen. Drama und Initiation (Stuttgart 1973)
*Lamartine, Alphonse de*: Cours familier de Littérature (Paris 1856)
*Lenz, Siegfried*: Gespräche mit Manès Sperber und Leszek Kolakowski, hrsg. von *Alfred Mensak* (Hamburg 1980)
*Lewalski, Barbara*: Milton's Brief Epic (London 1966)
*Link, Franz* und *Günter Niggl* (Hrsg.): Theatrum Mundi. Götter, Gott und Spielleiter im Drama von der Antike bis zur Gegenwart (Berlin 1980)
*Liptzin, Sol*: Biblical Themes in World Literature (Hobroken 1985)
*Mack, Dietrich*: Ansichten zum Tragischen und zur Tragödie (München 1970)
*Mensak, Alfred* (Hrsg.): Siegfried Lenz. Gespräche mit Manès Sperber und Leszek Kolakowski (Hamburg 1980)
*Michel, Laurence* und *Richard B. Sewall* (Hrsg.): Tragedy: Modern Essays in Criticism (Englewood Cliffs/New Jersey ²1978)
*Miles, John J.*: Gagging on Job, or The Comedy of Religious Exhaustion, in: Semeia 7 (1977), S. 71–126
*Mirbt, Rudolf*: Laienspiel und Laientheater. Vorträge und Aufsätze (Kassel 1960)
*Noll, Peter*: Diktate über Sterben und Tod (München 1987)
*Pinthus, Kurt*: Menschheitsdämmerung. Ein Dokument des Expressionismus (Hamburg ²1959)
*Piwowarczyk, Bogdan*: Lire Kolakowski. La question de l'homme, de la religion et de l'Église (Paris 1986)
*Radzinowicz, Mary Anne*: How and Why the Literary Establishment Caught up With the Bible: Instancing the Book of Job, in: Christianity & Literature 39 (1989), S. 77–89
*Richards, I.A.*: Beyond (New York/London 1974)
*Robertson, David*: The Comedy of Job: A Response, in: Semeia 7 (1977), S. 41–44
*Roston, Murray*: Biblical Drama in England (London 1968)
*Rothe, Wolfgang* (Hrsg.): Expressionismus als Literatur (Bern/München 1969)
*Rothe, Wolfgang*: Der Expressionismus. Theologische, soziologische und anthropologische Aspekte einer Literatur (Frankfurt 1977)
*Russo, John Paul*: I.A. Richards. His Life and Work (Baltimore 1989)
*Schiller, Friedrich*: Vom Pathetischen und Erhabenen. Ausgewählte Schriften zur Dramentheorie, hrsg. von *Klaus L. Berghahn* (Stuttgart 1984)
*Schobel, Eva*: Peter Henisch. Eine Monographie (Diss. Wien 1988)
*Scholem, Gershom*: Walter Benjamin. Die Geschichte einer Freundschaft (Frankfurt 1975)
*Sewall, Richard B.*: The Vision of Tragedy (New Haven/London ²1980)
*Seybold, Klaus*: Das Hiobproblem als Ausdruck einer Identitätskrise, in: *G. Benedetti/L. Wiesmann* (Hrsg.), Ein Inuk sein. Interdisziplinäre Vorlesungen zum Problem der Identität (Göttingen 1986), S. 125–137
*Sierig, Hartmut*: Narren und Totentänzer. Eine theologische Interpretation moderner Dramatik (Hamburg 1968)
*Simon, Ulrich*: Pity and Terror. Christianity and Tragedy (New York 1989)
*Soergel, Albert*: Dichtung und Dichter der Zeit. Eine Schilderung der deutschen Literatur der letzten Jahrzehnte, Bd. II: Im Banne des Expressionismus (Leipzig 1925)

*Sonderegger-Kummer, Irène*: Transparenz der Wirklichkeit. Edzard Schaper und die innere Spannung in der christlichen Literatur des 20. Jahrhunderts (Berlin/New York 1971)
*Staiger, Emil*: Grundbegriffe der Poetik [1]1946 (München 1971)
*Steiner, George*: Der Tod der Tragödie [1]1961 (Frankfurt 1981)
*Strauss, Herbert A./Christhard Hoffmann* (Hrsg.): Juden und Judentum in der Literatur (München 1985)
*Suter, Rudolf*: Kafkas »Prozeß« im Lichte des Buches Hiob (Diss. Frankfurt 1976)
*Theisen, Joachim*: Typologie und Individualität. Zur Rezeption des Buches Ijob im »Armen Heinrich« Hartmann von Aues, in: Spuren, FS für Theo Schuhmacher, hrsg. von *H. Colberg/D. Petersen* (Stuttgart 1986), S. 81–106
*Urbrock, W.J.*: Job as Drama: Tragedy or Comedy, in: Currents in Theology and Mission 8 (1981), S. 35–40
*Usmiani, Renate*: A New Look at the drama of »Job«, in: Modern Drama 13 (1970), S. 191–200
*Weinert, Hermann*: Dichtung aus dem Glauben. Einführung in die geistige Welt des Renouveau Catholique (Hamburg [2]1948)
*Weininger, Otto*: Geschlecht und Charakter. Eine prinzipielle Untersuchung [1]1903 (München 1980)
*Whedbee, William*: The Comedy of Job, in: Semeia 7 (1977), S. 1–39
*Wiese, Benno von*: Die deutsche Tragödie von Lessing bis Hebbel [1]1948 (München 1983)
*Wilpert, Gero von*: Sachwörterbuch der Literatur (Stuttgart [6]1979)
*Wimmer, Paul*: Oskar Maurus Fontana, in: *Oskar Maurus Fontana*, Das große Welttheater. Theaterkritiken 1909–1967 (Wien 1967), S. 7–15
*Ziolkowski, Theodore*: Der Hunger nach dem Mythos. Zur seelischen Gastronomie der Deutschen in den zwanziger Jahren, in: *Reinhard Grimm/Jost Hermand* (Hrsg.), Die sogenannten zwanziger Jahre (Bad Homburg/Berlin/Zürich 1970), S. 169–201
*Zweig, Stefan*: Briefe an Freunde, hrsg. von *Richard Friedenthal* (Frankfurt 1990)

**4. Theologische und philosophische Werke**

*Ammicht-Quinn, Regina*: Von Lissabon bis Auschwitz. Zum Paradigmawechsel in der Theodizeefrage (Freiburg/Wien 1992)
*Bachl, Gottfried*: Gottesbeschreibung (Innsbruck/Wien 1990)
*Baden, Hans Jürgen*: Literatur und Bekehrung (Stuttgart 1968)
*Baeck, Leo*: Dieses Volk. Jüdische Existenz, Bd. I (Frankfurt 1955)
*Balthasar, Hans Urs von*: Herrlichkeit. Eine theologische Ästhetik, Bd. III.2 (Einsiedeln 1967)
*Bartel, Roland* u.a (Hrsg.), Biblical Images in Literature (Nashville/New York 1975)
*Becker, Jürgen*: Das Evangelium nach Johannes, Kapitel 1–10 (Gütersloh/Würzburg [3]1991)
*Ben-Chorin, Schalom*: Als Gott schwieg. Ein jüdisches Credo (Mainz 1988)
*Berdiajew, Nicolaus*: Geist und Wirklichkeit [1]1939 (Lüneburg 1949)
*Berkovits, Eliezer*: Faith After the Holocaust (New York 1973)
*Betz, Hans Dieter*: Der Galaterbrief. Ein Kommentar zum Brief des Apostels Paulus an die Gemeinden in Galatien (München 1988)
Bibel und Kirche, Themenheft: Das dunkle Angesicht Gottes 4, 46 (1991)
*Brantschen, Johannes B.*: Warum läßt der gute Gott uns leiden? (Freiburg [2]1992)
*Bloom, Harold* (Hrsg.): The Book of Job. Modern Critical Interpretations (New York 1988)
*Bruners, Wilhelm*: Wie Jesus glauben lernte [1]1988 (Freiburg 1993)
*Castelli, Ferdinando*: Volti di Gesù nella Litteratura Moderna (Alba 1987)
*Cox, Dermot*: The triumph of Impotence – Job and the Tradition of the Absurd (Rom 1978)
*Cox, Dermot*: Man's Anger, and God's Silence. The Book of Job (Middlegreen 1990)

*Crimmann, Ralph P.*: Literaturtheologie (Frankfurt 1978)
*Dell, Katherine J.*: The Book of Job as Sceptical Literature (Berlin/New York 1991)
*Diekmann, Bernhard*: Judas als Sündenbock. Eine verhängnisvolle Geschichte von Angst und Vergeltung (München 1991)
*Duquoc, Christian* und *Casiano Floristán* (Hrsg.): »Ijob und das Schweigen Gottes«, Concilium XIV, Heft 11, 1983
*Dussel, Enrique*: Das Volk von El Salvador: ein kollektiver Ijob. Von persönlichen Zeugnissen ausgehende theologische Reflexion, in: Concilium 19 (1983), S. 716–722
*Ebach, Jürgen*: Leviathan und Behemoth. Eine biblische Erinnerung wider die Kolonialisierung der Lebenswelt durch das Prinzip der Zweckrationalität (Paderborn 1984)
*Ebach, Jürgen*: »Hiob/Hiobbuch«, in: Theologische Realenzyklopädie, Bd. 16 (Berlin/New York 1986), S. 360–380
*Ebach, Jürgen*: Ist es »umsonst«, daß Hiob gottesfürchtig ist? Lexikographische und methodologische Marginalien zu »hinnam« in Hi 1,9, in: *E. Blum* (Hrsg.), Die Hebräische Bibel und ihre zweifache Nachgeschichte. FS R.Rendtorff (Neukirchen-Vluyn 1990), S. 319–335
*Fiedler, Leslie*: Job, in: *David Rosenberg* (Hrsg.), Congregation: Contemporary Writers Read the Bible (San Diego/New York/London 1987), S. 331–345
*Flügel, Heinz*: Hiobs Prozeß mit Gott, in: *Hugo Gold* (Hrsg.), Max Brod. Ein Gedenkbuch 1884–1968 (Tel-Aviv 1969), S. 47–59
*Fohrer, Georg*: Das Buch Hiob $^{1}$1963 (Gütersloh $^{2}$1989)
*Friedlaender, Albert H.*: Leo Baeck. Leben und Lehre (München 1990)
*Fries, Heinrich/Peter Glockmann*: Ich sehe keinen Gott. Ein Dialog zwischen Naturwissenschaft und Theologie, hrsg. von *Kurt Seeberger* (München 1971)
*Gese, Hartmut*: Die Frage nach dem Lebenssinn: Hiob und die Folgen, in: Zeitschrift für Theologie und Kirche 79 (1982), S. 161–179
*Geyer, Carl–Friedrich*: Das Hiobbuch im christlichen und nachchristlichen Kontext. Anmerkungen zur Rezeptionsgeschichte, in: Kairos 28(1986), S. 174–195
*Geyer, Carl–Friedrich*: Die Theodizee. Diskurs, Dokumentation, Transformation (Stuttgart 1992)
*Giesen, Heinz*: Der irdische Jesus – Ursprung der neutestamentlichen Christologie. Neue Literatur über Jesus und die Christologie des neuen Testaments, in: Theologische Revue 87 (1990), S. 440–460
*Glatzer, Nahum N.* (Hrsg.): The Dimensions of Job (New York 1969)
*Glatzer, Nahum N.*: Essays in Jewish Thought (Alabama 1978)
*Gnilka, Joachim*: Das Evangelium nach Markus, II. Teilband 8,27–16,20 (Zürich/Neukirchen-Vluyn 1979)
*Gnilka, Joachim*: Der Kolosserbrief (Freiburg/Basel/Wien 1980)
*Gnilka, Joachim*: Johannesevangelium (Würzburg 1983)
*Gnilka, Joachim*: Das Matthäusevangelium, II. Teil (Freiburg/Basel/Wien 1988)
*Gössmann, Wilhelm*: Welch ein Buch! Die Bibel als Weltliteratur (Stuttgart 1991)
*Gollwitzer, Helmut*: Krummes Holz – aufrechter Gang (München 1970)
*Good, Edwin M.*: In Turns of Tempest. A Reading of Job (Stanford 1990)
*Gordis, Robert*: The Book of God and Man. A Study of Job (Chicago/London 1965)
*Gross, Heinrich*: Ijob (Würzburg 1986)
*Groß, Walter/Karl-Josef Kuschel*: »Ich schaffe Finsternis und Unheil!« Ist Gott verantwortlich für das Übel? (Mainz 1992)
*Gordis, Robert*: The Book of Job (New York 1978)
*Grässer, Erich*: An die Hebräer, Bd. I: Hebr. 1–6 (Zürich/Braunschweig/Neukirchen-Vluyn 1991)
*Greenberg, Moshe*: Job, in: *Robert Alter/Frank Kermode* (Hrsg.), The Literary Guide to the Bible (Cambridge M. 1987), S. 283–303

*Guillaume, A.*: Studies in the Book of Job (London 1968)
*Haag, Herbert*: Vor dem Bösen ratlos? [1]1978 (München/Zürich 1989)
*Hahn, Ferdinand*: Bibel und moderne Literatur (Stuttgart 1966)
*Hainthaler, Theresia*: »Von der Ausdauer Ijobs habt ihr gehört« (Jak 5,11). Zur Bedeutung des Buches Ijob im Neuen Testament (Diss. Frankfurt 1988)
*Häring, Hermann*: Das Problem des Bösen in der Theologie (Darmstadt 1985)
*Häring, Hermann*: Ijob in unserer Zeit. Zum Problem des Leidens in der Welt, in: *Theodor Schneider/Lothar Ullrich* (Hrsg.), Vorsehung und Handeln Gottes (Leipzig 1988), S. 168–191
*Habel, Norman C.*: Job (Cambridge 1975)
*Hamann, Johann Georg*: Tagebuch eines Christen [1]1758, in: ders., Sämtliche Werke Bd. I, hrsg. von *Joseph Nadler* (Wien 1949)
*Hegel, Georg Friedrich Wilhelm*: Vorlesungen über die Philosophie der Religionen, Bd. 2, in: ders., Sämtliche Werke, hrsg. von *Hermann Glockner*, Bd. 16 (Stuttgart 1959)
*Hegler, Alfred*: Geist und Schrift bei Sebastian Franck. Eine Studie zur Geschichte des Spiritualismus in der Reformationszeit (Freiburg 1892)
*Hartley, John E.*: The Book of Job (Grand Rapids/Michigan 1988)
*Hesse, Franz*: Hiob (Zürich 1978)
*Hölscher, Gustav*: Das Buch Hiob (Tübingen [2]1952)
*Hoffmann, Heiko*: Geschichte des Ostjudentums (München 1990)
*Holl, Adolf*: Wo Gott wohnt (Stuttgart 1976)
*Hone, Ralph E.* (Hrsg.): The Voice out of the Whirlwind: The Book of Job (San Francisco 1960)
*Horst, Friedrich*: Hiob I (Neukirchen-Vluyn 1968)
*Imbach, Josef*: »Judas hat tausend Gesichter«. Zum Judasbild in der Gegenwartsliteratur, in: *Harald Wagner* (Hrsg.), Judas Iskariot. Menschliches oder heilsgeschichtliches Drama? (Frankfurt 1985), S. 91–143
*Janßen, Hans-Gerd*: Gott– Freiheit – Leid. Das Theodizeeproblem in der Philosophie der Neuzeit (Darmstadt [2]1993)
*Jauß, Hans Robert* (Hrsg.): Die nicht mehr schönen Künste (München 1968)
*Jauß, Hans Robert*: Hiobs Fragen und ihre ferne Antwort (Goethe, Nietzsche, Heidegger), in: Poetica 13 (1981), S. 1–15.
*Jens, Walter/Hans Küng/Karl-Josef Kuschel* (Hrsg.): Theologie und Literatur – Zum Stand des Dialogs (München 1986)
*Jens, Walter/Hans Küng*: Dichtung und Religion (München/Zürich 1988)
*Johnson, L.D.*: Out of the Whirlwind. The Major Message of Job (Nashville 1971)
*Jüngel, Eberhard*: Geistesgegenwart. Predigten I und II (München 1979)
*Kasper, Walter*: Jesus, der Christus (Mainz 1974)
*Kasper, Walter*: Negativität und Böses, in: Christlicher Glaube in moderner Gesellschaft, Bd. IX (Freiburg/Basel/Wien 1981), S. 176–201
*Kaufmann, Walter*: Critique of Religion and Philosophy (London 1959)
*Kaufmann, Walter*: The Faith of a Heretic (New York 1961)
*Keel, Othmar*: Jahwes Entgegnung an Ijob. Eine Deutung von Ijob 38–41 vor dem Hintergrund der zeitgenössischen Bildkunst (Göttingen 1978)
*Kessler, Reiner*: »Ich weiß, daß mein Erlöser lebet«. Sozialgeschichtlicher Hintergrund und theologische Bedeutung der Löser-Vorstellung von Hiob 19,25, in: Zeitschrift für Theologie und Kirche 89 (1992), S. 139–158
*Kihn, Heinrich*: Theodor von Mopsuestia und Junilius Africanus als Exegeten (Freiburg 1880)
*Koch, Kurt* (Hrsg.), Um das Prinzip der Vergeltung in Religion und Recht des Alten Testaments (Darmstadt 1972)
*Kohlbrugge, Hanna*: Hiob in der Bibel und im Koran (Wiesbaden o.J.)

*Korzfleisch, Siegfried von*: An die Frau Hiobs, in: *Raul Niemann* (Hrsg.), Liebe Eva, lieber David. Briefe (Gütersloh 1989), S. 115–121.

*Kretzenbacher, Leopold*: Hiobs-Erinnerungen zwischen Donau und Adria (München 1987)

*Krzywon, Ernst Josef*: Literaturwissenschaft und Theologie. Elemente einer hypothetischen Literaturtheologie, in: Stimmen der Zeit 192 (1974), S. 108–116

*Kubina, Veronika*: Die Gottesreden im Buche Hiob. Ein Beitrag zur Diskussion um die Einheit von Hiob 38,1–42,6 (Freiburg/Basel/Wien 1979)

*Kuhl, Curt*: Neuere Literarkritik des Buches Hiob, in: Theologische Rundschau 21 (1953), S. 166–205; 257–317

*Kuhl, Curt*: Vom Hiobbuche und seinen Problemen, in: Theologische Rundschau 22 (1954), S. 261–316

*Kuschel, Karl-Josef*: Jesus in der deutschsprachigen Gegenwartsliteratur [1]1978 (München/Zürich 1987)

*Kuschel, Karl-Josef* (Hrsg.): Der andere Jesus. Ein Lesebuch moderner literarischer Texte [1]1983 (München/Zürich 1987)

*Kuschel, Karl-Josef*: Weil wir uns auf dieser Erde nicht ganz zu Hause fühlen. 12 Schriftsteller über Religion und Literatur (München/Zürich 1985)

*Kuschel, Karl-Josef*: »Erzähle etwas anderes, deine Bibel ist kalt«. Die Bibel im Spiegel gegenwärtiger Literatur, in: *Volker Hochgrebe/Hartmut Meesmann* (Hrsg.), Warum versteht ihr meine Bibel nicht? (Freiburg 1989), S. 17–36

*Kuschel, Karl-Josef*: An Hiob, in: *Raul Niemann* (Hrsg.), Liebe Eva, lieber David. Briefe (Gütersloh 1989), S. 103–114

*Kuschel, Karl-Josef*: Geboren vor aller Zeit? Der Streit um Christi Ursprung (München/ Zürich 1990)

*Kuschel, Karl-Josef*: »Vielleicht hält Gott sich einige Dichter...« Literarisch-theologische Portraits (Mainz 1991)

*Lange, Günter*: Gottes Not mit dem Leid, in: Katechetische Blätter117 (1992), S. 774–782

*Lermen, Birgit*: Biblische Texte in der deutschen Gegenwartsliteratur, in: Stimmen der Zeit 210 (1992), S. 529–542

*Maag, Victor*: Hiob (Göttingen 1982)

*Martini, Carlo M.*: Wer in der Prüfung bei mir bleibt. Von Ijob zu Jesus (Freiburg 1991)

*Mende, Theresia*: »Ich weiß, daß mein Erlöser lebet« (Ijob 19,25). Ijobs Hoffnung und Vertrauen in der Prüfung des Leidens, in: Trierer Theologische Zeitschrift 99 (1990), S. 15–25

*Mende, Theresia*: Die Wurzel der Auferstehungshoffnung im Ijobbuch, in: Trierer Theologische Zeitschrift 102 (1993), S. 1–33

*Mertin, Jörg*: Negationserfahrungen denken. Zur philosophischen Auseinandersetzung mit dem Hiobproblem, in: Anstösse. Aus der Arbeit der evangelischen Akademie Hofgeismar 31 (1984), S. 155–168

*Metz, Johann Baptist*: Jenseits bürgerlicher Religion. Reden über die Zukunft des Christentums (München/Mainz 1980)

*Mieth, Dietmar*: Dichtung, Glaube und Moral (Mainz 1976)

*Mieth, Dietmar*: Literarische Bildungsarbeit als Herausforderung für die Theologie, in: *Johann Holzner/Erika Schuster* (Hrsg.), Moderne Literatur, Herausforderung für Theologie und Kirche (Innsbruck/Wien 1992), S. 54–74

*Mildenberger, Friedrich*: Biblische Dogmatik. Eine biblische Theologie aus dogmatischer Perspektive , Bd. II: Ökonomie als Theologie (Stuttgart/Berlin/Köln 1992)

*Moltmann, Jürgen*: Trinität und Reich Gottes. Zur Gotteslehre (München 1980)

*Müller, Hans-Peter*: Das Hiobproblem. Seine Stellung und Entstehung im Alten Orient und im Alten Testament (Darmstadt [2]1988)

*Müller, Hans-Peter*: Theodizee? Anschlußerörterungen zum Buch Hiob, in: Zeitschrift für Theologie und Kirche 89 (1992), S. 249–279

*Mussner, Franz*: Der Galaterbrief (Freiburg/Basel/Wien 1974)
*Mussner, Franz*: »Judentum«, in: Neues Handbuch theologischer Grundbegriffe, hrsg. von *Peter Eicher*, Bd. II (München ²1991), S. 38–53
*Neher, André*: L'exil de la parole. Du silence biblique au silence d'Auschwitz (Paris 1970)
*Nigg, Walter*: Drei große Zeichen. Elias, Hiob, Sophia (Olten/Freiburg 1972)
*Noth, Martin*: »Noah, Daniel und Hiob« in Ezechiel XIV, in: Vetus Testamentum 1 (1951), S. 251–260
*Oelmüller, Willi* (Hrsg.): Leiden. Kolloquium Religion und Philosophie Bd. 3 (Paderborn 1986)
*Oelmüller, Willi* (Hrsg.): Theodizee – Gott vor Gericht? (München 1990)
*Oelmüller, Willi* (Hrsg.): Worüber man nicht schweigen kann. Neue Diskussionen zur Theodizeefrage (München 1992)
*Otto, Rudolf*: Das Heilige (Breslau 1917)
*Perdue, Leo G.* und *W. Clark Gilpin* (Hrsg.), The Voice from the Whirlwind. Interpreting the Book of Job (Nashville 1992).
*Polzin, Robert*: Biblical Structuralism (Philadelphia 1977)
*Pope, Marvin H.*: Job ¹1965 (New York ³1980)
*Preminger, Alex/Edward L. Greenstein* (Hrsg.): The Hebrew Bible in Literary Criticism (New York 1986)
*Preuß, Horst Dietrich*: Einführung in die alttestamentliche Weisheitstheologie (Stuttgart 1987)
*Preuß, Horst Dietrich*: Theologie des Alten Testaments, Bd. I: JHWHs erwählendes und verpflichtendes Handeln (Stuttgart/Berlin/Köln 1991); Bd. II: Israels Weg mit JHWH (Stuttgart/Berlin/Köln 1992)
*Rad, Gerhard von*: Theologie des Alten Testamentes, Bd I: Die Theologie der geschichtlichen Überlieferung Israels (München 1957)
*Reiser, Werner*: Hiob. Ein Rebell bekommt Recht (Stuttgart 1991)
*Ricoeur, Paul*: Symbolik des Bösen. Phänomenologie der Schuld II ¹1960 (München 1971)
*Rosenzweig, Franz*: Der Mensch und sein Werk. Gesammelte Schriften, Bd. I: Briefe und Tagebücher (Haag 1979)
*Sanders, Paul S.* (Hrsg.): Twentieth Century Interpretations of the Book of Job (Englewood Cliffs/New Jersey 1968)
*Schaller, Berndt*: Das Testament Hiobs. Jüdische Schriften aus hellenistisch-römischer Zeit (JSHRZ) Bd. III (Gütersloh 1978)
*Schlier, Heinrich*: Der Römerbrief (Freiburg/Basel/Wien 1977)
*Schmithals, Walter*: Das Evangelium nach Markus, Kapitel 9,2–16 (Gütersloh/Würzburg 1979)
*Schnackenburg, Rudolf*: Das Johannesevangelium, Bd. II (Freiburg/Basel/Wien ²1977)
*Schökel, Luis Alonso*: Towards a Dramatic Reading of Job, in: Semeia 7 (1977), S. 45–61
*Schökel, Luis Alonso* und *J.L. Sicre Diaz*, Job (Madrid 1983)
*Schreiner, Stefan*: Der gottesfürchtige Rebell oder Wie die Rabbinen die Frömmigkeit Hiobs deuteten, in: Zeitschrift für Theologie und Kirche 89 (1992), S. 159–171
*Schweizer, Eduard*: Der Brief an die Kolosser (Zürich 1976)
*Sölle, Dorothee*: Realisation. Studien zum Verhältnis von Theologie und Dichtung nach der Aufklärung (Darmstadt/Neuwied 1973)
*Sölle, Dorothee*: Leiden (Stuttgart 1973)
*Sölle, Dorothee*: Welches Christentum hat Zukunft? Dorothee Sölle und *Johann Baptist Metz* im Gespräch mit *Karl-Josef Kuschel* (Stuttgart 1990)
*Sonderegger, Hugo*: Hat Hiob Recht? (Zürich/Stuttgart 1968)
*Stier, Fridolin*: Das Buch Ijjob (München 1954)
*Stockhammer, Morris*: Das Buch Hiob. Versuch einer Theodizee (Wien 1963)
*Strauss, James D.*: The Shattering of Silence. Job, Our Contemporary (Joplin 1976)

*Streminger, Gerhard*: Gottes Güte und die Übel der Welt. Das Theodizeeproblem (Tübingen 1992)

*Strolz, Walter*: Hiobs Auflehnung gegen Gott (Pfullingen 1967)

*Strolz, Walter*: Schöpfungsweisheit im Buch Ijob, in: Diakonia 21 (1990), S. 314–322

Teodicea Oggi? Archivo di Filosofia 56 (1988)

*Terrien, Samuel*: Job: Poet of Existence (Indianapolis/New York 1957)

*Tur-Sinai, N.H.*: The Book of Job (Jerusalem 1957)

*Weiser, Arthur*: Das Buch Hiob (Göttingen [4]1963)

*Westermann, Klaus* (Hrsg.): Der Aufbau des Buches Hiob (Stuttgart [2]1977)

*Wilckens, Ulrich*: Der Brief an die Römer, Bd. II: Röm 6–11 (Zürich/Neukirchen-Vluyn 1980)

*Zahrnt, Heinz*: Das Ende des moralischen Gottes – Ein Treffen zwischen Hiob, Freud und Jesus, in: ders., Aufklärung durch Religion. Der dritte Weg (München 1980), S. 37–66

*Zahrnt, Heinz*: Wie kann Gott das zulassen? Hiob – der Mensch im Leid (München/Zürich 1985)

*Zenger, Erich*: Durchkreuztes Leben. Hiob. Hoffnung für die Leidenden (Freiburg/ Basel/ Wien [2]1981)

*Zenger, Erich*: Das erste Testament. Die jüdische Bibel und die Christen (Düsseldorf 1991)

*Zimmerli, Walter*: Der Mensch und seine Hoffnung im Alten Testament (Frankfurt 1979)

*Zuckerman, Bruce*: Job the Silent. A Study in Historical Counterpoint (New York/Oxford 1991)

# Namenregister